MES BIEN-AIMÉS

Catherine de HUECK-DOHERTY

MES BIEN-AIMÉS

Lettres aux membres de ma communauté

Éditions du Serviteur
2001

DU MÊME AUTEUR

Aux mêmes éditions :

- *Lettre d'amour aux prêtres,* 1990
- *Molchanie. Le silence de Dieu,* 1991
- *Urodivoi. Fous pour Dieu,* 1992

Aux éditions du Cerf :

- *L'Évangile sans transiger,* 1979
- *Poustinia ou le désert au cœur des villes,* 1980
- *Depuis la Poustinia,* 1981
- *Ma vie avec Dieu,* 1985

Aux éditions des Béatitudes :

- *Âme de mon âme. Réflexions sur une vie de prière,* 1990

Nous tenons à remercier tous ceux qui ont collaboré à ce travail de traduction : Marguerite Hay (+), sœur Anne Vieillard-Baron, o.p., Madame Dulaey, Madame de Castro Dumoulin, les membres de la communauté des Serviteurs et des Servantes de Jésus et de Marie.

Abbaye Notre-Dame
F - 60 138 CHIRY-OURSCAMP
Tél. : 03 44 75 72 00
Fax : 03 44 75 72 04

ISBN 2.904317.39.2

INTRODUCTION

Diverses appellations pourraient caractériser Catherine de Hueck Doherty: pionnière de la justice interraciale en Amérique du Nord, amie passionnée des pauvres, croyante animée d'une foi assez profonde pour la communiquer à d'autres, amoureuse enthousiaste du Christ, apôtre énergique d'un Évangile sans compromis. Et tous ces noms seraient justifiés. Mais de même que l'on mélange plusieurs ingrédients dans un récipient pour en sortir un pain bien meilleur que chacun de ces composants, c'est ainsi que le charme de Catherine était le résultat de ses nombreux charismes heureusement mêlés... Elle devint une mère spirituelle au sens russe de « staretza » pourvoyant quotidiennement aux besoins de ses enfants avec le pain de la sagesse de l'Évangile.

C'est en cela que ce volume intitulé Mes Bien-Aimés *a une importance et une signification toute particulière. Pendant les quarante dernières années de sa vie, Dieu avait appelé Catherine à fonder une communauté d'amour intégrant l'Évangile dans toutes les manifestations de cette vie. À mesure que surgissaient des problèmes, des situations, des besoins, des joies, des jours de fête, Catherine s'asseyait pour écrire à ses enfants spirituels, comme elle nous appela une fois dans l'une de ses lettres.*

C'est pourquoi celles-ci sont, peut-être, pour la famille de Madonna House, le plus important de l'héritage que Catherine a légué à l'Église et à notre civilisation... Nous y trouvons, venue des profondeurs de son esprit maternel, l'application quotidienne, concrète, laborieuse de l'Évangile à toute la vie. Depuis cinq ou six cents ans, l'Occident ne sait même plus ce que cela signifie. Catherine nous l'a enseigné à nouveau.

En préparant une traduction française des lettres de Catherine, nous avons demandé aux membres de la communauté de nous signaler les lettres (tirées des trois volumes publiés en anglais) qui ont le plus nourri leur vie spirituelle et apostolique. Ainsi nous vous les offrons, à vous, nos amis francophones, comme un don de la famille de Madonna House.

« Si tu m'aimes, a dit le Seigneur à Pierre, pais mes agneaux, pais mes brebis. » Dans ces lettres Catherine a répondu à l'immense désir qu'a le Seigneur de voir ses enfants nourris du pain quotidien de l'Évangile… Nous prions dans l'espoir que ce volume contribuera à restaurer, dans notre civilisation, l'image de l'Évangile.

Les Éditeurs
Madonna House

ÉCLAIRCISSEMENTS POUR LE LECTEUR

À toute personne qui veut intégrer profondément dans sa vie les paroles de Catherine de Hueck Doherty après avoir lu ce gros livre, nous faisons quatre suggestions. Il faudra premièrement qu'elle écoute chaque mot; puis qu'elle fasse une pause en silence, qu'en troisième lieu elle contemple dans toute son ampleur et sa profondeur la complexité de la personnalité humaine; et finalement qu'elle avance dans ce mystère avec grande confiance en Dieu.

*
* *

Normalement, Catherine occupait deux ou trois secrétaires à tour de rôle pour écrire et dactylographier chaque jour ses nombreuses idées. Elle pouvait dicter un chapitre de son prochain livre, vingt pages d'un Traité sur la Formation à Madonna House, composer un article pour son journal mensuel, et (quand arrivait le courrier) répondre aux nombreuses lettres reçues ce jour-là. Elle passait d'une secrétaire à l'autre suivant les besoins, car elle était rarement à court de mots. Ses assistantes avaient souvent de la peine à suivre son débit.

Il est important de comprendre que Catherine n'écrivait pas vraiment les lettres de cette série intitulée *Mes bien-aimés.* Ce qu'elle faisait, c'était les dicter à quelqu'un d'assez rapide pour taper directement sur stencil tout ce qu'elle disait. La lettre passait ensuite sur un duplicateur; on mettait sous enveloppe les feuilles imprimées qui partaient immédiatement à la poste. Pas le temps d'en soigner la rédaction! Pas même d'y mettre la ponctuation voulue car la dactylo ne savait jamais quand une phrase finissait et quand une autre commençait. (Plus tard, ce fut à l'éditeur qu'il revint de mettre la ponctuation.)

Les idées qui se déversaient de l'esprit de Catherine s'étalaient d'elles-mêmes sur la page imprimée en phrases qui suivaient le rythme de la parole – celui d'une conférencière professionnelle habituée à choisir mots et phrases capables de retenir l'attention du public. Il y avait parfois quelques répétitions (les éditeurs les ont réduites au minimum, sans les supprimer entièrement, pour ne pas nuire au rythme de ses paroles).

Tout comme Catherine « écrivait » ces lettres à haute voix, ses « disciples » faisaient de même. La plupart du temps, ils les lisaient à haute voix, par petits groupes.

Si vous avez de la peine à saisir quelques-unes des idées de Catherine, nous vous suggérons de ralentir votre lecture en essayant d'écouter les mots comme ils vous « parlent » à l'esprit. Imaginez que Catherine est assise à votre table de cuisine, en train de prendre une tasse de café ou de thé en causant avec vous.

Voilà notre premier conseil: « écoutez » le mot, ne vous contentez pas de le lire.

*
* *

N'oubliez pas que, dans ces lettres, Catherine parle avant tout à des hommes et des femmes qui ont vécu avec elle, jour après jour, pendant des années. Ils connaissent déjà ses idées. Elle fait souvent, en passant, référence à des phrases de la Bible ou à quelques dictons familiers, en supposant que son auditoire en comprendra les implications. (Étant donné que de nombreux lecteurs ne vivent pas en Amérique du Nord, les éditeurs ont mis certains mots entre guillemets pour signaler quelques références familières, des phrases propres à Madonna House ou courantes en Amérique.)

Catherine se doute bien que ses pensées n'étaient pas toujours comprises aussi clairement qu'elle le voulait. Dans ses équipes, certains n'en saisissaient pas toujours toute l'importance. Pour résoudre ce problème, elle conseillait la technique suivante :

> « Je vous prie de ne pas vous sentir obligé de lire immédiatement, dès qu'elles vous parviennent toutes mes Lettres. Je présume que le responsable local d'une maison donnée ouvre mes lettres et décide du moment, et à quel intervalle il en fera la lecture avec vous.
>
> « Je désire vraiment que vous ayez assez de temps pour en discuter, y réfléchir, m'écrire pour me demander des éclaircissements si nécessaire, me dire sur quel point vous n'êtes pas d'accord, etc. Il est évident que lorsque deux lettres vous arrivent si l'on peut dire, l'une sur l'autre, cela ne signifie pas que vous devez les lire dès que vous les recevez. Lisez-les l'une après l'autre… lentement et les espaçant normalement !
>
> « Je partage avec vous non seulement mes propres idées, mais celles de beaucoup d'autres, ici, au centre de formation. Néanmoins, comme à tous ceux qui écrivent, il arrive parfois que les idées s'accumulent, pressées de s'exprimer. Ce qui signifie que je suis pratiquement obligée de les mettre sur papier de peur qu'elles ne s'envolent. Car ce serait vraiment dommage qu'une bonne idée se perde à cause de ma paresse !
>
> « Alors je l'écris et mes secrétaires vous l'envoient immédiatement ; chose qu'elles font pour des raisons pratiques. Cela nous permet de passer au travail suivant (qui ne manque pas, comme vous savez) ! C'est pourquoi vous devrez me supporter avec mes cycles de lettres qui peuvent soudain vous arriver en grand nombre, puis se tarir quelque temps. »

Les lecteurs qui adoptent cette formule « espacée » nous disent qu'ils l'ont trouvée très efficace pour découvrir les secrets cachés dans les écrits de Catherine. Ils peuvent, tous les soirs, se réunir en famille autour de la table, ou une fois par semaine avec des amis, dans la maison de l'un d'eux. Ils lisent à haute voix des extraits de l'une de ses lettres. Ils prennent le temps de réfléchir, de discuter une lettre à la fois ou, peut-être, un seul paragraphe. Ils ne se pressent pas, ce qui n'aurait aucun sens ; ils font place à Dieu de façon à travailler avec profit dans les profondeurs de leur âme.

La technique de Catherine qui consiste à donner au mot l'espacement voulu est valable pour tous ses écrits mais tout spécialement pour une série de lettres comme *Mes Bien-aimés* qui couvre trente ans de sa pensée.

Nous donnons ce second conseil à tous nos lecteurs : faites une pause silencieuse. Donnez à Dieu le temps de vous éclairer.

*
* *

Certains lecteurs connaissent mal la vocation prophétique de Catherine. Ils n'ont peut-être lu que ses méditations sereines ou ne l'ont rencontrée que très âgée et quelque peu pacifiée. Alors, ils sont très étonnés, au long de ces pages, de rencontrer une femme au franc-parler, qui a réponse à toutes les situations, qui semble être (et qui est) une administratrice organisée et décidée.

Ce n'est pas surprenant. Un seul de ses livres ne peut pas plus qu'une rencontre personnelle refléter tous les aspects de la personnalité de Catherine, tant elle présente de facettes. En lisant cette collection de lettres vous ne pouvez entendre les rires, et voir la bonne humeur qui ponctuaient parfois ses conversations ainsi que ces coups d'œil et sourires entendus dont elle gratifiait parfois son auditoire quand elle cessait de parler.

Vous ne pouvez sentir l'arôme du thé ou du café tandis qu'elle en sirotait lentement une tasse en donnant forme à ses pensées avant de les dicter. Vous ne voyez pas sa grimace fugitive quand elle avait le pénible devoir de nous sermonner et vous n'entendez pas son petit soupir de soulagement quand elle en avait fini et pouvait passer à d'autres tâches plus agréables.

Même pour nous, les plus proches, quotidiennement, il était rare d'apercevoir cette « timidité de l'âme » qui, toujours présente, se dissimulait sous son apparente assurance. Cela, c'était son être privé… comme l'était la sérénité qui s'emparait d'elle quand jetant un coup d'œil par la fenêtre, elle voyait s'épanouir une fleur sauvage, ou s'attarder dans les nuages le soleil couchant.

Les paroles de Catherine sont parfois prophétiques. Elles ne sont pas toujours douces. Nous qui avons vécu avec elle et vu de près cette facette fulgurante de sa personnalité, nous voulons partager avec nos lecteurs sa parole vibrante et la vigueur de son tempérament ; nous voulons faire connaître, sans l'édulcorer, la franchise de son discours.

Si vous en êtes parfois choqué, nous vous demandons de ne pas oublier ses autres qualités et toutes celles qui restaient cachées et qui ne sont pas révélées par ses paroles. À cet effet, une fervente prière est d'un grand secours.

Ce faisant, vous suivrez notre troisième conseil : voir dans toute sa profondeur et son ampleur la complexité de la personnalité humaine ; la vôtre aussi bien que celle de Catherine… et vous apprécierez les dons uniques que Dieu accorde à tous.

*
* *

Certains peuvent se demander s'il existe un résumé de la spiritualité de Catherine et s'ils peuvent pleinement la partager même s'ils ne sont pas membres de Madonna House. La réponse à ces deux questions est affirmative.

Il est vrai que ses lettres étaient écrites, avant tout, pour les membres de l'Apostolat, ceux qui avaient fait les promesses de pauvreté, obéissance et chasteté en les vivant dans la famille de Madonna House.

Néanmoins, ceux qui ne sont pas officiellement appelés à en faire partie, mais désirent être les « enfants spirituels » de Catherine, ne rencontreront pas d'obstacles s'ils veulent suivre son enseignement et vivre de son esprit. Sans répondre spécifiquement à cette question, elle y a fait généreusement allusion par la façon dont elle explique ce qu'est l'esprit de Madonna House a l'intention de tous ceux qui seraient intéressés.

Dans sa lettre « L'esprit de Madonna House » elle mentionne quatre éléments-clef: *vivre l'Évangile, être simple comme un enfant, accomplir le devoir du moment présent, faire très bien les petites choses.* Elle y ajoute deux mots: *paix* (pax) et *amour* (caritas). N'importe qui peut mettre en pratique cette demi-douzaine de mots partout, qu'il soit riche ou pauvre, marié ou célibataire, libre ou prisonnier, jeune ou vieux. Il n'est pas nécessaire, pour cela, d'être membre de Madonna House.

Dans sa lettre « L'esprit de Nazareth », elle ajoute le mot « famille » et l'image évangélique de Nazareth, au mot amour (*caritas*). Le *Petit Mandat* de Madonna House élargit ce thème en utilisant, cette fois, la phrase « Communauté d'amour » et elle signale trois images de l'Évangile: Bethléem, Nazareth, le Golgotha. Elle parle d'un engagement « personnel » et « individuel », auquel chaque personne est invitée « une par une ». Cet engagement ne s'adresse pas à une institution comme Madonna House, mais à Dieu seul.

Catherine qui, avant Madonna House, avait fondé un groupe appelé *Friendship House*, parle souvent de la valeur de l'amitié. Elle prétend que c'est, « de nos jours, le bien le plus précieux qu'un être humain puisse partager avec un autre. » Dans de nombreuses lettres, elle parle de la disponibilité au prochain, conseille d'aller rencontrer les autres sur la place publique pour y pratiquer « l'apostolat-conversation », et invite aussi à être une personne qui rend service (cela aussi est à la portée de tout le monde) chaque fois que s'en présente l'occasion.

Dans sa lettre « Les paradoxes de l'Esprit », Catherine fait un curieux mélange d'idées comme: « partir en pèlerinage », nu et dépouillé, tout en restant petit, caché, ignoré. Ceci est acceptable pour la plupart d'entre nous; il est aussi possible de risquer un pèlerinage dans l'inconnu en suivant Dieu partout où il nous guide, à condition d'avoir l'assurance de ne pas être « remarqué » par notre entourage.

Le plus difficile est conseillé dans la lettre « Une vision dans la nuit ». Dieu peut nous appeler dans la vallée des activités séculières sans nous montrer ce que nous devons y faire ! Nous aurons besoin d'avoir en Dieu la grande confiance d'un enfant pour nous contenter d'être présents sur la place publique et regarder paisiblement autour de nous jusqu'à ce que nous trouvions « la cruche et la bassine » que Dieu veut nous voir utiliser (ceci s'applique, également aux membres de Madonna House et aux autres).

Tous ces « mots » de Catherine sont rassemblés et mis définitivement en forme dans ce qu'elle appelle son *Petit Mandat* * qui donne l'esprit de Madonna House.

Comment les lecteurs peuvent-ils, individuellement, incarner cet esprit dans leur vie quotidienne ? Dans la lettre *Liberté de conscience*, Catherine dit : « Bien que l'essence de cet esprit ne puisse jamais être modifiée, ses techniques d'application, la façon de le présenter au monde, sont d'une grande souplesse. » Autrement dit, nous devons associer, à cet esprit, une vraie fidélité à la réponse qui convient à notre situation particulière, ou état de vie.

Catherine nous demande d'être « souples comme une rapière et malléables comme la cire », de ne pas nous laisser ligoter par telle ou telle méthode habituelle même si elle est chère à Madonna

---

* Lève-toi et va ! Vends tout ce que tu possèdes, donnes-en le prix aux pauvres, directement, personnellement. Prends ma croix (leur croix) et suis-Moi, allant vers les pauvres, étant pauvre, un avec eux, un avec Moi.

Petit... Sois toujours petit... Sois simple... Sois pauvre... Sois comme l'enfant.

Proclame l'Évangile *par ta vie, sans transiger.* Sois à l'écoute de l'Esprit : Il te guidera.

Fais extrêmement bien les petites choses, par amour pour Moi.

Aime. Aime. Aime, peu importe le prix.

Va sur la place du marché. Restes-y avec moi. Prie. Jeûne. Prie toujours.

Jeûne. Demeure caché. Sois une lumière pour les pas de ton frère.

Avance sans peur jusque dans les profondeurs du cœur des hommes : Je serai avec toi.

Prie sans cesse. *Je serai ton repos.*

House… Sinon nous risquons d'être du bois mort, inutiles pour le Seigneur.

Ainsi donc, la quatrième suggestion est simple – bien que pas toujours commode! –: Levez-vous et avancez dans le mystère de votre être avec une grande confiance en Dieu. Écoutez l'Esprit, Il vous guidera.

Les éditeurs

NOTRE MERVEILLEUSE VOCATION

Le 21 février 1956

Mes bien-aimés,

Ces derniers temps, j'ai beaucoup prié pour notre famille et pour chacun de ses membres. Plus je tentais de clarifier notre merveilleuse vocation, plus je sentais lourdement le poids de mon indignité. Et pourtant, ce sentiment n'était pas dépourvu de joie car, dans la mesure où je prends conscience de mon indignité et de ma faiblesse, je comprends que le Seigneur, voyant ma pauvreté, la remplit de sa Présence.

Il est bien certain que le Seigneur des Armées et sa bonne Mère pallieront mon incapacité. Aussi, est-ce avec l'assurance que me donnent la foi, l'humilité et l'obéissance que je continue humblement, simplement, mais avec fermeté à diriger de mon mieux notre petit troupeau, car je sais que là où j'échoue, Jésus et Marie tireront du bien de mes échecs.

J'ai commencé par dire que je priais beaucoup en ce moment où s'ouvre largement devant moi la vision des immenses possibilités de la vocation à laquelle Dieu nous a appelés.

Mon cœur est plein de joie lorsque je commence à réaliser combien étaient prophétiques, saintes et chargées de signification les paroles que le Saint-Père m'adressait en 1951. Si vous vous souvenez bien, il m'avait dit : « Madame, persévérez, car le sort de l'Église dépend de groupes tels que le vôtre. »

Occupés comme nous le sommes par les humbles tâches qui constituent la trame de notre vie quotidienne consacrée au Seigneur, il nous arrive à tous de perdre de vue la perspective d'ensemble. Moi, je ne puis me le permettre car mon devoir est d'envisager l'apostolat dans sa totalité autant que dans chacun des apôtres qu'il convient d'entourer sans cesse de douceur et d'amour. C'est pourquoi je prie ainsi : d'abord pour chaque membre, puis pour toute la communauté ; premièrement pour ceux qui ont de lourds fardeaux, ensuite pour ceux qui en ont moins ; d'abord pour ceux qui viennent juste de nous rejoindre, et après pour ceux qui sont avec nous depuis longtemps et enfin pour le tout indivisible que constitue Madonna House.

J'ai pensé devoir partager avec vous ma façon de prier car, si mon cœur désire ardemment être en permanence avec chacun pour partager le fardeau quotidien de l'existence, pour travailler et prier avec chacun personnellement, je désire que vous en compreniez l'impossibilité. Je dois de plus en plus ouvrir les mains pour me détacher des personnes et des choses qui, humainement, me sont plus précieuses que la vie. Telles sont les voies du Seigneur. Il ne nous permet pas de nous attacher à quoi que ce soit, même pas à l'Apostolat, seulement à Lui. C'est pourquoi, maintenant, je vous retrouve sans cesse dans son Cœur puisque je ne puis le faire ailleurs.

Beaucoup d'idées me passent par la tête, le cœur et l'âme quand je prie. Je pense au temps, à la pauvreté et surtout à l'hospitalité – ces beaux fruits de *caritas*, gravés sur notre croix*.

Commençons par réfléchir. Nous nous préparons à faire des vœux dont celui de pauvreté. C'est la vertu qui est particulièrement censée détacher notre cœur de tout et de tous pour qu'il s'attache uniquement au Christ. Celui-ci attend de nous bien des choses dont l'une est le bon usage du temps, l'unique et précieux lingot d'or qui nous reste. Qu'allons-nous en faire ? L'utiliser ou le gaspiller ? Gaspillerons-nous soixante secondes, soixante minutes, une heure ou deux en vaine activité, en vaine conversation, en prenant le chemin le plus long au lieu du plus court ? Ou bien allons-nous utiliser chaque seconde pour Dieu ?

Que possédons-nous ? Vingt-quatre heures entre chaque messe. Nos lendemains Lui appartiennent. Nous n'avons que vingt-quatre heures et, franchement, en dernière analyse, nous ne disposons même pas de cela, nous ne disposons que d'un instant à la fois.

Une dame de notre quartier laissa son mari et son enfant pour aller au cinéma, puis faire un petit tour en auto pour aller voir une

---

* Le mot *caritas* et le mot *pax* sont gravés sur la croix que portent ceux qui sont engagés à Madonna House.

parente malade. Il avait été convenu que le mari préparerait le repas en attendant son retour. Moins d'une heure, moins de soixante minutes plus tard, on la ramenait sur un brancard avec un traumatisme crânien et une fracture du pied, victime d'un accident de la route.

L'exemple est aussi banal que fréquent mais il est bon de le répéter car il nous rappelle cette seule richesse que nous puissions offrir à Dieu : le temps.

Mais il ne s'agit pas uniquement de l'utiliser ou de le gaspiller. C'est comme un fouet susceptible de réveiller notre apathie. Faites silence ! Écoutez ! Souvenez-vous de ce que vous avez si souvent lu dans l'Évangile, méditez-le et vous entendrez siffler dans l'air les grosses cordes nouées qui s'abattent sur le dos de Celui qui est sans péché, ligoté à un pilier.

Les voyez-vous ces robustes et vigoureux soldats romains aux muscles saillants ?... Ils ne sont que force brutale et c'est impitoyablement, méthodiquement, qu'ils abattent leur corde sur la chair innocente qui souffre pour vos péchés et les miens. Les voyez-vous ?

À Madonna House, il ne s'agit plus de soldat romain bien sûr, mais nous avons des fouets faits des fibres du temps – une minute ici, une minute là, une demi-heure ici, une demi-heure là. Nous pourrions les tresser pour leur donner plus de force et de poids afin de flageller de nos propres mains tout ce qu'il convient d'extirper de notre vie : paresse, apathie, amour du confort.

Cinq minutes de retard pour le dîner, sept minutes pour la messe, fatigue inutile, vaines allées et venues entre nos diverses maisons... Si nous en prenions la peine, nous pourrions faire notre travail en un quart d'heure là où nous mettons une demi-heure.

Silence ! Écoutez ! Les soldats romains étaient forts. Les cordes sifflaient dans l'air, arrachant à chaque coup des lambeaux qui pendaient de la chair de Celui qui est sans péché. Que dire maintenant de toutes ces heures, ces minutes, ces secondes gaspillées ?

Le vœu de pauvreté concerne le temps, notre seule richesse, mais aussi l'esprit de générosité et de détachement.

Et puis, je voudrais parler de l'hospitalité, ce beau fruit de la charité. Pouvez-vous imaginer l'un sans l'autre ? Rappelez-vous les paroles de saint Benoît : « Que chaque hôte soit accueilli comme s'il était le Christ. » Il est rare que, chez nous, je trouve à redire sur ce point bien qu'il y ait parfois comme une sorte de relâchement, d'indifférence... Il doit être bien compris que lorsque quelqu'un frappe à notre porte, nous devons tout oublier : notre sommeil (si c'est l'heure de la sieste ou notre jour de congé) afin de servir le Christ en Lui. Lorsque nous avons temps libre, il serait assez stupide de prier pendant des heures devant le Saint Sacrement si nous n'avons pas compris que rencontrer directement le Christ dans notre voisin est la première des prières... Souvenez-vous des paroles du Seigneur : « Ce n'est pas ceux qui disent : "Seigneur, Seigneur !" qui entreront dans le Royaume des Cieux, mais ceux qui font la volonté de mon Père. » Cette volonté s'est de nouveau exprimée à sainte Catherine de Sienne lorsqu'Il lui a dit : « Comment M'aimerais-tu, Moi que tu ne vois pas si tu n'aimes pas ton prochain que tu vois ? » Que dans notre communauté, personne n'oublie cela de peur que Dieu ne vomisse de sa bouche les prières que nous faisons devant le Saint Sacrement.

Et maintenant j'aimerais vous parler des doutes, non pas ceux qui touchent la foi, mais notre vocation. Il en est de plusieurs sortes. Celui qui consiste à s'interroger, à chercher une certitude, la lumière, est tout à fait normal. C'est un doute salutaire que vous reconnaîtrez à la paix et à l'ordre qui règne dans le cœur de celui qui l'éprouve. Il n'en est pas bouleversé mais plutôt fortifié. Et c'est peut-être justement pour raffermir sa volonté que Dieu aura permis ce doute qui s'accompagne parfois de dépression, de crises de larmes et le reste. Pour le dissiper, il suffit généralement d'en parler avec une personne autorisée.

L'autre genre de doute est violent, déstabilisant. Il faut le repousser car il provient, soit d'une mauvaise santé, soit du démon. Dans le premier cas, c'est le médecin ou le psychiatre qui s'impose ; dans le second, ce peut être les responsables de votre communauté ou plus sûrement le directeur spirituel.

Mais soyez sûrs d'une chose : les doutes nous accompagneront jusqu'à la mort comme pour forger notre volonté. Et c'est en n'y prêtant pas attention que nous finirons par nous en accommoder… mais ni aujourd'hui, ni demain ! À mesure que nous grandirons dans la charité *(caritas)*, nous grandirons dans la paix, second volet de la devise de notre vocation *(pax)*…

Oui, je prie constamment pour vous et je vous ai livré quelques-unes des pensées qui me traversent l'esprit lorsque je le fais pour Madonna House. À votre tour, je vous supplie de prier pour moi, mes bien-aimés ; j'en ai tellement plus besoin que vous !

Que ce carême soit pour vous un temps riche en grandes grâces ! Que Notre Seigneur et Notre-Dame le fassent fructifier et qu'ils vous rendent forts, purs et joyeux devant Dieu.

Avec ma maternelle bénédiction, affectueusement vôtre en Jésus et Marie,

Catherine

LA PRIMAUTÉ DE LA CHARITÉ

Le 16 mai 1956

Mes bien-aimés,

J'ai prié pour vous plus que d'habitude, bien que cela semble impossible puisque je le fais sans cesse ainsi que nous le recommande le Seigneur. Tout au long du jour, dans mes pensées, je vous présente à Notre-Dame. Quand je traverse la chapelle, je regarde les images qui la représentent en disant : « Prenez bien soin d'eux, ne les épargnez pas, faites-en des saints. » Mon esprit s'attarde à cette dernière phrase car mon désir de vous voir sanctifiés, individuellement et collectivement est immense et je sacrifierais tout pour cela. Pour moi, il n'existe qu'un mot qui soit synonyme de sainteté, c'est *caritas* (amour), avec son fruit : la paix.

Chaque fois que je dois évaluer l'un ou l'autre de nos établissements, deux questions me suffisent : quelles sont la hauteur et la profondeur de la charité qui y règne ? La paix y est-elle grande ? Puis, je passe à chacun pour lui appliquer le même critère. Rien ne compte hors la charité et la paix.

Là où règne la charité, la paix demeure et Dieu aussi. Je désire par-dessus tout que les membres de notre famille apostolique s'aiment profondément de l'amour et de la paix du Christ. Sinon, comment pourraient-ils aimer les pauvres ?

Le centre de cet amour, son ardeur, son modèle se trouvent dans le responsable de la maison. Son Cœur veille et aime à travers les épreuves de toutes sortes : souffrance, chagrin, maladie, santé, lassitude : cette vraie croix. Il veille au bien-être des membres et au maintien de l'ordre dans le repos, le travail, la prière et le sommeil. Cet amour est comme un plant de vigne du Christ dont le fruit est l'apostolat ; il est lourd de grappes puisque greffé sur le Christ.

Chaque membre a son rôle à jouer dans cette *caritas* et cette *pax*, qui sont l'essence de notre vocation. Vous êtes tous en plein processus de croissance, vous les petites pousses du plant de vigne qui, demain, sera chargé de fruits. Sans les membres, l'œuvre du directeur reste stérile. Ensemble, vous êtes remplis de la fécondité de Dieu.

L'humilité, l'amour, la confiance, la franchise : voilà ce qui caractérise un membre de Madonna House. Chacun sait qu'il fait partie d'une équipe dont la force dépend du plus faible.

Nous formons une famille. Enfants de Notre-Dame-de-Combermere, nous ne faisons plus qu'un, vivant dans une maison qui est la sienne. Âme, esprit, cœur, nous sommes « un » pour avancer dans la même voie : le petit sentier de notre apostolat qui fait partie de la voie étroite mais royale du Christ. Il nous faut sauvegarder cette unité avant tout, car elle est l'esprit de famille dont la vraie mère est Notre-Dame, reine de l'univers… C'est d'ailleurs au cours de ce merveilleux mois qui lui est dédié que je vous écris cette lettre.

Seul compte l'esprit. C'est « l'être devant Dieu » qui doit exprimer cette unité, rendre cette charité réelle et tangible, tout revêtir de paix. Alors les œuvres viendront compléter cette unité et elles brilleront comme des pierres précieuses sur une couronne. Mais qu'en ferons-nous s'il n'y a pas de couronne ? Elles resteront cachées sous le boisseau, leur lumière ne pouvant briller au sommet de la montagne.

Je désire ardemment qu'entre vous, vous parliez de cette unité, de cette charité. Qu'elle soit l'objet de vos prières. Vivez-la, pratiquez-la pour que les païens du monde moderne puissent vraiment dire en nous regardant : « Voyez comme les chrétiens s'aiment ! » Alors, nous renouvellerons la face de la terre et nous étendrons le Royaume du Christ.

À vous, *caritas* et *pax,* mes bien-aimés !

Dans le Cœur Immaculé de Marie,

Catherine

L'ESSENTIEL DE NOTRE ESPRIT *

Le 22 mars 1956

Mes bien-aimés,

L'esprit de Madonna House est le zèle ardent de la gloire de Dieu, du salut des âmes, de la restitution au Christ de toutes choses par l'intermédiaire de Marie. Vous, les membres de Madonna House, vous y êtes venus par l'inspiration du Saint-Esprit pour consacrer votre vie à ce très humble apostolat, dissimulés comme la famille de Nazareth – inconnus, sans gloire, sans que rien ne vous distingue extérieurement de la masse de l'humanité, si ce n'est la croix que vous portez.

Le deuxième but de Madonna House est de rendre l'homme et ses institutions à Jésus-Christ, par l'intermédiaire de Marie, dans l'apostolat laïc, par le moyen du travail, dans toutes les phases d'une reconstruction chrétienne.

---

* Conférence donnée le 22 mars 1956 et dont le texte a été envoyé ultérieurement aux membres de la communauté.

C'est cela votre tâche, mais la manière dont vous allez l'accomplir dépend de qui vous êtes. Ce que vous faites importe, mais peu. Ce que vous êtes, au contraire, importe énormément.

C'est la condition de serviteur qui restitue le monde au Christ. « Le zèle pour la maison de mon Père me consume... » Nous sommes incapables de nous reposer parce que nous aimons. Nous faisons nôtres les mots : « Je dors mais mon cœur veille. » Nous sommes passionnément, totalement amoureux de Dieu, ou nous devons l'être, au fur et à mesure que nous vivons cette vocation. Nous ne respirons, nous ne vivons, nous ne mangeons, nous ne dormons que pour servir Celui que notre cœur aime et pour étendre son Royaume.

Vous connaissez bien le plan que Dieu dessine pour vous. Le miracle de ce plan est que Dieu nous invite – vous et moi – à y participer. Quel est ce plan ? Regardez la crucifixion ! Une simple croix et sur cette croix un homme qui a soif – Sitio ! Est-ce qu'il a soif d'eau ? De vin ? Peut-être. Mais par-dessus tout, il a soif des âmes. Le plus beau don d'un apôtre laïc de Madonna House est tout simplement le don de sa vie. « Je te donne ma vie, Seigneur, parce que le zèle de ta maison me consume. Je désire t'apporter des âmes pour apaiser ta soif. »

Telle est notre vocation. Tel est l'esprit de l'Apostolat, l'esprit qui le fera réussir. Dès l'instant où cet esprit se perd, l'Apostolat est mort, même s'il couvre la terre entière. Peu importe que nous soyons nombreux, que nos étagères ploient sous le poids des livres, que nous nourrissions les pauvres, que nous ayons tout un bataillon d'infirmières au service des malades. Tant que nos cœurs ne sont pas remplis de la charité du Christ et que nous ne brûlons pas de cette charité, nous sommes tels l'airain qui sonne et les cymbales qui retentissent. Sans l'amour, tout ce que nous ferons ne servira de rien, et rien ne sera rendu au Christ. Nos activités ne seront que l'extension de ce que font les communistes et les païens. La différence entre eux et nous est dans la motivation. Nous faisons tout cela parce que nous ne pouvons nous en empêcher, parce que, comme des gens qui ont le cœur en feu, si nous ne servons pas, notre amour pour Dieu nous déchirera. L'amour doit servir.

L'amour n'est pas chose abstraite. L'amour n'est pas quelque chose qu'on peut classer, peser, organiser. L'amour est un feu ; il doit se consumer en servant. Le service de l'autre est comme du bois sec pour l'amour, qui le transforme en feu de joie pour l'éternité où il continue encore de brûler ! Vous et moi, nous sommes appelés à être des flammes dans l'épaisse ténèbre de ce monde, une lampe pour les pieds de notre prochain, un abri où il puisse se réchauffer, un endroit d'où il puisse contempler la face de Dieu. Comment les gens pourraient-ils voir clair si on les laisse dans le noir ?

Nous nous sommes rassemblés pour « être », pour brûler, pour aimer. Qui nous a rassemblés ? Le Feu de l'Amour ! Le Saint-Esprit ! Nous sommes tous des petites flammes qui s'assemblent, grandissent, chacune à son rythme, s'unissent pour former des dessins variés dans nos fondations diverses, selon l'appel de Dieu exprimé par l'Évêque qui nous accueille. Nous brûlons, nous aimons, et nous nous offrons en holocauste : « Seigneur, consume-moi. Ne fais pas attention à mes faiblesses, à mes difficultés. Façonne-moi à ton image et à ta ressemblance. »

Alors nous tournons nos visages vers Dieu le Père, le Sculpteur Infini. Nous étions argile et poussière. De cette argile, Il nous a façonnés. Avec son souffle, Il nous a donné la vie. Maintenant, en tournant notre visage vers Dieu le Père, nous disons en toute simplicité : « Une fois de plus l'argile vient à toi, mais maintenant une argile avec une volonté propre. Alors de ma propre volonté me voici. Façonne-moi à l'image de ton Fils. Je sais qu'avant que le visage du Christ ressuscité puisse prendre forme dans mon âme grâce à tes mains saintes, je dois être façonné à l'image de l'Homme de Douleur. Façonne-moi. Car tel est le but de ma vie. Tel est le désir de mon âme : être où est mon Bien-Aimé. Me voici, Seigneur, façonne-moi. »

Et Dieu le Père se penchera sur moi et sur vous, et de nos pauvres visages humains façonnera la ressemblance du Christ de Gethsémani, du Christ de Pilate, du Christ des Douleurs, le Christ qui a été persécuté, sur qui on a craché, qui a été flagellé, couronné d'épines, crucifié. Puis un jour Dieu le Père viendra nous dire :

« Maintenant lève-toi car je désire te façonner à l'image de mon Fils dans sa gloire. »

Telle est notre vocation. Tel en est l'esprit – un abandon total qui ne connaît pas de limites. Qu'est-ce que la mort pour moi sinon une entrée dans la vie ?

Est-ce que je crains l'homme ? Que peut-il me faire ? Je marche à l'ombre de Dieu. Quelque chose m'est-il impossible ? À moi, oui, mais pas à moi avec Lui. Je ne peux pas respirer sans Lui, mais avec Lui j'avance avec une foi totale vers l'impossible.

Est-ce qu'il fait froid là où je vais ? Mon Seigneur a froid. Si je vais là-bas, Il me réchauffera. Les espaces désolés de l'Arctique ne me font pas peur. Est-ce que je vais vivre sous le soleil ardent ? Et la chaleur du jour me consumera-t-elle ? Qu'est-ce que cela peut faire ? Le feu de mon âme est plus chaud que le soleil. Il fait frais dans le désert du Sahara par comparaison avec ce qui se passe à l'intérieur de moi !

Je brûle d'un feu qui ne sera jamais apaisé tant qu'il ne sera pas uni au Feu, au Mouvement qui est la Très Sainte Trinité ! Rien n'a d'importance sauf le Dieu des Armées et sa Volonté.

Les membres de Madonna House devraient entendre constamment ces mots : « Je suis venu pour faire la Volonté du Père. » Et aussi ces paroles de l'Écriture : « Il a été obéissant jusqu'à la mort. » Ainsi, brûlant d'amour, je suis un holocauste offert avec un zèle qui me consume pour la gloire de la maison de mon Père. Comment puis-je tout abandonner si je n'entends pas ces mots : « Je suis venu faire la Volonté de mon Père » ?

Avec joie, je dis : « Seigneur, oh ! Seigneur, je suis venu pour faire ta Volonté. Oh ! Christ, je ferai aussi la Volonté de ton Père car ta Volonté et celle du Père sont une. » Ainsi à tout moment de ma journée, à chaque pas que je fais, je vois la Volonté de Dieu. Le devoir du moment me parle avec la voix d'un Amant.

Je ne fais pas le devoir du moment parce que la personne qui détient l'autorité me dit de le faire. Je le fais parce que mon Seigneur a parlé. À travers les siècles, j'entends avec les oreilles de mon âme la voix de Celui que mon cœur aime. Et je me lève et je me hâte de faire la Volonté de mon Bien-Aimé.

C'est la seule manière dont je vais restaurer le monde dans le Christ. La restauration du monde qui est le but de notre Apostolat doit venir de l'intérieur de moi et de l'intérieur de chacun de vous. La clef est cette réalité intangible – aussi forte que la mort, aussi forte que la vie éternelle – qu'on appelle l'amour. Rien ne peut le détruire à moins que nous ne le détruisions nous-mêmes. C'est le seul motif, la seule raison d'être ici. Rien n'a de sens si vous n'êtes pas ici pour aimer – totalement, passionnément, complètement. Le mot même « amour » implique sacrifice et abandon de soi.

Il a été obéissant jusqu'à la mort. Les croix ne sont pas à la mode au XXe siècle. Le Rideau de Fer n'a pas encore enveloppé ce que nous appelons les « peuples libres ». L'ombre du Rideau n'est pas encore tombée sur vous mais elle pourrait le faire. Ce serait une autre sorte de croix.

Mais la croix du Christ projette toujours son ombre sur nous tous. C'est une mort toute simple à laquelle Il nous appelle, mais comme elle est profonde, comme elle est étrange, comme elle est mystérieuse ! C'est une mort qui en elle-même apporte les germes mêmes de la vie. C'est une mort à soi-même simple, profonde, totale, qui ouvre toutes les portes. Quand le « je » s'est totalement rendu, alors l'entrée du Royaume des cieux s'est ouverte sur cette terre. Il n'y a pas de plus grand amour que de donner sa vie pour les autres. Notre vocation est de mourir pour que nous puissions vivre et donner la vie à d'autres. Dans la mesure où je meurs, c'est dans cette mesure que mon prochain vit, c'est dans cette mesure que j'apporte la lumière du Christ.

J'ai parlé de zèle, de feu et de lumière. Mais pour brûler, tout feu et toute lumière doivent être mis dans quelque chose – une cheminée, un poêle, une lampe –. La mort à soi-même est l'immense torche que nous pouvons lever très haut pour chasser les ténèbres, car contre quoi nous battons-nous ? Nous combattons non seulement le monde, la chair et le diable, mais aussi les puissances et les principautés. Ceux-là ne peuvent être exorcisés que par l'amour au nom du Père et du Fils et du Saint-Esprit. La charité est la mère de toutes les vertus. La charité est le feu qui seul peut repousser les ténèbres de ces puissances et de ces principautés. Ces puissances se nourrissent de ténèbres ; le mal se tapit dans les ténèbres. Les ténèbres cachent une multitude de péchés. Il est si facile de douter, de semer la discorde, de planter la colère dans les ténèbres. Qu'est-ce qui chassera les ténèbres ? Une seule chose : l'amour.

Comme une fleur empoisonnée, la haine fleurit dans les lieux humides et sombres, dans toutes les eaux mortes, marécages et marais. De là, la haine projette son parfum mortel d'une douceur étouffante, putride. Qui s'aventurera dans le royaume de la mort et de la haine, la vraie mort, la mort de l'âme ? Seul celui qui meurt à soi-même parce qu'il aime ; seul celui qui obéit à la Volonté de Dieu ; seul celui qui est une lampe, une lumière, une torche, un feu de joie, qui n'a pas peur de marcher seul dans les ténèbres et d'être plus fort que la haine. Il n'y a qu'une seule chose qui est plus forte que la haine : l'amour ! Et rien d'autre que l'amour ne vaincra jamais la haine.

Mais comment puis-je aimer s'il y a un millionième d'once de « moi » en moi ? L'amour est une Personne. L'amour est Dieu. Là où est l'amour, là est Dieu. Et notre vocation est de faire de la place pour Dieu en nous-mêmes… Si je puis dire, d'habiller Dieu de notre chair, de Lui donner une fois encore des mains, des lèvres, des yeux et une voix. Mais pour cela nous devons mourir à nous-mêmes. Dieu est immense. Il a besoin de beaucoup de place, de notre être tout entier. Pas une seule fissure ne doit être laissée pour nous-mêmes. Autrement nous mutilons le Christ si nous Lui refusons l'accès à une partie quelconque de nous-mêmes. Et quel est l'amant qui cache quoi que ce soit à celle qu'il aime ? Une telle personne n'est pas un amant véritable.

Ainsi donc, telle est notre vocation – brûler, mourir, devenir une flamme pour faire la place pour que le Christ grandisse en nous. Une fois que les pieds du Christ à travers nos propres pieds toucheront de nouveau cette terre, la terre fleurira et sera restaurée en Lui. Le don de soi se trouve dans la douleur. Il y a un rayonnement qui émane de cette douleur et qui disperse les ombres sur le visage d'autrui. Telle est l'essence de notre vocation, brûler d'amour, être une lumière, être un feu. Et comme vous qui vivez dans ces bois le savez trop bien, vous ne pouvez pas faire partir un feu avec du bois vert. Et le feu de l'amour de Dieu pas davantage ne pourra prendre dans une âme qui ne Lui soit pas totalement consacrée.

Vous n'avez ni passé ni avenir. Vous n'avez ni père ni mère. Vous n'avez ni femme ni mari. Vous n'avez pas d'enfants, pas de parents. Vous êtes seul en face de votre Amant, Dieu. Personne et rien ne se tient entre vous et Dieu.

Vous vivez dans l'intervalle qui sépare deux messes. Vous existez dans le moment présent. Vous faites la Volonté de celui qui vous a envoyés, car vous êtes un apôtre, et le mot « apôtre » signifie « envoyé ». Qui vous a envoyé ? Le Christ. Qui a envoyé le Christ ? Dieu le Père. Vous êtes prêts. Vous n'avez rien dans les mains. Comment pouvez-vous être un apôtre si vous possédez quelque chose ? Votre route est longue ; votre route est poudreuse ; vous vivrez dans les sentiers du monde ; vous vivrez dans les arrière-cours nauséabondes. À vous sont les endroits où personne ne veut aller. Pouvez-vous y apporter des biens ? À vous sont les immenses étendues désertiques qui existent dans les âmes des hommes. Vous devrez traverser les océans de désespoir et de doute qui sont dans leur cœur. Pouvez-vous emporter un bagage dans cet étrange cheminement ? Non. Et ainsi à votre obéissance et à votre amour s'ajoute la pauvreté.

Vous avancez comme un apôtre. N'emportez pas de chaussures, d'or ou d'argent. Alors une fois de plus vous aussi, vous entendrez les paroles du Christ à la fin du voyage : « Avez-vous manqué de quelque chose ? » Notre vocation est simple, tellement simple que les mots me manquent pour la décrire. Elle est intangible et pourtant très concrète. Brûler. Faire la Volonté de Dieu dans l'humble devoir de chaque moment. Mourir à soi-même par l'obéissance, la pauvreté, l'amour. Et aussi par la chasteté : n'avoir personne qui vous appartienne et vous, n'appartenir à personne excepté à Dieu. Vivre dans le moment présent. Être prêt à être crucifié (au sens mystique du terme) sur la croix de la Volonté de Dieu. Être prêt à être crucifié par les hommes. Vous le serez. Vous serez crucifiés par leurs paroles avant de comprendre que les mots prononcés par les hommes ne sont que paille dans le vent. Il y aura des paroles de désapprobation, de doute, de moquerie. Vous serez aussi crucifiés par des gestes (le haussement d'épaules, par exemple). Vous serez crucifiés par le doute exprimé par les autres à propos de votre mode de vie.

Et je veux que vous compreniez votre crucifixion. Nous ne sommes pas dignes d'être crucifiés en haut d'une colline. Même saint Pierre a été crucifié la tête en bas ; et saint André a été crucifié sur une croix qui n'avait pas la même forme que celle du Seigneur. Ils étaient contents de ces différences. Ils se sentaient indignes d'être crucifiés comme le Christ qui était Dieu.

Notre croix sera toute petite. Ce sera probablement sur la place publique où nous habitons. Les impasses, les déserts, les ruelles, les allées puantes – c'est cela la place publique au figuré. Notre croix sera petite ou aussi grande que vous ou que moi, chacun selon sa taille.

Et qu'est-ce qui va arriver ? Un marchand va passer, s'arrêter, enfoncer ses gros doigts dans votre bouche et dans vos yeux, dans votre poitrine et votre côté et dira : « Bah ! pas grand-chose », et il passera.

Un avocat viendra et dira : « Il est illégal ces temps-ci d'être crucifié sur la place publique. Bah ! je me demande de quoi ils sont faits. »

Un médecin passera et dira : « Ceci n'est pas hygiénique ; cela doit être interdit », et plongera de nouveau ses doigts en vous. Une femme occupée de tout sauf de Dieu se tiendra là et dira : « Bah ! » et exprimera ce qu'elle pense de vous en termes très clairs. Des prêtres passeront et diront : « Comme c'est idiot ! » Des religieuses passeront et diront : « Ni chair ni poisson », regardez-les.

Alors quelqu'un passera et jettera de la boue (nous ne méritons pas encore des pierres) et dira : « Oh, bombardez-les aussi d'œufs pourris ! » et quelqu'un d'autre dira : « Jetez aussi des tomates pourries pour faire bonne mesure ! » Et là, crucifiés par la Volonté de Dieu pour votre sanctification, vous vous tiendrez debout enveloppés d'un manteau royal invisible avec des œufs et des tomates pourris en guise de couronne d'épines.

Votre vie paraîtra très monotone. Vous n'avez qu'un moment à vivre à la fois. Un jour à la fois entre deux messes. Vous n'avez pas de passé. Vos hier ont disparu. Vous n'avez pas de futur. Vos lendemains Lui appartiennent. Vous n'avez qu'aujourd'hui.

Je n'ai que ce moment pour faire la Volonté du Père. Que ce moment pour être obéissant jusqu'à la mort. Que ce moment pour brûler d'un feu qui ne connaît ni commencement ni fin. Que ce moment pour me dépenser au service de mon prochain. Car je dois prouver à mon Bien-Aimé que je l'aime. Les mots ne suffisent pas ! Les paroles se taisent devant la Parole. Je ne peux Lui prouver mon amour qu'en aimant mon prochain car mon prochain, c'est Lui-même.

Qu'apporterez-vous à votre Bien-Aimé ? Allez-vous Lui apporter de riches vêtements que vous aurez cousus pendant la nuit avec de splendides fils d'or et d'argent ? Allez-vous Lui apporter une couronne d'or, ou un sceptre que vous aurez passé la moitié de la vie à sculpter dans un ivoire sans prix ? Allez-vous Lui écrire des poèmes susceptibles d'émouvoir des multitudes ou une musique qui enchantera le monde entier ? Allez-vous Lui offrir des livres qui Le feront mieux connaître ? Non, vous Lui apporterez du ragoût bien mitonné, des pommes de terre finement pelées pendant des heures et des heures, des fiches à sans cesse classer et reclasser, des planchers éternellement frottés pour permettre à ses pieds d'y marcher en votre prochain. Vous Lui apporterez des machines soigneusement nettoyées et huilées chaque jour, des ordures enlevées, des voyages interminables sur les routes enneigées du Yukon ou sur les mauvaises routes de Combermere pour conduire quelqu'un à l'hôpital.

Et ceci pendant des années ! Vous Lui ferez des dons si humbles que les gens qui vous verront apporter votre offrande en sacrifice hausseront les épaules, détourneront leurs visages et diront : « Je Te rends grâce, Seigneur, de ce que je ne suis pas comme eux. »

Ils ne vous reconnaîtront pas pour ce que vous êtes. Ils n'ont pas reconnu non plus le Christ de Nazareth. Ce sera une épreuve pour vous de ne pas être compris ; ce fut aussi une épreuve pour le Dieu-Homme. Mais votre joie sera grande car tout ceci vous fera ressembler davantage à votre Bien-Aimé.

Toutes ces petites choses sont comme la main de Dieu le Père vous conformant à la solitude de son Fils, vous conformant à l'incompréhension dont son Fils souffrait, vous conformant à l'image du Christ caché et à sa souffrance.

Petit à petit la main de la Volonté de Dieu et la main du temps ne feront plus qu'un. Vous serez modelés et remodelés, sans même le savoir. Vous entrerez dans une grande obscurité, une grande aridité, une grande tentation. Mais réjouissez-vous ! Ceci est le désert où le Christ a jeûné quarante jours ! C'est sa faim dont vous faites l'expérience. C'est le Seigneur qui fait la cour à votre âme, en se cachant comme font les amants afin que vous puissiez vous lever et partir à sa recherche. Ce jeu de cache-cache de l'amour, ce jeu éternel est maintenant élevé à un plan surnaturel.

Soyez en paix ! Cette obscurité, cette aridité, ce désert sont remplis de joie. C'est le commencement de la sagesse, car votre Bien-Aimé est la Sagesse même de Dieu. Il vous enseigne sa Sagesse : tantôt dans la solitude et le silence du désert, tantôt dans le calme et l'obscurité de la nuit de l'amour. Il existe deux sortes de nuit : la nuit de la haine et la nuit de l'amour. Ici, c'est la nuit de l'amour.

Tel est l'esprit de notre Apostolat. Telles sont la lisse et la trame de notre consécration. Sans cet esprit, votre propre restauration n'est qu'une balle qui vole dans le vent. Les mots me manquent pour expliquer cette consécration enracinée dans l'amour. Qui peut exprimer l'inexprimable ?

Dans cette vie, vous aurez passé pendant bien des années pour un phénomène, mais viendra un jour, si vous êtes fidèles, où les gens vous reconnaîtront pour ce que vous êtes. Parce que vous avez renoncé à votre propre vie jour après jour, minute après minute, parce que vous êtes morts à vous-mêmes dans le devoir du moment présent, parce qu'avec votre inaltérable volonté vous êtes restés unis à la Volonté de Dieu, parce que vous avez donné votre vie pour votre prochain, discrètement, en cachette, sans tambours ni trompettes, sans applaudissements, alors Dieu Se verra restituer une portion de son champ en ce monde. Dans la mesure où vous aurez fait ainsi, dans cette mesure le monde sera restitué à Dieu et dans cette mesure vous deviendrez puissants contre les ténèbres.

Sur cette croix, Dieu vous donnera la force d'être une lumière, pas seulement pour les pieds de votre prochain, mais une lumière qui aveugle le démon, les puissances et principautés. Alors, au nom de la Sainte Trinité, vous pénétrerez dans les endroits obscurs et humides, plongeant sans peur dans la profondeur des eaux stagnantes pour y secourir une âme. Alors vous serez prêts. Vous serez prêts parce qu'il n'y aura plus d'égoïsme en vous. Vous aurez aimé et vous aurez fait place à Dieu. Que pourriez-vous craindre quand vous arriverez à dire : « Ce n'est plus moi qui vis, c'est le Christ qui vit en moi ! » ?

Tel est le but de notre Apostolat : aimer comme Dieu veut que nous aimions afin de vivre sans crainte. Car le combat dans lequel nous sommes engagés exige du courage. Seul l'amour parfait, et rien d'autre, bannit la crainte. Alors, apprenons à aimer parfaitement !

L'Amour est une Personne, l'Amour est Dieu. Nous serons habités par Dieu dans la mesure où nous aimerons. Et alors, parce que Dieu n'est jamais dépassé en générosité, Il demeurera en nous parce qu'Il veut faire sa demeure en nous. Il vient à nous dans les déserts et les nuits obscures, et ceux-ci disparaissent. Alors nous connaissons la Lumière parce que nous avons apporté la Lumière aux autres.

C'est une étrange vocation que vous embrassez, plein de lumière. La seule chose qui puisse l'obscurcir, c'est vous-mêmes, si vous faites votre propre volonté et non point la Volonté de Dieu le Père et celle de son Fils, qui ne sont qu'une seule et même Volonté.

Dans la vie quotidienne, quand vous traverserez péniblement cette vallée de larmes, votre regard sera sans cesse en quête de la Terre Promise. Mais votre amour pour Dieu est tel qu'il vous importe peu de savoir quand Il vous rappellera à Lui. Un temps viendra où vous souhaiterez mourir, simplement parce qu'il est trop difficile de vivre. Mais même alors vous direz : « O.K. ». Votre désir de faire sa Volonté sera plus fort que votre désir du ciel, car ce n'est peut-être pas sa Volonté que vous alliez au ciel maintenant.

Dans la vie quotidienne, qu'attendons-nous de vous, ou plutôt qu'est-ce que Dieu attend de vous ? Une grande simplicité, un naturel absolu, une humilité aussi ordinaire que l'air. En effet, qui sommes-nous ? Dans la lignée des apôtres, nous sommes les plus petits des plus petits. Nous sommes des laïcs consacrés à Dieu, mais quand même des laïcs. Nous sommes très petits. Rappelez-vous ce que je vous dis toujours : David a regardé Goliath, puis il a vu des petits cailloux dans un ruisseau. Il avait une fronde d'enfant. Il se baissa, il ramassa ses cailloux, les cala dans sa fronde et tua le géant.

Ainsi fait le Seigneur avec nous. David est une préfiguration du Christ. Le Seigneur regarda le monde et vit les goliaths de ténèbres prenant de plus en plus de force et d'ampleur, Lui arrachant les âmes pour lesquelles son Fils est mort. Le Christ son Fils, avec la fronde de sa grâce, se baisse vers le ruisseau de la vie, ramasse les petits cailloux que nous sommes, vous et moi, pour les mettre dans sa fronde. Que devons-nous faire en tant qu'apôtres laïcs ? Les petits cailloux doivent seulement être « là ». C'est à Dieu de les décocher.

Voici la main de Dieu et voici les petits cailloux. Ils ont été polis par l'eau. Ils sont brillants et tout prêts à servir. Ils sont au creux de la paume de Dieu. C'est à Lui de les prendre, de les mettre dans sa divine fronde, et de les décocher là où Il veut. C'est tout !

Mais de quoi sont faits ces petits cailloux ? Chasteté, pauvreté, obéissance, humilité, simplicité, naturel, mort à soi-même et amour. Les cailloux sont immobiles au creux de la paume de Dieu, simplement heureux d'y reposer.

Comment allez-vous y arriver ? Quel est le programme ? C'est surhumain, ou disons plutôt surnaturel. Le seul moyen d'acquérir la force tranquille dans la paume de Dieu, de mourir à soi-même dans la monotonie sans gloire du moment présent, c'est la prière. Un séjour au Nigeria, au Brésil ou en Europe sera plein de charme pendant un mois ou deux. Mais alors les arrière-cours de Paris, les ruelles de Ceylan, les sentiers campagnards d'Afrique, ici le soleil brûlant, là l'humidité, et surtout cette monotonie quotidienne, vous accableront à nouveau.

Il y aura toujours de nouveaux visages, mais toujours les mêmes vieux problèmes. Il y aura toujours la même routine, nourrir les âmes, nourrir les corps, vêtir ceux qui sont nus, soigner les esprits et les corps épuisés. Ce sera toujours la même histoire répétée jusqu'à la nausée et « ad infinitum ». Pour quelqu'un qui vit cela pour la première fois les choses paraîtront neuves et passionnantes, mais pour vous cela deviendra vite le même vieux disque rayé. Qu'est-ce qui va redonner vie à ce vieux disque rayé ?

C'est le Seigneur qui, avec cette vocation à l'amour, vous donnera le courage, le zèle brûlant pour écouter, vêtir ceux qui sont nus, soigner les malades, nourrir les affamés, sans cesse et sans fin, avec l'enthousiasme d'une jeune fille allant à son premier rendez-vous.

Peu à peu, à mesure que les années passeront, vous verrez le visage de votre Bien-Aimé. Lentement, les mille et un visages qui vous ont raconté leur histoire, qui vous ont demandé votre aide, deviendront un seul et même Visage. Alors, petit à petit, vous toucherez du doigt votre Bien-aimé avant de mourir. C'est la seule récompense de votre vocation, la récompense de votre foi. Nous touchons le Christ dans l'Eucharistie avec nos lèvres, nous touchons le Christ dans le prêtre. Mais toujours, en tout temps, en tous lieux, nous pouvons embrasser notre Bien-Aimé, au sens propre du terme, en embrassant notre prochain.

Dans la splendeur obscure de la grisaille de notre vie quotidienne, vos jours seront comme un rosaire, comme un long chapelet qui n'en finit pas. Et pourtant, ce chapelet est tout entier un mystère d'amour, le mystère de l'amour d'une âme en quête de Dieu. Goutte à goutte, les grains de vos jours tomberont dans le temps. Jours gris, grains gris ; ils sont en réalité la splendeur de l'incompréhensible feu qui renouvelle la face de la terre, rend la santé aux malades, ressuscite les morts et aide les âmes à revenir à Dieu.

Telle est votre vocation. Elle est étrangement cachée, comme une riche perle dans le corps mou et grisâtre d'une huître. C'est tellement simple ! Mais il vous faut prier constamment afin de pouvoir supporter la monotonie de ces jours gris, afin de pouvoir entendre vos jours tombant dans le temps. Vous devez croire que Dieu les amasse quelque part dans l'éternité. Pour vous, il vous faut prier, prier sans cesse.

Au début on vous apprend à prier à des moments précis. La prière de la messe, bien sûr et cela, toujours. La messe est le centre, le cœur, l'essence de notre foi. C'est le feu dans lequel il faut vous plonger pour devenir flamme. C'est votre rendez-vous avec Dieu. C'est le seul lieu où le Christ et vous ne faites qu'un dans la réalité de la foi et de la vie. La messe est la nourriture qui vous soutiendra dans la routine de ces jours grisâtres, et vous gardera enchaînés sans chaînes au devoir du moment présent, car l'amour n'est pas une chaîne.

Vous prierez la prière de la méditation, dans laquelle vous allez courir et explorer la vie de Celui que votre cœur aime, l'esprit de Celui dont vous désirez d'un brûlant désir accomplir la Volonté, parce que vous êtes tout à Lui.

Vous allez apprendre à prier avec vos lèvres et avec votre corps.

Tout cela vous l'apprendrez, et cela vous donnera du courage ; c'est bien pour cela que vous l'apprenez. Vous en tirerez de la force pour rester immobiles dans la paume de Dieu. Vous apprendrez comment prier toujours, comment comprendre le mystère de ces mots *« ora et labora »*: prier, c'est travailler et travailler, c'est prier. Et alors un jour vous atteindrez cette simple prière de présence à Dieu où vous posséderez aujourd'hui dans la foi Celui que demain vous posséderez dans la vie éternelle. Cela sera ainsi.

Il vous arrivera des choses étranges, alors. Des choses nouvelles et anciennes, des choses grises et brillantes qui font partie de votre sainte vocation. Ce sera des signes de contradiction, des signes du Seigneur des Armées.

Puis vous verrez et vous comprendrez que loin d'être gris, vos jours resplendissent de gloire car vous les vivez dans la mort à vous-mêmes, brûlants de zèle et d'amour, ne désirant qu'une seule chose, la Volonté de Dieu. La splendeur marchera à vos côtés, une splendeur que vous comprendrez à peine.

Moïse gravit la montagne et là, Dieu lui parla. Moïse redescendit et son visage rayonnait tellement que les gens furent effrayés. Il avait entendu la voix de Dieu. Mais vous, mes amis, quand vous serez devenus un holocauste d'amour, quand vous serez totalement livrés comme votre sainte vocation vous le demande, vous n'entendrez plus seulement la voix de Dieu, vous appartiendrez à Dieu ! Vous ne ferez plus qu'un avec Lui. Ce n'est plus vous qui vivrez mais le Christ qui vivra en vous ! Vous ne pourrez pas voir combien votre âme resplendit, mais ce resplendissement est l'essence même de la restauration du monde dans le Christ. C'est cette splendeur qui illumine et qui se répand en œuvres d'amour.

Mais je n'ai pas besoin de vous parler des œuvres. Il faut que je vous parle de l'esprit. Il est difficile de trouver les mots pour décrire cet esprit. C'est un esprit si simple et pourtant si incroyablement splendide que je balbutie. Toutes les comparaisons qui me viennent à l'esprit me semblent nulles lorsque je veux les formuler.

N'oubliez pas ceci : Vous avez sept ans et neuf mois pour réfléchir à votre consécration totale ; vos promesses définitives sont pour la vie. Malheur à vous si vous blessez cette petite communauté du Seigneur en manquant à la charité ! La seule chose qui peut tuer instantanément cette communauté, c'est le manque de charité ! Car alors, au lieu de repousser les ténèbres dehors, vous les laisserez entrer, au lieu de fuir le royaume de la haine, vous inviterez la haine à entrer.

Quiconque deviendra Directeur Général de Madonna House dans les années à venir, quiconque aura reçu dans ses mains faillibles l'esprit de cet Apostolat, celui-là devra monter la garde jour et nuit sur un seul point : l'amour. Peu importe la discipline ! Peu importe le reste, cela viendra ! Mais je vous enjoins avec toute la force que j'ai, au nom de tout ce que je défends, je vous enjoins de veiller jour et nuit avec la vigilance du faucon, avec la vigilance d'une mère pour ses enfants, avec la vigilance du berger pour son troupeau, je vous enjoins de veiller à toute atteinte à la charité ! Malheur à celui ou à celle qui serait responsable de cette atteinte à la charité ! Il porterait un coup mortel à l'esprit même de l'Apostolat ; n'oubliez pas cela !

Notre vocation, simple et humble, vient de Dieu. Le psalmiste parle du rocher dans lequel il y a de petits creux où les oiseaux peuvent nicher. Le rocher, c'est le Christ, bien sûr. Les « grands » comme saint Jean reposent sur son sein. Les petits comme nous nichent dans les creux de sa main, ou peut-être de son cou. Nous sommes si petits. Celui qui aime peut se nicher n'importe où dans les bras du Bien-Aimé. Notre vocation est de nous nicher dans le Christ, et comme cela est bon ! Mais il faut savoir y mettre le prix.

Donnez beaucoup et vous recevrez beaucoup : vous recevrez Dieu qui n'est jamais dépassé en générosité.

Si les gens vous demandent : « Qu'est-ce que l'Apostolat de Madonna House ? », vous répondez simplement : « C'est un Apostolat d'amour. Là où est l'amour, Dieu est présent. Nous désirons "être Dieu" au milieu du monde. Nous sommes consacrés à la restauration du monde à Dieu, hommes et institutions. La seule manière de le faire c'est d'aimer, c'est d'avoir Dieu en nous comme une flamme vivante. »

Le reste suivra. Il n'y a rien d'autre : l'amour et la mort à soi-même. C'est cela, et rien que cela, la vie éternelle dans le Christ.

Je n'ai pas parlé longuement de la Vierge Marie ; seulement une allusion au début. C'est parce que pour moi il est tellement évident que celui qui cherche le Christ sans Marie le cherche en vain. Tout ce dont je vous ai parlé présuppose le Christ, Chemin vers le Père. Comme Il l'a dit : « Je suis le Chemin. » Si Jésus est le Chemin vers le Père, le porche qui ouvre sur ce chemin c'est Marie, et nous sommes *domus Dominæ*, la Maison de Notre-Dame. Est-il nécessaire de parler de ce qui est évident ?

Tout ce dont je vous ai parlé se réalisera pour vous si vous allez à Jésus par Marie. Elle possède le secret de la prière, le secret de la sagesse, car elle est la Mère de Dieu. Qui d'autre pourrait vous apprendre comment brûler du feu de l'amour sinon la Mère du Bel-Amour ? Qui d'autre pourrait vous apprendre à prier sinon cette femme de prière ? Qui d'autre pourrait vous apprendre à traverser le silence des déserts et des nuits, le silence de la souffrance, de la douleur, de la solitude, de la joie et du bonheur, sinon la femme enveloppée de silence ? Qui peut être le pont entre le vieil homme et l'homme nouveau, entre ce qui en vous vous appartient encore et ce qui est donné à Dieu ? Qui, sinon Marie, pont entre l'Ancien et le Nouveau Testament, Marie la petite juive qui a donné naissance au Messie, le Fils du Tout-Puissant.

Il est parfois difficile de parler de ce qui est évident. Sans Marie, comment peut-on parler de Dieu le Père, à qui elle plut tant, qu'il la choisit pour être la Mère de son Fils ? Comment parler du Christ conçu du Saint-Esprit, sans parler de Marie, l'épouse du Saint-Esprit ? Notre-Dame de la Trinité et Notre-Dame de Madonna House ne font qu'un.

Tel est l'esprit de notre Apostolat. Peut-être mon silence sur Marie était-il un tribut à la femme enveloppée de silence. Mais je conclus en disant que tout ce que nous faisons dans cet Apostolat, nous le faisons par Marie. Nous Lui sommes consacrés comme ses esclaves. C'est pourquoi nous sommes libres. Et c'est pourquoi nous pouvons nous donner entièrement à son Fils parce que c'est elle qui nous montre le Chemin.

Affectueusement vôtre en Marie,

Catherine

FACE À LA RÉALITÉ DE LA SOUFFRANCE DU CHRIST

Le 7 décembre 1956

Mes bien-aimés,

L'immense vision des Instituts Séculiers que le Saint-Esprit accorda au pape Pie XII se déploie lentement devant moi. C'est notre vie intérieure et notre maturité spirituelle qui est au cœur de cette vision. Il faut que nous sortions de nous-mêmes pour nous concentrer sur les choses de l'esprit. Nous serons forts dans la mesure où le sera la vie de notre esprit qui, pour se développer affectivement, exige une certaine maturité. Le temps est venu pour nous tous de regarder en face la réalité de la souffrance du Christ.

Sa douleur est immense… Pensez au Christ dans notre monde. Plongez-vous dans sa souffrance, méditez-la !

Il est dans les pauvres, bien sûr, les oubliés, les délaissés, les affamés, les sans-logis, ceux qui ont froid. Il est dans les enfants émaciés aux yeux de vieillards, dans la jeunesse désorientée, à la dérive. Il est dans les alcooliques, les détraqués, les névrosés. Vous connaissez sa souffrance dans tous ceux-là. Sa Présence en eux vous est familière.

Mais la souffrance du Christ, la voyez-vous dans les prêtres et les évêques qui se sentent responsables de leurs paroisses et de leur diocèse ; ils se dépensent souvent au-delà de toute prudence humaine pour s'efforcer de soulager la souffrance du Christ dans ceux dont ils ont la charge.

J'ai vu des évêques et des prêtres verser des larmes amères et je croyais voir le Christ pleurer en eux. J'en avais le cœur brisé et si ma mort avait pu sécher leurs larmes, j'aurais volontiers donné ma vie pour eux. Dans ces prêtres, je voyais le Christ et le besoin qu'Il avait de nous pour soutenir leurs efforts. Je comprenais l'importance de la générosité, de la maturité et de la nécessité de mettre fin au sempiternel intérêt que nous portons aux exigences de notre pauvre personne.

Vous avez tous reçu l'arme de la connaissance qui vous a permis de mûrir affectivement. On a consacré des mois, parfois des années à vous en montrer le chemin. Ces méthodes qui sont maintenant entre vos mains, déposez-les aux pieds du Christ. Demandez-Lui la grâce de vous oublier vous-même complètement, de devenir le linge qui essuiera sa face ensanglantée et les mains qui le détacheront de la croix pour éviter qu'Il soit à nouveau crucifié.

Regardez avec les yeux de votre âme et voyez combien Il a besoin de vous. Vous n'avez plus de temps pour ce « moi » qui devrait mourir totalement afin de Lui laisser la place.

C'est maintenant notre heure ! Maintenant pas demain ! Maintenant, car la souffrance du Christ est réelle. Il faut la partager, la soulager, y mettre fin. Maintenant !

Avez-vous vu sa souffrance dans le cœur affamé de l'humanité, sa souffrance dans les « pauvres » riches et les pauvres, dans la vie intellectuelle des universités et des écoles où, jour après jour, les professeurs enseignent des phrases creuses, puisque sans la chair de celui qui est Vérité, elles ne sont que des squelettes de la Vérité ?

Avez-vous vu la souffrance du Christ dans les municipalités, l'état, les gouvernements provinciaux, nationaux, internationaux?... N'êtes-vous pas remplis d'horreur devant ces Nations Unies, tellement divisées parce que le Christ ne siège pas dans leurs assemblées?

Arrêtez-vous! Regardez! Écoutez et contemplez la souffrance du Christ – un fer chauffé à blanc qui devrait enflammer votre cœur pour partager sa souffrance et devenir une flamme qui éclaire et réchauffe le monde.

Vous pourriez vous demander ce que je vous suggère de faire, à vous qui travaillez déjà dans ce coin de vigne que le Seigneur vous a attribué et qui soulagez sa souffrance dans des centaines de gens? Ma réponse sera simple et directe: aimez davantage. Et pour aimer davantage, priez davantage... Les prières de la messe, le chapelet, l'office, fondements de toute prière, mais surtout, priez la prière de la Présence de Dieu. Marchez en sa Présence. Demandez à ceux qui sont chargés de la direction de votre âme de vous l'enseigner. Aimez! Aimez Dieu à chaque minute, à chaque pas que vous faites. Aimez-le endormi ou éveillé, en mangeant ou en travaillant, car celui qui aime Dieu comme il se doit, apportera la paix au monde. Voilà ce qu'est *caritas.*

Que chacune de vos âmes devienne le berceau, la crèche du Christ nouveau-né! Devenons les villes et les villages de sa vie publique, la terre qu'Il foula jusqu'à ce que, finalement, nous devenions un Golgotha où Il sera la croix et nous les crucifiés. Alors un jour, nous aussi, nous connaîtrons son Ascension et y participerons mais pas seuls. Nous entraînerons avec nous tous ceux que la flamme de notre amour, notre don de nous-même et notre dévouement ont conduits au Christ. C'est le vœu que je forme pour vous en ce temps béni de Noël.

En union de prière et d'amour, avec Marie.

Catherine

CONTEMPLATIFS CRUCIFIÉS

Le 26 janvier 1957

Mes bien-aimés,

Nous savons tous que l'esprit de Madonna House, c'est la croix. Mais avons-nous réalisé combien il est difficile de demeurer sur la croix ?

Accepter de demeurer sur la croix exige de la fidélité, de la persévérance et une certaine vision qui donne le courage de gravir le Golgotha. Peut-être allez-vous d'un bon pas en vous tenant bien droit. Il se peut aussi que vous vous traîniez péniblement, épuisé, blessé, mains et genoux endoloris, pour gravir la colline du Crâne et atteindre votre but qui est la croix.

Vous n'y parviendrez pas sans la claire vision de cet unique but, sans un dévouement et un renoncement total. Vous pourriez être tenté de faire halte dans quelque vert pâturage ou sur une colline ensoleillée. Vous pourriez céder à la fatigue, à vos émotions ou à la nuit obscure de l'esprit.

Pour atteindre la croix du Christ, il faut que vous sachiez où vous allez et pourquoi. Toute espèce de savoir est superflu sauf celui qui émane de l'amour.

Il vous suffit de vous reposer dans le cœur du Christ, constamment, inlassablement, dans le silence et la contemplation.

Nous ne pouvons aimer si nous refusons d'être crucifiés avec le Christ, et pour cela, il nous faut devenir un avec Lui.

Et que ne faut-il pas pour qu'un être humain se vide assez de lui-même pour que l'emplisse l'immensité du Christ !... Cela n'est possible qu'en mourant à tout ce qui, en nous, participe du vieil homme, à tout ce qui résulte du péché originel, aux désirs qui nous entraînent loin de l'amour et de la vérité et à l'instinct qui, si nous ne le maîtrisons pour le sublimer, nous plongera dans les profondeurs de l'enfer.

Tout cela doit mourir pour que puisse vivre notre vrai moi, celui que le don immense de Jésus-Christ a racheté. Pensez-y, mes bien-aimés, nous sommes appelés à ne faire qu'un avec l'Amour Luimême.

Mourir pour renaître exige un courage que les hommes qualifient de téméraire, une bravoure qu'ils appellent stupidité. Pour cela, il faut que nous devenions des fous pour l'amour du Christ, car la folie des saints est sagesse devant Dieu.

Cela nécessite une totale indifférence au respect humain. Nous ne pouvons nous soucier de l'opinion que les gens ont de nous, sauf si nous risquons de scandaliser les petits car seul compte ce que Dieu pense de nous.

Lorsque nous aurons suivi cette voie de fidélité, persévérance, prière et courage, nous serons prêts à être étendus sur la croix du Christ. Un avec l'Amour, nous comprendrons la signification de *caritas* gravé sur notre croix d'argent, celle de *pax*, le mot qui suit, car sa paix sera nôtre et personne ne pourra nous l'enlever. Nous aurons échappé à la prison du « moi », pour entrer dans la liberté des enfants de Dieu et nous serons dans l'antichambre du Paradis.

J'ai dit combien la contemplation était nécessaire. Bien qu'humainement parlant, notre apostolat soit l'un des plus actifs que l'on puisse concevoir, je pense que Dieu l'a aussi destiné à être profondément contemplatif.

Sinon, comment pourrions-nous affronter toute une vie de doutes, de tentations et de peur ? À moins d'entrer dans le grand silence et la paix de Dieu, comment pourrons-nous supporter la souffrance quotidienne qui nous broie comme du sable ? Si nous reposons sur sa poitrine n'écoutant plus que ses battements de cœur, nous entendrons la profondeur de son amour pour nous. De cet amour naîtra la joie qui soulage dans les difficultés, la souffrance et l'obscurité.

Nous sommes une nouvelle sorte de contemplatifs dont les monastères sont les rues animées des nouvelles cités païennes, les artères bruyantes des immenses métropoles qui chantent des hymnes au monde, à la chair et au démon. Nos couvents sont les chemins ruraux désertés par les hommes qui ont cessé de connaître Dieu et de l'aimer.

Nous sommes une nouvelle sorte de contemplatifs dont la prière est accompagnée par le hurlement des sirènes, les coups de klaxon, le braillement des radios, les bruits de pas. Nous sommes une nouvelle sorte de contemplatifs et, pour cloches, nous avons les pauvres qui tambourinent sans cesse à nos portes bleues*.

Nous sommes une nouvelle sorte de contemplatifs qui doit apprendre à reposer sur le Cœur de Dieu et à l'écouter battre harmonieusement tout en allant travailler pour lui au son de la musique la plus discordante que le monde ait jamais connue.

Voilà ce que je voulais partager avec vous, mes bien-aimés.

Avec toute mon affection, dans l'immense charité du Christ et le tendre amour de Notre-Dame,

Catherine

SOMMES-NOUS PRÊTS À SOUFFRIR LA PASSION ?

Le 24 février 1957

Mes bien-aimés,

À l'approche du carême, la Passion du Christ occupe mes pensées et je réalise qu'elle se poursuit quotidiennement dans son Corps mystique, l'Église. C'est-à-dire en nous, en vous, en moi et en tout être humain.

Une question monte alors dans mon cœur. Comment nous, les enfants de son Cœur Sacré et de celui de sa mère Immaculée, comment nous, appelés à cette vocation spéciale, pourrons-nous, intellectuellement, physiquement et spirituellement supporter sa souffrance ? Plus précisément, comment allons-nous la partager et la soulager dans les autres ?

* Les portes de Madonna House sont peintes en bleu en l'honneur de Notre-Dame.

Partager la Passion du Christ, c'est en porter les marques profondes et brûlantes. Sommes-nous prêts à mourir à nous-mêmes et à nous oublier au point d'éprouver une joie triomphante à être blessés, méprisés, offensés comme Il l'a été ? À être comptés pour rien comme Il l'a été ? Sommes-nous prêts à nous laisser, comme Lui, injustement accuser, flageller, sinon par le fouet romain, du moins par celui des paroles méchantes, peu charitables, étourdies ?

Sommes-nous prêts à nous laisser persécuter par le dédain de nos proches et de ceux qui enveniment les blessures que subissent notre esprit et notre cœur comme le faisait, sur ses plaies à Lui, la poussière de la *Via Crucis*? Sommes-nous prêts à nous laisser persécuter par l'incompréhension de ceux que nous admirons, par la couronne d'épines que les responsabilités tressent autour de notre tête, par la solitude dans laquelle elles nous plongent ?

Sommes-nous prêts à passer nos nuits avec Lui à Gethsémani, à l'accompagner non pas de sueur de sang mais de nos larmes ? Sommes-nous prêts à aller au désert avec Lui pour y être tentés pendant quarante jours ? Pouvons-nous quitter père, mère, frères, sœurs, mari, femme ou enfants, ainsi qu'Il le voulait en nous appelant spécialement à son service ? Pouvons-nous quitter nos familles, non seulement physiquement mais intérieurement, en nous répétant : « Je n'ai pas de frère, je n'ai pas de mère. » Croyons-nous vraiment à ce que nous disons et le vivons-nous ? Finalement, sommes-nous prêts à nous dépouiller de notre « moi » sans nous soucier d'être exposés au regard des foules qui ne nous comprennent pas ou mieux nous tournent en ridicule et finissent par nous crucifier.

Voilà ce que signifie partager la Passion du Christ. L'avez-vous jamais envisagé de cette façon, mes bien-aimés ? Sinon, je vous supplie de le faire. Ce n'est qu'en souhaitant ardemment porter le fardeau de la Passion que nous commencerons à y participer et à nous identifier totalement au Christ. Alors, nous serons prêts à prendre la croix de notre austère et glorieuse vocation, à nous laisser transpercer par les clous qu'ont affilés les jours et les nuits consacrés aux autres sans une pensée pour notre confort, nos goûts, nos désirs, nos rêves. Nous serons comme crucifiés par les clous affilés par la routine quotidienne, la monotonie et une lassitude qui semblent s'infiltrer jusqu'à la moelle des os.

Pendant ce carême, posons-nous ces questions en présence de Dieu. Si nous parvenons à une réponse positive, ce sera un bon carême. À moins de nous immerger complètement dans la Passion du Christ et de nous identifier à Lui de tout cœur, avec joie et amour, nous ne pourrons nous lancer dans le monde à la recherche du Christ souffrant dans nos frères. Nous ne comprendrons pas sa douleur et, sans compréhension, il n'y a pas d'amour, sans amour, il n'y a pas de guérison.

Tout cela me vient à l'esprit depuis le Dimanche de Septuagésime lorsque je contemple son visage dans le Saint Sacrement et lorsque je peux méditer pendant les courts moments de loisir que me laisse une vie très occupée ou au cours des heures tranquilles de la nuit, quand le sommeil refuse de venir… Il me semble parfois que je suis noyée dans l'océan de souffrance du Christ et de Marie. J'ai toujours devant les yeux le spectacle de sa souffrance en nos frères et parfois, j'ai l'impression d'être saignée à blanc par tout ce que ces blessures infligent à mon âme, mon cœur, mon esprit. Je me dis que je ne vais pouvoir me lever le matin tant la souffrance du Christ m'a écrasée et affaiblie. Sa grâce, seule, m'aide à me lever et si je vous demande de la partager, je dois bien le faire aussi.

Avez-vous jamais pensé à ce que cela devait être pour Marie-Madeleine et Jean le bien-aimé, de se tenir au pied de la croix ? Un soir, lorsque tout sera tranquille et que la nuit enveloppera de silence la fin d'une longue journée, allez à la chapelle et méditez. Vous êtes Marie-Madeleine et vous aimez Jésus passionnément. Vous êtes toujours avec Lui. Vous connaissez les Pharisiens, les Saducéens, les riches de Jérusalem et les campagnards. Proche de Jésus, vous voyez venir l'orage qui le menace, la haine qui monte ; vous voyez la douleur de sa mère et vous êtes incapable d'arrêter ce qui se prépare. Vous ne pouvez qu'aimer davantage, souffrir et prier davantage en vous rapprochant plus encore de Lui qui semble résolu à défier cette tempête de haine.

Essayez d'être Jean le bien-aimé. Alors, imaginez ce que voyait Marie-Madeleine mais avec les yeux d'un homme et un cœur tellement rempli d'amour qu'il demeura fidèle jusqu'à la fin. Figurez-vous présente à la Cène, la tête posée sur sa poitrine et, dans vos oreilles, les battements de cœur de Dieu. Est-ce de l'extase ? Si, comme il le dit, saint Paul fut élevé au troisième ciel, quel ciel dut atteindre saint Jean en écoutant les battements du Cœur de Celui qui est le ciel ?

Saint Jean et sainte Madeleine virent leur Amour flagellé, couvert de crachats et forcé de porter la croix, un gibet honteux. Ils Le virent crucifié entre ciel et terre, comme un vulgaire criminel. Comparez aux leurs votre foi et votre amour. Aimons-nous comme ils ont aimé ? Croyons-nous comme ils ont cru ? Partageons-nous sa Passion comme ils l'ont fait ?

C'est à dessein que je n'ai pas mentionné Marie. Nous qui avançons à peine sur la voie qui mène à la Passion du Christ, peut-être ferions-nous mieux de choisir d'abord saint Jean le bien-aimé et sainte Marie-Madeleine comme patrons, en ce carême de 1957. Demandons-leur, à eux qui étaient si proches de Marie, de nous conduire doucement jusqu'à elle. L'an prochain ou le suivant, nous pourrons peut-être nous approcher à genoux de la souffrance de Marie et lui demander de nous admettre à ce noviciat final qui nous révélera les secrets de la douleur de Dieu qui sont les secrets de son Amour.

Saint carême à chacun de vous... Que ses fruits soient abondants car, tout autour de vous, la souffrance du Christ est criante !

Avec toute mon affection.

Catherine

LE CHRIST DANS LES MISSIONS

Le 11 juillet 1957

Mes bien-aimés,

J'ai un peu négligé l'envoi de mes lettres mensuelles ; vous me manquez tous tellement... Sans parler de nos petites réunions pendant lesquelles nous discutions de sujets importants. Alors j'ai décidé de m'asseoir un moment pour vous parler comme j'avais l'habitude de le faire.

Plusieurs viennent de partir dans une autre maison et tout doit leur sembler étrange et peut-être même effrayant. Il est probable qu'au début, tout était passionnant, mais maintenant, certains d'entre vous peuvent se sentir découragés, désorientés et se dire : Si c'est ça ! Ce n'est guère excitant !… Le travail est pénible, on n'a pas un moment à soi et une foule de nécessiteux ne cessent de nous solliciter !

Le moment est venu de passer en revue ce que nous avons dit pendant votre temps de formation. Rappelez-vous comme tout paraissait merveilleux lorsque je vous parlais d'un Dieu qui attendait d'être aimé, de la solitude du Christ aux carrefours du monde et de sa souffrance dans les autres. Comme vous étiez silencieux ! Vous alliez à la chapelle pour vous entretenir avec le Seigneur et je sais que vous lui avez promis de L'aimer assez pour être prêts à mourir pour Lui.

Et maintenant, vous découvrez ce qu'est la poussière de l'Arizona et l'inconfort du Yukon ! Il n'est pas aussi facile que vous l'imaginiez de voir le visage du Christ dans les autres car il semble bien flou et lointain… La chaleur, la poussière, le froid, le service incessant à des gens dont les manières, les critères de propreté sont tellement différents des nôtres… Tout cela semble loin du beau tableau que l'on vous peignait et vous prenez peur.

Vous voici livrés à vous-même, sans programme défini et vous faites des erreurs qui sautent aux yeux. Envolé le sentiment de sécurité que l'on éprouve à entendre quelqu'un vous dire : « Fais ceci, fais cela. » Il n'y a plus personne, hormis Dieu, qui vous parle dans le devoir de la tâche à accomplir à tel moment, même si vous êtes épuisé. Et puis, vous êtes encore mal remis des bouleversements affectifs contre lesquels nous avons tous eu à lutter. C'est le moment de demander au Seigneur de vous ouvrir les yeux pour qu'Il vous aide à voir la souffrance du Christ dans vos semblables.

Vous pourriez aussi bien la rencontrer dans un groupe de garçons qui vous demandent d'aller à la piscine avec eux… Pourquoi ne le feriez-vous pas, puisque ces garçons sont le Christ et qu'ils vous ont invités ? Qui sait quelles grâces pourraient résulter de cette baignade ?... Même s'il ne se passe rien, l'amitié s'est établie entre vous et ces garçons, entre vous et le Christ adolescent. Vous avez satisfait à la loi de la charité ce qui, en soi, est une immense grâce. C'est cela notre apostolat.

Demandez à votre Seigneur de vous montrer les innombrables petits services qui attendent, juste devant vous, que vous les rendiez avec amour. Il est inutile de les programmer. Seuls, les enfants ont besoin qu'on leur dise à tout moment ce qu'il faut faire. Ceux qui aiment Dieu voient ce qui saute aux yeux.

Je vous rappelle aussi, mes enfants bien-aimés, que chaque maison ne tire sa force que de l'amour, de l'obéissance, de la franchise et de la joie qui règnent parmi ses membres. Quelles que soient leurs activités, ils ne pourront, sans ces qualités, acquérir sagesse et grâce devant le Seigneur.

Notre travail doit toujours être le fruit d'une croissance spirituelle car, si l'amour n'en est pas la fondation, le travail sera sans profondeur. Que tous examinent constamment leur conscience sur ce point, car ce n'est pas avec nos mains mais avec notre âme que nous devrons, avec l'aide du Seigneur, construire nos maisons.

Les responsables ont été choisis par Dieu pour être les pierres angulaires. Pensez au poids qu'ils supportent ! Qu'ils vivent donc dans le cœur du Christ, pensent avec son esprit, voient avec ses yeux, entendent avec ses oreilles, aiment avec son cœur. Alors, tout ce poids deviendra léger comme une plume, car il sera porté avec Lui et en Lui qui rend tout facile.

Très affectueusement en Marie.

Catherine

LE DÉFI DE L'APOSTOLAT

Le 30 juillet 1957

Mes bien-aimés,

Le mois d'août est celui de l'Assomption de Notre-Dame. C'est l'une de nos fêtes patronales et l'un des jours où les membres de Madonna House reçoivent leur croix d'argent et font promesses de pauvreté, chasteté et obéissance.

Mon cœur est rempli de gratitude et de joie lorsque je revois le passé. En m'accordant cette merveilleuse vocation et un petit aperçu de la vision globale qu'il avait de notre Apostolat, il n'est pas douteux que Dieu m'ait comblée de sa miséricorde, aussi pécheresse que je sois... Je le remercie pour ma famille spirituelle qui continue de s'agrandir et pour toutes les joies, douleurs, souffrances et bonheurs de chaque seconde, chaque minute, chaque heure de toutes ces années.

Assise dans mon bureau, j'ai très vivement conscience de mes responsabilités. À l'approche du soir de ma vie, je me pose cette question : « Quel compte vais-je rendre au Seigneur de toutes ces années ? » Je me demande : « Ai-je été une bonne intendante ? Ai-je bien et fidèlement utilisé les talents qui m'étaient confiés ? » En faisant mon examen de conscience, je réalise qu'il y a quantité de choses que j'aurais pu mieux faire mais je sais aussi que j'ai essayé de les faire aussi bien que je pouvais.

Je m'arrête un instant et une étrange hésitation s'infiltre dans mon âme. C'est presque un sentiment de crainte. Je me demande : « Ai-je vraiment fait tout ce qui était possible pour mes enfants spirituels, les membres de Madonna House ? Puis, ai-je, dans la foi, entrepris l'impossible ? »

C'est à ce point que je me sens enveloppée d'obscurité. Je fais alors un examen de conscience plus approfondi. Pourquoi cet épisode de ma vie me laisse-t-il une impression de malaise ? En voici la réponse : c'est l'épisode le plus important parce que, lorsque je paraîtrai devant Dieu, ses premières questions porteront sur chacun d'entre vous. Et l'inquiétude me gagne parce que je me demande si je suis responsable des faiblesses que je constate en vous. Alors, je vous demande à vous, les enfants que Dieu m'a donnés, de réfléchir à mes paroles devant Lui et dans l'intime de votre âme, car c'est vous qui devrez répondre à cette question.

« C'est à leurs fruits que vous les reconnaîtrez », dit le Seigneur. Et quand je regarde les fruits, ils sont bons dans l'ensemble. Les maisons prospèrent et se développent. Leurs œuvres apostoliques rayonnent, mais les membres de l'Apostolat grandissent-ils tous, comme il se devrait, en sagesse et en grâce devant Dieu ?

Je ne puis le dire de tous. Il y en a parmi vous qui sont encore très égocentriques. Ils regardent le monde entier par la fenêtre étroite et limitée de leur « moi », ce qui affecte les rapports avec leurs frères et sœurs dans le Christ alors qu'ils devraient être remplis de *caritas,* de prévenance et de joie. Certains en sont bien loin...

Vous vous comportez encore sans maturité envers vos frères et sœurs. Même si vous avez passé des années ensemble, vous semblez incapables de vous adapter aux diverses personnalités. Même si tel n'était pas le cas, est-ce que le simple fait d'appartenir à cette magnifique famille de Madonna House ne devrait pas suffire à vous rappeler que la paix, l'amour, le service des autres, devraient commencer par votre propre famille spirituelle. Il vous suffirait de jeter un regard sur notre croix – *pax, caritas.*

Il n'est donc pas étonnant que mon examen de conscience me laisse hésitante et que, dans l'obscurité de la nuit, je me tourne et me retourne dans mon lit sans pouvoir dormir. Il n'est pas étonnant que je me lève pour aller dans notre chapelle silencieuse pleurer et prier devant le Saint Sacrement. Pourquoi pleurer ? Je le fais en partie sur moi-même car, à un moment ou l'autre de votre formation, je n'ai pas été à la hauteur... qu'il s'agisse de Dieu ou de vous.

Je pleure aussi parce que vous traînez les pieds devant le plus grand défi jamais lancé à des êtres humains, ce merveilleux défi qui consiste à devenir des apôtres sur les places publiques, là où vous pourriez nourrir des multitudes de votre brûlante charité. Mais comment pourrait-elle flamber dans une âme toute repliée sur elle-même, dans cette profonde et verte forêt d'un esprit qui se refuse à diffuser la lumière ?

J'ai parlé de la vision de notre apostolat qui se développe. J'ai aussi parlé de la souffrance du Christ. Mais j'aurais aussi bien fait de me taire puisque mes paroles tombent dans des oreilles sourdes, dans des cœurs glacés, des âmes qu'étouffe l'épais manteau de l'égoïsme.

Je ne veux plus entendre parler de vos problèmes affectifs. On vous a donné tous les moyens possibles pour vous en débarrasser. Serait-ce une bonne excuse pour ne pas vous plonger dans le Cœur de Dieu ? Ou reculez-vous, non seulement, devant l'ombre de la croix mais devant la croix elle-même ? Vous savez bien qu'il vous faut l'embrasser pour ressusciter à Pâques avec le Christ afin de répondre à votre vocation d'amour.

Ne me parlez plus de vos problèmes affectifs, regardez plutôt dans les profondeurs de votre cœur et cessez de vous préoccuper de ces mécanismes psychologiques : associations, transferts et autres... Décidez-vous à vivre en *caritas.* Levez-vous et commencez ce voyage intérieur et cette ascension que l'on vous a enseignés.

Ne comprenez-vous pas que chaque moment que vous gaspillez sur votre petite personne et ses réactions émotives n'est qu'un gaspillage de temps précieux : celui de Dieu. Si vous n'étiez pas autant centrés sur vous-mêmes, tellement absorbés par vos émotions, vous seriez engagés totalement dans l'œuvre de Dieu et vous Lui ramèneriez dix âmes là où vous Lui en amenez tout juste une.

Vous dîtes que vous êtes tous « enfermés au même endroit »... Qu'est-ce que cela peut bien faire ? Des millions d'êtres humains le sont aussi, sans distraction, sans avoir nulle part où aller, sans même un lit, sans rien à manger. Pensez à notre pays, le Canada, et les États-Unis, et l'Inde, et la Chine avec les millions de gens qui y fourmillent... N'aimeraient-ils pas échanger leur sort contre le vôtre ? Quel genre d'apôtres sommes-nous si nous sommes ennuyés de vivre les uns sur les autres dans notre famille spirituelle ? Pourtant, les fruits devraient en être gaieté, rire et joyeuse distraction.

Les rigueurs de l'apostolat actuel ne sont rien en comparaison de ce qu'elles seront plus tard dans les pays de mission. Là-bas, lorsque vous ne pourrez comprendre la langue, qu'il vous faudra peut-être vivre dans une hutte, vous habituer à une nourriture inconnue et à de nouveaux usages, c'est alors que vous vous sentirez vraiment enfermés les uns sur les autres.

Pensez à l'effet que produisent les mines longues sur ceux qui vous entourent ! Croyez-vous que les saints sont tristes ? Vous qui avez été formés à la vie spirituelle, vous devriez savoir que tout changement d'attitude a des répercussions sur les autres, qui sont très sensibles à la façon dont vous travaillez, soit efficacement et joyeusement, soit lentement et d'un air maussade. Si vous avez rendu malheureuse votre famille spirituelle, le remords que vous en éprouvez devrait peser lourd.

Je m'attends à ce que vous soyez des martyrs modernes, des héros de l'amour et de l'abnégation. C'est ce que je me suis pratiquement tuée à vous dire à temps et contretemps. L'avez-vous oublié ? Je répétais, jusqu'à en être enrouée, que la croix était tout ce que j'avais à vous offrir, que je ne pouvais même pas vous promettre trois repas convenables par jour, que votre logement serait aussi bien une case qu'un vieux palais, un couvent délabré qu'une triste caserne. Souvent, c'est de cela qu'il faudra vous contenter en mission.

Grandir en *caritas* est la seule façon d'acquérir la paix intérieure et, pour cela, la pauvreté totale s'impose, celle qui renonce non seulement aux biens extérieurs mais à sa propre volonté. Elle ne comporte ni « si », ni « mais », mais une obéissance joyeuse. Une seule personne suffit à retarder sa maison tout entière. Que Dieu me vienne en aide si je suis celle-là ou si je n'ai pas réussi à former l'un ou l'autre, car cet échec serait en partie le mien.

Je pourrais porter le fardeau d'un apostolat beaucoup plus étendu que celui-ci, mais je pleure de douleur à la vue d'un de mes enfants spirituels qui abandonne Dieu ou notre famille. Je pleure rarement, mais je sens dans mon âme accablée le poids de toutes ces larmes retenues. Je pense aux interminables conversations que j'ai eues avec chacun d'entre vous et les nombreuses heures que j'ai passées à vous enseigner, vous guérir et vous aimer et je me demande : « Était-ce assez ? »

L'obscurité s'épaissit autour de moi et le poids de la croix se fait plus lourd. Cela ne peut continuer, mes bien-aimés. Si c'est ma faute, dites-le-moi, je vous prie. Je me jetterai à vos pieds pour vous demander humblement pardon et j'expierai de toutes les forces de mon âme. Si c'est la vôtre, je vous supplie tout simplement de renoncer. Autrement, la brèche est ouverte au démon et, à moins d'avoir perdu la tête, nul ne souhaite lui laisser prendre pied, si peu que ce soit, dans n'importe laquelle de nos maisons !

Cette lettre risque de surprendre bon nombre d'entre vous, elle fera de la peine à d'autres ou les désorientera complètement... Et tous, vous vous demanderez : « S'agit-il de moi ? » Ceux qui se reconnaîtront comprendront. Mais, de toute façon, il est bon que chacun se rende compte qu'il a pu se rendre coupable de la même chose à un moment ou à un autre.

Mettons fin à ce manque de maturité, à cette peur de grandir en sagesse, en grâce et en sainteté. Levons-nous et volons à Dieu.

Avec toute mon affection en Marie,

Catherine

DÉVOTION AU SACRÉ-CŒUR

Le 29 août 1957

Mes bien-aimés,

Ces derniers temps, j'ai pensé au Sacré-Cœur de Jésus. Je sais que beaucoup de catholiques ont une dévotion envers Lui dont je n'ai jamais pu faire l'expérience car elle me paraît un peu sentimentale bien que très humaine.

Chacun prie selon ses antécédents et sa culture et, en ce qui me concerne, la dévotion au Cœur du Christ fait partie intégrante de la messe. Dieu seul, dans son amour passionné pour l'homme, pouvait se donner à nous dans cette incroyable preuve d'amour éternellement perpétuée sur nos autels. son Cœur avait été blessé par une lance. Tous les cœurs aimants sont blessés par la lance de l'amour qui nous interpelle à chaque messe, nous suppliant de *l'aimer en retour.* C'est pourquoi la dévotion au Sacré-Cœur est, pour moi, loin d'être sentimentale. Le Cœur du Christ est le symbole de cet amour, une partie de son humanité sacrée et de sa divinité infinie. Il m'oblige à regarder mon cœur et à me demander si, oui ou non, je l'aime autant que je le devrais.

Tout mon être en est secoué et me force à scruter mon cœur, même quand j'en ai le moins envie et quand je donnerais des années de ma vie pour ne pas le faire. Je vois mon extrême pauvreté et je comprends que si j'entre dans le Cœur de Dieu et accepte son amour, je saurai l'aimer à mon tour comme Il le désire.

Le Sacré-Cœur nous appelle à l'apostolat pour que nous Lui donnions notre cœur, c'est-à-dire pour que nous Lui fassions don de nous-mêmes. Nous ne devons rien garder pour nous. Il nous demande de nous offrir en holocauste pour être réduits en cendre dans le feu de son amour.

Cela signifie que si nous aimons Dieu aussi sincèrement qu'Il veut être aimé, nous assumerons la pleine responsabilité de nos actions sans nous inquiéter d'être approuvés ou non par quelque autorité que ce soit. Nous l'assumerons parce que c'est notre vocation, parce que Dieu attend cela de nous et qu'en nous appelant, Il nous a donné les grâces nécessaires. Ayant accepté nos responsabilités, nous accepterons sereinement louange et blâme, estimant que l'un revient à Dieu et l'autre au pécheur que nous sommes.

Si nous aimions vraiment Dieu comme Il veut être aimé, nous travaillerions pour Lui en prévoyant et programmant chaque étape de notre tâche pour l'accomplir parfaitement. Nous ferions tout avec efficacité, car l'amour ne peut supporter de faire souffrir le bien-aimé par un gaspillage de temps. Il a soif des âmes et c'est par le travail de nos mains et de notre intelligence que nous pourrons Lui en procurer.

Quel incroyable mystère!... Que nos humbles efforts tels que faire la vaisselle, nous occuper des névrosés, nous lever la nuit pour ouvrir la porte aux sans-logis, supporter la cacophonie de la radio du voisin... que tout cela puisse être utilisé par Dieu pour que nous Lui amenions les âmes dont Il a soif!

C'est un mystère aussi impressionnant que joyeux et qui nous réchauffe le cœur. En sa Présence, comment ne pas nous concentrer sur notre travail, qu'il soit important ou non, sans jamais en calculer le prix. Nous Lui offrons ennui, fatigue, énervement et tout cela disparaît, remplacé par l'amour.

Voilà ce qu'est pour moi la vraie dévotion au Sacré-Cœur du Christ. Elle consiste tout simplement à l'aimer en retour et à Lui offrir cet amour en expiation de nos péchés et de ceux du prochain. C'est L'aimer tellement dans le train-train épuisant de la vie quotidienne que nous compensons ainsi la froideur d'autres cœurs. Nous devrions L'aimer comme si nous avions des millions de cœurs et Lui demander de les agrandir encore pour que demain ils deviennent des milliards!

Nous donnons la preuve de notre amour en assumant nos responsabilités, en écoutant attentivement les ordres donnés et en faisant notre devoir efficacement. Si nous mettons en pratique ce que nous avons appris, nous ferons d'un cœur joyeux tout ce qui nous est demandé, nous le ferons de tout notre être en nous oubliant totalement. Alors, vraiment, nous étancherons sa soif d'amour. Notre dévotion brûlera comme un feu et renouvellera la face de la terre.

Commençons donc!

Avec toute mon affection,

Catherine

LA SOLITUDE INFINIE DU CHRIST

Le 20 décembre 1957

Mes bien-aimés,

Nous voici donc arrivés à la joyeuse saison de la naissance du Christ. Je veux vous souhaiter, à vous ma famille spirituelle, les incroyables bénédictions de cette période et partager avec vous les pensées qui me sont venues à l'esprit pendant l'avent.

Tout le temps de cette préparation, je me suis représenté de façon de plus en plus poignante la solitude du Christ. Dans quelques jours, nous le verrons en imagination naître à nouveau dans les innombrables Bethléem que sont nos villes et nos villages. Ceux qui écoutent pourront même entendre chanter la gloire de sa naissance.

Mais où seront les bergers venus s'agenouiller pour adorer ?

Cette année, le froid hivernal ne sera pas tempéré par ces millions de gens qui omettent d'élever leur voix vers Dieu et de décorer l'étable de leur amour. Aujourd'hui, des millions de gens ne connaissent pas le Christ ou ne s'intéressent pas à Lui ou, pire encore, Le haïssent. Comme elle sera cruelle cette année la solitude du Christ à Bethléem !

La fuite en Égypte prolonge cette solitude qui fut celle de toute sa vie. Là-bas, les premiers réfugiés de l'ère chrétienne, ce fut la Sainte Famille. On ne sait si elle fut aidée et consolée par quelques-uns... Aujourd'hui, combien de millions de Christ vivent dans les camps de réfugiés du monde, combien d'exilés ont dû fuir aussi en Égypte où ils n'ont trouvé qu'un désert parce que nous n'aimons pas assez, nous qui menons une vie normale et confortable. Comme Il est seul le Christ, réfugié de notre époque !

Je tremble lorsque j'essaie d'imaginer la solitude de Nazareth où le Créateur se soumettait à ses créatures – aussi aimantes qu'aient été Marie et Joseph. Imaginez-vous Dieu emprisonné dans la chair humaine, Lui, l'ineffable, au-delà de toute limite, de toute intelligence, Lui dont la parole construit l'univers, dont la pensée crée les forêts... Pouvez-vous L'imaginer en train de raboter laborieusement une planche dans son atelier de charpentier ? Quelle solitude dans le bruissement des copeaux de bois tombant sur le sol ! C'était il y a longtemps... Mais qu'en est-il de nos jours ?

En ce moment, je ressens la solitude de tous les isolés du monde. Celui qui, dans la petite chambre d'une minable pension de famille entend monter les rires depuis la rue, n'éprouve-t-il pas la pire solitude qui soit ? De même celle qui, doutant de la fidélité de son mari, voit de sa fenêtre des amoureux s'embrasser ?... Le Christ solitaire dans les cœurs, les esprits et les âmes, peut en entendre tout autant actuellement et je tremble en y pensant. Pas vous ?

Réfléchissez à la solitude du Christ pendant sa vie publique lorsque, peut-être, seule la brise recueillait ses saintes paroles et, depuis son cœur, les portait aux quatre coins de la terre.

Aujourd'hui, combien de millions de gens les entendent sans les mettre en pratique, les laissant mourir avant qu'elles n'atteignent leur cœur ? Combien d'oreilles entendent sans écouter ? Comme le Christ de notre temps doit se sentir seul en continuant son ministère devant les foules de plus en plus clairsemées et les vocations sacerdotales qui se raréfient !

Et que dire de sa solitude à Gethsémani et de sa terrible agonie de l'âme et de l'esprit qui Lui valut une sueur de sang ? Combien de millions sont-ils à Gethsémani maintenant ? Pensez aux alcooliques, aux psychotiques, aux névrosés... chacun épelant douloureusement dans sa vie solitaire les lettres du mot "Gethsémani".

C'est enfin la solitude du Crucifié au Golgotha. De là-haut, combien de crucifiés voit-Il dans le monde d'aujourd'hui ? Il y a tous ceux des camps de concentration derrière les Rideaux de Fer ou de Bambou, tous ceux qui, parmi nous, sont pauvres, malades, isolés et dont nous oublions les souffrances, agités et préoccupés que nous sommes par nos achats de Noël.

La solitude du Christ fut couronnée par la lourde pierre du tombeau... celle de tous ceux qui sont en prison où ils ont souvent atterri à cause de cette solitude que je décris si mal.

Je pourrais entrer plus avant dans la solitude de l'actuel Corps Mystique du Christ mais à quoi bon si ce n'est pas pour nous élever jusqu'au mystère de l'Incarnation, ses joies, son amour? Nous devons nous rappeler que notre apostolat consiste essentiellement à combler la solitude du Christ, à la partager, la soulager.

Dans quelques jours, nous allons nous agenouiller devant la crèche... Que ce soit avec le désir de réconforter l'Enfant de Noël. Demandons-Lui de nous aider à le réaliser dans la pratique de notre vie quotidienne.

De tout mon cœur dans le Christ solitaire,

Catherine

LE MOMENT DE FAIRE LE BILAN

Le 14 janvier 1958

Mes bien-aimés,

Le Seigneur nous accorde à tous une autre année de grâce: 1958. Sachant combien nous sommes faibles et mal préparés à Le rencontrer, Il a la bonté de nous donner du temps pour grandir en sagesse et en grâce.

N'en perdons pas une miette, pas une petite seconde, pas une minute, pas une heure. Arrêtez-vous un instant pour imaginer que vous mourrez avec l'année 1957. On dit qu'au moment de notre mort, toute notre vie se déroule sous nos yeux... Je ne puis l'assurer, mais je pense néanmoins que ce peut être vrai.

J'ai moi-même frôlé la mort à plusieurs reprises. Je ne sais si j'ai revu clairement l'ensemble de ma vie, mais je me souviens que j'aspirais à retrouver le temps que j'avais gaspillé, car il me semblait être alors mon bien le plus précieux.

De plus, j'ai un vague souvenir de l'étrange et sombre terreur qui s'était soudain emparée de moi... Je ne sais comment, à travers la souffrance et l'angoisse, je comprenais, de façon claire et nette, qu'il me faudrait rendre compte à Dieu de toutes ces secondes, ces minutes et ces heures. Si nous méditions sérieusement sur la mort et le temps perdu, je crois que nous nous ferions vite une idée assez exacte de ce qu'est la réalité d'un lit de mort. Ce ne serait pas une méditation morbide mais, au contraire, très saine. Les jeunes qui disposent de tellement de temps, soit pour le donner à Dieu, soit pour le gaspiller, feraient bien de réfléchir à la mort.

Le premier mois de l'année nouvelle est, en général, l'occasion de faire un bilan. En examinant le passé, nous constatons qu'il est riche de toutes les grâces que Dieu nous a accordées et pour lesquelles nous le remercions continuellement, du moins je l'espère.

Pensons aussi à tout ce que nous n'avons pas ou mal fait pour éviter les mêmes erreurs au cours de l'année nouvelle. Réfléchissons un instant à notre vie affective. La plupart d'entre vous sont à Madonna House depuis un certain temps, et même les membres les plus récents des diverses maisons ont fait partie de l'Apostolat pendant au moins un an. Pourtant, vous êtes encore nombreux à vous complaire dans vos sautes d'humeur. Vous oubliez la belle prière de saint François qui est à la base même de votre formation à Madonna House :

> « Ô Maître, que je ne cherche pas tant à être consolé qu'à consoler, à être compris qu'à comprendre, à être aimé qu'à aimer ; car c'est en donnant que l'on reçoit, c'est en s'oubliant que l'on se trouve, c'est en pardonnant que l'on est pardonné, c'est en mourant que l'on ressuscite à la vie éternelle. »

Ces quelques lignes qui résument tout un évangile de vie spirituelle répondent parfaitement à toutes les névroses du monde. Que désire avant tout celui qui n'est pas affectivement mûr ? Être consolé, puis être compris et aimé. Mais si nous sommes ainsi constamment traités, nous devenons fort égoïstes dans le douillet refuge créé par ces trois illusions. Alors, nous n'osons plus nous aventurer au-dehors pour mûrir et nous perfectionner.

Vous pourriez demander : « Pourquoi est-ce une illusion d'être consolé, aimé et compris ? » La réponse est très simple : ce n'est pas la bonne façon d'aimer. Celui qui vous aime vraiment s'efforcera de vous faire comprendre que, dans la vie, il est préférable de donner plutôt que de recevoir. Imaginez un monde dans lequel tous donnent et ne désirent rien d'autre que Dieu. De façon paradoxale, tous seraient aimés, consolés, compris et le monde serait vraiment le Royaume de Dieu sur terre.

Appliquons ce principe à la vie quotidienne et supposons que vous ayez tous mûri et que vous soyez comme saint François d'Assise. Alors, votre vie spirituelle serait empreinte de délicatesse... Vous ne seriez plus qu'une ardente flamme d'amour, de consolation, de compréhension. Vos oreilles spirituelles seraient très finement accordées aux appels des autres.

Que diriez-vous alors ? Poseriez-vous de sottes et curieuses questions sur ceux que vous servez ? Discuteriez-vous étourdiment de l'ivrognerie sans penser que, de l'autre côté de la porte, des victimes de l'alcool sont à table ? Raconteriez-vous avec légèreté de pitoyables incidents que vous trouvez peut-être amusants parce que vous ne connaissez pas trop encore les faiblesses humaines et les tragédies qu'elles peuvent engendrer ? Bavarderiez-vous sur les problèmes des déséquilibrés qui viennent vous trouver en quête de compassion ? Curiosité et vaines paroles concernant ce qui ne nous regarde pas vraiment viennent d'un manque de maturité affective et nous éloignent de la sainteté.

Ou bien, prenons un autre genre de situation. Serez-vous choqués si, par exemple, un prêtre fatigué nerveusement se laisse aller, dans un moment de faiblesse, à vous parler de ce qu'il aurait mieux fait de garder pour lui ? La faiblesse humaine, le Simon qui est en Pierre, va-t-elle vous plonger dans un tourbillon de doutes, de tentations et de crises affectives ? Pourquoi ? Vous n'avez qu'à vous regarder dans la glace et vous dire que cela a pu et pourra vous arriver aussi. Il faut comprendre que la grandeur d'une fonction n'exclut pas la faiblesse humaine. Autrement, le Christ n'aurait pas choisi Pierre pour en faire la pierre angulaire de son Église.

Une charité qui englobe tout, sans exception, même dans un petit et humble apôtre laïc, peut brûler assez ardemment pour aider nos supérieurs sans que nous en soyons affectés. De tels cas sont rares, il est vrai, mais peuvent néanmoins se présenter. Et il existe mille variations sur ce thème dont aucune ne devrait vous atteindre car vous savez que votre vocation consiste à comprendre, consoler, aimer le pécheur et le saint même dans ses moments de faiblesse sans lesquels il ne pourrait devenir un saint.

Que pensiez-vous trouver dans les missions ? La réalité de la vie qu'il vous faudra affronter un jour ou l'autre, nous ne pouvons la simuler à Madonna House. Nous n'y sommes pas en mission chez les Indiens, pas plus qu'il n'est question de distribuer six mille repas en trois semaines à des sans-abris ou de nous occuper d'une centaine d'enfants toute la journée et la moitié de la nuit… Nous ne pouvons vous donner que des conseils pour aborder les problèmes et les résoudre, mais nous ne pouvons imiter la réalité. Votre rôle est de mettre en pratique les principes que nous vous donnons ici.

Et, s'il vous plaît, ne commencez pas votre travail missionnaire en vous concentrant sur vous-mêmes ou sur les bons ou mauvais effets qu'il pourrait avoir sur vous. Non, pensez surtout à ce que vous pouvez faire pour les autres. Ce sont là les grâces de votre vocation. Cueillez-les ! Dépêchez-vous !

Il me vient juste à l'esprit un petit dicton édifiant que j'ai reçu à Noël et accroché au-dessus de mon bureau. Je vous le cite pour qu'il vous serve de méditation à l'occasion :

> « Que mon silence donne naissance au Verbe,
> Mon repos, à son action,
> Ma mort, à sa vie. »

Si vous lisez bien, vous y verrez la réponse à cette lettre. Que mon silence donne naissance au Verbe. Un silence justifié par des questions inopportunes à certains moments et dans certaines circonstances ou totalement superflues car elles ne sont que vaine curiosité.

Mon repos, son action. Ce qui veut dire mon repos intérieur, l'état dans lequel je suis lorsque je dois répondre aux demandes de l'Apostolat. Si mon esprit, mon âme et mon cœur sont en effervescence, Il ne peut agir en moi. son Visage n'apparaîtra pas dans mes actions car cette agitation serait comme un rideau qui dissimulerait ou cacherait son visage.

Ma mort, sa vie, c'est-à-dire mort à moi-même. Je n'ai pas besoin de m'étendre là-dessus car vous m'avez souvent entendu le répéter.

Je voudrais aborder un autre petit problème qui me préoccupe assez souvent. Je n'ai pas envie, bien sûr, de vous empêcher de manger ce que la miséricorde et la bonté de Dieu vous envoient mais j'aimerais que vous ne deveniez pas difficiles sous prétexte que l'abondance vous offre un grand choix. Ne prenez pas seulement ce que vous préférez.

Le carême approche et il serait bon de penser à la mortification. Rappelez-vous que nous ne cherchons pas à nous mortifier sans la permission de notre directeur spirituel. En ce cas, il est nécessaire de lui expliquer votre état de santé, s'il n'est pas évident ou s'il l'ignore.

Ces réserves faites, je voudrais vous redire les paroles de notre chanson qui illustrent si bien l'esprit de Madonna House dans ce domaine : « Mangez ce que l'on met dans votre assiette. »

S'il y a sur la table un choix de boissons – cacao, lait, thé, café – prenez l'habitude de ne pas choisir ce que vous préférez mais souvent, au contraire, ce que vous n'aimez pas.

Dans les maisons où les membres sont beaucoup moins nombreux qu'à Madonna House, il est facile de se laisser aller à une certaine négligence en ce qui concerne ce genre de mortification. C'est à moi, la gardienne de notre Apostolat, de vous rappeler cela, bien que, je présume, il en vaille rarement la peine.

Passons donc en revue ce que je viens d'écrire car je tiens à vous faire bien comprendre l'importance de ces grandes « petites choses ». Surveillez vos conversations car c'est là que grandit ou périt la charité. Mettez un frein à ce qui pourrait bien n'être que vaine curiosité. L'on vous dira tout ce que vous avez besoin de savoir. Si vous n'êtes pas sûr de pouvoir poser telle ou telle question, demandez à votre directeur spirituel de vous expliquer ce qu'est la vaine curiosité. C'est ainsi que vous l'apprendrez.

Rappelez-vous que votre Apostolat s'adresse à tous, sur la place publique – riches et pauvres, saints et pécheurs, vagabonds et prêtres (pour ceux-ci dans une faible mesure), religieuses et prostituées, jeunes et vieux, bébés, enfants, hommes et femmes – tous sans exception. Remerciez Dieu d'être utiles, parfois simplement en écoutant.

Ne soyez pas naïfs, ce n'est pas une vertu. Avoir l'esprit d'enfance est merveilleux à tout âge (c'est à leurs pareils qu'appartient le Royaume des cieux) mais rester puéril après vingt ans est stupide et signe d'un manque de maturité affective.

Observez attentivement, écoutez! La parole est d'argent mais le silence est d'or. Rappelez-vous que dans chacune de nos maisons il y a une personne qui vous donnera la bonne réponse selon l'esprit de notre œuvre: c'est le responsable de votre maison. Soyez francs! Faites-lui confiance, non en fonction de votre sympathie personnelle mais parce que Dieu en a fait le responsable.

Réfléchissez à cette lettre. Que Dieu vous aime! Que Marie vous protège!

Très affectueusement, en Marie,

Catherine

MOURIR À SOI-MÊME

Le 26 mai 1958

Mes bien-aimés,

Récemment, je me suis mise à comparer le développement d'un membre de notre Apostolat à l'évolution des avions. Ceux qui arrivent, volent joyeusement avec les frères Wright à une vitesse de sept ou quinze kilomètres à l'heure.

À mesure que le temps passe, qu'ils progressent en expérience et coopèrent avec la grâce de Dieu qui œuvre en eux, ils deviennent comme le « Spirit of Saint Louis » de Lindbergh. Cela peut prendre des heures mais ils sont désormais capables de s'aventurer à travers les océans de la vie, l'Atlantique spirituel.

Là, le temps n'a plus guère d'importance. Ce qui compte, c'est leur mort à eux-mêmes et leur croissance en sainteté. Ils deviennent comme un DC-7, un avion à quatre moteurs qui vole à plus de neuf cents kilomètres à l'heure. Puis, bientôt, ils sont comme des avions à réaction et, ensuite, un véritable miracle se produit dans l'âme de certains. Cela peut arriver à celui qui n'a encore passé qu'un an chez nous comme à celui qui est là depuis cinq ans. Ils traversent le mur du son et entrent dans la stratosphère du cœur infiniment sacré de Dieu.

Et maintenant ils sont arrivés ! L'Esprit saint les remplit de ses dons et vous voyez la différence... Vous pouvez presque toucher du doigt leur total dévouement. Il semble qu'aimer Dieu soit pour eux la seule chose importante, ce qui se traduit par leur amour du prochain.

Toutes les pensées égoïstes, tout ce qui les concerne est tombé comme un vêtement usé. Leur unique souci est d'étendre le Royaume de Dieu. Ils n'ont pas plus envie de congé qu'un homme ou une femme n'en désire loin de l'aimé. Se laisser dévorer par le travail ou les gens leur paraît non seulement normal mais même souhaitable. Ils n'ont rien à montrer sauf à ceux qui ont des yeux pour voir.

Dans quel avion volez-vous ? Avec les frères Wright ? Avec Lindbergh ou dans le DC-7 ? Dans l'avion à réaction ou le supersonique qui traverse les barrières du moi ? Pourquoi ne pas faire votre examen de conscience pour vous demander : « Où en suis-je ? Pourquoi ne suis-je pas en train de monter ? » Même si vous vous trouvez dans la catégorie supersonique, ne vous reposez pas sur vos lauriers. Demain, il faudra atteindre la lune et si vous y arrivez, alors vous pouvez atteindre l'essence même de la Trinité. Vous pouvez jouir d'un avant-goût de la vision béatifique si vous mourez complètement à vous-mêmes.

Regardons en face les réalités de la vie à Madonna House. Vous n'avez pas besoin de privilèges spéciaux. Il vous suffit de réaliser que vous êtes un apôtre de Dieu. Tantôt vous serez fatigués, tantôt vous serez épuisés. Malgré nos faiblesses humaines, nous avançons en dépit de tout.

Jamais vous ne connaîtrez une agonie mentale proche de celle du Christ à Gethsémani ou de celle de sa Sainte Mère au pied de la croix. Personne ne connaîtra jamais l'épuisement du Christ en croix. Alors, pourquoi vous révolter ? Vous ne vous sentez pas bien ?... Tant pis ! Allez de l'avant. Vous êtes un apôtre, quelqu'un qui aime Dieu suffisamment pour Lui être totalement consacré dans le monde.

Cessez de vous tâter le pouls en psychiatre, de vous inquiéter de vos maux, de votre tension, de votre fatigue. Continuez ! On vous a dit que vous étiez en marche vers la croix. Traînez-vous s'il le faut pour y arriver... Vous êtes physiquement bien soigné, aucun de vos désirs légitimes n'est négligé. On vous aime et l'on s'occupe très bien de vous. Alors, où est le problème ? Le Christ vous attend !

Examinons un peu ces conflits de personnalité. X tape sur les nerfs de Y. Eh bien, laissez-le faire ! Gardez le sourire et redoublez de charité envers lui. Ne vous retirez pas. Soyez comme la Petite Fleur avec la religieuse qui faisait cliqueter son chapelet... Ce n'est qu'une minuscule épine de la croix sur laquelle vous êtes censé vous laisser crucifier. Qu'est-ce qui vous tracasse ? Allez de l'avant !

Vous avez des problèmes ? Le genre de travail qui vous est assigné ne vous plaît pas ? Vous êtes hantés par mille craintes qui vous traversent l'esprit ? Le Christ a dû en éprouver davantage lorsque les soldats Le tournaient en dérision et s'apprêtaient à le flageller. Unissez-vous à Lui dans sa Passion et allez de l'avant !

Savez-vous quel est le fondement du bonheur et de la paix dans chaque maison ? C'est, après l'amour de Dieu et la mort à soi-même, la totale confiance en vos supérieurs. Leur premier souci, leur premier devoir, leur première obligation, c'est vous. Et pour qu'ils puissent vous guider comme il convient, ils ont besoin d'une franchise sans réserve. Autrement, c'est vous qui en souffrirez. Si amour, confiance et obéissance sont votre devise, tout ira bien pour vous, tant sur le plan spirituel que mental et affectif.

Pour conclure, je vous rappelle une fois de plus qu'il ne suffit pas que votre vie de prière fasse partie de votre programme. *C'est* votre programme. La prière est le fondement de votre vie, tout le reste n'est qu'un simple flux et reflux autour d'elle. C'est ce qui compte le plus pour votre bien-être et celui de nos maisons.

À tous, mon affection en Marie.

Catherine

COMMENT TRAITER LES TENTATIONS

Le 14 juin 1958

Mes bien-aimés,

Je prends de plus en plus conscience de mon immense responsabilité devant Dieu en ce qui concerne l'esprit de notre Institut.

J'en suis à réaliser que maintenant, je dois prendre bien en main mon rôle de Directrice Générale pour mieux me rapprocher de vous et être en mesure de vous aider autant qu'il est humainement possible de le faire. Cela n'est souvent réalisable que par lettre. Beaucoup se figurent que telle ou telle des miennes lui est personnellement destinée. Mais, lorsque j'écris ces lettres circulaires, c'est habituellement pour vous répondre d'une façon générale.

Peut-être trouverez-vous difficile, au premier abord, de comprendre pourquoi je demande à chacun de m'écrire au moins deux fois par mois. Une jeune personne n'apprécie guère cette forme d'obéissance. Mais je vous le demande parce que c'est seulement ainsi que je peux avoir le tableau complet d'une maison donnée. Sans que vous en soyez toujours conscients, vos lettres reflètent l'ambiance qui y règne. Croyez-moi, si je vous dis qu'il est impossible de diriger sans une connaissance éclairée, qui doit servir de base à toute direction.

Parce que vous êtes jeunes et inexpérimentés, vous vous dites: « Qu'est-ce que je vais bien lui dire? À part les détails de la vie quotidienne, je ne vois rien à signaler. » Le plus étonnant, c'est que, peu à peu, vous apprendrez non seulement à me raconter les événements de la maison qui sortent de l'ordinaire tels qu'un pique-nique, un film intéressant ou des visites inhabituelles, mais aussi ce qui touche profondément votre cœur et votre âme.

Il est de la plus haute importance que vous me disiez ce que vous pensez des choses en général. Aucun de nous n'étant encore saint mais en train de le devenir, il se peut que la cuisine déplaise à l'un, qu'un autre trouve le responsable impossible ou soit en conflit avec tel ou tel membre. Il est inévitable que vous ayez des tentations contre votre vocation car c'est une vieille arme du démon. Vous connaîtrez des moments de peur, de déception, de frustration, de joie et de peine. Vous rencontrerez de grandes et petites difficultés dans la prière, dans la vie commune et dans le travail qui vous est attribué. Vous éprouverez des sentiments d'impuissance, d'ignorance et de joie, d'émerveillement aussi. Vous trouverez les hommes difficiles à vivre, les enfants insupportables et les indigènes impossibles. Les études requises sembleront, par moments, trop exiger de vous. Vous aurez parfois l'impression d'être complètement coupés de ce qui se passe dans la maison. D'autres fois, vous vous direz, au contraire, que l'on a placé un trop gros poids de responsabilité sur vos jeunes épaules. Vous vous étonnerez des différences qui existent entre la maison-mère de Madonna House et votre nouvelle maison de mission. Les fantaisies de la nature humaine sont innombrables et je veux que l'on m'en parle.

Vous n'avez pas encore compris que tout ce que vous éprouvez, je l'ai connu moi-même. Je vous le dis en toute humilité mais c'est un fait, personne dans l'Apostolat n'est plus à même que moi de comprendre vos problèmes. Un simple timbre-poste et vous serez aidés, mais vous n'avez pas encore appris à en profiter. Cela, il faut que je vous l'apprenne avant ma mort.

Vos lettres se combineront pour servir le bien commun, car, lorsque vous exprimez vos difficultés particulières, vos joies, vos peines et vos tentations, ce sont celles de tous les membres présents et futurs que vous exprimez. En vous aidant à résoudre vos problèmes et en partageant vos joies, nous pourrons augmenter celles-ci et éliminer maintes difficultés pour l'avenir. J'espère que cela vous donne au moins une faible idée de l'énorme importance de vos lettres.

Et maintenant, je voudrais vous parler de plusieurs choses, entre autres, de la tentation. Le diable n'est pas si malin que ça. Il se sert de tentations dépassées, même pour notre époque, en partant du principe que la nature humaine ne change pas, ce qui n'est vrai qu'en partie. Je peux faire une liste de ces tentations et je parie que je ne me tromperai pas beaucoup. À en juger par ceux qui sont passés à Madonna House, j'ai découvert de nombreuses techniques du démon. En voici quelques-unes :

1. les peurs,
2. les tentations au sujet de votre vocation, quelle que soit la durée de votre participation à l'Apostolat,
3. le découragement,
4. les conflits de personnalité,
5. la monotonie du travail donné, (il s'acharnera sur ce point),
6. la confusion des esprits. En voici des exemples :
   – « Pourquoi veut-elle que je lui écrive ? »
   – « Qu'est-ce que cette histoire de vie de famille et de sorties ensemble ? »
   – « Et ces récréations obligatoires… Nous devrions avoir droit à un peu de vie privée ! »
   – « Je veux travailler davantage. Pourquoi me donne-t-on du temps libre quand les autres n'en ont pas ? »
   – « Et ces ateliers de travail… Jamais une soirée de libre ! Pour qui me prend-on ? Pour une machine ? »
   – « Pourquoi me fait-on faire ceci et cela ? »

Je pourrais continuer indéfiniment. À tout cela, ajoutez une pincée de rêverie (en quoi le bonhomme est passé maître), salez d'une dose d'apitoiement sur soi-même (bien que sans raison), ajoutez une pincée de paprika (ce qui signifie s'écarter de la famille avec l'impression que « personne ne me comprend », pas même Dieu), assaisonnez de quelques aromates, tels que : « Je me demande ce que j'ai, il me faudrait l'aide d'un psychiatre, or on ne me le donne pas. »

Servez le tout sur un plat de désobéissance et de désir qu'on vous laisse tranquille. Vous avez réussi le chef-d'œuvre du diable et vous avez en main les outils du vieux bonhomme!

Seuls des yeux neufs ne comprennent pas, mais si vous me relisez attentivement, aucun de vous pourra dire que cela ne lui est pas arrivé d'une façon ou d'une autre.

C'est pourquoi je vais vous donner quelques armes défensives:

1. Soyez francs avec votre responsable local ou le directeur général. Ils en savent plus long que vous sur le diable et sur Dieu. Aussi leur expérience peut-elle vous aider.
2. Soyez francs avec votre directeur spirituel, soit par lettre, soit de vive voix.
3. Aspergez-vous d'eau bénite et aspergez aussi votre lit et votre lieu de travail.
4. Servez-vous de votre bon sens ainsi que de l'humour qui vous fera rire de vous-même.
5. En ce qui concerne les conflits de personnalité, posez-vous cette question: « Si un tel ou une telle est une plaie pour moi, est-ce que je n'en suis pas une plus grande encore pour lui ou pour elle? »

Et maintenant je veux vous parler de la charité dont l'autre nom est l'amour et qui est si mal comprise même parmi nous. C'est une puissante réalité qu'on ne peut certes pas disséquer comme on ferait l'autopsie d'un cadavre, car cela la tuerait. Pourtant, la charité est faite d'éléments sans lesquelles l'illusion prendrait sa place et qui sont:

1. La constante attention aux besoins et aux plaisirs des autres.
2. Le désir d'aimer plus que d'être aimé, de comprendre plus que d'être compris.
3. L'attention portée à nos petites manies et habitudes qui peuvent irriter les autres.
4. Le soin porté à éviter que nos changements d'humeur, nos énervements et nos craintes ne viennent assombrir l'humeur des autres.
5. La pratique des bonnes manières dans la vie de tous les jours. Par

exemple, parler de ce qui vous intéresse à l'exclusion de ce qui intéresse les autres. Ne pas accaparer la conversation. Avoir à table des prévenances qui facilitent la bonne entente. Céder gentiment aux désirs des autres quand la décision repose sur leur préférence. Par exemple, aller ou non au cinéma ou faire un pique-nique, etc.

6. La charité s'accompagne de simplicité. Acceptez les ateliers de travail dans le même esprit que les temps libres. Croyez-moi, les responsables n'établissent pas les horaires comme ça leur chante. Tensions et pressions peuvent être telles dans certains cas que les intéressés doivent avoir du temps libre pour que la communauté n'ait pas à en souffrir.
7. La charité suppose la confiance envers les supérieurs et celle des uns vis-à-vis des autres dont elle ne juge jamais les motifs. Elle n'est pas orgueilleuse puisque personne ne détient la vérité. Une longue participation à l'Apostolat n'en donne pas une vision globale et encore moins le droit de l'enseigner à d'autres.
8. La charité n'est pas sentimentale. Dans un apostolat comme le nôtre, le temps des embrassades est bien passé (cela s'applique au sexe féminin). Cet étalage d'affection appartient à l'époque du lycée et encore… Il ne convient pas aux membres de notre Apostolat. Il peut y avoir certaines occasions qui justifient ces démonstrations d'affection mais le pape nous demande une attitude d'adulte vis-à-vis de l'existence ainsi que du discernement et du courage pour assumer nos responsabilités. Veillons à tout cela.
9. La charité ne néglige pas les petites choses : par exemple, ne pas traîner dans la salle de bains si quelqu'un attend la place, ne pas cesser de servir en s'oubliant toujours, se charger des difficultés pour les éviter aux autres le plus possible.

Commencez-vous à voir ce que je veux dire ?

La charité peut être aussi impitoyable que le bistouri du chirurgien car elle sait quand il faut dire non. La théologie enseigne que les biens privés sont toujours dépendants du bien commun. Elle nous donne là une excellente règle à suivre. Si vous pouviez vous en souvenir et le comprendre, bon nombre de vos problèmes seraient résolus.

Voyons maintenant celui que pose la distribution des sandwiches dans nos soupes populaires hors des heures prévues. Donner un sandwich tout prêt à qui a faim semble, au premier abord, un geste assez simple… Mais une regrettable expérience nous a prouvé que, si c'est un dimanche, la nouvelle se répand, et vite, cent cinquante hommes se présentent… Or, ce n'est bon ni pour notre organisation, ni même pour eux. Le dimanche, ils peuvent aller manger en d'autres endroits que cette expérience leur a permis de découvrir. Ce qui est une bonne chose.

Dans une autre maison qui avait mal interprété la notion de charité, on recevait les enfants à toute heure. Ceci dérangeait et fatiguait les membres qui s'en irritaient, car tout ce va-et-vient étant laissé au hasard, le résultat n'était guère positif. Lorsqu'on y mit bon ordre, le calme revint dans notre maison et celle des enfants. On distribua des jouets pour qu'ils puissent s'amuser chez eux le soir. C'est bien là qu'est leur place si nous voulons contribuer à rétablir la vie familiale.

Ailleurs, on laissait souvent dormir, dans l'enceinte de l'école, les repris de justice dont on avait payé la caution pour les libérer provisoirement. On les entourait même d'attentions jusqu'au jour où les autorités fédérales ont fait remarquer que ce n'était pas un service à leur rendre puisqu'on en faisait un fardeau pour la société. Or, on désirait qu'ils deviennent indépendants, ce que ce genre de pratique ne facilitait nullement, bien au contraire. C'était un exemple de charité mal comprise. Je pourrais en donner beaucoup d'autres mais vous saurez bien les trouver…

Je travaille beaucoup, en ce moment, pour réorganiser le système de formation à Madonna House à Combermere et pour qu'il y ait une meilleure intégration entre ici et les autres maisons. Pour ce faire, j'ai besoin de vos lettres.

Très affectueusement, en Marie.

Catherine

RÉCRÉATION ET VIE EN COMMUN

Le 19 juin 1958

Mes bien-aimés,

Cette fois je veux vous parler de la récréation. Il m'est venu l'écho, de plusieurs de nos maisons, que l'on souhaitait des clarifications sur ce sujet. La plupart d'entre vous connaissent le véritable sens du mot re-création, c'est-à-dire renouvellement et, dans le langage courant, changement d'occupation. Cela ne veut pas dire ne rien faire, ce qui serait très ennuyeux, et encore moins se mettre au lit et dormir. Si quelqu'un a dû se coucher tard, si un atelier de travail s'est prolongé, si l'apostolat exige un service d'urgence fatigant, pour une infirmière par exemple, il est évident que le repos s'impose. Si elle a travaillé toute la nuit, elle aura besoin de vingt-quatre heures pour refaire ses forces et non pas vingt-quatre heures de récréation. Personne ne confond ces deux choses.

Se récréer ne signifie donc pas ne rien faire. Cela suppose au contraire une activité re-créatrice. Je m'explique : si vous êtes allé nager et vous vous êtes bien amusé, c'est une activité. Puis vous avez somnolé une demi-heure au soleil ou avez lu un livre qui vous ouvre l'esprit sur de nouveaux horizons et des perspectives plus créatives : c'est non moins bon.

Cependant, la meilleure des récréations, c'est lorsque vous êtes tous ensemble. Une famille reste unie dans l'amour quand elle prie ensemble. Faire des choses en commun nous amène à mieux nous connaître et à nous aimer davantage. La joie nous unit et le rire cimente nos rapports. Les expériences partagées créent une union plus profonde entre nous. Composer un sketch ensemble, organiser des jeux sont des choses qui nous rassemblent en esprit et en vérité.

La récréation peut être à la fois travail et jeu d'équipe, ce qui est une nécessité pour la démocratie et les bons rapports sociaux. Les jeux d'équipe sont une des armes de notre apostolat. Et si, comme cela s'est produit et se reproduira, un nouvel esprit se développera lorsque des membres d'autres groupes, des pauvres ou ceux pour qui vous travaillez participeront à votre récréation.

On ne peut jouer ensemble et se haïr… C'est le principe sur lequel s'est bâti l'empire britannique. Leur conception de *fair play* et de travail en équipe ont favorisé les vertus de justice et de charité, sans parler du sens sportif. Ces vertus naturelles sont, en fait, le reflet des dix commandements mis en pratique dans la récréation.

Et maintenant, laissez-moi faire un petit retour en arrière. Certains d'entre vous se souviendront de l'époque où, après mûre réflexion, et non sans avoir demandé conseil à des prêtres, j'ai finalement introduit la règle selon laquelle la récréation se prendrait en commun à Madonna House tous les soirs libres. On serait tenu d'y rester jusqu'à 22 h 15. Je me suis fort bien rendu compte des plaintes et des gémissements qui se sont élevés et de la bouderie de certains. Cette règle m'avait, à l'époque, rendu la personne la plus impopulaire de la maison car tout le monde avait l'impression d'être privé d'un bien précieux. Or, c'était justement ce qui prolongeait les névroses et détruisait l'esprit de famille à Madonna House. Le sauvegarder est à la fois mon bonheur et mon devoir, car c'est notre marque distinctive qui fait l'émerveillement de nos visiteurs.

Cet esprit de famille donne naissance à la joie, à la simplicité et à l'aisance avec laquelle nous accueillons chacun. Ce qui n'empêche que, lorsque nous avons inauguré la récréation en commun, les anciens et ceux qui sont maintenant responsables ne l'ont pas compris, il leur semblait que c'était pousser un peu loin cette vie commune.

À ma dernière visite aux missions, j'ai perçu le danger des récréations individuelles, prises séparément, et qui n'avaient rien d'une vraie récréation. Il s'agissait seulement de se couper des autres pour se divertir à son gré sans réaliser le moins du monde que cela finirait par briser l'esprit de famille dans chaque maison.

Nous pourrions établir une comparaison avec la liturgie. Un grand nombre de catholiques âgés se sentent presque insultés lorsqu'un prêtre parle du culte communautaire de la liturgie. Ils s'estiment privés de dévotion personnelle, ne pouvant plus s'adresser individuellement à Dieu. En fait, ils ne peuvent s'endormir s'ils en ont envie ou, pire encore, rêvasser pieusement. Ils ajoutent que suivre les textes du missel est une discipline austère qui les empêche de dire leurs habituelles prières, (généralement sentimentales ou égoïstes). « Faut-il vraiment prier ensemble tout le temps? », demandent-ils. « Où le pape veut-il en venir avec toutes ces innovations? »

Pour en revenir à la récréation, je vous laisse le soin d'établir le parallèle. Certains gémirent, prirent des airs de martyrs, mais, Dieu merci, obéirent. Alléluia! Lentement et non sans peine, ils en récoltèrent les fruits. À Madonna House, l'esprit de famille devint une réalité, ce que le travail seul n'aurait pas suffi à créer car il faut pour cela non seulement prier et travailler mais aussi se récréer ensemble.

Vous vous demanderez peut-être si la récréation doit être organisée ou spontanée. Je pense qu'elles ont toutes deux leur rôle dans une famille, mais qu'il faut prévoir un temps donné pour la première, comme par exemple un dimanche par mois. Les autres peuvent être spontanées avec un minimum de préparation, toujours plus ou moins nécessaire.

Si, par exemple, vous visitez un musée, vous déciderez après de ce que vous allez faire: discuter art et peinture, demander une causerie à quelqu'un, faire un pique-nique ou participer à la récréation d'une autre maison.

En hiver, on pourrait prévoir des soirées-lecture de poésies ou d'histoires que vous discutez ensuite, des sketches que vous jouez, des travaux d'artisanat comme la confection de cartes de Noël ou encore un concert de disques que vous pouvez emprunter. Et, peu à peu, la récréation deviendra ce qu'elle doit être, c'est-à-dire une distraction, source d'unité rafraîchissante pour le corps et l'esprit, apte à rassembler la famille et à y faire grandir l'amour.

Abordez tout cela avec simplicité. Distrayez-vous d'une façon ou d'une autre jusqu'à ce que vous ayez trouvé celle qui convient le mieux à votre maison et en sorte que les intellectuels comme les amateurs de sports aient leur mot à dire. Donnant donnant, le travail en équipe comme l'amitié est fait de concessions.

Ne vous imaginez surtout pas que l'on vous impose quoi que ce soit, même si vous en avez eu parfois l'impression, parce que j'ai dû procéder par « ordonnance du Conseil ». Cette impression devrait être passagère.

Vous êtes les enfants d'une société qui, mis à part le dimanche, a tout coupé de Dieu : distractions, argent, affaires. C'est ce que l'on appelle la sécularisation. Or, c'est une grande hérésie. Vous n'avez jamais appris ce que devrait être une vraie famille, un vrai foyer – une petite église – c'est pourquoi il faut que, pendant un certain temps, vous le découvriez par ordonnance du Conseil. Alors, vous prendrez l'habitude de faire beaucoup de choses ensemble et, ce faisant, vous apprendrez à vous connaître et à vous aimer toujours mieux les uns les autres. Vous verrez aussi que sur un plan purement naturel, c'est beaucoup plus amusant.

J'espère avoir réussi à clarifier ce problème de la récréation dont le mot-clé à ne pas oublier est « ensemble ». Lorsque vous faites un pique-nique, il ne s'agit pas, après le repas en commun, de passer la soirée chacun dans son coin. Partagez avec les autres ce que vous faites. Si vous lisez, faites part de ce que vous avez lu, si vous faites la sieste au soleil après le bain, rejoignez les autres ensuite. Le fondement de la récréation, c'est d'« être ensemble ».

Que le Seigneur de toute la création soit avec vous et vous inspire de vous récréer en union avec Lui et sa sainte Mère !

Affectueusement en Marie,

Catherine

LOYAUTÉ ET CHASTETÉ

Le 27 juin 1958

Mes bien-aimés,

Comme je vous l'ai déjà dit, je vous écrirai dorénavant assez souvent, irrégulièrement, mais chaque fois que j'aurai quelque chose à dire à tous.

Avant d'entrer dans le sujet de cette lettre, je veux vous remercier les uns et les autres du courrier que vous m'avez adressé. Vos lettres personnelles me font un plaisir infini, car il semble que vous commencez à comprendre que je vous aime tous très profondément dans le Seigneur. Je vous aime chacun individuellement, de manière unique, et je vous aime aussi tous ensemble.

Vos lettres me sont aussi précieuses que nécessaires pour comprendre l'ambiance de chacune de vos maisons et partager un peu leur vie. C'est ainsi que l'un de mes rêves se réalise. En outre, sans que vous en soyez probablement conscients, vous aidez extraordinairement l'Apostolat tout entier en vous montrant, dans ces lettres, ouverts, francs et amicaux. J'ai devant moi quelques-uns de vos courriers en provenance de diverses maisons, ils sont aussi intéressants qu'instructifs et, bien qu'ils soient personnels, ils révèlent souvent un problème commun, ce qui m'éclaire énormément et me donne d'amples sujets de réflexion. Ils m'amènent à repenser nos méthodes de formation et la façon d'aborder cet état de choses pour donner ensuite des instructions à tous les responsables sans, bien sûr, révéler la source car je considère toutes vos lettres comme confidentielles, même si ce n'est pas spécifié. Mais le plus important c'est qu'elles me permettent, du moins je l'espère, de vous aider individuellement et de clarifier vos problèmes, qu'ils soient personnels ou communautaires, ce qui est source de paix, de charité et de lumière.

J'en viens maintenant au sujet de cette lettre.

Vous vous souvenez tous, je l'espère, des cours de votre temps de formation. Il y en avait une série assez courte intitulée : *Dévouement, Loyauté et Stabilité.* Néanmoins je comprends parfaitement que c'est une chose d'écouter un cours sur ces vertus, que c'en est une autre de les pratiquer dans le creuset de Madonna House à Combermere ou de n'importe quelle mission. Je crois donc utile de nous rafraîchir la mémoire de temps à autre et de nous rappeler ce que l'on vous a enseigné pour examiner ces vertus apostoliques à la lumière de nos expériences quotidiennes et voir où nous en sommes sur ce chapitre aussi important que vital. Elles sont le fondement immuable de notre Institut et, si nous y manquons, c'est toute la structure qui s'effondrera.

Prenons le cas de la loyauté. Comme je vous le dis depuis longtemps, c'est, d'après le dictionnaire, la qualité qui fait que nous restons fidèles à un gouvernement, une cause, un ami. L'Église catholique définit la loyauté comme un fruit de l'amour, ou *caritas*, sœur de la confiance et de l'espérance.

Voyons comment ces définitions s'appliquent à la vie de tous les jours. Vous comprenez, bien sûr, ce qu'est la fidèle obéissance à un gouvernement. Les procès d'espionnage au Canada et aux États-Unis nous ont montré ce qu'était la tragédie de celui qui trahissait son pays en révélant à l'ennemi ses secrets vitaux. Tout en tenant compte de l'immense charité du Christ, nous éprouvons pour une telle personne une étrange répulsion tant au plan naturel que surnaturel. Rien que pour lui serrer la main il nous faudrait l'incroyable charité qu'impose notre appartenance au Christ qui nous demande d'aimer même nos ennemis... Nous le ferions, à contre-cœur, par un acte de volonté.

Dans la vie courante, nous avons piètre opinion de qui se montre déloyal à l'égard d'un ami. Ici les choses sont encore plus claires. Nous n'aurions guère d'estime pour une personne qui divulguerait ce que nous lui avons dit en confidence et qui se répandrait en ragots sur nous dès que nous aurions le dos tourné, disant par exemple : « Oh, elle est très gentille, mais... » et qui ensuite réduirait notre réputation à néant. Cela ne l'empêcherait d'ailleurs pas d'être fort aimable à la rencontre suivante, recherchant même notre confiance et nos confidences, et de recommencer la même faute.

Toujours sur un plan humain, nous ne respecterions pas davantage celui qui, sans vraiment trahir une confidence, nous expliquerait avec mille détails combien l'a fait souffrir une personne de notre connaissance. Même si c'était vrai, nous en ressentirions un indéfinissable malaise sans comprendre pourquoi il nous raconte tout cela. Si, même exact, il l'avait gardé pour lui, vous auriez certainement plus de respect pour votre interlocuteur.

Tout ceci est fréquent car vous savez combien le monde a l'esprit critique. C'est déjà plus compréhensible dans l'armée, parce qu'un grand nombre d'individus aux antécédents fort divers sont rassemblés de tous les coins du pays et tenus de se plier à une discipline rigide que la plupart n'avaient jamais connue. Les psychologues militaires savent bien que les ronchonnements des individus placés dans ces circonstances sont, pour eux, un excellent moyen de se défouler. Mais, en temps de guerre, elles produisent en nous un curieux sentiment de malaise parce que nous y voyons une ombre de déloyauté.

Et que penseriez-vous d'un jésuite qui, en confidence, dirait à un second jésuite tout ce qu'il sait d'un troisième? Imaginez que vous êtes le second... Qu'en penseriez-vous? Je me demande si vous trouveriez très indiqué qu'un prêtre en critique un autre.

Certains d'entre vous ont malheureusement rencontré des prêtres dans un état dépressif qui ne se privaient pas, en termes non voilés, de critiquer leur évêque ou leur supérieur. J'en ai, moi-même, fait l'expérience. Mais soyons honnêtes, dans la charité du Christ nous devons les écouter avec l'espoir de les soulager médicalement parlant. Mais nous n'en avons pas moins un geste de recul et de crainte comme devant la profanation du sacré... Nous sentons à juste titre que si un prêtre a des griefs, le mieux est, pour lui, d'en parler avec ses supérieurs. Nous savons d'instinct que c'est la seule solution et même s'il se confiait à l'infirmière psychiatrique que je suis, j'éprouverais de la gêne.

Lorsque leur choix se porte, peu judicieusement, sur des laïcs, nous trouvons lourd à porter – et même écrasant – le fardeau qu'ils nous imposent parce que nous sommes aussi faibles que les roseaux. Qu'ils soient prêtres ou non, nous comprenons obscurément que les gens dont je viens de parler sont dépourvus de loyauté, de confiance, d'espérance et de bon sens. Et, tout compte fait, qu'en résulte-t-il? Il est vrai qu'ils se sont défoulés en critiquant, mais était-ce bien l'endroit pour le faire? Le confessionnal, le bureau d'un évêque, d'un directeur spirituel ou d'un médecin eussent été plus appropriés, et il existe un endroit et un temps pour traiter même les problèmes psychologiques.

Il en va de même pour ceux qui bavardent et révèlent intempestivement les points faibles d'amis ou de connaissances. Parler de cette manière ou écouter n'apporte rien à personne. L'un et l'autre sont tristes et mal à l'aise parce que le premier éprouve un sentiment de culpabilité qui ne fait qu'alourdir son fardeau affectif et spirituel, le second parce qu'il est embarrassé intérieurement et souhaite n'avoir rien entendu, éprouvant vaguement le sentiment d'avoir participé à une action déloyale.

Il y a l'exemple classique qui, jusqu'à nos jours, nous frappe d'horreur et de crainte : Judas qui trahit par un baiser. Comment sa déloyauté a-t-elle commencé ? L'Évangile nous le montre : il n'était pas franc avec le Christ, c'est-à-dire son supérieur, son évêque, son directeur, son ami et maître dont il critiquait sans cesse les faits et gestes auprès des apôtres, se permettant même de les juger. Or, c'est là une chose terrible. L'Évangile nous dit : « Ne jugez pas et vous ne serez pas jugés. » Que savons-nous des intentions des autres ? Et qui sommes-nous pour les juger ?

Juger, murmurer contre quelqu'un dans son dos… c'est vraiment une blessure terrible contre la charité tout comme répandre des jugements téméraires. De plus, nous n'y gagnons rien et nous laissons à notre interlocuteur l'idée que nous sommes quelqu'un à éviter. Il garde comme un malaise au fond du cœur se doutant bien que demain il fera, lui aussi, l'objet des commérages. Dans ces conditions nous commençons, non sans tristesse, à nous méfier de ce genre de personne.

Cette lettre peut vous sembler longue et aride, c'est qu'hélas, de telles situations existent à Madonna House et, si nous n'y mettons bon ordre, elles s'étendront comme un cancer sur tout le corps de notre Apostolat. Malgré les dimensions externes de notre Institut, la mort pourrait, de l'intérieur, corrompre notre âme commune. Prenons quelques situations imaginaires. Un membre de notre Apostolat s'entend difficilement avec un autre. C'est un réel problème que personne ne peut nier. L'un des moyens classiques de sanctification serait de supporter ces frictions. C'est pourquoi la vie communautaire telle que la conçoit le Droit Canon, c'est-à-dire, dans chaque foyer, la vie de famille vécue selon le dessein de Dieu, est appelée la plus grande école de sainteté. On la considère comme le moyen le plus rapide pour acquérir davantage de charité, de maîtrise et d'oubli de soi... C'est là que chacun fait l'expérience du poids de la croix et nous commençons à comprendre obscurément ce que fut la douleur du Christ. Mais continuons... Donc, nous n'arrivons pas à nous entendre avec Untel. Mais pourquoi, dites-moi, en discuter avec les autres? À quoi cela nous avance-t-il? Sûrement pas à l'aimer mieux. C'est dans le silence et la prière que nous grandirons en amour mais certainement pas dans de futiles discussions. Nous en sommes tous très conscients, et pourtant, qui est en droit de jeter la première pierre? N'avons-nous pas tous été coupables de ce péché à un moment ou à un autre? Car il s'agit bien d'un péché et peu importe qu'il soit véniel ou mortel. Tout péché est une souffrance de plus pour le Christ.

Ces récriminations vous ont peut-être soulagés mais le résultat eût été identique si vous en aviez parlé au confessionnal ou confidentiellement à l'un de vos supérieurs. Vous auriez été aidés, éclairés par de vrais dispensateurs de la grâce.

Si vous voulez détruire Madonna House de fond en comble, je vais vous donner une recette infaillible pour le faire aussi rapidement que possible. Vous n'avez qu'à chercher un ou plusieurs membres et vous mettre à critiquer, juger ou calomnier vos supérieurs. En moins d'un an, vous en verrez les résultats: une maison en ruines, la charité déchirée, expirante, réduite en poussière sur la route. Ses fondations seront ébranlées et vous aurez un spectacle trop affreux à contempler: la destruction de l'œuvre de Dieu par une infime partie du corps humain: la langue au service de buts égoïstes. Vous n'y gagnerez qu'un sens accru de culpabilité et de tristesse. Quant à vos problèmes affectifs, ils seront cent fois pires.

Tout en aimant beaucoup les divers membres de notre maison, il est extrêmement difficile pour chacun de s'entendre parfaitement avec tous. Pourtant, si nous pouvions, ne serait-ce qu'obscurément, voir le Christ dans nos frères, nous ne nous permettrions pas de les détruire par nos critiques dépourvues de charité.

Et maintenant, après avoir lu cette longue lettre un peu sévère, vous allez vous demander: « Pourquoi nous écrit-elle ainsi? » Ma réponse sera directe, comme elle l'est toujours. J'ai remarqué une tendance, encore naissante, Dieu merci car nous formons une famille très unie, selon laquelle il serait bon pour la santé de dire ouvertement tout ce que l'on a sur le cœur, d'autant que certains souffrent d'une forme de névrose qui consiste à ne pouvoir s'empêcher de parler !

Quoi qu'il en soit, soyons clairs. Il est vrai que se défouler en paroles peut guérir des troubles affectifs mais, étant donné que nous sommes un Apostolat de charité, l'endroit le plus approprié pour ce faire, sera le bureau du responsable ou le confessionnal – les deux de préférence. Alors notre âme retrouvera la paix et l'Apostolat ne sera pas en danger.

Croyez-moi, mes bien-aimés, ma vaste expérience me permet de vous dire que si vous ne choisissez pas bien où vous défouler, vous ne ferez qu'augmenter vos problèmes et désorganiser l'apostolat.

Passons maintenant à une autre question. Je le fais, croyez-moi, avec beaucoup d'amour, infiniment de douceur et de délicatesse, à la manière d'un chirurgien dont le bistouri doit guérir et non faire mal.

Nous devons comprendre que notre Apostolat est en attente du statut d'Institut Séculier qui est encore chose nouvelle en Amérique du Nord. La hiérarchie, le clergé, les ordres religieux, nombre de catholiques et de non-catholiques surveillent cet essai d'un œil de lynx. « Garçons et filles vivant ensemble chastement en tant que laïcs... » dit la hiérarchie. « Eh bien ! Puisque le pape dit que c'est possible, nous voulons bien. Mais croyez que nous ouvrirons l'œil. Il faudra nous donner la preuve que ça peut marcher. »

« Garçons et filles vivant ensemble chastement en tant que laïcs, et avec l'approbation du Saint-Père – je n'arrive pas à croire que ce soit possible dans l'ordre naturel, disent les prêtres et les religieuses. Mais puisqu'il y en a au milieu de nous, nous les surveillerons de près. »

« Garçons et filles vivant ensemble chastement... quelle blague ! », disent les catholiques plus âgés. « Il doit bien se passer quelque chose de louche ! Allons voir par nous-mêmes si les choses se passent aussi bien. Nous, hommes et femmes, on ne nous roule pas aussi facilement que les évêques et les prêtres qui sont en dehors du monde. Nous savons de quoi il en retourne et il nous suffit d'un coup d'œil, d'un mot ou d'un geste. On va bien s'amuser à démasquer la situation. Attendez un peu que nous allions voir et la hiérarchie de l'Église sera bien obligée d'ouvrir les yeux. »

Voilà ce qui se dit. Et vous, petits agneaux de Dieu, bien innocents la plupart du temps, à vrai dire tout le temps, vous vous en doutez à peine. Même si vous ne le savez pas, vous êtes protégés à Madonna House par les prêtres qui y vivent. Leur présence réduit au silence bien des mauvaises langues. De notre côté, vous êtes simples et heureux, vous plaisantez sans inquiétude, ignorant que vous jouez avec le feu. C'est pourquoi, je voudrais vous faire part de quelques remarques personnellement entendues :

a) « J'ai vu un garçon donner une tape sur les fesses d'une fille. » Aux yeux de cette personne c'était un geste d'affection un peu vulgaire, un manque de bonnes manières et je suis parfaitement d'accord. (Aucun homme ne donne à une femme une tape sur les fesses, sauf s'il est son mari et s'ils se trouvent tous deux dans l'intimité de leur chambre.) Mais ce geste pourrait aussi indiquer des relations moins chastes et déclencher les langues de vipères.

b) Remarque d'un prêtre : « Baronne, comment expliquez-vous la conduite de jeunes gens qui, ayant fait vœu de chasteté, parlaient ouvertement à table de se tenir par la main ? » Il me fallut une heure pour expliquer qu'à Madonna House personne ne se tient par la main où que ce soit. Ce n'était qu'une plaisanterie venue d'un cœur innocent, ignorant du monde mais qui n'en était pas moins dépourvue de tact.

c) Remarque d'une laïque : « J'ai entendu un garçon interpeller une fille : "Hé, ma jolie... Tu me plais bien !" » Cette fois, il m'a fallu trois heures d'explications... sans grand résultat.

Mots, gestes, regards, plaisanteries, tout fait partie du contexte. Aussi faut-il que chacun réalise l'extrême prudence qui s'impose, étant donné que Madonna House et toutes ses missions sont entièrement exposés aux regards publics... Il n'y a pas d'erreur, nous sommes bien des cobayes.

C'est, en fait, de gens comme nous que, d'une certaine manière, dépend la réalisation du rêve immense que Dieu envoya au pape : « La vaste armée des Instituts Séculiers. »

Nous avons eu assez de courage et d'imagination pour nous laisser mener par Notre-Dame à former une extraordinaire famille religieuse composée de prêtres et de laïcs, hommes et femmes. Or, il en existe encore très peu. Notre évêque assure que la chasteté est une bénédiction et un atout pour notre genre d'apostolat et ne cessera de l'être dans les jours à venir.

Détruiriez-vous tout cela par mille détails que vous ne remarquez même pas ? Sûrement pas !

J'espère que cette lettre aura clarifié quelques points. Je répète qu'un peu de grogne intempestive n'a fait que peu de mal jusqu'ici. Mais si l'on n'y mettait pas fin, le résultat pourrait être catastrophique.

Je vais vous donner un conseil : lorsque vous aurez envie de vous plaindre de quelqu'un, retenez-vous, dites un *Je vous salue Marie* et réfléchissez. Quels motifs cette personne peut-elle avoir de se plaindre de vous ? Si vous êtes honnête, cela devrait immédiatement vous réduire au silence.

À vous de tout cœur, en Marie.

Catherine

PRUDENCE ET CONFIANCE : AU SERVICE DE LA PAUVRETÉ

Le 2 juillet 1958

Mes bien-aimés,

Me voici de nouveau car, par ces lettres, j'entre dans votre salle commune et je m'installe avec plaisir dans un fauteuil confortable pour passer un moment avec vous. Je ne peux rien imaginer qui me procure plus de joie, quand bien même je crois savoir que, parfois, ces lettres sont pour vous une corvée. J'espère cependant clarifier certains points qui en ont grand besoin, moi en les écrivant, vous en les écoutant.

Au chapitre de l'obéissance, j'aurais à vous donner encore beaucoup de points de repères qui finiront par former un volume, du moins pour notre Apostolat. Je terminerai ainsi en laissant après moi un enseignement que certains prêtres estiment de grande valeur pour les futures générations de notre Institut. Dans la foi, je les crois sur parole et j'obéis avec joie, me souvenant de ce que les prêtres appellent si joliment : « la voix de Dieu dans l'âme de la fondatrice ».

Lors de ma dernière visite j'ai vu clairement qu'il était nécessaire de resserrer les liens entre moi et vous tous afin d'éviter la confusion dans nos diverses missions.

Aujourd'hui, je voudrais parler de ce qui concerne les biens matériels. On vous a souvent rappelé que l'ingéniosité était partie prenante de notre apostolat si bien que lorsqu'il manque quelque chose au bureau ou à l'atelier, une nouvelle chaudière ou même de la nourriture, nous avons le choix entre deux solutions : inventer quelque chose d'autre ou nous arranger avec ce que nous avons. Par exemple une simple couverture pourrait, temporairement, remplacer un rideau à une fenêtre.

Mais peut-être avez-vous été trop absorbés par tout ce que vous avez dû apprendre et les nouvelles idées qu'il vous fallait assimiler pour remarquer que la pauvreté va toujours de pair avec une parfaite confiance en Dieu. Je me suis souvent permis d'acheter des choses vitales pour l'Apostolat sans me soucier le moins du monde d'un compte en banque déficitaire.

Ceux qui ont été comptables à Madonna House ont souvent éprouvé de véritables affres devant une action en apparence si téméraire. Inutile de vous rappeler le nombre de fois où vous êtes venus dans mon bureau, affolés, tendus, au bord des larmes, déchirés que vous étiez entre des vérités spirituelles et la réalité.

Votre argument habituel était : « Comment osez-vous acheter une chaudière de mille dollars, une nouvelle voiture et même des instruments de jardinage alors que nous avons un découvert bancaire de plus de deux mille dollars et que les factures dépasseront trois mille dollars ? Que faites-vous donc de la vertu de prudence... du simple bon sens ? Nous avons déjà des dettes ! » Vous étiez fous de rage et plus encore lorsque je vous répondais avec calme : « Ne vous inquiétez pas mes enfants, mais je vois que cela mérite réflexion, je vais donc m'en occuper immédiatement et aller prier l'Enfant Jésus de Prague. » Je m'adressai alors à Notre-Dame de Combermere, à l'Esprit saint ou à tout autre saint qui m'était inspiré, mais le plus souvent, j'allais au Petit Enfant de Prague qui m'aide depuis longtemps.

Cela vous semblait complètement fou. Vous étiez étonnés et certains le sont toujours. Mais maintenant que vous êtes dans les missions, quelques-uns connaissent et partagent le terrible fardeau que les responsables portent avec tant de courage. Ceux d'entre vous qui ont besoin de choses comme celles que je viens de mentionner se font peut-être un mauvais sang terrible pour essayer de résoudre ce qui, apparemment, est insoluble.

Pourtant, la solution est bien simple : il suffit d'avoir confiance en la Providence de Dieu. Mais deux choses sont nécessaires : commencer par demander à l'Esprit saint d'ouvrir votre intelligence afin de pouvoir juger, dans la prière, de l'opportunité de cet achat, puis, avec l'aide de Dieu, essayer de comprendre s'il attend de vous la mise en pratique de la prudence ou de la confiance. La vertu de pauvreté va de soi, néanmoins prudence et confiance sont à son service. Mais soyons clairs, je n'ai jamais parlé de la prudence humaine, hésitante et craintive, mais de celle qui vient de Dieu. C'est une vertu jeune, vigoureuse, sage de la Sagesse de Dieu et qui sait lorsqu'il convient de se fier entièrement à sa Providence. Après avoir prié comme si tout dépendait de Lui, Elle agit ensuite comme si tout dépendait de vous.

Commencez donc par réfléchir pour voir s'il vous faut quêter ou emprunter ce qui vous manque, que ce soit important ou non, à condition que vous ayez le temps d'attendre et assez de foi pour cela.

Supposons que notre chaudière étant hors d'usage, le temps presse… La prudence et la sagesse vous commanderont de faire confiance à la Divine Providence. Achetez-en une. Alors la chaudière sera payée à temps et tout ira bien.

En règle générale, vous serez guidé par l'urgence de la dépense et sa répercussion sur le bien commun. C'est ainsi que vivre dans des pièces non chauffées rendra tout le monde malade et nuira au travail apostolique. Donc une nouvelle chaudière s'impose et vous l'achetez à crédit puisque vous n'avez pas le temps d'aller quêter. L'argent viendra plus tard. Vous voyez ce que je veux dire…

En revanche, si l'achat envisagé n'est pas urgent et que vous voyez la possibilité d'effectuer une réparation ou de vous arranger autrement, alors, n'hésitez pas à le faire.

Par ailleurs on devrait, dans toutes les maisons, prendre l'habitude de faire chaque mois la liste de tout ce qui manque : râteau, marteau, ustensiles de cuisine, et la montrer au responsable. Au cours d'une réunion, celui-ci verra avec tout le monde si ces achats sont indispensables. Si oui, on les fera ou on les quêtera. En cas d'urgence, le responsable priera avec une foi inébranlable puis il achètera ou quêtera l'argent nécessaire. Ainsi la sainte pauvreté n'en souffre pas et la foi et la confiance en la Providence progressent d'autant. L'ordre et la paix fleurissent dans la maison et dans les âmes.

Il est impossible que l'Apostolat soit moins efficace que les enfants de ce monde. Rappelez-vous les paroles de Notre Seigneur : « Les enfants de cette génération sont plus sages que les enfants de lumière. Soyez sages comme des serpents et simples comme des colombes. » Il serait tragique que notre travail soit inefficace et fait n'importe comment. Mais pour bien travailler, il faut de bons outils.

Quand le compte en banque baisse dangereusement, le responsable local doit beaucoup prier et tenter d'y remédier : par exemple, parler à des amis influents, écrire quelques lettres à d'anciens bienfaiteurs ou aller faire la quête. Notre Seigneur et Notre-Dame l'aideront. En fait, je dirais qu'en toutes circonstances notre cœur devrait être en paix, notre conscience en repos, totale notre confiance en la Divine Providence, et complet notre abandon à la Volonté de

Dieu. Ceci ne s'oppose pas à un sens aigu des affaires, une imagination fertile et le courage de mendier notre pain quotidien au nom du Christ.

Un mot de plus et j'en aurai fini avec les biens matériels et les quêtes… Il n'existe aucune règle interdisant qu'un membre, avec la permission du responsable, puisse mendier un outil dont il a besoin, par exemple, auprès des bénévoles et amis dans telle ou telle maison.

Que Dieu vous bénisse de son amour et Marie vous garde ! Je reviendrai une autre fois sur un autre thème.

Avec toute mon affection, en Marie,

Catherine

UNE SYMPHONIE DE CHARITÉ

Le 16 juillet 1958

Mes bien-aimés,

Me voilà de nouveau avec une autre lettre pour vous.

Plus nous nous développons, plus on nous connaît. Les gens sont de plus en plus nombreux à venir nous voir et à s'adresser à notre Apostolat. Certains souhaitent nous aider, d'autres nous rejoindre. Évêques, religieuses, frères, prêtres, séminaristes, fonctionnaires, assistants sociaux, bibliothécaires, professeurs d'université, pauvres et riches, savants et ignorants, tous viennent pour observer, apprendre, admirer et critiquer. Il ne faut pas oublier qu'à leurs yeux, nous représentons, dans sa nouveauté, une intéressante et merveilleuse famille religieuse de l'Église. Il n'est pas douteux que nous sommes un peu comme des cobayes dans un laboratoire et même des papillons épinglés. Il n'y aurait aucun mal à cela si je ne pensais à quelque chose qui me fait peur… Dans bien des cas, les rapports de chacun d'entre eux avec le Christ risquent de dépendre de nous. Pour beaucoup de gens, nous représentons l'Église catholique, et c'est par nous qu'ils sont un peu à la recherche du Christ. Ils voudraient le toucher en nous ; peut-être pour consolider leur foi, retrouver espoir et courage, découvrir leur vocation ou tout simplement mieux connaître Dieu et l'aimer. C'est une pensée qui donne à réfléchir, que nous ne pouvons écarter et qu'il nous faut regarder en face.

Le Christ était un vrai « gentleman », et nous sommes ses frères et sœurs. Marie était une parfaite grande dame et nous sommes ses enfants. Aussi, devons-nous veiller à ce que tout ce que nous faisons et disons ne défigure pas, aux yeux des gens, le visage du Christ en nous. Car ce sont les apparences qu'ils voient en premier et ceci m'amène à parler de nos manières et de la façon de nous vêtir.

Les manières sont comme des rivières qui se rejoignent pour former un fleuve qui se jette dans un lac ou dans la mer, après s'être ajoutées les unes aux autres. C'est ainsi qu'arrivent sur mon bureau des lettres écrites de toutes parts, par un prêtre, une religieuse, un laïc ou une laïque après une visite dans l'une ou l'autre de nos maisons, me donnant ainsi un aperçu de leurs impressions sur Madonna House. Je recueille aussi souvent de ces impressions par les réflexions de nos visiteurs qui dénotent critiques ou étonnement. Ces gens, qui sont humbles et bons, ont l'air de faire ces remarques comme à contre-cœur parce qu'ils nous aiment. Nous comptons tellement pour eux!... Et sans ces petites choses qui, en fait, ont beaucoup d'importance, nous les rapprocherions sans doute davantage du Christ.

Alors, selon mon habitude, j'ai demandé conseil aux prêtres de l'Apostolat. Eux aussi avaient entendu ces commentaires et, par égard pour moi, ne me les avaient pas répétés. Mais ils n'hésitèrent plus à parler devant mes incertitudes et furent d'avis qu'il fallait faire quelque chose, bien qu'il n'y ait pas grand mal dans tout cela.

Nous avons beaucoup de membres qui, dans leur enfance, n'ont pas appris les règles élémentaires des convenances et bonnes manières, ce qui ne les empêchera peut-être nullement de devenir des saints. Mais, pour notre Apostolat, de petites choses peuvent être fort importantes car elles font partie de la charité. C'est le cas des bonnes manières, de la façon de se vêtir, etc.

Mes parents disaient, je m'en souviens, qu'être bien élevés ne signifiait pas être snob, avoir l'attitude de la douairière qui vous regarde de haut, à travers son face-à-main pendu à une chaîne d'argent, avec l'air de dire : « Je vaux plus que vous. » Ils m'enseignaient que les bonnes manières font l'agrément de l'existence pour les autres aussi, car c'est une question de politesse qui est le fruit de la charité.

Mon père m'expliquait que manger avec son couteau, ou le lécher couvert de confiture, gênait ceux qui en étaient témoins car ils avaient peur que vous ne vous coupiez. Le marteau sert à enfoncer des clous, la hache à couper du bois et, à table, le couteau à couper ce qui est dans votre assiette.

Les gens qui rotent ou produisent d'autres bruits en public dégoûtent leur entourage, de même lorsqu'ils toussent ou éternuent sans mettre la main devant leur bouche. Toutes ces fautes sont contraires à la charité et à la justice. Les chrétiens doivent se montrer bien élevés, non pour afficher une prétendue supériorité sociale mais parce qu'ils appartiennent au Christ et à Marie.

Voici donc une liste de bonnes manières pour tous :

1. Arrivez à table et à la chapelle le visage et les mains propres. Vous devez être vêtus de façon à paraître soignés pour honorer Dieu à la chapelle, et le Christ dans les autres lorsque vous êtes à table.
2. Soyez ponctuels pour rompre le pain à l'une et l'autre table et n'oubliez pas que, pour le rompre avec Dieu, il faut toute la journée se préparer à la prière. Toutes les prières officielles constituent cette préparation. Soyez donc à l'heure pour chacune, à moins qu'un devoir de charité ne vous en empêche. Soyez surtout à l'heure pour la messe et les repas.
3. Asseyez-vous tranquillement et attendez qu'on vous serve. Voyez ce dont les autres ont besoin avant de voir ce qui vous manque. N'essayez pas d'attraper quoi que ce soit à l'autre bout de la table. Demandez ce qu'il vous faut et donnez ainsi à votre voisin l'occasion de vous rendre service.
4. Ne mettez pas les coudes sur la table, penchés au-dessus de la soupe que vous lapez bruyamment comme si vous étiez un en-

fant ou un animal ! Tenez-vous droits et portez votre cuillère à la bouche sans précipitation. N'enfournez pas un hamburger tout entier, ni même la moitié d'un, à la fois. Ne trempez pas votre cuillère ou votre couteau dans le miel, la confiture ou les pickles. À celui qui est de service, de s'assurer qu'il y a suffisamment de couverts sur la table. C'est vraiment dégoûtant pour tout le monde, et particulièrement les invités, de se servir dans un plat où l'un ou l'autre a plongé sa cuillère. C'est la même chose pour le sucre en poudre.

5. À table, ne vous mettez pas les doigts dans le nez, ne vous grattez pas la tête, ne vous faites pas les ongles, ne lisez pas votre courrier. Attendez pour cela d'être dans votre chambre ou à la salle de bains. C'est aussi un manque de politesse que lire à table une lettre, un journal ou un livre. Au Canada comme aux États-Unis, on considère comme mal élevé de se servir d'un cure-dents pendant le repas bien que ce soit normal en d'autres pays où ils sont même sur la table. Dans tous les restaurants de notre continent, c'est en réglant l'addition que l'on peut se faire donner un cure-dents. Ce qui indique clairement que vous êtes censés vous curer les dents plus loin.
6. Ne vous affaissez pas sur les bancs de la chapelle. Que vous soyez assis, à genoux ou debout, tenez-vous droits. Nous adorons Dieu avec notre corps et je conseille à tous de lire *Les signes sacrés de Guardini.* Ce livre montre clairement comment les attitudes de notre corps rendent hommage à Dieu. Que les hommes ne mettent pas les mains dans les poches quand ils sont à la chapelle. N'oubliez à aucun moment le respect dû à Dieu, le grand Roi, en présence de qui vous vous tenez.
7. Je voudrais ajouter encore quelque chose au paragraphe précédent. L'église et la chapelle sont également la maison de notre Père où nous pouvons nous sentir en paix, « chez nous ». Aussi, lorsque vous y faites une lecture spirituelle, vous pouvez vous détendre, vous appuyer le dos ou vous asseoir par terre. Le soir, lorsque vous faites une visite à la chapelle pour une prière privée, vous pouvez y prendre une posture décontractée mais sans osten-

tation. Ne vous étalez pas sur un banc comme si vous dormiez; mais vous pouvez rester prosternés devant le tabernacle si vous êtes seuls ou avec la famille.

8. Cela m'amène à parler d'une autre question, à savoir des diverses manières en société. Rappelez-vous le dicton: « À Rome, faites comme les Romains ». Cela aussi est signe de bonnes manières. En pays étrangers, n'imposons pas les nôtres. Acceptons les leurs, aussi étranges qu'elles nous paraissent. C'est aussi de la charité.
9. Par respect pour les représentants du Christ et sur la demande des prêtres, les hommes se lèvent lorsque j'arrive. Il serait bon d'adopter cette façon de faire dans les diverses fondations. La jeunesse d'un responsable n'y change rien, il ou elle est le représentant du Christ au même titre que les prêtres.
10. Les hommes sont les protecteurs des femmes et l'esprit de chevalerie devrait survivre dans notre petite communauté chrétienne. Chaque fois que l'occasion s'en présente, que les hommes laissent donc passer les femmes devant eux et les aident quand ils les voient porter quelque chose de lourd. C'est souvent le cas à Madonna House où, par nécessité, nos femmes font presque un travail de charpentier. L'homme devrait au moins leur ouvrir la porte et se conduire en gentleman, améliorant ainsi l'image de leur sexe.

De leur côté, les femmes, conscientes de leur féminité, devraient accepter ces attentions gracieusement sans grommeler: « Je n'ai que faire de tout ce protocole. »

La femme étant de nature féminine, l'homme réagit instinctivement à cela, ce qui contribue à le rapprocher de Dieu qui veut que tout être vivant agisse conformément à sa nature. Un arbre pousse en hauteur, un poisson nage dans l'eau et une femme est féminine. Elle ne se vante pas d'être « comme un homme », et si elle le faisait, les hommes se sentiraient déçus et ne sauraient comment se comporter avec elle. Au fond d'eux-mêmes, ils éprouveraient un certain malaise comme si la beauté était un peu désacralisée.

Il faut qu'un homme soit viril et fort tout en étant raffiné; qu'une femme soit féminine, forte et raffinée aussi, mais selon sa nature. Alors, chacun complétant l'autre, la vie peut s'écouler paisiblement.

Il y a encore beaucoup d'autres détails que je pourrais mentionner comme : rompre ou couper votre pain au lieu de le déchirer avec vos dents, veiller à faire fondre le sucre au lieu de le laisser collé au fond de votre tasse pour le gaspiller et compliquer la vaisselle. Bien que tout cela concerne surtout la justice et la sainte pauvreté, la charité n'en est pas exclue. J'ai déjà dit ce que je pensais des plaisanteries et des conversations en général. Aussi vais-je terminer cette lettre en vous redisant que si je vous fais ces remarques, c'est parce que je vous aime si profondément que je vous voudrais parfaits devant le Seigneur. Pour moi, vous êtes si merveilleux que je dois veiller à ce que de légères dissonances, faciles à corriger, ne perturbent pas cette belle symphonie.

Que Dieu vous bénisse ! Que Marie vous garde !

Catherine

P. S. : J'allais oublier : lorsque vous vous offrez des cigarettes, n'en lancez pas une à travers la table, mais faites passer tout le paquet, confiant qu'on ne vous en prendra qu'une !

LES DIVERS ASPECTS DU COURAGE

Le 26 juillet 1958

Mes bien-aimés,

Me voici de nouveau pour une petite visite. Il peut vous sembler que je vous en fais beaucoup et pourtant, j'ai hâte de venir bavarder avec vous. Mais, si le temps passe vite à Madonna House, il arrive que, pour moi, il passe lentement parce que j'aspire vraiment à la Maison du Seigneur qui deviendra mienne. Néanmoins, lorsque je pense à tout ce que je veux partager avec vous que j'aime d'un tel amour, le temps me paraît passer très vite.

J'ai prié en songeant à l'incendie de forêt du Yukon et je me suis demandé ce qu'à ce moment-là chacun avait au fond du cœur à Maryhouse : crainte, terreur, inquiétude ? Sûrement tout cela, car le courage ne consiste pas en l'absence d'émotions mais dans l'aptitude à les surmonter en vue d'un plus grand bien.

Sur les champs de bataille, le soldat a peur, mais parce qu'il aime sa patrie, il se lance courageusement en avant. Le missionnaire qui voit son heure arriver parce que le martyre approche est humainement terrifié, bien sûr, malgré certaines lectures de jeunesse qui l'en avaient fait rêver. Mais la peur est d'une autre qualité chez un homme qui a passé de nombreuses années dans la brousse, au pays des âmes, car elle est débarrassée d'émotions puériles. Mais il n'en redoute pas moins la souffrance. N'est-ce pas le cas de tout être humain ? Seulement, il pense principalement à son âme et prie Dieu de lui donner le courage de feu des martyrs qui l'ont précédé. Il lui demande de pouvoir, à sa dernière heure, montrer le visage du Christ à ceux qui, peut-être, ne l'ont jamais aperçu. Parce qu'il a vécu et bu quotidiennement à la source même de l'Amour pendant de nombreuses années, son courage en est renforcé.

Des milliers de chrétiens sont, en ce moment, soumis à de terribles tortures mentales dans des prisons, des camps de concentration ou de travail. Elles sont trop affreuses pour que nous osions même en lire la description. Aussi, leur courage est-il exemplaire. Les récits de témoins venus d'Allemagne nazie et de ceux qui arrivent encore de derrière les Rideaux de fer ou de bambou témoignent du courage surhumain de ces peuples dont l'histoire n'est qu'un long martyre.

L'incendie au Yukon est le test que Dieu a choisi pour nous mettre à l'épreuve. Les responsables de nos maisons là-bas le comprennent et je sais que, sans craintes puériles, ils font montre d'un courage et d'une paix inébranlables. J'espère que l'on peut en dire autant de chacun des membres et que tous se tenaient prêts à être évacués les derniers, bien que ce soit le rôle de l'évêque et des prêtres, car le capitaine et le second sont toujours les derniers à quitter le navire qui sombre ou qui brûle.

Je n'ai pas entendu dire que les choses se soient passées autrement car, d'après les lettres que j'ai reçues, les membres de cette maison se sont comportés comme on pouvait le souhaiter. Je m'en réjouis et j'en suis fière. Cet incendie a été pour moi l'occasion d'une profonde méditation et de l'examen de conscience que je fais généralement lorsqu'il se produit quelque chose sortant de l'ordinaire. J'ai toujours devant moi cette éternelle question : ces enfants spirituels que le Seigneur a engendrés par mon intermédiaire, dans quelle mesure ai-je réussi ma tâche qui était d'en faire des saints ?

Il se pourrait qu'à notre époque, la préparation à la sainteté comporte le martyre et toutes sortes d'épreuves telles que : inondations, incendies, tremblements de terre. Il est possible que, dans quelques jours, quelques semaines ou quelques heures, l'Apostolat soit menacé par une offensive russe, les fusées explosant partout. En aucun point de l'Amérique du Nord on ne serait alors en sécurité.

Quant aux pays de mission, ils présentent mille dangers. Il y a des maladies que nous connaissons encore peu, le climat auquel nous ne sommes pas plus habitués physiquement que psychiquement, la méfiance et le ressentiment des indigènes pour qui la peau blanche est un peu ce qu'est le rouge pour le taureau. Peut-être viendra-t-on sans bruit nous tuer dans la nuit comme ce fut le cas pour Charles de Foucauld, pour venger l'un des leurs tué par un blanc, s'approprier nos pauvres biens qui leur semblent une richesse, ou tout simplement parce qu'ils ont envie de tuer un blanc. Ils peuvent très bien passer à l'acte.

De nombreux pays où sont appelées nos équipes subissent souvent des inondations, des incendies, des tremblements de terre. Beaucoup vivent sous la rude férule communiste prête à éliminer tout ce qui lui paraît gênant… Et puis, il y a les guerres que se livrent les diverses tribus entre elles…

Voilà l'existence qui vous attend dans quelques années. Vous y ai-je suffisamment préparés ? Et vous, y avez-vous pensé ? Je me le demande. C'est pourtant le moment d'y réfléchir et de vous y préparer. Peut-être faudrait-il commencer à fortifier notre courage dans les petites choses, à nous débarrasser de la peur pour grandir dans la foi et l'amour de Dieu qui nous feront ainsi prier avec humilité et simplicité :

> « Seigneur, je suis prêt à vivre et à mourir pour Toi. J'accepte la mort que ta Volonté a choisie pour moi. Mais je suis faible et mon âme habite une maison d'argile. Sois ma force et fais-moi un seul don, celui du parfait amour de Toi qui écarte toutes les peurs – de sorte que ma mort soit pour Toi un dernier témoignage et que j'ai le courage de la donner joyeusement, avec allégresse, un chant dans l'âme et en pleine maîtrise de mes membres, de mon visage et de mon esprit.
>
> « Alors, ceux qui auront causé notre mort Te verront couvert de sang et comprendront que, parce que nous sommes chrétiens, nous avons donné notre vie pour nos meurtriers qui restent nos amis et nos frères. En mourant ainsi, ô Christ bien-aimé, nous Te porterons parmi eux et Tu achèveras Toi-même ce que ta Sainte Volonté a commencé par notre mort. Amen. »

C'est une petite prière qui m'est venue à l'esprit en écrivant cette lettre. Je ne l'avais pas sur les lèvres lorsque, jeune femme, les communistes m'ont mis le dos au mur pour me fusiller. Si je suis encore vivante, c'est uniquement parce que le soldat qui était chargé de moi était tellement ivre qu'il atteignit ma main levée au lieu de mon front.

Non, je n'ai pas dit cette prière, je l'avoue humblement et honnêtement. Mais je dois ajouter qu'en cet instant-là j'ai su que Dieu était présent et je ne me souviens pas d'avoir eu peur.

J'ai affronté la mort plusieurs fois. Lorsqu'elle viendra finalement me chercher, vous saurez quand et comment. Pour le moment, je n'ai guère envie d'en parler. Il me suffit de vous dire que j'ai appris à connaître peu à peu, comme vous le ferez j'espère, les divers aspects du courage qui, je le répète, n'est pas l'absence de peur mais sa conquête en vue d'un but plus élevé.

J'ai dit que nous devrions commencer à nous préparer dans les petites choses pour le jour où la peur et la souffrance seront vraiment là. Alors, il faut en finir avec ces petits riens comme de se plaindre du mauvais temps.

À Winslow, nos frères supportent des températures qui excèdent souvent 40°. J'en dirais autant pour le froid, la nourriture ou les insectes. Quand on se prépare à être un « athlète spirituel », on ne peut se laisser troubler par de tels détails.

Et si le malheur frappe, comme ce fut presque le cas à Whitehorse (Yukon), la paix devrait continuer à régner dans nos cœurs avec un seul souci : « Suis-je en état de grâce ? » Après avoir fait ce que nous pouvons pour cela, ne pensons plus à nous-mêmes, veillons seulement à assurer l'évacuation des femmes, des enfants, des infirmes et des personnes âgées avant la nôtre. Soyons certains que, dans de telles conditions, notre apostolat doit témoigner du Christ. Nous devons crier son amour pour tous, non pas seulement en paroles mais en actes de courage et de foi.

Me trouvez-vous alarmiste ? Pensez-vous que j'exagère ? Oh non ! Il me semble par moments pouvoir nommer ceux qui peut-être mourront martyrs et mon cœur se réjouit au défilé de ces noms qui me traverse l'esprit. Mais peu importent mes rêves. Ce qui compte, c'est notre prochain départ pour les missions étrangères, c'est la situation internationale qui peut exploser d'un jour à l'autre, ici au Canada ou aux USA.

Il faut donc remercier Dieu des grâces et de tous les biens dont nous bénéficions en ce moment à l'abri des guerres et du martyre. Mais qu'à tout moment, nous soyons prêts, cœur, esprit et corps, à faire face à tous ces dangers et même à mourir s'il le faut, pour l'amour de Dieu.

Avec toute mon affection en Marie,

Catherine

AMITIÉS EXCLUSIVES

Le 30 juillet 1958

Mes bien-aimés,

Une question qui semblait résolue quand nous avions vingt ans revenant souvent à l'ordre du jour, il convient d'y réfléchir. Pour une plus grande expérience de la vie faut-il, sans doute, que les choses soient plus claires.

C'est pourquoi je voudrais, aujourd'hui, parler de l'amour, des amitiés exclusives, de l'amour de Dieu et du prochain, du détachement des personnes et des choses ainsi que de la sainte « indifférence ». Pourquoi choisir ce moment pour étudier plus particulièrement ces questions ? Parce que certaines discussions se sont élevées à Madonna House à propos de ce que beaucoup estiment des vertus contradictoires.

Les commandements nous enseignent que nous devons aimer Dieu en premier lieu de tout notre cœur, tout notre esprit, toute notre âme et, ensuite, notre prochain comme nous-mêmes.

Dieu nous dit comment Il veut être aimé aussi bien dans une vie de laïc que dans la vocation qu'Il nous donne. Ces vocations sont au nombre de quatre : la prêtrise, la vie religieuse, le mariage et le célibat consacré.

Ce sont les moyens par lesquels Dieu nous indique comment nous devons l'aimer. Tous exigent pour lui un amour passionné puisque tous conduisent à la sainteté et à la vision béatifique s'ils sont adoptés et vécus comme il se doit. Pour le prêtre, cet amour passionné et sans réserve se vit publiquement. Par le sacrement de l'Ordre, il est officiellement mis à part pour aimer. Il le fait par son ministère en donnant les sacrements et en se liant par les vœux de chasteté, d'obéissance et souvent de pauvreté. Sa vocation à l'amour est publique, évidente, officielle, consacrée. Il n'a d'autre vocation que Dieu tant au plan naturel que surnaturel.

Il en est de même pour la vie religieuse. Mais si le prêtre diocésain reste généralement parmi les hommes, les religieux se retirent du monde. Cependant, il y a aussi les ordres enseignants et soignants qui vivent une partie de leur temps au service du monde. Eux aussi sont mis à part pour aimer et servir Dieu.

La vocation au mariage est aussi un appel à aimer Dieu à travers un homme, une femme, des enfants, et cet amour, vécu publiquement au milieu du monde, fait de ce couple des apôtres pour leurs semblables et les autres familles. Si par exemple le mari est médecin, qu'il soit apôtre dans sa profession.

La vocation au célibat demande également un don total de soi bien qu'il ne soit pas aussi évident que celui des prêtres, religieux, couples mariés. Pour le célibataire, l'essentiel n'en est pas moins Dieu. Spirituellement, il participe à la vie cachée de Nazareth et publiquement, à celle de tout le monde.

Dans la mesure où toutes ces vocations sont choisies avec ferveur, elles exigent un engagement total. C'est ainsi qu'un prêtre n'aura pas une amitié exclusive pour un autre prêtre ou un laïc ou une laïque. Ce qui nous amène à expliquer en quoi une amitié exclusive diffère d'une amitié normale.

La première est centrée sur une personne à l'exclusion de toutes les autres et parfois même de Dieu. Supposons que j'aie une amitié particulière pour l'un des membres de notre Apostolat. J'ai l'esprit si plein de lui ou d'elle que j'aspire à passer tout mon temps libre en sa compagnie. À table, je tiens à m'asseoir à ses côtés, toutes mes remarques s'adressent à sa personne dont la conversation m'enchante. En fait, je suis envoûtée. Il semble qu'elle me soit nécessaire, que j'éprouve presque un besoin physique de sa présence. Je ne vis et ne respire, pour ainsi dire normalement, que dans son orbite. Je suis heureuse si nous pouvons travailler ensemble. Je souhaite l'aider, la servir, lui faciliter l'existence. Il n'est personne pour qui j'éprouve des sentiments aussi forts. Je suis aimable avec les autres et je les aime bien mais de façon toute différente.

Je vous le demande franchement, mes amis, que diriez-vous si je manifestais une telle amitié pour l'un des membres de l'Apostolat? Une première réaction serait faite d'amertume. Puis, vous vous sentiriez négligés, rejetés, vous éprouveriez de la rancœur et peut-être de la jalousie devant une telle injustice. Il est certain que l'atmosphère de toute la maison serait compromise par cette affection immodérée.

Voilà ce qui se produirait si l'objet de mon amitié était une femme et c'est déjà assez regrettable. Mais si c'était un membre de l'autre sexe ce serait, de plus et à juste titre, un vrai scandale. Le salut de mon âme serait peut-être compromis parce que je pourrais tomber amoureuse et remettre en question la chasteté des autres, tout en risquant de perdre la mienne. Ce qui ne rend pas fautifs ceux qui n'ont pas fait le vœu de chasteté, devient péché pour nous qui l'avons fait.

Mais pour ceux dont la vocation est uniquement centrée sur Dieu, l'amitié exclusive est une contradiction plus flagrante encore car elle nous détourne de l'amour qui Lui est dû pour se reporter de façon excessive et malsaine sur l'une de ses créatures. C'est ainsi manquer à la vocation qu'Il nous a donnée, ne pas suivre la voie qu'Il nous avait tracée pour l'aimer.

Que diriez-vous d'une femme mariée qui éprouve une amitié exclusive pour un célibataire ? Ils ne sont pas amoureux l'un de l'autre mais ont les mêmes intérêts. Ils sont tous deux artistes, aiment le golf, la marche, la musique. Ils sont parfaitement assortis, ont beaucoup en commun mais le sexe n'y a encore aucune part. Il est bien connu qu'une amitié particulière entre membres des deux sexes tourne vite à l'amour qui n'est jamais platonique, c'est-à-dire excluant les rapports sexuels.

À votre avis, que diraient le monde, le mari, la famille, les amis, d'une telle amitié aussi pure et innocente qu'elle se présente. Vous l'imaginez sans peine. Pensez-vous que Dieu l'approuve puisqu'Il avait donné à cette femme la vocation de l'aimer à travers son mari et ses enfants, et la voilà qui détourne une partie de cet amour en faveur d'un étranger ?

Que diriez-vous si cette même femme se prenait d'amitié pour une autre femme qui deviendrait une habituée de la maison au point d'en partager la plupart des repas ? Que diriez-vous si cette femme et cette mère n'écoutait que la conversation de son amie sans porter le moindre intérêt à celle de son mari et de ses enfants ? Si elle l'emmenait dans toutes leurs sorties familiales donnant ainsi l'image d'un ménage à trois ? On devine aisément que le foyer serait perturbé en fort peu de temps.

Que ce soit dans un couvent, un monastère, une famille ou dans la vie de célibataires consacrés à Dieu, les amitiés particulières sont une source de ravages et de chaos car, fondamentalement, elles détournent de l'amour de Dieu qui est le but ultime de toute vocation. Autrement dit, cette façon d'aimer amène à se fourvoyer sur des sentiers diaboliques. En quittant l'étroit chemin qui mène à Dieu, nos pas glissent facilement sur celui de Satan.

J'espère que vous commencez à comprendre pourquoi nous ne pouvons, pas plus que dans un monastère, un presbytère, un couvent ou une famille, tolérer de telles amitiés.

Venons-en maintenant à un autre aspect du problème. Le détachement et la sainte indifférence, qui accompagnent l'amour total et passionné pour Dieu, découlent inévitablement des vocations dont Il est le but.

Je m'explique et, à titre d'exemple, prendrai un homme et sa femme. Dieu leur donne comme vocation de s'aimer, de se marier et d'avoir des enfants. En même temps, Il les appelle au détachement. N'y a-t-il pas contradiction ? En apparence seulement.

Si Dieu rappelle à Lui le mari que sa femme aimait au point d'en faire exclusivement tout son univers, celle-ci peut réagir soit en quittant l'Église, soit en haïssant Dieu qu'elle aimait tant qu'elle gardait son idole. Mais son amour n'était pas authentique. Et c'est en raison de ce péché d'infidélité que Dieu, par amour pour cette femme, lui enleva son mari pour sauver son âme. Commencez-vous à comprendre qu'un saint détachement est finalement constitutif de notre amour pour Dieu ? Si telle avait été l'attitude de cette femme, elle aurait ainsi prié : « Mon cher Seigneur, je sais que tu m'as donné la vocation de t'aimer à travers cet homme. Je sais aussi que pour te servir comme tu le désires, je dois en être détachée. Alors, avec ton aide et ta grâce, je suis prête à te laisser le reprendre si telle est ta Sainte Volonté, parce que je t'aime plus que tout au monde. »

Il en est de même pour une mère et son enfant. Si ce dernier est aux portes de la mort, elle peut bien demander un miracle. Mais si elle a compris sa vocation, elle ajoutera : « Non pas ma volonté mais la tienne ! »

Même chose pour un prêtre qui s'est peut-être attaché à sa congrégation, sa paroisse ou Madonna House. Il lui faut à tout moment se maîtriser pour se détacher intérieurement et se préparer à accepter la volonté de changement de son évêque ou de son supérieur. Une religieuse peut être très attachée à son travail près des malades mais elle doit en permanence se détacher intérieurement pour aller, par exemple, enseigner dans une école d'infirmières si la supérieure le désire.

Si nous ne sommes pas habités, cœur, âme, esprit, par un tel détachement, nous serons incapables d'aimer Dieu de tout notre être puisque nous restons partiellement attachés à des créatures, c'est-à-dire à ce qui n'est pas Dieu, qu'il s'agisse d'une personne, d'un lieu, d'un livre, etc.

Vient ensuite la qualité de notre détachement et c'est alors qu'intervient la sainte indifférence. Nous visons à être comme l'hostie, le Seigneur Lui-même. Réfléchissez donc à la sainte indifférence, à l'impuissance du Seigneur dans le pain consacré. Il va où Le porte le prêtre. Il reste là où le prêtre Le dépose. N'est-ce pas l'Amour poussé jusqu'à l'anéantissement absolu de soi-même, jusqu'à la perfection du saint détachement ? Peu importe au Seigneur qu'on Le mette ici ou là, qu'on Le traite d'une façon ou d'une autre. C'est vraiment la sainte indifférence du Seigneur Tout-Puissant.

Réalisez-vous maintenant jusqu'à quel point la sainte indifférence et le saint détachement sont intimement liés à cette immense *caritas* que nous enseigne le premier commandement ?

Si vous êtes parvenus à cette sainte indifférence, elle s'accompagnera du détachement de tout ce qui n'est pas la Volonté de Dieu. Alors l'amour des créatures, prenant la place qui lui revient ne sera ni sélectif ni immodéré, mais tout ce que vous aimerez sera en harmonie avec la Volonté divine. Si vous aimez de cette manière, Dieu vous accordera d'aimer ceux qui pourraient vous paraître intolérables comme les alcooliques, les prostituées, ceux qui vous tapent sur les nerfs, vous irritent, etc. Alors, vous aimez d'un amour presque divin. Vous êtes devenus semblables au Christ, semblables à Dieu. L'image de Dieu le Fils est en vous presque parfaite et le Père est très satisfait de vous.

Les Écritures nous disent que Dieu aime toutes ses créatures, qu'Il fait tomber la pluie sur les justes et les injustes, briller le soleil sur les bons et sur les méchants. Ne serait-il pas étrange que Dieu voue une affection particulière à une nation à la manière dont j'ai décrit les amitiés exclusives ? Qu'adviendrait-il du reste de l'humanité exclu de son amour ? Ne serait-ce pas terrible pour le monde ?

À propos de l'amour du prochain, je voudrais dire encore une chose. N'oubliez pas que vous êtes appelés à l'aimer comme vous-même, ni plus ni moins. Votre premier devoir, c'est le salut de votre âme immortelle et c'est à cela que se ramène l'amour. Nous aimons Dieu et notre prochain comme nous-mêmes parce que c'est la seule façon de sauver notre âme immortelle.

Si nous ne sommes pas détachés des créatures, avec une sainte indifférence, nous n'aimerons pas notre prochain d'une façon qui sauvera notre âme. Notre amour du prochain et notre façon de le servir seront mal équilibrés. Une amitié excessive peut, non seulement nuire à notre âme mais à l'amour que nous devons aux autres et à nous-mêmes. Il s'ensuit que dans l'ordre divin, l'amour dont l'autre nom est *caritas* est inséparable du saint détachement, de la sainte indifférence et d'un amour bien compris. Celui-ci se laisse diriger par la raison et illuminer par la foi.

J'espère vous avoir fait comprendre pourquoi les amitiés particulières, généralement basées sur une attirance émotive, sont un péché contre l'amour divin. Si vous avez d'autres questions à me poser, n'hésitez pas à m'écrire.

Avec toute mon affection, en Marie,

Catherine

L'AMOUR SE FAIT SERVITEUR

Le 17 septembre 1958

Mes bien-aimés,

Maintenant que je suis séparée de Madonna House proprement dit et de sa direction locale pour vivre sur mon « île de Patmos » dans ma cabane Sainte-Catherine, j'ai une vision, que la prière et la méditation illuminent chaque jour davantage, des immenses responsabilités de mes fonctions. Elles peuvent se résumer en une seule phrase : *gouverner, c'est aimer... aimer, c'est servir.* C'est cela que je m'efforce de faire à chaque instant de ma vie.

Mais *l'amour* n'est jamais statique. Il grandit et, ce faisant, il désire servir et se sacrifier davantage. Il cherche à plaire de plus en plus au Bien-Aimé et à mieux Le servir dans les autres afin de Lui prouver cet amour en Lui amenant des âmes.

Dans cette optique de l'amour, vous êtes actuellement mon premier souci, vous, les enfants de mon esprit et du sien. Étant donné ce que je suis, je ne cesse d'examiner ma conscience dans la crainte de ne vous avoir pas suffisamment enseignés et formé l'âme et l'esprit à l'Apostolat. Cet examen a soulevé des questions pour lesquelles je n'ai pas de réponse et c'est parce que je compte sur les vôtres pour m'éclairer que je les soumets à votre réflexion et à votre méditation.

Il y a une chose que, me semble-t-il, nous faisons assez bien à Madonna House : c'est de vous enseigner la dignité du travail. Puisque le Christ a été charpentier, nous insistons énormément sur l'importance du travail manuel bien fait. Nous nous apprenons à respecter aussi bien les machines que les matériaux que nous utilisons : le bois, la terre, etc.

Mais que cet enseignement ait été mal compris ou peu satisfaisant, il est évident qu'un étrange phénomène se reproduit sans cesse dans nos maisons. Vous, les membres de l'Apostolat, vous ne voyez pas le travail qui attend si on ne vous le signale pas indéfiniment. Pouvez-vous me dire pourquoi ?

J'aurais pensé que le profond amour que nous portons à notre communauté nous aurait alertés sur le travail à faire dans la journée, pour que règne un ordre impeccable dans la maison de Notre Seigneur et de Notre-Dame.

Il faudrait que notre concentration profonde et notre croissance constante accompagnent l'acceptation de nos responsabilités pour éviter au responsable de répéter sans fin les mêmes consignes comme: « Remettez tout en place! »... Ne pouvez-vous voir par vous-mêmes les mille petites choses à faire sans qu'il soit nécessaire de toujours vous les rappeler?

Bien que cela ne soit pas toujours vrai, vous ne les voyez pas pour une raison que j'ignore. Pourtant, personne ne devrait avoir à se faire actuellement un tel reproche car il y a bien assez de problèmes dans les fondations sans qu'il soit nécessaire de constamment signaler ce qui saute aux yeux de ceux dont la vocation est d'aimer et de servir.

J'avoue que tout cela m'ennuie beaucoup. Pas vous? Est-ce que vous avez l'habitude d'examiner votre conscience le soir sur ce point? Si non, vous devriez le faire et vous me répondrez à ce sujet.

Il existe aussi une mentalité qui me semble aussi inadmissible qu'à la plupart des responsables. Elle concerne l'éducation universitaire et le total manque d'humilité qui l'accompagne. Cette fréquente « hérésie » est tellement développée dans la jeunesse canadienne et américaine que, nous autres responsables, nous ne savons littéralement pas comment la déraciner. Cette attitude se manifeste partout et persiste dans nos communautés, même après des années de formation.

La nature de cette « hérésie » que j'hésite à nommer péché d'orgueil, pourrait se traduire ainsi: « Celui qui est titulaire d'un diplôme universitaire ou qui s'estime "col blanc" trouvera dégradant qu'on le charge de travaux serviles quels qu'ils soient. »

À la seule lecture de cette phrase on tremble d'indignation... Notre Seigneur a voulu être charpentier pendant quinze à vingt ans de son existence. Lui qui est source de toute connaissance, toute intelligence devait bien avoir ses raisons pour faire un tel choix! Et qui plus est, le même Seigneur et Dieu lava les pieds de ses disciples et nous dit, à cette occasion, une phrase qui devrait d'un seul coup chasser cette hérésie loin de nous : « Je suis venu pour servir. » N'oubliez pas qu'Il a dit cela en lavant les pieds des apôtres. Or c'était, à l'époque, une tâche des plus serviles, réservée aux esclaves et aux domestiques que l'on méprisait et traitait plus bas que terre.

Les paroles de Dieu ne nous suffisent-elles pas ? Et s'il nous faut davantage de preuves, nous avons l'exemple de tous les saints aux époques de foi. Rois et reines poussèrent des brouettes pour aider à construire la cathédrale de Chartres. Des rois, des reines, des nobles, des papes, des prélats et des prêtres servirent les pèlerins, les pauvres, les malades, les lépreux en leur prodiguant les soins les plus humbles.

Le travail manuel fait partie des Constitutions de tous les grands ordres religieux comme les Trappistes et les Carmes de l'un ou l'autre sexe, car tous les fondateurs ont bien compris la dignité de ce travail. Dieu le Père travailla quand Il créa le monde, et Adam dut s'occuper du Paradis Terrestre. Le Christ et saint Joseph étaient charpentiers et Marie ménagère. Je pourrais continuer longtemps cette énumération et même en faire un livre. Cette « hérésie » qui persiste parmi nous et rompt les liens de la charité, sème trouble et chaos. Ce sont les fruits du Prince des Ténèbres.

Nous remarquons aussi que ceux qui sont dépourvus de diplômes essayent souvent de prouver qu'ils pourraient en avoir s'ils en avaient eu l'occasion. Tant d'efforts pour briller devant les autres fait souvent dire des absurdités lues ou entendues.

Pourquoi, par exemple, tant parler des diverses spiritualités ? Certains commentent celle des jésuites, d'autres celle des carmélites ou des dominicains dans un jargon compliqué sans doute tiré de leurs lectures. Tout cela, semble-t-il, manque d'humilité, de sécurité. Est-ce un besoin maladif d'approbation ou alors quoi ?

Au cours de toutes ces années, je ne crois pas avoir omis de vous donner personnellement l'exemple de mon amour pour le travail manuel. Je l'ai fait dans la joie, apportant le même plaisir au jardinage qu'à la cuisine, au balayage qu'au raccommodage sans parler des plus humbles soins donnés aux malades, au service des pauvres.

Alors pourquoi toujours cette « hérésie » chez nous ? Pourquoi tant d'efforts pour impressionner les autres ? Pourquoi ce culte des diplômes et du travail de bureau ? Ce sont des idoles qui mènent à la perdition et soufflent les effluves de l'enfer.

Je voudrais encore parler de notre emploi du temps car je me demande si nous comprenons bien ce qu'est le temps. Réalisons-nous qu'il est une parcelle de l'éternité d'où nous venons et où nous retournons, aussi éphémère et minuscule qu'elle soit ? C'est un désastre pour notre âme que d'en gaspiller une seule. Après que le Seigneur des Armées eut miraculeusement multiplié les pains et les poissons, Il ordonna à ses disciples de « ramasser les restes pour que rien ne se perde ». Nous devrons Lui rendre compte de tous les instants de notre vie puisqu'Il déteste le gaspillage. Pas vous ?

Voilà comment on perd souvent son temps : on vous assigne une tâche pour laquelle vous avez profondément conscience de n'avoir ni la compétence ni la capacité. Alors, pourquoi perdre le temps à essayer plutôt que d'aller directement dire au responsable, en toute simplicité : « Je ne sais pas faire ce travail. Quelqu'un pourrait-t-il s'en charger et me l'apprendre ? » Cette question honnête, franche et humble conviendrait parfaitement à la situation.

Au lieu de cela, que se passe-t-il ? Des conciliabules interminables parce que personne n'en sait plus long et n'a le courage de dire : « Je ne sais pas. » Tout le monde s'agite vainement, et c'est ainsi que l'on perd des minutes, des jours, parfois des semaines. Est-ce une façon chrétienne de se comporter lorsqu'on se veut apôtre ? Pour moi, c'est une effroyable perte de temps, de cette petite parcelle d'éternité que Dieu nous a donnée pour sauver notre âme. Est-ce que cela vous fait peur ? J'aimerais connaître vos réponses.

Est-ce que chacun d'entre vous ne sent pas qu'il est un membre de Madonna House que l'on accueille avec confiance au sein d'une famille aimante qui a dissipé les peurs de l'enfance et soigné vos névroses avec amour ? On vous aime tel que vous êtes et vous n'avez rien à prouver. Nous sommes tous ici pour nous aider mutuellement. Les prêtres comme les responsables n'ont d'autre but que de vous aider à enseigner l'essentiel de l'amour et de la sécurité : la vision béatifique.

Pourquoi ne pas comprendre qu'elle est passée l'époque où l'on essayait d'impressionner les autres ? Dieu Lui-même est le seul que nous puissions impressionner par notre simplicité, notre humilité, notre joie, notre bonté, notre esprit d'enfance, nos attentions pour les autres. Pourquoi ne pas discuter simplement, amicalement et en reconnaissant chacun nos zones d'ignorance ? Pourquoi essayer de s'épater mutuellement en citant des lectures mal assimilées ou des conférences à moitié retenues ? Pouvez-vous me répondre ?

Dieu vous aime. Marie vous garde. Mes prières et mon amour ne vous quittent pas. Je reste à votre disposition et vous prie de répondre à mes questions, ce qui m'aiderait énormément à mieux diriger l'Apostolat.

Avec toute mon affection dans le Christ et Marie,

Catherine

NE DÉCHIREZ PAS LA TUNIQUE SANS COUTURE DE PIERRE

Le 22 octobre 1958

Mes bien-aimés,

Aujourd'hui, je veux m'entretenir avec vous de ce que l'on appelle dans l'Église le *mysterium romanum*, le mystère de Rome. Une fois, Monseigneur Shiel raconta une histoire qui l'illustre assez bien. Il connaissait un intellectuel qui envisageait de rallier l'Église. L'humaine fragilité de la hiérarchie, voire de certains papes, constituait pour lui une pierre d'achoppement.

C'était apparemment un bon argument que Monseigneur Shiel réfuta ainsi : « Mon cher ami, ne voyez-vous pas pourquoi la Bibliothèque Vaticane met sa documentation historique à la disposition de tous ? Aussi triste qu'elle soit parfois, la vérité ne fait pas peur. Cette faiblesse est même une preuve supplémentaire de la divinité de l'Église. Voici deux mille ans qu'évêques, prêtres et papes la blessent par leurs fautes et leur faiblesse humaine mais elle est toujours vivante. »

Nous avons récemment parlé des coulisses de la politique romaine, surtout en temps d'élection papale. Pendant mes visites à Rome, j'ai entendu parler des diverses factions qui, là-bas, ne cessent de s'opposer. Cela ressemble aux lobbies de Washington ou d'Ottawa où les manœuvres, humainement parlant, ne sont guère plus propres.

Mais revenons aux origines de l'Église lorsque le Christ choisit ses apôtres. Ce n'était vraiment pas le « dessus du panier » et je doute que nous ayons jamais choisi ce genre de personnages comme amis intimes et moins encore associés pour une entreprise aussi extraordinaire. Or, Pierre renia son maître. Quelle opinion aurions-nous d'amis qui nous laisseraient dans le pétrin au moment où nous avons le plus besoin d'eux ? Judas, qui nous fait horreur, non seulement vendit Jésus à ses ennemis, mais encore le trahit par un baiser. L'horrible ! Voilà déjà deux hommes peu recommandables… Et dites-moi, je vous prie, où étaient les neuf autres lors de la crucifixion ? Ils disparurent si vite que nul ne sait où ils se cachèrent. Ce qui ne nous en laisse plus qu'un de convenable !

Il faut pourtant remarquer qu'après sa résurrection, Jésus, loin de reprocher son infidélité à Pierre, bâtit son Église sur lui. Ceci me suggère deux réflexions : il est certain que nous ne pensons pas, que nous ne voyons pas et n'agissons pas selon l'Esprit de Dieu. Nous jugeons trop vite et avec trop peu d'éléments pour lire, comme Dieu, le cœur humain et, de plus, nous sommes aussi de bien faibles créatures.

Il découle de tout cela d'inéluctables conclusions : Dieu n'a point bâti son Église sur les anges mais sur de faibles hommes, pécheurs et apeurés, qui l'aimaient. En répondant peu à peu à la grâce, ils sont devenus ce qu'ils devaient être. Il s'ensuit que nous sommes toujours dirigés par des hommes faibles et que nous devons regarder, au-delà des personnes, la fonction qu'ils détiennent car c'est celle du Christ.

Je vous ai déjà parlé de la réponse de Thomas Merton à une lettre dans laquelle je déplorais mon inaptitude à être Directrice Générale. Sa réponse a suffisamment de poids pour que je la mentionne à nouveau.

> « Le grand paradoxe des supérieurs (papes, prêtres, abbés) est que personne ne peut être un supérieur à moins d'en être totalement digne et personne n'en est totalement digne. Il n'y a qu'une solution : c'est que le Christ Lui-même, en nous, soit le Supérieur, car Lui seul en est totalement digne, et il suffit que nous fassions des efforts pour ne pas Lui barrer la route. »

Tout ceci nous amène à comprendre que le Christ est présent dans l'Église et dans tous ses représentants, depuis le pape jusqu'au responsable local d'un Institut Séculier. Autrement, il n'y aurait pas d'Église. C'est ce que voulait faire comprendre Monseigneur Sheil lorsqu'il disait : « Même si des hommes et des femmes chargés de certaines missions dans l'Église tentent de la déstabiliser par leur personnalité tristement humaine et pécheresse, ils n'y parviendront pas car le Christ présent dans leur fonction ne laisse pas détruire l'Église par la faiblesse de ceux qui Le représentent. »

J'en arrive donc à l'objet de cette lettre, car je veux que vous le compreniez bien. Je sais par expérience que beaucoup de jeunes n'y ont jamais accordé une pensée. Ils s'attendent à ce que tous leurs supérieurs religieux, à partir du pape, soient tous des saints.

Je me souviens très bien de la première fois où je m'en suis rendu compte. Une de nos membres qui avait passé huit mois dans l'une de nos maisons vint me dire avec la franchise et la hardiesse de la jeunesse : « Je repars. Vous savez que je suis venue parce que, en vous écoutant parler, je vous ai prise pour une sainte et je voulais m'instruire aux pieds d'une sainte. Or, ces derniers mois, j'ai découvert que vous aviez des pieds d'argile et je pense même parfois que vous êtes toute faite d'argile… En fait, je pense que vous êtes une fumiste. »

Cela faisait un peu mal mais j'ai quand même souri en lui expliquant qu'elle avait une idée infantile et sentimentale de ceux qui détiennent l'autorité. Je lui ai fait comprendre que par son ordination tout prêtre est chargé d'annoncer les vérités du Christ, même si lui-même a un mal fou à en vivre. Tel est le paradoxe non seulement des prêtres mais de simples laïcs comme moi. Je lui ai expliqué que Dieu m'avait donné certaines lumières touchant à la foi, aux Noirs et à l'apostolat et qu'à la demande des autorités ecclésiales, j'avais le devoir de proclamer ces vérités. Que je n'en vive pas à la perfection était une évidence pour tous et surtout pour moi-même !

Puis je lui ai cité un passage des Constitutions de saint Ignace de Loyola qui se trouve dans un livre que l'on fait lire dans tous les noviciats de jésuites. Il a pour titre *Obéissance Parfaite* et fut écrit par un contemporain de saint Ignace, le père Rodriguez, premier maître des novices. Je lus donc :

> « L'obéissance est source de rapides progrès spirituels. Tous devraient donc la pratiquer envers le supérieur qui tient la place de Dieu et lui manifester révérence et amour non seulement extérieurement, mais aussi intérieurement… Ils doivent s'habituer à voir, à la place de celui qui commande, Celui qu'il représente et pour l'amour de qui ils obéissent, c'est-à-dire le Christ, le Seigneur. On n'obéit pas au supérieur parce qu'il est prudent et doué de toutes les vertus possibles, mais uniquement parce qu'il tient la place de Dieu qui lui a délégué son autorité en disant : "Celui qui vous écoute, m'écoute et celui qui vous méprise me méprise." »

Vous voyez donc, mes amis dans le Christ, que ceci met en lumière le thème de ma lettre que j'ai voulu illustrer d'une petite histoire pour lui donner plus d'importance. Appliquons donc ces conseils dans nos fondations, à moi d'abord, puis à chaque responsable local, chaque responsable d'un service ou d'un autre et même à ceux qui sont chargés temporairement de petits travaux.

Quelle situation cela donne-t-il ? En la noircissant un peu, disons que dans chaque cas, tous ont aussi mauvais caractère que possible et que chacun a de grosses difficultés à le supporter… Disons que ses manières vous irritent. Si vous êtes un homme, vous détestez obéir à une femme. Si vous êtes une femme, vous détestez obéir à un homme… Je vous laisse le soin de compléter le tableau ! Et c'est ainsi que nous avons l'impression d'avoir quelqu'un de détestable comme supérieur.

Revenons à ces lumineuses paroles de saint Ignace. Nous avons affaire au *« mysterium romanum »* et, plus précisément, nous sommes ici concernés par la passion du Christ et la conduite des apôtres. Il n'y a que deux conclusions possibles : ou bien l'Église catholique est de fondation divine et le Christ est présent dans tous les supérieurs qui la dirigent, ou bien il n'y a pas d'Église catholique et cela ne vaut pas la peine d'y adhérer. Faites votre choix.

Mais écoutons encore ce que dit saint Ignace de fort approprié à notre cas :

> « Si quelqu'un se rend à la cuisine pour aider le cuisinier… il doit le faire avec humilité et lui obéir en tout ce qui concerne son travail et toujours faire preuve de totale obéissance. S'il ne le fait pas, il est peu probable qu'il obéisse à aucun de ses supérieurs puisque cette vertu ne concerne pas la personne qui commande mais par qui elle commande. Si, en revanche, il obéit au cuisinier en toute humilité pour l'amour de Dieu, c'est bien à Notre Seigneur et créateur qu'il obéit. Il ne convient pas de regarder qui commande, le cuisinier de la maison, ce supérieur ou celui-là, puisque l'obéissance ne s'adresse pas plus à l'un qu'à l'autre, mais à Dieu seul, notre Créateur et Seigneur ! »

Ces lumineuses paroles d'un saint ne pourraient-elles servir à votre méditation ?

Et voici un autre conseil, cette fois de Dom Marmion :

> « C'est de la même façon que le Christ se cache dans nos supérieurs. En dépit de ses imperfections, le Père Abbé ou tout autre supérieur, est pour nous le représentant du Christ. Il se cache dans la faiblesse et les imperfections de l'homme tout comme il se cache dans les saintes Espèces. C'est parce que le supérieur est placé au-dessus des autres que nos rapports quotidiens avec lui trahissent ses déficiences… Aussi, sommes-

nous tentés de nous exclamer: “Cet homme n’est pas le Christ.” son pauvre jugement n’est pas infaillible. Il peut faire des erreurs et, en fait, il en commet. Il n’est pas capable de comprendre mon projet. Il se laisse guider par ses préférences. Mais la foi répond: nous croyons que le Père Abbé agit à la place du Christ, soit qu’il nous donne un Salomon pour le remplacer ou un homme sans talent. Au vu de la foi, c’est le Christ que cet homme représente. Alors, lorsque j’ai la foi, je dis Credo, je crois. Qui qu’elle soit, j’obéis à cette personne parce qu’en elle j’obéis au Christ et qu’ainsi je lui reste uni. »

Je dis tout cela à celle qui voulait quitter la communauté. Elle comprit et resta. Je sais qu’aucun de vous ne souhaite s’en aller car votre formation générale vous a donné une idée de ce genre d’obéissance. Mais il vaut la peine d’y réfléchir à nouveau.

Ceci dit, je voudrais mentionner encore autre chose qu’il ne faudrait jamais faire, même avec l’intention la plus charitable ou pour se débarrasser de ce que l’on a sur le cœur, car elle peut déchirer le fragile tissu spirituel d’un Apostolat, d’un ordre ou de l’Église. C’est de discuter avec d’autres de la personnalité et des méthodes d’un supérieur. C’est à éviter à tout prix car il peut en résulter de profondes blessures. Vos supérieurs peuvent avoir tous les défauts que vous leur attribuez et beaucoup d’autres encore mais, en les critiquant, vous êtes coupables non seulement de « déchirer la robe sans couture de Pierre » mais aussi de pure stupidité et peut-être de vous entêter dans l’ignorance. Nous n’avons pas le courage de regarder le Christ en croix et de souffrir pour l’imiter.

Il est possible que faire part de vos récriminations vous soulage moralement un peu… Mais, en réalité, qu’avez-vous fait? En critiquant quelqu’un dans son dos, vous avez peut-être semé la méfiance et l’esprit de critique dans un cœur jusque-là très confiant. Il est triste de priver quelqu’un de sa tranquillité d’esprit. Qu’en est-il résulté? Vous avez noirci votre âme et renforcé votre complexe de culpabilité.

Quelles sont les vraies raisons qui vous font critiquer vos supérieurs? Vous n’aimez pas le travail qui vous est assigné. Vous vous sentez en faute parce que l'on a dû attirer votre attention sur quelque chose d'évident, alors vous êtes en colère. Vous êtes, de plus, honteux et humilié que l'on vous ait fait reconnaître votre incapacité. Votre côté affectif et immature cherche sa sécurité mais n'en est pas moins embarrassé par ses exigences... Alors, vous êtes déprimé, maussade, hostile et vous vous en prenez à une ombre – la personne qui détient l'autorité.

Et tout le temps, c'est à des ombres que vous avez à faire. Comme c'est, en fait, la voix du Christ qui donne des ordres, nous regimbons contre Dieu, ce qui, mes amis, n'est guère indiqué si nous visons notre destination finale : la vision béatifique.

Avec toute mon affection,

Catherine

BETHLÉEM ET NAZARETH NOTRE VIE

Le 17 décembre 1958

Mes bien-aimés,

« Je vous salue. Je ne puis rien vous donner que vous n'ayez déjà, par contre, il y a beaucoup de choses que je ne puis vous donner mais que vous pouvez prendre.

« Le ciel ne peut venir à nous si notre cœur n'y trouve aujourd'hui son repos. Prenez le ciel.

« Il n'est de paix dans le futur qui ne soit caché dans le présent. Prenez la paix.

« La tristesse du monde n'est qu'une ombre derrière laquelle la joie est encore à notre portée. Prenez la joie.

« C'est ainsi qu'en ce temps de Noël, je vous souhaite maintenant et toujours que se lève le jour et se dissipent les ombres. »

Tel est mon cadeau de Noël et les vœux que je vous offre : ils sont l'œuvre de Fra Giovanni, 1513. Une messe sera célébrée pour vous tous car une seule suffit à sauver le monde entier, et sa richesse à faire déborder les cœurs de chacun. Alléluia !

Vous vous souvenez tous de notre chapelle à Noël et vous savez combien j'aime toutes les fêtes liturgiques de notre sainte mère l'Église, mais plus spécialement les grandes fêtes que sont Noël et Pâques. Suivant la coutume de mon peuple, c'est dans notre petite chapelle, au cours de la messe de minuit, que je me prosternerai humblement devant le Dieu qui l'habite afin de prier pour chacun de vous.

C'est donc avec l'esprit de l'avent de la sainte Russie, que je me tourne vers vous. C'est un esprit de désir ardent, d'examen de conscience, de purification et de préparation. Je reconnais mon indigence et je réalise le tort que vous a fait mon manque de charité. Je vous en demande humblement pardon et j'implore vos prières car, dans l'Apostolat, nul n'en a plus besoin que moi. Qu'elles soient le don que vous faites à ma pauvreté et à ma misère.

C'est à cette époque de l'année qu'il nous faut comprendre combien nos vies ressemblent à ce qu'a dû être la vie à Bethléem et à Nazareth et que Dieu est bon d'avoir permis cela ! Dans nos prières, rappelons-nous avec reconnaissance notre saint-père le pape Pie XII qui mit le sceau de l'Esprit saint sur notre vocation. Prions aussi pour l'actuel pape Jean XXIII qui s'intéresse tellement à l'apostolat laïc.

Pourtant, tout le monde ne nous porte pas le même intérêt, comme vous le savez bien. Il y a autour de nous des gens qui ne trouvent pas de place pour nous dans leur cœur… En Amérique du Nord, il semblait à une certaine époque, qu'il n'y en avait ni pour moi ni pour notre petit groupe de pionniers.

Dieu merci, notre vie est presque aussi cachée que celle des trois saints à Nazareth. En effet, qui nous connaît ? Et combien sont-ils ceux qui ont le désir de nous connaître ? D'une façon ou d'une autre, souhaitons rester toujours cachés, car notre apostolat est celui de toutes les solitudes et impasses du monde.

Acceptons d'être incompris, calomniés. Ne sommes-nous pas

aussi petits en nombre qu'en importance ? Ne nous en inquiétons pas. À Bethléem, le Seigneur était très petit et ceux qui le sont en Lui seront, un jour, grands devant sa face, mais plus tard. Nous avons encore une longue route devant nous.

Faisons l'expérience de Bethléem dans le froid et la faim, l'inconfort et la pauvreté. N'oublions pas que lorsque le Seigneur nous a appelés ici et que sa mère nous a fait franchir ces portes bleues, ce n'était pas pour y mener une vie facile et luxueuse, mais une vie semblable à celle de Bethléem et de Nazareth.

Rappelons-nous qu'au seuil de cette maison, nous avons abandonné tous nos droits et sommes devenus des pauvres pour l'amour d'un enfant né dans une crèche, d'un homme nu mourant sur une croix. Il nous faut désormais n'aspirer qu'à une chose : aimer tellement que nous puissions toujours obéir à sa Sainte Volonté, même jusqu'à la mort.

Mais surtout, mettons-nous à l'école de Bethléem et de Nazareth pour que grandisse en nous la seule chose qui importe : l'amour. Car, après tout, la vie est un dialogue d'amour, une rencontre amoureuse entre Dieu et chacun de nous. Nous devrions répéter avec saint Augustin : « Aime Dieu et fais ce que tu veux. » En effet, si nous aimons vraiment Dieu, nous ne ferons que ce qu'il veut nous voir faire. Et finalement, nous deviendrons des saints aimant Dieu follement.

Il faut en finir avec le respect humain qui ronge si profondément notre cœur. Ne nous soucions plus de ce que pensent les autres mais seulement de ce que Dieu pense, puisque cela seul importe.

Étant donné que nous sommes petits, apprenons à cette école de charité, Bethléem et Nazareth, les petites choses qui font la grandeur de sa charité : bonté et prévenance qui mènent à la mort à soi-même pour faire grandir la charité. Attendons-nous aussi aux doutes et aux tentations qui vont nous assaillir avec la violence du vent en ce début d'année nouvelle et préparons-nous dans la simplicité de la foi. Ne sommes-nous pas les enfants de lumière ? Ne devons-nous pas nous attendre à ce que le Prince des Ténèbres déchaîne son pouvoir sur nous ?

N'ayez pas peur, petit troupeau, car, à travers les pires orages, les vents les plus glacés, le long des sentiers bordés de précipices, la grâce de Dieu, qui nous suffit amplement, ne nous quittera pas.

Fortifions notre foi car la plupart de nos problèmes viennent de ce que nous manquons de foi. Bien que ce soit impossible, nous essayons toujours d'appréhender par la raison les voies étranges de Dieu et ses mystères insondables. Nous devons avancer dans la foi, aimer dans la foi, vivre dans la foi.

Les chemins de la foi sont obscurs et nous devons accepter cette obscurité qui d'ailleurs n'en est pas vraiment une. Dans la foi nous savons que Dieu Lui-même le permet. Il est comme mille soleils et nous devons le regarder sans lunettes noires, ce qui nous aveugle. Nous croyons être dans l'obscurité alors qu'en réalité nous marchons dans l'aveuglante lumière de l'amour que Dieu éprouve pour nous.

Oui, soyons humbles, pauvres, sans aucun droit. Nous devons être prêts à partir où l'on nous envoie et à vivre de ce que nous avons. Nous établirons notre demeure à Bethléem et à Nazareth, maintenant et à jamais. Prions pour que notre foi soit comme un pont qui relie le ciel à la terre et que notre amour grandisse un peu plus chaque jour. Alors, je suis certaine que nous aurons un saint Noël et une nouvelle année plus sainte encore, si bien que toutes nos journées, qui seront comme Noël, seront toujours nouvelles en Lui, et que « notre jeunesse se renouvellera comme celle de l'aigle ».

Ces pensées et bien d'autres me viennent à l'esprit lorsque je pense à vous car mon cœur est rempli d'amour. Je fais toujours pour vous la même prière : « Seigneur, faites qu'ils Vous connaissent mieux, qu'ils Vous aiment davantage et vous servent toujours. Qu'ils persévèrent jusqu'au bout dans l'humble et glorieuse vocation que Votre miséricorde leur a donnée et qu'à la fin, ils contemplent Votre visage. Puissiez-Vous les tenir dans vos bras et eux Vous tenir, enfant, dans les leurs. »

Avec toute mon affection en Marie,

Catherine

NOTRE EXAMEN DE CONSCIENCE

Le 9 janvier 1959

Mes bien-aimés,

Mes vœux à tous… Heureuse et sainte nouvelle année ! Qu'elle soit remplie de charité, d'ordre et de paix. Que les rois mages vous apportent le don précieux de la sagesse et une meilleure vision de l'essentiel !

Puisque, aujourd'hui, nous avons rangé toutes nos « petites » décorations de Noël, je voudrais vous parler des « petites choses ». Dans l'effervescence et l'agitation de nos activités, les petites choses risquent de passer au deuxième plan, ce qui pourrait bien compromettre tout l'édifice, car elles sont importantes. Un grain de sable suffit à bloquer les machines d'une grosse usine. Oui, les petites choses sont essentielles. Aussi, j'aimerais que dans chaque maison tous les membres fassent un examen de conscience sur ce point.

Peut-être pourrions-nous parler de ces longs bavardages le soir avant de se coucher et le matin en se levant. Notre apostolat étant, de maintes façons, celui de la parole, il me semble très important pour nous de chérir comme un trésor le silence intérieur et même, à certains moments, celui de la langue. Serait-ce trop demander que d'observer cinq minutes de silence absolu, le soir, avant d'éteindre pour que chacun se prépare au sommeil qui n'est autre qu'un avant-goût de la mort. Nous devrions ainsi nous recueillir et remettre notre âme à la garde de Dieu pour la nuit.

Serait-ce trop demander que d'offrir à Dieu, dans un vrai silence, les premiers instants de la matinée, ce qui permettrait au Seigneur de recevoir les premiers fruits de notre réveil ?

Le temps est une autre de ces « petites choses » que nous négligeons trop souvent. Qui peut dire de combien de temps chacun d'entre nous disposera pour servir Dieu ? Qui est prêt à rencontrer le triste regard du Christ lorsque, le jour du jugement, Il nous fera voir tout le temps que nous aurions pu utiliser pour sauver des âmes. Tout acte humain a une valeur rédemptrice, qu'il s'agisse d'épousseter un rayon ou de nourrir les affamés.

Le temps perdu, les vains bavardages, le désordre extérieur et intérieur, l'oubli de simples règles, (comme éteindre la lumière ou être à l'heure pour les repas), ne sont que des petites choses mais elles peuvent nuire à une communauté et en modifier l'esprit. Elles entraînent vite tension, irritation, médisance et scènes de mauvaise humeur. Voilà les petites choses dont je voulais vous parler et auxquelles nous consacrons, à Madonna House, beaucoup de temps et d'attention, car nous voyons de mieux en mieux qu'elles constituent l'essence même de la sainteté et de la formation spirituelle.

Je vous supplie, lors de votre prochaine réunion, de discuter ouvertement de vos défaillances sur ces détails. Il est bon que de temps à autre nous fassions ensemble notre examen de conscience bien que ce ne soit pas la règle chez nous. Que chacun parle donc librement, avec humilité et simplicité. Voyez si vous êtes attentifs à tout et à tous ceux qui vous entourent ? Observez-vous consciencieusement toutes les règles de votre maison ? Dérangez-vous les autres en parlant trop matin et soir ? Éteignez-vous le soir à l'heure demandée ? Tout cela est très important car c'est le signe de la santé mentale, physique et spirituelle d'une communauté. Préparez-vous soigneusement les travaux que vous devrez faire, surtout lorsqu'une ou plusieurs personnes y participent ? Remettez-vous en place les outils dont vous vous êtes servis ? Votre maison est-elle toujours propre et en ordre ?

Je vous laisse continuer votre examen de conscience et attends que vous me fassiez part des résultats.

Affectueusement en Marie,

Catherine

L'ESPRIT DE MADONNA HOUSE

Le 30 mai 1959

Mes bien-aimés,

Je voudrais clarifier et résumer dans cette lettre une question que vous vous posez et que vous ne cessez de me poser : « Quel est l'esprit de notre Apostolat ? » Je vous conseille de recopier la définition que je vais vous donner, de la garder dans votre missel ou vos livres de prières et de la méditer aussi souvent que possible. Si vous la lisez quotidiennement dans la prière et avec respect, elle vous livrera toute l'étendue de ses richesses.

> « L'esprit de Madonna House est, dans toute sa beauté et sa grandeur, celui de l'Évangile appliqué sans compromis à la vie quotidienne. Il est d'une simplicité enfantine car il suppose que le devoir du moment est dicté par la nécessité présente de l'heure et de la journée.
>
> « Dans l'esprit de notre Apostolat, les demandes du supérieur sont vraiment l'expression de la très Sainte Volonté de Dieu sur nous, seconde après seconde, minute après minute, heure après heure, jour après jour, semaine après semaine et ainsi de suite jusqu'à l'éternité.
>
> « Dans l'esprit de Madonna House, les petites choses doivent être faites avec un soin extrême, sans autre motif que l'amour de Dieu. »

C'est tout, et rien d'autre, mes bien-aimés. Pour comprendre la hauteur, la largeur et la profondeur de cette définition, il n'est pas trop d'une vie tout entière de prière et de pratique. Voilà donc la définition qui résume l'esprit de Madonna House. Copiez-la pour la méditer et vous y conformer. Comme les premières Constitutions de saint François, elle tient en un quart de page.

Essayons maintenant de voir tout ce que cela signifie. Vivre sans compromis selon l'Évangile c'est aimer en permanence, autrement dit, mourir à soi-même et vivre pour les autres. Ce qui revient à suivre les traces du Christ de Bethléem à la tombe, à se demander peut-être mille fois par jour : « S'Il était à ma place ou s'Il était moi, que ferait le Christ dans cette circonstance, que penserait-Il, qu'éprouverait-Il ? »

Être semblable à des enfants ne signifie nullement chercher à éviter le calvaire. Le plus gros problème dans notre Apostolat et, j'imagine, dans toute vie chrétienne c'est que, souvent, au cours de notre existence, Dieu nous fait la grâce d'entrevoir ce qu'Il est réellement, c'est-à-dire quelqu'un qui nous a aimés le premier. Il faut que nous répondions à cet amour, en l'aimant en retour… C'est en cela que consiste notre foi.

La simplicité de l'enfant exige que, loin d'éviter la croix, nous nous y laissions crucifier pour mourir à nous-mêmes. C'est la seule façon de L'aimer en retour. Tous les raisonnements intellectuels et spirituels ne sont pas plus de mise que les arguments tortueux. La pure vérité, c'est que l'amour va tout droit d'où nous sommes jusqu'à la croix. Aimer signifie ne pas s'écarter d'un iota du chemin le plus court et le plus direct de moi au calvaire. Voilà ce qui est le plus fondamental dans la simplicité d'un enfant.

Reconnaître le devoir du moment dans les demandes de nos supérieurs ou les besoins de l'Apostolat c'est remplir pleinement notre vocation avec un seul motif, la charité puisque, encore une fois, cela revient à mourir à soi-même. Les fruits en seront : *pax-caritas*, deux mots gravés sur une croix, quelques lignes sur le quart d'une feuille de papier. Voilà votre vocation clairement et personnellement épelée dans l'alphabet d'amour de Dieu car, en vérité, Il est celui qui nous a fait don de notre vocation et a fondé notre Institut.

Pensez à ce que je vous écris là, mes bien-aimés. Lisez-le, méditez-le, parlez-en. Notre vocation, qui se résume en quelques lignes, n'est pas autre chose. Mais si nous la vivons à fond, il n'y a pas le moindre doute, nous verrons Dieu et nous serons des saints.

Avec toute mon affection en Marie,

Catherine

PAUVRETÉ, HUMILITÉ ET UNITÉ

Le 20 juin 1959

Mes bien-aimés,

Je veux vous parler aujourd'hui de notre esprit de pauvreté. Notre constitution stipule clairement que n'importe lequel de nos membres peut avoir des biens personnels et les gérer. Voici ce que nous voulons dire par « biens personnels » :

1. L'argent dans un compte en banque.
2. L'argent investi en actions, obligations et autres titres.
3. Les biens immobiliers et le revenu qui en provient.
4. Les revenus provenant d'affaires commerciales gérées par la famille ou par un conseil d'administration.
5. Les biens reçus en héritage dans l'une ou l'autre des catégories ci-dessus.

« Gérer » veut dire que les membres peuvent vendre actions et autres titres, accepter des héritages et placer des revenus.

Mais notre constitution stipule en même temps qu'ils ne peuvent pas dépenser un seul sou de ces revenus ou de ces comptes d'épargne sans la permission des supérieurs. Notre pauvreté n'exclut pas l'usage de biens matériels.

C'est ici que le Seigneur nous a fourni une magnifique occasion de pratiquer non seulement la vertu de pauvreté mais nombre d'autres vertus qui lui sont apparentées : l'humilité, une confiance absolue dans les supérieurs, une simplicité d'enfant, une attention d'un caractère profondément spirituel aux détails, une grande délicatesse de conscience, l'absence même du simple désir de ne pas se plier à tout cela, détachement absolu de l'orgueil des possessions et du désir de posséder, détachement du désir d'indépendance.

Passons un peu chaque point en revue. Commençons par l'humilité : pour être pauvre, il faut être humble. C'est pour cela que les pauvres recevront la terre en partage, car ils sont doux et humbles comme le Christ. Cela veut dire aussi que l'on va toujours dire la vérité ; car l'humilité est la vérité. Que l'on ne se demande pas s'il faut ou non informer son supérieur des quelques sous, et pas plus, donnés par un parent ou un ami.

Cela veut dire accepter la décision du supérieur en ce qui concerne la façon d'utiliser cet argent, avec une simplicité d'enfant, avec franchise, confiance et *caritas*; et renouveler ces actes d'humilité chaque fois que l'on reçoit quoi que ce soit comme cadeau. Pour que nous arrivions à le faire, il faut que la confiance, fruit de l'amour (en l'occurrence, amour pour les supérieurs), soit la servante de l'humilité. En outre, il faudrait qu'une grande délicatesse de conscience accompagne cette simplicité.

Prenons un exemple : il se peut que certains membres de notre famille de Madonna House reçoivent un dollar par semaine ou davantage, de leurs amis ou de leurs parents. Et peut-être qu'en le signalant au supérieur, il ou elle demande la permission d'acheter un disque pour la maison. Il ne faut pas en conclure que l'on peut compter s'acheter un disque toutes les semaines ni même en acheter un pour la maison.

Et cela veut dire encore que chaque fois que l'on reçoit quoi que ce soit, on vient humblement demander au supérieur, avec une simplicité d'enfant, confiance et amour, ce qu'il veut qu'on en fasse. Si c'est de l'argent, on pourrait le verser dans la cagnotte commune, dans notre caisse pour les vacances ou pour une messe. Le véritable esprit de pauvreté exige une acceptation joyeuse de cette décision. Si cela fait défaut, alors qu'on aille discuter l'affaire à fond avec son supérieur (car on risquerait d'être une cause de scandale pour la maison et pour les personnes de l'extérieur) ainsi qu'avec son propre directeur spirituel. Bien que ce genre de chose semble avoir très peu d'importance, il représente un manquement au brûlant esprit de charité dont nous devrions être animés. Nous devrions avoir un grand désir de porter son joug sans réserve pour l'amour du Christ et de notre prochain.

Pour définir en quelques mots le véritable esprit de pauvreté dans notre Institut, je voudrais vous citer ces paroles de saint Jean de la

Croix : « L'esprit de pauvreté consiste à ne rien désirer… Alors nous pouvons accepter joyeusement tout ce que nous avons et tout ce que l'on nous donne. »

Pour appliquer à nous cette pensée de saint Jean : dans l'Apostolat, par exemple, nous n'analysons pas la vie quotidienne à Madonna House et nous ne nous faisons pas de souci à son sujet. Nous ne discutons pas entre nous les raisons pour lesquelles une maison est très jolie et une autre fait très pauvre. Mes bien-aimés, vous ne devriez même pas désirer la pauvreté d'une autre maison. On peut faire de la pauvreté matérielle un dieu au lieu de servir le Seigneur qui était pauvre.

Non, nous acceptons tout ce qui nous est envoyé pour la gloire de Dieu avec une indifférence et un détachement saints et rayonnants de joie. Nous mettons tous nos efforts à ne rien désirer et à accepter tout ce que nous avons comme venant directement des mains de Dieu ; à rester aussi dans la joie s'Il nous enlevait le tout. Tout le monde est d'accord pour dire que c'est bien là la véritable définition de la pauvreté selon l'esprit de Madonna House.

La question suivante est très importante. Elle a trait au rôle des hommes dans l'Apostolat et à leur attitude vis-à-vis des supérieures femmes. Si je comprends bien, vous les hommes, vous croyez être appelés à cette vocation au même titre que les femmes. Et nos vingt-neuf ans d'existence prouvent que cela peut très bien marcher, à condition que vous ne finissiez pas par gâcher les choses pour vous-mêmes, avec vos perpétuelles discussions sur les supérieures et sur le travail soi-disant « masculin » et « féminin ». Si vous continuez de la sorte, ce sera tout simple, et mieux vaut que vous le regardiez bien en face : on procédera à une séparation canonique.

Supposons, par exemple, que cette séparation ait lieu à Madonna House, à la maison de Combermere. La première mesure à prendre, évidemment, serait la construction d'un centre de formation à part pour les hommes. Il y aurait leur propre cuisine, chapelle et salle de récréation. D'accord, ils continueraient de travailler avec les femmes. Ils arriveraient vers neuf heures du matin, s'occuperaient jusqu'à midi moins le quart de travaux d'entretien ou d'autres tâches, et regagneraient leurs propres locaux pour le repas de midi. Le même genre de programme serait répété l'après-midi, et ensuite ils retourneraient prendre leur repas du soir. La journée « commune » serait terminée. Ils mangeraient, se distrairaient, prieraient ensemble dans leur splendeur masculine sans mélange. Leurs contacts avec leurs sœurs dans l'Apostolat seraient confinés au travail, et comme ils feraient bien sûr un travail d'homme, ces contacts seraient réduits à un simple « salut » et « au revoir » en passant. De leur côté, les femmes feraient de même et se contenteraient exclusivement de la compagnie les unes des autres.

Passons maintenant à une discussion sur ce qui constitue le travail « masculin » et le travail « féminin ». Vous vous trouvez tout de suite en présence d'une réalité indiscutable ; l'homme aussi est un animal domestique et il n'y a rien d'abaissant, rien qui ne soit pas masculin à se livrer à des activités telles que faire de la cuisine, de la couture et prendre soin des malades. Regardez autour de vous, dans le monde où nous vivons et dont nous sommes censés partager les joies et les peines. Dans les restaurants les plus prestigieux, les plus coûteux, ce sont des hommes qui servent à table. Servir à table a d'ailleurs une signification profonde et chrétienne. Les apôtres eux-mêmes ordonnèrent des diacres pour servir aux tables des pauvres et à la célébration eucharistique qui, en ses débuts, s'appelait agapes. Et c'était là un grand privilège.

Les meilleurs tailleurs sont des hommes. Même dans le monde de la mode féminine, les noms les plus connus sont des hommes. Les meilleures boulangeries-pâtisseries emploient des hommes et non pas des femmes.

Et pour ce qui est d'être soumis à une femme, je crois que vous, les hommes parmi nous, vous exagérez en la matière. Après tout, si la vocation est pour tous sans distinction, l'obéissance que vous devez à votre supérieur, jeune ou vieux, homme ou femme, est celle d'un homme envers sa mère, d'une fille envers son père. Car les supérieurs participent à la grâce de paternité et de maternité, et gouverner c'est aimer.

Se pourrait-il que les mêmes objections que vous avez à obéir à une femme demeureraient s'il s'agissait d'un homme ? Se pourrait-il que vous n'ayez pas encore complètement abandonné votre propre volonté à Dieu, et qu'en conséquence vous éprouviez de grandes difficultés à l'abandonner à tout être humain, quel qu'en soit le sexe ? Non, je ne porte pas un jugement. Je pose simplement la question. La réponse, vous la trouverez en vous-mêmes, en conversation avec Dieu et avec votre directeur spirituel.

Il y a une chose que je vous fais remarquer avec beaucoup d'insistance : si vous continuez de discuter, d'argumenter, d'élever des objections aux arrangements qui existent chez nous ; si vous n'arrivez pas à comprendre ce qui est à l'origine de ces discussions sur le soi-disant caractère « masculin » ou « féminin » du travail, vous aurez ce que vous demandez – un Apostolat complètement à part. Les discussions de ce genre déchireront de part en part ce nouvel Apostolat qui est si beau et qui, à moins d'être vécu dans sa plénitude, ne peut pas être ce que Dieu veut pour lui. Mais si vous pouvez rendre vos discussions plus constructives, en y a mettant charité et objectivité, si vous cessez de produire des arguments qui sont quasiment tous complètement affectifs, alors il y aura des chances que cette inspiration que Dieu m'a donnée et pour laquelle j'ai mené le bon combat pendant vingt-neuf ans, puisse être réalisée à tout jamais.

La responsabilité est vôtre, mes bien-aimés. Tout ce que je voulais vous faire voir, c'est qu'on se livre en fait à beaucoup trop de commentaires à tort et à travers, sans fondement, sur cette question qui est d'une très grande importance. C'est une façon d'aborder le problème qui est tout à fait affective et qui manque de maturité. En outre, que vous exprimiez vos opinions personnelles au-dehors, à des évêques ou à des prêtres, n'est pas sans danger pour la vision que j'ai de l'Apostolat et qui en est l'essence.

Priez et réfléchissez beaucoup mais ne dites que peu de choses en dehors de l'Apostolat. C'est tout ce que j'ai à vous dire. Que les discussions entre vous soient constructives et n'oubliez pas que vous pourriez bien obtenir ce que vous souhaitez mais qui, à la longue, n'est peut-être pas ce que Dieu veut pour vous. Parce que cette terre est tellement sacrée, enlevez vos chaussures et marchez à pas feutrés. Marchez dans la prière et dans la *caritas*, car vous portez une très lourde responsabilité.

Avec toute mon affection, en Marie,

Catherine

LA MUSIQUE

Juin 1959

Mes bien-aimés,

Aujourd'hui, je veux parler de la musique et des effets qu'elle a sur nos émotions, notre esprit et notre âme.

Il est très difficile de donner de manière objective une opinion de la musique. Comme tous les arts, la musique a un caractère subjectif. Les gens y réagiront différemment selon l'éducation qu'ils auront eue, leur niveau de culture, le milieu d'où ils viennent. Ce qu'une musique représente comme passé culturel, de même que nos talents individuels, est un facteur important dans nos goûts musicaux. Le fait que nous avons de l'oreille ou au contraire n'en avons pas du tout, aura aussi une influence sur notre sensibilité musicale. La mémoire joue un grand rôle dans ce domaine, en ce sens que certains morceaux sont associés à des souvenirs soit tristes, soit joyeux. Et l'on peut souvent deviner l'âge d'une personne d'après la musique qu'elle préfère. En décidant de ce qu'est la bonne ou la mauvaise musique pour l'Apostolat, nous pouvons tenir compte de tous ces facteurs, mais les décisions ne seront pas toujours faciles.

Les arts ne peuvent être saisis que par l'intermédiaire des sens : la vue dans le cas de la peinture, l'ouïe dans le cas de la musique, les deux en ce qui concerne le théâtre. En passant par nos sens, c'est la musique qui produit un effet puissant sur nos émotions, notre esprit et notre âme. Son pouvoir est immense. Comme tous les arts, elle peut nous conduire en enfer ou au ciel ; elle peut nous aider à être libérés des choses terrestres pour nous emporter plus haut, au royaume de l'esprit, ou au contraire nous précipiter littéralement en enfer et nous livrer presqu'entièrement aux mains du diable. Après la première guerre mondiale, une certaine chanson intitulée « Sombre Dimanche » eut un effet diabolique de ce genre. Elle fut la cause de suicides en masse en Europe. De nos jours, certains morceaux de musique servent d'accompagnement à des messes noires, pour des hommes qui ont perdu toute ressemblance avec des êtres humains et qui rendent ouvertement un culte au diable dans une véritable orgie sacrilège.

Le processus de dégradation de l'homme aux mains des bourreaux a été accéléré par la musique de compositeurs qui avaient vendu leur âme à des puissances mauvaises. Et c'est le son de la musique qui accompagna les guerres, les sacrifices offerts à Baal, et le sacrifice de la jeunesse dans les empires persan et indien, il y a des siècles.

Des mélodies ont célébré le ciel ou l'enfer dès l'instant où l'homme fut créé et se mit à chanter. D'autre part, la musique a accompagné les paisibles cultes offerts à Dieu par les païens selon leurs lumières. Ce que nous appelons « spirituals » a été, aux États-Unis, la façon dont les esclaves noirs exprimaient leur espérance. La musique d'Église aux premières époques chrétiennes – le chant grégorien, la musique des rites orientaux – élève notre esprit avec une rapidité plus grande que n'importe quel avion à réaction ou n'importe quelle fusée. La musique est comme un grand escalier que nous gravissons pour arriver en présence du Dieu trois fois saint. Depuis qu'Adam et Ève ont quitté le paradis terrestre, l'homme a fait monter ses plus beaux chants vers Dieu avec un désir ardent, avec une véritable faim, avec joie et dans une prière fervente.

Entre les deux extrêmes évoqués, la musique a exprimé une variété infinie de réalités et communiqué une connaissance de l'invisible. Elle nous a donné accès à des mystères, elle nous a fait une peinture sonore de l'amour, de la passion, des déceptions, du bonheur, de la bonté et du mal. C'est là sa fonction créatrice.

Mais là où existe le bien, se trouve aussi le mal; avec le jour, la nuit. La musique a été grossièrement prostituée pour s'adresser aux basses émotions, et a transformé les gens en drogués de sons conduisant à l'oubli, et répondant à des rêves que personne ne devrait avoir. Pareille musique n'a pu conduire qu'à un seul endroit: la rue des rêves qui ont été détruits. Elle a perverti la jeunesse et a eu sur tous une influence déshumanisante. Elle a détruit dans l'homme l'image de Dieu et l'a laissé privé de raison, ne vivant que par ses sens à la manière d'un animal.

Ces quelques paroles devraient vous aider à comprendre que la musique joue un rôle énorme dans un apostolat consacré à ramener l'homme, dans sa totalité, au Christ. Elle peut agir comme un « maître des novices » nous conduisant vers Dieu, comme un instrument servant cette restitution de l'homme tout entier au Christ.

Quand j'étais à Harlem, une partie de la musique y était « classique ». Évidemment, je ne vais pas m'imaginer que toute musique classique soit « bonne ». Des « génies » ont composé de la musique pour les messes noires. La musique peut être « classique » dans une beauté pervertie. Il s'y trouve du bon, du mauvais. L'épithète « classique » peut s'appliquer à toutes sortes de musiques et ne signifie pas forcément qu'elle soit bonne.

Lorsque je suis venue à Harlem, les jeunes en particulier se droguaient de musique sensuelle afin « d'oublier leurs peines et leurs chagrins ». Que fallait-il que je fasse, moi qui étais consacrée à ramener l'homme dans sa totalité au Christ? Interdire cette musique? Bien sûr que non. Pour moi, la seule solution était d'y substituer une autre musique qui pourrait séduire le sens musical du peuple noir. C'est ce que je fis. En neuf ans, il se produisit un changement énorme chez les jeunes qui venaient à Friendship House. Pour arriver à ce changement, il avait fallu que je décide quel genre de musique substituer et comment l'introduire.

Je ne vais pas entrer dans une longue discussion sur les raisons pour lesquelles des hommes et des femmes consacrés à Dieu se doivent de faire très attention dans leur choix de musique; je ne vais pas non plus discuter ce qui devrait déjà être tout à fait clair dans l'esprit des supérieurs : c'est-à-dire qu'ils sont les gardiens de l'un des plus beaux dons dans ce monde capable de façonner les émotions, l'esprit, l'âme des gens. La musique peut, en outre, les aider à renouveler le monde environnant.

Donc, en choisissant de la musique, posez-vous les questions suivantes : est-ce que cette musique fait naître en vous des pensées et des émotions qui vous éloignent de Dieu ? Est-ce que cette musique vous sert d'échappatoire au moment où vous devriez résoudre vos problèmes ? Est-ce que cette musique vous emprisonne dans l'oubli de la croix que représente pour vous la vie quotidienne ? Est-ce que cette musique vous abrutit presque complètement pendant un moment ou deux et vous plonge dans ce genre d'oubli et dans un monde de rêveries qui ne peut être vôtre ? Si la réponse à l'une ou l'autre des questions ci-dessus est « oui », ce n'est pas la bonne musique pour vous. Mais elle est bonne lorsqu'elle éveille en vous une compréhension plus profonde de la beauté de Dieu et de sa création et qu'elle vous rapproche de Dieu d'une façon ou d'une autre.

Je vous demande de méditer la profondeur de ces deux paragraphes. Et la prochaine fois que vous ferez votre choix de musique, examinez votre conscience sur ces points.

Avec toute mon affection, en Marie,

Catherine

LA PEUR ET LA FOI

Le 26 septembre 1959

Mes bien-aimés,

Je pense à la peur et à la place qu'elle tient dans notre vie spirituelle. Il y a de bonnes et de mauvaises peurs et il faut les regarder toutes deux en face pour entretenir les premières et vaincre les secondes. L'Écriture nous dit que « le parfait amour bannit toute crainte ». Vivre en se conformant à cette parole est le commencement de la vraie sagesse qui développe ce « parfait amour ».

Néanmoins, je me bornerai aujourd'hui à n'envisager que les mille et une peurs qui nuisent à notre tranquillité d'esprit, troublent notre sommeil et nous affaiblissent spirituellement et psychiquement. Les peurs humaines résultent de notre manque de foi qui nous empêche de nous abandonner complètement à la Divine Providence.

Il y a une peur très humaine et naturelle que causent aux femmes les hommes méchants qui rôdent la nuit. Il y a aussi la peur nerveuse des cafards et autres bestioles rampantes… celle du noir, des rues mal éclairées, des ivrognes, des pervertis sexuels, etc.

C'est la gorge serrée que, vous tous, à Madonna House, parlez de tous ces martyrs derrière les rideaux de fer ou de bambous et c'est aussi l'œil enflammé que vous évoquez Charles de Foucauld et ses fraternités. On finirait par croire que leur vocation est plus grande que la vôtre…

Vous aimez m'entendre parler des jours d'autrefois à Harlem et Portland Street alors que nous étions infestés de punaises, que les communistes nous attaquaient en nous lançant des pierres, que Flewy s'était cassé la clavicule, qu'une pierre m'avait atteinte à la tempe… Vos yeux brillaient aussi lorsque je vous racontais l'histoire de la prostituée qui braqua sur moi son revolver, de Joe le Borgne, me menaçant avec son rasoir, à deux centimètres de mes yeux, des deux types qui m'attaquèrent une nuit à Toronto, après avoir, quelques heures plus tôt, partagé notre repas à Friendship House. Plusieurs d'entre vous s'exclamaient alors : « Eh bien maintenant il ne se passe rien d'aussi excitant ; c'est plutôt morne ! » Le croyez-vous vraiment ? N'êtes-vous pas nombreux, à Madonna House, comme dans nos autres fondations, à rester éveillés la nuit, épiant les moindres bruits de pas au-dehors ? N'avez-vous jamais peur des rôdeurs ? N'êtes-vous pas terrifiés lorsque vous pensez à la possibilité d'effraction ou même de viol ?

Mais pourquoi toutes ces craintes ? Dieu n'est-Il pas le Père Tout-Puissant ? N'êtes-vous pas venus ici par amour pour son Fils que vous servez dans les pauvres ? Est-ce que vous n'aspirez jamais comme les Fraternités Charles de Foucauld, à vivre dans une plus grande pauvreté et simplicité, avec moins de meubles, de planchers et de parquets à cirer et de vêtements à entretenir ?

Pourquoi ne pas regarder en face la réalité de votre identification aux pauvres, tellement importante dans l'esprit de Madonna House et de sa fondatrice… Une réalité faite de cafards, de punaises et autres insectes déplaisants. Il est vrai que beaucoup d'entre vous les ignorent encore, mais pas tous. Vous qui pouvez acheter de quoi les tuer, vous êtes des privilégiés, bien sûr, et bien obligés de vous en débarrasser par hygiène et propreté. Mais il vous faudra peut-être vivre un jour dans des immeubles dont tout le quartier sera infesté de rats, de souris et autre vermine qu'il faudra bien supporter avec les pauvres qui ne peuvent faire autrement. Alors, jusqu'où ira votre identification aux pauvres ? Vous contenterez-vous d'un travail en surface, pas trop désagréable, qui vous donnera l'illusion de la vertu et l'auréole d'une imaginaire sainteté ? J'espère bien que non !

Ah oui, l'identification aux pauvres… Je crois vous avoir lu le récit de la dernière fondation des Petites Sœurs de Charles de Foucauld. Elles sont allées vivre sur un sampan, bateau à fond plat sur lequel les Chinois transportent leur marchandise à vendre. Dans un coin du pont, il y a une ou deux pièces pour la famille. Comme il y a pénurie de transport, ces bateaux sont très vieux et abritent maintenant de nombreux réfugiés chinois. Ils sont amarrés à l'entrée de Hong-Kong, près de quais vétustes et délabrés. Celui des Petites Sœurs est amarré au milieu des autres.

La police s'y aventure rarement sachant bien que la pauvreté et le désespoir engendrent des criminels. Aussi n'y va-t-elle que pour les rechercher et par groupes de dix ou vingt, car c'est vraiment dangereux. La misère en a fait des assassins, des prostituées, des pervertis, de véritables bêtes. Des jeunes femmes ont travaillé au milieu de ce rebut de la société, seules et sans protection, par amour de Dieu. Il paraît qu'elles n'ont pas peur et restent calmes. « Le parfait amour bannit toute crainte. » Elles sont évidemment animées de cet amour. Originaires de divers pays, aucune d'elles n'a plus de trente ans.

Voilà ce qu'est la foi. Nous sommes aussi allés dans des endroits dangereux, guidés par une sainte prudence, fruit de l'amour qui nous pousse et qui a poussé les Petites Sœurs à vivre sur leur bateau. Il nous prouve que, lorsque nous sommes en état de grâce, notre âme est la demeure de la Trinité, Père, Fils et Saint-Esprit et donc aussi de Notre-Dame de la Trinité. Et puis, nous avons notre ange gardien qui nous protège et notre saint patron qui veille sur nous, plus la Divine Providence qui nous entoure d'amour et d'attention : « Tous les cheveux de votre tête sont comptés. » Le croyez-vous ? Et si oui, agissez-vous en conséquence ? Dormez-vous paisiblement sans vous inquiéter des moindres bruits ? Oh, que vous avez peu de foi !

Lorsque je suis allée recueillir des informations pour mon livre *Lettre à mon évêque* *, tous les évêques, et particulièrement Monseigneur Sheil, ont compris que je m'exposais aux dangers dont nous parlons, car je m'aventurais dans les bas-fonds des grandes villes. Monseigneur Sheil voulut me rappeler tout ce que je savais déjà, mais il était bon de l'entendre de sa bouche. Il ajouta : « Catherine, ayez confiance dans cette vérité théologique selon laquelle il y a des anges pour répondre à vos appels et vous protéger. Ce sont les Séraphins et les Chérubins, les Anges et les Archanges, les Puissances et les Principautés. Lorsque vous êtes en danger, appelez-les, en particulier saint Michel, saint Gabriel et votre propre ange gardien, et ils accourront, avec un pouvoir qui dépasse notre compréhension. Les appelez-vous ? Si non, faites-le désormais, et dormez en paix. »

Un an ou deux après l'inauguration de notre maison de Chicago en 1941, deux jeunes filles du Graal** ouvrirent la Maison Saint-Martin pour les enfants noirs délaissés, dans le plus sombre quartier de la ville, pas très loin de chez nous. C'était comme une grande

---

* Publié aux éd. du Cerf, Paris, 1960

** Graal : Apostolat féminin fondé d'abord aux Pays-Bas par le père Ginneken, sj, puis répandu en Irlande et en Grande-Bretagne.

boutique au-dessus de laquelle elles logeaient. Une nuit, un homme s'y introduisit, les terrorisa et viola l'une d'elle. L'autre trouva la force de crier, ce qui fit fuir l'intrus. Le bruit s'en répandit vite. La police et un prêtre arrivèrent. En hâte, on emmena à l'hôpital ces jeunes filles qui avaient autour de vingt-cinq ans. On les soigna et le cardinal Strich alla les voir pensant qu'elles voulaient fermer leur maison. Mais, les larmes aux yeux, toutes deux supplièrent qu'on les laisse y retourner et vivre comme avant sans protection. Très édifié, il leur en donna l'autorisation. À leur retour, le curé de la paroisse annonça deux cents conversions dues à l'exemple de leur courage.

Nous rêvons parfois d'avoir à confesser notre foi ou d'être martyrisé en Chine... C'est très bien mais, en attendant, incarnons ces rêves dans l'amour des réalités présentes, et dormons en paix avec foi et confiance en la Divine Providence.

N'oublions pas la différence entre un confesseur et un martyr. Le premier souffre pour l'amour de Dieu contrairement au second qui meurt. Dieu fait peut-être passer certains d'entre nous par le noviciat des confesseurs de la foi avant de nous gratifier du martyre.

Il ne conviendrait pas de rester nerveusement en éveil, tendu et inquiet pour de telles choses, puisque notre Institut a pour but de s'identifier aux pauvres et qu'eux sont bien obligés de les supporter toute leur vie.

Ne nous contentons pas de nos rêves de gloire et du regret de n'avoir pas partagé « le bon vieux temps des pionniers » de Friendship House et de Madonna House. À nous d'être maintenant des pionniers dans la foi, l'amour et la confiance qui seront assez forts pour bannir toute crainte. Nous n'avons pas le droit de gaspiller les heures de sommeil qui nous reposent, à cause de nos ridicules peurs de rien du tout, et parce que nous manquons de foi, de confiance et d'amour. Nous n'en avons pas le droit, car nous devons bien dormir afin de bien travailler pour le Seigneur.

Après vous avoir parlé de vos peurs, je termine ma lettre par un petit poème qui vous aidera à examiner votre conscience à ce sujet :

Le courage ne consiste pas
seulement à mourir
pour une cause. Mourir
n'est que donner.
Le courage c'est de supporter
les poignards quotidiens
d'un acier implacable
et de continuer à vivre.

Avec toute mon affection en Marie,

Catherine

CRITIQUE ET CORRECTION

Le 10 octobre 1959

Mes bien-aimés,

Il y a longtemps que j'ai l'intention de vous expliquer par lettre la différence entre critique et correction.

Pourquoi cette idée m'est-elle venue et pourquoi un tel sujet fait-il soudain l'objet d'une lettre ? En y réfléchissant, vous verrez qu'il demande à être clarifié depuis déjà pas mal de temps. Le choix du bon moment est une grâce que Dieu accorde aux responsables ; or je sens que l'heure est venue d'en parler.

Prenons l'exemple des jeunes d'aujourd'hui qu'il convient de corriger. Peu équilibrés psychiquement, ils viennent à nous, blessés par l'ignorance, les bouleversements scientifiques et sociaux et les effets psychologiques des interminables guerres qui transforment le monde. Ces crises polluent jusqu'à l'air que nous respirons, suscitant chez tout le monde tension et insécurité.

Oui, nous recevons des jeunes dans un état de grande tension et en proie à une multitude de problèmes psychologiques non résolus qui finissent par se traduire par un égocentrisme inimaginable. Mais ils viennent aussi avec le désir d'aimer et de se consacrer à l'amour du prochain dans l'un des apostolats le plus dur qui soit. Madonna House exige en effet une grande maturité tant sur le plan intellectuel que sentimental et spirituel. Elle nous veut capable de prendre des décisions, d'assumer des responsabilités, de bannir les craintes futiles et de réaliser que nous sommes porteurs de vie et de vérité, c'est-à-dire du Christ, dans un monde déboussolé par la peur, la confusion et une grande ignorance.

Étant donné tous ces facteurs, nous avons constaté qu'au niveau éducatif et spirituel, la première année de formation est souvent nulle. Nous en avons la preuve. Vous êtes nombreux à nous avoir demandé avec insistance d'écouter une deuxième fois nombre de cours car, l'année suivante, vous réalisiez, comme nous, n'avoir pas assimilé ce qu'on vous avait enseigné au début à cause de vos problèmes affectifs non résolus. Les cours d'hygiène mentale vous rebutaient particulièrement parce qu'ils touchaient un point sensible. Et, comme naturellement, vous ignoriez ce qui fait réagir quelqu'un, vous luttiez intérieurement et parfois avec une profonde hostilité, contre les connaissances qui précisément vous auraient libérés du moi affectif qui vous emprisonnait. Il n'est donc pas étonnant que ces notions abstraites qui vous entraient par une oreille et ressortaient par l'autre, n'aient guère laissé de traces. Maintenant, vous commencez à voir que, si vous n'étiez pas venus à Madonna House, votre vie aurait pu, à bien des égards, être assez dramatique car ces problèmes affectifs non résolus risquaient de briser une vocation, quelle que soit celle de votre choix.

Mais Dieu a été bon pour nous tous, et nous comprenons maintenant qu'il fallait utiliser cette première année à résoudre, puis éliminer ces blocages affectifs que connaissent pratiquement tous ceux qui arrivent à Madonna House.

Cela nous est apparu avec évidence cet été, lors de la visite que nous ont fait, pendant chacun une semaine, trois grands psychiatres. En nous dispensant généreusement leur savoir, ils ont confirmé ce que nous savions déjà de vous, et ont particulièrement insisté sur la nécessité de faire sauter ces blocages affectifs pour vous permettre de vraiment assimiler notre enseignement. Sinon, estimaient-ils, nous perdions notre temps et le vôtre.

Après cette longue introduction, j'en reviens au choix du bon moment et à la différence entre critique et correction. Il en est qui confondent ces deux mots, surtout si des blocages psychiques les rendent hypersensibles. Les critiques sont pour eux comme des flèches qui les visent personnellement. Critique et correction les blessent profondément en raison de leur sentiment inconscient de culpabilité et d'infériorité. L'une et l'autre ne sont bien accueillies que par des êtres affectivement mûrs. Étudions donc ces mots :

Corriger signifie redresser, fortifier, aider à éliminer certains défauts relatifs au caractère, à l'âme, à la tenue. Mais avant tout, cela veut dire redresser, bien faire, donner du courage.

Critiquer, c'est aider intellectuellement quelqu'un à obtenir des résultats plus satisfaisants, un meilleur travail par exemple, une conduite plus parfaite, etc. La critique alerte les gouvernements, pousse les auteurs littéraires à se dépasser, car ils attendent des autres des remarques intelligentes. Sans la critique, tout s'enliserait dans les ornières.

Sous son aspect négatif, on peut dire aussi que la critique est reproche, manque de charité, recherche des fautes. Ces mots peuvent être blessants pour qui a des problèmes psychiques et ne voit pas leurs aspects positifs et bons.

Étudions-les maintenant d'un point de vue spirituel, celui qui nous intéresse tellement dans l'Apostolat. Sans aucun doute, nous sommes tous, ici, appelés par Dieu à une vocation bien précise qui vise à la perfection dans une vie laïque. Qu'est-ce que la perfection pour Dieu et l'Église ? C'est évidemment *caritas.* Notre foi est une histoire d'amour entre l'âme et Dieu qui, Lui, nous a aimés le premier et que nous, nous aimons en retour, puisque c'est pour cela que nous avons été créés, mais aussi pour le servir dans le prochain afin de jouir de l'union béatifique toute l'éternité.

Que devons-nous faire pour y parvenir ? Nous devons devenir des saints, c'est-à-dire des âmes dont aucun défaut n'entache la perfection. Comment est-ce possible ? En obéissant aux commandements et à nos vœux de pauvreté, chasteté et obéissance. Autrement dit, en évitant non seulement le péché mortel, mais les habituels péchés véniels et toutes nos imperfections.

Nous n'avons pas conscience de toutes nos fautes et défauts. Nous nous croyons souvent meilleurs que nous le sommes vraiment. Nous nous trouvons facilement des excuses et nous nous voyons sous un jour plutôt favorable. Pour répondre à notre destinée (qui, pour nous, est notre vocation à la gloire), la première chose à faire est de trouver un directeur spirituel qui nous signalera impitoyablement nos défauts et, particulièrement, ceux qui font obstacle à notre salut éternel. Il nous faut trouver quelqu'un qui ne cessera pas de nous critiquer et de nous corriger au vrai sens positif de ces mots.

Normalement, en l'absence de vocation spéciale, le Seigneur utilise tout simplement la vie comme noviciat, et certains y acquièrent une grande sainteté s'ils écoutent la voix de Dieu en eux et remplissent quotidiennement, par amour pour Lui, les obligations de leur état de vie. Hélas, de tels cas sont généralement rares, parce que la plupart des gens, étant incapables de se critiquer eux-mêmes ou de se corriger, ne peuvent se libérer de l'émotivité qui les emprisonne.

Pour les appelés à une vie consacrée (les favorisés), Dieu se fait représenter par un être humain spécialement expérimenté et choisi pour guider les autres. Ces personnes ont alors le devoir de corriger les plus petits défauts de ceux qu'on leur confie et sur lesquels Dieu les a chargées de veiller. Si elles ne le faisaient pas, ce serait un manque de *caritas* envers eux et qui mettrait en danger leur propre salut éternel.

C'est parce que, dans le passé, on vous a si souvent corrigés sans amour que vous ne comprenez pas encore très bien la différence entre correction et critique. Ce dernier mot a, le plus souvent, dans le monde, un sens négatif, visant à blesser. La critique positive est, par contre, le fruit et le signe d'un profond amour et d'une réelle amitié.

La critique constructive peut avoir comme but l'amélioration de la politique d'un gouvernement, de la vie familiale, du travail des étudiants ou de la vie religieuse. Telle est alors la vraie nature de la critique.

Voyons maintenant la correction. Elle peut être le fait de qui détient l'autorité et a des grâces spéciales pour en user, comme des parents, des professeurs, des supérieurs, des patrons, des directeurs spirituels, des curés de paroisse, etc. Si vous êtes à un poste d'autorité, vous aurez le devoir de corriger les autres tout en étant vous-mêmes soumis à une direction spirituelle.

Il existe une autre forme de correction : c'est la correction fraternelle entre égaux et qui est aussi le fruit de la charité.

Si, par exemple, quelqu'un fait ou dit quelque chose de contraire à l'esprit de l'Apostolat, un membre qui en est témoin devra gentiment le reprendre avec charité et Lui montrer son égarement pour le plus grand bien de son âme.

Quelle attitude faut-il donc adopter vis-à-vis de la correction ? Je vous rappelle les paroles de Thomas Merton concernant les supérieurs. Ils doivent être dignes de l'être, mais aucun être humain ne l'est… Le Christ seul est digne de l'être et Il le sait. C'est pourquoi Il est dans tous les supérieurs. Il vous faut donc grandir dans la foi et prier pour cela, car il n'est pas facile de voir le Christ dans tout être humain, à tous les niveaux de l'Apostolat et particulièrement dans les supérieurs temporairement nommés à un poste. Aussi devez-vous prier pour y parvenir, car cela exige une grande maturité de cœur et d'esprit et une âme disponible. Il nous faut même demander la grâce d'aller jusqu'à accueillir la correction avec joie, car elle est le chemin de l'union à Dieu.

Pourquoi avez-vous été appelés à cette vocation ? Pour devenir des saints. Vous avez les nombreux appuis que même ceux qui avancent à pas de géant vers la sainteté n'auraient pas osé rêver. La correction de vos supérieurs est l'un de ces premiers et plus nécessaires appuis si vous l'acceptez intelligemment dans un esprit de joyeuse humilité. Sans correction, vous n'iriez pas au Ciel…

Priez donc pour obtenir la grâce d'obéir et de suivre scrupuleusement les conseils qui vous sont donnés car c'est ainsi seulement que le Christ grandira en vous. C'est pour cela que vous êtes venus ici, alors pourquoi éprouver du ressentiment ? Vos supérieurs commettraient une faute très grave en ne vous corrigeant pas.

Dans notre Apostolat, nous faisons très bon accueil à la critique constructive lorsqu'elle concerne les méthodes de travail, par exemple. Nous accueillons avec plaisir toute suggestion relative à votre formation, à des articles que nous écrivons, à la communication entre nous. Tous ces sujets peuvent, en permanence, faire l'objet d'une critique intelligente et positive qui peut aider au développement et à la bonne santé de l'Apostolat.

Mais il est évident que nous sommes opposés à la critique qui ne serait que reproches et détruirait les liens de la charité.

Voilà une bien longue lettre, mais il importe qu'en prenant de la maturité, vous sachiez accueillir les corrections volontiers, et même avec joie, et ne vous permettiez vous-mêmes que des critiques constructives. C'est pourquoi j'ai voulu consacrer toute une lettre à ce sujet, car la charité entre nous pourrait mourir si nous ne comprenions pas bien ces deux concepts.

Avec toute mon affection en Marie,

Catherine

L'ATTENTE DU BIEN-AIMÉ

Le 26 novembre 1959

Mes bien-aimés,

Aujourd'hui, je voudrais vous parler du sens de cette merveilleuse saison dans laquelle nous entrons : l'avent, jours d'attente du Bien-Aimé.

Je me demande : Désirons-nous vraiment le Seigneur ? Autrement dit, sommes-nous constamment absorbés par ce désir ?

L'autre jour, quelqu'un m'a posé cette question énorme : « Catherine, pourquoi est-ce si difficile de comprendre l'amour ? Vous nous dites que vous nous aimez et je le vois bien. Vous passez toutes les heures du jour au service des autres. Je sens partout votre amour. Au dispensaire, je vois que vous êtes allée mendier tous ces médicaments. Grâce à vous, il y a une infirmière qui s'occupe de moi. Je sais que vous avez quêté pour la ferme, l'achat des semences et des engrais ; grâce à vous des fermiers sont venus y travailler. Je sais que tout ce dont je dispose ici, je le dois aux quêtes que vous faites par amour pour nous.

« Je vois que tous les matins vous agissez selon que vous nous voyez fatigués ou en forme, pour donner à chacun la tâche la plus appropriée. Je vois aussi que vous, les prêtres et monsieur Doherty* êtes sans cesse à notre disposition. Toutes ces preuves d'amour devraient me suffire et pourtant, je n'arrive pas, sur le plan affectif, à croire que tout cela est bien réel. Alors je cherche à découvrir ce qu'il peut bien y avoir là-dessous. Instinctivement, je me dis qu'il est impossible qu'un être humain se conduise de cette façon. Je n'ai jamais connu un tel amour. J'ai l'impression que c'est un rêve dont je vais me réveiller. »

Je raconte cette histoire pour illustrer comment nous nous comportons souvent avec Dieu. J'ai répondu à cette jeune personne : « Oui, je comprends, vous n'avez jamais su ce qu'était l'amour pendant votre courte vie et vous avez de la peine à en reconnaître le visage. » Cette même histoire ne pourrait-elle s'appliquer à chacun de nous ? Il me semble que oui.

Nous qui, dans l'Apostolat, avons reçu tellement plus que cette jeune personne, avons-nous fini par reconnaître le visage de l'amour ? La bonne réponse à lui faire aurait été : Oh mon enfant, comment ne pas vous aimer puisque dans votre visage je vois Celui que mon âme désire plus que tout ?

Voilà ce que devrait être notre vie, notre avent : l'attente de Celui que notre cœur aime, d'abord en chacun de nous, puis dans ceux que nous servons. Au cours de diverses discussions, il est apparu un

---

* Edward Doherty est le mari de Catherine.

certain nombre de points qui nous ont permis de formuler, pour Madonna House, une « charte de sainteté » qui pourrait se résumer ainsi : se rendre compte que Madonna House est un Apostolat fait de petites choses, bien faites pour l'amour de Dieu.

Cet Apostolat ne sera efficace que si nous aimons nos supérieurs et leur faisons confiance.

Cette confiance et cette franchise doivent aussi régner entre nous. Edward Doherty est en train d'écrire un livre dont il nous a lu un chapitre dans lequel il explique comment une vie faite de petites choses peut mener à des choses immenses. De quoi ma vie est-elle faite depuis vingt-neuf ans ? Je dirai brièvement : répondre à des lettres, travailler à la bibliothèque pour trier, classer, organiser, m'occuper de la formation… autant de petites choses indéfiniment répétées, jusqu'à répondre aux mêmes questions que pose tout le monde, car elles sont rarement nouvelles. Pourtant, si nous jetons un regard en arrière, ces petites « briques » entassées les unes sur les autres ont construit huit maisons et l'influence de l'Apostolat se fait sentir très loin.

Au Marian Centre*, nous sommes occupés à d'humbles tâches telles que vaisselles, lettres de remerciement, entretien des vêtements… Pourtant, d'après les dires d'une personne d'Edmonton venue nous voir, le Centre a un grand retentissement dans la ville.

À Stella Maris House, à Portland, dans l'Oregon, nous répondons à la porte et au téléphone, faisons indéfiniment des polycopies et des classements. Nous faisons la cuisine, nous écoutons les gens… rien que des petites choses, vraiment ! Cependant, l'un des prêtres là-bas, a déclaré : « Il est fantastique que quatre jeunes épris de Dieu puissent avoir un tel rayonnement sur la ville. » Oui, notre vie est faite de petites choses et de cette petitesse il en sort de grandes.

Mais il ne suffit pas de bien faire les petites choses. Pendant cette sainte saison de l'avent, descendons profondément dans notre cœur, notre esprit, notre âme. Nettoyons la maison et préparons-y avec

---

* Le Marian Centre est une fondation de Madonna House où l'on sert des repas et donne des vêtements aux pauvres.

amour, une crèche dans laquelle le Christ-Enfant pourra naître dans toute sa splendeur.

Ce qui pourrait nous en empêcher serait de regarder le monde à travers l'étroitesse de notre « moi ». Alors, je suggère que pendant cet avent nous supprimions de notre vocabulaire, de nos conversations, de nos pensées et, si possible de nos rêves, des mots comme: « je sens », « je veux », « j'aimerais », pour les remplacer par: « Qu'est-ce que Dieu attend de moi? » Je peux affirmer que si un tel changement d'attitude se produisait, la vie de l'Apostolat ferait immanquablement un pas de géant en direction de *pax* et *caritas*, c'est-à-dire du bonheur et de la joie.

Je tremble un peu, je l'avoue, lorsque l'un de vous me dit: « Catherine, je sens que j'ai encore quelques inquiétudes au sujet de ma vocation », ou: « Je sens que cela est beaucoup trop pour moi », ou encore: « Je sens qu'un autre service, une autre maison, un autre endroit me conviendrait mieux. » Ne croyez-vous pas, mes bien-aimés, qu'il n'est plus temps de vous tracasser au sujet de votre vocation, de ce que vous faites, de l'endroit où vous êtes? Peu importe vos sentiments. C'est une croix que nous devons porter... pas bien lourde. Cessons donc de nous demander ce que nous voulons, mais plutôt ce que Dieu veut; nous serons alors tellement plus heureux et notre avent plus merveilleux!

Je voudrais encore mentionner une chose: le temps. C'est le don le plus précieux qui nous soit donné, comme d'ailleurs le reconnaît notre propre langue: on peut perdre son temps, gagner du temps, prendre du bon temps, bien utiliser son temps. Oui, c'est quelque chose d'extrêmement précieux. Avons-nous conscience que c'est un don de Dieu? Nous Lui avons déjà donné notre corps par le vœu de chasteté, notre volonté par celui d'obéissance, nos désirs de confort par celui de pauvreté. Mais, allons-nous maintenant nous imaginer que le temps nous appartient? Ne serait-ce pas stupide? Et pourtant, beaucoup d'entre nous pensent que nous en sommes toujours propriétaires. Nous oublions que, dans une minute, peut-être, nous serons morts. Dieu seul est maître du temps. Nous l'avons reçu de Lui et c'est entre ses mains que nous devons le laisser.

En quoi concerne-t-il notre vie quotidienne? Cela signifie qu'en franchissant la porte bleue de Madonna House, nous laissons dehors tous nos droits y compris celui de disposer de notre propre temps. Nous n'avons aucun droit à des jours de congé. On n'est jamais « en congé » de Dieu. Si l'on nous en accorde quelque peu en cas de besoin, nous L'en remercions; si l'on nous en accorde pour travailler pour Lui, nous L'en remercions. Ne soyons pas de ceux qui surveillent la pendule.

Si nous avons un emploi rétribué, soyons les premiers au travail et les derniers à le quitter. Quelqu'il soit, ne le considérons pas avec une attitude matérialiste. Ne faisons pas de barrières entre les différents postes de travail. La charité n'a pas de frontière. Chez nous, personne ne peut dire qu'il ne répondra pas à la porte ou au téléphone parce qu'il travaille à la cuisine ou au bureau, ou qu'il ne répondra qu'un certain nombre de fois et laissera les autres continuer. Non, nous répondrons aussi souvent que nécessaire parce que nous aimons Dieu dans cette personne exigeante ou ce malade qui nous réclame. Cette règle de conduite s'applique à toutes nos maisons.

Que cet avent soit pour nous tous un profond voyage intérieur. L'heure est venue de faire toutes les petites choses pour l'amour du Christ. Notre esprit, notre cœur et notre âme deviendront alors une crèche ravissante dans laquelle pourra naître le Seigneur, et un endroit merveilleux où Il pourra grandir. Alors, nous connaîtrons le bonheur suprême.

Avec toute mon affection en Marie,

Catherine

RÉVEILLEZ-VOUS ! SOYEZ DES MUSICIENS DE L'AMOUR !

Décembre 1959

Mes bien-aimés,

Salut, et un avent béni ! Entrez profondément dans le cœur de cette saison sainte. Ce faisant, vous entrerez dans le cœur immense et brûlant du Christ-Enfant dont l'anniversaire approche. Quand vous atteindrez son cœur, tout ce qui n'est pas de Lui tombera comme un vêtement usé. Vous serez remplis de Lui, vous deviendrez semblables à Lui. Votre vie sera un feu qui renouvellera la terre. Celui qui demeure dans le cœur de Dieu est brûlant d'amour, et embrase tous ceux qu'Il touche.

Je vous imagine en train d'écouter le paragraphe précédent. Il y en aura parmi vous qui diront avec un soupir las : « Et revoilà notre Catherine, qui commence sa lettre de Noël à la russe sur une note dramatique. » Certains apprécieront, d'autres non ; mais parce que vous m'aimez, vous me supporterez. Pour ceux qui n'aiment pas toujours les ouvertures dramatiques, je mettrai la même pensée en bon américain ou canadien.

Je vous souhaite un bon avent. Ce qui signifie que nous entrons au plus profond du sens de cette saison liturgique. Le mot avent signifie venue. De qui attendons-nous la venue ? La réponse est simple : du Christ. Cette simplicité même est impressionnante.

S'Il vient, nous qui nous donnons le nom de chrétiens, et particulièrement nous qui nous sommes consacrés à Le suivre, nous devrions nous préparer à L'accueillir. Sommes-nous prêts ? Nos cœurs ont-ils réellement touché son cœur si bien que nous nous oublions nous-mêmes de plus en plus ? Nous souvenons-nous d'aimer et d'obéir quel que soit le coût pour nos émotions ? Réussissons-nous enfin à crucifier nos problèmes affectifs ? Portons-nous cet espoir d'être prêts à aller à Bethléem ? Suivons-nous le chemin des petits devoirs monotones de tous les jours qui pourraient devenir des dons plus précieux que ceux des trois rois mages?

Quelles sont ces petites choses? En voilà une courte liste: laver la vaisselle, classer, courir d'un rendez-vous à un autre, répondre aux coups de sonnette et au téléphone, accueillir des gens mal élevés ou pénibles, faire face à des situations désespérées dans les écoles ou les centres de catéchèse.

Et pourtant, toutes ces actions pourraient devenir une cascade de pierres précieuses, d'or trop lourd à porter, de grains d'encens qui couvriront la terre, s*i seulement nos cœurs touchaient son Cœur et s'ouvraient généreusement à son amour pour Lui rendre cet amour.*

Maintenant que je me suis expliquée en langage courant, mon cœur russe brûle de retrouver le langage des poètes et des musiciens. Je vous offre ce petit poème que j'ai écrit la nuit dernière. Il parle de l'avent et dit combien je pense à vous et combien je vous aime. Cela vous aidera peut-être à comprendre ce que je veux dire.

L'avent est-il un temps d'attente
Un temps pour apprendre à chanter des berceuses?
Mais où aller et où apprendre à chanter
Des chansons à Dieu qui est un Enfant?

L'avent est-il aussi un temps
De pèlerinage pour apprendre à chanter des chansons
Au Saint Enfant?

Ou bien est-ce le temps d'être immobile, le temps de la foi,
Le temps passé à attendre la venue de quelques saints
[musiciens?

Oh! Qu'est-ce que c'est et qui frappe
En cette nuit sombre contre ma porte?
Oh! Ce n'est qu'une branche, lourde de neige fraîche.

Il est tard et j'ai sommeil.
Mais le vent est violent, on frappe plus fort.
Je devrais aller libérer la branche de son fardeau de neige.

Ô nuit de merveilles! Le vent chante une mélodie de paix
[et de joie.

Ces harpes sont des arbres couverts de neige.
Et des buissons fragiles changés par le froid en millions de
[cloches

Qui sonnent des berceuses composées par le vent
Pour le Christ-Enfant.

Réveille-toi mon âme et écoute. La Mère envoie son Époux
Pour t'enseigner pendant cet avent
Tous les chants de Noël que tu voulais si ardemment chanter
À son propre Fils!

Oui, c'est un petit poème que j'ai écrit la nuit dernière mais il a pour moi un sens profond que j'essaie maladroitement de vous transmettre à vous mes enfants spirituels bien-aimés qui êtes partout.

Je vois en vous des instruments de musique parfaitement accordés à la Volonté de Dieu et formant une superbe symphonie. Cette musique pénètre là où les seuls autres sons sont des gens furieux et effrayés qui ne connaissent pas Dieu et qui s'en moquent. Je pense à vous comme à des musiciens qui apprennent à chanter des berceuses à l'Enfant-Jésus. Je pense à vous comme à des notes dans cette mélodie de l'Esprit saint. J'écoute ces notes une par une en espérant et en priant que chacune sera claire et juste. Les notes de vos chansons sont votre travail quotidien et vos attitudes de tous les jours. Je prie pour que les fausses notes n'entrent jamais dans vos chansons à l'Enfant-Jésus.

Je pense à vous, comme à de jeunes arbres et des buissons ornés comme des fiancées et des fiancés pour un mariage, ornés comme Dieu peut vêtir la nature et les gens qui L'aiment. Je vous vois accordés à l'Esprit saint, le Grand Vent, le Compositeur ineffable des chansons que l'Enfant-Jésus aime entendre.

Je vous vois chéris par sa Mère qui vous attend pour vous faire partager non seulement sa joie de Noël dans l'étable de Bethléem, mais sa vie tout entière si cachée et si merveilleuse. C'est elle qui vous a appelés à imiter la vie de la Sainte Famille à Nazareth. Sa vie était humble et cachée, composée de petites choses ordinaires, mais oh combien elles étaient bien faites et avec quel amour !

J'ai été prise récemment d'une sainte impatience ; comme je le fais toujours pendant l'avent, j'ai souvent prié l'Enfant et Lui ai demandé maintes et maintes fois une seule grâce : la croissance de la foi pour nous tous. Parce que la croissance dans la foi signifie la croissance dans l'amour, l'humilité, l'obéissance, la patience et la joie. La croissance dans la foi signifie la croissance dans la franchise et la confiance avec les responsables et envers chacun. Oh, qu'elle est importante cette prière que je fais ! Elle signifie que notre Apostolat pourrait devenir *l'antichambre du ciel*, un autre Bethléem, un autre Nazareth.

Cependant, je sais que pour que cela s'accomplisse, nous devons tous passer par le Golgotha. Je prie donc pour que chacun puisse accepter joyeusement la Croix que Dieu nous a préparée sur la colline de la mort. La croissance dans la foi veut dire que nous comprendrons le mystère des paroles divines : « Celui qui perd sa vie la sauvera. » La croissance dans la foi signifie aussi une compréhension de la vision de l'ensemble de l'Apostolat. Cela signifie comprendre que nous avons été appelés à cette vocation belle, cachée, simple et ordinaire pour enflammer le monde de l'amour de Dieu.

Je crois d'une foi brûlante que c'est possible. Je crois que tout faibles que nous sommes, remplis de névroses et d'égocentrisme, nous pouvons embraser le monde et nous le ferons si nous prions assez, si nous aimons assez. Car Dieu ne nous laissera jamais être plus généreux que Lui. Alors le soir devant l'Enfant dans la petite chapelle, je prie sans cesse pour que cette vision s'accomplisse. Son amour nous pousse.

Avez-vous jamais pensé à la chance que nous avons de pouvoir apporter des présents à l'Enfant-Jésus dans les personnes démunies, dans les enfants mexicains, dans les hommes et les femmes qui passent devant la fenêtre, dans tous ceux avec qui nous entrons en contact. Où cela a lieu n'a pas d'importance car l'Enfant-Jésus est en tous et Dieu nous a donné le privilège de l'accueillir en tant de gens. Alors puisse ce Noël être une berceuse d'action de grâce qui monte de nos cœurs vers le Christ-Roi.

Il nous touche chaque jour dans la Communion. Nous devons être comme les miches de pain qu'Il a bénies et brisées. Nous devons nous multiplier autour de son berceau pour tenir la place de ceux qui ne sont pas là. Beaucoup sont là, mais ceux qui ne sont pas là Lui manquent. Réalisez, mes bien-aimés, que nous pouvons nous multiplier si nous aimons assez!

Ainsi donc, au seuil de cette nouvelle année, essayons de repartir à zéro. Portons la croix de nos blessures affectives. Mettons-nous vraiment à vivre en Lui, pour Lui et par Lui. Vraiment Il est digne de notre amour. Rien sur la terre ou dans le ciel ne compte sauf Dieu. Voyez comment Il vient à nous dans une mangeoire de bois, proclamant son amour avant même de savoir parler. Remarquez le bois de la mangeoire. Comme Il aime le bois! Il l'a choisi pour sa Crèche, et ensuite Il a choisi de travailler avec le bois comme charpentier. Finalement Il est mort sur le bois. Tout ceci pour l'amour de nous!

Noël est proche. Puisque nous sommes pauvres en biens matériels (alléluia!), apportons-Lui nos cœurs purifiés de la croix de l'égoïsme, des cœurs qui essaient au moins de comprendre son amour pour nous. N'ayons qu'un seul désir passionné: celui de Lui rendre son amour personnellement dans chaque être humain que nous rencontrons.

Pour ce Noël 1959 et pour la nouvelle année encore à naître, je prie pour que vous receviez cet amour passionné, ce désir brûlant d'enflammer le monde pour Lui. Pendant cet avent que vos âmes soient éveillées à l'écoute, et accordées aux chansons que le vent composera pour vous.

Tendrement en l'Enfant Divin, l'Esprit saint et en Marie,

Catherine

RELIER LE MATÉRIEL AU SPIRITUEL

Le 14 janvier 1960

Mes bien-aimés,

Ce matin, j'ai éprouvé, comme il m'arrive parfois, un de ces chocs intérieurs qui m'emplit de crainte et me fait trembler devant le Seigneur. Hier, Alma, mon assistante, m'a demandé l'autorisation d'aller rassembler tous les vêtements qui s'étaient accumulés dans le sous-sol de Madonna House. Et ce matin, il y en avait littéralement une montagne, plus divers articles et une pleine caisse de chaussures. Il y avait aussi quelques objets artisanaux et, pendant le repas, s'est déroulée, hélas, une scène bien trop connue. Les uns après les autres, on a fait reconnaître ces objets par leur propriétaire. Le plus regrettable fut de constater que la majorité des fautifs n'étaient pas les plus jeunes membres de la communauté, mais bien les anciens… C'est alors qu'en mon âme, j'ai ressenti crainte et tremblement. J'avais l'impression d'être prostrée devant le Seigneur et que, l'air triste et sévère, Il me disait : « Regarde, tu as omis de leur enseigner deux choses : comment une telle négligence s'oppose à la sainteté et comment l'ordre est lié à l'esprit de pénitence, lequel me restitue le monde. Tu es en partie responsable de cette offense à la pauvreté qu'ils avaient promis de pratiquer. Quant à leur apparente indifférence pour des consignes maintes fois répétées, je m'en occuperai personnellement ainsi que de leur dureté de cœur et de leur manque de sérieux. » C'est pourquoi au lieu d'en faire un drame, de m'emporter et de vous gronder, je demande simplement à chacun de prier pour moi afin que je puisse mieux vous faire comprendre l'étroite relation qui existe entre l'ordre et la restauration du monde dans le Christ.

Si les apôtres de Madonna House n'arrivent même pas à ranger manteaux, chaussures et autres objets et les laissent négligemment traîner un peu partout, comment, au nom du ciel, pourront-ils acquérir le « sixième sens », cette sympathie et cette capacité de se mettre à la place de l'autre, tellement nécessaires lorsqu'on est affronté au désordre de l'âme humaine ? Comment pourront-ils guérir la personne tout entière, travail auquel ils ont consacré leur vie, s'ils ne comprennent pas que ce désordre s'oppose à leur promesse de pauvreté et s'ils ne voient pas que leur vie doit contribuer à restaurer l'ordre du monde pour le Christ.

De nos diverses maisons, je reçois des lettres signalant ce manque d'attention aux petites choses bien faites pour l'amour de Dieu, c'est-à-dire la vie quotidienne offerte au cœur du Christ. Il semble, au mieux, que tout notre intérêt se porte sur l'efficacité aux dépens du fondement surnaturel.

Tout le monde apprécie l'ordre qui règne chez nous. Nos journées se déroulent selon un rythme régulier. La plupart de nos membres font leur travail avec efficacité sur le plan humain. Pourtant, je sens, bien souvent, que la manière de vivre l'Évangile que je vous propose est devenue un enseignement vague et théorique dont on ne tient guère compte…

En examinant ma conscience, je constate beaucoup de défaillances de ma part mais, dans l'ensemble, j'ai l'impression que si j'ai la voix rauque et fatiguée, c'est à force de répéter sans cesse : « Faites la vaisselle par amour pour Dieu. Lorsque vous servez à table, les pauvres ou notre famille, faites-le discrètement et efficacement. » Si vous apprenez à le faire ainsi parce que vous en voyez l'aspect surnaturel, vous grandirez énormément en sagesse et en amour, et vous serez une lumière qui brille dans les ténèbres du monde. La lumière de votre service fait avec amour conduira les hommes vers Dieu.

J'aimerais que vous relisiez l'histoire de *Friendship House*, non parce que j'en suis l'héroïne, mais pour vous rappeler que dix-huit personnes sont revenues aux sacrements, simplement parce que je les ai servies dans un misérable bar d'hôtel. C'est par Dieu, bien sûr, que cette grâce leur fut accordée, mais par l'intermédiaire de mon humble service fait avec amour. Ils y virent l'œuvre de Dieu et revinrent à Lui.

Où donc ai-je appris à relier le matériel au spirituel ? Il faudrait que vous vous reportiez à un autre de mes livres *My Russian Yesterday* (Mon enfance en Russie). Mes parents avaient donné l'ordre aux domestiques de recevoir chaque mendiant comme s'il était le Christ. Ils ne nous ont jamais laissé oublier que toute action aussi banale qu'elle soit avait une valeur rédemptrice et surnaturelle, si elle est faite avec amour.

Mais je me demande à nouveau pourquoi vous donner en exemple ma pauvre personne pécheresse alors que vous êtes entourés de beaux livres sur les glorieux saints de Dieu. Beaucoup furent canonisés parce qu'ils avaient cette vision globale qui les faisait agir constamment et parfaitement par amour.

Pour vous faire saisir l'essence même de notre humble Apostolat, il est un mot que j'ai de la peine à trouver et qui pourrait se traduire par « être conscient ». C'est un mot important, saint et merveilleux parce qu'il signifie être tout entier recueilli et présent. Où ? Devant la face de Dieu. Cela veut dire que, le matin, nous nous levons attentifs au jour qui nous est donné pour croître en amour, en grâce et en sagesse devant Dieu… Cela veut dire aussi que nous réalisons une fois de plus que s'il nous est donné un peu de temps entre deux messes, c'est pour perdre ou gagner la Vision Béatifique. Cela veut dire comprendre que nous disposons encore d'une journée pour apprendre à aimer Dieu, sachant que si nous n'en profitons pas, nous n'irons peut-être pas en enfer, mais dans ce terrible creuset de l'amour qu'est le purgatoire. Pour entrer au Paradis, il faut être amoureux. Il nous faut le devenir soit ici et maintenant soit là-bas. Sinon, c'est l'enfer.

Ces trois derniers jours, j'ai beaucoup pensé à tout cela tandis que j'étais occupée à ranger le coin-récréation du sous-sol. Cela aussi je le faisais par amour afin que les résidents de Madonna House puissent accéder facilement aux jeux merveilleux que, dans sa grande bonté, Notre-Dame nous envoie et, qu'en général, seuls les gens riches peuvent s'offrir. Ce travail fastidieux m'a pris des heures pour compter les cartes à jouer et vérifier si les autres jeux étaient complets. Je ne connais que trop, mes bien-aimés, la stricte discipline, la mortification et la pénitence qu'imposent des tâches aussi ennuyeuses que trier des boutons, des épingles ou des vêtements, ou encore se pencher, à la bibliothèque, sur d'obscurs petits détails.

Oui, pendant trente ans, j'ai appris ces ineffables et grandes leçons d'amour à l'école de détails minuscules.

Vous rêvez d'actions éclatantes. Par la lecture, beaucoup connaissent Charles de Foucauld, en rêvent et se demandent s'ils ne sont pas appelés à cette vocation. Mais lorsque j'écoute leur conversation, j'ai envie de pleurer car pas un ne pense une minute à la vie héroïque qu'en fait il menait. Sa demeure était une petite case dans le désert, brûlant le jour et horriblement froid la nuit, parmi des êtres aux mœurs étranges et primitives. Quand bien même toute sa vie lui semblait un échec, il restait fidèle à l'appel insolite de Dieu. Il se levait, célébrait la messe et passait toute la journée à ne faire que de petites choses. Ce qui revient à dire qu'il resta en croix, non pas des heures mais des années… sans que personne ne semble s'en rendre compte. La plupart des gens ne voient de sa vie que le côté romantique et pas du tout réaliste.

Le Christ, au milieu de nous, se tient même au seuil de notre porte. Vous pourriez L'entendre si seulement vous L'écoutiez. Il dit : « Je ne vous demande même pas de veiller une heure avec moi pendant mon agonie, mais simplement de sortir du lit quand le réveil sonne. Je ne vous demande pas de vous laisser frapper et cracher au visage, mais seulement d'accepter avec humilité les réprimandes (que vous méritez) par amour pour moi, avec un cœur ouvert et la volonté de faire mieux. Je ne vous demande pas d'être liés à un poteau et flagellé avec des lanières chargées de plomb, mais uniquement d'accomplir la tâche quotidienne qui vous est assignée, avec toute l'attention et l'application possible.

Je ne vous demande pas de rester suspendus, nus à ma croix, mais d'approfondir votre esprit de pauvreté dans le soin que vous prenez et l'usage que vous faites de ma création. On m'a arraché tous mes vêtements, ne pouvez-vous arracher de votre âme toute pensée égocentrique et vous mettre à traiter avec un profond respect des objets tels que tasses, nourriture, vêtements et même chiffons à poussière ? Vous n'y parviendrez, qu'en vous dépouillant de votre égocentrisme pour vous brancher sur moi, que vous soyez en train de travailler, de marcher, de vous asseoir, de dormir…

Je ne vous ai pas encore demandé d'être cloués sur la croix avec moi, mais cela viendra si vous vous y préparez comme je viens de l'expliquer. N'oubliez pas qu'à moins d'être cloués de l'autre côté de ma croix, vous ne pourrez partager le Paradis avec moi. Sans la croix, il n'y aurait pas eu de résurrection : elle est la clef du Paradis. Quand donc le comprendrez-vous ? »

Cette nuit, je me suis endormie vers quatre heures du matin. Mais, auparavant, un triste et lugubre refrain me trottait dans la tête : « Seigneur, quand finiront-ils par comprendre que partager votre vie c'est aussi éteindre l'électricité, prendre soin de ses vêtements… reconnaître le sens profond de toute action ? » Et je me suis endormie en écoutant ce refrain.

Ces derniers temps, j'ai beaucoup réfléchi à notre vocation. Il me semble que Nazareth est le petit village caché où nous devons aller vivre avec la Sainte Famille pour être guéris. C'est là que nous ferons l'apprentissage de ces petites choses dont nous ne cessons de répéter qu'il faut les faire parfaitement par amour pour Dieu.

Oui, c'est là que nous ferons l'apprentissage des petites choses et que nous apprendrons à mettre en pratique ce dont nous parlons. Il me semble que chacun de nous va rester à Nazareth jusqu'à ce que nous y parvenions. C'est notre noviciat. Alors, si nous avons fait le premier pas et compris l'essence de notre vocation, un jour Dieu nous dira : « Toi, va au Pakistan et montre-leur mon Visage en guérissant les malades comme je l'ai fait pendant ma vie publique. Il est temps que tu la partages. »

À un autre, Il dira : « Va au *Marian Centre* pour y faire ce que faisait ma mère, jour après jour : le ménage, la cuisine, le nettoyage, la vaisselle. Montre-leur son visage pour qu'ils la connaissent et qu'elle puisse Me les amener. »

À un autre encore, Il dira : « Va en Arizona ou au Texas et, par ta parole et ton exemple, enseigne-leur mes vérités. Il est temps que tu leur montres mon visage. » À un autre : « Va à Portland leur montrer le visage du Seigneur qui a créé tous les hommes. Montre-leur la Trinité. Qui M'a vu a vu le Père, et le Saint-Esprit descendra sur lui. » Et à un autre : « Va au Yukon pour y mener la vie parfaite de

Nazareth. Montre-leur la Sainte Famille et surtout, Dieu fait homme par amour pour eux. »

C'est ainsi, me semble-t-il, qu'Il parlera à chacun d'entre nous. Puis un jour, Il nous appellera encore à Lui et, cette fois, ses paroles seront simples et brèves. Ce sera quelque chose comme : « Tu as vécu avec moi à Nazareth. Auparavant, tu étais venu à Bethléem, (mais tu ne t'en souviens pas parce que tu étais tout petit quand on t'a baptisé). Puis, de retour à Nazareth, Je t'ai envoyé partager Ma vie publique. Maintenant, il est temps que tu partages ma passion. Viens, suis-moi à travers les joies de la croix. »

Voilà comment je vois notre vocation. La voyez-vous de la même manière ? Vous m'écrivez des lettres merveilleuses et nous avons des conversations profondes à Madonna House. Pourtant, j'avoue être inquiète, car Dieu vous ayant remis entre mes mains pécheresses, je ne peux mourir avec l'idée que mon enseignement était trop vague ou que je n'ai pas su Lui demander de m'inspirer, sinon le feu, au moins les paroles que vous auriez comprises. Alors, lorsque je Le verrai, lors du jugement, je pourrai dire sans mentir : « Seigneur, j'ai essayé. »

Ne voyez-vous pas que l'essence de notre vocation consiste à faire le lien entre une vie ordinaire et qui semble insipide à cause de la répétition des petites choses et Dieu qui est Amour ? Alors, l'ennui disparaît et une journée passée à trier des boutons devient magnifique. Si vous la passez devant votre machine à écrire, le dos douloureux et l'esprit embué par la fatigue, c'est une journée qui a contribué au rachat de nombreuses âmes. Dieu seul en connaît le nombre. Nous devons en être conscients pour y voir cette relation. Autrement, c'est une journée perdue et n'est-ce pas tragique de penser que le temps, ce don de Dieu si précieux, a été gaspillé ?

Un fermier voisin partit à un match de base-ball, certain que le futur lui appartenait... Il mourait d'un accident d'auto quelques heures plus tard ! Voyez-vous combien le temps est chose précieuse ? Vous ignorez le temps qui vous reste.

Oh, mes bien-aimés, essayez de comprendre ces paroles maladroites, sorties d'un océan de souffrance. Croyez-moi, ces temps-ci, j'en perds le sommeil tant je suis désespérée de n'avoir pu vous faire comprendre tout cela. Si vous en voyez le moyen, je vous supplie de me le dire. Si, par contre, vous estimez que j'ai fait tout ce que je pouvais, examinez votre conscience. Être conscient donne une terrible responsabilité devant Dieu et devant les hommes.

Que vous le réalisiez ou non, vous serez jugés, vous aussi, sur la manière dont vous transmettrez aux futures générations de Madonna House l'essence de ce que Dieu nous a commandé de faire.

Malheur à moi si je n'y ai pas réussi ! Montrez-moi comment le faire. Aidez-moi à réparer les erreurs que j'ai pu commettre et que, dans mon aveuglement, je ne vois pas. Mais si la faute vous en revient… pour l'amour du ciel, réparez-la. « Il est terrible de tomber entre les mains du Dieu Vivant. »

Je vous parle très sérieusement. Et comment ne le ferais-je pas lorsque, de tous côtés, je constate cette légèreté, cette inconscience, en flagrante contradiction avec notre vocation dont le but est la restitution du monde à Dieu.

Dites-moi un peu comment vous pourriez Lui restituer cet extraordinaire monde des âmes s'il faut vous répéter tous les jours, sinon toutes les heures, qu'il faut ranger à tel endroit les cartons du coin gauche du hall ? Comment le ferez-vous si votre atelier, le vestiaire, les plats, la cuisine reflètent le désordre de votre âme ? Comment serez-vous conscients du monde des âmes si vous ne voyez même pas que, s'il neige, ce serait une bonne idée de tracer un chemin à la pelle et de dégager les marches ? Comment allez-vous rendre le monde au Christ si vous vous contentez de faire le minimum requis, de vous en tenir à la lettre en ignorant l'esprit ?

En un mot, le Christ attend que vous preniez conscience de Lui et de l'Apostolat qu'Il vous a confié en réalisant que balais, eau de vaisselle, correspondance et choses bien rangées ne sont pas étrangers à la restauration du monde. Quand, quand donc, mes bien-aimés, cela va-t-il arriver ?

Affectueusement en Lui,

Catherine

PROBLÈMES AFFECTIFS

Le 2 décembre 1960

Mes bien-aimés,

Une chose est devenue évidente au cours d'un récent congrès de l'apostolat des laïcs, c'est que partout, les plus gros problèmes se situent au plan affectif. Je n'avais d'ailleurs pas besoin d'aller à un congrès pour l'apprendre... Mais c'était tout de même intéressant d'y voir confirmer mes propres idées. Le dernier numéro du *Canadian Register* publie la déclaration complète du conclave des évêques américains. Ils disent que si nous sommes tombés si bas c'est que nous n'assumons plus la responsabilité de notre propre conduite et de notre vie.

Je ne vais pas nier la nécessité de traiter les problèmes affectifs au niveau humain, mais j'en suis arrivée à conclure que, dans tous les apostolats, et particulièrement le nôtre, la vraie solution réside dans la prière.

De nos jours, il existe de nombreuses raisons d'être inquiet, d'autant que Satan, toujours aux aguets et intelligent comme il l'est, ne va pas rester inactif et laisser passer une telle occasion. Pour parfaire ses objectifs sataniques et nous déconcerter un peu plus, il se contente d'utiliser les situations existantes pour susciter plus de confusion encore. Il faut nous méfier de lui sans nous laisser troubler. Or, le meilleur moyen, c'est la prière.

Je ne cesse de penser au Christ et à son amour. L'Évangile de saint Matthieu nous dit que le Christ envoya ses apôtres deux par deux pour qu'ils commencent à s'aimer mutuellement. Il eût été, en effet, parfaitement inutile qu'ils essaient d'aimer le monde et de prêcher la Bonne Nouvelle d'amour s'ils ne commençaient par s'en faire, à eux-mêmes, l'application, et ce, d'une manière totale, sans y mettre de limite.

J'ai le regret de dire que ce n'est pas tout à fait ce qui se passe chez nous... Et j'aimerais que nous parlions un peu de cette question qui est absolument vitale, car le vrai succès spirituel de notre travail dépend de l'amour que nous aurons les uns pour les autres si, vraiment, nous voulons ramener le monde au Christ.

Pour commencer, je prendrai deux points : notre désir éperdu d'approbation et le cloisonnement des postes de travail.

D'abord le premier point : parce que cet amour mutuel n'est pas profond et parce que nous sommes encore, semble-t-il, au stade infantile, disons celui des 12-16 ans, que l'amour va, pour nous, de pair avec une approbation constante et sans faille. Voyez-vous quel poids cela fait peser sur les responsables de nos diverses fondations ? Leurs actions, leur humeur, leurs silences, leurs paroles sont analysées, épluchées sans fin. Cela constitue un fardeau intolérable sur les responsables déjà fatigués par de si lourdes responsabilités ; ils ne peuvent jamais se montrer spontanés, les pauvres !... S'ils s'entretiennent cinq minutes de plus avec l'un, les autres éprouvent un sentiment d'insécurité. Dans le langage courant, c'est ce que l'on appelle de la jalousie.

Cette quête incessante d'approbation engendre inquiétude et hostilité qui, à leur tour, sont source de dépression et se traduisent par un sentiment de culpabilité. Il en résulte souvent des symptômes psychosomatiques tels que maux de tête ou de dos, diarrhées, vomissements, vertiges, constipations, etc. Le plus manifeste, en tout cas, est le manque certain de concentration pour le travail, une répétition des fautes maintes fois corrigées et un ralentissement des opérations. Cela crée dans la maison un état de tension qui affecte tout le monde. Lorsque ce cercle vicieux finit par terrasser celui qui en est victime, il faut bien qu'un autre se charge du travail abandonné ; d'où fatigue pour tous et désordre généralisé.

En attendant, le Christ dans son Corps Mystique, se tient comme un indigent à la porte de son bien-aimé ; mais il n'y a pas de place pour Lui dans un cœur encombré d'émotions et troublé. Il a dit à saint Paul : « Ma grâce te suffit », mais personne n'a l'air d'y croire. C'est pourquoi je dis que prier et se tourner vers Dieu sont les seuls vrais remèdes.

Si nous réfléchissons, mes bien-aimés, n'est-il pas stupide de chercher l'approbation des autres quand celle du Seigneur nous suffit amplement ? Aussi devrions-nous constamment et avec ardeur nous en assurer. La foi nous garantit qu'il aime chacun de nous jusqu'à la mort. Le crucifix nous le crie ; son cœur immense nous contient tous.

Il est tellement stupide de rechercher l'approbation d'une ombre passagère... Demain, la responsable peut être ailleurs, remplacée par une autre. Si c'était vous, aimeriez-vous porter ce fardeau ? Réfléchissez-y.

Cette compétition, ce besoin d'être approuvé, les tensions, les souffrances, le désordre, le ralentissement qui en résultent sont des maux suffisants sans que des problèmes étranges et plutôt laids ne pénètrent notre vie apostolique. Un de ces problèmes est le cloisonnement des postes de travail. Toute pécheresse que je suis, vous savez que le Seigneur m'a établie gardienne de l'esprit de l'Apostolat et j'avoue qu'à l'idée d'une vie cloisonnée en postes de travail, je suis prise d'une sainte frayeur. J'ai envie de crier et je sens une juste colère monter en moi comme la marée dans la mer. Si quelque chose peut tuer l'esprit de charité c'est bien la mise en place de postes sacro-saints auxquels personne ne peut toucher. Cela revient à y garder jalousement son autorité sur même un petit morceau de l'Apostolat alors que tout avait été établi pour qu'y règne la sérénité de l'ordre de Dieu. Une telle attitude est comme un couteau plongé dans ce qui est l'âme même de l'Apostolat.

Cela doit cesser. Il est évident qu'à Madonna House et ses diverses fondations, plusieurs services assurent l'ordre, mais les responsables de chacun ne doivent pas pour autant veiller avec jalousie et irascibilité sur leurs petits domaines en se montrant aussi susceptibles qu'une plante de serre chaude... Si l'on ne mettait fin à cette regrettable pratique qui se répand çà et là, il n'y aurait bientôt plus d'Apostolat du tout.

Il n'existe rien de tel que « Mon service » et l'on ne devrait jamais, chez nous, entendre des remarques comme : « C'est moi qui ai la charge de cela, ne vous en mêlez pas ! » Ou encore : « J'ai commencé cela, je vous prie de me le laisser finir. » Ou : « De quoi vous mêlez-vous ? Je n'ai nul besoin d'aide. Merci. » Ce thème se décline de mille façons. Et si quelqu'un offre des suggestions à la responsable d'un autre service, elle ne doit en éprouver ni ressentiment ni colère si, par charité, on vient l'aider en cas de difficulté.

Arrogance, susceptibilité, orgueil et manque de charité n'ont pas de place chez nous, et ceux qui en sont coupables ne garderont pas longtemps leur charge. Les dégâts qu'ils causent et les péchés contre la charité sont trop grands. La charité est infiniment plus importante que la compétence.

Je suis navrée d'avoir à écrire une telle lettre en ce début de l'avent, cette joyeuse période qui prépare Noël, mais c'était indispensable car je suis triste et profondément troublée.

Je vous demande donc, à tous, de faire votre examen de conscience pour voir comment exercer l'autorité que le Christ vous a déléguée par mon intermédiaire.

Les responsables ont assez de travail sans cette « lèpre » qu'il convient d'éliminer définitivement. Si vous voulez détruire l'Apostolat et nuire au plan de Dieu qui compte sur vous pour Lui ramener le monde, vous ne pouvez mieux faire que vous draper dans votre autorité ou votre infaillibilité, ce qui n'est que le fruit de l'orgueil. Je supplie que l'on dirige son poste de travail avec une motivation spirituelle.

Si, comme le Christ, nous ne nous abaissons pas avec humilité en nous souvenant que des mots tels que « moi » et « le mien » n'existent pas dans l'Apostolat, et que celui qui a autorité aujourd'hui peut ne plus en avoir demain; et si nous ne comprenons pas que, dans le Christ, il n'est pas de position plus ou moins élevée, alors notre cœur ne sera pas préparé à le recevoir pour Noël, à être la crèche dans laquelle il pourra « renaître » et trouver son repos.

Avec toute mon affection en Marie,

Catherine

NOS VÊTEMENTS ET LA NUDITÉ DU CHRIST

Février 1961

Mes bien-aimés,

Cette fois, je voudrais vous entretenir de la pauvreté, sujet inépuisable que nous ne devrions jamais cesser de méditer puisque nous avons fait vœu de la pratiquer. Il faut demander à Dieu de nous perfectionner sur ce point, et à Marie de nous apprendre à la pratiquer comme elle. À mesure que passent les années, examinons-nous fréquemment sur la meilleure façon de le faire.

J'ai peur qu'il y ait à Madonna House un poste qui risque de nous faire pécher contre la pauvreté, c'est celui du vestiaire qui peut très facilement être une tentation pour celles qui y travaillent, non toutes bien sûr, mais certaines d'entre vous. Les femmes en particulier connaissent parfois des envies soudaines de vêtements neufs et amusants. Et c'est à ce moment-là qu'arrive au vestiaire « juste ce qu'il faut ».

N'oublions pas la note psychologiquement profonde qui s'attache au vêtement et que nous avons tous remarquée chez les jeunes. Issues de familles assez pauvres, certaines manient maintenant des vêtements plus beaux que ceux qu'elles n'avaient jamais vus. D'autres, de familles aisées, étaient habituées à l'élégance et peuvent exiger la perfection. Les unes et les autres sont différemment tentées, comme nous le constatons à Madonna House. Dans nos autres maisons aussi, les responsables devront être vigilants sur ce point, car il importe de toujours veiller à ce que la pauvreté soit respectée. Comme c'est une vertu que le démon déteste, il se fera complice pour s'y opposer partout où elle sera bien observée.

Nous sommes fiancés au Pauvre, l'Indigent qui, durant sa vie publique, n'avait même pas où reposer la tête et qui finit par mourir, nu, sur une croix. On se demande alors comment l'ombre d'une tentation peut se glisser, dans l'esprit de quiconque, contre cette chère compagne du Bien-Aimé. Mais, pauvres humains que nous sommes, marqués par le péché originel, nous devons lutter impitoyablement contre cette tentation de toute la force d'une âme et d'un cœur aimant.

Ah, le paradoxe des Évangiles et de la foi chrétienne !...

Tout en ayant un aspect agréable et soigné, nous devons ramener des âmes à Dieu en nous identifiant à ceux que nous servons. Seule, l'imagination d'un amour passionné pour Dieu peut, avec le secours de Notre-Dame, parvenir à résoudre ce paradoxe, cette contradiction. Il y en a tellement dans l'Évangile, bien qu'elles ne soient qu'apparentes ! Il n'en reste pas moins que l'esprit de pauvreté doit dicter le choix de nos vêtements, aussi difficile que ce soit devant la profusion et la qualité de tous ceux que l'on nous apporte. Cette tentation assaille tout particulièrement celles qui ont la charge de les recevoir. Il y en a de si beaux ! Mais une autre considération s'impose, à savoir : les plus beaux doivent être réservés pour les pauvres qui en ont si peu. Succomber à la tentation de les en priver serait littéralement leur dérober la beauté et la joie qui leur revient. Ce sont les créatures chéries de Dieu qui, à ce titre, méritent la meilleure part.

Tous les trois mois, chacune devrait vérifier sa garde-robe pour voir ce dont elle pourrait se passer. Le carême doit inspirer toutes sortes de mortifications ingénieuses et celle-ci en est une.

Plus nous voyons le Christ s'approcher du poteau de la flagellation où on Lui a retiré tous ses vêtements, plus Il s'approche de la sinistre croix rugueuse sur laquelle on le crucifia nu.

Plus cela nous rappelle l'abaissement de sa naissance, plus nous devons nous demander comment nous pratiquons la vertu de pauvreté. Seule, l'absence de convoitise permet un véritable détachement du cœur, lequel s'enracine dans l'amour du Christ, le Pauvre.

Avec toute mon affection en Marie,

Catherine

LA DOUCEUR ET LE REJET

Le 22 février 1961

Mes bien-aimés,

En ce très saint temps de carême où nous nous préparons à revivre la mort et la résurrection de Notre Seigneur, j'aimerais vous faire part de deux petits mots qui me sont venus à l'esprit pendant la messe. J'en ai fait l'objet d'une méditation car ils sont extrêmement profonds. Savez-vous que, d'une manière ou d'une autre, toute chose concernant Dieu va plus loin qu'il ne semble au premier abord ? Comme tout ce qui se rapporte à Lui, elle révèle sa beauté lentement, avec douceur et ne dévoile sa pleine signification que si l'on s'y attarde.

Ces deux petits mots sont : « douceur » et « rejet ». À première vue, ils ne semblent pas avoir grand-chose en commun mais, au fil des jours, il en émerge un schéma à mesure qu'ils grandissent, s'entrelacent, se séparent, se mêlent à nouveau. Dans la prière et avec amour, j'ai envie de vous faire part de ces pensées avec l'espoir qu'elles puissent vous aider autant qu'elles l'ont fait pour moi, car je vous aime énormément. Et la meilleure preuve n'est-elle pas de partager avec ceux que l'on aime nos profondes réflexions ?

La douceur… Elle a souvent fait l'objet de mes méditations, car c'est une vertu qui m'a toujours attirée. J'aime la béatitude qui exalte la douceur : « Heureux les doux car ils posséderont la terre. » Et encore : « Apprenez de moi car je suis doux et humble de cœur. »

Autrefois, ce mot plein de douceur, de beauté, mais aussi de force n'évoquait pour moi que l'absence de vengeance. En quelque sorte, il se rapportait à cet autre conseil du Seigneur : « Si l'on te frappe sur la joue droite, tends-lui encore l'autre. » Il me rappelait aussi Dorothy Day, les Quakers et les pacifistes. Un jour, j'ai eu l'occasion d'être témoin de la puissance de cette douceur.

C'était à Toronto, dans les premiers jours de Friendship House. Je rentrais un soir, lorsque je vis un prédicateur s'égosiller au coin d'une rue sordide. Une grande foule de pauvres et de sans-abris l'entourait. C'était à l'époque de la grande crise et beaucoup n'avaient rien d'autre à faire que traîner et se grouper autour de qui voulait bien leur parler.

Comme je suis toujours intéressée par ceux qui parlent de Dieu ou des choses de Dieu, je m'arrêtai aussi pour écouter. J'aimais ce qu'il disait parce que ce pasteur évangélique prônait la foi et l'amour avec une ardeur brûlante.

Il y avait dans la foule un grand malabar, légèrement éméché, mais pas vraiment ivre. Il interrompit le prédicateur avec des insultes très explicites. Néanmoins, celui-ci continua à parler mais sa voix s'adoucit et un petit sourire bienveillant effleura ses lèvres et son visage qui, bien que quelconque, en fut illuminé. Furieux, le gros bonhomme ouvrit la main et, de la paume, appliqua un retentissant soufflet sur la joue du prédicateur. Assez frêle, celui-ci vacilla, glissa de la caisse sur laquelle il se tenait et tomba sur le trottoir boueux. Il dut se faire assez mal car il se releva avec quelque difficulté, remonta sur sa caisse, le visage maculé et saignant ; il avait une grosse tache rouge sur la joue. Il eut, à l'adresse de son agresseur, un sourire amical et sincère et lui dit en tendant l'autre joue : « Frère, voici mon autre joue car j'aime le Seigneur et je vous aime en Lui. Il a dit de tendre l'autre joue à celui qui vous frappait, alors, la voici. »

Il y eut un silence de mort. Tout d'un coup, le gros bonhomme tomba aux genoux du prédicateur en pleurant amèrement. Je sentis un grand frisson me courir dans le dos car je venais de constater le terrible pouvoir de la douceur dont avait parlé le Christ. En regardant les visages de cette foule hétéroclite, j'en remarquai bon nombre qui essuyaient une larme furtive. Ce soir-là, le prédicateur, que j'ai bien connu par la suite, récolta une riche moisson pour le Seigneur. Vous voyez pourquoi, jusqu'ici, j'associais douceur et non-vengeance.

Mais, en méditant ce mot pendant le carême, les choses ont changé, parce qu'une autre expression m'est venue à l'esprit pour me révéler la profondeur de la douceur : « être sans défense ». Et je me suis imaginé le Christ sans défense durant sa passion puisqu'il était, dit l'Écriture, « comme l'agneau qui se laisse mener à l'abattoir ». J'ai compris qu'être doux et qu'être sans défense allaient ensemble. Pourquoi ces mots s'étaient-ils présentés à moi au cours de ce carême 1961 ? Que pouvaient-ils m'apporter personnellement ? Je les ai médités encore jour après jour.

Et puis, la lumière s'est faite subitement. Nous sommes toujours sur la défensive, vous, moi, tout le monde, équipés de masques et de boucliers qui ne sont pas l'œuvre du Seigneur, mais bel et bien la nôtre pour nous protéger de menaces ou d'attaques aussi bien réelles qu'imaginaires.

Notre siècle est celui des névroses et des psychoses. Dans le monde, les chrétiens se sont peu à peu coupés de Dieu jusqu'à devenir totalement athées. Privés de Lui, ils deviennent alors facilement la proie des psychoses et des névroses, lesquelles sont un terrain particulièrement propice aux fruits sataniques que sont la peur, l'insécurité, la confusion. Et le démon s'installe avec d'autant plus d'assurance que grandit l'athéisme. La pestilence de tout ce mal se répand en cercles qui vont s'élargissant et gagnent tous les milieux jusqu'à ce que les croyants eux-mêmes en soient plus ou moins affectés. L'âme du monde se trouve dans une situation tellement tragique que nous sommes tous quelque peu désorientés, effrayés par les menaces et les attaques de toute provenance, qu'il s'agisse de la bombe atomique ou de notre voisin immédiat.

Affectivement parlant, moi aussi je suis sur la défensive. Peut-être n'y avais-je pas prêté attention jusqu'ici et ce n'était guère évident pour des yeux non exercés, bien que certains d'entre vous en aient eu l'intuition.

Rappelez-vous nos conversations privées, lorsque vous veniez vous faire guider et conseiller. Vous étiez intimidés et il vous fallait si longtemps pour vous exprimer que, semblait-il, je n'avais pas toujours la patience d'écouter tout ce que vous aviez à dire. Je m'empressais de vous assurer que je comprenais très bien ce que vous pensiez, ressentiez, espériez et j'allais même jusqu'à résoudre vos problèmes… Du moins, je le croyais.

Ce n'était pas toujours le cas, mais parfois oui. Et, bien sûr, vous réagissiez avec violence et hostilité à mon égard. Eh bien maintenant, je comprends pourquoi je me comportais ainsi. Je me défendais d'avance contre votre hostilité.

À de tels moments, vous représentiez pour moi une menace. Que je sois infirmière n'y changeait rien, je comprenais que j'étais seulement un symbole et, qu'en fait, votre hostilité était dirigée contre l'un de vos parents ou même les deux. C'était l'époque où j'étais humainement parlant complètement épuisée par les énormes vagues d'hostilité qui ne cessaient de déferler sur ma personne.

Il est évident que je ne restais pas sans défense devant vous. Mais consciemment ou inconsciemment, à de tels moments, je me défendais contre vous, mes bien-aimés. Nous avons tous connu de nombreuses situations de ce genre. Mais aujourd'hui, avec de nouvelles lumières sur la douceur et l'un de ses sages attributs : « Ne pas se défendre », je comprends beaucoup mieux.

Pour nous identifier au Christ Agneau, nous devons, vous et moi, être véritablement sans défense et nous laisser mener aux mille massacres dont sera pleine notre vie dans l'Apostolat. Il nous faut être doux et sans défense comme l'était le Christ. Je sais que moi je dois l'être, face à l'hostilité des autres sous toutes ses formes, et sans aucun truc de défense mais au contraire, en m'exposant sans protection, même à mon propre subconscient. Et le Christ-Agneau le débarrassera de toutes les ronces qui l'encombrent.

Lorsqu'on nous accuse injustement, il ne faut pas chercher à nous justifier si nous voulons imiter l'attitude du Christ qui ne s'est pas défendu. Voyez-vous, mes bien-aimés, comment une petite méditation sur la douceur conduit non seulement à ne pas riposter, mais encore à aimer ses ennemis. Et si nous approfondissons encore, nous en arrivons à l'adoption de la sainte attitude de « ne pas se défendre » qui nous procure la force, à nous, et la paix à nos agresseurs.

Selon la coutume de mon peuple, pendant le carême je m'agenouille devant vous pour vous demander de me pardonner tous les mouvements de défense que j'ai pu avoir contre vous dans le passé. Confiante dans la grâce de Dieu, je tenterai l'impossible avec foi et amour, pour éviter, à l'avenir, tout mouvement de défense contre vous.

Telle fut la méditation que je fis sur la douceur. Mais, quelques jours plus tard, le Seigneur m'envoya pendant la communion un autre mot à méditer : « le rejet ». J'en fus de nouveau intriguée, me demandant quel pouvait bien être le rapport entre ce mot (du vocabulaire de psychiatrie), Dieu, moi et une méditation de carême. Je dus y réfléchir longtemps, je l'avoue. Et puis, un certain vendredi, dans le grand silence du Seigneur, je commençai à y voir plus clair. J'étais ma cabane Sainte-Catherine et vous vous souvenez qu'à cette époque, c'était pour moi une journée de prière au désert que les Russes appellent *poustinia*. Examinons donc le rejet qui fait partie de la Passion du Christ et même de sa vie tout entière.

Sans le message de l'ange, saint Joseph aurait rejeté Marie lorsqu'il apprit qu'elle était enceinte avant qu'il l'eût épousée, mais il n'aurait pu le faire sans rejeter le Christ, fruit du sein de Marie.

Les aubergistes de Bethléem qui refusèrent le toit et l'hospitalité à la Sainte Famille rejetèrent également le Christ toujours dans le sein de Marie. Et nous savons avec certitude qu'à l'exception d'un tout petit nombre, les Pharisiens et les Saducéens le rejetèrent totalement, ce qui dut être une terrible souffrance pour le Christ. Un jour qu'Il proclamait qu'Il donnerait sa chair pour la vie du monde, plusieurs de ceux qui Le suivaient Le rejetèrent publiquement en disant : « Vos paroles sont trop dures. Nous ne vous suivrons plus. »

Philippe aussi rejetait sans cesse les paroles du Christ en posant des questions stupides (comme beaucoup d'entre nous le font encore…) et j'imagine que le Christ était blessé à vif par le rejet de ce disciple qu'Il aimait car Il le réprimandait. Et le rejet momentané de Pierre l'affligea douloureusement, mais celui de Judas, scellé par la traîtrise d'un baiser, le Père est seul à savoir ce qu'il en coûta à Jésus.

Lorsqu'Il se rendit dans son propre village, Nazareth, ses compatriotes le rejetèrent avec violence et s'apprêtaient même à le lapider. Après tout, n'était-Il pas seulement « le fils du charpentier Joseph ? »

À Gethsémani, tous les disciples s'étaient endormis au lieu de veiller avec Lui durant l'heure de sa terrible agonie. L'amour est un partage et le sommeil est un rejet, un refus de partage qui dut accroître encore les souffrances de son agonie, car Jésus leur dit : « Ne pouviez-vous veiller une heure avec moi ? »

Du moment où Il fut arrêté au Jardin des Oliviers jusqu'à celui où Il fut cloué sur la croix tous le rejetèrent, y compris ceux qu'Il avait enseignés et guéris... Oui, le rejet comme la souffrance et la solitude le poursuivirent comme son ombre, tout au long de sa Passion et de sa vie tout entière.

Mais le comble du rejet fut celui de son peuple, les Juifs, que du haut de la croix Il voyait dans la foule autour du Golgotha. Sans doute y distinguait-Il des visages familiers qui le raillaient en disant : « Si tu es le Fils de Dieu, descends donc et nous croirons en toi. » Peut-être y apercevait-Il les témoins de la résurrection de Lazare et de ses autres miracles ? Pour l'esprit du Christ et ses yeux emplis de souffrance, tous ces rejets étaient comme un terrible océan d'amertume.

Mais c'est en voyant le tout petit groupe au pied de la croix, fait de sa mère, des saintes femmes et d'un seul apôtre, que le Christ dut le plus affreusement se sentir rejeté par les hommes. Judas était mort. Mais où étaient donc les autres ? Arrêtons-nous un instant pour méditer sur l'ampleur de ce rejet. Ces hommes étaient ses apôtres bien-aimés avec lesquels Il cheminait depuis trois ans et auxquels Il s'était donné avec tant de générosité.

Mais, finalement, ce qui semble le rejet suprême, Il l'exprima par ces mots sortis de sa bouche douloureuse, sur ses lèvres desséchées : « Mon Dieu, mon Dieu, pourquoi m'as-tu abandonné ? »

Je commençais à comprendre qu'il me fallait méditer ce mot : « rejet » si je voulais entrer dans la Passion de mon Bien-Aimé. Et je vis plus encore, car l'amour inimaginable du Christ m'apparut sous un jour nouveau. On a dit qu'Il nous était semblable en tout sauf le péché, qu'Il avait connu et fait Lui-même l'expérience de tout ce que notre humanité devait connaître de souffrance et d'affliction. Il est donc évident qu'Il a voulu éprouver ce sentiment de rejet pour mieux nous aider, en ce siècle de psychoses et de névroses, à le comprendre et à le surmonter pour en éviter, dans notre vie, l'effet destructeur.

Je commençais à voir plus clairement que jamais que le Christ est le grand-prêtre, le grand-maître, le grand médecin qui nous enseigne et nous soigne, non pas comme le font les psychiatres humains avec leurs sessions de traitement mais en s'identifiant lui-même à nous de tout son amour. Un bref aperçu de l'Évangile nous montre comment Il se comportait tout le temps qu'Il était rejeté.

Voilà donc où nous en sommes, mes bien-aimés, la plupart des problèmes affectifs que connaît notre Apostolat tiennent à cette menace violente irrationnelle qui, tel un éclair fulgurant, pénètre jusqu'au fond de l'âme et provoque tant de symptômes psychosomatiques. On peut la résumer d'un mot : « peur d'être rejeté ».

Autrement dit, nous recherchons l'approbation des gens importants. Nous en avons un besoin maladif, une véritable faim parce que nous l'assimilons à l'amour… Être rejeté est presque pour nous synonyme de mort, de mort vivante, de solitude. Cela veut dire souffrance et tristesse. Ne pas être aimé, c'est presque l'enfer sur terre.

Nous sommes continuellement sur la défensive. Nous avons affreusement peur de révéler notre vrai « moi », de nous ouvrir aux autres, de leur faire confiance, de communiquer. S'ils comptent à nos yeux, nous avons peur qu'en découvrant ce « moi », ils nous rejettent et, à tout cela, s'ajoute un sentiment d'infériorité qui nous rend incapables de nous voir et de nous accepter tels que nous sommes. Or, ne pouvant nous aimer, nous ne pouvons aimer les autres.

C'est ainsi que cette impression de rejet, jointe à notre attitude défensive, nous enferme comme dans une camisole de force, prisonniers de la peur et de mille autres émotions. Il en résulte que, dans la vie, nous n'existons qu'à demi, incapables d'aimer et souhaitant l'être pour être acceptés.

Avec douceur, le Christ vient à notre secours avec deux mots : douceur et non-défense. Sans doute veut-Il nous montrer que si nous sommes véritablement doux, nous serons des êtres exposés sans défense, c'est-à-dire résignés, confiants, pleins de foi avec le cœur d'un enfant à qui appartient le Royaume des cieux. On s'expose sans défense à la souffrance des mots perfides, des coups d'œil et des actes qui font mal lorsqu'on a une foi et un amour assez forts pour ne pas riposter, ne pas se défendre, en un mot lorsqu'on est doux. Mots et actes qui sont comme des flèches acérées qui rebondissent sans faire mal sur le bouclier de la douceur et retombent aux pieds de l'agresseur et de l'attaqué.

Une lumière presque insoutenable jaillit de l'âme et du cœur de celui qui est alors vraiment conforme au Christ. Et cette lumière qui émane de lui, sans obstacle, enveloppe l'agresseur d'amour, illumine son âme et le guérit.

Il s'ensuit que ceux qui sont doux et sans défense et pratiquent cette vertu par amour du Christ ne se sentiront jamais rejetés puisqu'ils sont ancrés en Lui. Et comme, de plus, ils en ont conscience, ils se sentiront en sécurité. En accompagnant le Christ chaque fois qu'Il était rejeté, ils ont vu avec quelle douceur, indulgence et charité, l'Amour Lui-même se comportait en de telles occasions.

En suivant les pas du Christ, ils ont été guéris de leur névrose, s'il en était besoin, et ont guéri les autres.

Voilà donc ce que j'ai médité et partagé affectueusement avec vous pendant ce carême 1961. Je prie pour que le Christ, humble et rejeté, vous rende doux et sans défense afin que, dans son cœur sacré, vous soyez en sécurité contre tout rejet.

Avec toute mon affection en Marie,

Catherine

AU CŒUR DE NOTRE FOI

Le 20 mars 1961

Mes bien-aimés,

Le Christ est ressuscité! Il est vraiment ressuscité! Notre siècle a oublié ce qui est au cœur de notre foi : la Résurrection. La preuve que le Christ est la seconde Personne de la Très Sainte Trinité, Dieu et homme, réside dans le glorieux mystère de la résurrection. Ni la vie du Christ ni sa mort ne prouvent sa divinité, mais sa Résurrection d'entre les morts. Ce fut là la cause d'une joie ineffable pour des générations de chrétiens et notre cœur ne peut que chanter : « Alléluia ! Alléluia ! Alléluia ! » Il semble que seul, ce petit mot merveilleux puisse exprimer l'immensité de la joie, de la gratitude et de l'amour que connaît notre cœur.

Mais sa Résurrection, qui est un mystère, est aussi la promesse de son deuxième Avènement : la Parousie. Si seulement nous pouvions, tels les premiers chrétiens, vivre dans cette attente, notre vie serait alors centrée sur cet extraordinaire retour de l'Amour, dont l'amour de deux jeunes gens le jour de leur mariage n'est qu'un pâle symbole.

Si nous pouvions attendre la venue de l'époux aussi passionnément que des amoureux, nous pourrions, conscients de chaque mot, entonner le beau *Cantique des Cantiques* avec le roi Salomon : « Je dors, mais mon cœur veille. »

Alors, la kénose dont je parle souvent serait normale ; embrassée avec ardeur et pratiquée régulièrement, elle deviendrait la trame de notre existence. Nous pourrions admettre qu'en nous vidant de nous-mêmes maintenant, nous serions prêts à nous laisser combler par notre Bien-Aimé, non seulement en cette vie, mais aussi dans l'autre, et qu'ainsi nous Lui amènerions également d'autres âmes. Or c'est le seul cadeau qu'une épouse humaine puisse offrir à son céleste époux.

Pâques... Ultime preuve de l'amour de Dieu pour nous, notre joie, notre salut, notre espérance, l'*exultet* de notre âme, la garantie de son retour, de la Parousie... Comme nous sommes riches, comblés de tous les dons que nous offre le Seigneur en ce glorieux jour de Pâques. En méditant cela, que cette aveuglante lumière nous ouvre les yeux et nous inonde de joie. Alors, nous aussi, nous ressusciterons dans le Christ et, laissant le vieil homme dans l'eau du baptême, nous en sortirons totalement donnés au Christ. La kénose est un rappel permanent de notre baptême. Étreignons-la car à travers son obscurité et sa souffrance, nous entrerons dans la lumière de l'Amour divin en échappant au tombeau de l'égoïsme et de l'égocentrisme.

Le Christ est ressuscité ! Il est vraiment ressuscité ! Alléluia, alléluia, alléluia…

Le cœur plein d'amour et de joie, je vous adresse à chacun une bénédiction maternelle. Pendant la semaine de Pâques, une messe sera dite aux intentions de chacune de nos maisons.

Catherine

AMOUR ET KÉNOSE

Le 31 mars 1961

Mes bien-aimés,

Voici de nouveau mon vendredi en *poustinia*, mais pas n'importe lequel ; il s'agit du vendredi saint. Mon âme est inondée d'une grande joie que je veux partager avec vous. C'est le jour de l'Amour puisqu'aujourd'hui Dieu nous montre à quel point Il nous aime en mourant sur une croix. Il nous montre aussi combien nous devons l'aimer et nous aimer les uns les autres.

C'est le moment de faire une pause pour relire les paroles du Christ pendant la Cène. Faites-le tranquillement, lisez les paroles de Dieu, dans l'Évangile de saint Jean.

Après les avoir lues, essayez de vous rappeler combien de fois le Christ répète le mot amour, combien de fois Il nous demande de nous aimer mutuellement, combien de fois Il a redit avec autant de douceur que de force : « Je vous donne un commandement nouveau : c'est de vous aimer les uns les autres. » Il nous a déclaré qu'Il était le chemin qui mène au Père, le Père qui nous a créés, et qui nous a tant aimés qu'Il a envoyé son Fils bien-aimé pour nous racheter. Il a parlé du Paraclet, l'Esprit saint, esprit de vérité qui nous ferait comprendre l'amour.

Avec la mort du Christ, nous célébrons aujourd'hui l'extraordinaire preuve de son amour pour nous. La résurrection sera le stade ultime de cette preuve qui nous révèle la nature de la seconde Personne de la Trinité qui s'est incarnée et qui est morte sur la croix.

C'est aujourd'hui le jour de l'amour mais aussi du deuil et de la tristesse en raison de ses souffrances que l'on désire partager, puisque l'amour partage toujours. Mais c'est avant tout le jour d'une joie inexprimable qui va crescendo comme les vagues de la mer fouettées par le vent, et d'une reconnaissance humainement incompréhensible. Dieu m'aime… J'en ai maintenant l'absolue certitude. Maintenant, la porte du Paradis est ouverte à nouveau et si je l'aime en retour, je peux, toute l'éternité, ne faire plus qu'un avec Lui.

Ce Paradis, ce Royaume de Dieu est à moi maintenant, si je veux… Tout en allant vers le Père me préparer une demeure, Il reste avec moi dans le Saint Sacrement. L'amour et la communion peuvent, dès cet instant, m'unir à Lui. C'est comme une flamme, un feu de joie qui flambe en mon âme et, sans mot pour le dire, je chante un alléluia sans fin, seule façon que trouvent encore ceux que la douleur ou la joie rendent muets.

Pensez-y donc, mes bien-aimés : nous sommes à Lui. Il nous a spécialement choisis pour être tout à Lui. En ce jour merveilleux, essayons de comprendre l'immense bonheur dont jouit notre vocation humble et cachée. Commençons par réaliser que c'est une vocation à l'amour : nous aimer entre nous d'abord et tous les autres ensuite.

Les paroles prononcées lors de la Cène s'adressent à nous pour nous demander de nous aimer les uns les autres dans ce monde dépourvu d'amour et pour que, dans la chaleur du jour et le froid de la nuit, les gens puissent voir son amour pour nous et le nôtre pour Lui. Nos semblables pourront ainsi en partager la chaleur. Tel est le sens de notre simple, humble et glorieuse vocation. À ce propos, je voudrais vous parler de la kénose. Elle consiste à se vider de soi-même et à se dépouiller de tout pour que, par là, le Christ puisse grandir en nous au point qu'en faisant le vide en nous-mêmes pour être remplis de Lui nous puissions le montrer au monde et Lui ramener des âmes. Voilà la vérité ; il faut que nous vivions cette kénose.

Approfondissons le sens de ce mot et réfléchissons à cet autre mot : le dépouillement. Si nous le regardons à la lumière de l'amour du Christ et de la joie qu'Il nous procure lorsque nous pensons à sa miséricorde, alors le dépouillement aussi devient une joie. Les mains qui peuvent seuls l'opérer ont la douceur de son amour et la force de sa grâce. Il fera s'épanouir en nous ce désir de kénose comme une fleur de grande beauté qu'Il contemplera avec amour. Et sous la chaleur de son regard, la fleur s'ouvrira dans toute la gloire de sa splendeur.

Peu à peu, Il nous fera comprendre que les fleurs des arbres ont été créées en vue des fruits et que l'arbre reste stérile jusqu'à ce que, pétale après pétale, la fleur meure pour laisser place au fruit. Vous souvenez-vous avec quelle douceur tombent à terre les pétales des pommiers et des cerisiers ? Cette chute et ce dépouillement de lui-même causent-ils à l'arbre une grande souffrance ? Mais quel beau résultat et avec quel intérêt nous contemplons cette maturation ! Pour une âme qui aime Dieu, pour qui le vendredi saint est source de joie, cette kénose devient douce et facile selon l'intensité du désir qu'elle a d'aimer et de posséder Dieu.

Une chambre ne souffre pas lorsqu'on la prépare pour un invité de marque en la vidant de tous les objets pour la nettoyer. Si elle éprouvait quoi que ce soit, elle entonnerait plutôt un chant de joie. Nous qui pouvons sentir, chantons donc notre joie en ce jour de l'Amour qui restaure la création et se refuse à briser le roseau froissé. Entre ses douces mains, notre kénose sera comme la chute des pétales de fleurs au printemps. Ils tomberont pour faire place au fruit du saint arbre de la croix. Ils tomberont pour le Christ, notre Amour, qui nous aime tellement.

Réjouissons-nous, alléluia. C'est Dieu qui nous a aimés le premier, et le Christ est venu nous le prouver. Alléluia ! Aimons-le en retour dans la joie, le bonheur et l'amour que nous avons les uns pour les autres, comme lui et le Père s'aiment mutuellement. Alléluia !

Avec toute mon affection en Marie,

Catherine

LA FRANCHISE ENVERS NOS SUPÉRIEURS

Le 6 avril 1961

Mes bien-aimés,

Avec le temps qui passe, je réalise plus clairement qu'une directrice générale doit encore et toujours se préoccuper de la formation. Qu'est-ce à dire exactement ? Bien des choses, telles que : éduquer, façonner, instruire, communiquer un savoir de diverses manières, etc.

Dans un Apostolat tel que le nôtre, la formation a un but bien précis. Les personnes qui la reçoivent y sont amenées par Dieu qui dit à la direction : « Voici mes bien-aimés. Je les ai tout spécialement choisis pour qu'ils soient mes témoins et s'en aillent ramener à mon Père la partie du monde où je les enverrai. Je veux qu'ils soient formés selon l'esprit de l'apostolat qui règne à Madonna House que j'ai fondé grâce à vous. Transmettez-leur cet esprit sans rien omettre. »

Ceux d'entre nous qui se sont vus confier cette tâche écrasante doivent recourir à tous les moyens naturels et surnaturels pour vous transmettre cet esprit afin que vous puissiez, à votre tour, porter cette flamme sur la place publique, sans oublier les générations à venir. Ces lettres sont l'un des moyens choisis pour assurer cette formation selon l'esprit de Madonna House et, plus j'en mesure l'importance, plus elles se multiplient. Elles sont le testament que je vous laisse, l'expression de mes dernières volontés.

Je crois aussi que mon amour pour vous, qui ne cesse de grandir, explique la multiplication de mes lettres. Avec Dieu, il faut toujours s'attendre à l'impossible. L'année dernière, vous m'auriez demandé si je pouvais vous aimer plus encore ? Je vous aurais répondu : « Je ne pense pas car mon cœur est si plein d'amour pour vous qu'il déborde. » Mais voilà, un jour… une heure… un mois… une année se sont envolés et je constate que mon amour est encore plus fort ! Il y a une maxime célèbre qui convient à cette situation : « Je t'aime plus qu'hier et bien moins que demain. » Ce qui, bien sûr, signifie que je vous aimerai plus encore demain.

Cependant, l'amour véritable ne se contente pas d'augmenter quotidiennement et de partager joies et peines avec le bien-aimé, il lui faut souvent agir comme le bistouri du chirurgien qui fait mal pour guérir, ou encore comme la serpe du fermier qui lui sert à émonder les excroissances nuisibles. L'amour est toujours patient ; il ne cesse d'éclairer, d'enseigner, de répéter sans jamais se fatiguer. En un mot, l'amour n'est autre que ce que saint Paul résume si bien dans son hymne à la charité. Je vous conseille de lire souvent cette merveilleuse épître et l'amour vous montrera vraiment son visage.

Il vous semble peut-être (comme à moi, d'ailleurs) que je suis comme un vieux disque usé, répétant indéfiniment les mêmes vérités, d'une voix aussi enrouée qu'un vieux disque. C'est qu'il m'est impossible de m'arrêter. Je dois à tout prix proclamer cette Bonne Nouvelle : Dieu nous a aimés le premier. Il s'est anéanti par amour pour nous afin de nous sauver, de nous racheter, et de nous faire vivre en union avec Lui, dès ici-bas et dans l'éternité.

Je ne puis cesser de répéter qu'Il nous faut L'aimer en retour, et faire le vide en nous, pour Lui permettre de nous remplir afin de le révéler aux autres qui pourront aussi l'aimer et s'unir à Lui. C'est cela l'essence de notre Apostolat. C'est cela son objectif. C'est cela l'esprit de Madonna House !

Ce qui m'amène au sujet de cette lettre. Je voudrais encore parler de kénose, vue sous l'angle de la franchise et particulièrement de la franchise vis-à-vis de vos responsables.

Cette franchise naît de la foi dans les voies extraordinaires et mystérieuses du Seigneur qui veut se rendre présent au monde par son épouse l'Église. Elle fut bâtie sur un homme nommé Simon et qui devint *Petrus* (rocher en latin). C'était un pécheur qui renia le Christ trois fois, un homme impulsif et téméraire, parfois fier et vaniteux... du moins avant la Résurrection et la Pentecôte. Ce n'en est pas moins sur cet homme que Dieu fonda son Église. Il continue à la bâtir sur ceux à qui les apôtres ont délégué leur autorité : les évêques, les prêtres et les responsables de toutes sortes.

La première pensée qui me vient à l'esprit est que le choix de Dieu n'aurait pas été celui des hommes. Nous constatons que, dès le début de son ministère, celui que Dieu choisit n'a pas besoin d'être un saint, ni même d'avoir une personnalité attachante. Il se peut qu'il ou qu'elle soit bourré(e) de défauts, peut-être pour mieux révéler la gloire et la miséricorde de Dieu. Mais qui peut connaître les pensées de Dieu ? Il choisit Pierre et lui donna le pouvoir de lier et de délier. C'est là un grand mystère de foi auquel les catholiques doivent adhérer. Il a franchi les siècles, imprégnant tout le Corps Mystique du Christ, c'est-à-dire l'Église que nous formons.

Et nous voilà en face du père Callahan * et de moi-même. Lui, naturellement, est revêtu de tous les pouvoirs de la prêtrise, n'en étant pas moins simplement un homme. Et moi, aussi faible, pécheresse et imparfaite que je sois, dans l'exercice de mes fonctions je suis revêtue du Christ. Incroyable mystère. Comme directrice générale, je suis Lui. Cela aussi fait partie de notre foi.

Nous sommes dans l'impossibilité d'exercer nos responsabilités sans la franchise de chacun des membres, qui nous permet de connaître la situation pour équilibrer, au mieux de l'Apostolat, le bien commun et le bien individuel. Notre responsabilité et notre devoir consistent à maintenir cet équilibre, source de sainteté, de paix et de charité mutuelle. Il nous faut connaître l'état d'esprit de chaque maison pour former et diriger l'Apostolat selon la Volonté de Dieu.

Avez-vous jamais réfléchi à la terrible responsabilité que, moi par exemple, j'ai devant Dieu ? Réalisez-vous que, de par sa Volonté, le sort de beaucoup se trouve entre mes mains pécheresses ? J'ai l'impérieux devoir, dont dépend le salut de mon âme, de vous conduire jusqu'à la croix et la sainteté, de vous conduire, dans l'esprit de Madonna House, à Dieu le Père par Jésus et Marie. Comment pourrais-je faire cela, mes bien-aimés, si chacun d'entre vous n'est pas d'une totale franchise ? Dites-moi comment je pourrais vous mener à Dieu sans vous connaître ?

Mais là, peut-être pourriez-vous demander : « Comment est-il

---

* Premier prêtre à Madonna House.

possible que vous ne nous connaissiez pas ? » Eh bien, laissez-moi vous donner quelques exemples : vous pouvez avoir un problème comme celui d'éprouver une certaine crainte devant l'autorité ou de redouter la désapprobation. Ce peut être aussi un blocage qui vous empêche de comprendre que c'est à Dieu et aux choses de Dieu que vous avez affaire, ou encore de fausses idées sur ce qui est loyal et ce qui ne l'est pas.

Aucun de vous (autrement vous ne seriez pas ici) ne souffre de troubles affectifs au point de ne pouvoir considérer ces craintes comme une croix que la prière aide à porter si vous demandez les vertus de foi, douceur et obéissance et la grâce de vivre sans défense.

Pour l'amour de Dieu, de votre vocation et de vos frères et sœurs de l'Apostolat, ouvrez-moi votre cœur pour me dire ce qui vous fait peur. Avec la grâce de Dieu, l'aide des prêtres, la prière, le jeûne, la mortification et mes quelques connaissances en psychiatrie, je pourrais sans doute vous aider à surmonter ces craintes. En vous aidant, j'apporterai peut-être plus de paix et de *caritas* dans votre entourage et chez ceux que vous servez et rencontrez. Prenez le temps de réfléchir. Mais en refusant de parler, vous nuisez à l'Apostolat autant qu'à vous-même. N'est-ce pas tragique ?

Il se peut que votre responsable local soit exactement celle qui vous convient, qui vous comprend, qui est toujours prête à vous écouter. Vous avez enfin trouvé l'âme sœur et vous avez peur de manquer de charité en me parlant d'elle. Mais non, parlez-moi de votre responsable s'il en est besoin. Vous voulez peut-être en faire l'éloge ou me confier quelque chose qui, de sa part, vous a déconcerté... Je sais que certains ont un sens erroné de la loyauté qui se situe encore au stade scolaire... Si vous estimez déloyal de parler à un supérieur de l'un de ses subordonnés sans l'en avertir avant, c'est que vous en êtes restés au « fair play » des stades sportifs...

Un tel raisonnement dénoterait une grande confusion d'esprit et une appréciation inconsciente de mes réactions. Vous vous dites sans doute quelque chose comme : « Il est inutile que je parle de ma responsable à « B » * et plus encore que je fasse part de mes problèmes à mes frères et sœurs : ce serait moucharder, ce que je n'aime pas. Je ne veux pas non plus en parler à d'autres, mais si j'avais à le faire, c'est eux que je choisirais. « B » risquerait de me comprendre tout de travers. C'est si difficile de s'expliquer par lettre! »

Nous pouvons facilement rationaliser les choses tandis que les problèmes s'accumulent. Pendant ce temps, l'Apostolat ne donne pas tous ses fruits. Le Christ est triste. Le Christ attend…

La réalité est tout autre. Je suis une femme intelligente et j'ai pratiqué « l'Apostolat de courriers » qui traitaient de problèmes cent fois plus délicats que les vôtres ne le seront jamais, Dieu merci.

J'essaie de ne jamais juger trop vite. Je vous aime tous d'un amour brûlant, or, l'amour est bonté. J'ai conscience de la miséricorde de Dieu envers moi et je ne demande qu'à en manifester aux autres. De quel droit serais-je dure? Je m'efforce d'aimer avec un cœur plein de charité. Accordez-moi le bénéfice du doute. Je comprends beaucoup plus de choses que vous ne pensez et je sais lire entre les lignes. En outre, je vous connais souvent bien mieux que vos propres parents. Si vous m'accordez le bénéfice du doute, vous serez plus proche de la vérité.

Vous trouvez sans doute étrange que je fasse moi-même mon éloge mais, croyez-moi, mes bien-aimés, j'y suis poussée par l'humilité. Reconnaître les grâces de Dieu, c'est louer Celui qui les accorde et nullement celui qui les reçoit. C'est cela l'humilité ainsi que la vérité.

En outre, le Droit Canon qui exprime la pensée de l'Église, donc du Christ, le fait avec grande tendresse, quand bien même son langage peut paraître froid, car son cœur est chaud, plein de compassion et d'amour. C'est ainsi qu'il stipule qu'en cas de difficultés entre les « petits » du Christ et leurs supérieurs, ces « petits » peuvent, avec pleine approbation de l'Église, recourir à une plus haute autorité, d'un cœur léger et joyeux. S'ils ne sont pas encore satisfaits, l'Église, en vraie mère, les autorise même à en appeler jusqu'au pape. Elle se soucie de ses enfants bien-aimés tout autant que de la justice et de la charité de Dieu, et veille à ce que ces prérogatives soient respectées. Il se peut que vous ne souhaitiez pas être franc, doux et sans défense

---

* « B » : Surnom donné à Catherine dans l'Apostolat.

parce que vous ne savez pas ou ne croyez pas encore que le Christ vous attend avec amour et compréhension en la personne de la Directrice Générale. Mais il se peut aussi que vous n'éprouviez pas le besoin de lui parler à cœur ouvert parce que vous êtes satisfait de votre responsable local pour des motifs trop humains, comme je le suggérais plus haut. Cette dernière vous comprend si bien, qu'un être humain vous suffit sans passer par Dieu. Pourtant, votre chemin vers Lui commence par votre Directrice Générale, seulement vous n'avez aucune envie de monter plus haut. Vous vous trouvez si bien là où vous êtes! C'est peut-être vrai, mais sur la route qui mène à Dieu, il est dangereux de s'attarder avec les humains.

Quelles que soient les raisons qui vous retiennent, pensez à l'Apostolat. Votre responsable local ne va peut-être pas très bien et vous estimez que ce n'est pas à vous de m'en parler. Mais elle peut être assez malade pour ne plus penser juste et ne plus pouvoir écrire. Nous risquons alors de l'apprendre trop tard et ce n'est pas en le dissimulant que vous témoignerez de votre affection pour elle. Il faut que votre amour pour votre responsable soit fort, lucide, franc et sans crainte. Votre seul désir est d'aimer l'Apostolat et de le servir au mieux. Si vous ne vous confiez à personne, votre émotivité risque de provoquer une explosion affective. Là aussi l'Apostolat souffrira.

Je m'intéresse aussi à cet aspect de votre vie spirituelle qui a trait aux petites choses bien faites pour l'amour de Dieu. Écrivez-moi à ce sujet, mais prenez le temps de réfléchir. Si, dans vos lettres, vous mentionnez vos frères et sœurs parce que vous leur reprochez quelque chose, n'oubliez pas de dire comment vous avez pu les provoquer et quel a été votre rôle dans l'incident que vous racontez. Que tout cela soit clair et franc.

N'allez surtout pas imaginer que je vous demande d'espionner votre entourage. Ce serait bien mal comprendre ce que j'entends par franchise, douceur, « non-défense » pour l'amour du Christ et la bonne marche de l'Apostolat… Je distingue fort bien ce genre de lettre de celle d'une personne qui m'ouvre son âme pour grandir en sainteté et amour de Dieu. En ce cas, je peux émonder le tendre bourgeon que vous êtes sur la vigne du Seigneur.

Je ne veux, bien sûr, ni espionnage, ni mouchardage, ni racontars. Dieu m'en garde ! Ce n'est pas du tout ce que je demande. Je veux la franchise et un amour passionné pour Dieu et l'Apostolat qui, selon Thomas Merton, ne peut avoir peur de découvrir ses faiblesses à sa mère dans le Seigneur. De telles lettres, humbles et simples, exposent les faits avec une scrupuleuse exactitude, et leur auteur est prêt à en accepter les conséquences, qu'elles soient heureuses ou douloureuses.

Dieu, l'Église, le Droit Canon, le bon sens et une aspiration à la sainteté devraient vous pousser à la franchise. J'espère m'être clairement expliquée, mais si ce n'est pas le cas, n'attendez pas pour manifester l'innocence d'un cœur d'enfant et la simplicité de la colombe en me posant directement vos questions que je tenterai de clarifier.

Et, puisque j'en suis au chapitre des responsables, je voudrais vous parler des prêtres. Il me semble inutile de vous rappeler ce que vous entendez depuis votre arrivée à Madonna House, à savoir que nous nous conduisons envers eux comme s'ils étaient le Christ. Nous allons à eux comme à Dieu le Père, nous les écoutons comme s'ils étaient le Saint-Esprit car ils sont porteurs de la très Sainte Trinité. Avoir peur de nos prêtres serait le comble de la sottise. Prétendre que nous n'allons pas les voir parce qu'ils sont trop occupés, serait falsifier la vérité. À Madonna House, aucun d'eux ne l'est trop pour vous écouter et il n'y a rien à craindre parce qu'ils nous aiment.

Réfléchissez au mal, à la souffrance et aux difficultés qu'ils ont dû affronter pour être nommés prêtres à Madonna House. Sachez donc bien qu'ils sont toujours à votre disposition pour vous écouter et vous aider.

Nos prêtres, il est vrai, sont des êtres humains. Mais en quoi cela concerne-t-il notre âme immortelle, ce que nous avons de plus précieux ? Malheur à celui qui oublie de voir le prêtre dans l'homme, il ne verra pas Dieu. Ils sont saints de mille manières que nous n'imaginons même pas, car nous sommes aveugles. Les critiquer, rêver de discuter avec eux de sujets qui dépendent entièrement de leur juridiction ou touchent leur vie sacerdotale, c'est encourir la colère de Dieu. Le Christ n'habite pas seulement en eux, ils sont le Christ !

Il est parfaitement insensé de laisser les défauts d'un homme obscurcir notre intelligence et troubler notre sensibilité. Ne savez-vous pas que, dans une grande partie du monde, on accueillerait un prêtre avec des cris de joie, aussi faible et pécheur qu'il puisse être ? Mieux vaudrait mourir plutôt que de juger ces saints hommes que Dieu a conduits chez nous au prix de tant de souffrances. Nous ne saurons jamais en remercier suffisamment le Seigneur des Armées.

Je tremble devant l'incompréhensible bonté de Dieu qui nous les a envoyés, car je connais trop bien l'enfer et le désert qu'est un Apostolat sans prêtre !... Que seraient nos maisons sans eux ? Même quand vous avez quitté Combermere, vos prêtres vous suivent par lettres ou par téléphone si vous le désirez. Ils vous demeurent présents dans la prière, l'amour, la souffrance et la messe. Vous avez tellement reçu. Comment oseriez-vous voir la paille dans leur œil alors que dans le vôtre, la plus grosse des poutres vous aveugle dangereusement ?

Encore une remarque : les prêtres, en général, comme ceux de Madonna House, peuvent dans leur immense charité et, par pure bonté, être pour vous des psychiatres. Donc, chaque fois qu'ils écoutent patiemment les problèmes sentimentaux que vous exagérez souvent pour attirer leur attention, remerciez le Seigneur à genoux devant le Saint Sacrement, car ils vous écoutent souvent bien que complètement épuisés. À ce point de votre évolution, vous pourriez pourtant faire une croix de ces problèmes à porter derrière le Christ, ce qui allégerait le fardeau de vos prêtres.

Je ne veux pas dire qu'il est inutile d'aller les voir s'ils sont prêts à vous écouter. N'hésitez pas, au contraire, mais voyez-y un don gratuit de leur charité et recevez-le avec reconnaissance puisque ce n'est pas un dû, mais un effet de l'incompréhensible bonté de Dieu Tout-Puissant.

N'oubliez jamais de prier pour vos prêtres.

Que le Christ, le Grand Prêtre, vous bénisse et vous garde ! Qu'il vous donne des yeux pour voir et, qu'en voyant vous compreniez !

Avec toute mon affection en Marie,

Catherine

VIVRE SELON L'ESPRIT

Le 4 septembre 1961

Mes bien-aimés,

Voici une méditation que j'ai faite sur l'Épître aux Galates (V, 25 à VI, 10) :

« Si nous vivons par l'Esprit, marchons aussi selon l'Esprit. »

Examinons donc les mots de cette merveilleuse épître par rapport à notre vie quotidienne dans l'Apostolat.

Nous avons été rassemblés pour vivre par l'Esprit. Alors comment pourrions-nous vivre autrement, nous qui avons été choisis spécialement par le Seigneur qui a dit : « Je vous ai choisis. Ce n'est pas vous qui m'avez choisi. » Nous devons accepter avec beaucoup de foi et de joie le fait que, grâce à ce choix mystérieux, nous appartenons au petit nombre des élus en qui il compte vivre par l'Esprit d'amour : l'Esprit saint. Pourquoi serions-nous ici, si ce n'est pour cela et rien d'autre ? Considérons notre vie minute par minute, heure par heure, jour par jour comme le ferait un étranger qui aurait la possibilité de nous observer un certain temps. Dirait-il que nous vivons sans cesse par l'Esprit ?

Je vous laisse le soin de répondre et me contente de suggérer que la question mérite beaucoup de prières et un examen de conscience approfondi. Il est temps de réaliser que notre salut éternel dépend de cette réponse. Ceux que Dieu a spécialement choisis pour vivre par l'Esprit, que leur arrivera-t-il s'ils ne le font pas ?

« Ne cherchons pas de vains succès. »

Sommes-nous tout à fait libérés de toute vaine ambition ? Sommes-nous contrariés lorsque nous ne pouvons pas faire ce que nous voulons ? Avons-nous envie, dans le secret de notre cœur, de faire notre volonté de préférence à celle de Dieu ? Souhaitons-nous un poste plus élevé, bien que modeste, dans notre humble Apostolat ?

Désirons-nous être au courant d'affaires confidentielles et plus proches des responsables pour nous sentir un peu au-dessus des autres ? Jugeons-nous les tâches qui nous sont dévolues selon des critères humains plus que divins ? Estimons-nous qu'avoir la charge des poubelles, de nettoyer les chambres et les toilettes sont au-dessous de nous ? Nous vantons-nous de nos talents et connaissances spéciales ? Cherchons-nous les feux de la rampe, aussi insignifiants qu'ils puissent être chez nous, et nous sentons-nous anéantis si personne ne fait attention à nous ? Si nous n'avons pas renoncé à des ambitions de ce genre, c'est que nous ne sommes pas encore guéris de l'orgueil. Ai-je besoin de vous dire ce qui arrivera aux orgueilleux ? Si vous n'en êtes pas sûrs, lisez dans l'Évangile ce qui les concerne, mais lisez-le à genoux.

« Pas de provocation ni de jalousie entre vous. »

Est-ce que nous manœuvrons pour obtenir les avantages que nous désirons ? Ce qui est un aspect de l'ambition qui engendre l'envie, raison pour laquelle probablement, saint Paul les cite dans cet ordre. Tenons-nous à avoir toujours raison pour que les autres puissent nous envier ? Est-ce que nous discutons sans fin pour démontrer à notre interlocuteur qu'il a tort ou qu'il n'est qu'un ignorant ? Ce qui est la forme inverse de l'envie. Celui qui aime reste ouvert au point de vue de l'autre. Si la foi et la morale ne sont pas en cause, il est même disposé, par humilité, à laisser croire que l'autre a raison.

Est-ce que, par fausse modestie, nous déprécions nos talents et vertus dans l'espoir que si nous en faisons peu de cas, quelqu'un en fera les louanges ? L'envie nous fait-elle estimer que nous ferions mieux que tel ou tel si nous étions à sa place ? Sommes-nous jaloux de la moindre concession accordée à un autre ? L'envie est l'un des péchés capitaux.

« Aidez-vous mutuellement à porter vos fardeaux et vous accomplirez ainsi la loi du Christ. »

C'est une phrase catégorique qui interpelle jusqu'au fond du cœur – ou du moins le devrait – toute personne choisie par Dieu pour vivre de son Esprit. Sommes-nous à la hauteur de ces exigences ? Portons-nous mutuellement nos faiblesses, accomplissant ainsi la loi du Christ, ou bien les conflits de personnalité constituent-ils notre plus grand obstacle à la sainteté ? Pour ma part, je pense que ces conflits sont au cœur de la plupart des problèmes qui assaillent notre Apostolat, tout de suite après les dangers que fait courir l'envie. Comme le disait le père Callahan : « Si nous ne commençons pas par nous aimer entre nous, nous serons incapables d'aimer les autres comme il convient. »

En conséquence, nous échouerons dans la tâche que le Seigneur nous a confiée, c'est-à-dire la part qui nous revient dans le rétablissement du Royaume de Dieu sur terre, Royaume qui est celui de l'amour. « C'est en portant mutuellement nos faiblesses que nous aimerons vraiment. » Le faisons-nous ? Là aussi, je vous laisse le soin de répondre.

> « Se croire quelque chose alors que l'on n'est rien, c'est se faire illusion. »

Après tout ce que l'on vous a enseigné sur la pauvreté et la kénose, est-il nécessaire d'ajouter le moindre commentaire à ce brûlant texte de saint Paul ? Maintenant, vous savez sûrement que, par nous-mêmes, nous ne sommes rien, que nous n'avons rien et que d'un instant à l'autre nous ne conservons l'existence que grâce à la miséricorde et à l'amour de Dieu. D'où vient donc que nous nous faisons une si haute idée de nous-mêmes et que nous sommes blessés à tout jamais lorsqu'on ne reconnaît pas notre valeur ? Si nous comprenions cette vérité toute simple : nous ne sommes rien... alors cette épître deviendrait la trame de notre existence et la paix du Seigneur demeurerait en nous.

> « Que chacun examine sa propre conduite. »

Si nous le faisions vraiment, nous avancerions en sagesse comme en grâce, et nous mettrions en pratique la dernière phrase de cette épître :

« Chacun doit porter son propre fardeau. »

Nous ne chargerions pas les autres de nos propres fardeaux mais serions prêts, si nécessaire, à porter les leurs. Nous serions généreux envers tous et spécialement envers notre propre famille.

Outre cette épître, je vous conseille de lire le vingt-neuvième chapitre du livre des *Proverbes.* Voici ce que j'y vois : « Celui qui, sous les reproches, raidit la nuque, sera brisé soudain et sans remède. » Je vous laisse cette phrase à méditer.

Avec toute mon affection en Marie,

Catherine

PAUVRETÉ SANS COMPROMIS

Le 10 octobre 1961

Mes bien-aimés,

Je dois, une fois de plus, vous parler de la sainte pauvreté et vous rappeler la beauté de son visage. C'est avec une profonde tristesse qu'il me faut attirer votre attention sur le fait que si vous n'en acceptez pas toute sa beauté avec son austérité et sa joie, vous serez infidèles à votre vocation. C'est-à-dire infidèle à Dieu qui est né dans une étable à Bethléem, qui a grandi dans une pauvre maison à Nazareth et mourut sur une croix pour vous et pour moi.

Il n'y a pas moyen de transiger avec Dame Pauvreté car elle avance en force et vérité avec un inlassable courage qui regarde en face et sans compromis les réalités divines, compromis qu'elle fuit car elle le déteste. À moins d'accepter la pauvreté sans réserve, nous ne comprendrons jamais l'obéissance et la chasteté nous restera voilée. Nous serons comme airain sonnant ou cymbale retentissante. Nous ferons horreur au Seigneur des Armées en professant des lèvres que nous avons embrassé Dame Pauvreté alors que nous ne l'avons pas vraiment fait. C'est de l'hypocrisie. Et comment pensez-vous que Dieu la juge, Lui qui est Vérité ? Relisez ce passage de l'Évangile dans lequel le Christ en parle avec tant de sévérité : « Vous, hypocrites qui ressemblez à des sépulcres blanchis... » Relisez-le et faites votre examen de conscience.

Vous pourriez vous demander pourquoi je vous écris maintenant ce genre de lettre... Pour certains d'entre vous, la raison doit en être évidente car vous avez compris que je vous écris généralement lorsque j'ai remarqué chez mes enfants spirituels quelque déviation ou compromission avec l'esprit de Madonna House que le Seigneur m'a confié. Cet esprit, je l'ai jalousement protégé pendant trente et un ans de ma vie, et pour lui, sans mentir, je mourrais à l'instant s'il le fallait.

Nos Constitutions stipulent que notre pauvreté inclut l'usage des biens. Je vous conseille donc d'en relire ce chapitre. Je voudrais aussi vous rappeler, pour la dernière fois je l'espère, que vous êtes tenus de signaler à votre responsable immédiat tout objet reçu de qui que ce soit. Et quand je dis tout, cela va d'une bobine de fil ou une épingle de sûreté jusqu'à quelques sous ou mille dollars... Vous devez faire part à vos responsables de tout ce que vous recevez, sans la moindre exception.

Si vous gardez quelque chose, aussi minime que ce soit, vous péchez contre les Constitutions et votre vœu de pauvreté. Que cela soit bien clair et qu'il n'y ait plus de discussion à ce sujet. Il n'existe aucun compromis et c'est tout, comprenez-le bien. Je suis triste de constater que cet article de nos Constitutions est un peu négligé et particulièrement mal observé par certains. Je fais peut-être erreur, mais je voulais attirer votre attention, une fois de plus, sur ce point.

Si, dans l'essence de nos Constitutions, nous laissons se produire la moindre fissure, serait-elle à peine grosse comme une tête d'épingle, Satan en fera une ouverture béante en quelques instants.

Orgueil, avidité, compromission et autres démons s'engouffreront dans l'âme, se répandront dans la maison qu'elle habite et briseront le lien de la charité. Ce lieu, hier florissant, sera comme un désert dévasté par le souffle brûlant de l'enfer.

Une certaine pomme n'était qu'une petite chose et voyez où elle a conduit l'humanité... Soyons vigilants, mes bien-aimés, ne nous écartons pas de la pauvreté. Elle nous enseignera la charité, l'obéissance, la chasteté, mais surtout nous fera voir comme est beau le visage du Christ dans la plénitude de sa pauvreté.

Avec toute mon affection en Marie,

Catherine

UNE MÉDITATION SUR LA JOIE

Le 16 novembre 1961

Mes bien-aimés,

On a beaucoup parlé de la joie ces derniers temps, à Madonna House. Au cours de cet automne, un groupe se prépare à l'avent, un autre étudie nos vœux, et en ce moment, celui de pauvreté.

Le Saint-Esprit est avec ceux qui cherchent réellement à se rapprocher du Christ. Ils commencent alors à voir plus clairement ce qui leur avait d'abord paru « comme dans un miroir, d'une manière confuse ». Le désir d'approfondir la signification de la joie résulte de cette étude attentive de la Parole de Dieu.

Pensant trouver dans les livres l'explication de ce don insaisissable de la joie, plusieurs personnes fouillèrent la bibliothèque. Mais elles découvrirent peu à peu qu'on n'y trouve pas plus l'espérance que l'amour, et la joie moins encore... Comme elle leur échappait, elles délaissèrent les livres pour en discuter. Elles en vinrent ainsi au mot « partage » qui les amena à cet autre mot « amour », et enfin « famille ». Elles avaient été amenées à associer ces mots importants à celui de joie. Et c'est ainsi qu'elles découvrirent que celle-ci est le fruit de l'amour qui suscite une famille. C'est l'amour qui a créé la famille de Madonna House, ainsi que la grande famille du Corps mystique. L'amour et la famille invitent au don de soi qui entraîne une ouverture du cœur sans réserve, autrement dit : « la kénose ».

L'un de vous proposa cette définition de la joie : « Elle vient de la possession de ce que l'on désire le plus. » À partir de là chacun se demanda ce qu'il désirait le plus. À mon tour, je vous pose la question : « En ce moment, que désirez-vous le plus ? » Supposons que vous tentiez d'y répondre et que, comme notre groupe commence à le faire, vous réalisiez que vous n'éprouvez pas grande joie... C'est peut-être que vous ne désirez pas les seules choses dont la possession est source des seules joies vraies et durables.

Entretemps, nous lisons un livre merveilleux du cardinal Primat de Varsovie, intitulé *Le Travail,* que je conseille à tous de lire attentivement. Nous avons lu un chapitre intitulé « Coopération » qui parle d'amour et de partage. J'ai eu une petite discussion avec certains d'entre vous à propos de l'attitude erronée qu'ils ont vis-à-vis du travail.

C'est ainsi que la cuisine leur semble un lieu redoutable par lequel il faut bien « passer » comme s'il fallait étudier les mathématiques ou la géographie dont on est pressé de se débarrasser... Je leur ai fait remarquer que nous devrions envisager cette tâche comme un défi et une expérience intéressante, susceptible d'enrichir notre vie. Où qu'on le pratique, le travail contribue à notre développement et au partage.

Je leur ai aussi rappelé que s'ils font la cuisine, les autres, pendant ce temps, font leur lessive. Ce matin, quelqu'un a balayé leur dortoir. L'infirmière a trié et rangé les médicaments dans la pharmacie et mis en ordre le dispensaire. La bibliothécaire, non moins occupée, a trié et a classé les livres et les revues pour que chacun trouve facilement ce dont il a besoin pour étudier.

Voilà ce qu'est le partage. Certains font la cuisine pour ceux qui travaillent pour eux. Et c'est ici que la notion de famille se développe puisque tout est basé sur l'amour. Pourquoi sommes-nous ici ? Parce que Dieu nous aime et que, dans son amour, Il nous a choisis pour Lui appartenir et coopérer avec Lui au rétablissement de son Royaume.

La prise de conscience de son amour pour nous devrait nous procurer une joie immense et, à la messe surtout, une joie suprême. Voici l'un des récents commentaires qui introduisait la messe : « Dans l'amour, nous allons maintenant ne faire qu'un avec le Christ. » Ce qui voulait dire que, en *caritas*, nous serions littéralement un avec le Seigneur des Armées en partageant son corps et son sang. Quelle unité avec Dieu et entre nous devrait naître de cette union dans l'amour !... Il m'arrive d'être si émue à cette pensée que j'en tremble physiquement. La joie m'inonde le cœur et m'envahit d'ondes mélodieuses. Voilà les idées qui me sont venues à la suite de notre discussion sur la joie.

Et maintenant, je voudrais vous faire part de mes propres idées. Bien qu'elles soient personnelles, j'aime les partager avec vous car je vous aime véritablement et joyeusement, bien que certains ne s'en rendent pas compte.

Je voudrais d'abord parler de la joie telle que le monde la comprend généralement. Une femme est pleine de joie si elle a un manteau de vison. C'est une joie très « artificielle » !

Nous disons que nous avons passé une bonne soirée, que nous nous sommes bien amusés quand les boissons étaient abondantes, les invités agréables et l'ambiance bruyante, avec flirt à l'appui s'il s'agit de jeunes. Pour beaucoup, voilà ce que signifie « bien s'amuser ». Toutes ces joies sensuelles sont-elles vraiment joyeuses ? Elles s'évanouissent si vite qu'il n'en reste vraiment rien !

La joie est sereine. Elle est comme une lumière qui brille dans l'obscurité. Liée à l'espérance et à l'amour, elle est toute pleine d'émerveillement... Je vais vous donner une idée de mes moments de joie : le premier se situe à mon réveil. Même à moitié endormie j'ai l'habitude de dire trois mots : Jésus, Marie, Joseph. Et, dans mon lit encore bien chaud, la joie m'inonde chaque matin à la pensée incroyable que Dieu m'accorde un autre jour pour l'aimer et le servir.

Il est vrai qu'en même temps d'autres pensées me viennent du démon mais aussi de ma nature humaine et sensible. Elles s'infiltrent comme des ombres sur l'éclatante lumière de ma joie pour me murmurer : « Vois donc la longue journée qui s'annonce avec toutes ces lettres auxquelles il faudra répondre, bien qu'elles contiennent toujours les mêmes problèmes... Il va falloir que tu te trouves de quatre côtés à la fois ! Il est urgent de trier et classer les livres de la bibliothèque. N'oublie pas de préparer la montagne de diapositives pour que (comme tu dis) les futures générations connaissent l'historique de l'Apostolat. Il y a aussi les bijoux qui attendent et que, soi-disant, j'aime trier pour les pauvres... Et surtout n'oublie pas qu'il y a de gros problèmes à régler dans plusieurs maisons. »

Et ainsi de suite... Ces murmures m'accablent du poids du jour et de ma charge, mais la joie continue à sourire. Je sais que tout cela ne se présentera pas en même temps et que, de plus, je le ferai pour l'amour du Christ. Je n'ai donc à me soucier que de la tâche présente, comme elle vient, avec amour et enthousiasme pour l'amour du Christ.

Je connais un deuxième moment de joie lorsque je franchis le pont qui relie mon île à Madonna House. Il n'est pas un jour, pas un matin que le paysage ne soit différent. Pluie, brume, sombre matin d'hiver, tout a son propre charme. C'est un peu comme si Dieu me disait : « Voici, mon enfant, toute la joie de la création, et puisque tu es à moi, je te fais partager de ma main généreuse ces merveilleux joyaux. »

Puis ma joie est complète lorsqu'à la messe, je reçois la communion qui m'unit à Dieu. Je ne puis décrire cela. Vous vous n'avez pas été mariés deux fois... Bien que le mariage soit un état très saint, je répondrais, si on me le demandait, qu'il n'est pas la suprême manière d'aimer, car il n'est qu'un pâle reflet de l'unité, de l'amour, de l'union qu'un être humain connaît avec Dieu lorsqu'il communie. Rien de comparable ! Je ne dis pas que j'en fais l'expérience chaque matin, car la joie parfaite n'est pas de cette terre. Mais je l'éprouve souvent et elle est aussi parfaite que le permet ma nature humaine.

Mes autres moments de joie viennent de l'enthousiasme avec lequel j'accueille chaque nouvelle tâche. Je suis très étonnée que l'on fasse ou puisse faire les petites tâches qui sont les nôtres avec nonchalance ou indifférence. Pour moi, chacune est un défi. Satan peut bien chuchoter que la journée s'annonce monotone, je dois admettre que le plus souvent, ses murmures sont vains.

Vos lettres ne sont pas une corvée mais une interpellation parce que, lorsque vous recourez à moi avec vos confidences et les problèmes que vous m'avez soumis bien des fois, ils n'en sont pas moins nouveaux car pour moi, vous êtes uniques et toujours aimés... Je ne mentirai pas en disant que je réponds à vos lettres avec tout ce que j'ai d'intelligence et d'amour, en fait, avec tout mon être. Aussi souvent que vous m'écrivez, c'est avec la même ardeur que je vous réponds. Il peut m'arriver d'être fatiguée... Cela ne compte pas, vous seul comptez.

Par nature, je ne m'intéresse pas spécialement aux bijoux, mais je les trie avec une joie et un enthousiasme qui sont comme un chant et une lumière intérieure. En les maniant, je pense au bonheur de ceux qui les recevront parce que, pour l'anniversaire du Christ, ils auront quelque chose de très beau et qu'ils reçoivent rarement, ce dont nous faisons si peu de cas dans la vie.

Voici la jardinière qui vient me parler de son travail et mon esprit bondit d'enthousiasme parce que nous créons de la beauté pour l'autel de Notre-Dame, pour les visiteurs et pour nous-mêmes. La bibliothèque demande clarification et réorganisation... Normalement, c'est un travail ennuyeux mais qui éveille mon enthousiasme dès que je l'ai commencé. Je vois mes rêves se réaliser : à Madonna House, les jeunes vont approfondir la Parole de Dieu.

Je n'oublie jamais, et c'est la raison de ma joie et de mon enthousiasme, que tout ce que nous faisons conduira un jour des âmes au Christ. C'est déjà ce qui se produit tandis que nous accomplissons avec joie et amour le devoir du moment. Dieu l'accepte dès maintenant pour d'autres âmes.

Tout peut devenir une corvée monotone, mais celle-ci peut aussi être légère et joyeuse si, sous un aspect humain, on la considère comme une expérience qui nous enrichit et si, sur le plan spirituel, nous nous en acquittons pour Dieu. Franchement, je n'arrive pas à comprendre pourquoi les gens ne voient que le côté négatif des choses. Je pourrais remplir des pages et des pages sur l'intérêt que je porte à tous les aspects du devoir du moment que Dieu me confie.

Récemment, j'ai sculpté des petites figurines en argile, nées de ma méditation de vendredi. J'y ai ajouté des petites îles comportant chacune un arbre. Les personnages, tous penchés vers l'intérieur, figuraient l'égocentrisme. J'en ai fait d'autres semblables qui représentaient les membres de Madonna House. Je les ai disposés sur des morceaux de bois, chacun sur une île et se tournant le dos les uns aux autres. Dans un coin, j'ai mis le Christ debout, les bras en croix. Dans mon imagination, des rayons sortaient de ses mains pour que tous se retournent, se regardent et s'aiment mutuellement afin de former une famille au lieu d'une simple collectivité. Mais il n'y parvenait pas. Dans mon petit tableau, personne ne se retournait, personne n'essayait de construire un pont pour relier son île à une autre.

Les gens me parlent souvent de la difficulté qu'ils ont à aimer. On me dit par exemple : « Pourquoi l'amour ne grandit-il pas entre nous ? » Je réponds : « L'Amour, le Christ Lui-même, se tient à la porte de votre cœur vingt-quatre heures sur vingt-quatre. Il a un immense désir d'entrer mais la porte de notre cœur ne s'ouvre que de l'intérieur. » C'est avec ses grâces qu'il frappe, mais nous faisons la sourde oreille de peur que, si nous le laissons entrer, il nous en demande trop. L'amour et la joie sont les fruits du sacrifice et de la souffrance. Ceux qui sont tellement centrés sur eux-mêmes qu'ils ne voient dans le monde que ce qui les touche personnellement, ne peuvent connaître la vraie joie.

Le Christ se tient donc au-dehors et frappe. Il nous a doués de liberté et ne peut violer ce don en s'imposant à nous. Aussi longtemps que nous ne le laisserons pas entrer, nous serons incapables de nous aimer mutuellement. Il nous faut commencer par l'aimer, nous abandonner à Lui volontiers et Lui permettre de prendre totalement possession de notre âme. Alors, le reste suivra. Telle est ma réponse à ceux parmi nous qui prétendent ne pas trouver de véritable amour dans telle de nos maisons ou de nos services. Et comment pourrait-il y en avoir puisque l'Amour attend dehors ? Sans amour, pas de joie non plus.

Néanmoins, ce n'est pas en lisant ou méditant sur l'Amour que vous Le ferez régner. Il dépend de votre enthousiasme, de la perfection et de l'attention que vous apporterez dans l'accomplissement du devoir présent. C'est simple, mais nous cherchons des complications pour échapper à ce que nous redoutons par-dessus tout : nous abandonner à l'Amour dans les petites choses quotidiennes très ordinaires et dans le devoir du moment présent.

Beaucoup d'entre nous sont tentés de partir. Les tentations sont inévitables car Dieu veut nous tester. Et plus elles sont violentes, plus elles nous fortifient car le Christ nous sait capables de les affronter et Il les permet pour affermir notre volonté. Il sait que nous pouvons en triompher puisqu'Il nous donne les grâces nécessaires pour le faire.

J'ai moi-même connu, dans ma vie, une vingtaine de ces violentes tentations. C'est donc en toute connaissance de cause que je peux dire à ceux qui en seraient aussi les victimes : « Tenez bon avec l'aide d'un prêtre. Faites attention et soyez vigilants. »

Vous pourriez tous vous trouver dans la même situation que la mienne. Eddie et moi avons été terriblement tentés de tout abandonner lorsque nous nous sommes trouvés, à Combermere, devant ce qui semblait une impasse. Vous connaissez l'histoire de notre Apostolat et ce temps mortel des premières années où rien ne semblait se passer. C'était tantôt l'un, tantôt l'autre de nous deux qui voulait partir. Nous pouvions si facilement nous dire que nous en avions assez fait pour le Seigneur… que nous prenions de l'âge et que maintenant nous pouvions bien vivre un peu pour nous… Mais nous avons lutté contre cette tentation et nous sommes restés… Madonna House et ses nombreuses missions en sont le fruit.

Et si nous étions morts après être partis, en nous trouvant face au Christ, chacun de vous et les nombreuses missions que Dieu avait pour nous dans son Cœur nous seraient alors apparus. Pouvez-vous imaginer la tristesse de son regard ? Essayez de vous représenter la frayeur qui se serait alors emparée de nous.

Que ceux qui seront tentés de la sorte, maintenant ou plus tard, imaginent ce que serait leur jugement dernier et méditent cette pensée terrifiante, impressionnante, à savoir que le sort d'un très grand nombre d'âmes encore à naître dépend de votre persévérance, de votre abandon et de votre fidélité, si bien que vous devrez en répondre devant Dieu. Quel sentiment de crainte cette pensée vous inspire-t-elle ?… Car c'est à cette vocation que vous avez été appelés.

Oui, la joie est sereine, faite d'enthousiasme, de saint émerveillement et de compréhension du défi interne que nous lancent toutes choses à situer dans le plan du Seigneur des Armées dont l'amour est sans borne. Cette joie paisible ne cesse de chanter au fond des cœurs. Elle est une lumière qui éclaire nos pas dans l'obscurité, pourvu que notre chemin soit celui des humbles devoirs de l'instant présent. Ceux-ci ne sont autres que les empreintes sanglantes que le Christ a laissées pour nous sur les sables du temps afin que nous puissions le suivre avec l'assurance de ne pas nous égarer.

Affectueusement en Marie,

Catherine

L'AVENT : AURORE PRÉCÉDANT LE JOUR

Le 4 décembre 1961

Mes bien-aimés,

Voici venu l'avent, temps de pénitence, tissé de vives et sombres couleurs, à l'image de tout être humain au cours de son pénible et long voyage vers la Parousie, l'avent final du Seigneur des Armées, l'incroyable Amoureux.

L'avent, c'est le temps de l'attente, c'est l'aube qui précède le jour. Combien de générations n'ont-elles pas attendu dans l'obscurité le Rédempteur à venir ? Celui qu'avait promis le Père.

L'avent qui dure peu, annonce pourtant un long cheminement pour l'âme qui va de Nazareth à Bethléem bien que, vu de chez nous, la distance semble insignifiante. Cependant, c'est la route vers l'infini, vers l'éternité, qui a un commencement mais pas de fin. En fait, l'avent est, dans la vie spirituelle, le chemin qu'il nous faut suivre si nous voulons aller au Paradis et pour ne pas nous égarer, c'est de là que s'impose le départ. Il faut commencer par un *fiat* qui fait écho à celui de Marie, un *fiat* que nous devrions tous dire à la chapelle, dans la sérénité, un soir de préférence quand tout se tait.

Je suis assise paisiblement chez moi dans ma cabane Sainte-Catherine, le silence y est total seulement interrompu de temps à autre par le sifflement aigu du ventilateur du poêle à pétrole. De jour en jour, je prends une conscience plus aiguë de l'inéluctable nécessité où nous sommes de faire écho au *fiat* de Notre-Dame si nous voulons éviter que l'Apostolat ne stagne, au mieux se traîne, au lieu d'avancer comme Dieu le voulait, avec les pas de géant de l'amour.

Il y a des nuits pendant lesquelles le mot *fiat* résonne dans mon cerveau fatigué comme si des millions de marteaux frappaient des gongs de cuivre. Alors, je me demande : « Ai-je moi-même bien dit ce *fiat*, sans réserve et irrévocablement ? » Et si oui, comment dois-je m'y prendre pour vous enseigner à le faire aussi ? Et des doutes quant à mon propre *fiat* me plongent dans l'obscurité. Je me dis que vous hésitez à faire écho au *fiat* de Marie parce que je suis pour vous un trop piètre exemple. Je ne juge ni les motifs ni les intentions de l'un ou de l'autre de mes enfants spirituels, mais je ne peux me fermer les yeux sur les fruits qui en résultent.

Mes bien-aimés, je ne veux ni censurer, ni critiquer, ni corriger, ni même faire la leçon. Mais je vous supplie, prosternée à vos pieds dans la poussière, de regarder en face, pendant ce temps béni, la venue de l'Amour. Essayez de réaliser, même vaguement, que c'est l'Amour, l'Amour en personne, c'est-à-dire Dieu, mort pour vous et pour moi, qui vient une fois encore nous prouver son amour…

Alors, levons-nous, frottons-nous les yeux pour en chasser le sommeil, celui de notre émotivité incontrôlée, de l'indifférence, de la tiédeur, de l'apitoiement sur nous-mêmes et de la résistance à

Dieu. Réveillons-nous, oublions ces sombres cauchemars et mettons-nous en route pour Bethléem. Mais comprenons bien que, maintenant, Bethléem c'est notre âme, notre cœur, notre esprit. Quel genre de crèche, vous et moi, allons-nous offrir à l'Enfant-Dieu ? La paille en est-elle propre et d'une belle couleur dorée ? La mangeoire est-elle assez solide pour supporter le poids de l'Enfant ? Les animaux sont-ils calmes, bien étrillés et brossés ? Avons-nous suffisamment colmaté les portes de l'étable c'est-à-dire de notre cœur, pour que ne puisse y souffler le vent glacial de la paresse, de l'égoïsme et de l'indifférence ? Le bois sec de nos sacrifices, de nos pénitences, de nos prières est-il prêt à s'enflammer pour réchauffer cette froide étable ?

J'essaie de vous parler de l'avent, de partager mes pensées avec vous, mais les mots me manquent. Comment peut-on plaider pour qu'une âme consacrée le soit davantage ? Comment enseigne-t-on à l'épouse du Christ de l'aimer avec tous ceux pour lesquels il est mort ? Comment chantons-nous la venue de l'Amour parmi nous ? Comment expliquer un petit mot comme *fiat*, un mot qui donnerait la joie à une maison qui l'a perdue s'il était prononcé de tout cœur ?

Mes bien-aimés dans le Christ, je crois inutile d'en dire plus car il n'y a rien que je ressente davantage que ma lamentable pauvreté. J'ai l'impression d'avoir épuisé tout mon vocabulaire. Lorsque je me regarde, je me demande ce que je peux encore avoir à donner et si j'ai même eu en ma possession quelque chose à donner ? Tout ce que je peux faire, c'est supplier le Christ de vous réveiller, de chasser le sommeil de vos yeux, de vous mettre en état de prendre la route qui va de Nazareth à Bethléem, de vous faire comprendre la profonde signification de ce *fiat* et de vous amener à Lui, l'Enfant-Dieu.

L'avent, c'est la venue de l'Amour. Voyez-le arriver dans le sein d'une femme. C'est sur la paille d'une étable que vous percevrez d'abord l'Amour. Dépouillé de Lui-même, le Seigneur des Armées se fait enfant par amour et nous, pauvres comme nous sommes, nous nous accrochons à nos haillons comme s'ils étaient des diamants.

Non, je ne crois pas avoir beaucoup plus à vous dire, si ce n'est que je vous aime d'un amour qui défie l'imagination. Je vais supplier le Seigneur de vous apprendre à dire *fiat* parce que je ne puis vraiment faire autre chose.

Que le Seigneur trouve chez vous un coin bien chaud pour y reposer la nuit de Noël. Il en reste si peu en ce monde...

Avec toute mon affection en Marie,

Catherine

QUAND LA CROIX SE DÉVOILE

Le 6 décembre 1961

Mes bien-aimés,

Il nous arrive à tous d'être parfois tentés de quitter notre vocation et tout particulièrement lorsque prend fin la période pendant laquelle nous nous étions engagés à servir Dieu, à Madonna House.

Dans une vie consacrée, c'est, sous une forme ou sous une autre, l'une des tentations les plus fortes et les plus communes. Une fois passé l'enthousiasme de la lune de miel, la croix, inévitable dans toute vocation, se dévoile chaque jour un peu plus et la nature humaine aspire à s'en dégager, avec la complicité du démon naturellement.

Mais où aller pour échapper à la croix? Comme elle est folle et pitoyable cette tentative de fuite. Si nous avons compris que notre vocation répond à la Volonté de Dieu, et si nous essayons quand même de la fuir, nous ne faisons qu'alourdir la croix que Dieu donne à chacun de nous. Nous y ajoutons nos propres croix faites de frustration, de culpabilité et de bien d'autres choses qui, telles les mauvaises herbes, étouffent peu à peu notre vie. Nous décidons d'aimer selon notre volonté propre et non la sienne.

Lorsque nous sommes tentés de quitter l'Apostolat, rappelons-nous cette citation de l'Écriture: « Seigneur à qui irions-nous, tu as les paroles de la vie éternelle. » Tout au long des années, j'ai souvent constaté ce désir de fuite. Il y a seulement quinze jours, j'entendais une mère de quatre enfants me dire, les larmes aux yeux, que sa place était dans un couvent et qu'elle avait fait une erreur en se mariant. Elle avait même demandé à un évêque l'autorisation d'y remédier… Dieu merci, je crois être parvenue à lui prouver la folie de ce projet et elle est repartie plus apaisée.

J'ai connu, et vous aussi probablement, des religieuses qui, en toute légitimité et avec autorisation de l'Église, quittaient le couvent où elles avaient passé de longues années pour en être réduites, par la suite, à errer tristement. Certaines se sont mariées et l'une d'elles me disait récemment : « Dans l'ensemble je suis plutôt heureuse, mais que j'ai donc été sotte d'échanger l'amour de Dieu pour celui d'un homme. »

Je sais bien que toutes ces histoires ne peuvent avoir grande influence sur l'esprit, l'âme et le cœur de ceux d'entre vous qui seraient tentés de fuir l'Apostolat. C'est une violente tentation que j'ai moi-même connue bien des fois, à Harlem, Toronto et Combermere.

Lorsque vous êtes en butte à cette tentation, n'hésitez pas, mes bien-aimés, qui que vous soyez, à écrire immédiatement ou à parler à votre directeur spirituel. Écrivez-moi aussi, n'ayez pas honte. La désolation des heures et des journées est alors telle que pour lutter nous avons besoin d'être aidés.

Rappelez-vous ce que je vous ai dit de notre évêque fondateur, Monseigneur Neil Mc Neil de Toronto et ce qu'il m'a répondu quand je lui ai annoncé que je voulais partir parce que je n'en pouvais plus, c'était trop lourd. Il me demanda de décrocher le crucifix du mur et d'en regarder l'envers puis il ajouta : « À qui croyez-vous que cette place soit réservée ? » Je répondis à contre-cœur : « Aux amis de Dieu. » Alors, il ajouta calmement : « Mon enfant, voulez-vous abandonner la croix et y laisser Dieu tout seul ? Pensez-vous vraiment Lui faire plaisir ? Il se sent tellement seul !… Ils sont si peu ceux qui acceptent de partager cette place avec Lui. » Ces mots du saint et vieux prélat m'ont percé le cœur et m'ont soutenue tout au long de ces années dans l'Apostolat.

Elle est très normale cette tentation de descendre de la croix choisie par Dieu, pour échapper à la souffrance tout en le laissant seul, mais nous sommes chrétiens et notre destinée est surnaturelle. Lorsque survient la tentation, pensez au Christ à Gethsémani et où nous en serions vous et moi, s'il avait cédé à la tentation de quitter ce jardin. Supposition impensable et que pourtant nous ferions bien de méditer.

Oh, mes bien-aimés, comment trouver les mots qui vous feraient comprendre combien il peut être tragique de céder à cette tentation. C'est un reniement tellement profond, tellement tragique…

Pas un parmi vous ne manquerait d'être déçu et profondément fâché si l'un de vos amis brisait la promesse solennelle qu'il vous avait faite comme on le fait du bois mort. Admettez que vous seriez fort indigné et ne garderiez guère d'admiration pour une telle personne. Nous jugeons avec sévérité ceux qui ne tiennent pas leur promesse car, même insignifiante, elle comporte quelque chose de sacré lorsqu'elle est faite solennellement entre deux êtres humains. Même s'il s'agit d'une entreprise commerciale, nous n'avons pour elle aucun respect si elle ne tient pas ses promesses.

Mais pour une raison inconnue, nous avons ou semblons avoir une attitude tout autre lorsque, parmi nous, quelqu'un s'en va avant la fin de son temps d'engagement. Tout le monde considère cette situation avec beaucoup de charité et de tolérance. Nous devons être charitables, bien sûr, notre foi chrétienne nous fait aimer les pécheurs et prier pour eux mais jamais excuser leur péché. Que les choses soient bien claires devant le Seigneur. Il ne faut pas que notre sensibilité voile les faits mais, avant tout, prions pour obtenir la grâce de fidélité à notre vocation.

Avec toute mon affection en Marie,

Catherine

LA VERTU DE CONFIANCE

Le 24 février 1962

Mes bien-aimés,

Le carême approche. En cette grande saison liturgique de l'Église, je me tourne vers vous, esprit, cœur et âme, avec un désir ardent et un grand amour. Je crois pouvoir dire avec saint Paul : « Je vous aime d'un amour jaloux, je vous garde et prie afin de vous conduire à l'unique époux, le Christ crucifié. »

Aimer, c'est montrer de l'intérêt pour les autres. Il est évident que je dois vous aimer beaucoup, parce que j'ai le souci de vous jour et nuit. Souvent la nuit je reste éveillée cherchant à imaginer de nouvelles méthodes pour vous annoncer cette Bonne Nouvelle que Dieu nous aime et attend que nous l'aimions en retour.

Il me semble que je ne cesse de le répéter depuis plus de trente et un ans et je dois avouer que, pour moi, ce glorieux message est toujours aussi neuf, aussi radieux. Je ne sais s'il l'est pour vous... mais je l'espère ! En ce temps béni où le Christ nous fait don de son amour passionné, je voudrais que, la prière aidant, ces tentatives d'une meilleure présentation de ce message soient l'occasion d'une méditation plus approfondie.

Je vais partager avec vous une discussion que nous avons eue sur la confiance, car voilà quelque temps déjà qu'elle fait problème chez nous. Je ne cesse de recevoir des lettres me disant que vous n'avez confiance ni dans votre responsable local, ni les uns dans les autres, ni même parfois (que Dieu vous aide) dans votre directeur spirituel. Ce manque de confiance, manifeste dans tout l'Apostolat, me préoccupe beaucoup. Aussi avais-je décidé de porter l'affaire au grand jour. Tout le monde désirant parler de la confiance, notre réunion débuta sous le signe de l'intérêt et de la coopération. J'y posai donc la question suivante : « À votre avis, qu'est-ce que la confiance ? »

Les définitions furent variées. Quelques-uns pensaient que l'amour engendrait la confiance, ou encore que c'était la connaissance qui l'engendrait, et ainsi de suite... C'est alors que l'on décida d'abandonner un moment le mot lui-même pour discuter de l'image que chacun se faisait d'une personne digne de confiance.

Il en émergea très vite un portrait dont les caractéristiques étaient les suivantes : c'est quelqu'un qui comprend et accepte les autres avec tous leurs défauts, sur lequel on peut compter les yeux fermés, qui ne trahira jamais la confiance qu'on lui accorde, c'est quelqu'un de stable et fidèle qui non seulement vous comprend mais vous aime tel que vous êtes, qui inspire la sympathie et prend à cœur les intérêts de qui lui fait confiance.

Réunissons maintenant toutes ces descriptions et regardons à quoi ressemble la personne à qui vous feriez confiance : qui que vous soyez, elle a de l'affection pour vous, elle vous comprend même si vous êtes bête et méchant, elle est fiable, d'une stabilité que rien ne peut ébranler, elle prend à cœur vos intérêts sans égard pour les siens... Eh bien, vous avez là un portrait de Dieu mais non pas d'un homme, mes bien-aimés ! Pour tous ceux qui étaient présents, ce fut une stupéfiante révélation de constater qu'ils n'accorderaient leur petite confiance humaine de quatre sous qu'à une image de vertu qui n'existe pas, et que Dieu seul correspondait à cette image d'un être digne de confiance. Il se fit un instant de silence pendant lequel nous avons médité sur cette révélation. Tout le monde comprenait, je crois, qu'en exigeant une créature irréelle, on exigeait l'impossible. Puis on posa la question-clé qui ne reçut guère de réponse : « Si pour leur faire confiance, nous attendons des autres une telle perfection, qu'en est-il de nous ? Sommes-nous dignes de confiance ? »

Vous qui ne cessez de vous plaindre qu'on ne peut faire confiance à personne, avez-vous atteint ce degré de perfection que vous exigez des autres ? Sinon, comment osez-vous leur demander l'impossible, puisque vous en êtes vous-même incapable ! Cette découverte fut un choc pour tous. J'espère qu'il l'est aussi pour vous et vous donnera à réfléchir.

Mais nous ne nous en sommes pas tenus là. On s'interrogea de nouveau sur le sens du concept même de confiance et l'on découvrit qu'elle était le résultat des vertus théologales de foi et de charité.

On se posa alors la question-clé suivante : « Si, avant de faire confiance, un quelconque X ou Y a de telles exigences, comment se fait-il que Dieu ait confiance en moi ? »

Il est évident que Dieu nous fait confiance. Cela a commencé avec saint Pierre. Personne ne le considérait comme l'homme de confiance idéal. Il trahit son maître et s'enfuit quand le Christ avait le plus besoin de lui. Quant aux autres apôtres qui n'étaient pas là non plus... n'en parlons pas ! Selon nous, seraient-ils tous indignes de confiance ?

Depuis lors, Dieu a fait confiance à tout être humain, comme Il vous fait confiance en ce moment. Vous pourriez déchirer son Corps Mystique et vous vautrer dans le péché, Il continuerait à vous faire confiance jusqu'à votre dernier soupir.

Après avoir longuement parlé de tout cela, nous en sommes arrivés, lentement mais sûrement, à cette conclusion que je vous propose comme méditation de carême : faire confiance à ceux qui en sont dignes n'est pas plus vertueux qu'il n'est charitable d'aimer ceux qui sont aimables. Le Christ a dit très clairement : « Si vous aimez ceux qui vous aiment, que faites-vous de plus que les païens ? Je vous dis d'aimer vos ennemis et de faire du bien à ceux qui vous haïssent. »

En les paraphrasant, ces mêmes paroles du Christ peuvent aussi s'appliquer à la confiance issue de l'amour en disant : « Si vous faites confiance à ceux qui en sont dignes, que faites-vous de plus que les païens ? Je vous dis : faites confiance à ceux qui en sont indignes, et votre confiance les guérira. » Je me souviens du jour où un homme vola tous les vêtements du vestiaire de Harlem. Je lui en ai tout de même remis la clef le lendemain, et sans un seul reproche je l'ai désigné comme veilleur de nuit. Cela finit par le ramener aux sacrements et à renoncer aux rackets qu'il organisait dans la cent trentième rue. Dorothy Day fit de même lorsqu'un homme vola les vingt-cinq dollars qui constituaient tout l'avoir du *Catholic Worker*. Elle le ramena de quelque taverne où il dépensait cet argent et le nomma trésorier. Cet homme est toujours fidèle au poste et certains d'entre vous l'ont rencontré.

Voilà ce que j'appelle de la confiance. Faites-en le sujet de votre méditation de carême. Vous allez tomber à genoux en réalisant que vous vous méfiez même de ceux qui vous aiment à l'Apostolat. En ce cas, vous avez péché contre la charité, mère de la confiance.

Oui, mes bien-aimés, pendant le carême, méditez sur cette vertu de confiance.

Avec toute mon affection en Marie,

Catherine

LA CURIOSITÉ

Le 9 mars 1962

Mes bien-aimés,

Ces premiers jours de carême m'ont amenée, moi et les autres, à prier dans la chapelle. Pour prier, il est bien évident que ce n'est pas le seul endroit... Le Christ n'a-t-Il pas dit : « Priez sans cesse. » ? C'est ce que nous devrions faire en Lui offrant tout au long du jour, travail, peines et joies. Si l'amour règne dans notre cœur, nous pouvons tout Lui offrir en gage d'amour.

Comme je méditais une nuit, à la chapelle, sur la curiosité, je me demandais pourquoi les gens en éprouvent tellement lorsque les choses ne les regardent pas. Il semble que cet irrésistible désir de connaître les moindres détails de ce qui s'est dit, quand et comment, réponde à un besoin maladif... Et c'est encore plus vrai lorsqu'il s'agit de personnages en vue.

La curiosité tend à déchirer de ses ongles acérés, sans se soucier du mal qu'elle fait, le voile dont tout individu entoure normalement sa personnalité. Il y a là quelque chose d'indécent, de terrifiant même, car c'est un reflet des flammes que couve l'enfer.

Pensez au monde du journalisme et à toutes les nouvelles qu'il répand de nos jours. Il est probable que vous en subissez tous l'influence. Lorsque j'ai suivi un cours de journalisme, j'ai appris l'existence du « journalisme à sensation », celui que lit la grande majorité des gens, et j'ai compris avec horreur qu'il ne se soucie aucunement de blesser pourvu qu'il offre une nouvelle à sensation.

Il donne au grand public les détails croustillants de sordides amours, de meurtres, etc. On tremble en songeant aux ravages que sèment derrière eux les journalistes curieux. Je me demande ce que vous ressentiriez si vous étiez sous le feu des projecteurs d'une telle presse. Imaginez que l'on fouille votre vie privée sous les regards de millions de gens…

À plus petite échelle, tout le monde a soif d'horribles détails concernant les autres, et le plus curieux est que ces mêmes personnes hurleraient si l'on révélait sur elles le moindre détail intime. Nous serions, à juste titre, indignés qu'un prêtre trahisse le secret de la confession ou un médecin les confidences d'un malade. Nous aurions raison puisque ce sont là des rapports personnels. Néanmoins, nous refusons rarement d'écouter celui qui, contrairement à toutes les règles, rapporte avec des sous-entendus, souvent mensongers, ce qu'aurait fait tel ou tel de notre communauté. Nous sommes assis là, tout oreilles, à nous régaler de « sanglants détails ».

Les médecins connaissent bien ces « mauvaises langues » qui sont souvent des êtres effacés, passant inaperçus, frustrés, et qui, en fait, rêvent d'être au centre de l'attention au prix de la réputation de quiconque. C'est un état pathologique qui ressort de l'hôpital psychiatrique ou du moins du psychiatre. L'Église fustige durement ces personnes comme le fit le Christ pour les vendeurs du temple. C'est le seul péché pour lequel elle exige réparation publique puisque c'est l'unique façon de redorer une réputation.

Au début du siècle, les langues de vipère d'une certaine ville poussèrent au suicide une jeune fille innocente. On l'accusait d'être enceinte, en donnant noms et circonstances. Or, l'autopsie révéla qu'elle était vierge. La communauté fut guérie de ses commérages, mais pour quelques semaines seulement…

Le journalisme honnête, comme les gens décents, refuse de s'intéresser aux ragots à la mode du jour. Le *Christian Science Monitor*, le journal que je lis précisément pour cette raison, ne mentionne jamais meurtres, divorces et le reste. Le *New York Times* a aussi beaucoup de retenue. Les journaux catholiques évitent également tout cela, comme devrait le faire tout individu qui se respecte. Il est intéressant de noter que le droit civil permet de poursuivre quelqu'un en diffamation, c'est-à-dire pour médisance ou calomnie. L'Église donne une grosse pénitence à celui qui se confesse de les avoir écoutées, parce que les écouter, c'est y prendre part. Sans auditeur, il n'y aurait pas de calomnie.

Du point de vue théologique, la curiosité, si elle nuit à quelqu'un, est un péché contre la charité, la justice et la dignité humaine. Voilà qui donne à réfléchir.

Mais je présume qu'aucun de vous ne participerait à de tels propos et que vous imiteriez ce que j'essaie de faire lorsque les gens cancanent devant moi. Je suis bien obligée d'écouter si j'ai vainement essayé de les empêcher de parler. Mais je me tais, ce qui fait généralement l'effet d'une douche froide… En tout cas, je ne manifeste pas le moindre intérêt et j'écoute avec une telle expression d'ennui que le flot en est au moins ralenti. Et, l'histoire finie, j'essaie de trouver une façon polie et charitable de minimiser l'affaire en disant du bien de la personne visée et en rappelant gentiment le mal que peuvent faire les commérages.

C'est là un des multiples aspects du péché de curiosité. En voici une définition théologique tirée d'un traité de théologie morale écrit par Tanquerey :

> « La curiosité est un désir excessif de voir, d'entendre et de savoir ce qui se passe "derrière la scène".
>
> « Ce désir de savoir n'est pas dû à celui d'en tirer spirituellement profit, mais à l'envie frivole d'être au courant.
>
> « La curiosité tient aussi au besoin de connaître l'avenir et conduit à toutes sortes de péchés véniels et mortels tels que : recours aux voyants, aux astrologues, aux diseuses de bonne aventure et autres. Tout cela est fort dangereux car l'on s'arroge les droits du Dieu Très-Haut et l'on tente de briser la confiance

avec laquelle l'homme devrait s'abandonner à Dieu et sa Divine Providence.

« C'est le péché de curiosité qui pousse à des lectures désordonnées, en particulier celle des livres interdits.

« La curiosité a pour sœur l'avarice qui aime amasser et jouer avec ces connaissances d'un genre spécial que seuls chérissent les curieux.

« L'avarice est de la curiosité qui englobe les choses. L'avare caresse son or et son argent comme le curieux le fait de ses petits ragots. Ni l'un ni l'autre n'y renoncent.

« Pour vaincre la vaine curiosité dont il est ici question, il faut se rappeler que tout ce qui n'est pas Dieu ou chose divine ne vaut pas la peine qu'on le recherche, qu'on se l'approprie, que l'on s'y intéresse, car "tout passe, Dieu seul demeure" ».

La saine curiosité s'intéresse à Dieu et aux choses divines. Cela veut dire le monde de la nature et sa beauté ainsi que les institutions humaines que nous devons restaurer dans le Christ. Par-dessus tout, j'accueillerais avec joie, (et Dieu aussi j'en suis sûre) votre curiosité sur la façon d'acquérir la sainteté en travaillant pour l'Apostolat. Soyez curieux de tout ce qui mène à la *caritas* et autres vertus par lesquelles vous rendrez le monde au Christ. Dans ce cas, votre curiosité devra être sans limite. Et j'avertis ceux que ces remarques concernent : votre âme immortelle est en danger si vous cédez aux vaines curiosités qui éloignent de Dieu.

Je pose à tous la question suivante : connaître d'intimes détails concernant la vie des gens en vue dans votre communauté… est-ce d'un quelconque bénéfice pour votre âme, votre préparation à la sainteté, votre formation d'apôtre laïc ? Cela a-t-il vraiment de l'importance ? Pourquoi fouiner dans la vie des autres ?

Pourquoi voulez-vous connaître la raison qui a amené le père Untel dans cette maison ou dans une autre ? À Madonna House, on vous remettait à votre place lorsque vous posiez des questions qui ne vous regardaient pas. Ici, vous étiez toujours informés de ce que vous aviez besoin de savoir, vous le serez également dans les autres maisons. Ne cherchez pas à savoir par des moyens détournés ou de sottes questions ce que vous n'avez nul besoin de savoir.

Vraiment, je suis quelque peu fâchée, à juste titre je crois, de constater que ceux qui avaient appris, à Madonna House, à ne pas poser de questions personnelles à nos visiteurs, n'en tiennent pas compte dans nos propres implantations.

Ce n'est certainement pas une preuve de réserve intellectuelle, dont l'une des principales caractéristiques est de garder le silence aux pieds de Dieu. Je souhaite vivement que cesse cette curiosité malsaine, car elle sape le moral d'une communauté plus sûrement que tout autre chose. Ceux qui rédigent les nouvelles d'une maison n'ont pas besoin de connaître les événements dans tous leurs détails. Il leur suffit d'écrire l'essentiel. La vaine curiosité est un péché contre l'Esprit. Qu'à l'avenir, personne ne s'en rende coupable à Madonna House, comme il semble que ce soit actuellement le cas.

La curiosité qui est un péché intellectuel provient de l'orgueil qui recourt, comme toujours, à cet argument parfaitement illogique: « Puisque je suis membre de cet Apostolat, pourquoi les autorités nous cachent-elles tant de choses? J'ai l'impression d'être tenu à l'écart comme si j'étais quelqu'un du dehors. »

Lorsque vous viennent d'aussi ridicules pensées, posez-vous cette seule question: Aimeriez-vous être la personne qui est sur la sellette? Trouveriez-vous agréable d'être démonté puis reconstitué? Vous exigez que l'on respecte vos défaillances et vos difficultés d'ordre interne ou externe et vous avancez, en votre faveur, une série impressionnante d'arguments. Mais vous refusez que l'on fasse pour les autres ce que vous réclamez pour vous. Réfléchissez, je vous prie, et que Dieu ait pitié de votre âme.

Avec toute mon affection en Marie.

Catherine

COMMUNION D'AMOUR

Le 12 mars 1962

Mes bien-aimés,

Nous voici en carême et ma pensée se tourne intensément vers le Seigneur.

Je feuilletais un livre d'art qui reproduit peintures et sculptures du Musée d'Art Moderne de New York. L'une d'elles, en étain et fils métalliques, représente une foule dont chaque personnage est si mince et allongé que la scène donne une étonnante impression de solitude. Tous se dressent isolés, se tournant le dos les uns aux autres, leurs ombres ne se mêlant même pas. Cette sculpture se nomme : solitude, absence de communication.

Cela m'a fait penser au terrible isolement dans lequel vivent la plupart de nos membres (et peut-être moi aussi). Je n'arrive pas toujours à vous atteindre pour vous aider, et pourtant, Dieu sait si je m'efforce de le faire ! Certains jours, je me sens comme l'un de ces énormes béliers qu'utilisaient les soldats du Moyen âge pour défoncer les fortifications d'un château... Oui, j'ai l'impression d'être un de ces béliers qui se soulève ou que soulève la main de Dieu dans l'espoir d'enfoncer les portes – ou serait-ce les murs ? – derrière lesquels vous vous emprisonnez.

De nos diverses maisons me parviennent des lettres qui toutes, quels que soient le sujet et l'humeur de celui qui écrit, laissent entrevoir une profonde solitude.

Il est vrai que l'on y sent un effort pour aimer les autres membres. Dans chaque lettre, je peux lire entre les lignes une soif cachée, signe du désir de former une vraie communauté ou communion d'amour mutuel fondée sur la communion quotidienne avec Dieu. Mais c'est une soif qui n'est pas encore étanchée. Et de mon poste d'observation, je vois que vous vous agitez comme des ombres, chacun enfermé dans la prison de son « moi », incapable de vous en échapper et même de le vouloir.

Comme vous m'avez souvent entendue sur ce sujet, je vous citerai aujourd'hui un passage de l'Écriture qui vous est familier. Il serait bon, néanmoins, que vous le lisiez à haute voix en même temps que cette lettre.

> Le Christ déclara : « Alors le Roi dira à ceux qui sont à sa droite : "Venez les bénis de mon Père. Recevez en héritage le Royaume qui vous a été préparé depuis le commencement du monde. J'ai eu faim et vous m'avez donné à manger, j'ai eu soif et vous m'avez donné à boire, j'étais étranger et vous m'avez accueilli, nu et vous m'avez vêtu, malade et vous m'avez visité, prisonnier et vous êtes venu me voir". Alors, les justes Lui demanderont : "Seigneur, quand nous est-il arrivé de te voir affamé et de te nourrir, assoiffé et de te désaltérer, étranger et de t'accueillir, nu et de te vêtir, malade ou prisonnier et de venir te voir ?" Et le roi leur répondra : "En vérité, je vous le dis, dans la mesure où vous l'avez fait à l'un des plus petits d'entre mes frères, c'est à moi que vous l'avez fait" » (Mt XXV, 35-40).

Vous savez, bien entendu, que le Christ répéta les mêmes paroles à ceux qui étaient à sa gauche en leur reprochant de ne pas Lui en avoir fait autant. Et quand ils demandèrent aussi : « Quand avons-nous omis de vous faire cela ? » Il répéta qu'en ne le faisant pas aux plus petits d'entre ses frères, ils ne l'avaient pas fait à Lui. Il ajouta ces paroles terribles et redoutables : « Allez-vous-en loin de moi... au feu éternel. »

Tel est le critère pour aller au ciel ou en enfer. C'est un fait incontournable, effrayant, et qu'il faut regarder en face. Comment aimons-nous notre prochain ? Saint Paul a défini l'amour mieux que quiconque :

> « La charité est patiente, elle est bonne, elle n'est pas envieuse, pas infatuée, ni hautaine, elle ne fait rien d'inconvenant, ne cherche pas son intérêt, ne s'irrite pas, ne tient pas compte du mal, elle ne se réjouit pas de l'injustice mais elle met sa joie dans la vérité. Elle excuse tout, croit tout, espère tout, supporte tout. La charité ne passera jamais » (1 Co 13, 4-8).

Je vous suggère de relire cet évangile et cette épître pour que soit plus claire l'application que je veux en faire.

Appliquons d'abord l'Évangile à nous-mêmes, membres de Madonna House, et voici ce que chacun pourrait dire à l'autre : « J'avais faim que tu me comprennes et tu ne m'as pas donné à manger, soif de communier avec toi et tu ne m'as pas donné à boire. J'étais étranger et tu ne m'as pas abrité dans ton cœur. J'étais nu avec mes problèmes affectifs, grelottant de froid, et tu ne m'as pas vêtu. Je me sentais seul au milieu de vous et tu ne m'as pas visité. J'étais emprisonné dans mon trouble et mes peurs et tu n'es pas venu à moi. »

Prenons maintenant l'épître et comprenons que si nous n'agissons que par obligation ou tout autre motif que l'amour, nous serons comme airain sonnant ou cymbales retentissantes. Quand nous ferions des miracles sans avoir la charité, quand nous livrerions notre corps aux flammes sans la charité, quand nous distribuerions tous nos biens aux pauvres, si nous n'avons pas la charité, tout cela ne servirait de rien et notre martyre serait inutile. Il découle de cela que nous devons nous vêtir, nous donner à boire et à manger mutuellement dans chacune de nos maisons avec un amour immense et chaleureux. Sinon, la maison sera vide et plus vides encore notre cœur, notre âme et notre esprit. De plus, nous serons un mensonge vivant : des apôtres qui ne s'aiment pas les uns les autres et professent à la face du monde qu'ils aiment le Christ ! Tout au contraire, ils marchent seuls dans la nuit noire, celle qu'ils ont créée eux-mêmes, sans la lumière de la *caritas* qui, ne l'oublions jamais, est une personne, Dieu Lui-même. À quoi bon professer que nous aimons Dieu si, en fait, nous sommes sans Dieu ?

Allons plus loin. La charité est patiente. Le sommes-nous les uns envers les autres ? La charité est pleine de bonté. Sommes-nous bons les uns pour les autres ? Nos actions et motivations ont-elles constamment pour objet le bien d'un autre ? Notre conversation à table est-elle pleine de « je » ou, comme il le faudrait, d'intérêt général ? La charité n'est pas envieuse. Alors pourquoi discutons-nous, pourquoi voulons-nous avoir le dernier mot ? Est-ce tellement important d'occuper le devant de la scène ?

La charité ne fait rien d'inconvenant. Alors, pourquoi justifier sans fin nos actions lorsqu'on les critique, et couper les cheveux en quatre comme si la première station de la croix n'existait pas ? Mais soyons honnêtes, nous sommes rarement comme le Christ. Quand on nous accuse pour nous corriger, c'est généralement justifié. Mais, pour la plupart d'entre nous, nous recevons très mal les reproches. La charité ne se gonfle pas. Et nous ? Nous devons avoir une très haute idée de notre valeur pour prendre si mal les corrections ! Sans doute nous figurons-nous être irréprochables. Est-ce que cela ne ressemble pas à de l'orgueil ?

La charité n'est pas ambitieuse, ce qui veut dire qu'elle se contente de son sort, toujours joyeuse et gaie. Alors, que dire de ce fardeau qui nous écrase quand nous abordons une journée de plus, dans l'Apostolat ? Est-ce que nous n'aspirons pas secrètement à fuir la monotonie et la routine ? Notre regard aveugle n'en voit jamais ou du moins rarement la splendeur.

La charité ne cherche pas son intérêt. Est-ce bien vrai en ce qui nous concerne ? Ne le cherchons-nous pas d'une manière ou d'une autre dans l'Apostolat ?

La charité se réjouit de la vérité. Réfléchissons à ces corrections. Est-ce que leur bien-fondé nous comble de joie ? Les acceptons-nous avec un alléluia dans le cœur ?

La charité supporte tout. Et nous ? Supportons-nous les plus légères contradictions ? Les acceptons-nous joyeusement ?

Mes bien-aimés, il n'est d'autre moyen que l'amour pour rompre cette solitude et ce manque de communication.

Avec toute mon affection en Marie,

Catherine

LES PROFONDEURS DE LA SAINTE PAUVRETÉ

Le 30 mars 1962

Mes bien-aimés,

Il est temps de clarifier le sujet de la pauvreté. Jamais statique, toujours dynamique, elle est une part essentielle de l'Évangile. C'est uniquement depuis la venue du Christ que la pauvreté a vraiment trouvé place dans le cœur des hommes. Elle est née du cœur de Dieu, ce Dieu né dans une étable et mort nu sur une croix.

Dans une âme qui s'éprend de Dieu, le premier effet de cette vertu est un immense désir de pauvreté matérielle. On désire se débarrasser complètement de tous les biens auxquels les gens aspirent avec tant de passion et d'avidité. C'est qu'ils sont pour beaucoup le symbole et la mesure de leur statut face aux autres et – on tremble d'y penser – face à Dieu. L'âme amoureuse de Dieu, je le répète, désire avant tout renoncer à tous ces symboles du monde, à ces possessions qui nous possèdent.

Mais, avec le temps, notre amour s'approfondit, comme il se doit en toute âme consacrée, et les paroles de l'Évangile concernant la pauvreté se dévoilent, et parfois même vous sautent au visage dans une lumière nouvelle et plus claire de ce mystère. C'est ce qui m'est arrivé et que je veux partager avec vous. Peu à peu, au fil des années, à mesure que les grâces m'emplissaient l'âme, j'ai commencé à comprendre que la pauvreté matérielle, le dénuement que nous avons réellement connu à Harlem et à Toronto, n'était que le jardin d'enfants du noviciat de l'amour divin.

Je commençai à comprendre que si l'obéissance ne l'accompagnait pas, la pauvreté stagnerait, car une âme doit se démettre non seulement de ses biens, mais surtout d'elle-même. Or, c'est par obéissance qu'un être humain renonce à sa propre Volonté, c'est-à-dire à son bien le plus précieux, ce qui devient le couronnement de la pauvreté et le marchepied de la charité.

Les années passant, les grâces augmentaient et de nouvelles paroles de Dieu me sautaient au visage. Et, comme le Seigneur me faisait passer dans les classes supérieures, à l'école de son amour, je compris que pauvreté et obéissance habitaient toutes deux dans la demeure de la véritable humilité, et que les pauvres qui n'ont rien à cacher sont ceux qui vivent véritablement dans l'humilité et la vérité, s'ils offrent à Dieu leur pauvreté.

Pour être pauvre, il faut aussi adopter le détachement et la sainte indifférence : détachement de la famille et des amis, indifférence au froid, à la chaleur, à la nourriture, aux conditions de vie. Un profond détachement et une authentique et sainte indifférence mènent au cœur de la pauvreté, c'est-à-dire au cœur sacré de Dieu. L'être ainsi dépouillé de tout attachement aux biens terrestres retourne au monde avec un amour brûlant pour toutes choses, vues maintenant comme un reflet de Dieu Lui-même, un amour qui ne chante que sa gloire.

Vivre le mystère de la pauvreté dans le concret de la vie quotidienne défie l'imagination. Une tasse devient alors une créature de Dieu qu'on lave avec douceur et respect. Un outil est une manifestation de la bonté de Dieu, un moyen d'étendre son Royaume, et on le traite comme un vase sacré.

Mendier devient chose simple car l'identification au Pauvre de Nazareth, qui était aussi Dieu, est presque devenue totale. L'identification avec les pauvres est si complète, que mendier, qui est le signe extérieur d'une grâce intérieure, devient maintenant naturel.

Les mendiants ne peuvent se permettre de choisir, ils s'adaptent aux circonstances et aux dons que leur fait la charité des autres. Ils ne possèdent rien et dépendent totalement de la Providence divine, ce qui augmente leur foi et leur amour du Tout-Puissant. La paternité divine, jusqu'ici article de foi quelque peu abstrait, devient pour eux une réalité de la vie quotidienne. L'Évangile des lys des champs et des oiseaux du ciel prend alors tout son sens. Maintenant, l'on est vraiment frère et sœur du Christ, enfant de notre Père qui est aux cieux.

Mendier tue l'orgueil, enseigne la simplicité, fait grandir la foi et prospérer l'amour. De plus, mendier nous identifie à tous les pauvres mendiants du monde qui, individuellement et collectivement, sont le Christ.

Lorsqu'on mendie non seulement pour soi mais pour les autres, la peur de l'enfer recule. Le terrible Évangile du Jugement Dernier est le seul critère d'amour que Dieu nous ait laissé. Maintenant, nous donnons à manger aux affamés, nous habillons ceux qui sont nus, nous soignons les malades, nous donnons à boire à ceux qui ont soif et nous visitons les prisonniers, non de notre propre initiative à laquelle nous avons depuis longtemps renoncé lorsque nous étions à l'école maternelle du Seigneur, mais avec une humilité totale, une foi et un amour absolus. Nous mendions pour nourrir des milliers de pauvres avec les biens du monde qui sont les leurs. De plus, ils reçoivent une nourriture spirituelle puisque, en nous identifiant totalement et volontairement à eux, nous leur apportons Dieu, en proclamant l'Évangile par notre vie et en apportant l'espoir aux désespérés.

J'espère qu'à Madonna House on ne cessera jamais de mendier, et je voulais vous en donner la raison.

En Marie, avec toute mon affection,

Catherine

SE NOURRIR POUR LA GLOIRE DE DIEU

Le 11 avril 1962

Mes bien-aimés,

Dès le début de son existence terrestre, le Christ s'est révélé de diverses manières dont, une certaine fois, à deux de ses disciples dans « la fraction du pain ». En ce siècle décadent, nous avons oublié que chacune de nos actions quotidiennes devrait appartenir à Dieu et que, le péché excepté, nous glorifions son Nom par tout ce que nous faisons.

L'une des choses que notre génération égarée a oubliée c'est le symbole du repas et de la re-création que constitue le fait de rompre et de manger le pain. Manger, c'est rassembler tout ce dont nous sommes faits et qui s'est éparpillé tout au long du jour. Prendre de la nourriture nous unifie et nous renouvelle.

Le repas est un sacramental. Toutes les religions l'ont utilisé comme symbole. Seul le Christ en a fait le centre de notre foi lorsqu'Il s'est donné sous forme de nourriture et de breuvage sans lesquels nous ne pouvons atteindre notre destinée éternelle, c'est-à-dire la vision béatifique : Dieu Lui-même. Il a dit très clairement : « Si vous ne mangez ma chair et ne buvez mon sang, vous n'aurez pas la vie en vous. »

Oui, tout repas est un sacramental. On devrait le préparer avec amour et le prendre paisiblement puisque son but est de nous fortifier pour le service de l'Amour, c'est-à-dire de Dieu.

Pourtant, nous voyons partout les signes de cet oubli, preuve que notre être se perd. Certains restaurants annoncent : « repas rapide », d'autres avec une fierté déplacée invitent à déjeuner en cinq minutes. Même le plan de la maison prévoit souvent le repas familial sur un simple comptoir... ce qui est peut-être plus commode et moins encombrant, mais impersonnel et froid. Et en tout cas, très loin de ce qui pourrait ressembler, même vaguement, à une vie harmonieuse telle qu'elle était à Nazareth... puisque tout ce que faisait le Seigneur était harmonieux.

Comme autrefois, recommençons à manger pour la gloire de Dieu, agréablement, paisiblement, joyeusement. Quel que soit le menu, préparons-le aussi bien que possible, avec soin et amour, en l'offrant au Seigneur puisque nous utilisons ce que, dans sa grande bonté, Il a jugé nécessaire de nous donner.

Comprenons surtout que manger pour la gloire de Dieu n'est pas plus étranger à l'Apostolat qu'à la famille de Madonna House. En nous mettant à table, nous disons « les grâces », mot qui signifie don et secours de Dieu. C'est à la grâce de Dieu que nous devons celle des repas.

La lumière tamisée des bougies que l'on peut faire soi-même en augmente encore l'agrément, portant au cœur de tous les convives la paix de l'autel de Dieu puisqu'en un sens, il s'agit aussi d'un autel.

Peu importe que la nappe soit faite de toile cirée, de coton ou de lin, l'important est qu'elle soit d'une parfaite propreté, laquelle est un reflet de la pureté des cœurs.

Nous utilisons la nourriture dont nous disposons, mais qu'elle soit préparée avec soin! La cuisine est un art, celui des mélanges, qui exige toute l'attention et l'amour de la cuisinière. C'est un signe visible de la grâce invisible, mais sans cesse présente, de sa vocation à l'amour.

Le noviciat de la cuisine, comme tout autre, requiert la compétence qu'un long apprentissage permet d'obtenir. C'est pourquoi une étude constante et systématique s'impose pour former une bonne cuisinière. Il serait bon que nous échangions nos recettes par correspondance pour nous en communiquer de nouvelles, de meilleures et plus savoureuses. Cela constituerait un minuscule apport dans notre famille de laïcs apostoliques tout en rapprochant ceux qui, vraiment, de tout cœur, souhaitent faire la cuisine pour le Christ qui habite en chacun de nous.

Avec toute mon affection en Marie,

Catherine

CHARITÉ ET RESPONSABILITÉS

Le 19 mai 1962

Mes bien-aimés,

Je passe en ce moment des nuits blanches mais pas trop désagréables. Cela me permet de voir avec plus de lucidité les soucis que me donne l'Apostolat dans le silence de la nuit, quand tout repose, et que la veilleuse brûle aux pieds de Notre-Dame dans ma petite *isba.*

Ce sont le plus souvent des petites choses que le monde jugerait négligeables, mais l'Apostolat de Madonna House est fait de petites choses. Dès que je commence à voir voltiger de minuscules brins de paille, ici ou dans les missions, je suis alertée par mon intuition, cette claire vision (appelez cela comme vous voudrez) que le Saint-Esprit donne aux fondatrices.

Ces intuitions me viennent généralement la nuit. C'est ainsi que pendant une récente insomnie, c'est tout un char de paille qui m'a inquiétée... Celui de la charité, bien sûr! Étrange... Vous portez tous sur la poitrine une croix d'argent sur laquelle sont gravés les mots *caritas* et *pax.* On pourrait croire que la vue de la croix et le poids de ces mots suffiraient à vous rappeler cette vertu théologale aussi durable que l'éternité puisque, tout compte fait, elle est l'unique clef du Paradis.

Je ressens avec force que le lien de la charité est faible dans beaucoup, beaucoup de cœurs parmi ceux qui battent dans notre Apostolat. Naturellement, je ne citerai aucun nom ni aucune de nos maisons. Tel n'est pas l'objet de cette lettre. Qui suis-je pour juger qui que ce soit sur un point particulier car, sans la grâce de Dieu, où en serais-je moi-même?

Bien que je sois simple, pauvre, négligeable et souvent un mauvais exemple pour vous, je tiens à vous rappeler que, dans le mystère du choix de la clémence divine, je suis la fondatrice de Madonna House. Théologiquement et selon l'enseignement de la sainte Église catholique, cela signifie que Dieu m'a donné l'esprit de Madonna House pour que je l'inculque, l'entretienne et le développe mais surtout pour que je veille et que j'élève la voix chaque fois que cet esprit est menacé. Je sais que si je néglige de le faire et, en particulier, de veiller sur cet esprit, mon âme sera damnée et l'œuvre de Dieu mourra également. Ne soyez donc pas étonnés, mes bien-aimés en Christ, que lettre après lettre, je vous parle de l'esprit de Madonna House. Je ne dois cesser d'émonder, redresser les branches qui ploient, protéger avec amour et fidélité le mandat que Dieu m'a confié, mais aussi me préparer à traiter comme il convient le figuier stérile. L'intérêt commun importe plus que celui des personnes. Une pomme pourrie peut gâter tout un baril.

Nous n'en sommes pas là, Dieu merci ! Mais je dois m'assurer que chaque pomme est bien enveloppée du tissu de la charité et placée à la température qui lui assurera la paix et l'amour de Dieu. Je dois aussi veiller à la façon dont vous répondez à cet amour.

Après ces remarques préliminaires, je veux vous entretenir d'un phénomène qui semble se manifester dans tout l'Apostolat, bien que tout le monde ne soit pas concerné. Ceux qui le sont, comprendront que cette lettre leur est adressée et j'espère qu'ils auront soin de s'examiner sur le point en question.

Dans toutes nos communautés, les réunions se font chaque semaine ou quinzaine. D'après les rapports que j'en reçois chaque fois, je constate que les problèmes et les remarques qui en font l'objet reviennent si souvent qu'il y a de quoi être découragé... Car ce sont toujours les mêmes : désordre, refus de ramasser ce qui traîne pour le remettre à sa place, manque de prévenance, etc. C'est comme si on se réunissait pour constater tout cela, reconnaître ses torts, admettre que la charité est une bonne chose et recommencer à se comporter exactement comme la semaine précédente.

En certains cas, les choses progressent au pas de l'escargot, en d'autres cas il n'y a aucun progrès ! Aux réunions, il est question des chamailleries et des disputes, de l'hygiène personnelle, du manque de politesse et d'une quantité de problèmes individuels et collectifs. Quinze jours plus tard, le compte-rendu de la réunion suivante fait état de toutes les mêmes choses... Rien n'a changé ! Au nom du ciel, dites-moi pourquoi !

Un sujet qui revient souvent et qui m'étonne, c'est l'étrange habitude prise par quelques-uns. Disons par exemple que, s'ils sont chargés d'une chose aussi simple que de veiller à ce que le bénitier reste plein, la personne prise en défaut n'a d'autre excuse que : « Je regrette, j'ai oublié », ceci dit, sans grande conviction. Il en va de même pour celui qui est chargé de l'ordre au dortoir, au bureau ou en salle de classe. Le responsable déprimé (quel est celui qui ne le serait pas, épuisé par ces réunions toutes identiques) reprend le fautif chaque jour, en privé ou en public. Comme il n'a pas conscience d'avoir commis une faute dont il doit se confesser, l'excuse ne semble pas venir du fond du cœur. Il se peut que la désobéissance soit sans gravité (c'est au prêtre d'en juger) mais, suivant son état d'esprit, son âme peut être en danger. Ce n'est pas à moi d'en juger.

Puis-je demander à ceux qui agissent ainsi s'ils estiment faire preuve de justice et de charité ? Ne comprenez-vous pas ce que vous faites au Corps Mystique du Christ, à votre propre maison, à votre groupe, à votre mission et à l'Apostolat ? Vous détruisez le fruit de ses travaux et de ses mérites. En obéissant si mal, vous portez atteinte au moral de tous, soit que le bénitier soit vide, que les dortoirs soient en désordre ou même que vous vous laissiez aller à des chamailleries et des disputes qui déchirent le Corps Mystique du Christ.

Ceux qui se sentent visés par ces reproches feront bien d'y réfléchir sérieusement parce que de telles négligences peinent le Christ et me fatiguent énormément. Non, il ne suffit pas de dire que vous regrettez. Il ne suffit pas d'ajouter ce mot aussi stupide qu'insignifiant : « J'ai oublié. » Vous feriez mieux de vous souvenir. Si l'eau bénite manque longtemps à cause de votre étourderie, de votre manque d'application, de soumission et de votre consécration prise à la légère (car votre oubli suppose tout cela), vous manquez totalement à vos promesses, et de façon infiniment regrettable. Cela doit cesser.

Je doute qu'un seul d'entre vous puisse me reprocher de manquer de patience, d'intérêt, d'amour et de sympathie pour vous. J'ai toujours répondu à toutes vos questions, m'expliquant en tous points, sans me lasser, avec douceur et amour. Et, bien sûr, je continuerai à le faire car, en ce qui concerne nos relations, j'essaie de vivre selon l'hymne à la charité de saint Paul.

Mais je n'en dois pas moins être vigilante et veiller à ce que soit respecté l'esprit de Madonna House que Dieu m'a confié. Il y a des cas où la justice et le bien de tous doivent passer en premier. M'assurer que la communauté n'ait pas à souffrir d'une ou deux personnes… cela fait partie intégrante de la charité.

Donc, comprenons-nous bien. Je ne demande pas un miracle qui ferait de vous des saints du jour au lendemain. Je sais que le cœur humain est lent à changer et je connais la patience du Christ, mais je vous prie de vous conduire en chrétiens, comme des apôtres laïcs voués à la restauration du monde pour le Christ. Je demande de bonnes manières, en tout temps et particulièrement vis-à-vis des prêtres. Il y a sur ce point un laisser-aller dont il m'arrive parfois des échos. Après l'office du vendredi saint, quelqu'un s'est permis de reprendre un prêtre sur la façon dont il avait dévoilé la croix.

Pour qui diable se prend-il ? Personne à Madonna House ne doit se permettre de critiquer, d'élever la voix, de corriger un prêtre dans l'exercice de son magistère liturgique à l'autel, qu'il s'agisse de foi ou de morale. C'est inconcevable. Lorsque j'ai appris ce fait j'en étais littéralement bouleversée.

Je n'admets pas non plus une certaine désinvolture vis-à-vis des prêtres, ni la familiarité qui engendre un manque d'égards. Une respectueuse familiarité est tout autre chose et, sur ce point, je ne tolère aucune discussion avec des prêtres. Pas de questions sur ce qu'ils faisaient et où ils étaient, pas de répliques comme si vous aviez quelque compétence en théologie, en matière de foi et de morale ou dans les Écritures. Je tiens à ce que vous leur témoigniez un certain respect. Ainsi que nous vous l'avons appris, vous vous levez lorsqu'un prêtre arrive, vous le servez le premier et, chaque fois que c'est possible et nécessaire, vous déployez sous ses pas « le tapis rouge des cérémonies ». Inutile de vous répéter tout cela, vous savez bien ce que j'en pense. Observez-le partout et en tout temps.

Encore une fois, je ne demande pas que vous deveniez instantanément des saints. Je ne m'attends pas à un miracle mais à ce que vous vous comportiez en catholiques et apôtres laïcs, consacrés pour renouveler le monde et l'offrir à Dieu, ce qui commence par le renouvellement de vous-mêmes !

Il commence aussi par des petites choses aussi minimes que se souvenir de remplir le bénitier, ranger le dortoir et surtout comprendre qu'un simple « Je regrette, j'ai oublié » ne règle pas la situation entre vous et le responsable qui vous réprimande. Sachez que le reproche n'est qu'un début car j'ai demandé aux autorités de me signaler tous ceux qui, après avoir été réprimandés trois fois pour la même chose, ne mettent pas toute leur énergie et leur bonne volonté à en tirer quotidiennement les conséquences pratiques.

Assez, c'est assez!

L'Apostolat n'est pas une partie de plaisir. C'est la vie éternelle qui est en jeu et il me reste une dernière chose à vous expliquer. Parce que l'on vous a donné quelques rudiments de psychologie et de psychiatrie, vous pensez vous en tirer en mettant tout sur le compte de votre émotivité... Mais vous avez reçu plus que des rudiments en ce qui concerne la religion et la santé mentale!

Un ami psychiatre qui était ici dernièrement nous disait aux prêtres et à moi-même que, d'après son expérience, seuls faisaient des progrès les malades qui non seulement coopéraient avec lui mais finissaient par comprendre, qu'à la longue, les émotions restent soumises au Christ, le grand psychiatre, et que les règles de la vie spirituelle s'appliquent tout autant aux névrosés.

Je vous conseille de lire *The hidden Face* (La Face cachée), une nouvelle biographie de « La Petite Fleur » qui va littéralement vous renverser. Voilà une sainte qui, sur son lit de mort, demanda à une religieuse de retirer de sa table de chevet un remède très nocif, car elle avait des idées de suicide... Les idées, peut-être, mais pas l'intention de passer à l'acte. C'est un bon livre que vous ferez bien de lire.

Et c'est ainsi que je termine cette lettre empreinte de tristesse, fruit d'une nuit d'insomnie et de prières pour vous et pour l'Apostolat. Je vous supplie de ne plus blesser le Christ comme vous le faites par votre négligence pour ces mille petites choses. Je vous supplie de bien comprendre que vous êtes des apôtres laïcs consacrés au Seigneur et que votre mépris des petites choses qui sont importantes retarde le retour du monde à Dieu.

Affectueusement en Marie,

Catherine

P. S. : Pour ce qui est de la charité, ne voyez-vous pas, mes bien-aimés, que non seulement vous la blessez mais, bien plus, que vous la tailladez, la crucifiez. C'est le cas lorsque vous êtes brusques dans vos manières, vos paroles, le ton de votre voix, lorsque vous vous répondez avec impatience, de façon sarcastique ou même par des silences dédaigneux qui blessent et parlent plus fort que les mots. Refuser de répondre à une simple question, c'est comme donner une gifle en pleine figure. Pensez-vous que cela favorise la charité ou la crucifie ? Je ne peux ajouter qu'une chose : lorsque vous crucifiez la charité, rappelez-vous que la charité c'est l'amour, que la charité c'est Dieu et que vous êtes coupable de crucifier Dieu. Je souhaite qu'il ait pitié de votre âme !

PRÉPARATION À LA PENTECÔTE

Le 6 juin 1962

Mes bien-aimés,

Je ne puis laisser passer cette fête merveilleuse de la Pentecôte sans vous parler du Consolateur, du Père des Pauvres, de l'Esprit saint, de la troisième Personne de la Sainte Trinité.

Qui est-Il cet Esprit saint ? Réfléchissez un instant. Essayez d'écarter tous les bruits extérieurs et intérieurs. Avec sa grâce, essayez de vous faire une toute petite idée de l'intensité d'amour du Père pour le Fils et du Fils pour le Père.

Leur amour réciproque est tellement intense et passionné qu'il dépasse notre entendement et devient visible, engendrant la troisième personne de la très Sainte Trinité, Esprit de feu, Esprit d'amour.

Il m'est arrivé une fois d'écrire, pendant l'avent, que, s'ils écoutent, les cœurs purs entendront résonner les cloches d'un âne... celui qui porte la Mère avec le Seigneur dans son sein... un saint âne !

Et maintenant je vous redis : écoutez avec votre cœur et avec votre âme. Si vous écoutez, l'oreille aux aguets, avec amour et désir, vous entendrez venir le vent de l'Esprit saint. Il est plus violent que toutes les tornades, plus rapide qu'on ne peut le mesurer et pourtant, aussi doux que la brise du soir, prodigieux, inoffensif pour la nature et les hommes. De plus, Il apporte, en passant, lumière, chaleur, paix, sagesse, force, longanimité, charité, foi, espoir, en fait tous les dons et toutes les vertus qu'Il est en son pouvoir de conférer.

Si vous essayez d'aimer Dieu, si votre visage se lève vers le Sien, si votre esprit, votre cœur et votre âme le recherchent de préférence à votre moi et à votre propre volonté, vous ne pouvez pas ne pas entendre l'approche de ce vent violent. Bénis soient ceux qui l'entendent – j'espère ardemment que vous êtes de ceux-là !

Pourquoi vient-Il ? Ne l'avez-vous pas déjà reçu à votre confirmation ? Ne vous a-t-Il pas, une fois pour toutes, rendus amoureux du Christ ? Soldats du Seigneur ? Ne vous a-t-Il pas déjà préparés à toutes les épreuves à venir et même au martyre ?

Oui, Il a fait cela ; mais comme Dieu le Père, Dieu le Fils et Dieu le Saint-Esprit connaît nos faiblesses. C'est pourquoi, à tout instant de notre vie, le Père nous L'envoie par le Fils pour nous aider à devenir des saints, amoureux du Seigneur, car Il est le Sanctificateur.

Il vient pour nous consoler. Qui d'entre nous n'a pas besoin de sa consolation et de sa force pour affronter une nouvelle journée apostolique avec un amour exempt d'égoïsme stérilisant ?

Grâce aux dons de piété et de conseil, Il éclaire pour nous les vérités qu'enseigne le Christ et que nous oublions ou rationalisons facilement. Ce sont deux trésors qu'Il nous offre pour que nous puissions, grâce à l'un, transmettre ce que nous avons reçu de l'autre. En effet, le véritable amour désire faire connaître le Bien-Aimé et c'est en cela que nous aide le Saint-Esprit.

Le Père des Pauvres vient nous enrichir, nous les plus pauvres. Ne vous sentez pas déprimés parce que nous vous demandons d'être pauvres. Réjouissez-vous ! Lorsque nous parlons de notre pauvreté, nous faisons de la théologie. Tout en étant créatures de Dieu, nous sommes pauvres parce que nous ne possédons rien en propre et, dans le même temps, nous sommes riches puisque créés à son image et à sa ressemblance. Nous sommes riches, surtout, parce que Dieu nous aime.

C'est ainsi que nous sommes à la fois pauvres et riches, mais il n'est pas douteux que nous ayons besoin du Père des Pauvres pour nous faire voir combien nous sommes riches. C'est pourquoi Il vient. Au cours d'un entretien sur le Saint-Esprit, quelqu'un me demanda ce qu'était la sagesse. Je fus prise de court l'espace d'un instant, parce que la réponse est si simple que j'étais étonnée que l'on me pose cette question. La sagesse, c'est tout simplement l'amour. Est sage celui qui aime réellement Dieu et les autres comme il se doit. Il ne l'est pas grâce à sa propre sagesse, mais à celle de Dieu qui demeure toujours dans une âme suffisamment morte à elle-même pour Lui laisser toute la place. Si Dieu habite et agit en vous, comment ne seriez-vous pas sages ? Pour acquérir la sagesse, il suffit de mourir à soi-même.

J'ai beaucoup d'autres pensées sur l'Esprit saint mais je vous en dis peut-être trop… Dernièrement, je vous ai inondés de mes lettres, mais avez-vous bien compris qu'elles sont surtout un cri du cœur. Je vous aime tellement et, comme saint Paul, je suis jalouse pour vous et désire vous conduire à Dieu, saints et sans tache. Mon amour veut pour vous le vrai bonheur bien qu'à chaque pas je ne rencontre que revers, indifférence et certainement peu de résultats. Ce jugement peut vous paraître dur, négatif, déprimant et même injuste.

C'est ici qu'intervient la possibilité de communiquer. Qu'est-ce que j'entends par « maigres résultats »? Que tout ce que je dis et fais peut changer chacun d'entre vous et vous rapprocher de Dieu ? D'une façon générale, certainement pas. Mais la théologie donnerait une réponse partiellement affirmative puisqu'elle enseigne que la grâce de Dieu nous vient souvent par les autres. Ce qui signifie que chacun d'entre nous peut être un canal de grâces pour les autres.

Mais ce n'est pas exactement ce que je veux dire. Je dois être ce canal de grâces pour vous non pas tant par mes paroles que par celles que Dieu désire me voir vous transmettre clairement.

Alors, que veux-je dire ? Les mots me manquent à nouveau. Serait-ce que je suis poète ou que mon esprit russe ne fonctionne pas comme le vôtre ? J'en doute pourtant car tous les esprits humains sont similaires. Mais je vois beaucoup en images, et des images qui me brisent le cœur parce que je vous aime et j'aime Dieu.

Vous qui êtes l'objet de son choix, je vois que votre cœur est plein de reconnaissance et que votre esprit, lorsqu'il n'est pas obscurci par la sensibilité, se nourrit parfaitement des infinis bénéfices dont, par cet Apostolat, Dieu a voulu vous combler.

Mais je vois aussi que vous tirez une ligne à ne pas dépasser pour aller vers Dieu. Il est là devant vous, les bras ouverts, attendant que vous vous y jetiez, que vous finissiez par vous rendre pour faire sa Volonté plutôt que la vôtre.

Or vous vous arrêtez devant une frontière imaginaire que vous avez tracée vous-mêmes et que vous refusez de franchir. Pourquoi ? Qui le sait ? Qui peut juger ? Certainement pas moi. Je ne peux que continuer à prier, essayer de vous aider, être patiente, et c'est bien ce que je m'efforce de faire.

Mais bien sûr avec une certaine disproportion car chacun garde sa volonté propre. Alors quoi…

La solution du problème réside dans l'Avocat, le Consolateur, Celui qui éclaire, qui est source de tous dons, de toutes vertus, le Père des pauvres. Lui, et Lui seul, peut agir sur notre volonté. Préparons-nous donc à la Pentecôte. N'oubliez pas que, dans la vie d'un chrétien, chaque jour est une Pentecôte. Le Vent tout puissant souffle tous les jours si seulement nous l'appelons. Tous les jours les langues de feu descendent sur nous si nous reconnaissons le besoin que nous en avons et si nous les désirons d'un grand désir.

C'est ainsi que cette humble lettre est valable tous les jours de l'année, chaque heure, chaque minute, chaque seconde. Que Dieu vous bénisse !

Avec toute mon affection en Marie,

Catherine

AVONS-NOUS COMPRIS EN QUOI CONSISTE LA VRAIE JOIE?

Le 19 juin 1962

Mes bien-aimés,

J'ai médité sur la joie et me suis demandé pourquoi elle était si peu naturelle et spontanée parmi nous. Elle devrait pourtant y régner étant donné les milliers de grâces que Dieu nous envoie tout au long du jour... une joie qui, telle la cascade jouant dans le soleil, en reflète l'éclat...

Je me demande aussi pourquoi nous éprouvons si peu cette joie vraiment surnaturelle qui rayonnait des saints, transformant la plus humble tâche en une glorieuse aventure pour faire de chaque jour un défi lancé par amour.

Ce qui ne signifie pas que nous ne rions jamais, que nous n'avons pas des moments de détente, des joies toutes simples et que nous n'avons pas énormément progressé dans l'appréciation des choses qui, voici seulement quelques années, vous auraient paru tellement ordinaires et puériles que vous n'y auriez même pas prêté attention.

Je me souviens des premiers temps à Madonna House lorsqu'on ne vendait de glaces qu'à dix-huit kilomètres de là et pas tous les jours. D'ailleurs notre pauvreté nous interdisait ce luxe. Mais il arriva qu'une fois un de nos visiteurs faisant des courses nous apporta à chacun une glace (à l'époque nous n'étions que cinq). Ce fut une vraie fête car il y avait des mois que nous n'avions pas eu un tel régal. Ce qui était normal pour tout le monde, devenait pour nous un événement extraordinaire. Aussi léchions-nous nos assiettes en riant de joie.

Un pique-nique est aussi une joyeuse occasion et, bien que nous aimions les visites, une soirée tranquille en famille peut être un rare plaisir. Mais, la joie indéfectible du Seigneur qui sourit, chante et rit... Celle-ci, nous l'avons très peu! Ce qui est intérieur et vrai rayonnera toujours à l'extérieur. C'est cette joie intérieure qui rayonne peu parmi nous.

Tous problèmes sentimentaux mis à part, il me semble que nous n'avons pas vraiment rencontré le Christ et n'en sommes pas encore tombés amoureux. Vous êtes si nombreux à lutter contre votre vocation. Beaucoup continuent à n'en vouloir que les avantages et rien que les avantages. Autrement dit, ils n'ont pas compris ce secret : la Croix, c'est la joie !

C'est parce que nous luttons contre la croix que la joie du Seigneur n'est pas en nous. Je suis vraiment tentée de vous dire : « Ô fous que vous êtes ! Pourquoi n'étreignez-vous pas la croix car elle est le seul chemin qui mène à la joie éternelle ainsi qu'à la joie dans cette vallée de larmes ? »

Nous sommes fous de penser trouver la joie ailleurs qu'à Madonna House. Nous rêvons d'une vie et d'un endroit sans croix. Nous oublions qu'ils n'existent pas mais sont le fruit de notre imagination brumeuse et de dangereux rêves éveillés.

Cela explique peut-être le manque d'enthousiasme parmi tant d'entre nous. Serait-ce aussi la raison de ce ralentissement dans nos gestes, notre démarche et notre travail ? Il nous arrive de nous traîner toute la journée au lieu de marcher joyeusement pour nous occuper activement « des affaires du Père ». Comme notre démarche serait différente s'il s'agissait d'un rendez-vous sentimental. Nous serions comme l'ouragan ! Ou si notre travail devait rapporter beaucoup d'argent, comme nous serions prudents, efficaces, vigilants, décidés.

Je peux imaginer avec quel soin quelqu'un organiserait une réunion mondaine pour recevoir les « gens importants » qui, espère-t-elle, la situeront plus haut sur l'échelle sociale. Comme elle s'agiterait et se donnerait de la peine pour tout prévoir !

Je pense aussi qu'un jeune « cadre » ambitieux travaillerait nuit et jour pour gagner l'argent qui lui permet de s'habiller plus décemment. Il soignerait son aspect extérieur et apprendrait les règles du « savoir-vivre » ; il n'épargnerait aucun effort car pour lui le temps est chose précieuse. Comme il a hâte de « réussir », il déborde d'énergie, d'enthousiasme et d'activité.

Mais pour Dieu, nous sommes comme des ombres qui passent lentement sur un écran. Lorsque le téléphone sonne, nous pensons :

« Ce n'est rien qu'une demande de renseignement », ou : « Ce n'est qu'une autre offre de dons pour les pauvres et les affamés… Ça peut bien attendre. »

Et nous passons toute la journée lentement et sans joie, agissant par devoir, sans entrain, sans que le cœur y soit. Assaillis par l'ennui et souvent le doute, nous nous apitoyons sur nous-mêmes et rêvons de faire autre chose ou bien d'être ailleurs.

Il est certain que nous ne donnons pas le meilleur de nous-mêmes. Le stimulant paraît insuffisant… « Ce n'est que Dieu et ses affaires ! Ce n'est guère excitant et ne vaut pas la peine qu'on se dépêche. » D'où je suis, c'est du moins l'impression que vous me donnez. Vous êtes si nombreux à ne manifester aucun enthousiasme, vous ne semblez pas heureux de vivre en Dieu, vous ne comprenez pas l'immensité et l'urgence de votre tâche.

Tout au long de l'Ancien Testament, le Seigneur exhorte les prophètes à se hâter. Avec Moïse, Il ne tolérait aucun retard ; il devait aller trouver le Pharaon immédiatement, quoi qu'il en pense. De même pour Isaïe et tous les autres, « Hâtez-vous de porter les paroles du Seigneur à tout le peuple d'Israël ! » Il semble que l'urgence soit le thème premier de Dieu le Père dans l'Ancien Testament.

Son Fils, Jésus-Christ, fut encore plus catégorique. Je vous suggère d'étudier les évangiles en vous amusant (bien que ce ne soit pas drôle) à compter combien de fois le Dieu des Armées emploie le verbe « se hâter ». Je suis sûre que vous serez surpris.

Nous hâtons-nous vraiment aux affaires du Père ? Sommes nous dévorés par le zèle de la Maison du Père ? Est-ce que nuit et jour nous pensons à Dieu et à l'extension de son Royaume ?

Voilà bien « la question à cent francs » et à laquelle chacun est seul à pouvoir répondre. De votre réponse dépend le salut du monde, le rythme de notre Apostolat et la joie de votre cœur. L'amour et l'amour seul peut parvenir à hâter le cours des événements. Seul l'amour est source de vraie joie.

L'impact d'un amour malsain peut littéralement nous transformer. Croyez-le ou non, il y a des amours tragiques, effrayants, dénaturés, tout à l'opposé de l'Amour qui est Dieu, qui est une Personne, qui est *caritas* dont nous serions comblés si seulement nous Lui ouvrions notre cœur.

Pensez, par exemple, à un avare et à son amour de l'argent qui n'est qu'une caricature de l'amour. Il est torturé mais n'hésite pas à entreprendre un long voyage pour se procurer son bien le plus cher. Il est inutile de vous donner d'autres exemples, je pense. Des gens ont tué et risqué leur vie pour atteindre le but que leur dictait un amour tragiquement dévoyé.

Mais nous n'imaginons pas de mourir pour Celui qui est l'Amour, Lui qui est mort pour nous dans les douleurs et la gloire, Lui le Dieu de nos Pères, l'Amour de notre cœur, le Salut de notre âme et des nations, le Tout Puissant, le Bien Aimé. En fait, nous trouvons inutile de nous hâter même à ses affaires... Il devrait se contenter du service que nous Lui offrons lentement, comme à regret et avec ennui. Nous ne le voyons pas. Il est si loin, tellement insaisissable! Pourquoi se fatiguer? C'est du moins l'impression que nous donnons bien souvent.

Avec une telle attitude comment notre vie apostolique serait-elle joyeuse? Si c'est ainsi que nous nous comportons, alors il n'est pas étonnant que nous ne connaissions pas la vraie joie surnaturelle.

Avec toute mon affection en Marie,

Catherine

BEAUTÉ ET GRANDEUR DES PETITES CHOSES

Le 20 juin 1962

Mes bien-aimés,

Dernièrement, toute la maison participait dans la chambre d'Eddie, à une longue conversation lorsqu'on en vint à cet important sujet : les « petites choses ». D'où cette lettre pour vous en rappeler la grande importance.

La première question qui me vient à l'idée en tant que fondatrice de cette communauté, c'est de me demander pour quelle raison Il m'a touchée et dit : « Viens ! » C'est un mystère de Dieu dont les raisons resteront à jamais insondables jusqu'au jour où je le verrai.

J'ai souvent raconté ma vocation comme une stupéfiante aventure. Je commence donc par cela. Lorsque Dieu m'a appelée, j'en ai eu le souffle coupé et trente ans après, je l'ai tout autant, oui, maintenant… tout autant que lorsque j'ai pris conscience pour la première fois de la vocation qui m'était dévolue !

Représentez-vous une jeune femme réalisant tout à coup que, merveilleusement, Dieu l'appelle, bien qu'à l'époque elle eût un enfant à charge et bien d'autres responsabilités. Une foi immense est l'un des dons que j'ai reçu dès mon enfance car il s'agit bien d'un don de Dieu. Vous pouvez le demander dans la prière, mais vous ne pouvez pas grandir dans la foi s'Il ne vous accorde pas sa grâce. C'est un don gratuit de Dieu. Étant donné ce qu'Il comptait faire de moi, Il m'a dotée d'une très grande foi. Or, lorsque je regarde en arrière et que je vous vois, je me dis que vous auriez peut-être hésité si vous aviez eu mari et enfant. Devant un appel de ce genre, vous auriez peut-être hésité parce que vous êtes Américains et Canadiens, c'est-à-dire que vous possédiez beaucoup de choses. Je ne sais. Il se peut aussi que, comme moi, vous vous soyez contentés de dire : « Mon Dieu, je ne comprends pas. C'est à vous de lever les obstacles. »

C'est ce qu'Il fit grâce à un évêque.

Après qu'il m'eut donné l'autorisation, je me suis jetée à l'eau, c'est-à-dire que j'ai pris mon fils et, d'un seul coup, j'ai atterri dans les taudis… Je considère cela une « petite chose » puisque je ne cesse de vous répéter ce poème : « Seigneur, je jette ma vie à vos pieds en chantant que je vous donne une bien petite chose. »

En effet, j'ai sous les yeux un crucifix qui, pour moi, vit, respire et, tout couvert de plaies, me dit : « Je t'aime, je t'aime. » Lorsque je compare ma vie à ce crucifix, alors elle n'est plus rien. C'est pourquoi j'estime que l'offrande de toute ma vie, du jour où Il m'a appelée à celui où je vous parle, n'est qu'une petite chose minuscule en comparaison de ce qu'Il m'a donné.

Comprenez-vous maintenant ce que j'entends par une « petite chose » ? Je crois que nous ne nous étions pas encore bien compris. J'estime que ma vie tout entière n'est qu'un don de rien du tout. J'aimerais en avoir mille à Lui offrir. Voyez-vous pourquoi une seule vie n'est qu'une « petite chose » ?

Si je considère que ma vie n'est pas plus grande qu'un dé à coudre, ce qu'elle contient est encore plus petit, n'est-ce pas ? « Je chante que je jette ma vie à vos pieds… une si petite chose. » Puisqu'elle est si petite, ce qu'il y a dedans ne peut être plus grand que le tout.

Je suis une humble femme qui a écrit quelques poèmes. Je sais que vous ne les lisez guère ; il est d'ailleurs très probable qu'ils ne vous diraient pas grand-chose car le langage en est symbolique. Un jour, peut-être, vous les comprendrez. Voici ce que disait l'un d'eux :

> Je ne suis rien
> une mendiante
> couverte de blessures
> Étendue
> sur mille chemins.

Ce qui signifie que je suis la dernière de tous et n'ai rien à Lui offrir. Mais Il m'a touchée.

> Vous êtes venu
> Mon Roi
> Votre main
> M'a touchée
> Et je me suis levée
> Et je vous ai suivi…

Oui, Il m'a touchée, moi dont l'âme est souillée, malpropre, bonne à rien. Ce n'est pas que je me sous-estime car je suis une créature merveilleuse créée à l'image et à la ressemblance de Dieu. Mais nous sommes tous pécheurs et si à mes yeux je le suis, je ne dis que la vérité.

Alors, que peut faire pour Dieu cette pécheresse, ce grain de sable ? Peu de chose. Me voilà donc à *Friendship House.* Là-bas, on me traite de tous les noms ; les prêtres ne croient pas en ma mission. Seul un évêque et deux directeurs spirituels me font confiance. Chaque jour, à tout moment, j'entends : « Voyez cette femme, elle couche probablement avec ces clochards. »

Mais cette persécution n'est pour moi qu'une « petite chose ». Avoir été persécutée vingt et un ans sur trente est une chose infime et j'estime que c'est offrir à Dieu bien peu de chose.

Je vous parle de petites choses parce qu'il est probable que, pour vous, la persécution en serait une énorme. Mais je suis si petite, si indigne… Je n'ai qu'une vie à jeter à ses pieds et elle est minuscule ! Lui qui est Dieu m'a donné sa Vie.

Alors je demande que peut faire une petite personne qui aime Dieu à la folie ? La réponse est : absolument tout ; qu'il s'agisse d'éteindre les lumières au nom de la sainte pauvreté, renoncer à changer de robe sans cesse bien que le vestiaire en regorge, manger ce qui se présente, ou partir là où Dieu vous appelle.

Et comprenons-nous bien car je crois que ce n'est pas encore le cas. Rappelez-vous d'abord que je suis en relation personnelle avec le Christ. Pour moi, Il est vivant… dans cette pièce. Il est réel ! En plus de ma foi, j'ai une vive imagination.

Supposez que l'on frappe à ma porte ou que l'on réclame mes soins d'infirmière, quel que soit mon épuisement, je sais que celui qui frappe est Dieu. Je vois littéralement sa main transpercée (je ne dis pas en vision, mais en imagination).

Vous passez à côté de moi et murmurez : « Puis-je vous voir aujourd'hui ? », je m'entretiendrai avec vous à moins qu'Il n'attende autre chose de moi ou que survienne un fait important.

Les exigences de l'Apostolat rythment mes journées. J'en pèse l'urgence. Vais-je dicter pendant trois ou quatre heures ? Pour vous, c'est plus simple et je vous envie. Vous connaissez sa Volonté qui vous est clairement indiquée à chaque instant. Vous avez de la chance. Moi, je dois prendre des décisions. Heureusement le père Cal est là pour m'aider lorsque j'hésite.

Lorsque je vois quelle est la Volonté du Seigneur, je m'efforce d'y répondre parfaitement, le cœur débordant de joie et je dis: « Cela aussi Seigneur, par amour pour vous », car j'en connais la valeur rédemptrice. Mon langage vous paraît-il trop symbolique?

Voici un autre exemple: c'est le soir, j'ai les mains vides et je me dis qu'il faut porter quelque chose à l'autel pour le mettre sur la patène pour le lendemain matin. Qu'apporter? Le millier de boutons triés avec tant d'amour qu'ils en acquièrent une valeur rédemptrice? Ou les heures de conversation avec vous? Ou encore le contenu détaillé des nombreuses lettres écrites aujourd'hui?

Cette foi tient à une merveilleuse compréhension que j'ai de la réalité de Dieu; je perçois intensément qu'Il m'aime de façon inimaginable. Il a donné sa vie pour moi et, devant un tel don, je perds la raison. Je vais de-ci de-là, cueillant les fleurs qui se présentent et c'est sa Volonté qui dirige la cueillette.

En mars, je dois prendre la parole devant les psychiatres de l'Association Médicale et je serai « quelqu'un d'important ». On m'attendra à la descente du train, on s'agitera beaucoup autour de moi, on m'installera dans le meilleur hôtel… « C'est la fameuse Baronne de Hueck, conférencière réputée aux États-Unis, auteur de plusieurs livres, etc. » Eh bien pour moi, c'est exactement la même chose que trier des boutons… Je n'y vois aucune différence!

Écrire un livre me paraît une assez petite chose. Mes livres que vous lisez sont rédigés par bribes et sans aucun plan. Je ne me suis jamais dit: « Maintenant je vais faire un livre. » Je ne m'y serais mise que si le père Cal m'avait dit: « Je voudrais que vous consacriez trois heures par jour à écrire un livre », alors j'aurais essayé. Je n'ai d'ailleurs pas besoin pour cela de trois heures par jour. Pourquoi? Parce que j'écris ce que je vis. Il ne me faut ni solitude, ni document ni quoi que ce soit. J'écris simplement ce que je vis. Même si on me payait, je serais bien incapable d'écrire une histoire avec intrigue ou même une dissertation.

Pourquoi est-ce ainsi que j'écris? Tout simplement parce que j'aime. Autrefois, chacune d'entre vous aurait pu écrire à ses amis pour leur parler du garçon qu'elle fréquentait. Vous étiez même éloquentes lorsque vous parliez de « Joe » parce que vous l'aimiez et, bien que vous ne puissiez ordinairement aligner deux mots, vous gribouilliez six pages lorsqu'il s'agissait de lui!

Eh bien, c'est tout simplement ce que je fais et c'est ce que je voudrais que vous fassiez. Oui, même écrire un livre n'est qu'une petite chose.

C'est ainsi que, pour moi, la vie est toute faite de petites choses, d'attentions. Si le père Cal me dit: « Katie, votre tension est bien basse, vous vous sentez, disons, un peu tendue, je voudrais que vous évitiez, ce matin, de parler à qui que ce soit. » J'obéis, j'essaie de m'abstenir. Sinon je m'en confesse.

Mais il arrive que cette basse tension artérielle jointe à une forte tension nerveuse me pousse à répliquer trop vivement. J'en éprouve alors de la tristesse. Le péché est pour moi chose importante comme est important tout ce qui touche au péché puisque c'est une blessure faite à l'amour. Par contre, tout le reste est insignifiant.

Il ne me vient jamais à l'esprit que l'on puisse séparer quoi que ce soit de l'amour. C'est pourquoi, au risque d'être peu polie, j'insiste tellement auprès des prêtres pour qu'ils branchent la vie quotidienne sur la pauvreté et le respect. Je n'ai aucun droit de le faire, mais cela me vient inconsciemment et les mots sortent avant que je puisse me contrôler. Je dois faire un effort sur ce point... Je vous l'ai dit, je suis une pécheresse!

Je vais par exemple vous parler des tasses puisque vous semblez détester faire la vaisselle. Si vous vous dites qu'une tasse est une jolie petite chose que vous pourriez offrir à Dieu alors c'est une aventure que de la laver... Voilà ce qui vous manque: ce sens de l'aventure, de la gloire et de la joie!

Je peux être terriblement fatiguée et le travail peut être affreusement monotone, je fais en sorte de m'y intéresser et je m'amuse beaucoup. C'est ainsi que vous êtes nombreux à constater la monotonie du travail qui se fait à la bibliothèque, au sous-sol, avant Noël. Vous m'y avez vue parfois tendue et même acerbe, ce dont j'éprouve des remords. Néanmoins, je ne cessais de me dire: « C'est merveilleux de penser que, dans notre communauté, des générations vont pouvoir bénéficier de ce travail. » Cela aussi, c'était une petite chose à offrir à Dieu. Oui ou non, comprenez-vous maintenant ce que j'entends par les « petites choses » ? Toute notre vie que nous jetons aux pieds de Dieu en chantant n'est qu'une toute « petite chose ». Mais chacune devrait être faite à la perfection et totalement liée à Dieu. Sinon, elle perd tout intérêt, et n'a plus de sens ni de raison d'être.

Cela donne une grande liberté. Inutile de vous efforcer de sourire en faisant les petites choses ; le seul fait que votre cœur s'en réjouit éclatera dans votre comportement, illuminera votre regard.

Ces gens viennent chez nous suivre les cours d'été de l'Action Catholique. Que pensez-vous qui les attire ? Voir des êtres jeter leur vie aux pieds de Dieu en chantant qu'ils Lui offrent bien peu de chose ?... À notre contact, certains sont en quelque sorte transformés ou reçoivent des grâces du Christ.

C'est cela votre Apostolat. Lorsque vous faites la vaisselle au Marian Centre, tout le quartier en est changé, comme il l'est de façon notable du seul fait de sa présence.

Whitehorse, dans le Yukon, connaît une semblable transformation grâce aux activités de Maryhouse. C'est en faisant toutes ces petites choses que vous faites rayonner l'amour. C'est cela l'Apostolat.

Ceux qui sont doués, tout autant que ceux qui ne le sont pas particulièrement, tous contribuent au retour du monde au Christ. Ce qui compte, ce n'est pas ce que vous faites, mais ce que vous êtes. Si vous comprenez la beauté et l'immensité des petites choses vous redonnez le monde au Christ. Ce faisant, vous êtes une humble lumière, éclatante et joyeuse, qui appelle à l'aventure. Ces petites choses deviendront grandes parce que la main de Dieu les aura touchées puisqu'elles auront été faites pour Lui.

Ai-je su vous expliquer l'importance des petites choses ? Comment pourriez-vous vivre une véritable vocation sans reporter à Dieu chacun de vos gestes et même votre respiration. Cette vocation n'est pas la vôtre si vous n'êtes pas capables de penser à ramasser ce que vous ou les autres ont laissé traîner, pour alléger le travail de vos frères ; si vous ne faites pas attention aux lampes qui brûlent inutilement ; si vous n'êtes pas tout entier, cœur, âme, esprit dans tout ce que vous faites. Vous pouvez aller ailleurs mais, partout où vous irez, vous aurez sûrement à faire des petites choses. Essayez de les faire avec amour et vous verrez la différence. Notre vocation consiste à faire les petites choses en y mettant tout son cœur.

Peut-être serez-vous un jour un important professeur d'université, mais alors, cela vous sera égal d'être important ! Il ne faut rien refuser à Dieu et rien Lui demander en ce qui concerne notre vocation.

À la messe, le Christ est un morceau de Pain que porte le prêtre et vous aussi êtes un morceau de pain porté par l'esprit et la parole de vos supérieurs. Vous êtes un autre Christ content d'aller n'importe où, de faire n'importe quoi et qui n'oublie jamais que tout ce que vous faites est petit alors que ce qu'Il nous donne est tellement grand !

C'est par rapport à Dieu que tout est petit mais la soif que nous avons de Lui revenir est immense. Pour nous, la seule « grande chose », c'est cette soif d'aimer, d'être à Dieu et de travailler pour Lui.

Est-ce clair ? C'est si simple ! Il est évident que nous devons faire les « petites choses » tout aussi bien dans nos relations avec les autres. Autrement, comment apprendrions-nous à aimer si nous ne nous aimons pas les uns les autres ? À quoi cela servirait-il ? À quoi bon prêcher le Christ et en parler si nous ne sommes pas Christ les uns pour les autres ?

Tout cela repose sur Dieu en tant que personne, sur le sens de l'aventure, sur l'appel que vous avez reçu, et les quelques lignes de ce poème : « Seigneur, je jette ma vie à tes pieds en chantant que c'est là une petite chose à te donner. »

C'est tout ; mais si vous compreniez cela, vous avez tout compris. Il est possible que vous n'ayez pas été appelés à ce genre de vie, mais une fois que vous l'avez adopté, vous savez que vous avez été appelé. Vous ne pouvez donc pas vous associer à Dieu « un petit peu ». Vous devez le faire totalement.

Si vous avez des difficultés, ce qui peut arriver, faites-vous aider. Des problèmes sentimentaux ou autres peuvent parfois obscurcir le sens de votre vocation. Demandez à Dieu de vous aider, demandez-le aussi à ceux qui sont en mesure de le faire. Vous avez cette vocation. Ce qui veut dire que, tôt ou tard, il vous faudra la vivre. C'est ce que j'entends par les « petites choses ».

Il y a aussi la croix dont je devrais parler. Je ne puis imaginer une histoire d'amour avec Dieu sans la croix. Pour moi, elle est l'essentiel. Je la désire, je l'accepte et demande la grâce de ne jamais la redouter parce qu'un jour je connaîtrai la joie qu'elle procure.

Vous pensez peut-être que je déraisonne. Mais, encore une fois, et j'en prends Dieu à témoin, je vois dans la croix le lit nuptial du Christ. Je désire m'unir à Lui, même au prix de la crucifixion. Même si ma chair tremble de peur, mon âme s'écrie: « Où est le marteau? Où sont les clous? » La croix est là bien sûr, mais lorsque j'en parle, je pense que vous ne comprenez pas bien ce que je veux dire. Pour moi, la croix donne accès à Celui que mon cœur aime. Sans la croix, Pâques n'existe plus. Si je ne m'étends pas sur ma croix, je ne peux Le voir au ciel. Je dois me coucher sur la croix qu'il a faite pour moi, non pas celle que je me fabrique.

Cela est pour moi si clair que je vous parle tout naturellement de la croix. Néanmoins je commence à penser qu'elle est pour vous quelque chose de lourd qu'il faut bien porter, mais sans joie et tout en souhaitant s'en débarrasser.

Dieu a étreint la croix parce qu'Il le voulait. C'est pour cela qu'Il est né et c'est pour cela que nous sommes nés: pour y être étendus avec Lui. Je donne à ces mots leur sens littéral, mais je ne suis pas sûre que vous me compreniez. C'est pourquoi les « petites choses » vous causent problème.

Cela a-t-il un sens pour vous? Comprenez-vous comment je les ressens et ce que je pense? Vous pouvez ne pas être d'accord ou ne pas comprendre, mais c'est ce que j'entends par les « petites choses ». Si vous souhaitez faire partie de cet Apostolat, il faudra arriver à les comprendre avec l'aide des prêtres et la mienne, plus tard aussi avec mes écrits. Car c'est votre vocation et je vous transmets ce qu'Il m'a donné.

Lorsque quelqu'un me dit: « Je ne crois pas pouvoir supporter toute une vie faite de petites choses; c'est intolérable », j'ai envie de pleurer car cela suppose un manque de compréhension de notre foi.

Cette même personne sera bien obligée de supporter toute sa vie d'autres petites choses tout aussi intolérables.

Il ne faudrait cependant pas vous représenter votre vocation comme une accumulation de petites choses monotones. Voyez y plutôt la gloire de la croix. Comparez les « petites choses » à son immensité et à ce qu'Il fait pour nous. Essayez, à tout instant, de mettre un grain de sable devant l'autel et avant de mourir c'est une montagne que vous aurez peut-être à offrir. C'est si simple !

Avec toute mon affection en Marie,

Catherine

L'ESPRIT DE FAMILLE

Le 29 août 1962

Mes bien-aimés,

Aujourd'hui je voudrais vous entretenir de l'esprit de famille. Il est d'une telle importance vitale pour notre Apostolat que nous devons tous contribuer à le créer. C'est plus difficile dans nos plus grandes fondations parce que les dimensions de la maison ne facilitent pas les rapprochements. La Direction fait, bien sûr, ce qu'elle peut pour vous assurer un moment ensemble au moins chaque jour et en certaines occasions. Mais l'esprit de famille ne dépend pas seulement de ces rencontres car il peut fleurir même si les conditions sont défavorables comme c'est le cas s'il y a plusieurs pièces communes. Lorsque nous habitions Harlem, non seulement les pièces, mais aussi les rues nous séparaient et l'esprit de famille y était merveilleux.

C'est l'amour mutuel qui constitue l'alpha et l'oméga de l'esprit de famille. Il exclut que l'on se retire des autres ; il oblige chacun à se soucier des autres ; il vous apprend à ne pas toujours parler de vous, mais à écouter les autres.

Oui, l'esprit de famille commence et finit là où règne l'amour des uns pour les autres. Alors, chacun veille sur l'Apostolat tout entier et, en particulier, sur les points suivants :

1. Conversation à table... Elle est un reflet de l'esprit, du cœur et de l'âme de tous. Elle est donc une importante indication de l'esprit de famille que peuvent, au-delà de nous, constater nos invités.

Ce qui ne nous empêche nullement de parler des incidents de la journée et d'en rire s'ils sont comiques, car il ne se passe guère de jour sans quelque chose de drôle pour l'un ou l'autre. Si vous êtes en paix avec Dieu et les autres, même ce qui n'est pas très amusant peut le devenir et vaut d'être partagé avec les autres. Vous voilà maintenant capables de rire de vous plutôt que des autres, ce qui est un grand pas dans le domaine de la sainteté et de la santé morale. Dieu nous a donné le rire pour nous détendre et Lui chanter notre joie. Le démon qui hait le rire veut l'arracher à Dieu ; c'est pourquoi il essaie de l'utiliser de façon nocive en provoquant des plaisanteries dépourvues de charité ou en nous faisant rire à propos de vérités difficiles.

Oui, l'amour veillera sur les conversations à table et les dirigera le plus possible dans l'esprit de Madonna House, vers Dieu ou des sujets spirituels. D'une manière générale, les discussions porteront sur des questions qui en valent la peine au lieu d'inutiles et vains bavardages dépourvus de sens. Les disputes en seront bannies de même que les silences boudeurs, ressentis par tous comme un retrait de la conversation et qui ne sont autre qu'un manque de charité et une atteinte à l'esprit de famille.

N'oublions pas qu'un repas doit être une agape : rompre le pain dans l'amour est un acte qui nous rappelle toujours l'Eucharistie et la Sainte Cène. S'il en est ainsi, toute remarque de ma part devient inutile.

2. Se justifier en discutant... Rien ne brise davantage l'esprit de famille et le lien de la charité. Nous venons d'en parler à propos de la table. Il y a toujours quelqu'un pour soutenir qu'une chose est blanche lorsqu'un autre la voit noire, et vice-versa. Il ne s'agit plus de conversation intellectuelle, mais de soutenir ses propres idées.

Il y a une autre discussion qui tue la charité et l'esprit de famille : celle qui s'instaure entre un membre et le responsable.

Prenons le cas d'un responsable qui demande un service: « Puisque vous passez par là, voudriez-vous vous charger de déposer ce paquet à tel endroit. » Comme cela dérange X, elle explique longuement que c'est impossible, au lieu de répondre simplement: « Bien sûr! » Il est très évident que porter un paquet d'un point à un autre ne peut guère retarder!

Même discussion lorsque quelqu'un veut expliquer au responsable, ou à tout autre, comment lui s'y prendrait alors qu'il sait bien que sa suggestion n'est pas forcément meilleure. J'en ai fait l'expérience toute ma vie... Les anciens savent que je suis une spécialiste du travail de bureau, classeurs et fichiers compris. Néanmoins, je me souviens du temps ou certains d'entre vous insistaient pour me donner des conseils parfaitement inutiles. Lesquels retardaient d'autant notre travail pour Dieu. Quelle perte de temps contraire au bon sens et qui démolit l'esprit de famille, de charité et d'obéissance, ne laissant qu'amertume dans les cœurs!

Il est encore une façon de discuter qui dit: « Je dois faire cela immédiatement. » C'est la vieille chanson: « Donnez-moi encore cinq minutes. » Lorsqu'un responsable insiste pour que l'on éteigne parce que c'est l'heure, c'est un torrent de récriminations qui retarde un peu plus.

Je n'ai pas besoin de vous donner beaucoup d'exemples des justifications que vous trouvez à votre comportement. Un seul suffira: dans l'une de nos maisons, la règle veut que l'on n'utilise pas le magnétophone sans autorisation. Pour tourner la difficulté, une certaine personne vint d'un air innocent demander au prêtre qui venait de prêcher, d'enregistrer sa retraite, sous prétexte qu'elle était de service à la cuisine. Le prêtre qui ignorait le règlement, lui donna l'autorisation et la jeune personne qui ne savait pas bien se servir d'un magnétophone le détraqua... avertissant ainsi tout le monde!

Elle avait seulement cherché à justifier sa façon d'agir puisqu'elle savait devoir demander la permission, mais n'était pas d'accord avec ce règlement. Elle manquait d'esprit d'obéissance autant que de famille. Elle s'était sans doute dit qu'en demandant sa cassette au prêtre cela supposait l'autorisation du magnétophone puisqu'il était indispensable... C'est ce que j'appelle « chercher à se justifier ». Si elle avait eu l'esprit de famille et d'obéissance avec le souci des choses de Dieu elle aurait d'abord demandé la permission de prendre le magnétophone puis à quelqu'un de le faire marcher et enfin si elle pouvait écouter ladite cassette.

Si vous êtes honnêtes avec Dieu, vous découvrirez qu'au moins dix fois par jour, vous cherchez à justifier ce que vous faites. Évitez cela. Sinon il ne restera rien de l'esprit de famille.

3. Le petit mot « mais » est petit, mais combien puissant pour détruire l'esprit de famille!... Surtout lorsqu'on l'emploie pour ébranler le moral de la communauté, pas toujours délibérément, mais un peu tout de même. Il sape également l'autorité des supérieurs et, en fin de compte, celle de Dieu Lui-même.

Prenons un exemple: lors d'une réunion, le directeur, fatigué par mille et une responsabilités, a décidé, non sans avoir longuement prié et demandé conseil, d'expliquer pour la centième fois l'esprit de Madonna House en regard de tel événement, tel problème ou difficulté concernant toute la famille spirituelle. La réunion se passe bien, tous les membres semblent y participer activement. Si bien que le responsable a une lueur d'espoir... peut-être s'est-il fait comprendre cette fois...

Puis vient l'heure de la récréation et tout le monde parle de la réunion. Mais hélas, quelqu'un qui n'a rien compris engage la conversation: « C'était une réunion intéressante et X a été formidable *mais...* » En quelques mots, il a semé dans l'esprit des autres doute, tension, anxiété et soulevé des questions parfaitement inutiles.

Voilà comment un petit mot de quatre lettres peut en deux minutes anéantir l'esprit de famille et faire pire encore. Écoutez ces « mais... mais... mais... » Ils reviennent si souvent dans nos conversations qu'il y a de quoi pleurer.

Voici le genre de réponse que nous recevons: « Mais, écoutez il faut que je fasse cela... Mais, attendez un peu, je n'ai pas fini ceci » ou encore: « Mais, vous ne croyez pas qu'il vaudrait mieux s'y prendre autrement. »

Ce petit mot « mais », est au cœur des discussions et raisonnements de ceux qui veulent se justifier. Mieux vaut le bannir que l'utiliser ainsi. En revanche, n'hésitez pas à l'employer si quelqu'un chante vos louanges : « Mais vous ne me connaissez pas. Je ne suis pas si bien que vous croyez. » Ce « mais » sera alors bien placé.

4. S'isoler… Si quelqu'un veut donner le coup de grâce à l'esprit de famille, pour cela, il n'a qu'à se mettre à l'écart. Autant parler d'un bourreau qui décapite à la hache. Le coup est mortel.

On peut s'isoler physiquement, intérieurement et en combinant les deux. Premier exemple : celui qui, au dortoir, lirait au lit sans participer à ce qui se passe pendant cette période de détente, le soir. Ou encore qui resterait étendu les yeux grands ouverts sans dire un mot ni s'intéresser aux autres. Ce serait alors volontairement un isolement intérieur.

Il y a aussi celui ou celle qui se retire pendant la récréation parce qu'elle a du travail. C'est peut-être très bien mais, sauf exception, il serait mieux de le faire à plusieurs.

Supposons que, dans une de nos maisons, vous ayez tous des intérêts différents : dans la salle commune par exemple l'un lira devant la grande table, une autre étudie son livre de cuisine, d'autres s'essaient à la sculpture, à la broderie, au modelage ou réparent des montres, à moins qu'ils ne trient des pierres précieuses. Pourquoi ne pas faire tout cela autour de la grande table ? Toutes nos maisons, même petites, peuvent réserver une pièce pour ces occupations.

Il peut arriver que certains métiers artisanaux exigent quelques jours solitaires de préparation (si, par exemple, on utilise un four à céramique) mais c'est rarement le cas.

La sainte obéissance oblige la plupart des membres à écrire à leur supérieur. Peut-être pourriez-vous rédiger ces lettres ensemble ? C'est sans doute trop demander, mais vous pourrez y réfléchir.

L'ingéniosité que suscite l'amour est à la base de l'esprit de famille. Émanant de chacun, elle devrait alimenter ce trésor commun fait d'amour. Chacun peut imaginer une nouvelle façon de « vivre ensemble ». Le soir, on peut organiser des jeux, des sessions de « bons mots » plus ou moins spirituels et spontanés, des concerts grâce à des disques que l'on écoute et discute ensuite.

Dans toutes les communautés, les études proprement dites doivent se faire ensemble. Et je n'ai pas encore mentionné les piqueniques et autres sorties que vous pratiquez déjà.

Il peut arriver, néanmoins, que même dans ces réunions, cet isolement intérieur, tellement nocif pour l'esprit de famille, ne soit pas totalement exclu. Un visage dur, un cœur fermé, un esprit absent sont ressentis par le groupe comme une profonde blessure infligée au Corps Mystique qu'il constitue.

Rappelons-nous saint François qui disait : « Ne laissons pas l'obscurité de notre cœur obscurcir le soleil dans le cœur des autres. » Oui, le repli sur soi qui se présente sous plusieurs aspects est une arme subtile du démon. Il faut nous en méfier partout et toujours.

Il est aussi un autre genre de retrait que je déteste mentionner. C'est le cas de celui qui ne prend aucune part aux activités communes. À titre d'exemple, je peux citer les pique-niques lorsque quelqu'un se contente de porter sel et poivre de la voiture à l'emplacement choisi ! Il ne fait rien de plus, n'aide en aucune façon, pas plus pour mettre le couvert que pour tout ranger. On en a même vu qui vont se promener ou jouent à la balle pendant que les autres préparent le repas, et nonchalamment, reviennent manger le fruit du travail de ses frères et sœurs.

De telles personnes méritent qu'on les traite de parasites ou faux bourdons. Si elles persistent, il se pourrait qu'elles subissent le sort réservé, dans la ruche, aux faux bourdons. Ils en sont tout simplement éjectés. Ceci dit pour ceux qui ne connaîtraient pas bien l'apiculture.

5. Monopoliser la conversation… Il y a ceux qui éprouvent l'irrésistible besoin d'être le point de mire et de toujours parler d'eux, de ce qu'ils ont fait et savent faire. Vous les reconnaîtrez à leur façon de sans cesse employer les mots : je, moi, mien. Ils ne font pas encore partie de la famille, ni en fait ni en esprit. Ils considèrent leur service comme leur appartenant exclusivement et vous les entendrez dire : mon secteur, ma classe, mes malades, ma blanchisserie, ma lingerie, toujours « mon » ou « ma ».

C'est un gros péché contre l'esprit de famille et une forme d'égoïsme et d'égocentrisme dangereuse pour l'âme collective de Madonna House et surtout la leur. Il faut immédiatement arrêter ce verbiage. Non seulement le responsable, mais tous ceux auxquels il s'adresse en public ou en privé devront s'en charger.

Rappelez-vous que je disais au début de cette lettre: « Ce qui constitue l'essentiel de l'esprit de famille, c'est l'amour de chaque membre pour les autres. » Aimer c'est avoir le souci de ses frères et sœurs et particulièrement de leur salut et de la sainteté de votre famille spirituelle.

C'est là que tous ont le devoir d'agir, et pas seulement la direction. Chacun doit veiller à ce que soit respecté l'esprit de famille et faire remarquer aux égocentristes qu'ils devraient substituer « notre » à « mon ». Sinon, vous serez coupable devant Dieu d'un manque de charité. L'esprit de famille va très loin. Il exige beaucoup de vous, n'hésitez pas à le répandre. Si nous ne l'avons pas, il n'y a pas non plus d'Apostolat.

Avec toute mon affection en Marie,

Catherine

SAVOIR INTELLECTUEL ET SAGESSE SPIRITUELLE

Le 1er octobre 1962

Mes bien-aimés,

Au cours de ma vie apostolique, j'ai acquis plusieurs réputations étranges; je ne sais d'ailleurs ni où ni comment. L'une prétendait que j'étais, et suis toujours, opposée pour les membres de l'apostolat laïc à une formation intellectuelle, universitaire ou professionnelle. On me fait aussi la réputation de ne pas aimer les assistantes sociales, ni leur formation.

On dit que je refuse totalement, absolument les diplômes et me contente d'une formation affective : *caritas* uniquement…

Je suis habituée à me voir attribuer nombre d'idées et de notions qui n'ont jamais été miennes, et cela ne m'a jamais tracassée. Mais je crois qu'il est temps de clarifier les choses. L'apostolat laïc se développe et nous devenons une famille nombreuse dont les membres doivent se connaître. Comment faire ? Les grandes distances qui nous séparent et le gros travail qui incombe à chacun ne facilitent pas les choses.

Il me paraît donc nécessaire d'expliquer certains points qui me concernent, non pour me justifier (Dieu m'en préserve) mais pour dissiper de possibles malentendus et nous rapprocher les uns des autres. Il vaut mieux que je commence par une déclaration qui va peut-être vous stupéfier : je ne suis absolument pas contre les intellectuels, que vous le croyez ou non. J'en suis une moi-même.

J'ai fait des études universitaires et j'ai quelques diplômes. J'ai même fait des études de théologie et de philosophie. Je parle plusieurs langues y compris l'anglais (langue étrangère pour moi qui suis russe). Je suis infirmière et j'ai étudié la psychiatrie. Je suis l'auteur de six livres, plusieurs brochures et de nombreux articles dans divers journaux et revues.

Je suis fortement partisane d'une formation intellectuelle et professionnelle pour les membres de l'apostolat laïc. Non seulement Dieu, mais les gens que nous avons fait vœu de servir, méritent que nous leur offrions ce que nous avons de mieux. Il importe sûrement que les apôtres laïcs montrent autant de sagesse, sinon plus, que les enfants de ce monde. Une formation intellectuelle s'impose donc obligatoirement pour l'apostolat et les apôtres.

J'aimerais vous raconter une histoire concernant ma propre vie. En Europe, personne, autrefois, ne cherchait à s'instruire pour le plaisir des diplômes ou s'introduire dans le monde des affaires, du commerce ou de l'argent. Le savoir était généralement recherché pour lui-même ; on ne parlait pas de diplômes car on n'y voyait pas un passeport pour le Paradis. Ce n'était qu'une responsabilité supplémentaire pouvant servir à la gloire de Dieu et au service des autres.

J'entends encore mon père qui nous bénissait à la rentrée de l'école et toutes les années suivantes par ces mots : « Que l'Esprit saint te couvre de son ombre, mon enfant, pour te faire comprendre que tout savoir doit servir à la gloire de Dieu et au service de nos semblables ! »

Il est vrai que les études exigent une rigoureuse discipline qui va de pair avec une discipline spirituelle.

Lorsqu'à Toronto, j'ai commencé, en 1930, notre première fondation pour les plus pauvres d'entre les pauvres, j'ai réalisé qu'il me faudrait utiliser la moindre de mes compétences intellectuelles avec beaucoup d'amour et de délicatesse ; ainsi en ai-je pour ainsi dire, « replié les ailes de mon intelligence » momentanément et peut-être pour longtemps. Au milieu d'une misère humaine incroyable et d'une terrible crise économique, il n'était pas question de trouver un instant pour satisfaire les aspirations d'un cœur assoiffé comme le mien qui avait entrepris de sérieuses études. Pas d'occasions pour rencontrer d'autres intellectuels : je vis clairement qu'il me faudrait abandonner les joies d'une vie intellectuellement normale, par amour… l'amour de Dieu.

Mais ce que je n'avais pas prévu, c'est combien cela serait dur et finirait peut-être par être intolérable. Je restais éveillée la nuit, torturée par l'envie de trouver le temps de rencontrer ceux qui étudient, pensent, lisent et discutent. Mais je n'en trouvais ni le temps ni l'occasion.

Les files interminables d'estropiés, d'éclopés à nourrir et à vêtir m'occupaient jusque tard dans la nuit. Je me sentais revenue au niveau intellectuel de la « maternelle » et j'étais une adulte qui avait soif de livres, d'étude, d'amis ! Et puis toutes ces nouvelles expériences appelaient jugement et réflexion.

J'en parlai à un très saint et savant prêtre dont la réponse fut simple : « Catherine, Dieu vous a douée de facultés intellectuelles qu'Il veut vous voir mettre en veilleuse un certain temps ou peut-être toujours ; ne répondrez-vous pas à sa Volonté par un *fiat* plein d'amour ? » Je n'ai pu le dire qu'avec la grâce de Dieu, mais ce ne fut pas facile.

Ce niveau « école maternelle » dura de nombreuses années et jour après jour, j'utilisais mon savoir pour le service des pauvres. Il me semblait que je piétinais et n'apprendrais désormais plus rien. Puis, tout à coup, ce fut comme si le Seigneur souriait, et je me suis trouvée projetée dans un monde fait de conférences à donner, de livres à écrire, d'étude, d'échanges avec les autres. Je compris alors que j'étais passée par la plus haute étude du savoir: celle de l'amour de Dieu. Et je vis que si Dieu nous demande de Lui remettre notre intelligence, c'est pour nous la rendre purifiée de tout ce qui n'est pas Lui, si bien que notre savoir, tant profane que spirituel, devient en Lui une source renouvelée, efficace.

Il est vrai que je suis opposée à ce que les membres de notre Apostolat poursuivent des études supérieures avant d'avoir vécu et prononcé un *fiat* sans réserve; avant qu'ils aient, d'un cœur joyeux, échangé toute activité intellectuelle pour les humbles tâches qui exigent amour, détachement, humilité, surtout pour l'homme moderne.

Lorsqu'ils seront emplis d'amour, de détachement, de sainte indifférence, ils pourront alors prononcer leur *fiat* en toute connaissance de cause et le moment sera venu pour eux d'acquérir des connaissances intellectuelles. Ils ne commettront plus l'erreur de s'imaginer que le savoir et les diplômes donnent accès au cœur des hommes. Ils sauront que seul l'amour en est la clé et ils seront alors en possession de la véritable sagesse: celle de Dieu, non pas des hommes, et tout le reste leur sera donné par surcroît.

Je crains sérieusement qu'en donnant trop de prix aux diplômes et à l'université, on ne mette en danger l'apostolat laïc. La formation spirituelle doit passer en premier, exempte des charges d'un lourd programme universitaire. À Madonna House, nous estimons que cette formation spirituelle exige au moins deux ans. Après quoi, on peut aller de l'avant et acquérir les connaissances susceptibles d'accroître une certaine efficacité apostolique.

Je ne déteste ni le travail social, ni les assistantes sociales, bien sûr… L'un de nos membres prépare, en ce moment, l'entrée à l'école des Sciences Sociales. Ce dont j'ai peur, dans ce domaine, c'est qu'aux yeux d'une assistante sociale formée en faculté « l'objectivité scientifique » n'efface le visage humain ; que le « client » ne remplace la personne, c'est-à-dire Dieu.

Je pense qu'il faut d'abord se mettre en présence du Seigneur et, nécessairement, suivre l'école de Nazareth. Après cela seulement, on peut travailler pour le Seigneur et fréquenter l'école qui fera briller avec plus d'éclat votre amour pour le Seigneur.

Ai-je clarifié mon point de vue ?... Je me le demande. Je crois aussi que l'on peut très bien servir Dieu sans compétence spécialisée, ce qui ne signifie nullement que je déborde de sentimentalité.

D'innombrables apôtres laïcs, aussi humbles que merveilleux, n'ont aucun diplôme. Donnons la priorité à ce qui est premier et le reste suivra.

Avec toute mon affection en Marie,

Catherine

L'AUMÔNE DES PAROLES

Le 1er octobre 1962

Mes bien-aimés,

« Le Verbe s'est fait chair et Il a habité parmi nous. » L'Incréé s'est fait homme pour nous. Le Verbe de Dieu marche parmi nous et à notre époque sombre et terrifiante, des millions d'êtres ne le connaissent pas. Or, en dépend non seulement le sort de notre civilisation, mais aussi notre vie éternelle. Aussi est-il temps que nous, enfants de sa lumière, nous le fassions connaître.

Il y a bien des manières de le faire ; la plus simple et la plus directe consiste à faire l'aumône non seulement avec de l'argent, de la nourriture et des vêtements (ce qui n'est pas à la portée de tous) mais avec les paroles dont tout le monde a besoin.

De plus, c'est une aumône que nous pouvons tous faire et le besoin s'en fait sentir partout.

Mais il faut faire don de ses paroles, comme des autres choses, avec amour, douceur et tact. Pour cela nous devons ne faire qu'un avec le Verbe de Dieu et être prêts à mourir à nous-mêmes pour vivre en Lui. Il faut essayer de voir avec la douceur de son regard, penser avec la clarté de son Esprit, aimer avec son Cœur de feu.

Les aumônes faites sans amour, sans compassion, sans bienveillance et sans profonde compréhension blessent et font encore plus de mal que l'indifférence et la froideur. Sans ces qualités, nous profanons jusqu'à l'acte de donner.

Mais si nous sommes attentifs et vigilants au service du Christ, nous voyons notre prochain comme Dieu le voit. L'amour qui nous fait comprendre nous rend capable de voir les signes d'un esprit assoiffé, d'un cœur engourdi ou d'un corps blessé. L'amour nous fait entendre la symphonie des souffrances, douleurs et peurs, pouvant aller jusqu'au désespoir que le Prince du monde joue avec d'infinies variations sur les cordes sensibles des humains. L'aumône de quelques mots permet d'exercer partout le ministère de l'amour.

Voyez-vous cet enfant solitaire et triste ? Ne pouvez-vous trouver un instant pour lui faire l'aumône de quelques mots ? Ils apporteront un peu de lumière dans l'obscurité qu'il ne devrait pas connaître. Témoigner de l'amitié à un enfant qui se sent seul, perdu, pas aimé, qu'il soit riche ou pauvre, c'est lui amener le Christ. Prenez cet enfant dans votre cœur et, ce faisant, vous prendrez aussi le Christ. Il n'est pas douteux que, dans l'éternité, Il fera l'inverse et vous prendra dans son Cœur.

Nos yeux savent-ils vraiment voir ? Ne sommes-nous pas aveugles devant les mille petits signes que nous pourrions découvrir dans notre propre famille ? Père est un peu grisonnant, un peu plus soucieux. Mère est nerveuse et ses yeux prouvent souvent qu'elle a pleuré. Le frère ou la sœur a maigri, est moins gentil, distant. C'est peut-être le prélude d'une tragédie.

Notre amour est-il assez vigilant, prêt à offrir à temps l'aumône d'une parole gentille qui peut empêcher une porte de se fermer ? C'est peut-être un portail qui s'ouvrira, laissant entrer à flot amour et lumière dans les profondeurs d'un esprit qui commençait à douter même de l'existence de l'amour. Sommes-nous convaincus d'être « le gardien de notre frère » ? Et comprenons-nous jusqu'où cela peut aller ? Collègues, amis, camarades, étrangers, tous ceux qui croisent notre route de temps à autre, tous sont nos frères et sœurs que nous avons le devoir de chérir dans le Seigneur.

Un sourire, un mot gentil sur le temps qu'il fait… s'il s'adresse à une personne pauvrement vêtue dans un transport public ou à un étranger à notre porte, risque de changer en compréhension la haine qu'elle éprouve peut-être pour tout ce que nous représentons.

En ce qui concerne les étrangers qui vivent parmi nous quelques paroles claires et amicales jointes à un sourire d'encouragement peuvent constituer une riche aumône qui, dans ce cas, particulièrement, est susceptible de changer le sort de notre nation. Car cet étranger timide et bégayant qui sait à peine notre langue peut être demain le meneur d'un courant de haine et de révolte qui risque de faire un mal incalculable dans les esprits, les âmes et les corps. Et cela parce que personne n'a pris le temps de lui adresser la parole avec douceur et compréhension au moment où elle aurait été nourriture et boisson pour un être affamé et assoiffé !

Les malades peuvent être fatigants avec leur égocentrisme et leur manie de raconter par le détail leur solitude et leur souffrance de façon décousue et répétitive. Comment les consoler, les ramener dans le Royaume de la lumière et de l'Amour divin pour leur montrer le trésor qui peut sauver des âmes ? Il suffit de leur apprendre à offrir souffrance et solitude à Marie, la trésorière de Dieu. Sinon, comment connaîtraient-ils la richesse de cette offrande sans nos paroles de réconfort, notre patience et l'intérêt que nous leur témoignons ?

Les oubliés, les indésirables, les égarés, les alcooliques errants, les névrosés, les presque « psy » seraient-ils ce qu'ils sont si quelqu'un leur avait fait l'aumône de quelques mots quand ils en avaient si désespérément besoin ?

Des mots d'amitié, de compréhension, de compassion peuvent être le baume qui calme la brûlure d'une blessure ou d'un esprit accablé. Ils sont les eaux rafraîchissantes qui étanchent une soif presque mortelle. Ils sont nourriture pour celui qui meurt d'une faim comparable à celle des camps de concentration. Certaines paroles peuvent être la clé qui ouvre les portes des prisons. Il est si facile de les dire et l'on s'abstient si souvent!

L'aumône de quelques paroles affectueuses, chaleureuses est comme une berceuse maternelle pour l'indésirable et le vieillard qui souvent dépérissent de solitude. Elles peuvent apporter joie et paix là où il n'y en a pas, redresser des voies tortueuses et permettre à certains de se sentir à nouveau aimés et compris.

Et que dire des parias du monde moderne, les clochards, les mendiants, les prostituées, les prisonniers? Qui a le temps et le courage de leur faire l'aumône de quelques mots ou la politesse d'un silence attentif?

Partout, tout le temps, nuit et jour, des gens supplient qu'on leur fasse l'aumône de quelques mots. Ils crient silencieusement, sans même savoir pourquoi. Mais ils savent qu'ils ont une soif désespérée d'amour et d'amitié.

Mais, l'amour et sa fleur, l'amitié, sont Dieu car Dieu est Amour et Parole qui s'est revêtue de chair par amour pour nous!

Montrons-Le avec amour à nos frères et sœurs par les mille façons ingénieuses dont s'exprime l'amour et en particulier par l'offrande de nos amicales paroles.

Avec toute mon affection en Marie,

Catherine

POURQUOI NOUS MENDIONS

Le 1er octobre 1962

Mes bien-aimés,

Pendant mes presque trente années de vie apostolique, on m'a demandé je ne sais combien de fois: « Pourquoi mendiez-vous? N'y a-t-il pas des moyens plus faciles et moins humiliants de financer votre Apostolat? »

Il y en a peut-être, mais je n'ai qu'une réponse à cette question et elle est tellement simple qu'on la comprend difficilement... La voici : « Nous, membres de l'Apostolat, nous mendions parce que nous aimons passionnément un Mendiant qui est Dieu. »

Voilà ce que fait l'amour et ce qu'il ne peut s'empêcher de faire. Ceux d'entre nous qui aiment Dieu avec passion, se sentent poussés par leur foi et leur amour, à s'identifier à Lui, à ne faire qu'un avec Lui, à être pauvre comme Lui. Nous dépendons quotidiennement de notre Bien-Aimé avec une totale confiance en Lui et ses paroles : « Voyez les oiseaux du ciel, les lys des champs. Allez, vendez tout ce que vous possédez. Prenez votre croix et suivez-moi. » Ces paroles ne cessent de résonner à nos oreilles comme une mélodie céleste.

Et nous avons toujours devant les yeux, gravé dans notre esprit, notre âme et notre cœur, ce merveilleux tableau qui représente une femme, un homme, une étable, un Nouveau-né. Nous voyons aussi un Homme dans les collines de Galilée qui dit à ses auditeurs : « Les renards ont des tanières et les oiseaux du ciel ont leurs nids, mais le Fils de l'homme n'a pas où reposer la tête. » Et sur un autre tableau, nous voyons le même Homme, un jour, en Palestine, sous un ciel embrasé, sur une autre colline, il est maintenant étiré, élevé sur une croix et crucifié par amour pour nous, nu et réduit à une pauvreté absolue... ceci afin de nous prouver son amour et nous sauver. Il est mort pauvre. Telles sont les mélodies que nous ne cessons d'entendre et les images qui sont gravées dans notre esprit. Lorsque je les écoute et les vois, j'en ai presque le cœur brisé.

Mais d'autres raisons nous poussent à quêter. Il veut que nous dépendions totalement de sa Providence et que nous Lui fassions suffisamment confiance afin que s'ouvrent les cœurs des autres pour nous aider.

Pauvreté, chasteté, obéissance sont les dons que nous faisons à Dieu. C'est ainsi que nous renonçons à tout ce que nous possédons pour entrer, nus, au Royaume de la charité et nus dans son Cœur Sacré de même qu'Il est entré nu dans la tombe après avoir été crucifié par amour pour nous.

Après nous être totalement abandonnés nous-mêmes, que nous

reste-t-il à faire sinon mendier ? Puisque nous ne possédons rien, nous devons quêter, comme Il nous a dit de le faire et nous contenter de ce que nous recevons.

Nous vivons dans une confiance absolue en sa Divine Providence. Lorsque nous prions : « Notre Père qui es aux cieux… donne-nous aujourd'hui notre pain de ce jour », c'est exactement ce que nous demandons ; non pas le pain de demain ou d'après-demain mais bien celui d'aujourd'hui.

Même si nous gagnions tous notre vie, nous serions encore tenus de quêter parce qu'il semble que plus nous aimons et plus nous acceptons de renoncement, plus nous avons de gens à aider. L'océan des estropiés, des éclopés, des aveugles, des affamés, des déséquilibrés, des malades, des sans-abri monte, monte autour de nous. Il n'existe aucune organisation susceptible de recueillir assez d'argent pour faire face à tous ces besoins. Dieu seul peut le faire.

Mais les gens disent : « Ce n'est pas raisonnable. » La nature ne l'est pas davantage et c'est là qu'intervient le surnaturel et que la foi supplée à ce qui manque. Elle est comme un pont suspendu, léger, mais solide, qui me permet de traverser avec confiance l'abîme de l'impossible.

Et voilà que l'impossible devient réalité. L'argent arrive. Nous faisons un pas de plus et nous ouvrons une autre maison, répondant ainsi à de nouveaux besoins. Il semble néanmoins qu'une seule condition s'impose à tout cela, et si elle n'est pas remplie, rien ne se fait. C'est la suivante : moi ou un autre nous ne devons cesser de quêter avec une foi inébranlable et une absolue confiance en chacune des paroles de Dieu, et en celle-ci tout particulièrement : « Demandez et vous recevrez. »

Ceci explique mes nombreux articles et même mes lettres signalant l'urgence des besoins. Je mendie, je mendie parce que nous aimons passionnément un Divin Pauvre qui nous supplie de mendier par amour pour Lui. Comment ne pas le faire quand nous voyons ce Divin Pauvre sur une croix ?

Pour mendier, nous avons encore une excellente raison, celle de donner aux autres l'occasion d'acquérir de grands mérites car les grâces se déversent sur ceux qui consacrent leur argent, leur temps, leurs talents en actes de charité. Si personne ne quêtait, qui donnerait ? Si personne ne donnait, le monde ne serait-il pas plus triste encore ? Et comme le Dieu de charité en souffrirait ! Rappelez-vous les paroles de saint Paul : « Dieu aime celui qui donne avec joie. » Peut-être aime-t-il aussi les joyeux mendiants, car, n'est-il pas vrai, que le mendiant fait le donneur !

Avec toute mon affection en Marie,

Catherine

L'ESSENCE DE L'AMOUR

Le 3 octobre 1962

Mes bien-aimés,

Aujourd'hui, je voudrais vous entretenir d'un sujet difficile : le renoncement intérieur. Comme il semble un peu vague, il n'est pas facile de trouver les mots pour l'expliquer. Je vais pourtant essayer parce qu'il nous faut commencer par comprendre ce que l'on attend de nous pour ne pas faillir à notre Apostolat et ce que nous ne pouvons nous permettre, sinon ce serait tromper Dieu qui compte sur nous pour Lui ramener ce monde tragique des âmes fatiguées, épuisées. Des âmes qui ont un tel besoin de Dieu que, sans en avoir conscience, elles meurent de soif. Elles Le cherchent dans les ténèbres du jour et de leurs nuits faites de peur et d'insomnies.

C'est pourquoi nous n'avons pas le droit d'échouer et nous n'échouerons pas puisque nous avons sa grâce et l'aide de sa très sainte Mère, celle des saints, et de notre ange gardien.

Méditons sur ce renoncement intérieur qui est l'essence de l'amour. Supposons que deux personnes se marient sans ce fondement de l'amour, sans s'abandonner intérieurement l'une à l'autre ; leur union ne sera qu'une parodie du mariage et de l'amour authentique.

Si un homme et une femme ne se remettent que leur corps, ils ne se remettent rien du tout ; ils connaîtront vite la satiété suivie du dégoût et même d'une haine mutuelle. Leur mariage, comme tant d'autres, sera un échec.

Il en est de même pour les religieux qui peuvent bien porter l'habit, observer le silence, jeûner et mortifier leur corps sans pour autant se renoncer intérieurement parce qu'ils cherchent toujours à faire leur propre volonté et non pas celle de Dieu.

C'est également vrai pour les prêtres. Pour qu'une vie consacrée connaisse plénitude et gloire, les signes extérieurs doivent témoigner d'un renoncement intérieur.

Même chose pour notre vocation. Le renoncement, ai-je dit, est le fondement de l'amour. Se renoncer signifie faire la Volonté du Bien-Aimé. C'est, pour anticiper ses désirs, recourir à cette intuition intérieure, à cette ingéniosité de l'amour.

À Madonna House, la perfection de l'amour consiste à faire la Volonté de notre Bien-Aimé, de la Très Sainte Trinité. C'est le désir passionné de remplir parfaitement le devoir du moment car il doit brûler en nous comme un feu inextinguible.

À ce point vous pourriez dire : « La voilà encore avec ses "petites choses" »... Eh bien oui, vous avez raison. Mais maintenant vous devez savoir que les petites choses dont je parle sont immenses parce qu'elles concernent Dieu et les choses divines. Elles concernent l'amour de Dieu pour nous et notre amour pour Lui. Que peut-il y avoir de plus grand que cela ?

Regardons les choses en face. Il nous arrive peut-être de connaître des moments d'enthousiasme mais, d'une façon générale, notre vie est assez uniforme. La répétition des tâches quotidiennes ne retient pas plus notre attention que notre intérêt, surtout depuis que nous n'en voyons plus la tangible rémunération.

Nous ne sommes à Madonna House qu'en raison de notre amour pour Dieu et de son amour pour nous. Ce que prouvent son choix et son appel.

Alors, comment renoncer à nous sans réserve ? La réponse est simple. Nous devons nous dépouiller de notre moi aussi totalement que le Christ a été dépouillé sur le chemin de la croix. Un vrai renoncement n'est possible que dans le dépouillement total de nous-mêmes. Il n'existe pas d'autre moyen. Comment y parvenir ? Nous sommes resplendissants devant Dieu parce qu'il nous a créés à son image et nous a donné sa vie divine. Mais, en même temps, nous sommes des pauvres qui ne possédons rien. C'est pourquoi la réponse est simple et précise : il nous faut devenir des contemplatifs, c'est-à-dire prier sans cesse.

Comment s'y prendre ? Il y a de nombreuses manières. Être contemplatif signifie simplement penser intensément à quelqu'un ou quelque chose d'important ; être particulièrement absorbé par la pensée d'une certaine personne ou d'une certaine situation. Pour ce qui est de la contemplation de Dieu, on pourrait avoir l'impression de l'oublier après la messe jusqu'à ce que le devoir nous ramène à la chapelle. C'est alors que commence le travail d'un apôtre laïc – notre *opus Dei*. Nous devons faire un effort pour revenir souvent à la contemplation de Dieu.

On peut le faire de nombreuses façons : passer, si possible, une demi-heure sur les vingt-quatre de la journée, à prier silencieusement devant le Saint Sacrement. Ou encore réciter la prière orientale du cœur : « Seigneur Jésus, Fils de Dieu, prends pitié de moi, pécheur ! » Plusieurs, parmi nous, ont essayé et, figurez-vous, cela réussit !

Une autre bonne méthode consiste à se signer au commencement ou au changement de chaque activité. Ce ne sont là que quelques suggestions. Vous pourriez en avoir d'autres. Voici revenu le moment d'un total renoncement intérieur. Il faut arriver à voir Jésus partout et en toutes choses.

Examinons bien notre conscience. Réfléchissons à nos fautes et à nos péchés d'omission, de façon à les éviter. Essayons de pratiquer une parfaite obéissance car rien ne nous décape plus rapidement, rien ne mène plus vite au renoncement total. Travaillons à cela par des prières ferventes. Elles seules nous feront surmonter fautes et problèmes affectifs, elles seules nous donneront le courage de faire ce que nous avons à faire. Et peut-être pourrons-nous dire, dans un proche avenir : « Ce n'est plus moi qui vis ; mais le Christ qui vit en moi. »

Mes bien-aimés, si notre obéissance n'est pas multipliée par cent, si nous ne devenons pas des contemplatifs, il nous sera difficile de mourir à nous-mêmes et plus encore de nous renoncer. Cela ne doit pas être ; car le travail de Dieu serait retardé. La plus grande tragédie de notre temps, c'est que nous ne sommes pas des saints !

Quel qu'en soit le prix, il nous faut prendre le chemin de la sainteté, la seule chose qui compte. L'important n'est pas ce que nous faisons, mais ce que nous sommes devant Dieu. Voilà ce que je pense de tout mon cœur, de toute mon âme, de tout mon esprit. Ma seule prière est que nous devenions amoureux de Dieu et que nous nous donnions à Lui totalement et sans réserve. Quoi qu'il en coûte, nous devons nous abandonner à Lui avec joie et patience comme Lui-même se donne à nous.

Avec toute mon affection en Marie,

Catherine

ENTRETENEZ L'ESPRIT *

Le 13 octobre 1962

Mes bien-aimés,

Je profite du temps que me donne une cure de repos temporaire, ces jours-ci, pour beaucoup réfléchir, espérer, prier. Mes prières montent jusqu'au cœur de Dieu pour notre petit Apostolat ; car les ailes du temps pèsent lourdement sur moi, et je réalise de plus en plus sa fugacité. Alors je supplie Dieu d'illuminer mon esprit, de remplir mon cœur et mon âme de sa Volonté pour notre Apostolat.

---

* Lettre écrite aux responsables locaux.

Attentivement, je remonte les années et me remémore ce qui m'était arrivé pendant le temps qui a précédé la fondation de notre Apostolat. Je le fais dans un désir ardent de vous léguer, à vous qui êtes mes successeurs, le véritable esprit de notre Apostolat tel que je l'ai reçu, si simple et sans éclat, il y a plus de trente ans.

Voici quelques-unes de ces pensées qui m'habitent sans cesse et dont l'extraordinaire clarté et simplicité me font réaliser que, vraiment, l'Esprit saint ravive toujours ces paroles, gardées précieusement dans mon cœur toutes ces années. Comme je me rappelle bien les années 1927 et 1928 ! Ce furent des années de confort, d'emplois satisfaisants et de bons revenus, et pourtant l'inquiétude de mon esprit ne me permettait pas de profiter des fruits de la richesse et du confort, même pas de dormir.

Soudain, semblant tomber du ciel, une pensée s'empara de moi : « Va, vends ce que tu as. Donne-le directement, personnellement aux pauvres. Prends ta croix. Suis-moi ! Suis-moi dans les taudis des grandes villes, là où je t'ai amenée quand tu es arrivée de Russie dans ce pays. » À ce moment il me semblait que « la voix de Dieu » résonnait clairement à mes oreilles, bien que naturellement je ne l'entendisse pas avec mes oreilles. Avec une clarté dévastatrice, il me vint à l'esprit que c'était pour cela que le Seigneur m'avait sauvée de la Révolution russe et amenée dans un pays auquel j'avais eu tant de mal à me faire. (Cela m'était difficile parce que les habitudes, les mœurs et le contexte nord-américains sont très différents de ceux de Russie.)

Très franchement, je dois reconnaître que je me suis d'abord dérobée à cette pensée ! Jeune comme je l'étais, j'avais une idée (une prémonition si vous voulez) de ce qui m'attendait si je m'embarquais dans cet étrange appel, cet appel intérieur qui s'ouvrait devant mon âme. À partir de là, vous connaissez l'histoire. Vous connaissez mon étonnant pèlerinage auprès de quelque quatre-vingt-dix prêtres. Vous connaissez leur refus d'écouter même ce que j'avais à dire, parce qu'il leur semblait évident que mon premier devoir était de m'occuper de mon petit Georges. Vous connaissez l'histoire de Monseigneur Mc Neil de Toronto et sa décision… et le reste appartient à l'histoire.

Vous savez que, dirigée par l'évêque, j'ai obéi à l'appel de Dieu. Ce que vous ne réalisez peut-être pas est qu'en faisant cela, je suis entrée dans un « noviciat » vraiment extraordinaire et surprenant, dirigé par Dieu Lui-même. À ce moment-là, il n'y avait personne d'autre pour me guider dans cette vocation peu commune. Lentement, comme une fleur s'ouvre sous les rayons du soleil, l'esprit de ce qui est aujourd'hui l'Apostolat de Madonna House s'est éclairé. Nul besoin de dire que le prix en était élevé. Vous en connaissez quelques aspects. Mais seul Dieu en connaîtra jamais les hauteurs et les abîmes, car les mots humains ne peuvent dire tout ce qu'implique obéir à Dieu de cette façon peu commune. J'étais guidée *uniquement* par sa lumière, qui (comme vous le savez) peut tout à coup pâlir et sembler presque se perdre dans l'obscurité des jours, et l'obscurité plus grande des nuits.

Mais tout cela en valait la peine. Cela en valait la peine parce que *vous êtes là maintenant.* L'humble local du 129, Portland Street à Toronto est devenue le « berceau » de Madonna House à Combermere et de toutes ses missions. Là se sont rassemblées des centaines de laïcs, des jeunes hommes et jeunes femmes courageux de tant de pays différents. Et – miracle des miracles ! – des prêtres ont été amenés à vivre à Madonna House, à en faire partie, et à entrer en contact avec d'autres prêtres pour répandre son esprit dans le monde entier ; des séminaristes ont été ordonnés spécialement pour l'Apostolat de Madonna House. Et Notre-Dame de Combermere est venue jusque-là !

Oui, tout cela en valait la peine. Et, si le Seigneur me le demandait, je le referais. Mais vous et moi devrons regarder en face quelques vérités élémentaires. La vie sur terre n'est éternelle pour aucun d'entre nous. Le nombre de jours, de mois et d'années que le Seigneur me réserve importe peu. Ce qui importe est que, lorsque je mourrai, vos mains devront reprendre la flamme qu'il a déposée dans les miennes. Votre esprit, votre cœur et votre âme doivent suivre avec obéissance le chemin qu'Il m'a tracé… pour chacun d'entre nous. Vous devez le suivre sans dévier ; car la responsabilité de ceux qui s'en éloigneront sera lourde. La colère du Seigneur descendra vraiment sur eux, et les larmes de Notre-Dame pèseront sur leur vie.

Il est vrai que vous avez désormais des Constitutions pour vous guider, et il vous a été donné de grandes connaissances – connaissances que j'ai mis des décennies à acquérir, dans de grandes douleurs et difficultés, et en butte à une terrible opposition. Quoi qu'il en soit, je souhaite mettre par écrit ce qui (pour moi) constitue l'« esprit » de l'Apostolat de Madonna House. Tout tient peut-être dans ces deux mots : *pax* et *caritas.* Pour ceux qui peuvent comprendre pleinement ces mots et Dieu seul sait qui – pas moi – je n'ai pas besoin d'en dire plus. Pour les autres, je les expliquerai avec plus de soin.

L'appel à une pauvreté radicale

Commençons par le commencement. Répondant à cet appel singulier à me lever et à suivre le Seigneur dans la pauvreté, j'ai vendu tout ce que je possédais et je l'ai littéralement donné aux pauvres. Comprenons bien que je l'ai vraiment fait. Les uns après les autres, j'ai vendu tous mes biens. Et chaque fois que j'en recevais quelque argent, je le donnais à des familles pauvres de ma connaissance. Je leur donnais soit en espèces, soit par chèque. Je le faisais à la lettre. Je ne cherchais pas à me dérober, ni en pensées ni en actes. Nul raisonnement ni argutie.

Ce que je ne pouvais pas vendre, comme les chaussures ou les sous-vêtements, je le distribuais. Et j'ai continué ainsi, au fil des ans. Si je mourais aujourd'hui ou demain, il ne resterait que des vêtements usagés à redonner au vestiaire ou des livres à rendre à la bibliothèque de Madonna House. Je n'ai rien qui m'appartienne. Je ne possède ni or ni argent. Tout ce que j'ai, les vêtements que je porte, ce sont des « emprunts » pourrait-on dire. Rien ne peut être légué à ma famille, à mes parents, car je n'en ai eu qu'un usage temporaire… c'est un « prêt » de Madonna House.

Je prie avec ferveur pour que chaque responsable local, chaque membre de la communauté vive toujours de cet esprit. Je prie pour que vous inculquiez vraiment cet esprit de détachement, de *non-possession*. Car c'est un grand danger pour notre Apostolat que de considérer comme définitivement « acquise » la charité même de ceux qui nous soutiennent, parfois même avec du superflu. Que la pauvreté et la simplicité règnent dans les cœurs de nos membres ! Et souvenez-vous : c'est votre devoir de responsable local de les leur enseigner par votre exemple et vos paroles. Soyez vigilants, bien-aimés, sinon un brouillard sombre montera insidieusement des ténèbres et voilera à vos yeux la réalité même de la sainte pauvreté.

« Prends ta croix. » Voici une profonde leçon pour nous tous ; elle l'était pour moi. Qui a façonné ma croix et qui façonne la vôtre ? Nous devons vous expliquer cela sans hésiter ; si nous hésitons, nous sommes perdus. Le poids de votre croix est déterminé par de nombreux éléments, à commencer par votre propre charge de responsable. Puis il y a votre équipe, car ils ne sont pas faciles à porter, pas plus que vous-mêmes ne l'êtes pour le Christ ; puis votre responsabilité envers les pauvres ; enfin votre responsabilité envers le monde de nos frères, où que vous viviez, quoi que vous fassiez.

Votre croix pourra prendre l'aspect de la maladie. Elle pourra prendre l'aspect de situations insupportables dans votre maison. Vous tomberez des centaines de fois sous son poids. Vous serez « sûrs » que c'est la dernière fois et que vous ne pourrez plus vous relever. Mais si vous ne fuyez pas la croix, le Seigneur vous relèvera Lui-même parce qu'il souhaite faire encore beaucoup de choses avec vous. Vous devez être « identifiés »... « ne faire qu'un » avec la croix, comme avec les pauvres que vous servez. Et il n'y a qu'un seul moyen de l'accomplir dans l'amour, dans la *caritas*, y être cloué pour eux.

« Suis-moi ! » C'est ici la quintessence de la foi... la foi et l'espérance, qui ne doivent pas diminuer, mais grandir avec le temps. Et les années peuvent peser et s'assombrir, apporter des situations insupportables au milieu desquelles la foi semblera chavirer et mourir. N'y croyez jamais. C'est au plus sombre de la nuit que le Seigneur de la foi est le plus proche. Vous devez le suivre où qu'Il vous mène. Le suivre par des chemins inconnus, des ascensions incroyables et des abîmes terrifiants. Mais vous devez le suivre.

Vous vous heurterez à de sombres incompréhensions. Vous serez amenés au cœur des persécutions. De nos jours, cela pourra vous mener à la mort par le martyre. Où qu'Il vous guide, allez. Suivez-le dans une foi totale, une confiance absolue et une rayonnante espérance, même si c'est peut-être parfois dans la crainte, en tremblant. Mais suivez-le, où qu'Il vous mène.

« Lève-toi et marche ! » Ces quelques petits mots devraient signifier beaucoup pour notre Apostolat, surtout pour vous qui le dirigez. Vous devriez ressembler à l'épouse du *Cantique des Cantiques* : « Je dors, mais mon cœur veille. » Et dans un sens, vous devriez aussi être comme les amis de l'Époux, qui l'attendent nuit et jour, prêts à le servir.

Soyez à la fois Marthe et Marie

Vous ne pouvez pas vous endormir sur votre travail ! Il faut vous mettre debout ! Et, une fois debout, vous ne pouvez pas rester immobile (sauf intérieurement) ; vous devez être aux affaires de Dieu. Car notre Apostolat demande que vous soyez à la fois actifs et contemplatifs, à la fois Marthe et Marie. Ne vous y trompez pas : l'immobilité de Marie est une « action » plus grande encore que celle de Marthe. Ainsi, votre vie est en constant mouvement de « se lever » et de « se mettre en marche ». Les deux sont pour être aux affaires de votre Père et à celles de votre Bien-Aimé Jésus-Christ.

Comment allez-vous mettre en œuvre tout cela ? Vous le réaliserez par grâce et dans l'humilité, conscients de votre absolue pauvreté. Vous le réaliserez en dépendant totalement de Dieu. Vous le réaliserez en avançant, la main dans celle de la Vierge Marie qui vous amènera toujours à Jésus. Vous le réaliserez avec une foi toute simple, en veillant à garder un cœur d'enfant. Vous le réaliserez en faisant de la messe (de la liturgie en général) et des Écritures les deux phares de votre vie… son fondement, son essence, son centre. Vous le réaliserez en ayant recours (quotidiennement de préférence) au sacrement de Pénitence, veillant par là à ce que votre conscience soit pure, pure comme du cristal, comme celle d'un enfant. (Car la confession suppose un examen de conscience.)

Vous le réaliserez en passant chaque jour au moins une demi-heure en silence devant le Saint Sacrement (et plus si besoin est) et en étant fidèle aux prières mentionnées dans les Constitutions. Ces dernières forment la trame de notre Apostolat. Vous le réaliserez par le jeûne et la prière, sous la ferme direction de votre directeur spirituel (et bien sûr, en *ayant* un directeur spirituel, sans lequel vous ne pouvez rien faire).

Pénétrez dans les cœurs... les âmes... les esprits

Si vous faites ce que je vous dis là, si vous méditez vraiment les mots qui me sont venus si clairement il y a plus de trente ans et qui ont été au cœur de la fondation de notre Apostolat, vous comprendrez que les « œuvres » de notre Apostolat sont contenues dans ces mots – qui ont été ajoutés pour moi, semble-t-il par le Seigneur –: « Va dans les taudis des grandes villes ! » J'ai compris que cela voulait dire les taudis que sont les *cœurs* des hommes, la jungle des *âmes*, le chaos des *esprits* modernes. Mais j'ai aussi compris que c'étaient les bas-quartiers des grandes villes et les taudis cachés des zones rurales. Pour moi, cela voulait dire le monde, l'immense monde qu'est notre terre dans sa totalité ! J'espère que cela vous dira la même chose dans les années à venir, quand vous aurez à examiner les invitations qui vous arriveront. À cette lumière, vous saurez discerner le moment et le lieu pour ouvrir des fondations.

Voilà pour cette première phrase si précise qui m'était comme venue du ciel, il y a longtemps et loin d'ici.

Maintenant, quelques pensées sur ce long « noviciat » par lequel Dieu m'a fait passer. Il en est sorti l'esprit de l'Apostolat de Madonna House, cet esprit que vous devez garder et chérir, et donner à d'autres. Il en est aussi sorti cette phrase que vous connaissez si bien. Nous devons « vivre l'Évangile sans compromis »... à tout prix, même au prix de nos vies. En m'interrogeant davantage, demandant de l'aide pour plus d'éclaircissements, j'ai aussi compris un autre aspect de notre vie, de notre spiritualité : faisons de « petites choses », des choses humbles, les choses ordinaires que tout le monde fait. Faisons-les « excessivement bien et avec beaucoup d'amour pour Dieu », et offrons-les comme notre humble contribution d'amour. Glorifiez-Le à travers elles ; et prenez-les comme moyens de réparation pour nos péchés et ceux de l'humanité.

De ce noviciat est aussi sortie cette phrase extraordinaire qui ne vient certainement pas de moi, mais de Lui, car je n'aurais pas pu la concevoir toute seule : il faut d'abord *être* devant le Seigneur, et ensuite *agir* pour Lui. Cela exprime d'une autre façon encore que dans notre Apostolat, nous devons êtres des « contemplatifs en action ».

Puis me vint cette phrase simple et belle : il nous faut témoigner du Christ « sur la place du marché »... témoigner plus par notre amour et nos actes que par nos paroles. Plus tard, cela a été encore mieux résumé pour nous par Charles de Foucauld, quand il a dit : « Nous devons proclamer l'Évangile *par nos vies* » (la même idée nous a été soufflée par Dieu de manière presque identique, je pense).

Dans ce noviciat mené par Dieu, j'ai appris beaucoup d'autres choses que j'espère partager avec vous, mais il y en a une que je dois ajouter ici. Je sais que vous savez déjà cela, mais nous ne devons jamais l'oublier, particulièrement ceux qui ont fonction d'autorité. Souvenez-vous que « gouverner, c'est aimer. » Souvenez-vous de cet exemple duquel vous pouvez vous inspirer jusqu'à la fin de vos jours : le Christ, au Jeudi Saint, lavant les pieds de ses disciples et disant : *« Je suis venu pour servir. »* C'est cela, bien gouverner. C'est votre privilège, votre joie, votre devoir.

Ne faites jamais passer les choses avant les personnes ! Ne faites jamais passer les œuvres avant les âmes ! Et souvenez-vous : votre premier devoir est toujours envers votre équipe. Enseignez par votre exemple. Ne demandez jamais à quiconque de faire quelque chose que vous n'avez pas déjà fait vous-mêmes, sauf si vous êtes malades et dans l'impossibilité de le faire. Ne vous souciez pas de vous-mêmes (Dieu s'occupe de vous) ; que toutes vos pensées se tournent vers les autres. Souciez-vous des besoins de l'Apostolat en général, de votre apostolat en particulier, et tout spécialement de votre équipe. Alors vous connaîtrez – ou peut-être devrais-je dire *commencerez à connaître* – la profondeur de ces mots gravés sur votre croix : *pax* et *caritas.*

Affectueusement vôtre en Marie,

Catherine

LA TRAGÉDIE DU CONFORMISME

Le 28 novembre 1962

Mes bien-aimés,

Un homme qui était à la fois artiste et artisan est venu, un soir, nous parler à Madonna House de la tragédie du conformisme qui, pour lui, est l'ennemi n° 1 de tout essai artistique et même d'une vie normalement heureuse. Alors que bon nombre de voisins étaient venus l'écouter avec nous, il nous raconta plusieurs histoires illustrant le conformisme tragique qui règne partout parmi les jeunes aussi bien que chez les adultes et les personnes âgées. « Que vont penser les voisins ?... » est l'une des phrases très fréquentes en Amérique du Nord. Cette phrase est, pour cet homme, la plus terrible et la plus pernicieuse qu'il connaisse parce qu'elle tue, chez les enfants et les jeunes, initiative, talent, pensée, et surtout risque d'empoisonner toute leur vie.

« Soyez vous-même, osez expérimenter des choses nouvelles, et n'ayez pas peur de vos voisins ! » s'est écrié publiquement cet homme.

En réfléchissant à ces mots, je me suis dit qu'ils s'appliquaient parfaitement à l'Apostolat. Étant donné que la majorité de nos membres viennent de l'Amérique du Nord, ils sont, malheureusement, fort enclins à cette attitude tragique : « Que vont penser les voisins ? » Oui, vous êtes terriblement conformistes, ce qui explique tant de problèmes affectifs parce que l'insécurité et un besoin maladif d'approbation sont à la base du conformisme.

Vous connaissez bien la tragédie de l'homme pris dans une organisation et qui, bien qu'adulte, doit se conformer non seulement à ce que pensent les voisins, mais surtout aux exigences des grandes compagnies. Celui qui cherche un emploi doit se soumettre à de nombreux tests. Or, d'après une revue de psychologie que je lisais dernièrement, ces tests sont tragiques parce qu'ils excluent des meilleurs postes ceux qui ont trop d'initiatives, au profit de qui se conformera, ne sortira pas du rang et acceptera tout ce que la compagnie lui demande. Si nous n'y prenons garde, ce conformisme fera bientôt de nous des femmes et des hommes robots.

Voyez combien, dans l'Apostolat, vous êtes encore esclaves de cette mentalité. Vous êtes beaucoup plus libres que tous ceux qui vous entourent et néanmoins, vous montrez peu d'originalité dans le style de votre coiffure et de vos vêtements… un peu parce qu'ils ne sont pas neufs, mais surtout parce que vous voulez être comme tout le monde. Vous êtes encore esclaves du conformisme !

Mais les saints (et vous êtes censés être des saints en formation) sont les êtres les plus aventureux, les plus originaux du monde, ceux qui ont le plus de personnalité. Lorsque vous connaîtrez mieux leur vie, vous verrez qu'il n'y en a pas deux semblables. Le Seigneur aime la diversité dans l'unité. Si je compare les saints à un jardin fleuri dont Il fait ses délices, je me dis que s'Il était fait de fleurs d'une seule espèce, lys, roses ou autres, Il le trouverait très ennuyeux. La beauté d'un jardin réside dans sa diversité, son originalité, sa spécificité. Il en est de même pour l'esprit, le corps et le cœur des saints.

Dernièrement, je me disais que Dieu nous charge d'apporter cette variété, cet individualisme, cette originalité humaine, cet esprit d'aventure, ce désir d'expérience dans un monde que le conformisme a de plus en plus robotisé.

Comme le Christ, prenons le fouet de l'amour pour chasser le conformisme du temple des âmes humaines, ceci avec fermeté et douceur, mais néanmoins le chasser. Il importe, auparavant, de le chasser de nos propres esprits, âme et cœur. C'est, dans l'Apostolat, la tâche qui incombe à chacun d'entre nous.

Soyons aventureux face à la nourriture des pays étrangers où nous sommes envoyés. Renonçons à l'idée de ne pouvoir manger qu'une sorte de nourriture parce que tout autre nous rend malades. Absurde!

Soyons aventureux extérieurement mais aussi foncièrement pour expérimenter des voies nouvelles et des divertissements créatifs sans lesquels nous péririons, car nous en avons besoin.

Soyons aventureux et très personnels dans notre façon de proclamer les vérités de Dieu. On ne parle pas le même langage aux gamins des rues et aux étudiants de l'université. Soyons tout à tous sans crainte ni tremblement.

Soyons originaux dans notre sainteté, nos prières, nos efforts pour aller vers Dieu. Partageons entre nous les richesses que nous avons découvertes. Plongeons dans les profondeurs de l'amour divin pour en émerger renouvelés avec des idées qui enrichiront l'Apostolat par leur individualité. N'ayons pas peur de chercher les réponses aux questions que nous nous posons. Sachons être différents et mettre en valeur les talents que Dieu nous a donnés. Ne nous conformons les uns aux autres qu'en un seul point: aimer Dieu, chaque jour davantage, et tous ensemble.

Avec toute mon affection en Marie,

Catherine

AVOIR UN CŒUR D'ENFANT ET LA DIRECTION SPIRITUELLE

Le 8 janvier 1963

Mes bien-aimés,

Tout au long de ce temps de Noël, j'ai ardemment prié pour que l'Enfant-Jésus touche de ses petites mains votre esprit et votre âme pour les ouvrir tout grands à sa propre beauté et à ce qu'Il attend de vous dans son Corps Mystique.

J'ai prié pour que vous commenciez à vous centrer sur le Christ au lieu de vous-mêmes. Il est tragique de voir le monde qui Le fait attendre pour Lui donner son amour; et ce qui l'est encore plus, c'est de vous voir Le faire attendre, vous que son amour de prédilection a tout particulièrement appelés dans son petit troupeau de Madonna House, à un Apostolat que Lui-même a créé.

Voilà ce qu'a été ma prière pour vous. Il peut vous sembler que je commence cette année 1963 sur une note plutôt triste et légèrement négative. Devant le début de cette lettre, certains pourront se dire: « Voilà notre Katie qui recommence... » Car, en fin de compte, tous les mots que j'utilise, tous les nouveaux sujets que j'aborde, reviennent tous à cette phrase de Jean le bien-aimé: « Aimons-nous les uns les autres. » Je n'ai vraiment rien d'autre à dire car cela constitue l'essence même de notre vocation et de notre foi.

Mais bien sûr, il y a certains aspects qu'un cœur aimant – comme le mien, j'espère – peut tenter d'expliquer à ses enfants spirituels grâce à l'ingéniosité de l'amour; pour les encourager à s'abandonner, à se consacrer totalement au Seigneur de l'Amour. Par vos vœux, vous vous êtes engagés à Le servir dans la chasteté, la pauvreté et l'obéissance.

Je voudrais, aujourd'hui, vous entretenir de plusieurs questions. Je commence par la plus importante qui est celle de la direction spirituelle sans laquelle renoncement et consécration seront pour vous, lents à mettre en œuvre, et difficiles à supporter, prolongeant d'autant l'attente anxieuse et attristée du Seigneur.

On pourrait croire que vous comprenez cela, comme c'est d'ailleurs le cas de la plupart d'entre vous. Vous savez que, par les Pères de l'Église, Dieu nous a clairement montré que nous ne pouvions nous passer de direction spirituelle. C'est pourquoi tous les catholiques devraient y avoir recours. Saint Jean de la Croix n'a-t-il pas dit que « seul un insensé se dirige lui-même ». Les personnes consacrées devraient, plus que tout autres, observer cette pratique. C'est une grâce qui leur fera mieux réaliser leur pauvreté et leur faiblesse.

Il nous faut un guide spirituel sur la route étroite qui mène au Paradis car le démon prend plaisir à y placer des indications trompeuses et tout spécialement aux carrefours importants.

Je crois que, pour la plupart, vous reconnaissez cette nécessité et avez choisi un directeur lorsque vous étiez à Madonna House, à Combermere. Mais, maintenant que vous êtes en mission, demandez-vous quels rapports vous avez gardés avec lui. La direction spirituelle devrait se poursuivre par correspondance. Pour votre perfectionnement et celui de l'Apostolat, il est d'une importance vitale que vous écriviez à votre directeur au moins deux fois par mois. Ce saint prêtre doit connaître l'état mental, affectif et spirituel de tout votre être.

De plus, le fait même de vous exprimer par écrit de façon confidentielle est un facteur de paix pour votre âme. Le Christ, le grand Directeur Spirituel qui est derrière celui que vous avez choisi, vous bénit déjà et, sans que vous vous en rendiez compte, vous apporte souvent un début de réponse en faisant descendre sur vous une paix profonde. Ceci parce que vous avez fait preuve d'humilité et de dépendance vis-à-vis du prêtre qu'Il a choisi pour vous guider.

En vous soumettant à la direction spirituelle, vous avez pris la meilleure précaution qui soit contre l'orgueil qui est le pire ennemi d'un chrétien, le plus sûr chemin pour l'enfer. Car c'est l'orgueil qui est fils du démon, son essence même, qui lui a fait lancer à Dieu, dans l'infini des cieux, son terrible défi : « *Non serviam.* »

Je sais que – chose étrange – parmi vous, certains par pure paresse spirituelle, continuent à douter, au fond d'eux-mêmes, de la nécessité de communiquer l'état de leur âme à celui qui est pour vous un autre Christ, le prêtre que vous avez choisi, pour vous conduire sur les verdoyantes collines du Seigneur. Il vous aide à mener cette vie de perfection et de sainteté à laquelle vous vous êtes solennellement engagés lors de votre promesse devant le Saint Sacrement. Remettre en question la nécessité d'une direction spirituelle, c'est douter de Dieu, de l'Église et des papes.

Vous êtes quelques-uns à voir un conflit entre l'indépendance dans laquelle vous avez été élevés et la liberté des enfants de Dieu qui passe par l'obéissance au prêtre. Quelque part, tout au fond de votre être intellectuel et affectif, vous vous regimbez à l'idée de soumettre votre volonté à celle d'un autre. Vous pouvez bien chanter : « Donne-moi un cœur d'enfant », vous n'y tenez pas du tout. Vous êtes des individus qui se veulent leur propre maître. Quelle que soit la perception que vous avez de cette attitude, mes bien-aimés, vous êtes en réalité esclaves de vous-mêmes et de votre propre jugement. Autrement dit, c'est de l'orgueil.

Oui, je sais, cette lettre est impitoyable et ceux qu'elle concerne feraient bien de réfléchir. C'est un avertissement qui monte des profondeurs de mon cœur maternel, ce cœur de la fondatrice d'un petit Apostolat voulu par Dieu et qui peut faire de grandes choses si ses membres sont obéissants, humbles, consacrés et abandonnés. Vous comprenez bien qu'il est de mon devoir de vous aider à réaliser ce programme et de faire pour cela tout ce qui est en mon pouvoir.

Vous pourriez me répondre que vous allez écrire ou que vous l'avez déjà fait mais que vous n'avez reçu qu'une lettre peu satisfaisante ou peut-être même aucune.

Je vous redis que cela ne doit pas vous perturber car, en fait, vous attendez une consolation humaine… Ce qui peut être agréable, mais il est quelquefois préférable de s'en passer. La direction spirituelle veut que vous révéliez votre âme à votre directeur. Avec la confiance d'un enfant et un amour sans réserve, laissez-lui toute responsabilité, sachant, dans la foi, que son silence, ses brèves paroles ou même ses réponses peu satisfaisantes sont le moyen que Dieu choisit pour vous former. Cela ne doit pas vous faire cesser de lui écrire.

Vous devez comprendre que si vous ne recevez que de courtes réponses ou même aucune, vos lettres sont source de grâces immenses. N'oubliez pas que le Christ, le grand Directeur Spirituel, est entre vous et Lui. Une fois votre devoir accompli, celui de votre directeur est de veiller à ce que l'Esprit saint vous guide. Si vos lettres exigent une réponse soyez certains que vous la recevrez. Mais gardez votre âme dans l'amour et la confiance, et continuez à écrire, même si ce silence vous donne l'impression de le faire en vain. Votre lettre est parvenue à un homme qui est un autre Christ et qui connaît l'état de votre âme ; il en a maintenant la responsabilité. Il ne vous reste, avec les grâces, qu'à savourer la paix profonde que vous éprouvez après avoir écrit. La direction spirituelle a autant d'importance pour vous que pour l'ensemble de l'Apostolat. En effet le courage, le renoncement et la consécration de tous en dépendent car notre force ne peut surpasser le chaînon le plus faible.

Le second point que je voudrais traiter aujourd'hui concerne la seule obligation que je vous avais imposée : celle de m'écrire au moins deux fois par mois. C'est une sainte obligation qui découle de nos Constitutions et vous contraint officiellement à obéir, comme vous l'avez promis.

Certains refusent de s'y conformer. Laissez-moi attirer votre attention sur ce fait qui constitue une faute grave. Je vais employer un mot qui ne l'est pratiquement jamais. Une fois de plus *j'ordonne* qu'en vertu de la sainte obéissance, vous m'écriviez deux fois par mois, aussi déplaisant et ennuyeux que cela puisse paraître à quelques-uns.

Je ne demande que quelques lignes et, si vous vous en tenez là, c'est-à-dire à la lettre plus qu'à l'esprit, j'en serai triste et peinée, bien sûr, puisque je vous aime, mais je m'en contenterai pourvu que ces quelques lignes me parviennent régulièrement deux fois par mois. S'il vous plaît.

Un film dont le titre est *Quatre Familles – une comparaison* nous aide à comprendre à quel point est fausse l'idée que vous vous faites de l'indépendance en Amérique du Nord – ce film met en scène quatre familles : indienne, japonaise, française et canadienne. Cette dernière contraste fort avec les autres et on peut constater les résultats tragiques des idées erronées que vous avez sur l'indépendance qui n'est pas de la liberté, mais une grande licence.

Pour les jeunes du Canada et des États-Unis, être indépendants c'est avoir très tôt la clef de la porte de la maison pour y rentrer le soir quand on veut. Et le jour où vous commencez à gagner de l'argent, vous vous estimez libérés de toute contrainte, qu'elle soit parentale ou autre. Autrement dit, vous vous croyez libres de faire ce que vous voulez, quand vous voulez et comme vous voulez. C'est du moins le cas aux États-Unis et au Canada à en juger par les enquêtes sur la délinquance juvénile. Le mois dernier, j'ai lu une montagne d'articles traitant du déclin de la moralité dans ces deux pays. Depuis votre enfance, on vous inculque une fausse notion de « l'individualisme et de l'indépendance ». Ces mots qui déclenchent de véritables clameurs sont à la racine des problèmes affectifs de notre société moderne.

On vient de publier un livre de Jung, l'un de nos grands psychiatres après Freud, dans lequel il déclare qu'après avoir pendant quarante-cinq ans fait, en profondeur, un travail d'analyse avec d'autres spécialistes du monde entier, il est arrivé à la conclusion que l'histoire de la *Genèse* devait être vraie. Il pense que l'humanité a dû pécher contre Dieu parce qu'un sentiment de culpabilité habite les profondeurs de tout être humain, quelles que soient ses croyances. À son avis, la psychiatrie analytique n'a de chance de réussir que si elle réussit à réconcilier l'âme avec Dieu ou quelque autre puissance supérieure telle que la conçoit le malade.

Il ajoute que surtout les Européens, les Américains et les Canadiens sont en proie à des états d'anxieuse dépression parce qu'ils refusent les lois de religion. Tant qu'il en sera ainsi, le monde dominé par les Européens sera un monde malade. Cela n'est qu'une façon (scientifique cette fois) de parler de renoncement et de consécration au Dieu d'amour dont je vous entretenais à propos de la direction spirituelle.

Ceux d'entre nous qui s'efforcent d'acquérir une « indépendance et une individualité » illusoires se creusent une tombe affective. Après tout, c'est Dieu le meilleur des psychiatres. L'obéissance, la confiance, la franchise et l'amour sont à la fois l'essence et le fruit du grand commandement d'amour que Dieu nous a donné. En ne l'observant pas, nous nous détruisons.

Pensez à l'obéissance. Elle ne nous guérira pas et ne nous fera pas grandir spirituellement s'il nous faut toujours savoir pourquoi nous obéissons, parce que cela devient alors un acte dicté par la raison. C'est ainsi qu'obéissent les hommes, qu'il s'agisse de leurs affaires ou de leurs amitiés. Mais cette obéissance n'est pas plus le fruit de l'amour que de la joie. Si vous avez un cœur d'enfant, plein de confiance en celui qui donne des ordres – et par les supérieurs, c'est toujours Dieu qui les donne – vous obéissez immédiatement avec joie et sans poser de questions. C'est alors seulement que sera observé l'esprit de la loi et que celui de pauvreté brillera dans tout l'éclat de sa splendeur.

L'abandon de notre propre volonté est le couronnement de la pauvreté, laquelle est le fondement de l'amour qui permet de croître et grandir. Tel est le rôle de l'obéissance qui fait disparaître dépression et sentiment de culpabilité. Le cœur est alors inondé de joie et, dans l'Apostolat, la vie devient heureuse et fructueuse.

Je voulais vous entretenir de tout cela, mes bien-aimés, et j'y joins ma prière pour que votre âme, votre esprit et votre cœur accueillent mes humbles et maladroites paroles concernant ces grandes vérités qui seules peuvent nous garder fidèles.

Encore une fois, je vous souhaite une nouvelle année fructueuse et comblée de grâces.

Avec toute mon affection en Marie,

Catherine

ATTITUDE INCONSCIENTE DE SUPÉRIORITÉ

Le 23 février 1963

Mes bien-aimés,

J'ai longuement prié avant de vous écrire cette lettre car ce ne sera pas facile de le faire, mais sachez que c'est avec sérénité et un profond amour pour chacun de vous. Je réalise parfaitement que mes remarques visent plus des étourderies de votre part qu'une mauvaise intention. Ces lignes ont pour but de vous faire voir à quel point toutes sortes d'étourderies peuvent blesser non seulement des personnes de l'extérieur mais aussi certains membres de notre communauté.

Je sais aussi qu'à certains moments, une famille religieuse comme la nôtre doit se réunir pour faire un examen de conscience collectif. Lisez donc cette lettre attentivement et dans le calme, résolus à n'en pas oublier le contenu, afin de le mettre en pratique. Que ces reproches ne vous bouleversent pas... quels qu'ils soient, vous savez bien qu'ils sont dictés par un grand amour, une immense sympathie et un profond désir de vous aider et de vous conduire à la sainteté.

Ce qui m'a fait réfléchir et causé quelques inquiétudes devant le Seigneur, c'est la persistance de vos étourderies dans vos conversations, vos attitudes et vos expressions face aux groupes minoritaires. Ce que je vais signaler ne s'applique pas forcément à toutes nos maisons, pas plus qu'à tous nos membres. Beaucoup, d'ailleurs, n'ont rien à voir avec les minorités.

Certains rapports en provenance des missions soulignent l'ignorance des populations locales, un laisser-aller de la part des médecins, des infirmières et des autorités, ainsi qu'un manque d'équipement et de compétence.

Je n'ai pas l'intention de nier ces faits. Je veux simplement dire que si ces pays de mission avaient le nécessaire, avec un personnel bien formé, notre Apostolat n'aurait pas besoin d'aller s'y installer. Il faut simplement admettre leur ignorance de ce qui, chez nous, paraît tout à fait normal. Mais leur pauvreté ne signifie nullement qu'ils soient dépourvus d'immenses qualités, trop nombreuses pour les citer toutes, et que nous devrions bien faire nôtres.

Il faut bien reconnaître que notre présence s'explique par la cupidité des Blancs qui, par suite de facteurs politiques, économiques et coloniaux ont empêché ces pays de se développer. Nous y allons pour les instruire et les servir, avec beaucoup d'humilité, pour expier ce que nous avons fait. L'équipement, la compétence et l'efficacité sont naturellement insuffisants, mais je le répète, s'il n'en était pas ainsi, nous ne serions pas là-bas.

Leur ignorance ne justifie aucunement que nous les sous-estimions. Parler de leurs carences avec un stupide sentiment de supériorité prouve que nous sommes moins charitables, moins prévenants, et sûrement plus ignorants que ces doux et humbles indigènes. Cette vilaine attitude se manifeste pourtant de temps à autre dans presque toutes nos maisons. Examinez bien celle que vous avez vis-à-vis d'eux. Ne suscitent-ils pas parfois, dans leur dos, de méchantes plaisanteries ? À quoi bon leur rendre service avec un sourire si, derrière eux, nous entretenons et partageons entre nous des idées peu charitables. Le fait que ce sentiment de supériorité habite notre cœur suffit à briser le lien de la charité et à blesser notre Apostolat.

Et chez nous, comment nous comportons-nous avec les voisins ? Nous estimons-nous supérieurs ? Je me demande si nous parlons toujours d'eux avec sérieux et humilité.

Et avec les Hispano-Américains, les Mexicains et les Noirs... n'avons-nous pas, inconsciemment, des accents de supériorité et d'orgueil ? Ne faisons-nous pas entre eux et nous une différence qui, pour être subtile, n'en est pas moins dangereuse pour l'esprit de l'Apostolat ?

Il paraît que dans l'une de nos maisons, quelqu'un aurait dit : « Vous vous rendez compte, on fait tout ce que l'on peut pour eux, on leur donne ce qu'il y a de mieux et ils ne disent rien, n'ont aucune reconnaissance et parfois même trouvent à redire. » J'avoue que cette réflexion m'a horrifiée. Que l'un d'entre nous travaillant pour le Christ qui habite les pauvres attende de la reconnaissance du Christ-dans-les-pauvres... C'est bien le comble ! Ou bien le signe d'une totale incompréhension de notre Apostolat. Nous devrions baiser les pieds des pauvres et remercier le Christ de nous permettre de les servir. Si ce n'est pas l'idée que nous nous faisons de l'Apostolat, c'est que nous nous fourvoyons et que nous sommes dépourvus de bon sens autant que de charité.

J'aimerais que cette même personne engage la conversation à table, sur le manque d'égards envers les minorités, le conseil de direction et des uns vis-à-vis des autres !

Voilà ce que je voulais vous dire. Je confie le reste à l'Esprit saint et à votre examen de conscience collectif. Aucun de nous ne peut se déclarer innocent. Il faut donc que nous guérissions de ce manque de charité, sinon l'Apostolat en mourra!

Avec toute mon affection en Marie,

Catherine

S'IDENTIFIER AUX AUTRES POUR SE VOIR EN FACE

Le 30 mars 1963

Mes bien-aimés,

Je vous salue en Jésus ressuscité. Je vous souhaite à l'avance une joyeuse et sainte fête de Pâques avec le bonheur de la résurrection du Christ. Alléluia! Il est ressuscité! Il est vraiment ressuscité! Alléluia!

J'aimerais vous entretenir de beaucoup de choses, mais si je le faisais, c'est tout un livre qu'il vous faudrait feuilleter. Aussi je vais me contenter de quelques points qui me tracassent parfois et m'attristent un peu. Non qu'ils me fassent perdre la foi et la confiance que j'ai en vous, mais ils m'incitent à demander au Seigneur plus de compréhension, de courage et de patience pour vous supporter, mes bien-aimés, pour qui j'ai une telle affection.

Je vous ai déjà écrit au sujet de l'identification avec les pauvres, non sans un certain effet, semble-t-il, mais bien insuffisant!

Beaucoup sont encore troublés, affectivement hostiles et intérieurement en désaccord.

Supposons que vous abritiez un clochard quelque peu malpropre, marginal, égoïste, se refusant au moindre travail pour vous remercier de votre hospitalité. Il reste là à ne rien faire, aussi inutile qu'un crapaud ou un champignon.

Il y a de nombreuses façons de faire face à cette situation. Vous pouvez décider que le supporter serait une excellente pénitence de carême. Cela serait une bonne solution… Mais loin d'être parfaite.

Il faudrait commencer par vous demander de quels terribles handicaps cet homme a dû souffrir depuis le début de son existence. Essayez d'imaginer ce qu'a été sa vie et demandez-vous ce qui vous serait arrivé si vous aviez été à sa place. Ce n'est pas chose aussi difficile qu'il paraît.

Voyez-vous, vous exigez de nous, vos supérieurs, que nous vous comprenions toujours, vous aidions sans cesse, vous supportions avec patience et gardions le silence lorsque vous vous fâchez… tout cela sans un murmure de notre part. Sans le dire, c'est ce que vous attendez de nous, mais aussi les uns des autres. Est-ce vrai, oui ou non ? Examinez le fond de votre cœur et répondez vous-mêmes.

Si vous nous demandez de tenir compte de votre vie antérieure, vous devriez être capables de faire de même lorsqu'il s'agit de notre clochard imaginaire.

Si vous le faisiez, ce serait très bien, mais ce ne serait pas encore parfait. Pour l'être, il faudrait que, pour ainsi dire, vous Lui ouvriez tout grands vos entrailles et votre cœur et que, par amour, vous deveniez vraiment ce clochard. L'amour, la sympathie et la grâce pourraient vous aider à le faire en esprit et en fait. Ce serait alors vous identifier réellement à Lui.

Lorsque je vivais à Harlem, il m'arrivait de pleurer, la nuit, parce que si je pouvais, par la grâce de Dieu, parvenir quelquefois à une telle identification, il ne m'était pas possible de devenir noire… et c'était pour moi un chagrin, une tragédie. En serait-il de même pour vous ? En des moments semblables, je vois clairement le Christ dans mon prochain ; c'est ce que vous devriez faire, vous aussi.

Je ne veux pas dire que le visage du Christ m'apparaît comme dans les Évangiles avec de longs cheveux, etc. Le Christ est esprit. Les Russes représentent la Trinité comme le feu, la lumière, le mouvement. C'est la façon la plus expressive d'évoquer le mot « esprit ». Comment saisir une lueur de ce feu, de cet amour qui est Dieu ? Et ce mouvement qui est création et pensée de Dieu ? Nous pouvons voir le Christ dans notre prochain, être attirés par ce feu, cette flamme, ce mouvement. Alors, par la grâce de Dieu et la Divine Lumière qui est en nous, nous pouvons aimer ce clochard grossier, paresseux, bon à rien pour qui cette lumière, cet amour, cette flamme et ce mouvement s'est incarné et mourut sur la croix. C'est ce que j'appelle l'identification en profondeur qui seul peut réaliser l'amour. Essayez d'aimer de cette façon ; sinon vous ne serez jamais totalement engagés dans l'Apostolat. Ne laissez pas votre affectivité faire obstacle à cet amour parce que cet amour peut la purifier.

Ceux qui travaillent à notre vestiaire ou qui ont affaire aux pauvres et aux malheureux de toutes les nationalités, à un prêtre épuisé ou à une jeune fille de bonne famille en situation difficile doivent apprendre peu à peu à s'identifier aux autres, totalement. Vous ne connaîtrez leurs besoins et ne serez capables de les aider qu'en devenant eux. Autrement comment savoir sans en être réduit à deviner ?

Je sais que cela va très loin, mais il est temps que je vous conduise dans ces profondeurs. Vous êtes restés trop longtemps sur le rivage. L'amour du Christ attend que vous plongiez pour découvrir, dans la foi, la chaleur et la beauté de ces profondeurs.

J'ai encore un point à examiner avec vous. Pourquoi êtes-vous tellement dépourvus de bon sens ? Comment se fait-il que vous ne voyiez pas ce qui saute aux yeux, ce qui de toute évidence, est à faire ?

Après toutes ces années d'apprentissage de la propreté, comment, par exemple, laissez-vous encore des miettes dans les tiroirs, sur les rayons ou dans les coins ? Faut-il que l'on vous montre à nouveau comment balayer et faire la vaisselle ? Puis-je vous demander pourquoi il en est ainsi, d'après vous ?

Je déteste revenir sur le sujet de votre vie affective parce que, sincèrement, j'en ai plus qu'assez, mais nous devons en reparler. L'amour est toujours disposé à aimer.

La plupart d'entre vous sont parfaitement conscients de leurs problèmes que l'on peut résumer ainsi : un désir éperdu d'être approuvés par ceux qui comptent à leurs yeux. Chez les adultes, c'est de l'enfantillage. Vous le comprenez ; alors pourquoi ne pas essayer de vous corriger ? Vous êtes sans cesse sur la défensive. Contre qui ? Contre quoi ? À Madonna House, il n'a y rien contre qui vous défendre, si ce n'est l'amour. Vous y êtes en sécurité, entourés d'amour. Alors, pourquoi cette attitude si vous savez comment y remédier ?

Ainsi centrés sur vous-mêmes, vous êtes malheureux... vous savez pourtant que vous devriez être centrés sur les autres et avoir plus tendance à donner qu'à prendre. Savoir cela devrait vous libérer. Alors pourquoi êtes-vous si nombreux à rester prisonniers ? Certains savent bien que leurs sempiternelles discussions ne les rendent pas plus heureux. Vous voulez avoir le dernier mot, et pourtant, avoir toujours raison vous donne un sentiment de culpabilité. Pourquoi ne pas vous retenir avant de commencer ?

Vous êtes plusieurs qui détestez que l'on vous corrige parce que vous n'avez pas encore compris que c'est une preuve d'amour dont l'intention est de vous conduire à Dieu. Les réprimandes sont l'équivalent de bons exercices de maintien qui vous donneront une merveilleuse posture spirituelle. De plus, ceux qui n'aiment pas qu'on les corrige, ne cessent de corriger les autres... Je me demande si cela a un sens ! Est-ce donc agréable d'être aussi étourdi que dépourvu de bon sens ? Pour moi, c'est un état plutôt déplaisant.

Nous pouvons aspirer à quelque chose de plus élevé même en partant d'une situation ordinaire. Il est grand temps que vous compreniez ce qu'est l'obéissance. Votre première éducation vous a donné une fausse idée de l'indépendance. En obéissant dans l'Apostolat, vous avez l'illusion de perdre votre identité, votre personnalité. Or rien n'est plus éloigné de la vérité. Dieu qui respecte le libre arbitre de l'homme ne veut ni mutiler ni briser ou changer votre personnalité puisque c'est Lui qui vous a invités à mener cette vie apostolique afin de vous perfectionner. Si vous cessiez de combattre avec des armes inutiles et preniez le temps de réfléchir, vous verriez qu'Il vous a appelés avec amour pour que votre personnalité s'épanouisse et donne toute sa mesure. Certainement pas pour vous brimer !

Mon approche de toutes ces questions peut vous sembler quelque peu négative. Mais il n'en est rien. Je vous les présente en forme d'interrogation parce que j'aimerais que vous y répondiez.

J'ai un grand désir de vous faire réfléchir, ce que nous ne faisons pas beaucoup !

Ces derniers jours de carême sont, avec l'approche de Pâques, des temps joyeux, même s'ils sont aussi sérieux et douloureux. Il en est de même pour mes questions. Si vous y répondez honnêtement, elles peuvent susciter en vous une véritable résurrection, une vraie fête de Pâques.

Je souhaite que grandisse notre amour dans le Christ et les uns pour les autres car Il est ressuscité. En vérité, Il est ressuscité. Alléluia !

Avec toute mon affection en Marie,

Catherine

PRIÈRE, PANIQUE ET PAIX DE DIEU

Le 4 avril 1963

Mes bien-aimés,

Lorsque les missiles de Cuba ont provoqué une crise, je vous ai fait part des réactions qui semblaient s'imposer face à un tel danger.

Il n'est pas douteux qu'après le discours du président, tous étaient haletants dans l'attente de la réponse russe à ce défi. Ce fut un moment crucial lorsque le monde entier, et les Américains en particulier, durent envisager une guerre nucléaire possible, les missiles de Cuba semant la mort dans Washington, New York et d'autres villes en flammes. Ces jours furent tragiques, pleins d'une terreur à vous couper le souffle.

Nous devons toujours nous tenir prêts à de telles éventualités qui ont pour nous le même sens que pour tous les êtres humains. Il serait normal que nous ayons peur, comme tout le monde, car cette peur ne serait pas illusoire, mais parfaitement légitime.

Néanmoins, nous appartenons à Celui qui est le parfait amour et bannit la peur. sa grâce rend supportable la terreur qu'inspirent la mort et les destructions. En cas d'urgence, la première chose qui s'imposerait à nous, serait de nous rassembler et de prier pour la paix, pour que s'éloignent les sombres nuages et pour que les gens gardent leur sang-froid en se souvenant que Dieu ne nous quitte pas.

Après avoir prié tous ensemble à la messe, il faudrait le faire individuellement toute la journée, aux mêmes intentions, en invoquant la miséricorde divine et en implorant son intercession.

Ceux qui seraient éloignés du théâtre des opérations devraient continuer leur travail, qui est celui de Dieu, aussi normalement qu'en temps de paix. Notre plus grande contribution serait de remplir le devoir présent et de l'offrir aux mêmes intentions que nos prières. Nous, les apôtres du Seigneur, n'aurions à aucun moment le droit de céder à la panique devant la mort et les destructions car beaucoup comptent sur nous.

Puisque nous avons la foi, nous ne devrions pas craindre la mort. Mais notre devoir serait de prendre les précautions nécessaires pour prolonger notre vie et, bien entendu, celles des autres.

Nous le faisons non seulement pour nous-mêmes mais aussi pour servir en cas de besoin. Nos pensées de paix et d'amour doivent à tout moment se tourner vers les autres et pas uniquement sur nous.

Afin d'être prêts pour de telles urgences, il serait bon de revoir nos cours de secourisme pour que notre aide soit plus efficace.

Soyons des êtres qui rayonnent la paix divine afin de la semer dans les cœurs angoissés. Pendant la crise de Cuba l'un de nos amis eut l'occasion de tranquilliser une mère de famille terrorisée en lui expliquant avec calme qu'il poursuivait son travail comme d'habitude. Nous devrions faire de même. N'oublions pas qu'en de tels moments notre devoir serait d'apporter la paix à ceux que la terreur empêche de raisonner.

Il faudrait nous garder de répandre des rumeurs alarmistes et des informations non confirmées. Il faudrait parler calmement, marcher sans hâte et, si possible, ne rien changer à l'horaire quotidien. Nos maisons doivent, en tout temps, être des havres de paix et de sérénité.

Soyons toujours prêts à aider les organisations gouvernementales, qu'il s'agisse de soigner, de distribuer la nourriture ou de tout autre chose. En public, comme en privé, soyons efficaces, calmes et sereins, toujours en prière pour servir Dieu et le prochain, quel qu'en soit le prix.

En période de crise, il serait bon, dans la mesure du possible, de rester en contact les uns avec les autres. Sinon, recommandons-nous mutuellement à Dieu dans la foi, la confiance, la paix et l'espoir puisqu'Il nous aime et que nous L'aimons, Lui le Seigneur de la vie et de la mort.

Avec toute mon affection en Marie,

Catherine

LA SÉRÉNITÉ DE L'ORDRE DIVIN

Le 3 mai 1963

Mes bien-aimés,

Ceux qui sont particulièrement responsables de Madonna House sont toujours intérieurement très occupés. Nous ne cessons de nous examiner, esprit, cœur et âme pour jeter nos filets au loin et recueillir de nouvelles lumières sur l'apostolat laïc. Nous essayons de rester à l'écoute de l'Esprit saint qui, de nos jours, fait descendre le feu divin sur l'Église avec tant de clarté et de vitalité! Un nouvel esprit de Pentecôte souffle sur toute l'Église un air céleste, pur et rafraîchissant.

Nous sommes chaque jour plus conscients du fait que Madonna House devient la mère de tout l'Apostolat – j'entends ce mot au vrai sens de maternité spirituelle. « Quartier Général » est un terme sec et froid qui fait penser au monde des affaires. Voyez plutôt Madonna House comme « l'âme-esprit », le cœur de l'Apostolat. C'est aussi le centre de stages.

Mais peut-être faudrait-il mieux dire « centre de formation ». Car non seulement nous avons à former des âmes, mais aussi à reformer des êtres humains. Nous essayons de les restaurer, de les reconstruire devant le Seigneur pour qu'ils puissent aller de l'avant et restaurer pour Dieu ce monde si complexe et changeant, tellement sécularisé qu'il en est presque païen.

Il me semble que les prêtres et moi qui sommes plus âgés que la plupart d'entre vous sommes les plus jeunes de cœur car nous sommes prêts à changer immédiatement nos techniques et méthodes de formation dès que nous en voyons la nécessité dans un monde en rapide mutation. Nous remettons sans cesse à jour les idées et les méthodes de l'Apostolat.

Pour satisfaire votre besoin affectif de sécurité, il faut vous donner des ordres précis et vous assurer une confortable routine. C'est pourquoi vous ne saisissez pas tout de suite la nécessité de cette adaptation qui a pour but de parer aux attaques du monde. Mais vous êtes en train d'apprendre comment répondre aux besoins de l'Apostolat mondial.

Ce que je veux dire est fort simple. Alors que nous devons, avec souplesse, nous plier aux changements qu'exigent le monde et l'Apostolat, nous devons dans le même temps conserver certaines valeurs normales sur lesquelles il est fondé. Ce sont des petites choses vitales qui ont vraiment une importance énorme. Elles peuvent vous paraître secondaires parce que vous pensez que tout ce que je vais vous dire se pratique dans votre maison, bien sûr! Mais pour en arriver là, il a fallu des années de formation. C'est pourquoi je vous supplie, tous, d'examiner à nouveau votre conscience sur la façon dont vous vivez habituellement ces petites choses quotidiennes; elles sont la trame d'une vie de famille.

C'est par son esprit de famille que Madonna House se distingue des autres apostolats. Le nôtre qui se compose de laïcs, hommes et femmes, avec des prêtres, constitue aux yeux du monde une véritable famille. Cela implique l'amour mutuel que se portent les divers membres et la façon dont ils vivent cet amour quotidiennement dans les petites choses, qui précisément font l'objet de cette lettre.

Il en est une sur laquelle je n'ai jamais cessé d'insister depuis les débuts de l'Apostolat: c'est l'ordre et la propreté qui doivent régner chez vous, quels que soient l'urgence du travail et le degré de votre fatigue.

Chaque maison doit être d'une propreté immaculée, non seulement là où cela se voit, mais partout. Chaque tiroir doit être bien rangé, chaque bibliothèque époussetée et classée. L'ordre doit régner dans tous les coins de la maison qu'ils se voient ou non. Chaque chose à sa place et une place pour chaque chose.

Il y a une autre question sur laquelle je tiens à insister : celle des repas. Que votre maison soit l'une des plus pauvres et que, pour cette raison, votre vaisselle soit dépareillée, je n'en veux pas moins que le couvert soit mis avec goût, grâce et beauté, et la présentation des plats agréable et jolie. Et surtout qu'on ne serve pas dans les casseroles utilisées pour cuisiner... La table doit être aussi attrayante que le permettent la pauvreté et la simplicité de votre mission. J'aimerais que vous y placiez une statue de Notre-Dame ou de quelque saint, entourée de fleurs par exemple ou autre chose qui soit décoratif et chaleureux. Les repas doivent être servis à l'heure.

Il faut que cuisine et bureau soient impeccables. Si votre travail vous a mis en retard, demandez de l'aide. Il peut sembler ridicule de mentionner ce qui suit... car, je ne doute pas que chacun fasse son lit comme vous l'avez appris à Madonna House. Bref, l'ordre doit être l'ornement des palais de Dame Pauvreté, seul luxe que puissent s'offrir les pauvres et nous devons en donner l'exemple.

Vous vous demandez peut-être pourquoi je reviens sur ces questions... C'est que je me souviens avec honte et tristesse du jour où une dame fort riche vint à Harlem apporter un chèque de 25 000 dollars pour Friendship House. À cette époque, la maison était tenue par une personne un peu déséquilibrée et totalement ignorante de l'ordre. Tout était sale et entassé. Après un regard sur cela, la dame qui ne mâchait pas ses mots dit à cette responsable : « J'avais l'intention de vous donner un chèque de 25 000 dollars pour vous aider à restaurer le monde pour le Christ. Mais devant ce désordre et cette saleté, je ne vous le donnerai pas. Si on ne peut mettre de l'ordre dans sa propre maison, on peut encore moins en mettre dans l'univers de Dieu et les cœurs humains. »

Oui, l'ordre, la propreté, la paix, le bon goût et la simplicité sont les fruits de la charité et de la sérénité de l'ordre divin en votre âme. On ne peut tolérer le désordre, fruit du mal.

Il est si facile de négliger l'une ou l'autre de ces petites choses qui constituent les valeurs fondamentales de Madonna House. Avant même que vous vous en rendiez compte elles risquent d'être ébranlées, et le désordre de régner dans les cœurs, les esprits et les âmes. Je vous prie d'examiner votre conscience sur ce point. Prenez un peu de recul pour voir comment améliorer vos habitudes et faire en sorte que votre maison participe à la profonde sérénité de l'ordre divin. C'est chose vitale.

Avec toute mon affection en Marie,

Catherine

NOTRE CORPS PRIE AUSSI

Le 28 juin 1963

Mes bien-aimés,

J'ai observé un certain nombre de choses dont je ne vous ai pas encore parlé, peut-être parce que je n'étais pas prête à les clarifier. L'une d'elle concerne la tenue à la prière. J'ai remarqué que pendant la messe ou les offices, beaucoup d'entre vous croisent les jambes ou sont à demi vautrés sur leur banc. Or, un groupe apostolique de laïcs devrait avoir conscience du sacré de la Divine Liturgie qui constitue, officiellement, face au Seigneur tout puissant, vos actes d'adoration. Si vous réalisez profondément que vous êtes simple créature devant son créateur, votre attitude devrait exprimer extérieurement ce que, je l'espère du moins, vous ressentez intérieurement : vénération, adoration, crainte sacrée.

Comme je suis certaine que vous comprenez cela, vous devez participer à ce culte non seulement de tout votre cœur, esprit et âme, mais aussi l'exprimer avec votre corps. Il faut, de plus, que vous donniez le bon exemple à nos invités et à nos visiteurs. Il est véritablement scandaleux que des apôtres laïcs consacrés aient une tenue relâchée pendant la prière.

Il est dit dans les Écritures : « Adorez Dieu, vêtu des ornements sacrés. » Nous tenons tous à paraître décents suivant l'heure du jour et le jour de la semaine. Pour aller à l'église, nous devrions, par respect pour Dieu, je l'espère, nous habiller un peu mieux. Non pas qu'il soit interdit, à l'occasion, de rester en vêtements de travail, mais qu'au moins ils soient propres et en bon état, autrement dit convenables. Je prie donc chacun de veiller à ce qu'il en soit ainsi.

Pour ce qui est de l'inclinaison de tête et autres signes extérieurs appris à Madonna House, il faut d'abord que vous compreniez pourquoi l'on vous a enseigné ces formes orientales d'adoration. Voilà des années que je suis œcuménique de cœur et enflammée du désir de voir nos frères séparés s'unir à l'Église catholique.

Je savais bien qu'il serait difficile de vous apprendre cette forme corporelle d'adoration parce que, aux États-Unis et au Canada, le clergé et les fidèles ne connaissent pas les églises orientales. C'est pourquoi je n'ai pas mis mes idées à exécution dès les premiers temps de l'Apostolat.

Il est naturel que mon cœur souhaite tout spécialement la réconciliation de l'Église orthodoxe avec Rome. Vous avez commencé à vous familiariser avec ses coutumes lorsque des prêtres de rite oriental sont venus nous rendre visite à Madonna House et surtout lorsque le père Raya est devenu l'un des nôtres. Sachant que notre expansion missionnaire nous mettrait de plus en plus en contact avec les peuples de l'est, j'ai commencé à vous initier progressivement à leurs traditions. Ils ont l'habitude d'adorer le Seigneur non seulement en s'inclinant et se prosternant, mais aussi en dansant devant l'autel.

Nous n'en sommes pas encore là, chez nous, mais nous y arriverons à mesure que grandira notre activité missionnaire. Mais chaque chose en son temps et à sa place. Je suis sûre que vous n'avez pas oublié cette recommandation que je vous fais sans cesse : « Nous devons nous conformer aux mœurs et coutumes des gens que nous servons. » Il est donc évident que lorsque vous allez à l'église au Canada ou aux États-Unis, vous en respectez les coutumes.

Je crois en la liberté des enfants de Dieu. Si vous êtes seul à la chapelle et désirez, par exemple, vous incliner devant l'une des stations du Chemin de Croix, je n'y vois aucune objection. Mais pour la messe et l'office, laissez-vous guider par votre responsable et par les coutumes du pays où vous êtes en mission.

Je voudrais dire aussi que pendant les cérémonies religieuses, les attitudes corporelles font tout simplement partie de « l'ordre » sur lequel j'insiste si souvent.

Avec toute mon affection en Marie,

Catherine

AMOUR ET COMPÉTENCE PROFESSIONNELLE

Le 10 juillet 1963

Mes bien-aimés,

À tous les séminaires et toutes les réunions de l'apostolat laïc, il est une question qui ne manque jamais de susciter des discussions intéressantes et parfois même passionnées : « Quel est, dans l'Apostolat laïc, le rôle de la compétence professionnelle ? »

Personne ne peut nier qu'il y en a besoin et qu'il en faut de toutes sortes. Compétence et adresse technique devraient être les indispensables qualités de tout apôtre laïc, sans pourtant constituer l'alpha et l'oméga de l'apostolat. Il est vrai que la grâce agissant sur la nature peut, avec la coopération de l'intéressé, transformer tout son être et en faire, grâce à ses compétences, un instrument remarquable au service de n'importe quel apostolat laïc.

Il ne faudrait cependant pas exagérer l'importance de ces talents professionnels, car non seulement ce serait une hérésie, mais, à parler franchement, une stupidité, puisque ce serait négliger le véritable don d'intelligence que Dieu nous a donné.

Il est inutile de réfléchir longtemps pour voir que si les compétences intellectuelles et professionnelles étaient l'essentiel de l'apostolat, des saints aussi éminents que le Curé d'Ars et Catherine de Sienne – qui ne savait ni lire ni écrire – en seraient exclus.

En fait un rapide regard sur les Apôtres indique que même s'ils étaient d'habiles pêcheurs et collecteurs d'impôts, le Seigneur n'utilisa pas leur « talent naturel » correspondant à notre standard moderne de compétence et ne s'y intéressa même pas.

La seule allusion qu'Il fit à l'adresse de saint Pierre comme pêcheur fut qu'Il ferait de lui un « pêcheur d'hommes », ce qui, pris à la lettre, dut lui paraître parfaitement incompréhensible sur le moment. N'ayant pas la moindre idée de ce que cela voulait dire, il a dû en être fort troublé, à supposer qu'il y ait seulement accordé une pensée.

Si la compétence professionnelle devenait un jour le critère de l'apostolat laïc, son efficacité en serait assez limitée pour entraîner sa mort naturelle.

Pensons à l'infirmière la plus compétente, prête à s'en aller pratiquer au bout du monde s'il en est besoin, son activité apostolique serait nulle si elle manque de dévouement et d'amour ; et de plus, elle ferait tort à l'Église dont elle ternirait l'image en laissant derrière elle une impression amère.

Cette compétence dont on parle sans cesse aux États-Unis et au Canada commence à fatiguer bon nombre des membres et citoyens des nations dans lesquelles arrivent nos techniciens et professionnels hautement qualifiés. Cette compétence leur donne un sentiment d'infériorité, et implique notre supériorité en leur apportant les dons de quelque bienfaiteur nommé États-Unis ou Canada ! Si bien qu'avant même d'y entreprendre notre « mission d'amour », nous sommes déjà jugés et souvent rejetés.

Toutes ces qualifications, qu'elles soient intellectuelles, universitaires ou techniques ont une importance vitale, mais, à mon avis, parfaitement secondaire. Je ne songerai jamais à exclure d'un groupe d'apôtres laïcs ceux qui ont très peu de formation intellectuelle ou technique.

J'estime que la formation spirituelle d'une âme est d'une importance primordiale. Dans cette formation, pour un apôtre laïc les deux commandements d'amour passent avant tout. Pour moi, le reste est secondaire, même la connaissance des langues qu'il faudra bien acquérir tôt ou tard puisque l'amour exige la communication.

Mais je voudrais surtout insister sur le fait que cette formation spirituelle devrait être fondée sur les Écritures et la Liturgie tout en baignant dans la prière. Elle devrait reposer sur les Épîtres de saint Paul concernant la charité, l'Évangile de saint Jean et les paroles du Christ. Lorsqu'Il a envoyé ses disciples, deux par deux, dans le monde, Il ne s'est pas demandé s'ils avaient quelque qualification professionnelle. Il leur a expliqué ce que devaient être de bons apôtres laïcs : des ambassadeurs de l'amour, de la bonne nouvelle, d'une charité ardente et de la paix. Ils avaient pour mission d'être les ambassadeurs de Dieu. Je pense que cette technique du Christ, ce programme du Seigneur doit être à jamais celui de l'Apostolat.

Il est bon de former diversement des jeunes qui sont affectivement vulnérables et stressés, mais toutes ces qualifications n'ont qu'un rôle secondaire dans la formation spirituelle dont j'ai parlé.

Je sais, car j'en ai fait la triste expérience à Madonna House, qu'un professeur extrêmement compétent, muni de plusieurs diplômes, qui adore sa profession et a même formé d'autres professeurs, peut être totalement inefficace au service du Seigneur s'il lui manque cette première formation spirituelle. Ses problèmes affectifs peuvent constituer un obstacle.

À mon avis, voici dans quel ordre doit se faire la formation : celle des âmes d'abord pour qu'elles aiment Dieu avec passion et, par conséquent, leur prochain, pour que cet amour ait la force de renverser tous les obstacles et de se communiquer, avec ou sans qualification professionnelle. Vient ensuite la formation technique, mais toujours comme complément et servante de l'amour, car elle n'est pas le facteur le plus important.

L'amour et l'amour seul changera ce monde. Dans l'histoire de l'Église catholique, nous avons l'exemple de nombreuses personnes saintes, sans grande compétence professionnelle ou technique, comme Benoît Labre et Matt Talbot, plus une multitude d'autres. Il ne faut jamais oublier cela, surtout à notre époque où la technologie et la machine règnent en maître.

Avec toute mon affection en Marie,

Catherine

LE VISAGE DE LA PAUVRETÉ

Le 28 août 1963

Mes bien-aimés,

En cette année 1963, les membres de l'Apostolat de Madonna House sont, comme toute l'Église, poussés à examiner dans quelle mesure leur vie révèle au monde le visage de la pauvreté.

Dans son discours au Concile Vatican II, le cardinal Lecaro n'a pas eu peur de lancer le défi de la pauvreté à tous les évêques de l'Église. Sans mâcher ses mots et sans la moindre restriction mentale ni recours à la casuistique ou au sophisme, il leur a demandé en termes simples et percutants de revenir à la pauvreté du Fondateur du christianisme et de se débarrasser de tout ornement princier. Car, leur dit-il, vous n'avez jamais été et n'êtes toujours pas des princes, si ce n'est ceux de la pauvreté, de la paix et de l'amour à la suite du Divin Pauvre qui n'avait même pas où reposer la tête. Vous êtes les disciples d'un Charpentier qui, pendant sa vie cachée n'était pas considéré comme un homme important. Bien que son pain quotidien n'ait jamais été tout à fait assuré, Il n'était pas un indigent comme certains l'imaginent. Néanmoins, Il mourut nu sur une croix.

Dans notre monde sécularisé qui adore Mammon, c'est-à-dire la richesse, le pouvoir, le rang social et surtout le confort, comment l'Église peut-elle, de nos jours, enseigner les lumières de l'Évangile qui nous appellent au détachement et à la pauvreté de fait et en esprit ? Oui, comment le peut-elle dans un monde divisé entre nations nanties et celles où règnent la faim et la pauvreté absolue ?

Elle n'a d'autre moyen que de se faire elle-même pauvre et de façon visible dans la vie de ceux qui sont l'Église : le pape, les cardinaux, les évêques, les prêtres, les religieux, les laïcs. C'est alors seulement que drapée dans la Bonne Nouvelle, elle pourra la porter au monde en clamant l'Évangile.

Lentement, inexorablement, peut-être grâce au Concile, l'Esprit est devenu comme un souffle de feu qui brûle et consume les controverses et arguments misérables qui, pendant tant de siècles ont tenté de justifier d'insoutenables compromis avec le monde. Nous, membres de Madonna House, nous sommes aussi l'Église et nous commençons à ressentir ce souffle de feu qui tente de brûler tous nos compromis. Il exige de nous qui travaillons sur les places publiques du monde, que nous soyons capables de montrer dans toute sa splendeur le visage de la pauvreté du Christ. À cette condition seulement, les gens écouteront l'Évangile que nous essayons de proclamer par notre vie.

Mais puisque l'Église est aussi humaine, nous sommes confrontés à un dilemme crucifiant. Ce monde qui s'éloigne de Dieu à la vitesse d'une fusée, pour qui tout se résume à l'argent, pour lequel succès égale richesse, pouvoir, position sociale, ce monde sécularisé, totalement ignorant des valeurs de l'Évangile, est loin d'être prêt à admettre que nous soyons autorisés à quêter. Nous désirons vivre dans la pauvreté totale tout en mendiant les aumônes qu'exige notre Apostolat dans un monde moderne. Recevoir de quoi travailler pour le Seigneur est pour nous un privilège.

Où que nous soyons dans cette société qui est la nôtre : dans une léproserie de Birmanie, les rizières torrides du Pakistan ou les magnifiques îles surpeuplées des Antilles, l'argent est indispensable pour travailler physiquement et spirituellement à l'œuvre de charité qui consiste à proclamer l'Évangile par toute notre vie. Dans le désert des corps affamés, les esprits sont incapables de recevoir l'Évangile. À notre époque, les missionnaires ont encore plus besoin d'argent que lorsque le monde était chrétien et que tous contribuaient à l'évangélisation : rois, reines, prêtres et religieux, pauvres et seigneurs.

L'Écriture nous dit : « Les enfants de lumière doivent avoir autant de sagesse que les enfants de ce monde. » Pour le service de la gloire du Père, les enfants de lumière doivent utiliser tous les bons moyens que connaissent les enfants de ce monde, comme l'efficacité, l'ingéniosité et l'imagination. Nous devons nous en servir pour proclamer l'Évangile par notre vie.

Des groupes tels que le nôtre peuvent et doivent par tous les moyens récolter l'argent nécessaire à cette tâche, aussi sainte qu'urgente, qui consiste à prêcher l'Évangile à notre monde actuel qui ne connaît plus Dieu.

Des associations de ce genre mendient comme le faisait saint François. D'autres travaillent pour gagner de l'argent ; saint Paul faisait des tentes. Les rabbins de l'Ancien Testament travaillaient et le Christ Lui-même était charpentier. Certains groupes ont des entreprises telles que la publication et la distribution de livres. D'autres encore ont des épiceries dont ils vendent les produits à prix très modérés, se contentant de bénéfices minimes. Il en est aussi qui gèrent des coopératives dans les régions les plus pauvres du monde. D'autres ont des salles de cinéma qui passent de bons films ou encore des magasins d'art et d'objets artisanaux qu'ils ont eux-mêmes fabriqués et qu'ils vendent à un prix raisonnable, leur apostolat étant œuvre d'éducation et occasion de contact. Notre siècle sécularisé nous oblige à trouver de l'argent par des moyens infiniment variés. Les gens ignorent l'obligation qu'ils ont de nourrir le Christ dans ses pauvres. Ils ne comprennent pas qu'ils ne pourront entrer au Paradis s'ils ne partagent pas leurs biens avec leurs frères. Comment pourraient-ils le comprendre puisqu'ils ne connaissent pas Dieu ? C'est pourquoi l'apostolat laïc doit, à nouveau, enseigner par tout ce qu'il est, et fait, cette sublime doctrine de l'Évangile. C'est ainsi qu'il se trouve dans l'obligation de récolter l'argent nécessaire à son ministère apostolique.

Depuis sa fondation en 1930, notre Apostolat est pauvre, dépendant entièrement de la mendicité pour son existence. Depuis 1951, l'étrange et mystérieuse expansion qu'il connaît n'est attribuable qu'à Dieu. C'est Lui qui donne les vocations qui viennent à Madonna House. Cela exige que l'on agrandisse les bâtiments, ainsi que le jardin potager et que nous trouvions l'argent nécessaire au soutien des missions en continuel développement. Dieu veut qu'il en soit ainsi puisque ce sont les évêques qui nous demandent des équipes de missionnaires.

Madonna House continue donc à quêter. Mais il y a des limites que tout apostolat doit respecter, bien que notre foi n'en connaisse aucune en la Divine Providence. Mais nous nous souvenons des paroles de saint Ignace de Loyola : « Priez comme si tout dépendait de Dieu et travaillez comme si tout dépendait de vous. »

Aussi n'est-ce pas sans beaucoup d'angoisse, de prières et de jeûnes que Madonna House s'est lancée dans une petite entreprise, après avoir pris conseil d'un prêtre expert en la matière. Cela s'est fait simplement et sans difficulté. Tous ceux qui ont assisté à ses débuts et à son développement peuvent y voir la Main de Dieu. Il nous parle, en effet, par l'intermédiaire des gens, des choses et des événements. C'est ainsi qu'Il l'a fait pour ceux d'entre nous chargés de l'Apostolat de Madonna House où tout s'est fait en douceur.

Lorsque j'ai accepté l'invitation de l'évêque de Pembroke, Monseigneur Smith, à lancer un apostolat rural, le Saint-Esprit m'a fait comprendre que, dans ce milieu, je pourrais former plus profondément les nouvelles venues dans un esprit évangélique que dans les centres urbains. Le Seigneur m'avait préparée à la formation spéciale que j'étais appelée à donner, par ma première éducation et mon entourage. C'est ce que je compris peu à peu, dès le début de notre fondation à Combermere.

Il avait permis que je naisse dans une certaine famille, à une certaine époque, dans un certain pays : la Russie qui, à l'époque de ma jeunesse, était essentiellement agricole. Ma famille appartenait au monde de la noblesse terrienne, au sens large du terme. La civilisation moderne, telle qu'on la connaît de nos jours, n'avait pas affecté les coutumes séculaires de la Russie restée très proche de la nature et de la terre.

Notre propriété était loin de tout, même du chemin de fer. À l'exception du sucre, du café et du thé, nous produisions tout ce qu'il nous fallait. Nous filions, cardions et tissions la laine de nos moutons. Il est vrai que ce tissu était transformé en de merveilleux et coûteux vêtements par des artistes-tailleurs. Tout n'en était pas moins fait à la main.

Nous cultivions le chanvre et le traitions aussi à la main. Nous tissions notre linge de maison : draps, taies d'oreiller, nappes, serviettes de table et de toilette, etc.

Toute la nourriture récoltée chez nous était mise en conserve comme cela ne se fait plus aujourd'hui que dans les régions perdues du nord de l'Amérique ou dans ses musées. Nous faisions notre beurre et notre fromage dans des barattes qui se vendent maintenant chez les antiquaires, à des prix fous.

Notre religion, en symbiose avec l'année liturgique et notre mode de vie, était, pour nous, significative. Dieu était continuellement présent.

La nature avait pour nous peu de secrets, la terre nous aidant à mieux comprendre l'Évangile. Elle nous donnait de la teinture pour les vêtements, de la nourriture pour la cuisine, des médicaments si nous étions malades. Nous la considérions avec respect, sachant qu'elle appartient à Dieu dont elle est la créature.

Oui, lorsque je jette un regard sur le passé, je comprends comment le Seigneur m'avait préparée à restaurer l'homme moderne (sur le plus moderne de tous les continents) et cela beaucoup mieux que je ne pouvais le faire dans les centres urbains. Peut-être voulait-Il aussi me faire comprendre à quel point l'homme, dans la société moderne, est un être blessé.

J'ai, bien entendu, commencé simplement, modestement avec une extrême pauvreté de moyens. J'avais très peu d'argent mais, Dieu merci, beaucoup d'imagination et une claire vision de cet Apostolat. Dans des revues périmées, j'ai commencé à découper des articles sur l'art, l'artisanat, la cuisine, l'agriculture, en général tout ce qui concerne la façon de faire des tas de choses avec presque rien, mais surtout beaucoup d'ingéniosité.

Bien avant d'avoir un débarras, je gardais ces coupures à cause des rêves que m'avait donnés le Seigneur et comme tous mes rêves, il s'est réalisé. J'ai quêté ce qu'il me fallait de façon à pouvoir, un jour, allier les anciennes connaissances aux nouvelles. Et nous étions prêts à ce travail de restauration lorsque sont arrivés les nouveaux membres que j'attendais dans la foi. Ils peuvent vous dire eux-mêmes, et j'espère qu'ils le feront, ce qui les attendait et comment l'artisanat, l'art, la cuisine et l'agriculture se sont développés à Madonna House.

Mais le Seigneur m'aida plus encore avec des grâces spéciales. Pour une quelconque raison que je n'explique toujours pas aujourd'hui, je me mis à collectionner toutes sortes de vieilles choses plus ou moins bizarres... des boutons aux vieux instruments de ferme ; ce qu'actuellement on qualifie de rebut. Les années passèrent et, un jour, je compris pourquoi j'avais fait cela. Dieu voulait deux choses : un musée et un petit magasin que nous appelons le "PX" mais qui sera un jour, je l'espère, « le magasin missionnaire de Madonna House ». Il commença donc doucement lorsqu'une petite maison pouvant convenir devint libre. J'étalais ma « collection » sur quelques étagères et elle se vendit. L'argent ainsi gagné servit à l'Apostolat.

Nous reçûmes beaucoup d'autres choses et c'était comme si Notre-Dame était devenue notre fournisseur qui nous envoyait les articles susceptibles d'intéresser les gens. Je dois dire que cela nous donnait un gros travail pour trier, ranger. Il fallait aussi du temps et de la patience, mais nous en avions. D'ailleurs Dieu nous faisait comprendre clairement que, dans le cas contraire, nous devions trouver du temps et exercer notre patience sur ces « petites choses » qui nous étaient demandées.

Le magasin se développa et, aujourd'hui le 28 août 1963, nous sommes, Madonna House et moi-même, de nouveau angoissés par la question de la pauvreté, cette fois à cause des bonnes affaires du magasin !

Mais j'ai la ferme conviction, qui est aussi celle de mon directeur spirituel, que le Seigneur et le pape, non seulement permettent, mais encouragent cette façon de trouver de l'argent. De plus, elle correspond bien à la mentalité actuelle. Il faut, cependant, que ce magasin serve non seulement à gagner de l'argent pour l'Apostolat et ses missions, mais soit aussi l'occasion d'apostolat auprès des acheteurs.

Pendant quelque temps, nous avons accepté, à Whitehorse, la charge d'une hôtellerie qui appartenait au gouvernement parce que le salaire des membres qui y travaillaient était d'un grand secours pour Madonna House.

Mais le Seigneur nous fit quitter ce travail et nous devons maintenant trouver autre chose pour compenser cette perte de revenus. J'ai beaucoup prié pour cela et, de quelque côté que je me tourne, je ne vois d'autre solution que l'agrandissement du magasin et l'organisation d'un musée qui sera, pour les jeunes, un enseignement et une invitation à respecter le passé. Il sera ouvert au public de cette région rurale du Canada ainsi qu'aux éventuels touristes, et il aidera le magasin qui devra se trouver à côté.

Ainsi que le demande l'Évangile, les enfants de lumière doivent être aussi habiles que ceux des ténèbres, mais pour un tout autre but... Nous sommes donc confrontés à la nécessité (qui ne fait plus aucun doute) d'acheter une maison disponible qui pourrait convenir, ou de faire construire. Dans un cas, comme dans l'autre, il nous faut continuer à quêter...

Et lorsque nous aurons les locaux, quelle ligne de conduite adopter ? L'angoissante question se pose à nouveau. Imiterons-nous l'efficacité des enfants des ténèbres ? Construirons-nous avec l'argent quêté pour construire (il faudra du temps pour que nous en ayons assez) et même si le magasin fait des bénéfices, n'appartiennent-ils pas à la mission ? Devrons-nous acheter ou quêter des boîtes pour suivre la mode actuelle des emballages, ou nous contenter de sacs « d'occasion » que nous aurons également mendiés. Qu'allons-nous faire ?

L'Apostolat du magasin résidera-t-il en partie dans notre façon de vendre qui nous fera dire carrément, honnêtement et avec humilité : ces petits pots qui contenaient la nourriture des bébés nous ont été donnés. Nous avons essayé de peindre le couvercle le mieux possible mais nous ne sommes que des amateurs. S'ils sont mal emballés, dirons-nous que c'est parce que nous sommes pauvres, qu'en Inde des millions de gens ont faim et que nous ne voulons pas soustraire inutilement un sou de l'argent que nous envoyons là-bas ?

Et puis, nous ne voulons pas vendre cher car, après tout, il s'agit d'un magasin apostolique et non d'une affaire impersonnelle, froidement basée sur le seul bénéfice. Dans quelle mesure pouvons-nous imiter les enfants des ténèbres dans cette aventure qui semble dirigée par le Seigneur, approuvée par les prêtres et, qui, après tant de prières, de réflexions, d'agonie, de jeûnes et de recherches, fleurit maintenant dans mon cœur ?

Quelle réponse donner à toutes ces questions, je vous le demande à vous que le Seigneur a appelés à Madonna House. Répondez-moi. Mais auparavant, priez.

Ce magasin doit être un apostolat. Notre façon de vendre doit être dictée par notre désir ardent de montrer le visage de la vraie pauvreté à un monde saturé de confort, de pouvoir et d'amour de l'argent. C'est ce que nous devons faire comprendre aux gens qui seront nos clients et qui s'attendent à d'élégants emballages.

Pouvons-nous vendre les articles que Notre Seigneur nous envoie, et dont Notre-Dame est le fournisseur, enveloppés comme dans les magasins à la mode ? Ou devons-nous les envelopper de pauvreté et de lumineuse charité ? Que choisir ? Mais y a-t-il moyen de faire les deux ?

Affectueusement en Marie,

Catherine

P. S. : Au moment où j'en terminais avec ces quelques pensées, ma secrétaire me suggère une idée que je trouve fort belle. Elle concerne le nom de « Véronique ».

Une de nos premières maisons d'accueil s'appelait, à l'origine, Véronique parce qu'elle est l'une de mes saintes préférées. Je vois en elle la patronne de l'apostolat laïc et je la prie de me donner du courage. Il en fallait à une jeune juive, autant que d'amour et de foi, pour fendre une foule en furie afin d'essuyer le visage de Celui que l'on considérait comme un criminel et qui venait de subir crachats, dérision et blasphèmes moqueurs.

Il récompensa ce courage en laissant l'empreinte de son visage sur le voile dont elle s'était servie. Il est curieux que la plaque au nom de « Véronique » (qui signifie « image vraie ») soit restée sur le bâtiment. Qu'il en soit bien ainsi est une belle pensée venue à l'esprit de ma secrétaire.

C'est comme si ceux qui vendent et achètent dans ce magasin, ce faisant, transformaient leur achat et leur vente en un voile.

Les uns et les autres savent que l'argent servira à essuyer le visage souffrant du Christ dans le monde.

Se pourrait-il que vendeurs et acheteurs trouvent imprimé sur leur âme le visage souffrant du Seigneur ?

LE PLUS SUBLIME DE SES DONS

Le 12 septembre 1963

Mes bien-aimés,

Je commence cette lettre au nom du Seigneur, le cœur plein d'amertume et de joie. J'ai du chagrin parce que l'un des membres de notre communauté souffre. Le chagrin est inhérent à la nature humaine.

En ce moment trois de nos membres connaissent la souffrance. Alma, en particulier. De façon tout à fait inattendue, on lui a découvert un cancer et elle a dû subir une très grosse opération de plus de cinq heures.

Ma tristesse est humaine car je souffre avec Alma dans mon corps, mon esprit, mon âme. J'ai aussi du chagrin pour nos deux autres membres à l'hôpital. Mais, cela peut vous étonner, ma joie est grande aussi… Pourquoi cela ?

Je suis remplie de joie parce que, si la main de Dieu semble s'être abattue lourdement sur notre Apostolat, il s'agit en fait d'un léger toucher. J'irai même jusqu'à dire que c'est un toucher affectueux. Comme j'essaie de vous le faire comprendre depuis que vous êtes arrivés à Madonna House, douleur et souffrance – sa croix – constituent les dons les plus sublimes qu'Il puisse nous faire. Cela prouve qu'Il nous trouve dignes d'être vraiment corédempteurs avec Lui, d'entrer dans sa Passion et donc de partager éternellement sa gloire, son amour, sa joie.

De plus, cela signifie que nous pouvons devenir des saints, de véritables amoureux de Dieu, les héritiers légitimes de son Royaume. Si, en nous touchant de sa tendre et douce main, Il nous demande de souffrir beaucoup avec Lui, en acceptant sa Sainte Volonté avec joie, et en nous offrant pour le monde avec nos souffrances, nos peines, nos peurs, notre nuit, alors le monde recevra par nous la lumière de Dieu, aussi incroyable que cela puisse paraître ! Ceux qui ont connu son tendre et affectueux toucher peuvent, dans la joie de la vérité, devenir des âmes offertes en victimes. L'apostolat de la souffrance est comme un torrent d'amour de Dieu qui généralement envoie son Esprit saint comme une légère brise ou une douce pluie qui tombe sans cesse en étincelles de feu. Il me semble que, devant la misère du monde, Dieu ne pouvant contenir plus longtemps son amour, descend comme le jour de la première Pentecôte en grosses langues de feu sur des âmes privilégiées, choisies avec tendresse, comme s'Il avait un ardent désir de leur révéler son amour pour le monde.

Je prie pour que ces âmes en aient la claire vision et comprennent combien est immense, incroyable et chargé de responsabilité l'apostolat que Dieu leur confie.

Comme vous le voyez, mes bien-aimés, mon cœur est plein d'une immense joie parce que certains d'entre nous ont été jugés dignes de souffrir avec et pour le Christ de cette manière particulière. Ces membres souffrants sont, chez nous, des privilégiés qui ont un prix infini. Mais tout en nous réjouissant que Dieu les ait choisis, n'oublions pas que nous devons, par notre compréhension, prendre notre part de leur souffrance. Je sais que vous le faites facilement s'il s'agit d'un cancer ou d'une grave opération. Mais, il y a d'autres épreuves plus subtiles, plus cachées et difficiles à saisir que l'on nomme globalement « problèmes affectifs ».

Dans ce cas, il nous faut marcher sur la pointe des pieds, ne jamais juger et toujours demander la grâce de comprendre ceux qui en sont affligés. Ils ont été spécialement choisis pour rester à Gethsémani et partager, avec le Christ, ses heures de solitude pendant lesquelles les apôtres dormaient. N'est-ce pas un grand honneur que nous devons comprendre, respecter et partager de notre mieux?

J'ai cru bon de vous confier les quelques pensées qui me sont venues à l'esprit lorsque j'ai appris cette maladie. Un de nos membres nous rappelait: « Le prix des âmes est élevé. » Oui, mes bien-aimés, il est élevé, comme vous commencez à vous en apercevoir. Mais, n'ayez pas peur, petit troupeau, le Seigneur est avec nous jusqu'à la fin des temps. Chacun de nous recevra la grâce nécessaire pour en payer le prix. Que votre cœur soit rempli de charité afin de connaître la paix dont vous avez besoin pour partager les souffrances de vos frères et sœurs.

Comprenez-vous maintenant pourquoi mon cœur est à la fois plein de tristesse et de joie?

Avec toute mon affection en Marie,

Catherine

AU CŒUR MÊME DE LA PAUVRETÉ

Une réponse à la question de la pauvreté

Le 8 janvier 1963

Chère Catherine,

Nous attendons de recevoir votre lettre sur la pauvreté. Lorsqu'on se trouve dans un pays où l'extrême pauvreté est la norme, elle revêt un tout autre visage. Un prêtre disait : « Il nous est impossible de témoigner par notre pauvreté. Nous aurons beau essayer de vivre pauvrement, ils seront toujours beaucoup plus pauvres. Notre pauvreté ne peut pas les impressionner puisque c'est le seul état qu'ils connaissent. »

Nous avons rencontré les sœurs de Mère Teresa qui, parmi les plus pauvres, bien sûr, font un travail héroïque et fantastique. Elles sont elles-mêmes très pauvres, ce qui semble être la principale caractéristique qui les anime. Nous avons parlé de la pauvreté entre nous et avec d'autres personnes. Nous avons donc entendu de nombreux points de vue, mais il n'en reste pas moins beaucoup de questions sans réponse.

La pauvreté est-elle quelque chose qui peut servir à « impressionner » les autres ? Est-elle un but, une fin en elle-même, un style de vie ? Comment vivre dans la pauvreté sans se draper comme dans une sorte de riche vêtement qui cache vos haillons tout en étalant plus votre propre vertu que l'amour de Dieu ? Pouvons-nous utiliser la pauvreté comme une marche qui accéderait au cœur des gens ?

On nous a répété pendant des mois que nous étions dans ce pays pour en aimer les habitants, simplement parce que Dieu les aime, comme Il aime tous ses enfants, mais non parce que nous voulons les convertir. Si c'est un motif indigne de l'amour, il doit l'être aussi de la pauvreté ! Est-ce bien réaliste d'essayer de vivre aussi pauvrement que les vraiment pauvres, de manger, de dormir comme eux ?

Il semble que beaucoup, ici, ont le cœur déchiré de ne pouvoir totalement s'identifier à ces gens qu'ils aiment vraiment et qui ont la peau brune alors que la leur restera blanche… Rien ne pourra les débarrasser du passé et du milieu qui les a faits ce qu'ils sont. Mais il est beau de voir leurs efforts pour s'imprégner d'une autre culture et y parvenir. Ils disent même se sentir ici « chez eux ». Ils ont beaucoup à nous apprendre. Priez pour nous.

Avec toute mon affection dans le Christ,

Une missionnaire de l'équipe au Pakistan

Le 10 octobre 1963

Cher Cœur,

Un grand merci pour votre lettre du 24 septembre. Je suis très heureuse de vous savoir enfin arrivée; mais nous en reparlerons. Dans l'immédiat, je veux répondre à vos questions sur la pauvreté. Elles m'ont fait plus de plaisir que vous ne pourrez jamais l'imaginer, non seulement parce qu'elles prouvent que vous avez grandi en sagesse et en grâce, mais parce que, maintenant, je peux enfin commencer à parler de la pauvreté… « commencer » étant le mot-clé!

Maintenant donc, vous aussi commencez à comprendre le terrible sentiment de frustration que les missionnaires éprouvent à leur retour. Vous aussi le connaîtrez lorsque vous reviendrez au pays, quelques jours ou pour toujours. Les missionnaires n'arrivent pas à trouver les mots qui pourraient rendre ce qu'ils ont vécu, entendu, ressenti, si profondément expérimenté.

Peut-être comprenez-vous mieux maintenant mon propre sentiment de frustration et, spirituellement, ma tristesse. Dans mon enfance et ma jeunesse, j'ai vu cette pauvreté que vous voyez maintenant et, de plus, j'en ai fait l'expérience en Russie. J'ai connu la faim qui vous ronge, vous fait manger des rats, des chiens, des chats et remercier Dieu d'avoir du bois à mâcher ou du fumier à sucer. Le goût de cette pauvreté me reste dans la bouche, l'estomac, l'esprit et l'âme.

Mais j'ai connu pire encore, c'est-à-dire l'horreur de sentir les poux vous dévorer le corps. J'ai éprouvé de la gratitude pour un coin chaud où m'étendre même s'il fallait accepter avec une indifférence presque stoïque de dormir entourée de punaises qui rampaient! Je n'ai pas fait, directement dans mon corps, mon âme et mon esprit, l'expérience de la vie en Inde, mais, pendant quelque temps, j'ai eu la grâce et le privilège d'en connaître certains aspects.

Étant donné ce que vous avez l'occasion de voir et de faire, et l'expérience que vous faites, je remercie Dieu de vous avoir envoyés tous les trois où vous êtes. Vous êtes jeunes, et c'est pourquoi, dès maintenant et aussi longtemps que Dieu vous prêtera vie, vos voix sont celles qui vont parler, hurler, dans le désert spirituel des futures générations de Madonna House. Alléluia! Alléluia! Réjouissons-nous de ce que de telles voix existent.

Il faut maintenant que j'essaie d'apporter quelques réponses à vos questions. Elles seront un peu plus simples qu'auparavant puisque vous avez pris conscience de certaines vérités.

1. La pauvreté matérielle que pratiquent plusieurs ordres religieux aux États-Unis, au Canada et en Europe n'est qu'un « jeu d'enfant ». 2. Vous avez compris que votre vie à Madonna House n'était qu'un « jardin d'enfants » qui vous préparait à peine à la vraie pauvreté que vous constatez en Orient.

Et c'est bien ainsi car, pour vous, le moment est venu de réaliser que la pauvreté n'est pas seulement une vertu à pratiquer, mais qu'elle est un état permanent, un mode de vie, le fruit de l'amour divin et la clé de l'humilité qui est vérité. Or Dieu étant Vérité, la pauvreté est un raccourci qui mène à Lui. Oui, c'est cela la pauvreté.

Il faut commencer par le commencement qui consiste à reconnaître définitivement votre immense pauvreté. Il vous faut admettre en profondeur que tout ce que vous êtes et tout ce que vous avez vient de Dieu. Il s'ensuit que vous n'êtes rien, que vous n'avez rien.

Lorsque l'évidence de cette pauvreté, face à Dieu, aura pénétré jusqu'à la moelle de vos os, de vos pensées, de votre vie, de votre amour, en un mot, de votre être tout entier, alors vous deviendrez vraiment humbles. Vous avancerez dans la Vérité, vous avancerez avec Dieu et en Lui.

C'est là votre premier don à ceux que vous êtes venus servir. Bien que leur pauvreté soit matérielle, la vôtre n'est pas moindre si vous vous reconnaissez comme créature en totale dépendance de Dieu. La reconnaissance de cette vérité vous rendra vraiment libre, libre d'aimer et de servir ces pauvres gens tellement déshérités. Libre aussi d'aimer Dieu et de le servir, plus totalement, avec plus de passion et de persévérance. Vous serez alors au seuil de la pauvreté, cette vertu extraordinairement belle sous ses multiples aspects, que ce soit les dispositions du cœur ou l'état de vie.

Et pourtant ce ne sera encore qu'un début. Je répète que vous serez seulement sur le seuil de la demeure de la pauvreté. Il vous reste à ouvrir votre cœur tout grand à la grâce. Alors, vous arriverez sur une terre inconnue où Dieu Lui-même daignera vous conduire. Vous n'avez plus qu'à rester ouvert à la grâce.

Dès que vous aurez franchi le seuil de la demeure de la pauvreté, vous entrerez dans le vestibule de l'obéissance. C'est, en général, l'endroit où l'on dépose manteau, chapeau, parapluie, etc. Mais on peut y voir aussi « le vestibule de la foi » qui n'en est pas moins la pièce ou vous laissez vos « vêtements ». Mais là, vous y devenez vraiment pauvre... vous vous laissez dépouiller de vos vêtements et la différence est grande entre « enlever » et « se laisser enlever »... Dans ce vestibule de la foi et de l'obéissance vous vous laissez dépouiller de tous vos vêtements. De ce fait vous serez plus nus encore devant Dieu et tous ceux que vous rencontrez dans les rues, en Inde et dans de nombreux autres pays.

Oui, vous serez aussi nus que le Christ l'était en croix. Vous devrez complètement renoncer à votre propre Volonté pour faire celle d'un autre. Et plus totalement vous le ferez, plus vous vous identifierez mystérieusement à ces pauvres dont vous parlez. De plus, vous les guérirez grâce à cette identification que personne ne remarquera.

Oui, l'obéissance fera de vous de vrais pauvres. Vous aurez renoncé à cet incroyable, extraordinaire et merveilleux don de Dieu que chacun d'entre nous possède gratuitement grâce à son amour : votre libre arbitre. Réfléchissez à ce que cela signifie : rendre à Dieu le don même qui nous rend le plus semblable à Lui, celui qui est vraiment digne de Lui être offert et offert uniquement par amour de Lui. Vous le faites librement, avec le plein consentement de cette même volonté humaine, libre, magnifique, merveilleuse !

Vous Lui faites ce don en offrande d'amour pour les pauvres que vous servez et c'est l'une des plus belles facettes de ce diamant sans prix que nous appelons pauvreté.

Mais il y a d'autres aspects. Même si, avec douceur et simplicité, nous avons décidé de nous laisser dépouiller d'un seul coup de notre propre volonté, dans le vestibule de la foi et de l'obéissance, il se pourrait que des lambeaux de nos « vêtements d'Occidentaux » s'accrochent à nous, étant donné que nous sommes des humains. Il faut tous les arracher et les jeter loin.

On ne peut en faire la liste, pas plus que les classer et les définir, car ils diffèrent tous par la couleur et les dimensions. Ils changent aussi selon chaque nouvelle situation.

Comprenez bien cette lettre-parabole. La pauvreté dont je parle est une disposition intérieure de l'âme. L'un de ces lambeaux peut-être, par exemple, une aspiration, même passagère, au confort. Il n'en faut pas moins l'arracher immédiatement. Ce peut être aussi une habitude regrettable qui commence à s'installer. Il faut examiner tout cela attentivement dans la prière et y remédier pour que rien ne fasse obstacle à la nudité et au total abandon que nous avons décidés. C'est ainsi que la vie sera un perpétuel dépouillement intérieur de vous-même qui prendra fin seulement le jour où vous entrerez dans son Royaume éternel.

Peut-être comprenez-vous mieux maintenant comment la pauvreté mène à l'obéissance, l'obéissance à l'abandon total, et celui-ci à la mort de soi qui nous fait grandir dans le Seigneur, en vue de la résurrection. Tout cela commence ici et maintenant sur cette terre. C'est cela l'identification avec les pauvres que vous servez.

Votre pauvreté matérielle n'est pas ce qui importe le plus. Vous n'aurez jamais l'occasion d'avoir beaucoup de confort; ce ne sera qu'un minimum sans lequel votre être façonné, corps, âme, esprit, selon le dessein de la Providence aux États-Unis ou au Canada, ne pourrait survivre. Mais gardez toujours à l'esprit la pauvreté qui vous émeut tellement et dont la pensée suffira à freiner vos désirs passagers de mieux-être.

Ne vous faites donc aucun souci sur ce point. Il est évident que vous ne pouvez vous associer, autant que vous le désirez, à la pauvreté matérielle de cette population. De toute façon, cela ne signifierait pas grand-chose pour elle. En un sens, ce n'est pas tellement un outil d'apostolat.

Dieu, comme vous commencez sûrement à le comprendre, attend de vous infiniment plus. Il n'exige pas votre mort physique. Non. Ce qu'Il exige c'est que vous mouriez à vous-mêmes en pratiquant la pauvreté parfaite qui n'est autre que l'obéissance, et en acceptant un nouveau mode de vie avec ses coutumes, sa nourriture et les mille « petites choses » qui se présentent à vous. Mais Il veut surtout vous voir entrer au cœur même de la pauvreté dont Il fera le meilleur instrument de guérison de notre Apostolat qui, chose étrange, enrichira bien au-delà de vos rêves, le Pakistan et toute l'Église. De plus, le Corps Mystique du Christ s'y développera d'une façon sainte et mystérieuse.

Celui qui fut crucifié, nu, reconnaît toujours les siens et ne peut surtout pas résister à ceux qui, pour Lui, se dépouillent intérieurement et, avec Lui, s'immolent, nus, sur sa propre Croix par amour pour Lui et pour les âmes pour lesquelles Il a donné sa vie.

Ainsi dépouillés, morts à vous-mêmes, crucifiés par la pauvreté et l'obéissance, vous ressentirez ce que ressentent les pauvres si vous avancez dans l'humilité qui est vérité. C'est ainsi que vous guérirez, consolerez et ramènerez à Dieu des multitudes. Vous serez véritablement pauvre, au sens plénier de ce mot glorieux. C'est dire que vous serez vraiment riches.

Avec toute mon affection en Marie,

Catherine

MISSION ET MARTYRE

Le 8 novembre 1963

Mes bien-aimés,

Notre équipe, en Extrême-Orient, m'écrit de nombreuses lettres qui soulèvent beaucoup de questions qui n'ont encore été ni réglées officiellement, ni même discutées. C'est pourquoi je vous écris.

La première question est fort simple et demande rarement réponse, sauf dans des circonstances extraordinaires. Mais là-bas, elle prend une nouvelle signification. Il s'agit, figurez-vous, de notre attitude envers les animaux… L'une de nos missionnaires est membre du Tiers-Ordre franciscain qui aime tout particulièrement les animaux, la nature et les fleurs. C'était l'un des traits caractéristiques de saint François.

Les chrétiens aiment tout ce que Dieu a créé, ce qui, théologiquement, est très bien à condition d'en respecter la hiérarchie qu'Il a voulue. Dans les pays musulmans, elle prend une autre dimension. On y considère les chiens avec répugnance et, comme il convient de s'en tenir à distance, nombreux sont les chiens errants. Comment les traiter lorsqu'ils se réfugient chez nous ?

Le bon sens, tout comme la théologie, nous donne la réponse. Toutes nos amours doivent être harmonisées. Si elles viennent de Dieu et sont enracinées en Lui, elles ne dégénèrent jamais de façon bête et sentimentale. Qui n'est pas légèrement dégoûté par la vingtaine de chats qu'une vieille demoiselle entoure d'affection, chez elle, au détriment des êtres humains ? Qui n'est pas indigné d'apprendre qu'une personne fortunée dote un chenil quand tant d'orphelins ont faim ? Voyez-vous ce que je veux dire ? Il y a une façon normale d'aimer les chats et les chiens et une autre qui ne l'est pas et ferait horreur à saint François lui-même.

Ceux qui éprouvent pour les animaux un amour déplacé devraient consulter le psychiatre. S'ils les préfèrent aux êtres humains c'est que les animaux ne peuvent ni les contredire ni les faire souffrir. Ce n'est donc pas de l'amour, mais une mauvaise caricature de ce qu'il est vraiment.

À l'étranger, je conseillerais aux missionnaires de se passer d'animaux domestiques pour plusieurs raisons : tout d'abord, ils coûtent cher à nourrir ; on peut avoir un cuisinier musulman qui n'aime pas les chiens ; enfin on risque de violer l'un ou l'autre tabou. Si l'on a quelques restes, mieux vaut les donner à ceux qui ont faim, plutôt qu'aux chats et aux chiens.

Une autre perversion consiste à doter les animaux de sentiments humains, ce qui prouve une réelle ignorance de leur anatomie.

Leur système nerveux différant du nôtre, ils ne souffrent pas comme nous. C'est ainsi qu'un ver de terre coupé en deux ne ressent rien et peut à nouveau se développer et qu'un poisson pris à l'hameçon n'éprouve pas ce que nous éprouverions.

Une autre aberration fait que l'on se refuse à tuer, dans la maison, les insectes ou les rats qui peuvent être nocifs. Aux tropiques, surtout, qui peut dire l'araignée ou l'insecte qui est dangereux ? la piqûre de l'araignée noire est mortelle. En outre, Dieu a soumis l'animal à l'homme et refuser de tuer un moustique ou une mouche n'est que sentimentalité pervertie.

Saint Benoît-Joseph Labre n'a pas été canonisé parce qu'il était couvert de poux, mais parce que, malgré cela, il était pauvre, plein d'humilité et d'amour.

La seconde question posée par nos missionnaires est beaucoup plus profonde puisqu'elle traite du martyre. Elles eurent à ce sujet une longue discussion en apprenant qu'une sœur de la Sainte Croix, partie l'année dernière dans une lointaine mission, à la frontière de la Chine, fut tuée avec beaucoup d'autres catholiques lorsque la guerre éclata. L'Évêque du diocèse pour lequel travaillait cette sœur avait dit à ses prêtres et religieuses qu'il souhaitait les voir partir étant donné qu'ils risquaient la mort mais que néanmoins il leur laissait le choix s'ils préféraient rester.

C'est pourquoi notre équipe désire savoir quelle est notre attitude vis-à-vis du martyre.

Vous serez peut-être étonnés d'apprendre que cette question m'a procuré une joie immense. Pour un chrétien, qu'y a-t-il de plus glorieux que le martyre ? Assurément rien sur cette terre !

C'est l'acte le plus sublime dont nous sommes capables à condition de comprendre tout ce qu'il suppose en l'acceptant librement et avec joie. Que suppose-t-il ? Qu'il se produit un événement mystérieux, incroyable qui nous permet de mêler le nôtre au sang précieux du Christ. C'est dans le sang que le Christ a écrit ses lettres d'amour pour l'humanité. Aussi impensable que ce soit, Dieu autorise certains, au nom de tous, à lui écrire, dans le sang aussi, une lettre d'amour.

Le martyre a encore un résultat étonnant… L'Évangile que nous essayons de prêcher par notre vie devient soudain réalité pour nos bourreaux et tous ceux qui ne connaissent pas Dieu ou le refusent. Il devient vivant, non pas un jour, une semaine, un mois, mais toujours, car « le sang des martyrs est la semence des chrétiens ». La récompense d'un martyr est indescriptible. Au baptême, Dieu a mis un sceau sur notre cœur et c'est avec notre sang que nous scellons nos épousailles avec le Seigneur.

Ma seconde réaction à cette lettre fut aussi teintée de tristesse car ils sont peu nombreux ceux que Dieu juge dignes d'être choisis pour cette ultime confession de foi qui change la face du monde. En effet, très peu d'entre nous ont, dernièrement, été jugés dignes de mourir pour leur foi. Aussi étrange que ce soit, les Nazis et les communistes ont été les instruments du martyre.

Qui sait si le deuxième Concile du Vatican et l'air frais qui souffle sur le monde, grâce aux papes Jean et Paul, ne sont pas dûs au sang que les martyrs ont versé dans les camps de concentration ?

Mais je fus vite consolée et la joie m'inonda le cœur quand je réalisai que les martyrs ne sont pas choisis pour leurs mérites personnels mais par le mystère du choix miséricordieux de Dieu. Quoique je le désire passionnément, il m'est difficile de croire que Madonna House ait un jour ses martyrs, mais, si Dieu le veut, je ne puis en nier la possibilité. J'espère vous avoir bien fait comprendre que la seule perspective du martyre, pour moi-même ou l'un d'entre vous fait, de joie, danser mon cœur et chanter mon âme. Je suis sûre qu'il en est de même pour vous.

C'est alors qu'intervient l'austère et solennelle vertu de prudence. Tout en maintenant fermement ce que je viens d'écrire, je sais qu'il est de mon devoir, en tant que responsable générale de Madonna House, et que c'est le devoir de tout responsable de mission, d'apprécier avec prudence, une prière fervente et avec une clairvoyance intellectuelle et spirituelle, chacune des situations qui peut conduire au martyre. C'est en effet, l'heure et le moment d'être « prudents comme des serpents et humbles comme des colombes ».

Il faut tout d'abord se laisser diriger par les autorités ecclésiales, c'est-à-dire l'évêque du diocèse. S'il exige le départ de tout le personnel religieux, apôtres laïcs y compris, le problème est, pour nous, résolu avec simplicité. Nous faisons nos bagages et partons car, sans aucune exception, l'obéissance est toujours préférable au sacrifice.

Si l'évêque ou le supérieur de la mission donne le choix à tous, le choix incombe à chacun personnellement. Si, contrairement à ceux qui voudraient rester, il veut le départ, c'est sa décision qu'il faut prendre en considération… toujours selon le principe que l'obéissance est préférable au sacrifice.

Si, au contraire, le responsable décide de rester et les autres non, ceux-ci doivent avoir le choix. (Il est peu probable qu'ils aient le temps d'en référer à Combermere.) Le responsable peut les renvoyer et lui rester car le martyre doit être librement accepté.

Je signale ici que si quelqu'un exprime le désir de rester il est pour ainsi dire « martyre par désir » et considéré comme tel au Paradis bien que la sainte obéissance l'ait empêché de réaliser ce désir.

En résumé, ce genre de martyre est à la portée de tous. Spirituellement parlant, il est d'une efficacité toute spéciale si la menace du martyre est réelle. Mais, en tout temps, ce désir reste soumis à la sainte obéissance.

Un responsable qui préfère rester peut le faire et laisser partir ceux qui le souhaitent à condition qu'ils en soient capables sans son assistance. En cas de doute, le sort des autres passe avant le sien. Lorsque tous sont d'accord pour une même solution, il n'y a évidemment plus aucun problème.

Ai-je bien éclairé la question ? Je l'espère. Je suis parfaitement consciente d'avoir chargé le responsable et l'équipe missionnaire de la plus lourde responsabilité que l'on puisse imposer à des êtres humains. Néanmoins, je ne suis pas inquiète, parce qu'il est une chose que je sais et je le sais avec toute la certitude que me donne la foi, c'est qu'au moment de la décision la Colombe, le Dieu d'amour, l'Esprit saint vous couvrira de ses ailes de feu et vous communiquera ses sept dons jusqu'au fond de votre être. Je sais aussi que si vous choisissez le martyre, Il vous donnera, par les mains de Notre-Dame, des grâces telles que vous connaîtrez une joie qui dépasse tout ce que l'on peut imaginer ou décrire.

Si vous choisissez de partir, Il vous aidera à le faire en toute sécurité, parce qu'Il est celui qui vous aura fait prendre cette décision et qu'Il préfère vous voir renoncer à la mort rapide du martyre pour le lent martyre d'une vie sans gloire.

Tant que vous ne voyez pas se profiler au loin le glorieux visage du martyre, cessez donc d'en discuter. Amen. Alléluia!

Avec toute mon affection en Marie,

Catherine

LA PRODIGALITÉ DE L'AMOUR

Le 12 décembre 1963

Mes bien-aimés,

C'est en toute humilité et les mains vides que je viens à vous, mais le cœur plein d'amour, seule chose que j'ai à donner avec, je l'espère, toute une vie à votre service.

Car aimer, c'est servir et c'est servir doublement. Je vous offre aussi mes prières incessantes, intimement liées à mon amour et au désir de vous servir.

De nouveau, voici l'avent… Avent mystique et mystérieux du Christ qui nous rappelle avec tant de force et de beauté sa première venue dans le temps.

Je sais que tous, vous méditez sur cet avent mystique et mystérieux qui revient si miraculeusement chaque année. Sa venue parmi nous revêt de multiples aspects: Il est dans le tabernacle parce que, dans son incroyable amour, Il ne pouvait supporter d'être séparé de nous, et tout en étant remonté vers le Père, Il demeure toujours parmi nous.

Comme si cette preuve d'amour ne suffisait pas, il marche parmi nous dans ses prêtres car il n'y a qu'un seul sacerdoce, celui du Christ. Comme dans les hosties, il se multiplie dans les hommes que sont les prêtres pour que nous soyons nourris du Pain de Vie Lui-même et que nous recevions les sacrements de son amour. Il est avec nous dans tous les prêtres et plus particulièrement dans ceux de Madonna House. Faut-il qu'il soit immense son amour pour nous!... Il fait quotidiennement un miracle d'amour plus grand que celui qu'Il fit pour les Juifs en multipliant les pains et les poissons.

Prenez le temps de méditer. Restez quelques instants en silence. Interrompez la lecture de cette lettre et reprenez-la. Essayez de comprendre autant que le peut l'esprit humain, cette prodigalité de l'amour que Dieu éprouve pour nous. Des millions d'hosties sont, quotidiennement, distribuées aux fidèles dans le monde. Et pourtant, chaque hostie est le Christ qui vient s'unir à tous et à chacun avec un amour incroyable. Dans le prêtre, le Christ peut nous enseigner, guérir notre âme et continuer à faire des miracles de grâces encore plus grands qu'en Palestine.

Oui, cette prodigalité de l'amour divin devrait non seulement remplir notre vie, mais aussi déborder dans celle des autres. Le monde est comblé d'amour divin. Toutes les créatures le savent.

Dieu est venu dans le temps et revient chaque année de façon mystique et mystérieuse au moment de l'avent, ce temps de préparation à Noël, celui où nous devrions porter le Christ intérieurement et avec une foi intense pour que nous Lui donnions constamment naissance dans notre cœur. C'est le moment de nous laisser sanctifier par Lui pour sanctifier les autres en Le leur donnant, comme Notre-Dame nous l'a donné.

Pendant l'avent, nous pensons aussi à la Parousie alors que tout sera renouvelé et que, finalement et pour toujours, nous serons unis dans un amour qui dépasse notre intelligence et notre imagination, mais pour lequel nous devons nous préparer maintenant, chaque jour et à chaque instant de notre vie.

Pourquoi notre cœur est-il si froid, si indifférent? Comment se fait-il que nous aspirions si peu à la Parousie et peut-être même pas du tout? Pourquoi? Il y a de nombreuses raisons. Ce n'est pas notre faute si ce désir ne nous a pas été inculqué dans notre enfance ou notre jeunesse, mais il nous est maintenant inspiré à Madonna House. Mes bien-aimés, ouvrons tout grand notre cœur. Accueillons ce désir de tout notre être, qu'il devienne la nourriture, la force et le but de notre existence.

Que chaque jour soit un recommencement, celui où nous l'aimons davantage, le désirons un peu plus et tournons notre visage vers Lui. Nous n'avons autre chose à faire que de regarder la personne à côté de nous. Il ne faut jamais oublier que nous serons jugés sur l'amour seulement. Or il n'est qu'une manière d'aimer Dieu et de le Lui prouver, c'est en aimant notre prochain. C'est à tout moment la personne qui se trouve la plus proche de nous. C'est peut-être un membre de votre communauté avec lequel vous êtes en train de travailler, c'est peut-être l'étranger à votre porte, le pauvre que vous êtes allés servir, le prêtre, le religieux, la visite que vous recevez. Je vous redis que tourner son cœur et son visage vers Dieu n'est autre que les tourner vers celui qui est proche de vous à ce moment de votre vie.

Si vous faites cela, mes bien aimés, vous serez des saints avec un « s » minuscule. Si vous le faites très bien, vous serez des saints avec un « S » majuscule. Mais peu importe que nous soyons tel ou tel genre de saint ; l'essentiel est que nous en soyons un. Être saint, c'est être amoureux de Dieu, ce qui revient à aimer tous les êtres humains.

Écoutez. Entendez-vous le cri de l'Enfant dans la nuit, la sainte nuit de sa naissance ? C'est Dieu qui pleure non seulement pour réclamer le sein de sa mère, mais aussi votre amour et le mien. Ce cri devrait être particulièrement perçant aux oreilles de ceux qui, d'une façon ou d'une autre, se sont consacrés à Lui.

C'est de ceux-ci, qu'en retour, Il attend non seulement le lait, la nourriture d'amour, mais leur être tout entier. Avec Lui, c'est tout ou rien, car c'est ainsi qu'Il aime – totalement, complètement – du bébé venu pour nous à l'homme mort pour nous sur une croix.

La prière que je fais pour nous tous, c'est que nous entendions le cri d'un Enfant qui est Dieu, que nous l'entendions dans la sainte nuit de chaque instant de notre vie pour Lui présenter la nourriture de notre amour sur le plateau de l'offrande totale de nous-mêmes, à chaque instant du jour et chaque jour de notre vie.

Oui, telle est ma prière pour vous, mes bien-aimés, et je sais qu'en la disant, je demande pour vous joie et bonheur, « la joie que l'esprit ne peut imaginer, que l'œil ne peut voir ni l'oreille entendre ».

Je prie pour que nous L'aimions tous de cette manière. C'est, pour vous, mon cadeau de Noël car je n'ai rien d'autre à vous offrir si ce n'est mon amour, ma compréhension, ma compassion, mes prières et mes services. À tous et à chacun je souhaite un saint Noël, paisible et joyeux ainsi qu'une nouvelle année qui vous mettra sur la route de Bethléem, de Nazareth et du Golgotha afin de ressusciter avec Lui.

Avec toute mon affection en Marie,

Catherine

LES TENTATIONS DES CÉLIBATAIRES

Le 19 décembre 1963

Mes bien-aimés,

Je voudrais étudier avec vous les tentations contre la chasteté et la tentation du mariage car elles sont bien différentes. Les premières font normalement partie de l'arsenal du démon. La chasteté est une vertu qui lui fait horreur parce qu'elle est source de la pureté du cœur. Ceux qui la pratiquent parfaitement voient Dieu longtemps avant de mourir ; ils le possèdent longtemps avant que leur maison d'argile ne retourne à la terre.

Le démon attaque la chasteté parce qu'elle est aussi une vertu sociale. Aussi étrange que cela puisse vous paraître, elle apporte au monde, repu de péchés et d'aberrations sexuelles, le souffle même de Dieu fait de pureté, de beauté, d'innocence et de l'esprit d'enfance.

À Madonna House, nous avons pu constater l'effet que notre chasteté produit sur les gens. J'ai été mariée et, bien que je ne sois pas vierge, les prostituées m'ont écouté peut-être parce que j'ai le cœur pur. Je ne sais. Mais, en revanche, je sais quelque chose de tout à fait remarquable, c'est que la plus écoutée parmi nous était celle qui n'avait aucune expérience de la vie. Elle s'appelait Olga La Plante ; elle avait vingt et un ans. Elle était l'une des âmes la plus chaste et pure que j'ai jamais connue. Il y avait aussi une Irlandaise au cœur pur et virginal dans toute l'acceptation du terme. Elle savait si bien parler à ces femmes que l'on dit pécheresses que lorsqu'elles venaient à notre vestiaire de Harlem, toutes en raffolaient autant que d'Olga.

Il est donc normal que le diable s'en prenne à votre vœu de chasteté. Dieu le permettra pour qu'en luttant contre cette tentation grandissent en vous grâce et pureté. Il en est de même pour des millions de prêtres, de religieuses et de couples mariés pour qui la continence est le seul moyen d'espacer les naissances. Les païens aussi ont su rester chastes car, de tout temps, la chasteté fut une vertu respectée.

Les vestales qui servaient dans les temples, à Rome et en Grèce, étaient fort honorées parce qu'elles étaient chastes. Les bouddhistes, les Hindous, les moines de toutes les traditions religieuses respectent la chasteté et la virginité.

C'est une vertu à ce point sociale qu'elle étonne, émerveille dans toutes les civilisations et à toutes les époques. Elle est un reflet du visage de Dieu, aussi est-il normal que le démon veuille le souiller. Attendez-vous donc à des tentations contre la chasteté. Elles arriveront subrepticement à la faveur de la solitude ou de l'isolement. Mais vous aurez les grâces voulues pour les combattre.

L'un de nos amis psychologues fait une distinction entre solitude et isolement. La solitude est un état que tous les êtres humains doivent supporter. Saint Augustin exprime cela très bien lorsqu'il dit : « Tu nous as faits pour toi et notre cœur est sans repos tant qu'il ne repose en Toi. » La solitude ne disparaîtra qu'avec la vision béatifique car elle aspire à l'union avec un être parfait, c'est-à-dire Dieu. Vous vous trompez si vous croyez que les gens mariés ne connaissent pas la solitude. Notre ami psychologue me demanda de confirmer ou de réfuter cela puisque j'ai été mariée deux fois. Je l'ai confirmé. Bien que j'aime énormément Eddie, mon mari, nous sommes finalement seuls, lui et moi, puisque notre être le plus intérieur échappe à l'autre.

L'isolement est le fait de l'homme. Certains sont isolés parce qu'ils fuient la réalité ou se retirent de la vie. Ce peut être un cas pathologique ou celui d'une personne timide. Mais l'isolement vient le plus souvent de notre ignorance de l'amour de Dieu, à moins que l'on accepte difficilement cette vérité. En outre, nous ne nous aimons pas nous-mêmes comme nous le devrions et nous n'aimons pas notre prochain comme nous le devons. Dans ces conditions, il nous est difficile de nous consacrer à une cause et même à Dieu. Nous passons la moitié du temps à rêvasser, imaginant un compagnon idéal, un ami, un amoureux, un mari, une femme qui nous comprendrait; mais nous ne faisons aucun effort pour comprendre les autres. Mais il y a toujours un moyen de remédier à l'isolement qui favorise les tentations contre la chasteté. Nous devons en être très conscients.

Lorsqu'avec la grâce de Dieu, vous surmontez ces tentations, vous devenez chaque fois, pour le monde, une éclatante et pure lumière tout en faisant faire à l'Apostolat un grand pas en avant.

La tentation du mariage est bien différente. C'est une tentation contre votre vocation elle-même, contre tout ce que vous avez, avec tant de solennité, promis à Dieu d'observer. Quitter l'Apostolat parce que vous avez envie de vous marier, c'est comme gifler le visage de Dieu. Ce n'est pas une décision inspirée par Lui.

Pour le moment, vous êtes indépendants vis-à-vis de l'autre sexe, et vous vous félicitez de votre précieuse liberté d'action, cédant ainsi à la subtile tentation de Satan. Vous tendez vers quelque chose de bon pour détruire ce qui est infiniment plus précieux: votre vocation à l'Apostolat. Elle vous a pourtant été indiquée clairement par le fait que la Direction de Madonna House (qui représente Dieu) vous a accepté.

J'avoue que, dans certains cas, je tremble littéralement de peur devant la colère de Dieu.

Je ne juge personne. Je parle objectivement, mais il est vraiment tragique de délaisser une vocation plusieurs fois confirmée (tout en sachant que le sceau de cette vocation est imprimé sur votre âme), pour une autre que vous imaginez être la bonne. Je ne puis que prier Dieu de faire miséricorde aux victimes de cette tentation.

Il semble que celles-ci ne cessent plus de descendre spirituellement tout en demandant à leur directeur spirituel : « Père, que dois-je faire ? » Au contraire elles le lui disent ! C'est de l'orgueil !

En ce qui concerne l'Apostolat, je suis en paix, malgré les inévitables défections. Il y en eut chez les apôtres ; pourquoi n'y en aurait-il pas chez nous ? Il y en a dans les ordres religieux et parmi les gens mariés. Mais quand je pense à tout ce que nous pouvons infliger à Dieu, j'éprouve à nouveau le froid de l'agonie !

Restons vigilants.

Affectueusement en Marie,

Catherine

LES DIRECTEURS SPIRITUELS

Le 13 janvier 1964

Mes bien-aimés,

Il semble que nous devrions, une fois de plus, clarifier la question des directeurs spirituels. Révisons donc rapidement ce que nous en savons déjà.

Il est probable qu'à Madonna House pas un de ses membres n'ignore que la vie de perfection à laquelle nous sommes appelés, exige une consécration totale. Or, pour la vivre dans la pauvreté, la chasteté et l'obéissance, nous devons avoir un directeur spirituel. Les eaux de la vie sont turbulentes et dangereuses, c'est pourquoi Satan aime à placer des embûches sur le chemin… Nous avons besoin d'un guide, c'est évident.

Nous savons généralement comment nous y prendre pour choisir un directeur spirituel. Il faut auparavant prier très fort. Ce sont des relations très importantes que nous lions avec le Christ-prêtre. Aussi devons-nous Lui demander de nous diriger vers la personne qui convient. Il le fera peut-être en nous donnant une certaine attraction spirituelle, grâce à un sermon ou à une retraite, pour tel prêtre qui aura dit quelque vérité spirituelle qui nous va droit au cœur. C'est par de telles indications que Dieu peut nous diriger vers lui.

Une fois que nous l'avons trouvé, nous devons avoir avec lui la simplicité d'un enfant. Nous devons l'aimer surnaturellement comme nous aimons Dieu, en lui accordant une confiance totale et une obéissance absolue. Sinon, nous n'aurions pas besoin de directeur spirituel. Si nous essayons de biaiser avec lui, comme des êtres humains le font même avec Dieu, nous encourageons Satan à nous piéger. On ne peut agir ainsi avec Dieu.

Ces règles concernent tout le monde, aussi bien dans l'Apostolat qu'au dehors. Mais nous qui sommes des apôtres laïcs, nous devons encourager à prendre un directeur spirituel ceux avec qui et pour qui nous travaillons. Je répète que s'en passer est pure folie, cela revient à se trouver sans guide au milieu d'un immense désert totalement inconnu.

Mais il serait non moins sot et ridicule de choisir comme directeur spirituel quelqu'un qui ignore totalement l'Apostolat et j'insiste sur le mot « totalement ».

J'avais autrefois comme directeur spirituel un Carme déchaux qui connaissait parfaitement Friendship House. Mais, six mois plus tard, lorsque je déménageai à Combermere, il refusa, non sans raison, de continuer à me diriger… Il dit ignorer complètement la nouvelle orientation prise par notre Apostolat et estimait qu'il ne pouvait me conseiller dans ce nouveau contexte. C'est un point très important qu'il ne faut pas oublier. Il ne s'applique pas aux laïcs d'une façon générale, mais seulement à l'apostolat laïc.

Un prêtre connaît la vie des célibataires dans le monde car, auparavant, il était un laïc qui vivait en société, proche des femmes. Il connaît bien la vie des couples mariés et, le plus souvent aussi, celle des moines et des religieuses, néanmoins seul l'apostolat dans lequel il s'est spécialisé lui sera familier. Si une femme vient le voir pour se plaindre de son mari, il ne peut que lui demander de parler lui aussi à ce dernier, en privé ou devant elle, pour s'assurer qu'elle n'est pas partiale, et avoir les deux points de vue.

Mais si vous choisissez un prêtre qui ne connaît pas Madonna House ou qui ne la connaît que superficiellement, vous vous mettez tous deux en mauvaise posture. Beaucoup de prêtres ne sont pas formés à la direction spirituelle telle que l'entend Madonna House. D'ailleurs ils vous le diront si vous le leur demandez.

Vous pouvez chercher un prêtre qui ne connaît pas Madonna House, et lui raconter tous les boniments que vous voudrez ! Vous pouvez chercher auprès de lui amitié, compassion, indulgence, mais votre vie spirituelle n'y gagnera rien ; elle risque plutôt de régresser. Tout prêtre de bon sens comprendra cela.

Il est vrai que, selon les règles de l'Église, vous êtes libres de choisir qui vous voulez comme directeur spirituel. Les responsables de Madonna House ne s'opposent pas à votre liberté. Mais si vous savez pourquoi vous avez un directeur spirituel, il devient évident, au plan naturel comme au plan surnaturel, qu'étant bénis par les prêtres de notre Apostolat ou ceux du voisinage qui nous sont familiers, c'est à eux que vous pouvez et devez vous adresser.

C'est l'intelligence, je le répète, qui doit guider votre choix. Ne désirez-vous pas aller à Dieu et faire de rapides progrès spirituels ? Cela revient à choisir un prêtre qui connaît notre Apostolat.

Étant donné que vous venez ici pour être formés à notre Apostolat, la plupart d'entre vous choisissent, habituellement, l'un des prêtres de Madonna House. Puis vous partez en mission et, soit que vous éprouviez une certaine difficulté à écrire et à vous exprimer, soit que la réponse de votre directeur tarde un peu, vous vous découragez facilement.

Vous avez tort. Vous envisagez cette direction épistolaire comme si elle ressemblait à une correspondance normale. Vous êtes déprimés, votre sensibilité vous aveugle, vous vous figurez face à un vrai problème. C'est que – Dieu me pardonne – je vous ai tous un peu trop gâtés en répondant à vos lettres immédiatement et longuement.

Vos relations épistolaires avec un directeur spirituel sont très différentes de ce qu'elles sont avec moi. Je sais que vous aimez vos directeurs spirituels, mais vous ne leur faites pas assez confiance. Écrivez-leur sans crainte. C'est de votre âme qu'il s'agit. Les prêtres ont la grâce voulue pour lire entre les lignes. Ne vous préoccupez ni de votre style, ni de votre grammaire, ni de quoi que ce soit de ce genre. Faites une entière confiance à Dieu. Il fera en sorte que le prêtre comprenne parfaitement la lettre la plus pauvre.

Si vous ne recevez pas une réponse immédiate, n'oubliez pas que Dieu peut ne pas vous la donner avant fort longtemps, parfois même avant que vous ne soyez face à face... Il se peut aussi qu'elle vous parvienne très lentement... ce qui est une façon divine de clarifier vos doutes éventuels. Il arrive encore que, sur le moment, la réponse n'ait aucun sens pour vous, mais si vous y réfléchissez, elle s'éclairera.

Le silence du directeur spirituel est peut-être un moyen de vous enseigner la patience et de vous apprendre à développer confiance et obéissance ; il veut aussi que ce problème qu'il comprend très bien, fasse en vous son chemin tandis qu'il prie à votre intention. En fait, les raisons de ce délai peuvent s'expliquer de mille façons qui, bienheureusement, nous échappent et qui n'ont d'autre but que de faire grandir votre foi et votre confiance. Commencez-vous à comprendre ce que je veux dire ?

Donc, lorsque vous allez trouver un directeur spirituel de Madonna House, vous devez *aimer, faire confiance* et *obéir*. Aussi loin que Dieu vous envoie, continuez à vous laisser diriger par lui. C'est la solution intelligente et surnaturelle si vous désirez vraiment devenir saints et vivre parfaitement l'esprit de Madonna House.

Nous allons maintenant voir ensemble quelques-unes des raisons qui pourraient vous amener à rompre avec votre directeur spirituel et à en chercher un autre. Je veux bien admettre qu'il puisse en exister quelques-unes. La première, bien sûr, serait au cas où il vous inciterait au péché. C'est une idée presque inconcevable, mais non impossible car l'Église a été confiée à des êtres humains et non à des anges. En un tel cas, il va de soi que vous ne pouvez continuer à vous faire diriger par une telle personne, bien que ce soit un prêtre.

Il pourraït y avoir une autre raison, si vous commencez à réaliser que la situation, bien que normale pour le moment, risque de devenir une occasion de péché... N'en concluez pas immédiatement que cette occasion de péché en est une contre la pureté, ou soit nécessairement en liaison avec le sexe. Ce peut être le cas, bien sûr, si une amitié naturelle ou une trop grande intimité se sont établies entre vous. C'est rarement le cas parce que, en général, le prêtre veille à garder ces relations dans les normes, même si vous, vous ne le faites pas. Je présume que les membres de Madonna House, et tout spécialement les femmes, sont conscients de cela et toujours sur leurs gardes.

Il peut aussi se présenter une autre situation dont je suis un exemple et qui pourrait vous aider. J'avais un excellent directeur spirituel en la personne d'un prêtre séculier et tout alla bien pendant quelques mois. Puis je remarquai que pour une raison ou une autre, il se mettait à me demander des conseils sur sa vie spirituelle. Croyant tout d'abord me tromper, je laissai passer quelques mois de plus. Mais il devint évident que la situation se prolongeant, je devenais involontairement son directeur spirituel. Nos rôles s'étaient inversés.

C'est parce que cela me devenait une « occasion de péché », péché d'orgueil (rien du tout à voir avec le sexe), que j'ai rompu nos relations. J'aurais pu facilement me persuader de les continuer puisqu'il me faisait un grand compliment. J'aurais pu me dire : « Il est à supposer que cet homme connaît mon âme et il pense que je suis capable de lui donner des conseils... Eh bien, je dois être quelqu'un d'exceptionnel. » Mais j'ai vu le danger à temps. Parce que j'aimais cet homme et que j'avais confiance en lui et que je lui obéissais, je lui expliquai pourquoi je cessais nos relations. Il comprit et accepta.

Certains livres de théologie morale donnent une autre raison pour rompre avec un directeur spirituel : lorsqu'un conflit coupe toute communication. Pour ma part, je n'en puis imaginer la possibilité et ne trouve pas cela très clair mais, puisque je ne suis pas une spécialiste en théologie morale, je regarde cela avec la simplicité de la foi.

Supposons que votre directeur spirituel ne partage pas une idée que vous estimez totalement en accord avec l'Évangile. La communication est coupée. Vous êtes absolument certain que votre route est à droite tandis qu'il la voit à gauche. C'est en de tels cas que votre confiance et votre obéissance doivent l'emporter. Vous devez, sans hésitation, aller à gauche. Si Dieu voulait que vous alliez à droite, Il l'aurait indiqué à votre directeur en temps voulu. En attendant, votre obéissance vous vaudra d'innombrables mérites et gagnera beaucoup d'âmes au Christ.

On raconte une histoire à propos de Sœur Josepha, une religieuse du Sacré-Cœur qui est en voie de canonisation (elle est notre contemporaine, puisqu'elle mourut en 1923). Le Christ lui apparut en lui demandant d'aller à la chapelle pendant la récréation. Obéissante, elle en fit part à sa supérieure ainsi qu'elle le devait, parce que ce genre de manifestation doit être connu des supérieures, aussi bien que des directeurs spirituels.

Mais la mère supérieure lui dit qu'elle regrettait de ne pouvoir lui donner l'autorisation de se rendre à la chapelle parce que la communauté devait se réunir pour coudre les uniformes des élèves. Sans un mot, sœur Josepha alla à la réunion. Plus tard, dans un couloir, elle rencontra le Christ qui lui dit en souriant : « Si vous étiez venue à la chapelle contre la volonté de votre supérieure, je n'y serais pas allé. »

Le Christ « y est » encore bien moins lorsque notre volonté et nos idées s'opposent aux siennes en la personne du prêtre à qui, dans la prière, nous avons confié notre âme.

Si la communication est rompue avec notre directeur spirituel, nous devons nous examiner, et non pas le juger. Lisez la vie des grands saints, et vous verrez qu'ils obéissaient à leurs directeurs spirituels qui semblaient privés de toute intelligence. Mais par cette obéissance, Dieu a obtenu de merveilleux résultats pour eux-mêmes et le monde autour d'eux. C'est pourquoi rompre des relations avec un directeur spirituel pour cause de conflit est une excuse que, personnellement, je n'accepte pas.

Si la situation se gâtait au point que vous en perdiez le sommeil, il reste pourtant une dernière solution avant de rompre toute relation, c'est d'aller trouver un autre prêtre, quelqu'un de réputé pour sa sagesse et sa sainteté. (Il serait bon que vous ne l'ayez jamais rencontré auparavant.) Lorsque vous l'aurez trouvé, il faudra lui parler personnellement. S'il est trop loin, écrivez-lui en lui expliquant la situation dans tous ses détails. Soyez aussi objectif que possible en ce qui concerne votre directeur spirituel, mais acceptez la décision de ce prêtre comme définitive.

Vous ne devez, en aucun cas, recourir à un prêtre que vous connaissez par l'Apostolat ou que vous connaissiez avant de venir à Madonna House. Il est déjà disposé en votre faveur. Vous voulez la réponse de Dieu purifiée de tout facteur humain. C'est votre âme immortelle qui est en jeu, ce qui, pour vous, doit primer plus que tout.

J'ai connu cette tentation une fois. Mon directeur spirituel était assez dur avec moi et il m'avait acculée dans une situation que je n'aimais guère. Je voulais un autre avis si bien que, dans ma solitude, prise de pitié pour moi-même, j'allai voir un prêtre dominicain que je connaissais bien. Je savais qu'il avait pour moi beaucoup d'affection et il pensait que j'étais une bonne catholique en voie de sainteté. Je me disais : « Il comprendra sûrement la situation. » J'allai donc le trouver.

Lorsque je lui expliquai mon cas, il se leva de sa chaise, prit une bouteille d'eau bénite et me bénit. Puis il fit sur moi un court exorcisme pour chasser le démon de mon âme. Il me dit sans mâcher ses mots que je ne devrais pas avoir la stupidité de ruiner toute ma vie spirituelle en me séparant de mon directeur. Il ajouta qu'il me fallait persévérer et faire ce qu'il me disait. Point à la ligne ! Puis, il m'offrit une tasse de café. Voilà un homme intelligent !

Au cours d'une lecture spirituelle, je donnai l'essentiel de cette lettre. Le père Brière* approuva fortement ce que je disais et ajouta quelques mots pleins de sagesse et très simples : « Vous priez pour un directeur spirituel, pour quelqu'un que vous estimez compétent et qui s'intéresse à vous. Alors, aimez-le, faites-lui confiance et obéissez-lui car, pour vous, il est le Christ. »

---

* Prêtre de Madonna House.

Pour sa part, le père Robert Pelton * ajouta quelques mots très profonds. Il dit que la compétence allait de soi. Le prêtre est formé à la direction spirituelle, il a la grâce du sacrement de l'ordre, donc il s'intéresse évidemment au salut et à la sainteté des âmes.

De plus, vous devez entrer dans le mystère de l'incarnation. Un prêtre n'est choisi ni pour sa personnalité, ni son intelligence, pas plus que pour ses compétences en théologie ou autre chose. Il est choisi parce qu'il est l'incarnation du Christ à ce moment précis de sa direction spirituelle. Fondamentalement, c'est la foi qu'il vous faut demander dans la prière parce que vous êtes face à un mystère de foi que la raison ne peut sonder. Il faut l'accepter dans la foi.

Une question surgit au cours de la discussion : « Quelle est la différence entre le conseil et la direction spirituelle ? » C'est une bonne question parce que, par pure bonté, nos prêtres font l'un et l'autre. Et c'est en raison de cette confusion qu'ils ont maintenant adopté une nouvelle technique. Lorsqu'ils vous conseillent, ils commencent par dire : « En ce moment, je ne vous parle pas comme directeur spirituel, mais en ami qui, humainement parlant, vous donne un conseil. » Cela fait, il dit lorsqu'intervient la vie spirituelle : « Maintenant, écoutez, c'est votre directeur spirituel qui parle. » En fait, les prêtres ne devraient pas trop vous donner des conseils car cela risque de vous embrouiller, mais ils le font puisqu'il n'y a personne d'autre. Maintenant vous voyez la différence, ce qui est une bonne chose.

Affectueusement en Marie,

Catherine

---

* Idem

CETTE FRAGILE VERTU DE CHASTETÉ

Le 21 février 1964

Mes bien-aimés,

Il est évident que ma récente lettre sur les hommes et les femmes de l'Apostolat vous a fait réfléchir et vous a éclairé sur cet aspect de notre vie. Au risque de me répéter, je voudrais, une fois encore, vous dire que cette lettre était basée sur des faits scientifiques tels que les a présentés sœur Mary Andrew, docteur en psychologie.

Le but de cette lettre était, avant tout, de faire comprendre aux hommes de notre communauté (aux femmes aussi) que leur constitution physique « tend à l'union » avec une femme, bien avant qu'ils en aient conscience. En d'autres termes, cela signifie que les rythmes naturels de leur corps devancent leur « moi » conscient. C'est un fait que beaucoup d'hommes ignorent et qu'il est bon de ne pas oublier. Ces rythmes commencent par la « sélection » et se poursuivent par la « protection » de l'être aimé, pour atteindre l'étape consciente qui est le désir d'en être proche.

Ceux qui ont fait vœu de chasteté doivent savoir cela pour éviter la sélection et la protection exclusive du sexe opposé. Sachant cela, les femmes de l'Apostolat auront à cœur de se soustraire à ces deux manifestations inconscientes, pour aider les hommes à ne pas succomber aux tentations contre la vertu de chasteté.

Cela ne signifie pas qu'un homme puisse se dispenser de protéger les femmes de l'Apostolat… Cela fait même partie de ses devoirs d'homme, mais remarquez la différence : sa protection doit s'étendre à toutes.

Pourtant l'appel à la chasteté est beaucoup plus que cela. Prenez du temps devant le Saint Sacrement pour prier et méditer le sens de notre vœu de chasteté. Et vous verrez, une fois de plus que, dans son immense sagesse, Dieu n'abandonne jamais son Église, son Corps mystique, au moment des épreuves et des difficultés. Il répond toujours à ses appels.

Voyez notre monde d'aujourd'hui ; on a écrit, et on écrit toujours, des tonnes de papier sur la morale sexuelle. La civilisation romaine, à son déclin, ne semble pas avoir été aussi décadente que l'est devenue celle qui se dit chrétienne. Même les pays que nous considérons comme arriérés sont tout simplement horrifiés par la baisse de la moralité en Europe, en Angleterre et en Amérique du Nord. Les pays païens ont plus de moralité, et ils obéissent à des lois morales mieux qu'on ne le fait dans les soi-disant pays chrétiens.

L'adoration du sexe et de « la beauté du corps » atteignent, maintenant, les proportions de l'idolâtrie et les vices qui les accompagnent : ivrognerie, drogue, délinquance juvénile, unions illégitimes, désordres mentaux se sont répandus de manière épidémique. Nous constatons un triste tableau de la situation…

Avec douceur, le Christ se penche sur son Église en détresse appelant certains de ses membres (des milliers déjà) à un nouvel apostolat, comme remède à cette idolâtrie. Il donne vie à diverses formes d'apostolat laïc et, de toute évidence, désire montrer des jeunes chastes et consacrés, à un monde ivre d'immoralité qui ne se refuse rien. Il veut les voir vivre cette consécration à la chasteté sur toutes les places publiques du monde.

Cet appel du Christ a un aspect intéressant. Avez-vous remarqué qu'Il choisit souvent des femmes et des hommes fort séduisants ? S'ils ne l'étaient pas, le monde n'y ferait guère attention ! En cela aussi, brille avec éclat la sagesse de Dieu, car il est sage de choisir les meilleurs ambassadeurs de sa vertu bien-aimée : la chasteté.

C'est ainsi que chacun d'entre vous, mes bien-aimés, a été choisi pour témoigner de cette vertu sur les places publiques car il en est grand besoin pour faire contre-poids à l'idolâtrie du sexe qui sévit actuellement à notre époque. Quelle responsabilité ! Quelle glorieuse tâche ! J'espère que vous commencez à comprendre que ce vœu de chasteté est d'une importance vitale pour l'Apostolat, parce qu'il redonne aux âmes un sens de l'équilibre, dans un monde ivre de sexe.

Vous êtes vertueux et vous aimez Dieu. Je suis certaine que vous désirez le servir de cette belle et chaste manière. Mais, vous êtes jeunes et inexpérimentés, aussi « innocents que des colombes » peut-être, mais pas encore « rusés comme des serpents ». C'est pourquoi je vous écris ces lettres afin de vous éclairer, de vous prévenir et de vous encourager.

Je vous ai déjà dit que vous ne deviez, en aucun cas, vous les jeunes, hommes et femmes, vous imaginer que vous pourriez être d'un quelconque secours pour ceux de votre âge qui sont du sexe opposé. Et pour les femmes de l'Apostolat, j'ajouterai ceci : vous ne pouvez aider aucun homme, quels que soient son âge et son état de vie. C'est au-delà de votre compétence. Dieu ne vous a pas donné les grâces voulues pour cela. Vous ne devez même pas essayer car ce pourrait être une occasion de péché ou, pire encore, de scandale.

On parle de l'influence de nos membres sur des couples mariés, des adolescents, des séminaristes et des prêtres. C'est un pouvoir qu'ils tiennent de Dieu et de leur coopération à sa grâce, pouvoir dû à leur vœu de chasteté. Certains parents trouvent que nous sommes un merveilleux exemple pour leurs enfants. Des séminaristes prennent courage quand on leur parle de Madonna House. Et tous semblent dire : « S'ils peuvent être chastes, nous le pouvons aussi. »

La chasteté est une vertu fragile qu'il convient de protéger. Pour beaucoup de gens, vous êtes un encouragement moral. Supposez que l'un de vous passe de longs moments avec un membre du sexe opposé à boire du café à la cuisine… peut-être en parlant de Dieu ou de spiritualité. Vous et moi savons que cet aparté ne contient pas une ombre d'impureté. Mais que verront les autres ? Ils ont peut-être surmonté des tentations contre l'adultère et la fornication en pensant à votre fidélité de toute une vie. Et soudain leur « référence » n'est plus fiable parce qu'ils ne sont plus aussi sûrs de votre chasteté. Pouvez-vous imaginer leur désillusion ? Vous seriez responsable de leurs doutes.

À l'Apostolat surtout, nous devons avoir une conscience aiguë de ce que représente notre chasteté pour le monde d'aujourd'hui. Nous sommes censés être un phare lumineux. Oui, l'amour et la sagesse de Dieu se sont penchés sur le monde avec tendresse en nous appelant à montrer, sur les places publiques, le visage de la chasteté. C'est l'un des bijoux dans cette couronne de vertus dont le monde a besoin.

C'est pourquoi, mes bien-aimés dans le Christ, connaissant votre innocence et la pureté de votre cœur, je vous supplie d'être vigilants et de réfléchir sérieusement chaque fois que vous avez affaire au sexe opposé, puisque, je le sais, vous ne voulez pas donner aux autres une fausse impression. Essayez de n'être jamais ensemble, seuls ou même isolés dans un groupe. Ne laissez pas entrer l'ombre de la désillusion dans le cœur de qui vous voit et pour qui votre négligence pourrait emporter le dernier barrage sur la voie de la tentation.

Dieu vous aime. Moi aussi.

Affectueusement vôtre en Marie,

Catherine

LORSQU'ON EST MAL JUGÉ

Le 27 février 1964

Mes bien-aimés,

Plusieurs d'entre vous m'ont écrit au sujet de problèmes d'intérêt général. Je vais donc y répondre dans cette lettre. Il s'agit de la justification, du manque de compréhension et du temps libre.

À propos de la justification

Je n'ai cessé d'affirmer que nous ne devions pas nous justifier. Cette attitude s'explique par l'Écriture et tout particulièrement par le silence du Christ durant sa passion. Je reconnais volontiers, avec vous, qu'il est un peu difficile de savoir quand se justifier et quand garder le silence lorsqu'on est réprimandé. C'est d'autant plus difficile si l'on a le grand désir (que nous devrions tous avoir) de nous perfectionner.

Regardons le sens du mot « justifier » dans le dictionnaire : innocenter, légitimer, prouver le bien fondé de, défendre, etc. Puis il ajoute : il y a parfois des excuses qui ne peuvent être justifiées, car ce qui peut être justifié n'a pas besoin d'être excusé. Voyons combien de choses peuvent s'éclairer à la lumière de cette dernière phrase.

Cette attitude favorise une approche amicale et paisible de l'existence. Supposons, par exemple, que votre responsable ou un autre, vous accuse de ne pas vivre pleinement votre vocation. Comme c'est peut-être vrai, vous le remerciez et dites que vous allez essayer de faire mieux puisque vous savez que tout chrétien peut toujours s'améliorer jusqu'à la mort.

D'autre part, cette accusation n'est peut-être pas vraie car, pour le moment, vous faites de votre mieux et c'est tout ce que l'on peut vous demander. Dans ce cas, vous n'êtes pas un mauvais membre de Madonna House, mais vous le deviendrez si vous vous mettez à vous justifier.

Aussi injuste que puisse être l'accusation, vous aurez grand mérite à simplement garder le silence. Dieu travaille aussi dans l'âme de votre accusateur et, peut-être, finira-t-il par s'excuser. Sinon vous progresserez en grâce et sainteté. Vous serez plus semblable au Christ que vous ne l'avez jamais été.

Prenons un autre exemple : on vous a demandé de vous charger d'organiser telle fête qui réunira prêtres et laïcs, et de préparer en plus le dîner de la famille.

Vous faites tout cela, le cœur léger, persuadé de bien vous en tirer. Lorsque tout est terminé et que le responsable est rentré, vous lui faites votre rapport, satisfaite d'avoir réussi tant de choses à la fois. Vous semblez insister sur le fait que vous vous êtes bien occupée de la cuisine. Et le responsable a la fausse impression que, pour cela, vous avez négligé les invités, et il vous fait des reproches.

Comme un enfant confiant, vous expliquez ce qu'il en est, sans intention de vous justifier, puisqu'il n'y a pas lieu. Vous dites qu'évidemment vous avez dû mal vous exprimer… que vous étiez contente que tout ait bien marché, la cuisine n'ayant pas grande importance. Comprenez bien que ceci est une explication, non une justification puisqu'il n'y a rien à justifier et que tout alla bien.

Agissez avec simplicité. Si un responsable ne vous comprend pas, exposez-lui la situation clairement. Et s'il ne vous comprend toujours pas, alors réjouissez-vous en pensant à la huitième Béatitude, puisque c'est presque une fausse accusation ! Mais évidemment, cela dépend de son intention ; il croit peut-être vous comprendre correctement… Mais cela n'a pas d'importance parce que vous avez fait l'effort voulu pour vous expliquer, vous en restez là. Vous y gagnerez des grâces et, en temps voulu, le responsable finira par comprendre, et tout ira bien.

Si l'on vous accuse de quelque chose que vous n'avez pas fait, vous avez, spirituellement parlant, deux choix :

1. vous pouvez simplement exposer les faits, ce qui, encore une fois, n'est pas se justifier au sens exact du mot ;
2. vous pouvez garder le silence et endosser la responsabilité. Cette option considérée comme héroïque est très recommandée dans la vie spirituelle.

Vous voyez combien il est difficile de répondre à celles de vos questions qui touchent à des choses abstraites… Vous n'essayez pas de vous justifier, vous rectifiez les faits. Mais si vous êtes seul en cause, vous pouvez prendre la route étroite de l'héroïsme et du silence.

Se justifier à tort ressemblerait à quelque chose de ce genre : j'arrive à la cuisine et trouve une table en désordre, couverte de couteaux qui n'ont pas été rangés, etc. Je fais des reproches à celle qui est chargée de la cuisine. Elle se lance dans de longues excuses… elle l'avait bien dit aux filles, et puis les hommes sont arrivés et ont tout dérangé, et puis ceci, et puis cela… C'est ce que j'appelle se justifier à tort parce que la personne chargée de la cuisine doit veiller à ce que celle-ci soit propre et en ordre. Elle en est responsable, quoi qu'il arrive.

Je peux vous donner un exemple vécu : j'étais à Ottawa pour y fonder une Maison d'Amitié lorsque j'ai reçu un appel téléphonique de Toronto. Le secrétaire du Cardinal voulait me voir immédiatement. Naturellement j'y allai, mais je découvris, avant de partir, que l'une de nos bénévoles (vivement recommandée par un chanoine bien connu) avait eu une crise et, après s'être saoulée à la bière, était allée briser les fenêtres du presbytère polonais.

J'étais à Ottawa, n'ayant rien à voir avec cette affaire. Celle qui dirigeait notre maison à Toronto était officiellement responsable, mais je me gardais bien de le dire au Cardinal. Il s'en prit donc à moi, et à juste titre, puisque j'étais la plus haute autorité à Friendship House. C'était donc à moi d'endosser toute la responsabilité.

C'est ce que je fis sans broncher, et lorsqu'il eut fini, je lui tendis calmement la lettre de recommandation du chanoine, si bien que, sans me défendre, je mettais la situation en toute lumière. Le Cardinal s'excusa, ce qui était inutile, puisque j'étais responsable. C'était donc à moi d'en supporter les conséquences.

Lorsque vous êtes accusés injustement, invoquez le nom de Jésus et demandez-vous du fond du cœur : « Ma réponse va-t-elle faire éclater la vérité ? Suis-je seul en cause ? Ai-je envie d'être héroïque en gardant le silence ? » Puis, agissez en conséquence.

Étant donné que « justifier » signifie également « défendre », vous devez toujours défendre l'autre personne s'il y a lieu. Si l'un des membres de notre famille en accuse un autre d'une chose qu'il n'a pas faite, vous avez le devoir de parler si vous connaissez la vérité.

Je sais que je n'ai pas très bien réussi à vous expliquer cela, mais la question est difficile et la clef repose dans votre intention. De toute façon, n'en faites pas un problème. Demeurez toujours en paix. C'est le manque de paix qui peut nuire à l'âme.

À propos de l'incompréhension

Le dictionnaire donne de ce mot les définitions suivantes : comprendre de travers, ne pas comprendre du tout, être en désaccord. Nous entrons ici dans le domaine de la psychologie plutôt que de la théologie.

Considérons d'abord l'incompréhension correspondant à ces deux premières définitions. Pourquoi ne comprenons-nous pas ? Le plus souvent, parce que nous n'entendons que ce que nous voulons entendre et voyons seulement que ce que nous voulons voir. Notre perception est très souvent limitée par notre psychisme. Inconsciemment nous ne retenons que ce que nous voulons voir et entendre, ce qui, le plus souvent, est cause de malentendus.

De plus, nous avons tendance à « projeter notre moi ». J'en ai eu l'exemple un matin, à la réunion des chefs de service. L'un des membres travaillant plus lentement, je proposai, puisque nous l'aimons tous, de l'aider pour activer un peu les opérations. Il y eut un moment de silence. Aucun des anciens ne semblait apprécier ma suggestion. Nous eûmes une petite discussion (gentille) de laquelle il ressortit que s'ils ne voulaient pas intervenir, c'est qu'ils avaient eux-mêmes personnellement connu ce problème à une époque ou à une autre.

Ils étaient tous là, projetant leur moi, comme s'ils étaient la personne en question. Ils réagissaient à ma suggestion, non comme cette dernière pourrait le faire (ce que l'on ignorait), mais comme s'ils étaient cette personne… Nous avons rapidement éclairci la chose, mais si nous ne l'avions fait, c'était le commencement de malentendus.

Ce genre de réaction affective est, dans l'Apostolat, à la base de la plupart des incompréhensions. Il y a aussi, bien sûr, le désir de se faire bien voir, de dire son mot, d'être approuvé par tous. Et parfois, nous exprimons nos idées si maladroitement que les gens ne nous comprennent pas et ne peuvent partager ces idées, faute de clarté.

Une autre raison qui, souvent, nous empêche de nous comprendre (et contre laquelle il nous faut lutter énergiquement), c'est l'antipathie que l'on éprouve pour l'autre. Comme vous le savez, il y a une grosse différence entre la sympathie et l'amour. Ici, nos sentiments doivent s'effacer devant la *caritas.*

À propos du temps libre

Parlons maintenant du rapport entre la charité et le temps libre. Supposons que vous ayez une heure ou deux de liberté et la possibilité de les occuper de plusieurs façons :

1. vous savez que votre responsable local serait content qu'on vienne l'aider d'une façon ou d'une autre ;
2. vous savez qu'une ou plusieurs personnes de votre maison auraient aussi besoin d'aide. C'est ainsi que l'hospitalité exigeant qu'un membre soit disponible, elle peut avoir à laisser une tâche urgente dont vous vous chargeriez un moment ;
3. cependant, vous aimeriez utiliser votre temps à faire quelque chose pour la boutique ou à embellir la maison ;
4. vous estimez peut-être avoir de la correspondance un peu pressée : une amie en difficulté aimerait vous lire, votre mère attend une lettre de vous, un jeune neveu vous a écrit pour vous faire part de ses problèmes.

Vous faites un choix, et disons que vous décidez de travailler pour la boutique. En route, vous rencontrez un membre de Madonna House qui, sachant que vous avez du temps libre, vous demande de traduire une hymne latine. Lorsque c'est fait, un autre vous demande de faire quelques recherches pour lui…

Quel est, dans ce cas, l'ordre que demande la charité ? Franchement, personne ne peut le dire. Il vous revient, ici, de prendre votre décision en toute liberté. Néanmoins, si on me le demandait, voilà selon moi, l'ordre que dicterait la charité :

1. l'hospitalité que nous devons à nos invités doit passer avant toute autre chose ;
2. le responsable local doit être aidé si c'est vraiment nécessaire et urgent ;
3. quant aux sollicitations des autres membres qui peuvent me demander de faire ceci ou cela, il faut les étudier attentivement, et je dirais peut-être que je regrette beaucoup mais que j'ai une

lettre importante à écrire – c'est sans doute le cas s'il s'agit des parents ou de la proche famille –;

4. La boutique viendrait ensuite;
5. Et les autres choses viendraient en dernier. Mais je ne vous reprocherais pas de suivre une autre séquence parce que le temps libre qui, grâce à la bonté de Dieu, vous appartient, est à sa disposition. Aussi, quoi que vous fassiez, tout sera bien si vous avez l'intention d'aimer.

J'espère avoir éclairci la question pour ceux qui me l'ont posée. Sinon, écrivez-moi.

Affectueusement vôtre dans le Seigneur de la Sagesse,

Catherine

SEMENCE D'AMOUR ET DE PARDON

Le 2 juillet 1964

Mes bien-aimés,

Je viens de recevoir plusieurs lettres de l'un de nos membres présent en Extrême-Orient. Elles m'ont fait réfléchir, car elles soulèvent de profondes questions sur la mission, entre autres celle qui concerne l'apostolat auprès des musulmans. Une autre touche notre adaptation à l'Orient. Voici mes réponses.

Oui, je comprends exactement ce que vous ressentez. Vous avez l'impression qu'un mur infranchissable entoure l'Islam et, qu'intérieurement, il y a une froideur et une cruauté fondamentales avec un certain orgueil qui (d'après Mahomet) ne devrait pas être, mais existe néanmoins; et que tout cela est caché quelque part, échappant à la vue des êtres humains – et peut-être des musulmans eux-mêmes.

Il est vrai qu'ils ont l'esprit missionnaire, qu'ils sont zélés, loyaux et fidèles à leur religion. Ils croient en Dieu et révèrent Marie. Ils considèrent le Christ comme un grand prophète.

Les racines de leur foi poussent dans le même sol biblique que les nôtres. Le judaïsme, le christianisme et l'islam ont un père commun en Abraham et tous respectent la Bible. En un sens, l'Ancien Testament est à l'origine du Coran comme il l'est du Nouveau Testament. Mais chez les musulmans, une chose semble absente : la charité ; ils croient au glaive et à la conquête. Leur histoire, leur inconscient, leurs rêves spirituels sont pleins de la grandeur de l'islam. Ils recourent souvent à la force alors que les Hindous qui paraissent mieux comprendre la charité, sont doux et pacifiques. Mais il est assez étonnant que les musulmans sachent apprécier les fruits de la charité : l'hospitalité, l'aumône et l'amour (du moins pour leurs frères musulmans).

Je dirais que l'islam est en voie de développement en ce qui concerne la religion, un peu comme le furent les juifs pendant des milliers d'années. Ceux-ci attendaient le Messie, mais lorsqu'Il est venu, l'islam n'a vu en Lui qu'un prophète. Aussi a-t-il plus de chemin à faire.

Pour les musulmans, le christianisme commencera lorsqu'ils croiront que Dieu est venu, qu'Il s'est incarné parmi nous, que le vrai Messie est venu à eux bien que leur foi en Mahomet en ait effacé l'image. Pourtant, ils croient en Allah, le vrai Dieu. Dans les siècles à venir, il y aura des changements et notez bien mes paroles : je dis « dans les siècles à venir ».

Cela signifie que nous, aussi étonnant que ce soit, avons été appelés à cette histoire divine, nous sommes de petits signes prouvant que Dieu est véritablement venu. Cette semence de notre foi qui nous fait dire que Jésus est Dieu est, pour les musulmans, plus petite encore qu'une graine de moutarde…

Oui, il y a de quoi réfléchir et méditer car, en ce qui nous concerne, il y a plus encore. Dans votre cas, ce plus est une grâce toute spéciale de Dieu, car vous êtes appelés, par votre personne, à donner en exemple la pratique discrète mais impérative de ce grand commandement de Dieu : « Tu aimeras ton prochain comme toi-même. » Dans certains cas, comme le vôtre, Dieu nous demande plus encore, puisqu'il s'agit d'aimer nos ennemis.

Pendant des générations, les musulmans ont été les ennemis des chrétiens qu'ils ont martyrisés. Consciemment ou inconsciemment, il y a des siècles que nous éprouvons à leur égard beaucoup de crainte, si ce n'est de haine. On vous demande maintenant de labourer le sol de ces âmes musulmanes pour y semer cette minuscule graine d'amour. Le sillon que vous entamez sera long et vous n'en connaîtrez pas la longueur avant de vous trouver en face de Dieu. Il peut se prolonger sur des générations. D'autres membres de Madonna House viendront à leur tour planter la semence de leur vie dans la mission que vous commencez.

C'est ce que je vois sans même aller visiter votre maison. Telle est mon intuition en ce qui vous concerne, vous et les musulmans. Et, inexplicablement, je me réjouis qu'il en soit ainsi… Que l'une de mes filles spirituelles soit aussi clairement appelée par le Seigneur à aimer ses ennemis ! C'est ce que vous ferez, tout simplement en étant au milieu d'eux témoin du fait que Jésus n'est pas seulement un grand prophète mais qu'Il est Allah Lui-même. Ils viendront voir cet Allah qui est Un en Trois et Trois en Un.

C'est avec les yeux de Dieu qu'il faut regarder votre vocation et votre mission en ce monde. Elles resplendissent déjà de gloire, proportionnellement à votre persévérance et à votre compréhension. Vous avez été appelée à une tâche formidable. Je brûle d'une sainte jalousie !

Cette missionnaire de Madonna House écrivait également qu'elle avait rencontré une religieuse qui vivait en Inde depuis longtemps et dont l'Ordre n'avait encore attiré aucune vocation. Des religieux, des laïcs et même la police lui demandaient souvent : « Depuis combien de temps êtes-vous dans notre pays et combien de vocations avez-vous ? »

Elle devait invariablement répondre qu'elle était en Inde depuis douze ans mais qu'en ce qui concernait les vocations, aucun indigène ne s'était jusqu'ici présenté. Son Ordre se recrutait en Occident, et cette religieuse ne se sentait pas personnellement humiliée par le peu de cas que l'on semblait en faire. Mais elle était navrée de constater que l'Église catholique romaine ne s'adaptait pas à l'Inde. Elle savait que, si elle y parvenait, il y aurait beaucoup de vocations.

Ce manque, pensait-elle, s'explique du fait que, malgré la dimension contemplative, son Ordre s'efforce d'être moderne et actif... Ce qui n'a jamais impressionné l'Orient ! Gandhi, entre autres, fut très marqué par un monastère de Trappistes qu'il avait vu en Afrique. Cette religieuse estimait qu'une autre erreur consistait à envoyer former en Europe ou en Amérique du Nord des vocations indigènes qui ne pouvaient résister à cette trop grande différence culturelle. Je suis entièrement de cet avis et je pense que si notre Apostolat doit être actif, nous devons être aussi des contemplatifs. Comment réconcilier les deux dans nos missions en Orient ? Très simplement ! Nous devons tous, à Madonna House, être des « contemplatifs » dans le sens que j'essaie d'expliquer dans mes lettres. Ce type de contemplation a peut-être un accent russe. Néanmoins, il sied à l'Orient car nous, les Russes, sommes de façon prépondérante un peuple oriental, particulièrement au point de vue religieux.

À Madonna House nous devons tous nous efforcer d'être des contemplatifs comme j'en ai déjà parlé dans mes écrits et nous devrions aussi, à l'avenir, avoir une communauté du genre oriental qui, au lieu d'un apostolat actif, demeure cachée et prie dans le calme.

Voici comment je la vois : un jour, nous pourrions avoir un centre social, quelque part en Orient et, tout à côté, il y aurait un groupe qui prierait, ferait pénitence et vivrait dans l'humilité et la pauvreté (sans que ce soit tout à fait la misère environnante).

Il gagnerait sa vie grâce à l'artisanat tant apprécié à l'Est, et serait aussi caché que Charles de Foucauld au Sahara et que les saints russes dans leur *poustinia* au milieu de la forêt. Il devra pourtant, comme ceux-ci, être disponible et accueillir tous ceux qui viendraient s'entretenir de Dieu et de spiritualité.

Oui, je prévois cela, vaguement et néanmoins clairement. Cela se fera un jour car « l'âme » de Madonna House est ouverte à toutes sortes d'idées nouvelles ou traditionnelles qu'on utilise avec souplesse pour parler de Dieu dans des lieux nouveaux. Il ne faut pas oublier que charité, hospitalité, disponibilité demeurent ses pierres de fondation, mais il y a mille façons de « crier l'Évangile par sa vie ».

Telles sont mes réponses, mises par écrit pour vous et pour la postérité. J'espère qu'elles contribueront à vous donner une « plus grande vision de l'ensemble ».

Affectueusement en Marie,

Catherine

LA VOCATION SANS COMPROMIS

Le 29 décembre 1964

Mes bien-aimés,

Je viens de lire les lettres et le journal d'une de nos missionnaires, en réfléchissant sur ce qu'elle a dit et tout ce qu'elle n'a pas dit... Dans toute vie, il y a des moments où les mots n'arrivent pas aisément, parce que le cœur déborde d'émotion, quand on réalise intensément quelles sont la joie, la lumière, la miséricorde et la bonté de Dieu. Il faut attendre un peu avant d'être capable de communiquer ses pensées, par écrit, à un autre être humain, fût-ce un dixième de ce que l'on a dans le cœur.

Le père Callahan et le père Brière ont jugé qu'il serait bon de faire partager à toutes les équipes ma réponse à cette lettre. Lisez-la à haute voix, discutez-en dans vos diverses maisons et voyez si, pour vous, elle répond à la raison d'être de notre vie. La question qui surgit de temps en temps dans la tête et l'âme de nos membres est celle-ci : « Quelle est la vocation de Madonna House ? » Cette lettre pourra peut-être contribuer à y répondre :

« La semaine de Noël convient, entre toutes, pour faire la lecture du journal intime de votre maison, parce qu'il nous amène à Bethléem. Vous nous conduisez tout droit par la route étroite qui est l'essence même de Noël – Dieu se faisant serviteur. Parce que, en passant où vous êtes passées, en vivant comme vous le faites – probablement sans même vous en rendre compte –, c'est au Christ Lui-même que vous vous identifiez, bien plus qu'à ceux qui vous entourent.

« C'est ce que j'appelle s'identifier avec le Seigneur. C'est quelque chose de caché et pas bien clair pour celui qui s'y efforce. C'est mystérieux parce que celui-ci entre dans le mystère de l'Incarnation. Il n'y entre que par la grâce de Dieu parce que, de lui-même, l'homme en est incapable.

« Il est curieux de constater que ce n'est pas une question de pauvreté, de rats sous les toits, de chiens sauvages, de fous qui crient… Ça ne consiste pas à porter l'eau sur la hanche ni à boire de l'eau polluée quand l'eau potable est inaccessible, ni à manger des aliments qui vous soulèvent le cœur ou à passer des heures avec des gens dont on ne comprend pas bien la langue.

« Non, ce qui se produit, est une chose mystérieuse parce qu'elle est, dans l'âme, l'œuvre de Dieu Lui-même. Elle consiste à mourir à soi-même pour les autres, par amour de Lui. Elle commence par la compassion, teintée de beaucoup d'émotions, assaisonnée d'action, épicée de détermination et couronnée d'un témoignage. Peu importe ce que vous éprouvez, vous êtes là. C'est cela le témoignage. Même si vous n'avez jamais ouvert la bouche, si vous n'avez jamais fait de leçon de morale, si vous n'avez rien fait sauf rester là comme vous êtes, vous aurez satisfait ce grand commandement d'aimer Dieu dans votre prochain.

« C'est tout cela qui mène à l'identification, à l'union avec Dieu dans la crèche, à l'union avec sa faiblesse, sa pauvreté et sa dépendance. Il est seul à pouvoir s'emparer de vous pour que vous ne fassiez qu'un avec Lui. Vous ne réalisez peut-être pas que cela arrive, mais pour nous qui lisons ce que vous écrivez, c'est très clair.

« Continuez donc à vous oublier totalement… à mourir à vous-même… à réaliser la pureté de votre vocation, sans compromis, sans aucun intérêt personnel. Voyez la réalité en face, dans son absolue "nudité"… les rats et les souris, la poussière et la saleté, les toilettes et les douches prises avec des seaux d'eau, la constante présence des gens dont la langue et les coutumes vous sont étrangères. C'est le droit chemin de votre vocation qui vous conduit directement au cœur même de Dieu.

« Cette mort à vous-même, ce renoncement à tous les désirs personnels en faveur des autres – au plan affectif, intellectuel et même spirituel (car il n'est pas toujours facile de prier dans une langue étrangère) – tout cela, si vous persévérez, vous élèvera à une grande sainteté.

« C'est cela que j'appelle regarder en face la réalité de notre vocation. C'est ce que j'appelle chercher "l'Absolu", chercher Dieu le Père, par Notre-Dame, la Porte qui nous amène au Christ, le Chemin.

« C'est ce que j'appelle vivre notre vocation, et que vous avez commencé à faire par la grâce de Dieu. Vous allez trébucher, chanceler, tomber. Mais relevez-vous ! Évitez tout compromis ! Continuez à coopérer avec les grâces extraordinaires que Dieu vous a accordées.

« Il est bien évident que votre séjour dans ce petit village était fructueux. Il est inutile de me dire pourquoi et de m'en donner les résultats. Les choses qui sont vraiment importantes dans l'Apostolat ne se voient pas. Elles n'ont d'autre raison que l'amour. Il ne vous est pas donné de voir les résultats de votre séjour, mais il y en a. Et cela aussi fait partie de votre vocation… de ne les constater que des années plus tard ! Nous ne devons jamais oublier que nous sommes ceux qui préparent le sol et le labourent, en attente du Semeur. C'est Lui, et Lui seul qui moissonnera. Nous serons les graines de froment qu'Il sèmera dans le champ que nous avons travaillé, car "le grain de blé doit mourir avant de porter du fruit."

« Votre séjour dans ce village, cher cœur, c'est non seulement une grâce qui vous a beaucoup appris, mais c'est une grâce pour tout l'Apostolat. Non, vous n'êtes pas une ermite. C'est une chose naturelle que de trouver difficile la compagnie de gens qui vous sont étrangers. Cela fait partie de la "violence nécessaire pour s'emparer du Royaume des Cieux"… Violence impérative envers soi-même.

« Je voudrais savoir pourquoi vous pensez faire souffrir les autres membres de l'équipe missionnaire en les retrouvant dans la grande ville ? Est-ce bien ce que vous voulez dire ? C'est peut-être eux qui vous font souffrir… N'est-ce pas ce qui vous fait peur ? Vous savez qu'il est plus difficile de servir les membres de l'Apostolat que de servir « les pauvres ». On embrasse plus facilement l'étranger qu'on approche en bienfaiteur, que ceux de sa propre famille avec laquelle on est, de mille façons, profondément impliqué. Réfléchissez à cela.

« La famille, la paroisse, le monde sont autant de communautés et, en vivant, une communauté contribue à nous arrondir les angles. De cette façon, Dieu nous sanctifie. Vivre dans un village est un peu différent. Si dans dix ans vous en possédez parfaitement la langue et vous vous identifiez plus complètement à celui-ci, il peut devenir votre communauté… et votre croix ! Vous voyez que *caritas* (c'est-à-dire le genre d'amour suprême et d'estime qu'une personne peut avoir pour une autre) en est le lien. C'est une charité qui entraîne la mort à soi-même, une sorte d'anéantissement, de « non-être » pour exister dans et pour les autres. Vous dites protéger quelque chose que vous appelez votre personnalité. Il faut briser cela. D'ailleurs, les autres membres de l'équipe vous y aideront plus sûrement encore que la vie dans un village !

« Non, je n'ai pas du tout l'impression que “vous ne savez pas où vous en êtes…” Je vous vois entre les mains de Dieu qui est en train de vous former pour Lui-même. Et je prie qu'en de telles mains vous soyez de l'argile malléable.

« Vous dites ne pas savoir quand il faut vous arrêter et vous reposer. C'est un sentiment que je comprends fort bien et qui tient à l'ardeur de votre jeunesse, avide de nouvelles expériences et d'aventures. C'est normal, mais soyez prudente. Vous commencez à réaliser lentement que, passé l'attrait de la nouveauté, la vie en village est également exigeante.

« Je dois m'arrêter parce que la cloche du dîner vient de sonner, mais la suite de cette lettre ne tardera pas, ma chérie. Travaillez bien, et que cette année nouvelle vous soit heureuse et sainte. »

Affectueusement en Marie,

Catherine

L'HUMILITÉ ET LA FORMATION

Le 11 mars 1965

Mes bien-aimés,

Pendant le carême, j'ai fait ce que me conseille l'un de mes livres de prières : « Qu'il ne soit pas vain de vous lever tôt, avant l'aube, car le Seigneur a promis une couronne à ceux qui veillent. » Ces jours-ci, je me lève avant l'aube, et ce réveil me semble provenir du Seigneur car mon esprit s'emplit de pensées pour Lui et pour chacun d'entre vous. Selon toute apparence, c'est le temps que me donne le Seigneur pour réfléchir aux problèmes de l'Apostolat et répondre longuement à vos lettres. Celle-ci vous partagera donc l'un des sujets auxquels j'ai réfléchi pendant plusieurs de mes veilles.

Je me suis demandé comment il se fait que la majorité des membres de l'Apostolat soit vexée de se trouver en situation d'apprenti. Pourquoi n'aimons-nous pas apprendre à « l'université de la vie » ? C'est pourtant, jusqu'à notre mort, le noviciat voulu par Dieu pour tous les chrétiens. Je me demande pourquoi si peu d'entre nous souhaitent apprendre à cette université de la vie, ce noviciat de Dieu… et encore moins y enseigner. J'admets, cependant, que nous préférons souvent enseigner qu'apprendre, même si nous ne savons rien de la vie, en raison de notre jeunesse et de notre manque d'expérience ! Dans notre imagination limitée, l'enseignement jouit d'une position plus élevée.

Il semble que, dans et hors de l'Apostolat, personne n'ait d'objection à étudier dans une atmosphère et un environnement officiellement créés à cette intention, telles que les écoles, les facultés et les classes du soir. Nous éprouvons la même chose pour les endroits où l'on enseigne l'artisanat, la danse ou la musique. Nous écoutons volontiers parler des grands livres du monde. Nous les acceptons sans hostilité et avec, en fait, beaucoup de fierté, et ils deviennent même des sujets de conversation parce que nous croyons, en quelque sorte, nous élever socialement.

Mais nous sommes vexés qu'un responsable local nous apprenne les méthodes de bureau, dans telle maison, et nous le sommes tout spécialement si nous connaissons (même mal) la sténo ou la dactylo. Nous devenons hargneux et en discutons avec le responsable. Nous voulons avoir raison, même si nous n'avons qu'une vague idée des méthodes de classement ou autres aspects du travail de bureau.

Au début, nous sommes irrités d'avoir à nous initier à la cuisine, à la blanchisserie ou tout autre service de notre centre de formation. Et nous le sommes encore plus lorsqu'on nous demande d'adapter l'esprit de Madonna House à une nouvelle mission. Ensuite quand il faut l'expliquer différemment parce que nous sommes transférés d'une mission à l'autre.

Nous n'acceptons pas avec humilité et intelligence le fait tout simple et naturel selon lequel toute nouvelle expérience, importante ou minime, accroît notre connaissance de la vie elle-même, enrichit notre vision intellectuelle, spirituelle et affective. Et pourtant c'est par là que nous nous développons de plus en plus en affermissant notre personnalité, et que, sous tous les aspects, nous devenons plus mûrs.

Beaucoup de ressentiments affectifs, la plupart des blocages intellectuels et des symptômes psychosomatiques apparaissent clairement à travers notre comportement, nos paroles et nos lettres. La façon dont nous réagissons indique que nous refusons d'être en apprentissage, bien que ce soit merveilleux et stimulant. Cela prouve que nous ne comprenons pas ce qu'est la vie : un processus qui accroît notre savoir jusqu'à la mort !

Discussion ou dispute

Ce refus d'apprendre est manifeste dans vos nombreuses questions concernant la formation. « Quelle différence y a-t-il entre discuter et raisonner ? » demandez-vous. En nous reportant au dictionnaire, nous lisons : discuter pour et contre, à propos de, débattre…

Ou encore : une discussion est raisonnée, on prend parti pour ou contre quelque chose, en s'appuyant sur une évidence ou une démonstration.

Autrement dit, discuter ou raisonner semble la même chose. Mais le dictionnaire donne aussi un mot tout différent : dispute. Si nous nous reportons à ce dernier mot, on lit : controverse hargneuse, querelle, dissension, etc.

À ce point, nous commençons à saisir la différence entre une discussion raisonnable et celle qui ne l'est pas, et nous demandons comment améliorer les façons de communiquer entre nous. Chaque fois que nous sommes en conflit d'opinions ou d'idées, il ne faut jamais qu'il dégénère ouvertement en impatience. Notre conversation doit toujours conserver un style poli, un contenu plein de bon sens et d'intelligence. Lorsqu'une discussion n'a pas ces qualités, on peut, avec raison, l'appeler altercation ou querelle. En surface, elle peut encore sembler une conversation intelligente, mais, en fait, nous nous disputons avec quelqu'un.

Nous utilisons rarement le mot altercation pour querelle, mais si le dictionnaire le souligne, c'est pour montrer qu'il est le contraire d'une discussion raisonnée. Vous voyez comme est grande la différence sémantique !

À moins que notre discussion ne soit intelligente, objective (et non subjective), raisonnée, prête à en reconnaître l'erreur, ce sera, au dire du dictionnaire, une simple querelle.

Dans une querelle, nous voulons à tout prix avoir raison, en insistant, même si ce que nous disons est tout à fait stupide. Nos mots, nos expressions n'aident personne à apprendre quelque chose de nouveau, ni à faire grandir qui que ce soit, intellectuellement, spirituellement ou humainement. Nous utilisons, au contraire, nos mots et nos expressions pour exprimer notre point de vue, pour donner libre cours à notre colère et à nos frustrations, mais jamais pour contribuer à une solution pacifique et intelligente.

La vie est un échange

Permettez-moi de me répéter pour plus de clarté. Dans la majorité des cas, vos lettres ne sont pas signe d'une discussion intelligente et raisonnée entre vous ou entre les membres de la communauté et les responsables locaux. Je constate habituellement qu'il s'agit d'une querelle et, le plus souvent, parce que vous refusez d'apprendre. Vous voulez être le professeur ou son égal, vous voulez un autre « rang » que celui que vous occupez actuellement.

À mon avis, cette attitude témoigne d'une émotivité craintive. Ceux qui discutent indéfiniment et veulent toujours avoir raison sont sectaires et peu sûrs. Ils sont incapables de s'adapter et de se plier intellectuellement à la vie. Le changement les effraie, ils ont peur de passer d'une situation connue à celle qui ne l'est pas. Leur insécurité tient en partie à la peur. Quel que soit le service dans lequel on les affecte – cuisine, blanchisserie, bureau... –, ils devront toujours apprendre de nouvelles techniques, de nouvelles idées. Et ils redoutent tout ce qui est nouveau !

Mais une vie saine – au point de vue affectif, intellectuel et physique – requiert toujours un échange. Si l'on a des opinions trop rigides, le besoin d'avoir toujours raison et la détermination de ne jamais céder à l'autre au cours d'une discussion ou d'un échange d'idées, alors quelque chose a besoin de change. Sinon, le risque est grand de ne jamais s'ouvrir à la vie, de rester immature, enfermé dans un seul schéma familier.

Comme les années passent, la vie et la société obligeront de telles personnes à s'adapter, mais elles n'en seront pas capables, ce qui, pour chacune, sera une grande tragédie personnelle. En écoutant les cassettes de sœur Mary Andrew (psychologue), vous remarquerez que les ulcères, infarctus et fortes tensions sont souvent le lot de ceux qui, dans la vie, étaient incapables d'opérer les changements nécessaires.

Oui, nous devons jusqu'à la mort rester ouvert à l'enseignement pour nous laisser instruire « à l'école de la vie ». Dieu, le plus grand des professeurs, a toujours de la patience avec nous. Il nous donne le temps nécessaire pour devenir ce qu'Il veut vraiment faire de nous : des saints. Et dans la mesure où nous acceptons d'être formés à l'école de la vie et à celle de l'amour de Dieu, nous sommes capables de chercher et de recevoir tout ce que nous envoie la vie, avec le cœur et l'esprit grand ouverts. Cette attitude s'accompagne de l'humilité, une véritable humilité du cœur, qui accepte pleinement l'état de créature, d'élève, d'apprenti. C'est, en un mot, le chemin de la sainteté.

J'espère que la méditation de mes veilles contribue à clarifier votre pressante question. Ma prochaine lettre concernera la personnalité, sujet qui semble tout particulièrement vous préoccuper en ce temps de nouvel aggiornamento. En conclusion : ce que je viens de dire, signifie en fait que vous voulez être engagés avec Dieu, les autres et la vie, et que vous ne voulez pas être des cadavres vivants.

Affectueusement,

Catherine

LIBÉRER SA VRAIE PERSONNALITÉ

Le 12 mars 1965

Mes bien-aimés,

Dans ma dernière lettre, je vous avais promis de vous parler de la personnalité. Reprenons donc le dictionnaire pour voir ce qu'il dit de ce mot. « Personnalité » : ce qui constitue une personne, ce qui la distingue et la caractérise, ce qui tient à son caractère.

Si nous cherchons le mot « caractère », nous constatons qu'il signifie beaucoup de choses mais, fondamentalement, les qualités qui distinguent un individu d'un autre. Même explication pour le mot « personne » qui est défini comme un « être humain dont le caractère, l'aspect et les conditions sont spécifiques ».

De même que vous devez vous reporter au dictionnaire pour la définition des mots, vous devez d'abord, pour vous-même et pour les autres, savoir ce que signifie « votre personnalité ». Vous dites qu'elle est écrasée, mutilée, emmurée, incapable de se développer… Puis-je vous demander si, avant de faire une telle affirmation, vous comprenez les caractéristiques de votre personnalité ? Je dirais volontiers que vous n'en avez pas la moindre idée !

La raison en est que, comme beaucoup d'autres, actuellement, vous souffrez de l'incapacité de vous voir « comme vous êtes ». L'idée que vous avez de votre personnalité vient, avant tout, de ce que vous vous voyez dans les yeux des autres. Malheureusement, notre civilisation juge les gens par leur conformité aux standards en cours (lesquels sont très superficiels) et par le rendement visible de leur travail. À cause de deux guerres mondiales et d'une forte dépression économique, la famille est presque détruite et, de nos jours, la plupart des gens ignorent le genre d'amour qui contribue au développement de la personnalité.

Il en résulte que vous ne vous acceptez pas, que vous n'êtes pas arrivés à vous aimer vous-même comme vous le devriez. Quelle est donc cette personnalité que vous estimez, de temps à autre, écrasée, violée, déformée par qui a de l'autorité? Vous ne savez pas et ne pouvez pas le savoir. Puisque vous ne vous acceptez pas, vous êtes incapables d'avoir une perception juste de votre personnalité.

Si vous prenez le temps de réfléchir, vous arrivez progressivement à la conclusion que, loin de nuire à votre personnalité et d'en retarder le moins du monde son développement, les directeurs et responsables de Madonna House sont attelés à la tâche gigantesque qui consiste à développer votre véritable personnalité.

Ce faisant, nous devons tenir compte des milliers de sentiments qui habitent chacun de vous et qui nuisent à votre vraie personnalité. Vous nous arrivez blessés affectivement par divers facteurs tenant à votre hérédité et à l'environnement. Il est possible que vos parents (ou d'autres) vous aient « mal » aimés. Mais vous devez admettre que, selon les critères et leurs connaissances, ils ont certainement fait tout ce qu'ils pensaient être le mieux pour vous!

C'est donc blessés que vous arrivez à Madonna House. Vous n'êtes pas seuls; vous êtes nombreux hélas, car les terribles remous de l'histoire ont, depuis 1914 à nos jours, blessé et rendu des millions de gens plus ou moins névrosés. Vous êtes, entre autres, de ceux qui ont assisté à de rapides changements techniques, à des guerres et des révolutions, à la menace d'une destruction atomique, à tout ce qui fait des « déracinés ». Mais vous avez beaucoup de chance! Dieu vous a conduits ici, à Madonna House qui se consacre à la restauration du monde.

Et cette restauration débute avec vous. Nous devons commencer à la faire, personne après personne, et continuer de cette façon car il serait fou, pour l'apostolat, d'essayer de restaurer le monde en masse. L'évangile de l'amour, le témoin de la foi qui libère l'humanité, parvient être à un être humain grâce à un autre. Ce n'est pas quelque chose qui puisse se communiquer autrement, mais qui suppose une relation de personne à personne.

Dieu vous a donc choisis pour cette vocation. Et, dans sa miséricorde, la mission qu'Il m'a confiée s'accompagne de l'évidence selon laquelle les membres de l'Apostolat sont les premières personnes à être restaurées. C'est ce que Friendship House et Madonna House essaient de faire depuis leur commencement.

Et j'ai toujours été consciente de cet aspect de ma mission parce que nous existons pour être un apostolat d'amour. Nos croix en portent témoignage avec les mots *caritas* et *pax* qui y sont gravés. Nous aimons afin d'apporter la paix de Dieu à ceux que nous rencontrons. Nous les servons avec l'amour du Christ pour qu'Il puisse les restaurer et leur donner sa paix.

Mais la grâce travaille sur la nature. Nous ne pouvons pas puiser dans une réserve de jeunes qui ne seraient pas blessés. C'est pourquoi ceux qui nous arrivent sont appelés par Dieu et c'est à eux, les blessés, qu'Il a donné cette vocation. Il est vrai qu'Il envoie de temps en temps ceux qui sont très malades ou très blessés pour que nous les conduisions chez les docteurs, les psychologues et les psychiatres pour être soignés. Mais ce sont des cas extrêmes.

Les autres, la majorité, sont restaurés par l'amour qu'ils expérimentent chez nous. Puis, des cours pédagogiques, les connaissances (que leur dispense sœur Mary Andrew) et les conseils des prêtres achèvent de les guérir. D'autres études profanes peuvent aussi contribuer à une restauration personnelle.

Qu'essayons-nous donc de guérir et de restaurer? Votre vraie personnalité, les profondeurs de ce que nous pouvons aisément et objectivement percevoir, nous qui sommes directement impliqués dans votre formation spirituelle, sentimentale et scolaire. Je vois d'énormes possibilités en chacun de vous, mais je suis confrontée au fait que, vous rejetant vous-mêmes, vous ne vous aimez pas et ne voyez pas les grandes possibilités de votre personnalité. C'est pourquoi je m'efforce, avec tous les responsables, de la libérer et de la développer (étant donné leur énorme potentiel) pour qu'à votre tour vous puissiez remplir votre vocation afin de restaurer les autres.

Comment opérons-nous cela ? D'abord et surtout parce que, par la grâce de Dieu, Madonna House est avant tout une famille. Beaucoup d'entre vous ignorent la vie de famille et n'ont pu y puiser des racines. Ici, à Combermere, vous apprenez ce que sont l'échange, les relations d'amitié et l'ouverture des uns envers les autres, qui règnent dans l'atmosphère d'une famille. C'est le meilleur endroit pour apprendre à vous connaître vous-mêmes, pour perdre vos sentiments d'inaptitude, d'insécurité et toutes les peurs et hostilités dont sont faites, de nos jours, les blessures de tant de gens.

Ensuite, on vous donne de nouvelles idées concernant le travail manuel et l'usage du corps. On vous apprend « la théologie du travail » et ses possibilités créatives. Ces moyens passionnants (quoique parfois douloureux) reconnus par les psychiatres et les théologiens comme aptes à guérir et libérer, commencent à faire ressortir votre vraie personnalité.

Je n'ai pas besoin de vous apprendre que, pour développer leur personnalité, des gens très riches paient une fortune dans des « sanatorium » pour faire des travaux manuels comme nous faisons ici. On vient d'en ouvrir un aux États-Unis dans lequel, aux dires du docteur Stern (psychiatre de renom), les femmes des environs viennent en cure. Ces cures consistent à les laisser vivre dans les mêmes conditions que chez elles, mais à passer leur temps dans un autre bâtiment qui coûte des milliers de dollars. On y trouve, paraît-il, des antiquités de toutes sortes : des poêles aux bacs de blanchisserie en bois ! Il n'y a pas de robinets et l'on apporte l'eau d'un puits, à l'extérieur, en charriant des seaux. Autrement dit, on remonte le temps jusqu'à l'époque des pionniers aux États-Unis.

Les riches clients des psychiatres souffrent de dépressions nerveuses, surtout parce qu'ils sont entourés de mille gadgets et ne savent que faire de leur temps libre. Ils paient alors des centaines de dollars par semaine pour passer la journée à travailler comme le faisaient leurs ancêtres, et trois mois suffisent à les guérir.

Est-il besoin de vous rappeler que les bénédictins et d'autres ordres religieux prônent une théologie du travail manuel en mettant l'accent sur sa sainteté, sa valeur psychologique et libératrice ? Ne faisait-il pas partie de la vie que le Christ avait choisie pour nous sauver ?

Les travaux manuels que nous vous faisons faire développent votre personnalité et sont riches d'expérience. Vous devenez compétents dans des activités comme la cuisine, la couture, le repassage, le nettoyage, ce qui vous libère et vous guérit. Plus vous aurez l'occasion d'approfondir des connaissances, plus vous libérerez votre personnalité qui pourra se développer et atteindre son plein épanouissement.

Madonna House vous offre aussi ce que j'ai toujours souhaité pour vous : l'artisanat sous plusieurs formes. Beaucoup d'entre vous connaissent déjà la joie de la créativité ; c'est l'un des instruments-clefs pour libérer votre personnalité, parce que c'est un besoin inné chez tout individu. Vous pouvez constater combien votre personnalité s'est enrichie en travaillant à l'artisanat, révélant en vous de nombreuses possibilités dont vous n'étiez même pas conscients, mais que nous avions su détecter.

La formation pédagogique de Madonna House enrichit votre esprit. Par exemple, l'anthropologie nous révèle notre parenté avec le passé et nous aide souvent à clarifier la raison de nos actes, en nous donnant une juste perspective de la durée de la vie humaine. Quant aux cours de théologie, de psychologie, ils contribuent, avec l'étude des Écritures et de la liturgie, à beaucoup aiguiser vos facultés.

Pour ceux qui ont été plus profondément blessés, nous leur donnons le temps et la possibilité de consulter un psychiatre ou un psychologue pour les guérir et les libérer.

Pour d'autres, il peut suffire d'une légère thérapie ou de cours particuliers. On vous en donne plus qu'on ne pourrait en énumérer : catéchisme, diction, vocabulaire, commerce, etc.

De tout temps, à Madonna House, nous avons encouragé les voyages qui sont un des meilleurs moyens pour connaître d'autres peuples et leurs cultures. De plus, ils contribuent à vous apprendre l'histoire et diverses langues, vous donnant une idée de la variété de ces cultures pour apprécier la beauté de ces différences et non plus les craindre.

Si vous comptiez toutes les heures que la direction passe, individuellement, avec vous, et le nombre des lettres qu'occasionnent ces blessures, vous comprendriez que, très loin d'étouffer votre personnalité, nous essayons perpétuellement de la développer, comme nous continuerons à le faire pour éveiller l'immense potentiel qui dort en chacun.

Songez à la liberté de parole qui règne ici sur toutes les questions de spiritualité, et les nombreuses explications et clarifications que l'on vous offre individuellement et collectivement sur tous les aspects de la vie. Je pense qu'en voyant tout cela vous renoncerez à critiquer notre rôle dans le développement de votre vraie personnalité.

Je n'ai pas encore parlé de nos missions à travers le monde par lesquelles vous entrez en contact avec les maux les plus visibles de notre société. Par les nouvelles qui nous arrivent de ces missions, celles que vous échangez entre vous et vos rapports quotidiens avec ceux que vous servez, c'est un monde nouveau qui s'ouvre à chacun de vous. Il libère votre personnalité là où c'est le plus nécessaire : dans vos rapports avec les autres.

Je ne vous ai pas dit un mot de cette influence plus libératrice que toute autre : l'affection dont vous êtes entourés par les autres, vos responsables, vos directeurs spirituels, les membres de votre équipe et tous les autres qui ne cessent de vous donner le meilleur d'eux-mêmes. Des relations saines et confiantes avec les membres de cette famille contribuent également à dégager vos possibilités qui sommeillent.

De par mon expérience et en toute humilité, je peux dire que je ne pense pas qu'il existe ailleurs dans le monde un apostolat qui mette en œuvre autant d'amour et d'attention pour libérer votre personnalité et pour la mettre en valeur. Je pense que le moment est venu pour vous de voir les choses en réalité et de clarifier ce que veut dire « la personnalité ».

Affectueusement vôtre en Marie,

Catherine

LA SIMPLICITÉ

Le 17 mars 1965

Mes bien-aimés,

Aujourd'hui, je vous parlerai de la simplicité (ne poussez pas de hauts cris!) Le dictionnaire définit ce mot comme « l'état de ce qui est simple », le met en corrélation avec le mot « innocence », et donne ensuite une série de définitions du mot « simplicité » telles que: « fait d'une seule chose, sans combinaison ni complication, facile, ordinaire, sans décoration ni affectation, sincère, sans artifice, de condition humble, etc. »

Le mot « simplicité » veut dire: être simple; le mot « innocent » est le contraire de la complexité, de la sophistication. Et le dictionnaire ajoute que simple est ce qui est libre de toute affectation, ce qui est sincère, humble et sans mélange (autrement dit pur); il affirme très positivement qu'être simple consiste à ne pas être double dans ses affections ou centre d'intérêts.

En appliquant tous ces termes à la vie spirituelle, on voit surgir quelqu'un dont l'esprit pénètre jusqu'au cœur des choses, sans les embellir ni les compliquer, qui ne connaît pas la ruse, qui est confiant et direct. (Souvenez-vous de sœur Marie Andrew pour qui cette rectitude est signe de maturité.) Toutes ces images évoquent une personne agréable, source de paix, avec qui il fait bon vivre.

Et maintenant, qu'est-ce que la « sainte » simplicité? La définition évoque l'état dans lequel l'âme et l'esprit sont totalement occupés de Dieu. Le sens courant serait « l'esprit d'enfance », ce qui nous renvoie immédiatement à l'Évangile : « Si vous ne devenez comme des enfants (directs, confiants, sans complication, humbles), vous n'entrerez pas dans le Royaume des cieux. »

Vous voyez l'importance du dictionnaire, et peut-être comprenez-vous, maintenant, le but principal de l'Apostolat. Être simple, c'est l'être affectivement et psychologiquement au sens exact du mot. Ça ne veut pas dire être ignorant ou bêtement naïf. C'est dire que la simplicité intellectuelle va de pair avec la simplicité psychologique et nous aide à devenir « spirituellement simples », c'est-à-dire semblables à des enfants, comme le Christ nous le demande.

Je ne vais pas m'étendre plus longuement sur ce sujet. À votre tour d'en discuter maintenant entre vous. Procurez-vous toutes sortes de dictionnaires, étudiez-les soigneusement. Mettez au point une explication positive du mot simplicité, et attribuez-lui une signification pour la vie quotidienne. Si vous consultez un dictionnaire catholique, cherchez à : « la prière de simplicité ».

La simplicité est un terme d'une importance vitale de nos jours, parce que les gens sont complexes, remplis de crainte et d'inhibition, tellement morcelés ! Ils ont besoin de se recueillir en un genre de simplicité qui va à l'essentiel.

Je serais heureuse que vous m'écriviez ce que vous avez découvert d'important sur ce mot, et nous partirons de là pour instaurer un dialogue, une discussion (dans le bon sens du terme).

Affectueusement vôtre en Marie,

Catherine

RENAISSANCE PERSONNELLE ET RESTAURATION DU MONDE

Le 27 mars 1965

Mes bien-aimés,

Je viens de recevoir une lettre intéressante de l'un de nos membres, et je veux vous la partager parce qu'elle traite de diverses idées importantes. Je ne puis vous dire combien je suis heureuse que nos membres se mettent à poser des questions intelligentes et à fournir des idées qui valent la peine d'être discutées et clarifiées.

Je me suis toujours fait une règle de répondre à toutes les questions que me posent les membres de Madonna House – ou n'importe qui. J'estime devoir le faire directement et avec simplicité pour aller droit à l'essentiel. Si je ne connais pas la réponse, je dois le dire ou chercher à me la procurer comme le savent bien tous les membres de nos diverses maisons. C'est ce que j'ai tenté de faire avec autant d'amour et de patience que possible. Pour moi, nulle question n'est trop insignifiante ou trop importante. Je suis prête à toujours répéter la même chose tout en priant le Saint-Esprit de m'accorder patience et amour, avec assez d'ingéniosité pour que mes répétitions ne deviennent pas trop monotones, mais donnent à chacun une petite étincelle de nouveauté.

Étant donné le grand respect que j'éprouve pour la personne, j'ai toujours résisté à la tentation de faire imprimer une liste des questions que me posent de nombreux membres, même si elles se répètent souvent. C'est pourquoi aussi je suis tellement heureuse de ce subtil changement dans la nature des questions. Elles traitent moins de problèmes affectifs ou personnels et de plus en plus d'idées. C'est vraiment merveilleux !

Soit dit en passant, je voudrais clarifier un autre point de ma philosophie (je pourrais presque dire : article de foi) qui a sa place ici. C'est, pour ceux qui ont autorité dans notre apostolat – quel qu'en soit le niveau – le besoin qu'ils ont de méditer profondément la définition que saint Paul donne de la charité, dans son hymne célèbre. Bien avant qu'il soit question d'aggiornamento, je tenais cette vérité pour sacrée et tentais d'agir en conséquence. En ce qui me concerne, je pense aussi avoir besoin de toute une vie pour méditer sur la première phrase de cette définition – « la charité est patiente » –, pour l'assimiler complètement.

La suite de sa définition continuera à mûrir en nous pourvu que nous incarnions cette extraordinaire patience dont il parle. En latin, une bonne traduction du mot patience signifie martyre (autrement dit : endurer volontiers douleur et inconfort). Il est intéressant de constater que le martyre « blanc » de la patience incarnée est de même famille que le martyre « rouge » qui consiste à verser son sang. Tous deux sont « semence de foi » dans l'âme des gens et les aident à se rapprocher de Dieu.

Mais retournons à la lettre dont je parlais… L'une des questions posées par cette personne concernait l'équilibre à garder entre ce qui se vit à Madonna House et ce qui se passe à l'extérieur. Dans les murs de Madonna House, l'accent est mis sur mes lettres traitant de ce qui intéresse tous les membres et leurs problèmes personnels en relation aux autres – l'autorité, les responsables locaux, les autres membres et ceux qu'ils servent. Par rapport à ce qui se passe en dehors des murs de Madonna House l'auteur de ladite lettre pense que nous devrions avoir des discussions et participer davantage au monde des idées, y compris la justice sociale, les communications, l'aggiornamento dans toute son ampleur, etc. Il ajoute, bien que timidement, qu'il éprouve une certaine culpabilité même à poser cette question ; mais il pense que d'autres membres ont parfois cette même culpabilité. Ils ont peur d'être déloyaux envers Madonna House en la critiquant par ces questions.

Cette attitude est, me semble-t-il, une erreur. Poser une question honnête ne devrait susciter ni timidité, ni sentiment de culpabilité et de déloyauté si elle est présentée de manière objective dans le but de clarifier soit l'Apostolat et son rôle dans le monde, soit celui d'un membre en particulier par rapport à la tâche qui lui est assignée. Ce serait une piètre direction que celle qui n'accueillerait pas volontiers de telles questions pour y répondre et en discuter paisiblement avec les intéressés. Par « paisiblement », j'entends des discussions intellectuellement objectives, sans altercation ni hostilité ou désir inavoué d'échapper, affectivement, à l'une ou l'autre chose de l'Apostolat. Une vraie question honnête et sincère n'est jamais déloyale.

J'ai souri en relisant cette question car ce qui est évident pour certains ne l'est pas toujours pour d'autres. En fait, l'auteur de cette lettre a lui-même été appelé, par la « sainte obéissance », pourrait-on dire, à se plonger dans un plus vaste courant ecclésial. Son travail exige une « plongée » dans les eaux turbulentes de la communication et dans un tourbillon d'activités visant à faire passer des informations et des idées. Il a constamment à faire dans le monde avec les gens qui y vivent et y appartiennent. Telle est sa tâche.

La position qu'il occupe suffirait à répondre à sa question, s'il voulait prendre un peu de recul pour se regarder lui-même et le travail qui lui est assigné. À Madonna House, nous savons bien qu'il y a un monde passionnant en dehors de nos « discussions internes ». C'est délibérément que nous l'avons envoyé à l'extérieur pour être levain, ferment et témoin dans le monde.

Soit dit en passant, il arrive souvent que « la réponse évidente » ne nous vienne pas spontanément à l'esprit. Cela est dû au fait que nous n'avons pas assez objectivement réfléchi au problème. Nous devons tous apprendre l'art de voir une situation avec un certain recul, pour l'examiner de plus haut.

En voici une récente illustration. Nous discutions, à notre centre de formation, d'une idée qui en avait frappé beaucoup : « replier les ailes de l'intelligence ». Le moins que l'on puisse dire est que la polémique allait bon train. Je me sentais coincée… Soudain, quelqu'un prit la parole pour faire remarquer une évidence : « Cessez de discuter avec Catherine. Elle ne s'oppose pas à ce que l'on se serve de son intelligence et de ses connaissances. Elle le prouve en ce moment en utilisant ses qualités intellectuelles et ses vastes compétences en théologie, philosophie et sciences connexes pour vous expliquer pourquoi il faut, à certains moments, “replier les ailes de son intelligence", et à d'autres, les "déployer toutes grandes" ». Cela m'avait, une fois de plus, démontré comment on peut quelquefois « passer à côté de l'évidence », faute de n'avoir pas réfléchi assez longuement et profondément.

Mais, pour en revenir à ladite lettre, laissez-moi répéter que personne ne doit hésiter à poser des questions. Celui qui l'a écrite a tout à fait raison de dire qu'il existe dans l'Apostolat un certain nombre de sujets qui semblent se recouper. Il est vrai que les lettres que j'adresse aux équipes traitent de questions internes à la communauté. Ce sont des clarifications et discussions concernant personnellement nos membres et les relations entre eux. Mais il s'agit rarement de leurs relations avec ceux qu'ils servent et de leur place dans le voisinage.

Ceci s'explique pour plusieurs raisons, la première étant que, de par sa nature même et la charge que Dieu m'a confiée, Madonna House se consacre à *la restauration du monde au Christ* *, en vivant l'Évangile par sa vie et en faisant de petites choses avec un grand amour pour Dieu et le prochain. Cette restauration, cette prédication de l'Évangile par sa vie et toutes ces petites choses faites avec un grand amour, constituent l'un des moyens les plus puissants pour participer à l'actuelle « révolution verte » de l'Église. Vert, couleur de la Pentecôte, du printemps et du renouveau.

Nous en avons la preuve dans une lettre que nous envoie l'une de nos missions. Il s'agit de quelques personnes qui, pendant des années, « faisaient les petites choses avec beaucoup d'amour »: répondre au téléphone des centaines de fois par semaine, assister à des réunions qui semblaient inutiles, élever la voix en faveur de la justice interraciale, de la main-d'œuvre, des minorités, le problème du logement, etc. Elles passèrent des années de leur vie à faire ces choses sans voir de résultat et, soudain, les fruits de leur travail se révélèrent abondants. Leur participation au grand courant de la pen-

---

* Cette phrase, issue d'Ep I, 10, devint la devise de saint Pie X, le pape qui encouragea les catholiques du XXe siècle à s'engager dans le monde séculier. Madonna House publie un journal appelé *Restoration.*

sée et de l'action de l'Église, leur pénétration dans notre monde moderne séculier et païen sont maintenant visibles au grand jour.

Souvenez-vous d'une lettre récente que nous avons reçue d'une de nos maisons à l'étranger. L'équipe était au bord du désespoir parce que les petites choses qu'elle faisait semblaient n'avoir ni rime ni raison. Plus tard, elle entendit dire combien certains des indigènes avaient été touchés de les voir faire ces petites choses avec tant d'amour. Ce fut une révélation pour l'âme de ces missionnaires.

Il y en a d'autres qui, actuellement, ont un apostolat remarquable dans l'Église et une énorme influence, jusqu'à ses fondations. C'est la congrégation de Charles de Foucauld qui, sans entrer dans l'immense courant apostolique, eut au Concile une influence considérable sur les cardinaux Lecaro et Suenens, un groupe de cardinaux français et beaucoup d'autres. Il y a aussi le groupe du père Gauthier à Jérusalem. J'ai entendu dire que leur présentation de la pauvreté toucha les Pères du Concile plus que tout autre document – celui-ci a été publié sous le titre de *Jésus-Christ et les pauvres.* Pour en revenir au père Gauthier, il est, à Jérusalem, à la tête d'un apostolat qui regroupe prêtres et laïcs, et mène une vie de pauvreté intégrale, sans participer aux divers courants apostoliques de l'Église. Par contre, ses membres passent leur temps à servir les pauvres et plusieurs sont charpentiers. Ils ne donnent rien aux autres, ils leur offrent simplement le travail de leurs mains et leur propre pauvreté. Nous voyons, là encore, que la restauration du monde doit commencer par l'attitude qui consiste à « être devant Dieu avant de faire pour Dieu ».

En Europe, on a écrit des milliers d'articles sur le père Monchanin, un saint homme qui, avec la permission de son supérieur, partit seul en Inde où il resta des années pour perfectionner son sanskrit et ses connaissances des religions orientales. Il se dépouilla de tout ce qu'il possédait et, pendant près de vingt ans, mena en Inde la vie d'un pauvre. Il portait une robe bleu sombre (en l'honneur de Notre-Dame) et avait ouvert un sanctuaire sur l'une des principales rues des taudis de Calcutta où il disait la messe tous les matins. Le reste du jour, il méditait, assis, immobile, tenant son bol de mendiant que tous les passants pouvaient voir. Tous les gens importants du pays, savants, moines et saints hommes, venaient en pèlerinage le voir et s'entretenir du christianisme avec lui. Il est mort maintenant, mais en Inde il est resté légendaire.

Je n'ai pas besoin d'insister sur l'influence de Mère Teresa, en Inde, lorsque, avec ses sœurs, elle se mit à ramasser les pauvres dans les rues, pour leur permettre de mourir décemment, entourés de soins et d'affection, dans un humble hôpital du quartier à Calcutta.

En ce qui me concerne, je fus récemment invitée à parler à Chicago, et le Noir qui me présenta à un vaste public était l'un de ceux que nous avions servi à Friendship House quand il était jeune. Ce qu'il dit peut bien être répété ici. C'était, en résumé :

> « La Baronne a fait œuvre de pionnière pour commencer tout ce que l'aggiornamento du pape Jean XXIII nous a apporté. Elle a accepté la pauvreté par amour. Elle a tracé la voie d'un apostolat nouveau, en même temps qu'elle prônait la justice interraciale. Il fut un temps où sa voix était la seule qui s'élevait en Amérique sur ce sujet. Elle fut une des premières à œuvrer pour les coopératives et ceux qui travaillent dans le domaine des mass media. Elle prit la parole sur des estrades, au coin des rues, à la radio, écrivant d'innombrables articles, en un mot, utilisant tous les moyens de communication alors connus. »

Il serait bon que l'auteur de la lettre en question et tous les membres de Madonna House réfléchissent à ces mots. Ils montrent la participation que nous avons prise dans les nombreux courants importants de l'Église. Car « restauration » signifie ramener au Christ les catholiques, ceux qui se sont éloignés, ceux qui sont tièdes et ignorants. C'est aussi prêcher aux païens, aux athées, aux agnostiques, etc., en un mot, du monde entier.

Cela ne se fait pas dans la foule ni même dans des groupes immenses, mais « de personne à personne », à la rigueur au moyen de réunion ou par les médias. Même dans ce cas, il faut que le message soit adressé à un individu, parce que l'Esprit saint intervient entre l'envoi et la réception. Chaque personne est unique et irremplaçable, elle retirera du message ce qu'elle peut, avec l'aide de l'Esprit saint. À de rares exceptions près, il n'existe pas de conversion en masse, comme ce fut le cas à la Pentecôte. N'oublions pas que cette approche personnelle s'applique dans l'Église à tous les apostolats, mais spécialement à l'apostolat laïc et très spécialement à celui de Madonna House.

Disons qu'évidemment, l'apôtre doit être lui-même « restauré » avant de donner son message aux autres. Il y a moins de quinze ans que fut fondé l'Apostolat de Madonna House, ce qui n'est pas une durée suffisante pour restaurer chacun de ses membres au Christ. En fait, certains ne sont ici que depuis quelques années et en ont peut-être plus besoin que d'autres. Cependant, nous assistons parmi nous, au miracle de cette complète restauration qui s'effectue lentement dans quelques-uns. Elle est lente parce que totale, constamment dépendante du mystère de la grâce.

En ce moment, nous étudions la psychologie avec sœur Mary Andrew. Mais si la psychologie éclaire, elle trouble aussi… Nombre des clarifications qui s'imposent doivent être faites à mesure que nous avançons. De nouveaux amis arrivent dans le courant de l'Apostolat laïc, exigeant encore d'autres éclaircissements, habituellement individuels, (comme je le fais en ce moment pour l'auteur de cette lettre). Tous n'ont pas atteint la maturité affective et spirituelle qui leur permet de poser de grandes questions. Ils sont encore tournés vers l'Apostolat *« intra muros »*. Ce n'est que lorsqu'ils auront clarifié tout cela qu'ils pourront partir pour s'engager dans l'Apostolat *« extra muros »*. Nous estimons, à Madonna House, que l'individu est très important, car il touchera le cœur de tous ceux que Dieu veut atteindre par les discussions et clarifications que nous avons entre nous.

J'ai passé beaucoup de temps à poser les bases de ma réponse à cette lettre, mais ce qu'elle demande est, au fond, très simple et la réponse peut l'être aussi. Implicitement, l'Apostolat de Madonna House se conforme aux instructions du pape Pie XII concernant l'Action Catholique, quel que soit son style : « Rien sauf le péché n'est étranger à l'apostolat des laïcs. »

La direction de Madonna House s'intéresse vivement à toute nouvelle tendance, nouveaux accents, et tente de s'en nourrir, de le digérer, de l'évaluer, d'en discuter et de le clarifier, non seulement au profit de l'apostolat laïc, mais de toute l'Église. Je lis, chaque semaine, de nombreuses revues. Les derniers livres parus en librairie sur tous les sujets se trouvent dans notre bibliothèque et nous les lisons. Nous essayons de nous tenir au courant de tout ce qui arrive. Lorsque nos membres auront mûri et grandi en sagesse et en grâce, lorsqu'ils seront, individuellement, « rendus » au Christ (physiquement, affectivement, intellectuellement et spirituellement), ils seront poussés, lentement, par la direction, dans de plus larges courants.

Mais, il n'y a jamais eu d'ordre ou de contrainte imposés aux membres de Madonna House concernant leurs activités à l'intérieur ou à l'extérieur de ses murs, ou de les opposer à celles du grand courant de l'apostolat de l'Église. Madonna House fait assurément partie de ce courant (c'est le moins qu'on puisse dire).

Mais, commençons par le commencement… Ce qui fait le malheur de la plupart des apostolats laïcs en ce moment, c'est leur manque de formation et de préparation. Madonna House est, du moins pour le moment, l'un des groupes qui fait exception et chez qui les autres viennent chercher formation et informations.

Il ne doit, évidemment, exister aucune coupure entre les activités de l'intérieur et de l'extérieur. Mais, dans l'hymne de saint Paul, la première définition de la charité est encore le mot « patience » et, dans ce cas, précipitation serait le contraire. Il serait étrange que les membres à demi restaurés de notre Apostolat s'en aillent essayer de restaurer un monde malade, déboussolé, égaré. Ils doivent commencer par se restaurer eux-mêmes.

Affectueusement,

Catherine

LOYAUTÉ ET LIBERTÉ DE CONSCIENCE

Le 2 avril 1965

Mes bien-aimés,

L'un de nos membres m'a envoyé une lettre fort intéressante. En plus de sa question sur les activités à l'intérieur et à l'extérieur de chez nous, il revenait – comme beaucoup d'entre vous l'ont fait – sur le sujet apparemment difficile : « Replier les ailes de l'intelligence ». Voici ce qu'il écrit :

> « Il y a, dans votre phrase, une vérité profonde. Mais, elle semble parfois en contradiction avec le désir légitime (et même le besoin) qu'a l'homme moderne de découvrir que la religion, qui consiste à servir Dieu, est une libération et non pas une prison. Comment maintenir l'équilibre ? Je pense que vous expliquez merveilleusement ce paradoxe.
>
> « Mais je crois qu'ils sont nombreux dans l'Apostolat (moi y compris), ceux qui ont exagéré "la loyauté" au détriment de "l'honnêteté". Nous estimons, je suppose, qu'en étant parfaitement honnête on manque, pourrait-on dire, de loyauté. Nous ne nous sentons libres de nous exprimer vraiment ni dans l'Église, ni à Madonna House. C'est le problème – ou du moins l'un d'eux – pour toute l'Église, le Peuple de Dieu. »

En lisant ces mots, j'avoue avoir été quelque peu ahurie. Je n'avais pas imaginé que l'on puisse jamais ressentir l'Église ou Madonna House comme une prison ! Cependant, avant de répondre à votre question au sujet de cette phrase « replier les ailes de l'intelligence », je voudrais m'expliquer très clairement sur « la liberté ». Comme vous le savez tous, j'ai eu ma part de persécution et de toutes sortes de rejets. J'ai été désapprouvée, attaquée ouvertement et sourdement. J'ai reçu très peu de concours, d'approbation ou d'aide de la part des « gens importants », du moins de ceux qui étaient censés me soutenir plutôt que me crucifier.

Et pourtant, tout au long de ces trente-cinq années d'Apostolat, et même avant, je ne me suis jamais sentie prisonnière ou privée, en aucune façon, de liberté. De nos jours, on parle tellement de « liberté » et de « liberté de conscience ». Ou bien j'ai toujours vécu dans un Paradis d'imbéciles, ou c'est moi qui manque d'esprit et n'ai pas compris tout ce qui se passait.

En ce qui concerne ma conscience, j'ai toujours été « libre ». En fait, je me réjouis de ma liberté en tant que chrétienne et catholique. Je connaissais ma foi, j'avais recours à ma raison illuminée par cette foi, et m'appuyais sur cette liberté de conscience qui appartient aux enfants de Dieu. Je n'ai jamais transigé sur ce point. Lorsque j'ai dû parler de justice interraciale aux cercles de catholiques romains qui, à l'époque, n'en avaient jamais entendu parler, je l'ai fait ouvertement, pleinement responsable de mes paroles. Je l'ai fait en toute franchise et liberté de conscience, sans me soucier des conséquences et de ce qui m'arriverait.

À Savannah, en Géorgie, je fus presque lynchée. Je savais que c'était chose possible lorsque j'y ai, publiquement, parlé des mariages interraciaux, mais même en connaissant le danger, je n'ai pas hésité à en discuter. Une fois, j'ai dit respectueusement à un évêque que, s'il continuait à faire des discriminations, je prierais très fort pour son âme parce qu'il risquait de finir en enfer. Vous connaissez l'histoire et ses suites. Je ne puis me rappeler d'une seule circonstance dans laquelle j'aurais transigé avec ma conscience par « loyauté mal placée envers l'Église » ou envers ses représentants. Je suis donc un peu déconcertée par toutes ces discussions à propos de la liberté. Je présumais qu'elle n'a jamais cessé, et c'est sur cette présomption que j'agissais.

Pourtant, à cette époque, j'obéissais aussi sans compromission, et je vais continuer à le faire, quels que soient les « pouvoirs » parce que, pour moi, *l'obéissance n'est pas un compromis.* C'est un acte d'amour que j'offre, avec une conscience libre (autrement ce n'est pas de l'obéissance) aux représentants de Dieu, dans tous les cas, sauf le péché. Permettez-moi de m'expliquer : si un évêque me demande de transiger avec l'un des dogmes de ma foi, ce que je ne puis, en conscience, accepter, je donnerais ma démission. Je ne désobéirais pas, mais je me démettrais pour obéir à ma conscience. Je ne lui serais pas déloyale car, alors, je ne parlerais pas comme représentante officielle ou à demi-officielle de l'Église et de l'Apostolat. J'ai dû le faire, une fois, lorsqu'aux États-Unis, mon équipe voulait me forcer la main sur un point... Comme je ne voulais pas de compromis, j'ai démissionné de Friendship House et suis allée à Combermere où j'ai tout recommencé. Je ne peux imaginer que l'on se sente déloyal lorsqu'il s'agit d'une question touchant la vérité. Il s'agit de savoir : la vérité est-elle impliquée, oui ou non ?

Je pense que s'il existe quelque confusion sur ce point, elle est due à l'action du démon, et aussi à des conditions historiques, (après tout, l'Église fait partie de l'histoire humaine et de divers mouvements populaires). Des hérésies telles que le jansénisme et le puritanisme ont affecté les chrétiens catholiques, et ils en ont hérité beaucoup d'autres que je ne vais pas énumérer. Certaines datent même du temps des apôtres (par exemple la circoncision ou non). Certaines hérésies ont affecté la formation spirituelle des catholiques tout au long des derniers siècles. En conséquence, notre psychisme a subi de fortes tensions et beaucoup de stress.

De ce fait, tous les chrétiens (spécialement les catholiques) sont grandement perturbés, tant au plan affectif que psychique et intellectuel. Ils sont comme des moutons effrayés dans des ghettos chrétiens. Ils défendent leur foi, mais ne la répandent pas beaucoup. Nous avons hérité de toute cette confusion et, à un tel point, que nous en sommes venus à considérer la simple honnêteté comme une forme de déloyauté, bien que l'Évangile dise : « La vérité vous rendra libre ! » C'est pourquoi je pense que l'on confond loyauté et honnêteté à cause de ce malheureux conditionnement de l'âme chrétienne dû à ces facteurs historiques. On pourrait éviter cette confusion, ou du moins l'atténuer, en faisant bon usage de l'intellect.

En ce qui concerne Madonna House, je redirai simplement ceci : si la question est objective, avec une honnête recherche de clarification sur tous les plans – spirituel, psychologique ou intellectuel – on ne doit jamais avoir aucune crainte de déloyauté (ou autre crainte) en la posant. En fait, il s'agit de parler en toute simplicité pour atteindre l'essence de la vérité. Si, d'autre part, ladite question est chargée d'hostilité et d'émotion affective, si elle est posée sur un ton et avec des raisons contraires à cette recherche, l'intéressé fera bien de la considérer à nouveau. Il ne faut pas confondre liberté d'expression et liberté de conscience avec cette façon « d'intervenir ».

Je pourrais écrire un volume sur ce dernier type de question, qui revient souvent dans des lettres, non parce que ces dernières recherchent une vraie réponse à un problème donné, mais parce que, consciemment ou non, leurs auteurs essayent de « me mettre de leur côté », lorsqu'ils ont une quelconque discussion entre eux ou un représentant de l'autorité. À la faveur de ces questions, certains veulent me faire part du problème de quelqu'un d'autre, ou essayer de discuter quelque vérité, tout en sachant ce qu'elle est vraiment.

Eh bien, je vais vous envoyer cette lettre et vous en écrire une autre, plus tard, concernant « replier les ailes de l'intelligence ». Je me suis laissée emporter par l'étrange question qui m'a troublée : la religion au service de Dieu est-elle une libération ou une prison ? Si j'ai réagi de cette façon, c'est parce que je n'ai jamais imaginé que la religion pouvait être autre chose qu'une libération. Je ne l'ai jamais, de toute ma vie, comparée à une prison.

Affectueusement,

Catherine

À PROPOS DE « REPLIER LES AILES DE L'INTELLIGENCE »

Le 8 avril 1965

Mes bien-aimés,

Cette fois, nous revenons à la discussion qui porte sur : « Replier les ailes de l'intelligence ». Comme cette phrase semble soulever beaucoup d'intérêt parmi nous, essayons d'y voir plus clair en expliquant à nouveau ce que j'entends exactement par là.

Mais auparavant, je veux rappeler que c'est une expression théologique prise aux mystiques de l'Église de rite latin. Dit plus simplement, c'est un concept de foi. Vous pourrez en apprendre davantage car elle fait l'objet de discussions et d'explications dans les séminaires et parmi les théologiens, dans les cours de théologie mystique.

La théologie comporte deux parties : *ascétique* et *mystique*. La première traite de la montée de l'homme vers Dieu à l'aide de la raison et de l'intelligence humaine qui, naturellement, n'y parviennent pas sans l'aide de Dieu dont la grâce ne manque jamais. L'intelligence de l'homme est illuminée par la foi grâce au sacrement du baptême, nourrie par la sainte Eucharistie et fortifiée par tous les autres sacrements. L'homme apprend à recourir à son intelligence, soutenu par cette foi, cet amour, cette force et cette sagesse qui viennent de Dieu. Cela comporte le courage de pratiquer la *kénose* (se vider de soi pour s'emplir de Dieu) et la mort à soi-même par la pratique de nombreuses vertus, spécialement la charité. Beaucoup de non-chrétiens – Aristote et Platon, grands leaders ou fondateurs de religions païennes – sont arrivés à des conclusions similaires, grâce au pouvoir de l'intelligence, probablement illuminée par la grâce de Dieu (comme le bien l'est toujours), mais pas aussi totalement qu'à la manière chrétienne.

La seconde partie, appelée théologie mystique, se concentre sur la façon dont Dieu traite l'homme. Elle ne comporte ni division ni subdivision, tandis que la théologie ascétique en comporte plusieurs importantes (comme la pastorale, la morale, etc.). Bien que j'insiste sur le travail de Dieu dans l'âme et la nécessité d'être ouvert et réceptif aux mouvements de sa grâce, je ne cesse de répéter qu'une véritable et profonde rencontre avec Dieu ne se produit vraiment que si Dieu agit en nous d'une manière spéciale qui Lui est propre. Il se fait alors connaître à nous par l'Esprit saint, d'une connaissance bien supérieure aux possibilités de notre intelligence et qui dépasse notre capacité d'y accéder. C'est une pure grâce, un pur don d'amour de Lui à nous.

Oui, j'ai un grand désir de favoriser votre croissance dans tous les secteurs de votre vie parce que je crois à la restauration de toute la personne par le Christ. J'essaie constamment de vous inculquer ce développement, même si je travaille, bien souvent, dans des circonstances difficiles et me heurte fréquemment à l'incompréhension. Que faut-il entendre par « tous les secteurs » de votre vie ? Je veux parler de l'intelligence et de son épanouissement, c'est-à-dire : enrichir sa créativité, restaurer individuellement et collectivement sa volonté et son affectivité. Dès le début de notre Apostolat, à Friendship House, j'offrais aux équipes des sujets intellectuels qui comprenaient : des cours d'apologétique, de théologie, de liturgie, de justice sociale ; des notions sur les mouvements coopératifs, l'athéisme et le communisme, la justice interraciale, les arts plastiques, l'œcuménisme, l'étude des Écritures, la récréation et l'artisanat, etc.

De plus, j'ai écrit dans les journaux russes sur les problèmes de l'immigration en Europe et en Amérique. J'ai contribué à l'établissement de l'Église russe-orthodoxe, à Toronto – bien qu'elle ne fût pas en communion avec Rome, je l'ai fait avec la bénédiction de l'Archevêque Neil Mc Neil –, et tout cela concernait beaucoup de gens.

Nous ne nous sommes pas tenus au rite oriental, mais nous nous sommes intéressés aussi aux juifs et aux protestants et nous étions tous membres de la Conférences des juifs, protestants et catholiques. Par nos journaux : *Social Forum, Friendship House News* et *Restoration,* nous avons encouragé l'œcuménisme et continuons à le faire. Souvenez-vous que notre équipe et moi-même avons été des pionniers en la matière.

Voilà pour ce qui existait et continue d'être à Madonna House et, si je vous en donne la liste, c'est pour que vous compreniez à quel point je juge presque inutile d'insister sur le fait que la formation se poursuit en permanence à Madonna House. Je peux maintenant ajouter l'anthropologie, la géographie, l'histoire et la psychologie (nous commencerons des cours de sociologie en septembre prochain).

Il est nécessaire de travailler à la restauration intellectuelle des gens, particulièrement en ce qui touche la créativité – un besoin psychologique fondamental de l'être humain. Grâce à l'artisanat qui fait fureur à Madonna House nous stimulons la créativité. Puis-je vous rappeler que, longtemps avant que vous vous y intéressiez, j'avais rassemblé du matériel dans ce but (outils, livres, divers articles sur le sujet). À vrai dire, il a fallu beaucoup de foi et de persévérance et, plus encore « replier les ailes de l'intelligence », pour vous faire prendre conscience de ce besoin impératif.

Il faut aussi mentionner les nombreuses formations que nos membres ne cessent de suivre à l'extérieur, entre autres sur l'alcoolisme (en particulier les techniques des Alcooliques Anonymes), et sur l'économie, le commerce…

Faut-il encore parler de l'intérêt de Madonna House pour les cours universitaires officiels (plusieurs membres poursuivent leurs études supérieures en ce moment). Puis il y a les cours que nos membres suivent par correspondance, qu'il s'agisse de mécanique, de menuiserie, de cuisine, d'électronique, de jardinage, de morse, etc.

Et je ne veux pas oublier – car vous en discutez beaucoup – ce qui concerne la libération de l'intelligence que les émotions emprisonnent et que Madonna House facilite en adressant les membres concernés aux psychologues ou aux psychiatres. C'est ce que l'on pourrait appeler une restauration médicale car, en cours de traitement, ceux-ci acquièrent l'intime connaissance de leurs réactions profondes, ce qui, pour les philosophes, est la base de toute connaissance. « Connais-toi toi-même » est le commencement de la sagesse qui vous met à même de mieux comprendre tout ce qui vous touche, que ce soit la politique, l'économie, le jardinage, l'univers physique aussi bien que la religion, et tout ce qui concerne l'âme.

Dois-je vous rappeler que notre équipe au Pakistan suit, sur trois années, un cours spécial concernant, non seulement la langue du pays (le bengali), mais son histoire, sa culture, sa musique, la géographie et l'anthropologie du Pakistan et de l'Inde?

Madonna House et Friendship House n'ont cessé de patronner une autre forme de savoir – source de beaucoup d'autres –: les voyages. Non pour le plaisir de voyager, mais pour sa valeur spirituelle et culturelle, parce qu'elle ouvre tout grand le cœur des intéressés en élargissant leur horizon intellectuel. C'est ainsi que notre équipe du Pakistan nous est infiniment reconnaissante d'avoir voyagé deux mois en Europe et au Proche-Orient en se rendant lentement en Extrême-Orient. De telles expériences, ouvrant les yeux sur de nouvelles possibilités et des styles de vie différents, l'ont énormément aidée, à son arrivée, à apprécier les cultures du Sud asiatique dans toute leur spécificité.

Je pense que cela suffit à vous démontrer quelle est mon attitude vis-à-vis de l'intelligence. Je sais bien que vous ne m'attaquez pas plus que je ne me défends! Je déteste me justifier, mais je le fais par écrit pour les actuels membres de Madonna House et pour les générations futures. Il me semble que cette liste de mes réalisations est, pour n'importe quel observateur objectif, la preuve évidente du profond intérêt que je porte personnellement au savoir intellectuel, en fait, à toute espèce de savoir susceptible de ramener totalement les hommes à Dieu.

Puis-je ajouter que nous ne faisons que commencer? Nous sommes en train de nous renseigner, pour quelques-uns de nos membres, sur des cours de théologie à San Francisco ou ailleurs. Je suis en correspondance avec Lumen Vitæ de Bruxelles pour savoir s'il serait possible d'y envoyer quelqu'un apprendre les dernières techniques en catéchèse et qui, à son tour, formerait des catéchistes aux États-Unis et au Canada.

À l'automne, nous nous préparons à donner un cours de sociologie, peut-être avec un sociologue de l'Université d'Ottawa ou, sinon, avec un bon cours par correspondance d'une université accréditée. Je me renseigne aussi sur des cours de langues et sœur Mary Andrew va continuer ses conférences sur la psychologie. Nous parrainons des séminaires hebdomadaires sur les événements courants et nous encourageons les gens à s'y intéresser... avec beaucoup de succès pour le moment. Nous continuons nos recherches sur le théâtre, et nous examinons actuellement les programmes de télévision. J'essaie de trouver quelqu'un capable de nous faire une critique intellectuelle des mass media si importants.

Et maintenant tout est dit noir sur blanc.

Ce qui vous échappe quelquefois, à vous qui vivez ici toute l'année, est certainement évident pour l'étranger qui vient passer une semaine ou un mois avec nous, car nous sommes assiégés par tous les apostolats laïcs aussi bien que par les prêtres, les religieux et autres animateurs laïcs. Nous avons la réputation d'avoir une direction très ouverte qui n'hésite pas à changer, améliorer, augmenter, abolir, et sans cesse renouveler les approches intellectuelles ou non, susceptibles de restaurer la personne dans sa totalité.

Je voulais faire savoir par écrit que, aussi longtemps que je serai en vie, je n'abandonnerai jamais cet objectif: donner aux membres de Madonna House le bénéfice de toute la formation possible, tant au plan intellectuel que culturel, c'est-à-dire la gamme complète de tout le nécessaire pour restaurer, dans sa totalité, ce que chaque chrétien devrait être. J'espère que mes successeurs auront la même préoccupation.

Néanmoins, je ne cesserai jamais d'insister, d'expliquer, de clarifier et de prier pour que soit mis en œuvre l'aspect « mystique » de la théologie qui doit compléter l'aspect « ascétique » de Madonna House. Plus nos membres s'élèveront sur l'échelle intellectuelle des valeurs humaines et spirituelles, mieux ils comprendront qu'il leur faudra « replier les ailes de leur intelligence » et devenir comme des petits enfants. Il leur faudra s'ouvrir cœur, âme et intelligence au Saint-Esprit, parce qu'Il est le seul à pouvoir véritablement leur faire rencontrer le Christ, et donc le Père (avec l'aide de son épouse bien aimée, la Bienheureuse Vierge Marie). Car ce type de connaissance se situe bien au-delà de notre intelligence. Oui, au-delà de notre intelligence naturelle, bien trop humaine ! Le Christ désire cette rencontre mystique avec nous et, pour cela, exige le cœur humble d'un enfant.

Affectueusement en Marie,

Catherine

TOUT CHRÉTIEN EST UN APÔTRE

Le 3 mai 1965

Mes bien-aimés,

Dans une lettre récente, l'un des membres de Madonna House a résumé ses pensées de façon intéressante. Et ce faisant, elle soulève une bonne question : « Lorsque nous envisageons les points importants pour nous, chrétiens, comme l'originalité de la personne humaine et sa responsabilité envers les autres, ne devrions-nous pas, nous qui appartenons à l'Apostolat, comprendre que nous devons être des apôtres laïcs dans le monde, aussi bien que des chrétiens laïcs à Madonna House ? » Elle poursuit : « En fait, ce sont vraiment deux concepts identiques, mais je crains qu'en négligeant le premier, nous nous sous-estimions, et comme apôtres laïcs et comme apostolat laïc. »

Cette question qui est intelligente est, de surcroît, parfaitement opportune parce que nous parlons en ce moment des chrétiens et aussi parce que nous sommes en train d'étudier les catholiques actuels de l'Amérique du Nord. Si vous lisez la presse catholique, il ne vous a pas échappé qu'elle fait toutes sortes de subtiles distinctions pour tenter de clarifier les concepts d'« apostolat laïc » et d'« apôtres laïcs ». Ils étaient quelque peu semblables, ces dernières années, lorsque la hiérarchie, les prêtres, les laïcs et les divers religieux discutaient tous de la définition de l'Action Catholique. Il était vital qu'à Madonna House nous en ayons une définition précise. Rappelez-vous, tout d'abord, que tout chrétien (et non pas seulement quelques élus) est supposé être un apôtre, un ambassadeur, un messager de la Bonne Nouvelle. Lorsqu'ils reçoivent le sacrement de baptême qui les incorpore au Corps du Christ, les chrétiens deviennent membres du Peuple de Dieu. Tous et chacun deviennent « celui qui est envoyé » prêcher cette Bonne Nouvelle. Ceci parce que Dieu nous aime le premier et parce que notre réponse de foi – cette « relation d'amour » entre Dieu et nous, est censée s'exprimer à travers les autres, c'est-à-dire notre prochain.

Le sacrement de confirmation est celui d'un apôtre mûr auquel il donne le courage, le zèle et les autres dons de l'Esprit saint. Il fait de chacun un apôtre audacieux, un ambassadeur prêt à porter la Bonne Nouvelle sans peur, et même, si nécessaire, au risque de sa vie.

Tout catholique doit prêcher la Bonne Nouvelle de l'Évangile, avant tout par sa vie, et ensuite par ses paroles s'il en est capable. Il faudrait donc que chacun de nous, catholiques, nous ayons le souci de bien connaître notre foi pour être capable de la défendre et de la donner aux autres chaque fois que nous sommes appelés à le faire. Nous nous acquittons de ce devoir selon notre état de vie, l'intelligence que Dieu nous a donnée et dans toute la mesure de nos talents. Aucun ne doit rester en friche.

Dieu veille à ce que ses ambassadeurs, ses apôtres, son Peuple (laïcs et clergé) soient fortifiés et nourris alors qu'ils « crient l'Évangile par toute leur vie ». Il leur donne, pour cela, le sacrement de pénitence et la sainte Eucharistie, ainsi que sa parole dans les Écritures.

Voilà, en gros, la base de la vie idéale de tout catholique. Le fait même que chaque laïc est un chrétien, catholique baptisé et confirmé, signifie que tous – sans exception! –, sont appelés à être « apôtre laïc » avec obligation de s'engager comme dit plus haut.

Mais Dieu ne cesse de travailler, toujours plus profondément, à la sanctification de son Corps Mystique, ce que nous sommes individuellement et communautairement. Il doit en être ainsi et c'est ce que saint Paul appelait « la diversité de l'unité ». Parlant des laïcs qui, pour lui, étaient « les saints de l'Église », il disait que les uns seront prophètes ou docteurs, que d'autres feront des miracles ou feront des rêves. En fait, il indiquait la grande variété des « appels » que Dieu, dans son amour infini, avait prévue pour ses apôtres laïcs.

Certains resteront célibataires, comme dans la parabole du jeune homme riche, parce que les paroles du Christ sur la virginité les appellent à une chasteté consacrée par amour de Dieu, qui leur demandera de travailler dans divers apostolats spéciaux. Ils resteront célibataires, en faisant ou non, vœux et promesses et, bien que dans le monde, ils seront entièrement consacrés au service de Dieu. Ils auront fait ce choix délibérément, librement et joyeusement par amour de Dieu et de leur prochain.

D'autres apôtres laïcs se marieront et, comme il se doit, leur apostolat s'exercera d'abord entre mari et femme. Par leur amour mutuel, chacun mènera l'autre à la sainteté, vivant quotidiennement de façon à se prêcher l'Évangile l'un à l'autre par leur vie, puis à leurs enfants, à la communauté, à leur pays et, finalement, au monde, suivant leur état de vie et les talents que Dieu leur a donnés.

Tandis que, peu à peu, leur apostolat s'étend à la communauté, Dieu peut leur révéler certains projets qu'Il leur confie. Il peut illuminer leur intelligence d'une grâce spéciale et les conduire, dans le mariage, à un genre plus particulier d'apostolat, comme le Mouvement Chrétien des Familles. Dans ce cas, ils resteront dans le monde, mais avec une charge supplémentaire : aider d'autres couples mariés. Cela peut être, dans le Corps Mystique, un levain supérieur à celui d'un simple couple qui agit seul.

Tout comme ceux-ci, des apôtres non-mariés peuvent recevoir de Dieu ce que nous appelons de nos jours des « vocations temporaires ». Ils sont chargés, momentanément, de panser les blessures du Corps Mystique et de prêcher l'Évangile dans certains secteurs de l'Église. Il existe, entre autres, les Volontaires du Pape pour l'Amérique Latine (PAVLA), l'Agence pour le Développement international (AID) et beaucoup d'autres associations de ce type. Généralement ils sont plus spécialisés que le Mouvement Catholique des Familles, le Mouvement des Étudiants Chrétiens et la Jeunesse Ouvrière Chrétienne, etc. Leurs membres font souvent des promesses temporaires. De nouveaux apostolats spécialisés naissent constamment pour essayer de s'adapter et de répondre aux besoins de notre époque. Mais ils sont tous – et feront toujours partie – de « l'apostolat laïc » généralisé auquel tout chrétien est appelé.

Il faut bien comprendre, et je le répète une fois de plus, que cette obligation de prêcher l'Évangile par sa vie et d'annoncer la Bonne Nouvelle selon ses talents, incombe à chaque chrétien quelle que soit sa vocation. Cette fois, j'utilise le mot « vocation », dans le sens d'« occupation »: enseignants, docteurs, avocats, infirmières, mécaniciens, camionneurs, etc. Personne n'est exempté. Cet appel s'adresse à tout être humain ayant atteint l'âge de raison. Le chanoine Cardijn (fondateur du Mouvement Chrétien des Familles), par exemple, est chargé de l'apostolat des écoliers de l'école maternelle jusqu'à la fin des études; celui-ci fonctionne essentiellement de semblable à semblable – un professeur donne son témoignage à un autre professeur, un étudiant à un autre étudiant, un avocat à un autre avocat font de même, et ainsi de suite.

Finalement, l'apôtre, qui est chrétien laïc, peut être appelé par Dieu à un apostolat comme le nôtre qui, bien que totalement consacré et lié par des promesses, ne porte pas atteinte à l'état apostolique laïc. Cela signifie simplement que Dieu a choisi un groupe de laïcs pour aller là où ils sont le plus nécessaires et pour aider les autres apostolats dont ils font partie. C'est ainsi que le Graal va au Brésil pour former les femmes du pays à ses techniques. Ce faisant, il enseigne aussi aux membres du PAVLA et du *Peace Corps*, contribuant ainsi à la formation et au développement de groupes tels que le mouvement catholique des Familles, la Légion de Marie et autres.

À Madonna House, nous jouons déjà un rôle identique dans l'Oregon, en encourageant de nombreux apostolats en participant à l'œcuménisme et en partageant avec les chrétiens les lumières que nous pouvons avoir. Par conséquent, dans l'esprit des membres de Madonna House, il ne doit exister aucune division entre le fait que nous sommes des laïcs et des apôtres laïcs qui doivent entrer dans le courant du monde entier. C'est un concept profondément ancré dans la mission que Dieu m'a confiée. J'ai commencé comme apôtre laïc et j'espère que l'Apostolat de Madonna House ne transigera jamais sur ce point; nous ne voulons pas du tout devenir des « religieux » au sens juridique de la loi canonique qui définit clairement un état et une vocation spéciale que Dieu donne à certains.

Je peux aussi vous signaler que le concept de vie religieuse est aussi en train de changer, Dieu merci! Les intéressés commencent à comprendre qu'ils appartiennent au monde – notre monde de laïcs – mais avec un accent spécifiquement « religieux ». Néanmoins, Madonna House ne l'a pas; Dieu ne nous l'a pas donnée.

Je vous prie de ne pas oublier que Madonna House (en tant qu'apostolat) est encore en voie de formation. Nous en sommes très conscients et ne cessons d'élargir notre entrée dans le grand courant du monde. N'ayez crainte, mes bien-aimés; nous ne quitterons pas le monde et le monde ne nous quittera pas, nous y sommes profondément enracinés. C'est aussi le monde de Dieu. Nous devons nous y intéresser, c'est notre affaire. Rappelez-vous que « rien n'est étranger à l'apostolat de Madonna House, le péché excepté ». Soyez en paix!

Affectueusement,

Catherine

L'ESPRIT DE NAZARETH

Le 18 mai 1965

Mes bien-aimés,

Dans la *poustinia*, j'ai beaucoup prié et médité sur la mission que Dieu m'a confiée. Je l'ai sans cesse répétée et expliquée de la manière suivante:

> L'esprit de Madonna House est celui de Nazareth. Il consiste à être humble et caché, à être pauvre des biens terrestres pour

se contenter du nécessaire. Cet esprit doit mener tous ceux qui appartiennent à Madonna House à un détachement de leur volonté propre, à un détachement du cœur, en particulier de leurs possessions, de leur famille, de leurs amis et de leur pays. Cette pratique doit leur faire retrouver tout cela dans le cœur du Christ.

Madonna House « prêche l'Évangile par sa vie ». Madonna House fait « de petites choses avec un grand amour » de Dieu et du prochain. Madonna House est une « famille » comme celle de Nazareth – une famille de Dieu, donc une communauté de charité, d'amour. *Madonna House croit qu'il faut d'abord « être » devant le Seigneur et ensuite « agir » pour Lui.* Elle témoigne de Dieu sur les places publiques du monde et « s'identifie » avec ceux qu'elle sert.

En ces quelques phrases, j'essaie (simplement et dans le langage ordinaire de tous les jours) de résumer ce que je considère être la mission que Dieu m'a confiée. C'est ainsi que je l'ai rédigée, la première fois que le Révérend Docteur John Mc Grath, notre canoniste, me l'a demandé. Il m'a priée de le faire pour que puissent en discuter ceux qui souhaitent vivre dans cet esprit, en se liant par les promesses de pauvreté, chasteté et obéissance et pour qu'au lieu d'un groupe temporaire de volontaires, nous devenions une organisation permanente de laïcs, comme me l'avaient suggéré, en 1951, le pape Pie XII et monseigneur Montini, son secrétaire d'État (qui devint plus tard le pape Paul VI).

De ce simple exposé sont sorties nos Constitutions qui vous sont, à tous, familières, et sur lesquelles tous les membres de Madonna House ont été d'accord. (Chaque mot, chaque ligne, chaque idée furent votés.) Toute l'histoire de leur création et de la façon dont elles furent votées repose dans nos archives, à la disposition de qui veut la voir.

Récemment, j'étais dans la *poustinia*, priant le Seigneur d'éclairer encore plus cette mission. J'étais conduite dans le grand silence de Dieu pour méditer cette explication que je viens de vous donner, et tenter de la traduire par des mots qui vous seraient, peut-être, plus intelligibles. C'est ce que je vais essayer de faire maintenant.

1. L'esprit de Madonna House est celui de Nazareth.
2. L'esprit de Madonna House est celui d'une famille.
3. L'esprit de Madonna House est celui d'une famille, la famille de Nazareth qui était une communauté de parfaite charité et d'amour.

Ces trois points sont indissociables, mais voyons d'abord ce qu'était l'esprit de Nazareth. Naturellement, c'était avant tout un esprit de charité. Même avant la naissance du Christ, il existait un grand et sublime amour entre Marie et Joseph. Tous deux constituaient déjà une communauté de charité parfaite.

Je crois que Dieu s'est arrangé de façon à ce que Madonna House, née de Friendship House, soit une réplique de ce type d'amour, de cette communauté de charité. Presque dès le premier jour de notre fondation, Dieu amena à Madonna House des hommes et des femmes pour vivre ensemble comme le faisaient Marie et Joseph dans une totale et parfaite chasteté (une communauté mixte d'hommes et de femmes vivant en célibataires était, à cette époque, considérée comme tout à fait anormale). Nous devons constamment retourner sur ce point pour le prier et le méditer : seule façon de comprendre en profondeur ce beau mystère, cette facette de Nazareth.

Il en est une autre sur laquelle je médite souvent lorsque je pense à Marie enceinte. Elle portait déjà Dieu en elle lorsque la Sainte Famille, cette « communauté d'amour » entre elle et Joseph commença si miraculeusement. Tous ceux qui arrivent à Madonna House, sont d'une certaine façon, comme Marie qui est « enceinte » de Dieu. S'ils ne le sont pas, c'est tout simplement qu'ils n'ont pas la vocation de notre Apostolat, car être ainsi, c'est une grâce de Dieu. Il leur donne le désir de Lui. Cela devient une « semence », qui les conduit à l'actuel Nazareth de Marie et Joseph – Madonna House – pour y demeurer cachés dans l'humilité. Là ils effectuent quotidiennement de petites tâches qui, si elles sont faites avec grand amour, annonceront l'Évangile d'une manière éclatante.

Dieu peut les mener dans de nombreux endroits : les vastes déserts des ordres contemplatifs ; les routes pierreuses, belles mais escarpées, de la vie conjugale ; les hauteurs de la vie sacerdotale ou de la vie religieuse active. Il peut les faire passer par tous les aspects de sa propre vie, comme c'est le cas de divers ordres religieux ou des apostolats laïcs actuels. Toutes ces voies sont possibles, et il se peut que toutes les personnes appelées à ces diverses vocations aient l'obligation « d'aller à Nazareth » et d'y vivre quelque temps. Mais ce ne serait pas comme le veut la mission de Madonna House car, pour notre Apostolat, Nazareth est, spirituellement parlant, *un lieu où l'on demeure en permanence.* À l'époque de notre maturité, nous avons même, mon mari et moi, été appelés, de façon très mystérieuse, à vivre comme Marie et Joseph.

Ainsi donc, ces personnes que le Christ a choisies pour être « enceintes de Lui » sont très spécialement et très spécifiquement amenées au Nazareth de Madonna House. Elles y sont amenées pour Lui donner naissance et Lui permettre d'atteindre sa complète stature grâce à leur vie humble, cachée et besogneuse. Elles y résideront dans un village sans importance et comme des gens ordinaires (aux yeux du monde). En un mot, elles y seront conduites par Jésus, pour vivre comme Il a Lui-même vécu tant d'années avec Marie et Joseph.

Le point qui m'a ensuite frappée au cours de cette méditation, c'est que la Sainte Famille s'est beaucoup identifiée avec les villageois, elle faisait partie du paysage familier. Elle parlait le même langage, partageait la même situation sociale, peut-être un peu inférieure à certains égards que celle des autres villageois, car les Écritures disent du Christ : « N'est-Il pas le fils du charpentier ? » Cela aussi est compris dans la mission que Dieu nous a confiée : nous devons nous « mélanger » et nous « identifier », autant qu'il est humainement possible de le faire, avec ceux que nous servons, et tout spécialement ceux qui vivent dans une grande pauvreté matérielle. Si nous sommes appelés à servir des « pauvres riches », ce qui est rare, nous devons d'autant plus leur apporter Nazareth (et tout ce que cela représente). Nous leur offrons alors une communauté d'amour avec notre pauvreté, notre simplicité, notre rude travail et notre joie.

On ne peut pas nier le fait que Marie soit une contemplative. Tout d'abord, elle se tenait toujours devant Dieu, vivant en sa présence : la Présence de Dieu le Père. Dieu le Saint-Esprit la couvrait de son ombre. Dieu le Fils était avec elle, dans sa chair humaine ! Et pourtant, elle travaillait aussi pour le Seigneur. Elle travaillait dur pour faire face à tout ce dont avaient besoin Jésus, Joseph et beaucoup de villageois, les pèlerins de passage, et tant d'autres. Elle rendait service en écoutant et en conseillant avec bonté ceux qui avaient des ennuis ou des peines ; en partageant ses vivres, en offrant largement son hospitalité, et par beaucoup d'autres moyens simples et directs que nous appelons aujourd'hui « œuvres de charité » matérielles et spirituelles.

Joseph aussi était un contemplatif. Et comment ne l'aurait-il pas été, vivant avec Dieu et la mère de Dieu ! C'était un homme silencieux, profondément en prière. Pourtant, l'on sent bien que, lui aussi, travaillait pour le Seigneur, tout d'abord pour nourrir sa famille et, sûrement, pour aider ses voisins. Non seulement il travaillait pour eux, mais probablement les conseillait aussi. Dans ces deux êtres sereins, Marie et Joseph, je vois clairement l'esprit et les techniques de Madonna House.

Quant au Christ Lui-même, c'est être devant la face de son Père qui constituait sa vie, l'essence même de sa vie. L'essence de son existence, c'était aussi de faire la Volonté de son Père. Comme elle est simple la réponse que je trouve ici à la complexité des questions que vous me posez. Dieu le Père a choisi, sur la terre, ces deux parents pour le Christ qui les a, toute sa vie, acceptés avec amour. Ceci, depuis la grotte de Bethléem, pendant toutes ses années de travail manuel dans une vie cachée, jusqu'au temps de son ministère, de sa passion, de sa mort et de sa résurrection.

En toute chose, Il se hâtait de faire la Volonté du Père. C'est comme cela que notre vie doit être vécue à Madonna House : être devant la face de Dieu, travailler, nous hâter pour accomplir la Volonté du Père telle que l'exigent les besoins de l'Apostolat, à tout moment de notre vie. Cela paraît tellement simple.

Nous en arrivons maintenant à la question : comment prêcher l'Évangile par notre vie? Nous prenons encore la Sainte Famille comme exemple. Elle vivait totalement et pleinement selon la Loi, car le Christ était venu l'accomplir et non l'abolir. Mais Il nous a donné une Nouvelle Loi, et c'est selon cette Nouvelle Loi que nous devons vivre, tout comme la Sainte Famille faisait la Volonté du Père selon l'Ancienne Loi... sans compromis! Chaque fois que l'application de l'Écriture à notre vie nous pose problème, relisons-la lentement en cherchant la vraie signification d'une phrase donnée, d'une affirmation ou d'un commandement, à l'aide d'un prêtre aussi bien que de notre conscience. Nous devons ensuite la mettre en application dans notre vie, quelqu'en soit le prix.

Notre pauvreté doit être celle de Nazareth et de la Sainte Famille. Ils étaient artisans et possédaient suffisamment pour mener une vie simple, dépourvue de complications ; ce n'était pas l'indigence, mais évidemment l'absence du luxe de l'époque. En fait, s'ils vivaient de nos jours, ils auraient probablement eu droit à l'aide du gouvernement ; mais leur pauvreté était lumineuse parce que tous trois étaient entièrement détachés de leur propre volonté, et complètement dépendants de celle de Dieu le Père. À partir de là, se présente à nous tous une richesse de méditations sans fin. Les ressemblances avec l'esprit de Madonna House sont nombreuses.

Nazareth est notre modèle et notre demeure spirituelle. Comme la Sainte Famille, nous cherchons à être une communauté d'amour, de *caritas*, de pauvreté, de détachement de nous-mêmes et de notre volonté. Nous menons une vie ordinaire, pleine de quantité de tâches monotones faites avec un grand amour de Dieu et du prochain. C'est par ces travaux quotidiens que nous devenons des « témoins » de Dieu. Qu'est-ce que cela signifie? Je le définirais de la façon suivante : « Être un témoin ne veut pas dire s'engager à faire de la propagande, ni même à secouer les gens, mais à être un mystère vivant. C'est-à-dire, *vivre de telle manière que notre vie n'aurait aucun sens si Dieu n'existait pas* ». Voilà ce que je veux dire lorsque j'affirme que l'esprit de Madonna House et de son Apostolat est un esprit de témoignage de Dieu devant les hommes. Sur les places publiques du monde, nous devons prêcher l'Évangile par notre vie et par notre parole, lorsque c'est nécessaire. Nous devons prêcher sans aucun compromis.

Madonna House est donc le groupe de ceux qui sont appelés par Dieu à Lui donner naissance dans un environnement précis, Nazareth, c'est-à-dire les places publiques du monde contemporain. Nous devons le montrer à ceux qui nous entourent, par la façon dont, nous-mêmes, nous vivons. Tout cela paraît si simple… mais suppose la mort à nous-mêmes – une mort que nous appelons « kénose » et qui nous vide de nous-mêmes avec violence. Comme le dit l'Écriture (*Lc* 16, 16) : « Le ciel s'acquiert par la violence. » Nous devons donc apprendre à exercer sur nous-mêmes une violence douce et pleine d'amour ; nous faisons cela par amour pour Dieu avec qui nous désirons passer cette vie et toute l'éternité.

Tout ce que je viens d'écrire comporte, cependant, une clause. Je vous la livre comme elle m'est venue dans la *poustinia*, mais je la connais depuis le début de l'Apostolat. Le Seigneur me l'a fait connaître avec douceur et fermeté, non seulement pour moi, mais aussi pour tous ceux qu'Il charge, à Madonna House, de Lui donner naissance et de Lui permettre d'atteindre, en eux, sa pleine stature.

Voici la clause et son accent spécial : pour vivre à Nazareth, il nous faut, aussi étrange que cela puisse paraître, commencer par le Golgotha et le tombeau. C'est alors que, ressuscités en Lui, par sa grâce, nous irons à Bethléem en sachant que le Christ est ressuscité, et nous vivrons à Nazareth dans l'attente de la Parousie. Ayant appris tout cela par grâce, nous comprendrons comment faire parfaitement la Volonté de Dieu.

Affectueusement,

Catherine

LA CORRECTION EST UN ACTE D'AMOUR

Le 19 juillet 1965

Mes bien-aimés,

Une fois de plus, je viens vous rendre visite en esprit. Imaginez que nous sommes assis ensemble, moi et chacun de vous, quelle que soit la maison où vous vous trouvez. Nous causons paisiblement, comme doivent le faire les membres d'une communauté d'amour.

En un sens, le Seigneur m'a donné le don de « bilocation » parce que, où que vous soyez, je me sens avec vous. Je marche, je parle, je souffre et je me réjouis avec chacun de vous individuellement, tout spécialement lorsque je suis à la messe, cette fête de l'amour du Christ, et que nous sommes devenus « un » dans la communion.

La nuit aussi, je me sens « une » avec vous ; ce qui explique, peut-être, pourquoi j'ai de moins en moins besoin de sommeil, car mon amour pour vous me remonte dans le cœur. Oui, « je suis toujours avec vous » car l'Amour réussit de tels miracles !

Aujourd'hui, je voudrais, une fois encore, vous parler de la correction. Je dis « une fois encore » parce que je ne sais pas combien de fois nous avons déjà discuté de ce très beau sujet. Mais à mesure que nous avançons en sagesse, grâce et amour, nous sommes capables d'envisager la « correction » avec plus de compréhension, plus sainement, plus scientifiquement, et même de sonder la spiritualité qui s'en dégage.

Le dictionnaire définit le mot « correct » sous son aspect pratique, comme « être d'accord avec les faits ». Et, sous son aspect idéal, « être d'accord avec une certaine norme ». Il ajoute aussi : être « vrai, exact, équilibré, approprié » dans ses pensées, ses sentiments, ses actions, sa conduite, ses habitudes, ses manières et ses vêtements. Le mot « correction » est aussi défini comme « admettre la possibilité d'erreur, être capable de substituer la bonne version à celle qui est erronée » (ce qui suppose de notre part perspicacité et souplesse). Et encore : « être un serviteur »... celui qui rend service... ce qui veut dire que la correction sert « à réformer, redonner forme, redresser, unifier et mettre en accord avec ».

Je pense que ces définitions suffisent à notre propos, mais je voudrais l'illustrer par ma propre expérience. Étant donné que je suis infirmière, mon esprit se porte sur des images de santé.

Lorsqu'un médecin constate une quelconque difformité, ou un dentiste une malformation des dents, ils recourent tous deux au mot « correction » pour indiquer que cela peut s'arranger ou non lorsqu'ils parlent aux parents, à la famille ou au patient lui-même.

Lorsque le mot « correction » est utilisé par des professionnels au sujet d'une difformité ou d'une maladie, je doute que vous y fassiez objection. Au contraire, vous êtes probablement très heureux d'apprendre que votre petit frère ou votre sœur auront les dents redressées, même s'ils doivent porter quelque temps un appareil. Vous acceptez volontiers de porter un inconfortable corset s'il peut soulager et guérir votre dos.

Prenez la physiothérapie que la médecine utilise dans de nombreux cas. Pour redresser la jambe de quelqu'un, autrement dit la « corriger », on recourt aux massages, à l'exercice, à la marche, à un certain appareillage. Moi qui ai travaillé avec de nombreux malades, je peux vous dire comme ils sont heureux de souffrir pour redresser et fortifier un membre afin de marcher sans difficulté. J'ai moi-même été affrontée à ce défi. Je vous ai souvent dit que je souffrais terriblement d'un genou, en marchant. Et après m'avoir opérée, le chirurgien m'a dit de commencer à ne marcher que la distance d'un pâté de maisons, puis deux, et d'augmenter la distance progressivement. Je n'ai pas plus protesté que vous ne l'auriez fait si vous aviez voulu remarcher. J'ai donc supporté cette souffrance temporaire, fait les exercices et continué à marcher quoiqu'il m'en coûtât.

Je pourrais donner de nombreux exemples. Nombre de femmes « corrigent » leur silhouette. Nous savons tous qu'elles sont nombreuses à suivre un régime dans ce but. Pour être mince, arrêter l'envahissement de la graisse, elles acceptent pratiquement de mourir de faim. Par seul souci de la beauté, on verse d'énormes sommes d'argent aux experts professionnels qui peuvent aider à « corriger » une attitude défectueuse, des boutons, un embonpoint ou une maigreur excessive, bref les déformations de toutes sortes. Personne ne se plaint.

Quand un responsable local, le chef d'un service, un directeur spirituel ou moi-même, nous voulons vous « corriger », il semble alors que vous soyez incapables de réagir de même. Vous vous fâchez, vous devenez hostiles, antagonistes, lointains. Ce sont d'interminables crises émotives. Pourquoi cela ? Vous seriez probablement les premiers à payer des sommes folles pour faire corriger vos défauts physiques. Pourquoi ne pas accepter des corrections gratuites qui, non seulement ne vous coûtent rien, mais qui sont dictées par l'amour !

Songez combien il faut aimer une personne pour la corriger, car il n'est pas facile de signaler ses défauts. Pour ne parler que de moi-même et des responsables locaux, je peux dire que depuis des années nous corrigeons certains d'entre vous qui ne l'acceptent pas volontiers ; et que vous ne coopérez pas pour quelque raison, émotive ou autre, que vous ne connaissez pas encore. Toutes les fois que c'est le cas, vous avez tendance à retourner momentanément à une attitude enfantine ou adolescente, dans un système de pensées qui n'a rien à voir avec un bel échange d'amour.

Comment se fait-il que certains ne puissent carrément pas accepter une correction ? Au lieu de déverser immédiatement un flot de justifications, pourquoi ne pas dire simplement : « Merci, montrez-moi comment mieux faire. » Une réaction que je rencontre couramment est celle-ci : lorsqu'on vous signale quelque erreur que la plupart du temps vous reconnaissez volontiers parce qu'elle est évidente, vous rejetez souvent le blâme sur les autres pour tout ce qui touche, ou non, le point en question. C'est une réaction que j'ai constatée de nombreuses fois presque avec vous tous, et que les responsables locaux ont aussi observée. Voulez-vous me dire pourquoi, alors que vous supportez de grandes douleurs physiques infligées par des médecins, des infirmières, des dentistes, des esthéticiens, sans dire un mot, lorsque vous devez supporter les douces et patientes corrections de vos supérieurs, à Madonna House, vous en êtes incapables.

Lisez donc et relisez la définition du dictionnaire qui dit objectivement ce qu'est la correction et en donne une approche adulte et mûre pour ne pas dire spirituelle. Dans l'édition de poche du dictionnaire d'Oxford, j'ai entre autre relevé celle-ci : « Reprocher une faute, neutraliser ou s'opposer à une tendance mauvaise. »

La personne qui essaie d'agir ainsi avec vous devrait être la bienvenue. Vous devriez avoir un désir spontané d'ouverture et de coopération avec elle. Comprenant que l'on vous aide à réformer une mauvaise habitude, vous devriez être « au septième ciel » étant donné toute la patience et l'amour que suppose cette réprimande. Cela implique la présence constante de la responsable, attentive à vous engager, pour votre bien, à des gestes répétitifs, tout comme un appareil doit rester plusieurs années pour redresser les dents, et un traitement de massages, continuer des mois. Les dentistes et les masseurs sont payés et, de plus, vous leur êtes reconnaissants, réalisant que vous bénéficiez de la somme d'expériences et de savoir qu'ils ont investie.

Et voilà encore une situation étonnante. Il est, en effet, intéressant de constater que lorsqu'une personne a la charge des autres, elle se comporte bien autrement qu'à l'époque où, devant de patientes et affectueuses corrections, elle ne manifestait qu'hostilité et animosité. Ceci, en toutes circonstances, que ce soit dans une maison de mission ou au centre de formation. (Certaines comprendront ce que je veux dire…) Vous me pardonnerez de dire, avec douceur et compréhension, que beaucoup de ceux qui ont une responsabilité même temporaire, se mettent à hurler au scandale lorsqu'ils sont, à leur tour, la cible de cette immature et adolescente « réaction à l'autorité ».

Comment faire pour aider de part et d'autre, celui qui corrige et celui qui est corrigé, pour l'empêcher de se sentir blessé par cette « opération de redressement » ? Je pense que la lettre du père Brière qui remonte à mai 1961, pourrait rafraîchir l'idée que vous en avez. Je vous conseille fortement de la lire car je pense qu'elle ramènera la paix chez vous tous. Nous avons besoin de cette sorte de rappel périodique.

Souvenez-vous que, d'après saint Thomas d'Aquin et l'Ancien Testament, les corrections sont des actes d'amour fraternel et de charité. Pourquoi, mes bien-aimés, ne pas vous enfoncer cette idée dans la tête pour continuer à nous développer comme une communauté d'amour ?

Affectueusement,

Catherine

LA THÉOLOGIE DES « CORRECTIONS »

Printemps 1961

Chère famille,

Catherine m'a demandé d'écrire à votre attention quelques-uns des principes théologiques qui sous-tendent le douloureux sujet de la correction. Je dis « douloureux » parce que c'est le cas non seulement de celui qui la reçoit mais surtout de ceux qui, ayant la grosse responsabilité de continuer la formation des membres de nos équipes, sont, de ce fait, chargés de corriger.

Psychologiquement, il est douloureux d'être corrigé par les autres parce que, souvent, nous le prenons pour une « totale condamnation de nous-mêmes ». Il est non moins douloureux de corriger les autres parce que nous courons le risque de perdre leur approbation (peut-être même d'y gagner une tenace inimitié). Si nous avons l'obligation de corriger tout un groupe, sur une longue période, il arrive que nous puissions nous sentir isolés, mal compris, pas soutenus et peut-être même indésirables. Si nous connaissons les principes psychologiques impliqués, nous pouvons apprendre à dominer ces craintes irrationnelles et, grâce à notre intellect, nous en accommoder.

Nous avons tendance à ignorer (ou oublier) notre théologie en la matière. Voyons donc quelques points de doctrine qui nous permettrons peut-être, non seulement d'accepter les corrections, mais plus encore, de les désirer de tout notre cœur.

1. Si nous embrassons les trois conseils évangéliques (chasteté, pauvreté, obéissance) nous répondons à l'appel du Christ : « Si vous voulez être parfaits, vendez tout ce que vous possédez. Et venez ! Suivez-moi ! » Parce que nous voulons être parfaits, nous avons librement et joyeusement fait ces promesses au sein de la famille de Madonna House. Nous nous sommes sincèrement engagés à les respecter d'une manière particulière et quotidienne au mieux de nos possibilités, et ce, pour le restant de notre vie.

2. De ce fait, nous avons promis de rechercher la perfection jusqu'à notre mort, moment qui constitue le sommet de notre consécration. Toute notre vie est réellement un exercice – on pourrait dire une série d'exercices – pour nous préparer à notre immolation totale, à l'heure de la mort. Cela signifie que, par devoir, nous sommes tenus, chaque jour, à « rechercher la perfection ». Bien que cette phrase soit un classique de tous les livres spirituels, je préfère l'expression suivante : « chercher à aimer de plus en plus. » Nous avons donc sincèrement promis (avec la grâce de Dieu et l'aide des autres) d'aimer et d'améliorer la qualité, l'intensité et la générosité de notre amour.

3. Les trois conseils évangéliques sont la clef pour atteindre le but que nous poursuivons : ils retirent en nous les obstacles qui nous empêchent de contrôler nos principales tendances égoïstes, pour les éliminer peu à peu. Pour se satisfaire, l'égoïsme a recours à trois grands moyens : trois appels pressants qui nous habitent, qui nous poussent de mille manières à essayer d'atteindre et saisir tout ce que nous pouvons. Dans le langage traditionnel, c'est ce qu'on appelle :

a) *La concupiscence ou désir de la chair* qui nous fait rechercher d'agréables expériences sensuelles. Elle tend à s'approprier tout ce qui peut stimuler le corps humain : nourriture, boisson, sexe, drogue, confort, bien-être et toutes sensations liées aux sens (sons, couleurs, goûts, odeurs, toucher). Quand ce désir n'est pas contrôlé, il s'appelle gloutonnerie, luxure, sentimentalité,

paresse, etc. Par notre promesse de chasteté, nous avons sérieusement décidé de contrôler de tels désirs et de ne pas y céder.
b) *La concupiscence ou désir des yeux* qui nous fait rechercher la possession des choses et nous pousse à saisir tout ce qui nous paraît « bon » à l'œil, en dehors du corps, comme l'argent, les livres, les vêtements, les maisons, les voitures, les propriétés, tout ce que nous pouvons collectionner ou mettre de côté; en fait, tout ce que nous pouvons nous « approprier ». Quand nous ne pouvons pas contrôler ce désir, il s'appelle: avarice, jalousie, gourmandise, bassesse, mesquinerie, etc. Par notre promesse de pauvreté, nous avons sérieusement décidé de contrôler cette tendance.
c) *L'orgueil* qui fait que nous « nous » préférons aux autres et quelquefois même à Dieu. Nos idées, nos désirs et même notre « existence » passent avant tout le monde. Ce désir tend à s'assurer un certain contrôle sur les autres (sous forme de pouvoir et d'autorité) ou à gagner leur approbation (sous forme de dignité et d'honneurs) ou encore à s'en libérer (sous forme de fausse liberté et d'indépendance).

Quand cet orgueil n'est plus contrôlé, il engendre un grand mélange de passions dont le nom varie suivant la source qui les engendre, la personne qu'elles visent et l'action qu'elles entraînent. La jalousie, l'envie, la gourmandise, l'orgueil, la vanité, etc., entrent en jeu quelles que soient « les choses » que nous apprécions et souhaitons nous approprier. La colère, l'impatience, la haine, la rancœur, le mépris… s'en prennent à ceux qui s'opposent à ce que nous possédions ces « choses ». Tuer, lutter, voler, critiquer, rabrouer sont spécifiquement les actions que nous pouvons entreprendre pour repousser ou punir ceux qui se mettent en travers de nos désirs.

Par notre promesse d'obéissance, nous qui sommes à Madonna House, nous avons sérieusement décidé de contrôler cette « préférence pour nous-mêmes ». D'une manière générale, c'est ce que nous faisons chaque fois que nous écoutons attentivement les « voix » qui nous viennent de l'extérieur (les gens, les événements, les circonstances) afin de discerner en eux la Volonté de Dieu. C'est ce que nous faisons, plus directement, en nous soumettant à ceux que Dieu a chargés de nous conduire, avec le souci de répondre à ce qu'ils nous demandent et de le désirer d'un cœur joyeux, avec promptitude et bonne volonté.

4. D'une façon ou d'une autre, nous aurons toujours à lutter contre notre égoïsme jusqu'à la mort. C'est une grande vérité qu'il nous faut bien admettre parce que les gens « honnêtes » ont l'illusion qu'après quelques années de formation, d'entraînement spirituel et de lutte, ils finiront bien par vaincre leur égoïsme. Cette idée est extrêmement dangereuse, car elle rend tout progrès impossible, et si la vie spirituelle ne progresse pas, elle régresse. Cette personne retombera peu à peu dans un état pire qu'avant son arrivée à Madonna House.

5. À mesure que notre vie spirituelle se fortifie, ce triple mal a tendance à se manifester de différentes façons. Au début, nous apprenons à surmonter (ou du moins à contrôler) les manifestations plus grossières. C'est ainsi que la gloutonnerie a, depuis longtemps, cessé d'être un problème, relativement à la nourriture ou à la boisson. Mais les « saintes » personnes peuvent manifester quelques gloutonneries dans leurs désirs de consolations spirituelles. Elles ne vont pas à Dieu pour l'honorer, mais pour satisfaire leur âme. Elles ne seront peut-être pas avares d'argent mais elles peuvent le devenir pour leur collection d'images saintes, de médailles, de rosaires ou de reliques.

6. Puisque nous avons promis de chercher continuellement à faire grandir notre amour, nos responsables ont la lourde responsabilité de nous indiquer les points où il est déficient et où nous semblons ne faire que peu ou pas de progrès. Ils doivent nous corriger lorsque nous ne faisons pas bien « les petites choses » ou du moins sans un constant et profond amour. Ils doivent nous corriger quand nous avons l'air négligé, quand notre humeur nuit au « bien commun », quand nous sommes brusques les uns envers les autres, envers nos visiteurs et envers ceux que nous nous sommes engagés à servir. Nos responsables ont le droit – *qui est en fait un devoir douloureux* – de nous corriger dans tous les aspects de notre vie. Nous

devrions prier pour qu'ils puissent nous conduire toujours plus rapidement vers le Dieu que nous aimons.

En fait, nous pouvons résumer toute la question en quelques mots :

- parce que nous comprenons que Dieu est « préférable à tout » ;
- parce que nous comprenons que par amour pour nous, Dieu nous a appelés à Lui pour une intime et profonde union avec la Trinité ;
- parce que nous savons que tous les obstacles à cette grande union peuvent se résumer en un seul mot : notre volonté propre ;
- parce que nous avons choisi « le chemin de l'obéissance » comme meilleure méthode pour combattre notre propre vouloir et mieux nous en protéger ;
- en conséquence, nous nous sommes librement et avec grande dignité, placés entre les mains de ceux qui peuvent le mieux nous faire connaître la Volonté de Dieu à chaque moment du jour ;
- et parce que nous voulons Dieu passionnément, nous ne nous sommes pas seulement « ouverts » aux corrections, mais nous avons une immense reconnaissance pour ceux qui se donnent la peine de nous les donner.

Vraiment nous avons de la chance ! Remercions Dieu et nos responsables pour le grand privilège que nous avons d'être corrigés chaque fois que nécessaire.

Avec les bénédictions de Notre-Dame-de-Combermere,

Père Brière

LA GRÂCE DE DIEU ET LE JOUR DES PROMESSES

Le 30 juillet 1965

Mes bien-aimés,

Le jour des promesses approche et j'ai remarqué, au cours des années, que la majorité d'entre vous, avant de vous engager à Madonna House, ne subissent pas seulement des épreuves spirituelles, mais aussi de fortes épreuves sur le plan affectif.

Ce qui est parfaitement normal, sur un plan naturel autant que surnaturel. Quand arrive ce moment, il n'est pas étonnant que vous soyez troublés, car c'est aussi l'heure de Satan. C'est l'époque où il tourne comme un lion rugissant, cherchant à dévorer, ou bien, comme il aime jouer plusieurs rôles, il vient à vous en philosophe et en ami avec des manières polies et d'habiles arguments.

Il s'applique à vous prouver pourquoi, rationnellement et logiquement, vous ne devez pas faire ces promesses, ou alors, il vous persuade que vous ne les faites que par respect humain. Peut-être vous fait-il penser: « Que diront mes parents si je refuse?... et ma famille de Madonna House? » Ou encore: « Que diront mes amis qui m'admirent d'être venu ici? » Et c'est ainsi que se pressent les suggestions de celui qui était l'Ange de Lumière. Ce qui, joint à la tension normale de l'émotion et un bon examen de conscience, vous pousse naturellement à vous remettre en question.

C'est en partie normal. Vous allez vous donner à Dieu pour un an, pour deux ans ou pour toute la vie. Ce don doit être joyeux, libre et volontaire. Jamais et en aucun cas, ce mariage avec Dieu doit être un « mariage forcé », à cause de nombreux éléments comme le respect humain dont j'ai déjà parlé, la peur d'un échec ou de ce qui y ressemblerait ou le désir d'amour et de sécurité dans une famille comme Madonna House. Il y a des milliers d'éléments qui peuvent influencer l'offrande que vous faites de vous-mêmes à Dieu, librement, pour un certain temps ou pour toujours.

Oubliez toutes ces idées. Fortifiez la foi et la confiance que vous avez en Dieu et en ces responsables qui ont reçu de lui la lourde et terrible responsabilité de juger de votre vocation. Mes bien-aimés, comment trouver les mots propres à percer le brouillard des émotions que vous ressentez en un tel moment ? Dieu sait si je l'implore de me donner les mots pour vous éclairer afin de vous éviter une crise inutile, des craintes malsaines, l'incapacité de réfléchir clairement, un manque de confiance et de foi, et tout ce dont souffrent certains d'entre vous pendant les jours qui précèdent vos promesses !

Une certaine crainte est, bien sûr, inéluctable parce que « la crainte est le commencement de la sagesse » (Ps 111,10). Il n'est pas de conjoint qui, le jour de leur noce, ne s'engage sans appréhension pour toute sa vie, pas de prêtre ou de religieuse qui ne soit pris d'un certain tremblement (peur salutaire) avant son ordination ou ses vœux, temporaires ou perpétuels. Chaque fois qu'une personne s'engage solennellement pour une tâche, une cause, une vocation, pour une longue période ou pour toujours, elle n'échappe pas à cette appréhension. Réfléchissez bien à cela. Dieu utilise cette crainte qui, je le répète, est le « commencement de la sagesse » pour fortifier votre intelligence et l'éclairer de façon à vous rassurer pleinement sur le bien-fondé de ce que vous allez faire. Le démon, de son côté, essaie de la transformer en une crise d'émotivité, comme moyen d'échapper à la vie et à ses responsabilités et, tout spécialement, pour détourner chaque âme humaine de la grande réalité à laquelle elle est confrontée : l'appel de Dieu.

Il n'est pas douteux que ceux qui vont faire des promesses définitives ont eu mille fois l'occasion d'examiner cette vocation. Il est sûr que toutes les connaissances spirituelles ou autres que vous avez reçues vous en ont donné une idée claire. Le monde dans lequel vous vivez et l'enseignement religieux que vous avez reçu vous ont fait comprendre l'amour immense que Dieu a pour vous et les raisons que vous avez de l'aimer en retour. Que dire de la messe quotidienne, des retraites, des *poustinias*, et de toute l'aide et l'affection des uns pour les autres qui vous ont été données pour vous soutenir dans les jours difficiles ? Que de grâces déversées dans vos âmes avec tant de constance, de tendresse et d'amour, des mains de Dieu par celles de Marie ! Que faites-vous de tout ceci ?

Alors, pourquoi vous laissez-vous envahir par la peur et de sombres doutes, par la méfiance de vous-même, de Dieu et de vos supérieurs ? Pourquoi ce désarroi émotif ? Je vous supplie d'y mettre un terme et de prier comme vous ne l'avez encore jamais fait. Je vous supplie de vous asseoir dans une chapelle ou à l'église, et d'écrire tout ce que vous avez reçu de Dieu. Chacun de ses dons est une preuve de son amour particulier qui crie (ou du moins devrait crier) à votre âme qu'Il vous veut dans cette vocation. Si vous venez à Lui avec une foi profonde et une confiance illimitée, Il marchera sur la mer de vos émotions et les calmera. Il ordonnera à Satan de vous quitter. Il vous prendra dans ses bras pour vous permettre d'écouter les battements de son cœur et cela vous fera comprendre pourquoi vous faites ces promesses.

Pensez aussi que les êtres humains, faibles, fragiles et pécheurs que sont vos supérieurs, subissent une épreuve semblable à propos de votre vocation. Ils ont la terrible responsabilité de signer de leur nom la pétition que vous leur envoyez si naturellement (peut-être même machinalement) en pensant que ce n'est qu'une formalité canonique à accomplir. Avant de signer cette lettre qui semble si officielle, je prie et je souffre. Je dois m'assurer au mieux de mes pauvres moyens humains – et dans une prière sincère, profonde, simple, confiante et pleine de foi – que Dieu me donnera la grâce voulue pour mettre mon nom en bas de cette lettre d'approbation.

Je vous supplie de me faire l'aumône de votre confiance et d'avoir foi en moi… et dans tous vos supérieurs qui viendront après moi. Si je devais vous accepter pour une autre raison que ma certitude de votre appel à cette vocation, je devrais admettre le fait que j'irai en enfer. Voulez-vous réfléchir à cela qui, peut-être, vous aidera à comprendre la tendresse et la protection dont Dieu vous entoure, ainsi que l'agonie de vos supérieurs et leur amour pour vous.

Parce que je crois en la franchise et la vérité (qui libère les gens, car la vérité est Dieu), je vais mentionner une pensée qui peut vous venir à l'esprit en lisant cette lettre : « Comment se fait-il, si nos supérieurs ont la grâce d'état, que tant de membres aient quitté Madonna House après leurs promesses définitives ? » La réponse n'est pas nécessairement que nous nous soyons trompés sur leur vocation. En fait, elle est triple :

1. Ils avaient le libre arbitre, et ils en ont fait un mauvais usage. Ils n'auraient pas dû partir et ils sont partis. On ne pouvait pas les empêcher. Ce qui ne veut pas dire qu'ils n'avaient pas la vocation. N'oublions jamais que tout être a reçu le don redoutable de la liberté et qu'il peut choisir d'accepter ou de rejeter une vocation.
2. Nous ne nous sommes pas nécessairement trompés sur leur vocation, mais sur l'ampleur de leurs problèmes affectifs. Il est probable que Dieu a permis cela pour le bien de l'Apostolat et celui des intéressés. Dans certains cas, la question de la vocation se pose encore ; un choix final n'a toujours pas résolu la situation. Dans de telles circonstances, nous devons suivre le diagnostic et l'explication des autorités médicales compétentes.
3. Parfois, Dieu veut indiquer clairement qu'une vocation est le premier pas pour une autre. C'est ce qu'Il fit pour le père Callahan et nos autres prêtres qui ont commencé par le sacerdoce et, des années plus tard, furent appelés dans notre famille, comme dans une seconde vocation. Il y a le cas d'un de nos hommes laïcs qui nous a quittés pour devenir prêtre diocésain ailleurs ; peut-être aurait-il été un prêtre de Madonna House si l'heure de Dieu avait été différente.

Ainsi une personne peut être appelée à être avec nous pour un temps, puis elle continuera à vivre l'esprit de Madonna House dans des circonstances tout à fait différentes. Dans ce cas nous ne pouvons pas dire que ces personnes n'avaient pas la vocation de notre famille.

Une vocation est une chose sacrée entre Dieu et une âme. Celle-ci doit être libre de prendre sa décision. Les supérieurs s'assurent qu'une personne est libre de toute pression extérieure. En ce qui concerne les pressions intérieures telles que doutes, peurs, émotions, raisonnements, respect humain et que sais-je, je ne peux qu'ajouter la phrase que le Christ Lui-même disait à saint Paul quand cet apôtre intrépide, et aussi affolé que vous l'êtes, l'appelait au secours contre une telle tentation. Le Christ lui répondait : « Ma grâce te suffit. »

Je ne peux que vous mener au Christ pour que vous entendiez cette même réponse tout au fond de votre âme.

Affectueusement,

Catherine

LIBERTÉ DE CONSCIENCE

Le 19 août 1965

Mes bien-aimés,

Chaque fois que nous clarifions un point ou un autre au cours de nos lectures spirituelles, quelqu'un me conseille d'écrire une lettre sur le sujet en question pour que tous en profitent. C'est ainsi qu'hier, après le déjeuner, nous avons débattu la question de la flexibilité ou de la malléabilité (aptitude à « suivre le mouvement »).

Nous lisions quelques pages de Hans Küng dont on parle beaucoup, en ce moment, dans les églises des États-Unis. C'était à propos de « la liberté de conscience », et notre discussion était avant tout centrée sur Madonna House car nous allons toujours du principe général au particulier pour l'incarner dans notre vie quotidienne, ici et maintenant.

J'affirmais que dans la mesure où nous sommes concernés, l'aggiornamento, le Concile du Vatican et toutes les controverses que nous lisons dans la presse catholique, ne devraient pas nous affecter plus que de raison. L'essentiel de l'aggorniamento fait appel à ce que nous avons toujours fait. J'ai dit qu'à Madonna House nous avions déjà la liberté de conscience. Et je me suis arrêtée une seconde pour signaler que cette liberté de conscience exige des femmes et des hommes qui sont mûrs au plan affectif, spirituel et intellectuel.

Dans le contexte de la foi catholique, chrétienne, la maturité est exigée des chrétiens. Qu'est-ce que j'entends par là ? Que, lorsque nous sommes confrontés à une solution qui suppose la liberté de conscience, nous agissions en conséquence. Ce qui ne dispense pas de beaucoup réfléchir, méditer, prier et, si nécessaire, jeûner et passer du temps dans la *poustinia* pour bien s'assurer que :

1. c'est vraiment une question de liberté de conscience, et
2. que l'on est assez mûr pour accepter les conséquences de son acte, en accord avec cette liberté de conscience.

À titre d'illustration : il y a quelques années, nous étions à Harlem où je connaissais une convertie, une Noire merveilleuse et pleine de zèle pour convertir ses frères noirs. Espérant faire connaître la foi catholique à l'une de ses amies, elle l'amena dans une belle église catholique du Bronx, à New York, qui était entourée d'un beau jardin dans lequel le précédent curé avait fait construire les stations du chemin de croix. Tandis qu'elle expliquait cela à son amie, le pasteur du moment sortit de l'église, traversa le jardin et vint à elles. Il les chassa du lieu d'une voix furieuse, disant que les Noirs n'étaient acceptés ni dans l'église, ni dans le jardin.

Les deux femmes arrivèrent tout excitées à Friendship House. Mon amie convertie était extrêmement bouleversée et quelque peu furieuse et désolée. Je dois admettre que je l'étais aussi et à « juste titre ». Je pris mon téléphone et appelai la secrétaire du cardinal Spellman (le cardinal était l'un de nos bons amis). J'obtins immédiatement un rendez-vous pour le voir.

Je fis la dépense d'un taxi pour lui présenter les deux femmes et leur permettre de lui expliquer la situation. Il fit immédiatement venir le pasteur, par téléphone, et lui parla en privé pendant qu'il nous faisait servir le thé. Quand nous entrâmes dans le bureau, le pasteur s'excusa avec beaucoup d'humilité. L'incident était clos et les deux femmes étaient libres de fréquenter cette église ainsi que tous les autres Noirs.

Supposons maintenant que le Cardinal ait refusé d'agir en cette circonstance ou, pire encore, ait maintenu l'interdiction du pasteur.

Vous seriez vraiment confrontés à une question de liberté de conscience. Était-il possible de continuer à travailler dans son diocèse en y laissant Friendship House, ce qui était, d'une certaine manière, accepter cette injustice ? Face à une telle situation, auriez-vous été prêts à fermer Friendship House et à tout ce que cela supposait ? Voyez-vous ce que je veux dire ? Pour exercer votre liberté de conscience vous devez être à la fois courageux (plein de force et de foi) et disposé à donner jusqu'à votre vie (c'est-à-dire, dans ce cas, l'existence même de votre groupe) pour en subir les conséquences.

Après avoir donné cet exemple, hier, à la lecture spirituelle, j'ajoutais que, dans un tel cas, j'aurais certainement fermé la maison. J'espère bien que dans une situation semblable tous les membres de Madonna House présents, et tous ceux qui viendront après, feront de même. Nous devons être prêts à donner notre vie pour l'immuable mandat, inchangé, que Dieu nous a confié. C'est l'esprit de Madonna House que vous connaissez si bien et qui implique une vraie liberté de conscience. Car voici quel est l'esprit de Madonna House :

– vivre l'Évangile « avec sa vie », personnellement, individuellement ;
– former une communauté d'amour : la famille de Madonna House ;
– offrir cet amour aux autres, de personne à personne, jamais en masse ;
– prendre exemple et force à Bethléem, à Nazareth et au Golgotha, en se les appliquant personnellement, individuellement ;
– en silence, prêcher l'Évangile au monde ;
– le faire avec l'esprit d'enfance de Bethléem, la vie cachée de Nazareth où « l'on fait bien les petites choses » par amour pour Dieu ; et la kénose du Golgotha – en se « vidant » totalement de soi-même ;
– faire tout cela pour que le Christ puisse vivre en vous.

Cet esprit de Madonna House comprend (et plus encore renferme) la liberté de conscience. Dans son essence même, il essaie d'incarner « une véritable liberté » en chaque individu de notre famille.

Bien que l'essence de cet esprit ne puisse jamais être modifiée, ses techniques d'application et la façon de le présenter au monde doivent être éminemment souples. Elles doivent être aussi malléables que la cire légèrement chauffée ou que l'argile de bonne consistance. Si, aujourd'hui, je retournais à Harlem avec les techniques de 1930 comme je serais stupide de ne pas tenir compte de presque trente ans de développement et de changements, en histoire, en technologie, dans les esprits et les modes de vie !

Si nous vivons, comme il convient, l'esprit de Madonna House, alors « la liberté de conscience » et tout ce qu'elle suppose, sera nôtre en conséquence. Les controverses sur « l'autorité », « l'obéissance », et tout le reste du nouveau vocabulaire, n'auront aucun sens pour nous. Si nous prêchons l'Évangile par notre vie, cela signifie que nous y croyons puisque nous en vivons. Et cela s'applique aussi à « l'autorité » parce que l'Évangile clame que l'autorité existe pour servir. Autrement dit, « gouverner, c'est aimer » et aussi, « obéir, c'est aimer ». L'obéissance parmi nous (à la façon de l'Évangile) ne peut qu'être basée sur l'amour, un amour librement donné. Il ne peut en être autrement.

Affectueusement en Marie,

Catherine

UNE MENTALITÉ DE PRODUCTION

Le 20 août 1965

Mes bien-aimés,

Comme nous lisions encore *Liberté dans l'Église* de Hans Küng, notre effort pour clarifier ses points gênants, nous a valu quelques observations fort pertinentes. C'était comme si le souffle d'un ange venait déranger les eaux stagnantes pour les faire revivre.

Je ne sais comment nous en sommes arrivés à cette question : qu'est-ce qui entrave notre sens de la liberté, qu'est-ce qui l'emprisonne et nous empêche d'assumer notre pleine responsabilité de chrétien mûr ? Hier, nous nous sommes heurtés au mot « production » qui s'est révélé comme une clé, un rayon de lumière dans l'obscurité non explorée. Il est même devenu, pour nous, semblable à une fenêtre ouverte, comme l'aggiornamento du pape Jean XXIII le fut pour l'Église. Et nous avons découvert nettement, et peut-être même soudainement, que cette production est la grande hérésie de l'Amérique du Nord, de sa culture et sa spiritualité.

Définissons ce que, dans ce cas, on entend par production. Nous voulons dire que nous nous attribuons de la valeur uniquement en fonction des produits tangibles que nous fournissons à la société.

Nous avons découvert que nous avions tendance à estimer notre valeur personnelle à la quantité de travail que nous pouvons fournir pour réaliser ces produits. C'est vraiment une triste façon d'évaluer un être vivant créé à l'image et à la ressemblance de Dieu !

Quelqu'un nous a donné un exemple extrêmement pertinent. Elle était, dit-elle, très troublée par notre discussion, et se mit à énumérer toutes les pressions qui nous obligeaient à cueillir les baies en été, puisque contraints par les cycles de la nature. Elle fit remarquer que l'Apostolat en avait besoin pour se nourrir, les vendre à la boutique et en faire provision pour ceux qui participeront au prochain cours d'été de 1966. Était-ce vraiment une erreur d'estimer notre valeur à la quantité que l'on pouvait cueillir dans un temps donné ? Au moins, dans ce genre de travail, cette mesure était sûrement valable.

C'est là un bon exemple de « la mentalité de production » qui ne pouvait pas rester sans réponse. La mienne se base, habituellement, sur des éléments abstraits de l'esprit. Répondre aux besoins de la société (d'une communauté, d'un apostolat, d'un quartier ou d'une nation) en « produisant » quelque chose, est une action sainte et raisonnable. Mais une telle production doit répondre à un authentique besoin. En ce cas, le besoin se faisait sentir de baies qui auraient pu aussi bien être des légumes ou tout autre sorte de nourriture pour l'Apostolat. C'est une véritable nécessité, puisque la famille de Madonna House doit se nourrir.

Néanmoins, le mot-clé n'est pas « production » mais « charité ». La charité, comme la raison, exigent que nous ramassions la nourriture que Dieu nous donne, à la ferme, sur les buissons et partout où c'est possible. Si le fruit ou le légume est de nature telle qu'il exige un traitement immédiat, il peut nous arriver de travailler vingt-quatre heures sur vingt-quatre pour moissonner, cuire ou mettre en conserve. Mais nous ne devons pas nous évaluer selon la quantité de « produits » que nous avons ramassée, (ceci est la mesure de nos besoins et non de notre valeur). Notre seule mesure doit être *l'amour que nous avons mis dans ce travail.* Cette cueillette, et les traitements qui en découlent, ont pour but de nous nourrir, dans l'Apostolat, *pour mieux servir Dieu et notre prochain,* puisque la vie humaine ne peut se passer de nourriture.

Toute forme de « service d'amour » sera entourée d'une aura de paix et de joie. Par contre, cette hérésie scandaleuse qui consiste à peser la valeur humaine à la quantité produite, ne peut qu'ajouter à « la joie de l'enfer ». D'innombrables saints ne furent souvent que des membres totalement « improductifs » dans le Corps mystique du Christ. Ce fut le cas de Gemma Galgani qui, au dix-neuvième siècle, mourut à l'âge de vingt-cinq ans après avoir passé au lit presque toute sa vie à souffrir pour l'Église et le Peuple de Dieu. C'était sa joie et son « service d'amour ».

Prenez l'ultime pauvreté des fous, des aveugles, des handicapés physiques et mentaux, de ceux qui sont inutiles, méprisés... Ces gens, selon la mesure des « travaux utiles », ne seraient pas seulement considérés improductifs, mais aussi un « fardeau » sur les autres. De telles pensées ne sont que le prolongement de cette hérésie de la production. Oui, c'est bien ainsi que, généralement, la société jugerait ces personnes. Mais dans l'économie du salut, dans la réalité de l'amour de Dieu pour les êtres humains, ceux qui sont affligés sont devenus des âmes-victimes, à notre profit. Loin d'être des parasites, ils sont les bien-aimés de Dieu, offerts pour nous en holocauste d'amour. Si nous avions le moindre bon sens, nous nous accrocherions à l'ourlet de leurs « vêtements » pour être transportés avec eux dans le Paradis !

Mais le sujet est encore plus profond. Ces attitudes intellectuelles engendrent en nous une maladie affective de la « folie du travail ». Je voudrais vous partager une lettre de l'un de nos membres qui traite de son attitude à l'égard de la production :

« Je ne pourrais jamais définir ce qu'est une "personne". Si, toute votre vie, vous n'avez pas eu le sentiment d'exister ni même su ce que c'était que "d'être" une personne... si vous vous faites de vous-même une pauvre idée parce que la société vous mesure à votre production... si vous avez dû supporter, de la part des autres, des commentaires odieux accompagnés de la triste opinion que vous avez de vous-même, c'est d'un double cercle infernal dont vous aurez à vous libérer.

« À Madonna House, j'ai appris la dignité du travail manuel, mais elle devint un autre obstacle à franchir ! Une fois consciente de cette dignité, j'ai commencé à éprouver des sentiments de culpabilité, comme si je devais expier pour tout le reste. Je savais que je ne pourrais pas tenir sur mes jambes toute la journée, et je commençais à m'inquiéter de la « production » tout en sachant que même si je n'en faisais pas beaucoup, on ne penserait pas moins de moi. Et même maintenant, il m'arrive encore de conserver quelque chose de cette attitude. »

Je ne pourrais donner un meilleur exemple de « productivité » que celui illustré par cette belle et triste lettre d'une jeune Américaine. Quelle phrase tragique quant à son attitude envers la production : « Je ne pourrais jamais définir ce qu'est une personne. » Si de votre vie, vous ne vous êtes jamais senti exister, ou n'avez jamais su ce que c'était... lorsque la société vous évalue à l'aune de la production et vous donne une mauvaise opinion de vous-même...

Dans ce cas, dans l'esprit de quelqu'un, la dignité humaine est démolie ! Chaque fois que l'on évalue les gens uniquement par la production, ils développent une mauvaise opinion d'eux-mêmes ; cette évaluation se fait souvent non seulement par la somme de travail accompli, mais aussi par la nature de ce travail. À cette mentalité de production est associée l'idée de « statut »; et l'enchaînement de la misère devient encore plus lourd. La sensation d'emprisonnement se fait plus aiguë et celui qui souffre est encore plus annihilé.

Par son essence même, l'esprit de Madonna House, celui de l'Évangile que nous essayons de prêcher par notre vie, nous fait rejeter, spirituellement et intellectuellement, cette « mentalité de production », comme une terrible hérésie. Mais agissons-nous toujours en conséquence? Voici, en exemple, un simple fait: tous les membres de la maison du Yukon arrivèrent à Combermere un certain été, ce qui était très inhabituel. Ce voyage avait fait l'objet de longs préparatifs, car on ne ferme pas facilement, pendant deux semaines, une maison de mission pour faire ensuite 1 200 kilomètres... Ils arrivèrent à un moment ou nous étions bousculés, en effervescence, avec la visite d'hôtes inattendus, la venue des volontaires d'été et d'un grand nombre de prêtres. Dans la joie et l'excitation, nous étions en train de préparer les retraites qui précèdent les Promesses; et puis c'était le moment de cueillir les cassis et les groseilles!

Tout nous poussait, nous acculait à faire nôtre cette mentalité de production... Il fallait s'occuper de tant de gens et de tant de choses! Chaque service était aux prises avec ses propres activités et responsabilités. Résultat: nos membres du Yukon, bien qu'accueillis chaudement et affectueusement, se sentirent « un peu perdus » quelque temps, jusqu'à ce qu'on puisse s'asseoir et discuter de cette tendance à faire passer les choses et la production avant les gens.

Voici un exemple de ce qui peut arriver, même dans une maison de Dieu qui, bien assurément, a la vocation d'incarner l'hospitalité à tous. Nous aurions pu négliger nos propres membres dans une situation où ils devaient passer en premier. Il faut beaucoup de sagesse et de charité pour savoir: quand travailler dur, quand s'arrêter immédiatement, ou quand accepter sereinement la frustration que l'on éprouve à laisser en panne une centaine de travaux parce que des gens ou des événements arrivent à l'improviste. J'ajoute qu'il faut aussi beaucoup de sainteté.

Oui, sous la pression du travail, il nous arrive d'être victimes de cette mentalité de production. Malheureusement, ce tableau est fait d'un autre élément, celui-là émotif, que j'appellerais la productivité. Nous sommes si nombreux à trouver une « échappatoire » dans le travail et la production pour échapper à nos propres tensions et émotions… si nombreux à n'avoir de nous-mêmes qu'une triste opinion, à nous mesurer continuellement à la somme de travail que nous effectuons pour l'Apostolat, nous sommes si nombreux à nous dire, non sans raison, que tout cela est nécessaire au bien commun (ce qui est vrai)… que nous devons être fidèles à l'esprit de Madonna House en nous rendant utiles. Tout en essayant d'être « utiles », nous essayons aussi d'être charitables et affectueux, bien sûr, mais nous mettons toujours l'accent sur « l'utilité » de notre travail.

La sœur Mary Andrew nous a donné un axiome en psychologie. Elle dit que depuis l'enfance, nous nous évaluons au reflet de la valeur que nous constatons dans les yeux de ceux qui comptent pour nous, autrement dit selon le jugement des autres. Si nous n'avons de nous-mêmes qu'une estime très pauvre, si « ceux qui comptent » ne nous donnent pas notre vraie valeur, notre dignité d'enfant de Dieu, alors – puisque nous ne pouvons vivre face à notre insignifiance – nous devons *nous prouver et prouver au monde* que nous sommes utiles à quelque chose, que nous avons de la valeur et un brin de dignité. Nous cherchons à le démontrer par ce que nous produisons (pour nous d'abord et les autres ensuite)… et c'est la maladie de la productivité !

Voyez-vous où je veux en venir, mes bien-aimés ? Notre fragilité psychologique, jointe aux blessures que cette civilisation impose à notre psychisme, peut créer une situation véritablement insupportable… C'est ce que j'essaie de combattre depuis des années, et la *poustinia* était l'un de mes moyens pour y remédier. J'avais l'espoir (quelque peu réalisé) que ces journées de silence, de mortification, de solitude et de prières nous aideraient à voir notre véritable valeur aux yeux de Dieu.

Mais apparemment, ce n'est pas suffisant. Aussi devons-nous continuellement nous examiner, esprit, âme et cœur. Nous devons exercer tout notre discernement, et engager sérieusement une guerre ouverte contre cette mentalité de production si profondément ancrée en nous par la culture nord-américaine et par les traumatismes psychologiques qui en résultent.

Voici, dans cette guerre, quelques points d'attaque :

- Regardez-vous honnêtement, avec les yeux de Dieu, votre Père qui vous aime. Évaluez de nouveau votre dignité et votre prix à la lumière de ce que vous savez des Écritures, de la liturgie, de la théologie et de l'histoire du salut.
- Regardez le monde autour de vous et voyez comment et où sa mentalité de production a envahi vos attitudes intellectuelles. Arrivez à la vérité fondamentale selon laquelle votre « personne » et ceux qui vous entourent sont plus importants que les « choses » et les « actions ».
- Surveillez votre cœur pour clarifier continuellement les intentions que vous y trouvez. Reconnaissez honnêtement si votre production est ou non motivée par les besoins de la charité.
- Apprenez à accepter la frustration qui en résulte normalement lorsque vous faites passer les gens avant les choses. Ce qui signifie que, dans notre Apostolat, vous laissez en attente beaucoup de choses à demi ou pas du tout finies. Habituez-vous à supporter cette situation sans perdre votre paix intérieure.
- Dans le même temps, étudiez minutieusement vos méthodes de travail pour y découvrir quelque insuffisance ou négligence. Revoyez constamment vos techniques et la routine qui permet d'assurer le travail quotidien. Il ne faut pas gaspiller le temps… l'un des plus beaux dons que Dieu nous ait faits.

J'espère que vous me donnerez tous de vos nouvelles après avoir discuté longuement et sérieusement sur cette lettre.

Affectueusement en Marie,

Catherine

VÉRITABLE AMITIÉ

Le 28 août 1965

Mes bien-aimés,

Je commence d'habitude avec une définition que je trouve dans le dictionnaire.

Aujourd'hui, je choisis de chercher le mot « ami » et, voilà ce qu'en dit le dictionnaire d'Oxford : « Celui qui se rapproche d'un autre sur la base d'une intime et mutuelle bienveillance, excluant tout amour sexuel ou familial ; une personne dont on aime la compagnie ; avec laquelle on peut être soi-même et dire la vérité parce que nous avons de l'intérêt et de la confiance l'un pour l'autre, sans essayer d'impressionner l'autre, mais en étant réellement nous-mêmes. » Voici quelle est, approximativement, la définition que le dictionnaire sémantique d'Oxford donne du mot « ami ».

Nous allons un peu l'analyser. La première chose qui nous frappe à cette lecture, c'est qu'un ami est quelqu'un à qui nous ne cachons pas nos faiblesses ; c'est quelqu'un devant qui nous laissons tomber les masques et nous nous présentons tels que nous sommes vraiment ; et nous nous attendons à la même chose de sa part (si c'est un vrai ami).

Les membres d'une même famille peuvent éprouver de l'amitié les uns pour les autres ; les personnes mariées aussi, mais avec une prédominance pour l'amour sexuel. Le dictionnaire définit l'amitié comme un sentiment existant entre deux personnes qui ne se connaissaient pas auparavant et n'avaient pas de liens familiaux. On peut dire qu'elle repose souvent sur des intérêts, des causes, des buts ou un travail commun.

Maintenant, étudions plus à fond ce qu'est l'amitié. D'après les conversations que j'ai eues avec les membres de Madonna House, il ressort que chacun de vous aspire à avoir un ami. Sœur Mary Andrew dit que c'est normal et, qu'en plus des liens familiaux et des relations conjugales, tout le monde doit avoir au moins un véritable ami. Donc, ce besoin que tous ressentent ici est généralement chose normale chez tous les êtres humains.

J'ai appris de vive voix, et par courrier, que nombre d'entre vous aspiraient désespérément à l'amitié et je me pose une question : « Comprenez-vous ce mot "amitié" mieux que le mot "amour" ? » Je n'ai pas encore eu directement de réponse !

Je voudrais revenir sur une histoire que la plupart d'entre vous ont peut-être déjà entendue. Lorsque, à travers les États-Unis et le Canada, je faisais des conférences dans les collèges catholiques, je terminais toujours par la même question : « Quelle vocation pensez-vous avoir ? » La majorité des étudiants (au nombre de deux cent cinquante à cinq cents) répondaient : « Le mariage. » Alors je demandais : « Pourquoi voulez-vous vous marier ? » La réponse était inévitablement : « Pour être aimé. » Après ma tournée de conférences je voyais clairement la tragique situation de la jeunesse moderne. Tous les jeunes garçons et filles en âge de se marier voulaient être aimés.

Si tel est le cas, puis-je alors vous demander : « Et qui va aimer ? » Puisque chacun et chacune dit qu'il veut être aimé et que personne ne parle d'aimer, je répète, qui donc aimera ?

Eh bien, la même question s'applique à l'amitié qui est une autre forme d'amour. De toutes les conversations que j'ai eues avec vous, et des lettres que vous m'avez envoyées, je garde l'impression que vous avez terriblement besoin d'un ami qui vous aime, vous écoute, vous aide, passe du temps avec vous, partage vos intérêts. Par contre je n'ai pas encore trouvé, parmi vous, l'attitude de celui qui cherche une bonne et sainte amitié basée sur l'amour. Car, l'amitié, comme l'amour, commence dans le cœur d'une personne pour une autre. Elle s'exprime, avant tout, par un intérêt pour l'autre, un désir de rendre service à l'autre ; non par un désir d'être écouté, consolé, mais celui de répondre aux besoins de l'autre.

Ces mots de saint François : « Non pas d'être compris, mais de comprendre ; non pas d'être aimé, mais d'aimer ; non pas d'être consolé mais de consoler », s'appliquent à l'amitié. Et le paradoxe est que si l'on aime, console et comprend, on recevra, en retour, amour, consolation et compréhension… mais pas immédiatement.

Le mot lui-même « amitié » peut prêter à confusion quant à sa hauteur et à sa profondeur. Sœur Mary Andrew dit que pour élever des enfants, affectivement sains, les parents ne doivent pas leur porter un amour possessif fait de permission, mais un amour fort et ferme autant que tendre et attentionné, un amour qui, toujours, cherche en vérité – c'est-à-dire en Dieu – sa véritable fin ultime. Ainsi, les parents qui aiment vraiment leurs enfants les conduiront à Dieu, leur fin ultime. Ils leur enseigneront l'obéissance, la discipline et la vérité. Et ce faisant, ils auront en main comme un bistouri pour déraciner les excroissances cancéreuses qui pourraient nuire à leur vie spirituelle, intellectuelle et affective.

Tant de fermeté et de discipline, pour un enfant, peut paraître terrible à un certain âge. Au début, les émotions se traduiront par des caprices, etc. Mais si les parents persévèrent, l'enfant se développera dans la merveilleuse sécurité de cet amour exigeant et ferme, pour devenir l'individu mûr qu'il est appelé à être : une personne centrée sur Dieu et sur l'amour. En un mot, un homme ou une femme complet.

Maintenant, lorsque les membres de Madonna House parlent de l'amitié, comprennent-ils ce qu'est une amitié véritable, forte, ferme, tendre, confiante, disciplinée et attentionnée ? À Madonna House, la mesure de toute amitié entre nous est très simple : mène-t-elle les deux intéressés plus rapidement à Dieu ? Ou les mène-t-elle l'un vers l'autre à la vitesse d'un astronaute en plein vol, à moins qu'elle ne les détourne de Dieu ?

Autrement dit : est ce que je recherche des amitiés pour satisfaire mes émotions ou mon âme ? Mon ami est-il une oreille dans laquelle je déverse mes misères, mes hostilités affectives ? Ou est-ce une personne à qui j'ouvre mon cœur pour que, grâce à ses corrections fraternelles, son amour et son discernement, elle puisse débarrasser mon cœur des petits cancers dont il est plein ? Suis-je prêt à rendre ce service à l'autre, à le laisser accomplir pour moi cet acte d'amitié, d'amour et de service ?

Tant que, dans notre cœur, nous n'aurons pas répondu sincèrement à ces questions, nous devons nous examiner très sérieusement et définir avec exactitude nos intentions quand nous disons souhaiter une « amitié » dans l'Apostolat.

Un autre aspect de la véritable amitié repose dans l'obligation pénible qui nous est faite de « lever le masque » (que nous portons même à Madonna House) autant pour nous révéler dans notre totale pauvreté, autant pour révéler la gloire de Dieu qui nous habite. Nous laisserons voir tout cela à nos amis, et ils feront de même. Nous qui portons tellement de masques, sommes-nous prêts à ce genre d'amitié ? Nous qui avons peur de nous regarder à cause du jansénisme, du puritanisme et des mille blessures qui nous ont été infligées... y compris notre évaluation à l'aune de la production ! Nous qui avons une si pauvre opinion de nous-mêmes, osons-nous arracher le masque qui protège notre moi intime pour que notre amitié soit vraie ? Car n'est vraie qu'une amitié sans masque.

Comme les moines et les religieuses autrefois le redoutaient, nous n'avons pas peur, à Madonna House, de ce qu'on appelle les « amitiés particulières ». Les gens dans le passé et principalement les supérieurs se méfiaient peut-être de l'homosexualité (s'ils savaient ce que c'est). Mais ce n'est pas notre cas, parce que, au sujet de la chasteté, la grâce de Dieu est en nous et notre attitude est faite de confiance et d'amour. Non, nous n'avons pas peur des « amitiés particulières », comme l'on disait autrefois.

Personnellement, je prie et souhaite de tout cœur que les amitiés fleurissent et se développent largement dans cet humble, mais si beau coin des vignes du Seigneur, appelé Madonna House. Mais je le dis avec une franchise brutale, et pour votre bien, je ne veux pas d'amitiés adolescentes. Elles meurent dès que l'un et l'autre ont exprimé et assouvi leur hostilité envers l'autorité ou quelque autre membre ou encore telle ou telle situation à Madonna House. Ce n'est pas une véritable amitié !

Non, je ne veux pas de ces amitiés d'adolescents, fondées uniquement sur des aspirations égoïstes et qui manquent de maturité. Je voudrais voir l'amitié fondée sur l'intérêt que l'on porte « à l'autre » et à ses besoins. Ce serait alors une amitié vraie qui ne cherche pas de récompense personnelle, mais « le bien » de l'ami : le bien familial, spirituel, affectif, intellectuel, ou autre qui est le lot du cœur humain.

Affectueusement vôtre en Marie,

Catherine

AMOUR ENTRE CÉLIBATAIRES

Le 28 septembre 1965

Mes bien-aimés,

En ce moment, j'ai devant moi une lettre intéressante en provenance de l'un de nos membres qui assistait à une réunion où une religieuse bien connue parlait de la « réforme » de son ordre. Elle se déclarait large d'esprit et très ouverte aux changements et aux remises en question de l'aggiornamento concernant les religieuses. Elle se faisait l'avocate d'un « amour profond entre célibataires de l'un et l'autre sexe, comme chemin d'intégrité et de sainteté ».

Très intelligemment, ce membre de Madonna House déclare : « Je ne puis blâmer ceux qui enseignent ces idées ; je ne les comprends peut-être pas comme il faut, et sans doute suis-je fautive de ne pas m'interroger sur la signification réelle d'une promesse de chasteté. »

J'ai répondu à cette lettre et à ce commentaire, tous deux excellents, et je voudrais vous en faire profiter.

*
* *

Vous posez une question très intelligente et d'une grande importance pour nous tous, à Madonna House, surtout à cette époque d'aggiornamento. C'est celle du célibat, de la chasteté, de l'amour, au sens large du terme *caritas* et la façon de l'appliquer aux relations entre personnes liées à Dieu par des vœux.

Avant toute chose, une évidence vous échappe : vous appartenez à un groupe appelé Madonna House, un endroit où existe déjà une bonne et saine relation entre célibataires liés par des vœux ; un endroit où les prêtres, les autres hommes et les femmes s'aiment tous profondément et où cet amour nous mène à l'intégrité, la salubrité et la sainteté. Nous passons pour « une communauté d'amour », un lieu où des centaines de prêtres, de religieuses et de laïcs viennent chaque année, de tout le continent, pour voir et toucher ce dont parle la religieuse qui vous fait des conférences. À cet égard, Madonna House est unique et l'évêque lui-même dit que nous sommes un « laboratoire » pour toute l'Église catholique nord-américaine. Peut-être l'avez-vous entendu dire cela sans avoir mis l'accent sur cet aspect du « célibat ».

Ce qui se passe actuellement dans l'Église est très simple, mon enfant ; mais la convertie que vous êtes ne peut peut-être pas l'apprécier. Les catholiques de l'Amérique du Nord furent non seulement influencés par le jansénisme, mais aussi par des pensées protestantes comme le puritanisme. Quelques-unes de ces idées prirent racine dans les âmes de nombreux chrétiens, catholiques et protestants. On peut ainsi les résumer : le sexe est quelque chose de sale ; la femme, c'est Ève qui, par son *sex-appeal*, tente l'homme avec la pomme ; le seul moyen de rester pur et sans péché, surtout si l'on a fait des vœux, c'est de construire autour des couvents des murs épais pour séparer hommes et femmes ; c'est de faire que les deux ne se rencontrent jamais, sauf en des circonstances exceptionnelles dûment supervisées et contrôlées. C'est presqu'une vieille plaisanterie dépassée, celle qui veut que toute l'insistance de l'Église catholique porte sur le sixième et le neuvième commandement (adultère et luxure) alors que la charité qui est Dieu, et dont le nom est Amour est fort négligé.

Là-dessus, vint l'aggiornamento… Et maintenant, prêtres et religieuses découvrent le vrai christianisme pour lequel l'amitié de nature chaste et sainte peut et doit exister entre personnes du sexe opposé. Cela soulève beaucoup de discussions mais très souvent de la part de ceux qui manquent de connaissance suffisante. Quand ils en apprendront un peu plus en psychologie, en anatomie et sur les instincts sexuels, ils commenceront à comprendre comment contrôler leurs passions. On ne peut nier que l'attraction sexuelle entre hommes et femmes soit extrêmement forte et que les gens qui parlent en général « d'une profonde relation d'amour entre célibataires » foulent un terrain dangereux.

Avant de célébrer ce merveilleux et naturel moyen d'aimer chrétiennement, ces bonnes religieuses et ces prêtres devraient aussi parler de maturité chrétienne. Qu'est-ce à dire ? Tout simplement ceci : il faut, avant toute chose, qu'ils réfléchissent bien au fait que c'est Dieu qui appelle à une vie de célibat qui est vraiment une vocation dont l'Évangile fait mention. Le Christ Lui-même était chaste, mais il n'était opposé ni au mariage ni à l'amitié.

Ce qui est étonnant (soit dit en passant) c'est que la virginité – la totale consécration à une cause ou un idéal – soit à la fois connue et respectée par les païens. Depuis les premiers temps connus de l'histoire humaine, ce sont pratiquement toutes les religions qui pratiquaient la virginité ou le célibat, et quelque forme de consécration accompagnée de vœux. À l'époque classique, Rome et la Grèce avaient leurs vestales, des vierges vouées au service du temple, et cela tout au long de l'histoire du paganisme. De nos jours, diverses religions païennes ont des hommes et des femmes qui choisissent la virginité ou qui acceptent le veuvage pour vouer leur continence à leurs dieux. Dans l'Ancien Testament déjà, certains avaient reçu cet appel et il semble que ce soit un trait inné de la race humaine à en juger par cette continuité.

Certains magazines catholiques et leurs discussions sur le mariage du clergé me font sourire ! L'Évangile ne dit rien contre cette pratique. Le célibat des prêtres est une loi de l'Église depuis de nombreux siècles, et l'Église pourrait, évidemment, l'abolir si elle en décidait ainsi. Nous savons que saint Pierre était marié et, probablement d'autres Apôtres aussi, à l'exception de saint Jean.

Dans l'Église d'Orient, on demande à un jeune homme s'il veut se marier ou rester célibataire, avant qu'il ne reçoive le diaconat. Dans le premier cas, il peut quitter le séminaire et chercher une femme. Il est intéressant de noter qu'en Russie et en Grèce, plus de soixante pour cent choisissent le célibat parce qu'ils ressentent un pressant appel du Christ à le suivre sur cette voie. Il en sera ainsi jusqu'à la fin des temps, parce que Dieu lance cet appel à des hommes et à des femmes auxquels Il donne la grâce d'y répondre.

Mais cette peur du sexe, psychologiquement malsaine, jointe à la séparation des sexes qui existe dans l'Église catholique depuis le Moyen âge, n'est pas bonne. Pourquoi pensez-vous que tant de prêtres viennent nous voir ? Parce qu'ils trouvent chez nous une atmosphère familiale et un esprit d'amour, une « communauté d'amour » dont ils ont autant besoin que vous et moi.

Comme vous le savez si bien, d'après mes lettres, notre époque en mutation a besoin de maturité à la fois psychologique et chrétienne. Oui, il lui en faut beaucoup, parce qu'il y a très longtemps que les Nord-Américains refoulent le sexe. Et, maintenant il nous en submerge, à un degré tragique, par la télévision, le sécularisme et le matérialisme. Le sexe est une telle nouveauté pour les gens qu'il est devenu « une idée fixe » et qu'ils ne savent même pas comment réagir. C'est pourquoi il nous faut bien comprendre ce que sont la maturité affective et la maturité chrétienne, et comment l'une et l'autre se complètent.

La chasteté est une flamme extraordinaire qui, non seulement illumine le chemin des gens, mais aussi réchauffe leur cœur. Elle est comme un avant-goût du Paradis où les saints se portent cet amour mutuel que les chrétiens devraient commencer à pratiquer sur terre. De nos jours, la chasteté est ridiculisée et l'on critique fort la consécration, les vœux et le reste. Laissons dire… parce que l'humanité continue à respecter ceux qui choisissent cette vocation d'amour. Ils sont même émerveillés lorsqu'ils voient les jeunes membres de notre communauté, et, presque malgré eux, ils sont pleins d'admiration et de respect. Si seulement vous saviez combien d'âmes sont sauvés par ce « spectacle absurde » – aux yeux du monde – de cette belle jeunesse vivant chastement, – sans oublier ma vie de célibataire avec mon mari – vous seriez étonnés !

On pourrait comparer l'étrange lueur qui a guidé les Mages à

Bethléem au petit Apostolat de Madonna House qui brille comme une étoile à l'horizon du continent nord-américain. Un prêtre me disait assez poétiquement : « Parce que l'amour qui existe ici entre hommes et femmes est tellement salutaire et saint, un espoir se lève de nouveau dans beaucoup de cœurs, qu'ils soient ou non chrétiens. Votre plus grande œuvre, Catherine, n'est pas tant ce que vous faites, mais le fait que vous avez pu avec la grâce de Dieu et le secours de Notre-Dame, rassembler une "vraie communauté d'amour" entre hommes et femmes comme elle devrait exister entre tous les chrétiens. Vous êtes un vivant exemple de ce qui peut se faire. »

Affectueusement en Marie,

Catherine

LA MORT :
UN BEAU MOMENT ENTRE DEUX VIES

Le 25 février 1966

Mes bien-aimés,

Récemment une chose m'a frappée : la mort de tant de parents de nos membres. Et cela m'a fait réfléchir, avec acuité, sur ma propre mort parce que je ne rajeunis pas... Mais cela n'a pas grande importance, parce que nous cheminons tous dans l'ombre de la mort. Il arrive que des adolescents la rencontrent avant les personnes âgées.

Comme je méditais sur la mort, il m'a semblé qu'à l'Apostolat nous ne pensions et ne parlions pas assez de ce sujet. Et nous le devrions, vous savez, parce que la mort est l'un des plus beaux moments « entre l'une et l'autre vie ». Dans l'Apostolat, Dieu a été si bon pour nous tous ! La mort de Cathy et celle de Mary Ann ont été, pour nous, ses glorieuses et délicates leçons qui nous ont enseigné de façon frappante ce que la mort est vraiment pour un chrétien. *

Depuis que l'homme a quitté Dieu – disons depuis environ quatre cents ans, dans le monde occidental – et que l'Église préconciliaire entourait la mort d'une sorte de grisaille avec les messes de *Requiem* tout en latin, dont personne ne comprenait la beauté, les catholiques avaient aussi peur de la mort que les païens. Certaines coutumes et attitudes qui ne sont certainement pas chrétiennes demeurent encore chez nous.

Regardons en face quelques vérités concernant les Écritures. La mort nous dépasse; c'est indéniable. C'est la fin de l'être tel que nous en avons l'expérience. Et derrière, naturellement, se profile l'idée du « juste châtiment » dont Dieu punit Adam pour son péché originel. Nous nous souvenons de tout cela, mais nous avons oublié que *le Christ a conquis la mort* et que, depuis sa résurrection, la mort a perdu son aiguillon.

Nous devons nous souvenir que nous allons entrer dans « la plénitude de la vie » – une vie de pur amour, une vie d'union intime avec Dieu, de joie et de bonheur inimaginables. Quand nous réalisons que nous sommes en attente de la Parousie – qui sera le bonheur parfait, parce que l'univers (la terre et tout ce qu'elle renferme) connaîtra une vie nouvelle – alors nous comprendrons quelle est la valeur de la mort.

Les premiers chrétiens n'avaient pas lu Teillard de Chardin ** mais ils connaissaient la Parousie mieux que nous. Et, dans l'Église d'Orient, le fait que « Dieu est dans le cosmos et que tout le cosmos est en Dieu » est connu même des illettrés. C'est pourquoi les chrétiens ont toujours considéré comme sa date de « naissance » le jour où quelqu'un mourait. C'est ce qui explique que tout au long du cycle liturgique, les martyrs ne sont pas commémorés le jour de leur

---

* Les deux étaient membres de Madonna House, la première mourut d'un cancer à trente-sept ans, la seconde d'un accident de la circulation à trente-deux ans.

** Jésuite théologien et paléontologue français dont les écrits étaient en vogue dans les années 1960.

naissance sur terre, mais le jour de leur mort qui est leur naissance au ciel.

Mourir en état de grâce signifie aller au Paradis. Nous ne sommes pas intéressés par le purgatoire parce que ce n'est qu'une halte sur le chemin du ciel. Parlons donc plutôt du Paradis qui n'est pas un lieu, mais un état d'union avec Dieu. Un état de bonheur et de joie si intenses que saint Paul affirme que « les oreilles ne peuvent entendre ni les yeux voir ce que Dieu réserve à ceux qui l'aiment ».

Quand on a la foi, pourquoi donc avoir si peur de la mort si ce n'est pour d'humaines raisons psychologiques ? Si nous croyons et si nous faisons profession de croire, puisque nous nous affirmons chrétiens... si nous croyons que le Christ est venu nous racheter afin de nous ramener au Père pour nous donner cette vie d'union avec Lui... si nous croyons que tout notre pèlerinage terrestre (non seulement le nôtre, mais celui de toute l'Église) est dirigé vers cet unique but d'union avec Dieu, pourquoi acceptons-nous avec tant de répugnance la mort, ce joyeux et merveilleux événement de foi ? Le point central de notre croyance est celui-ci : *puisque nous aussi nous mourons avec le Christ, nous ressusciterons avec Lui* !

C'est parce que notre foi en ce dogme central est si faible que nous repoussons l'idée de la mort au lieu de nous y préparer. Et nous nous comportons ainsi non seulement vis-à-vis de notre propre mort, mais aussi de celle des divers membres de notre famille et de nos amis. Si, nous croyons, comme les chrétiens le devraient, en la résurrection du Christ et en la nôtre, nous devrions danser, nous devrions revêtir des robes blanches de joie, tout cela accompagné de musique et de vin ! Quand quelqu'un s'en va vers Dieu, nos cœurs et nos maisons devraient résonner d'hosannas et d'alléluias.

Pourquoi n'accorder qu'à regret ce bonheur extraordinaire, cette immense joie d'union avec Dieu à ces heureux dont nous faisons partie et qui font partie de nous ? Pourquoi les pleurer ? Il est concevable que nous pleurions sur nous-mêmes, bien sûr... Physiquement nous sommes privés de leur compagnie ici-bas et tristes de ne plus les savoir sur cette planète. Nous ne sommes plus avec eux, au sens où l'on vit dans un même lieu.

Après tout, ce chagrin fait partie de l'évolution naturelle de la vie. Les enfants quittent bien la maison paternelle pour aller travailler, se marier, fonder de nouvelles familles. Il est normal que nous pleurions chaque fois que nous sommes privés de la présence immédiate de quelqu'un, surtout s'il s'agit de quelqu'un qui nous est attaché par d'étroits liens familiaux. C'est bien compréhensible ! C'est humain. Mais rappelez-vous que nous pleurons sur nous-mêmes. Pleurer pour ceux qui nous ont dit « un adieu » final et sont partis vers Dieu, c'est pour le moins étrange de la part d'un chrétien ! Si nous prenions le temps d'y réfléchir à la lumière des Évangiles, nous comprendrions mieux comment accepter la perte de ceux que nous aimons.

Oui, lorsque disparaît quelqu'un qui nous est cher, nous sommes déchirés par la contradiction entre notre foi et notre pratique (ou absence de pratique). Mais nous avons aussi des manières de penser étranges vis-à-vis de la mort. Elles sont probablement un héritage des superstitions de nos ancêtres pour lesquels la mort et même la naissance, étaient un grand mystère. Je parle ici des premiers hommes et de ses proches descendants ; c'est ce que nous appellerons notre héritage anthropologique et païen. N'empêche qu'en des époques plus récentes, nous les catholiques, nous nous sommes tellement écartés des sources de notre religion chrétienne (et pratiquement, de Dieu Lui-même), que nous redoutons non seulement la réalité de la mort, mais même sa pensée ! Lisez *Le Bien-aimé* d'Evelyn Waugh et vous verrez ce que je veux dire ! Certains, comme les pompes funèbres, comptant sur cette peur, font commerce de la mort ou, plus exactement, de notre attitude peu chrétienne en face de la mort... ce que nous constatons tout autour de nous !

La douleur aussi nous fait peur. Il est vrai, qu'en certains cas elle est difficilement supportable, mais il arrive aussi que nous voulions supprimer immédiatement tout ce qui nous gêne, nous fait mal, nous blesse et peut à peine être considéré comme une douceur. Nous nous jetons sur un tranquillisant, de l'aspirine, de la morphine ou l'un de ses dérivés. Toutes les fois que, psychologiquement, nous sommes d'humeur morose, nous voulons un remontant ! Où est donc notre foi ? Nous avons été rachetés *à travers* la souffrance et nous ne voulons pas en accepter la moindre pour nous. Avons-nous toujours besoin de la soulager, au lieu de la supporter ? Mais, au fait, je suis en train de vous parler de la mort, non de la souffrance. Je ferais mieux d'en rester à mon sujet.

Franchement, ce que j'ai le plus envie de vous dire, c'est ceci : tournons-nous vers Dieu qui a déjà sorti l'aiguillon de la mort, qui l'a vaincue, et demandons-Lui de nous aider à voir le visage de son amour. Supplions-Le d'augmenter notre foi pour que nous désirions être avec Lui, même si, pour cela, nous devons mourir. Nous devrions faire écho à ces mots de sainte Thérèse d'Avila : « Je meurs de ne pas mourir. » Elle aimait tellement Dieu qu'elle voulait vraiment mourir pour être avec Lui, mais elle aimait aussi tellement les gens qu'elle était également prête à vivre toujours si telle était sa Sainte Volonté. Voilà, mes bien aimés, l'attitude qui convient devant la mort.

Et maintenant, quelques questions pratiques au sujet de la mort, dans notre Apostolat, où semble régner quelque confusion parmi nous. On m'a souvent demandé si l'esprit de Madonna House autorisait les membres qui perdaient un proche parent ou un ami d'aller chez eux. Voici ma réponse : c'est vers l'Évangile que nous devons tourner le visage pour y trouver l'esprit de Madonna House face à la mort. Que répondit le Christ au jeune homme qu'Il priait de Le suivre, lorsque celui-ci demanda : « Seigneur permets-moi d'enterrer mon père. – Laisse les morts enterrer les morts. Et toi, viens, suis moi. » Telle fut la réponse du Christ. Que signifie-t-elle réellement ? Jésus fut-Il dur, exigeant, dépourvu de charité ? Que voulait-Il dire ici ? Car Il ne se contredit jamais. Et pourquoi cette phrase, après avoir affirmé que le moindre *iota* de la Loi ancienne doit être observé ? (L'Ancien Testament considérait déjà qu'enterrer les morts était une œuvre de charité.) Il ne parlait pas au sens littéral qui consiste à creuser une tombe et y déposer un corps, ou faire une veillée de prières en pleurant sur le bien-aimé disparu, ou accomplir encore toutes les démarches qu'exige un deuil.

Non, ce n'est pas ce qu'Il voulait dire ; puisqu'Il est la résurrection et la vie, l'homme en question devait se détacher intérieurement des obsèques matérielles car ses morts n'étaient pas vraiment morts. Le Christ les ressusciterait si l'homme avait assez de foi pour laisser tomber ces choses et Le suivre. Il l'a prouvé en laissant Lazare trois jours dans la tombe (ce qui, dans le chaud climat d'Israël, était vraiment un enfer) et, ensuite, en le ressuscitant d'entre les morts.

Non, Il ne s'oppose pas à ce que nous pleurions sur nous-mêmes, c'est-à-dire, soit avec des larmes, soit avec d'autres signes de la douleur humaine. Lui-même, en son humanité, a pleuré sur Lazare. Il faut comprendre ce passage avec une foi profonde, et c'est ce que nous devons faire aussi à Madonna House.

Je le résumerai très simplement. Si vous êtes en poste dans quelque mission lointaine et que des considérations financières ou des difficultés de déplacement vous empêchent de venir aux obsèques comme vous le devriez, restez où vous êtes. Laissez les autres enterrer le mort et celui-ci profitera de votre renoncement de mille façons que vous ignorez puisque vous suivez le Christ, intérieurement et parfaitement. Et comme vous avez affiché, dans votre vie, la vérité du Christ, l'humanité tout entière n'en profitera pas moins. À ce moment, l'Apostolat pour vous, c'est le Christ ; vous l'avez suivi dans la foi, tout comme l'homme qui n'alla pas enterrer son père.

Lorsque ma mère était mourante, en Belgique, mon frère m'a télégraphié de prendre l'avion pour Bruxelles si je voulais la revoir. Ma belle-famille de Chicago m'offrait le voyage ; mais mon directeur spirituel me dit que je ne pouvais pas y aller. Je devais choisir le Christ, c'est-à-dire l'Apostolat, parce que ses futurs membres n'auraient pas derrière eux une famille pour « leur déverser » de l'argent.

Lorsque je suis arrivée à Edmonton pour une visite officielle de notre maison, j'ai appris que mon mari allait être opéré des reins – ce qui était dangereux pour un homme cardiaque de son âge – mon premier mouvement a été de retourner en Ontario pour être à ses côtés ; mais le père Callahan m'a expédiée dans le Yukon pour finir mes visites. Une fois encore, le bien de tous passait avant le mien et celui de mon mari. C'est ce que le Christ voulait dire en parlant comme Il l'a fait au jeune homme qui voulait aller enterrer son père.

Et c'est ce que nous avons fait à Madonna House dans les circonstances que je vous cite.

Mais quand elles sont telles que le bien commun n'est pas prioritaire, nous nous conformons à la charité, à notre inclination personnelle et aux coutumes du pays. Nous allons auprès du mourant et à l'enterrement de nos parents, frères et sœurs. Il faut tout prendre en considération. Je dis simplement qu'en cas de mort, il faut comparer ces considérations avec le bien de l'Apostolat, en toute charité, justice et bon sens.

Agissons, je le répète, avec bon sens et amour pour le prochain, mais gardons, en tout temps, notre foi joyeuse. Nous continuerons à prier pour les défunts de nos familles. Réjouissons-nous avec eux et pour eux.

Affectueusement vôtre en Marie,

Catherine

UNE COMMUNAUTÉ D'AMOUR

Le 5 octobre 1966

Mes bien-aimés,

Une fois encore, mes enfants spirituels, c'est avec amour et une profonde tendresse que je viens vous entretenir de l'essentiel de notre Apostolat. Peut-être devrais-je appeler cette lettre : *Rapport sur les réunions de nos responsables.* Mais c'est beaucoup plus, parce qu'il ne s'agit pas tant de résolutions et de décisions que de « l'essentiel ».

Dès le premier jour, il y eut une merveilleuse unité parmi nous et je pense pouvoir affirmer, en toute vérité, que nous sentions la Présence du Saint-Esprit d'une manière toute spéciale. Dès le premier jour, nous avons examiné l'ensemble de l'Apostolat et chacune de ses missions d'un seul point de vue. Peut-être devrais-je dire que nous nous sommes concentrés sur « l'essentiel » qui est très clair: *Madonna House existe pour devenir une communauté d'amour.*

Une communauté d'amour engendrera « des îlots de paix » partout où elle établira ses missions dans notre monde bouleversé, déchiré par les guerres. Madonna House et ses missions se veulent *un signe du Seigneur en ce monde*; chacun d'entre nous a été choisi pour « mettre en évidence » ce signe dont nous sommes porteurs. De quoi sommes-nous donc le signe? Tout d'abord de Lui-même. Nous devons montrer son visage au monde et la seule façon de le faire c'est, avant tout, de nous le montrer mutuellement. Nous Le montrons en formant une communauté d'amour dans laquelle nous voyons clairement son visage, puis en nous retournant, pour le montrer au monde.

À ces réunions de responsables, nous avons discuté le fait que nous sommes aussi un signe de son existence. Un grand théologien a dit récemment: « Il est impossible, aujourd'hui, de prouver l'existence de Dieu seulement par la raison et l'intelligence. Il faut aussi vivre l'Évangile sans compromis; alors, et alors seulement, les hommes comprendront que Dieu n'est pas mort mais bien vivant. »

En faisant un rapport sur l'Apostolat de l'année précédente, dans leur maison, cet « essentiel » était le critère principal des responsables et de ceux qui écoutaient, pour évaluer chaque maison. Et c'était véritablement une belle façon, positive, encourageante et joyeuse de le faire. Loin des petites difficultés qui assombrissaient souvent les responsables. Chacun apportait à ces réunions une nouvelle et plus profonde vision de l'esprit qui se développait entre nous – un esprit de prière, de désir et de soif de « l'essentiel ».

Il était évident que ce message de « l'essentiel » est celui que chacun devra rapporter dans sa maison. Ce qui, en un sens, revient à plusieurs passages de l'Évangile:

- *Abandon total à Dieu:* « Sans moi, vous ne pouvez rien faire »;
- *Sens des priorités:* « Cherchez d'abord le Royaume de Dieu et le reste vous sera donné par surcroît ».
- *Primauté de l'amour :* L'hymne de saint Paul sur la charité dit: « Si

je parle le langage des hommes et des anges, sans l'amour, je ne suis qu'airain bruyant et cymbales qui résonnent. Si j'ai le don de prophétie et connais tous les mystères et toutes les sciences ; si j'ai assez de foi pour soulever les montagnes, mais pas l'amour, je ne suis rien. Si je donne tout ce que je possède, si je livre mon corps aux flammes, mais n'ai pas l'amour, cela ne me sert de rien. »
Persévérance dans la charité : Cet hymne dit aussi : « L'amour est bon et patient… il supporte tout… endure tout. »

Chacun des responsables locaux réalisent, comme nous au Centre de Formation, que cet « essentiel » consiste à devenir cette « communauté d'amour ». Mais cela signifie aussi que chaque maison, chaque service et sous-service de Madonna House, en fait tout groupe (aussi petit qu'il soit) ayant une quelconque part dans l'Apostolat, n'a qu'une seule tâche : faire de tous ses membres une « communauté d'amour », avec la grâce de Dieu.

Par exemple, j'ai fait savoir que je me chargeais de la marche de la boutique. Aussi chargé que soit ce service, avec la préparation d'un musée pionnier pour le Centenaire Canadien de l'année prochaine, plus l'afflux de touristes en perspective, le plus important, pour moi, chef de ce service, a été de créer une « communauté, rayonnante d'amour » entre les membres affectés à ce magasin. Tout le reste est passé au second plan.

Je n'ai pas besoin de vous dire, mes bien aimés, que pour former une communauté d'amour, chacun de nous doit entreprendre une kénose, le « dépouillement de soi » dont nous parlons tellement, mais que nous oublions souvent dans la vie de tous les jours. Les responsables locaux reconnaissent, bien sûr, qu'ils doivent être les premiers à l'appliquer. Il était merveilleux, au point d'en être douloureux, de voir leur ouverture, leur désir et leur soif, d'entreprendre vraiment, quel qu'en soit le prix, cette tâche aussi joyeuse que crucifiante. Ils réalisaient qu'il n'était pas facile de rassembler des êtres humains, avec toutes leurs faiblesses, leurs émotions et leurs problèmes, pour faire de ce groupe (dont il font partie) une communauté rayonnante d'amour. C'est pourquoi il nous a paru clairement qu'aucun de nous ne pouvait y parvenir tout seul. Et c'est pourquoi, finalement, les mots du Christ se mirent à résonner profondément en notre âme. Car nous savions, d'un savoir renouvelé, que *sans Lui, nous ne pouvions rien faire,* tant au plan naturel que surnaturel.

À la fin, nous avons découvert que si nous n'étions pas totalement et complètement abandonnés à Dieu, nous ne pouvions pas être réellement « unis » à Lui. Ce n'est que dans la mesure où nous nous abandonnons à sa très Sainte Volonté et où nous répondons à cette vocation particulière, don de Dieu, que nous deviendrons des instruments utiles à son amour, car *nous ne pouvons offrir au monde ce que nous ne possédons pas nous-mêmes.* Si nous ne nous aimons pas mutuellement, comme il le demande, nous ne pouvons montrer son Visage d'amour au monde qui nous entoure. Si nous n'avons pas la paix, fruit de cet amour entre nous, nous ne pouvons donner sa Paix à qui que ce soit.

Oui, au cours de ces réunions, l'essentiel nous devenait de plus en plus clair. Nous avions davantage et plus profondément conscience de notre faiblesse humaine et de la miséricorde de Dieu, de sa tendresse, de sa compassion. Nous comprenions que chaque moment est le moment de recommencer.

Oui, décidément, le Saint-Esprit était avec nous pendant ces réunions. Il guidait ce rassemblement humble, magnifique et ouvert, de responsables et chefs de services qui existent pour vous servir et servir Dieu. Priez pour que chacun d'entre nous (ce qui signifie vous tous, collectivement et individuellement) comprenne de mieux en mieux et « vive » de plus en plus parfaitement l'amour qui peut seul former une communauté d'amour. Faisons-le d'abord, entre nous, pour le répandre ensuite, abondamment sur le reste du monde avec lequel nous sommes en contact.

Affectueusement vôtre en Marie,

Catherine

UNE VISION DANS LA NUIT

Le 9 décembre 1966

Mes bien-aimés,

J'ai essayé, cette année, de vous écrire mon habituelle lettre de Noël mais les mots me venaient difficilement. J'ai prié le Seigneur et dans ma totale pauvreté, il m'est venu à l'idée que, peut-être, je n'avais que mon agonie à vous offrir.

Ce n'est pas une très bonne chose, comme don de Noël, aussi devrais-je y ajouter une étincelle de joie. Car, lorsqu'on est en agonie pour l'Église, (pas uniquement les catholiques et les chrétiens, mais tous les êtres humains pour lesquels le Christ est mort), il arrive qu'une « joie étrange » finisse par relier toutes les blessures de l'agonie. C'est une joie merveilleuse et sereine.

Ce don que je vous fais est un pas de plus vers le développement et l'enrichissement de cette « vision globale » de l'Apostolat de Madonna House. C'est tout ce que j'ai à vous offrir. Acceptez-le avec mon profond amour – une profondeur dont beaucoup d'entre vous ne se doutent pas, mais qui ne vous quitte pas, vous suit, vous comprend quelle que soit la compréhension que vous en ayez. C'est donc avec ce profond amour que je vous envoie mon cadeau de Noël… une lettre que j'écrivais à moi-même le 16 novembre 1966.

Dans la sombre vallée

Ma nuit du 14 au 15 novembre fut vraiment très étrange, car je passai des heures entre le sommeil et la veille, avec de longues périodes sans dormir du tout. Cependant, j'étais, dans l'un ou l'autre cas, absorbée par ce que je dois appeler une « profonde vision » ou une lueur intellectuelle qui s'imposait alors à moi et ne me laissait aucun répit. Il est indiscutable que je traversais une crise de tristesse indescriptible, de peur inexprimable, en même temps qu'un engourdissement et une clarté d'esprit qui, étrangement, allait de pair.

Je voyais l'Église catholique gravement en danger. Nous, les chrétiens, nous étions comme une boule de neige dévalant une montagne immense et qui, ce faisant, se transformait en force meurtrière et, en quelque sorte, tombait sur l'Église et l'écrasait. Elle gisait en ruines sous la neige glacée, symbolisant le cœur froid de tant de soi-disant chrétiens!

J'ai eu la conviction croissante que l'Église se trouvait à un tournant. Et, par Église, je veux dire nous tous. Et plus encore que nous tous, le Peuple de Dieu (évêques, prêtres et laïcs), c'est aussi Dieu! Car l'Église, c'est le mystère de l'Épouse du Christ dont Il est la tête. Il me semble que le Peuple de Dieu a oublié cet aspect; nous l'avons mis de côté. Nous n'avons pas pris en considération cet extraordinaire mystère: l'Église est dirigée par le Christ.

Or, nous la traitons comme si elle était purement humaine. Il me semble que beaucoup déchirent cette face humaine, l'abaissent à notre niveau, la traitent comme si elle était une institution comme les autres – une *organisation* – oubliant ce fait extraordinaire: elle est aussi et avant tout, un organisme, un Corps Vivant dont la Tête est le Christ.

Je réalisais, de quelque manière inexplicable, que si on met le Corps en pièces, la Tête doit alors mourir. Et il m'est venu à l'idée que nous, les chrétiens, nous recrucifions le Christ en nous-mêmes! Comment pouvait-il en être ainsi, je ne sais pas, mais pour moi c'était aussi clair qu'évident; et c'était très effrayant. La peur me faisait frissonner comme une fièvre. Et soudain, je pensais que Dieu le Père était extrêmement fâché de cette re-crucifixion de son Fils, de cet oubli total que l'humanité a de l'Église, le Corps de son Fils – son Fils qui en est aussi la Tête et l'Époux.

La foi nous enseigne que notre Dieu est un Dieu « jaloux » et ce mot *jaloux* ne doit pas être pris dans un sens purement humain. Il faut le comprendre comme le *souci passionné* qu'Il a de notre bonheur ultime autant que de notre paix et tranquillité ici-bas, car Dieu nous aime, simplement parce qu'Il est bon. J'ai donc pensé que sa colère était une « juste » colère parce que nous déchirions nous-mêmes tout ce qui constitue notre paix. Sa justice naît d'une colère contre la façon stupide, hostile, aveugle, absurde et voulue que nous avons de traiter les grâces immenses qu'Il nous fait par le Saint-Esprit à travers Vatican II *.

J'ai compris que Dieu ne cessait de nous donner des signes, écrivant sur des murs visibles ou non, d'effrayants et nombreux mots d'avertissement – des calamités, comme maladies, inondations, famines **. On essaya d'expliquer scientifiquement ces désastres naturels. Mais il y eut les guerres et pas seulement celle du Vietnam ***. Je pense à ces guerres terribles qui lancent des êtres humains les uns contre les autres, avec la rage dans le cœur. La fragmentation et la division du Peuple de Dieu, la haine et l'hostilité des uns pour les autres, leur rejet évident de l'Évangile... Tout cela s'étalait devant moi avec une étonnante et terrible clarté.

Tout le monde se voulait réformateur, non pas selon l'Esprit du Seigneur, mais selon son propre esprit, souvent imprégné de l'esprit du mal. Je voyais l'Église s'écrouler, son Corps déchiré en morceaux, sa tête crucifiée, pas comme le Christ le fut, en homme debout, mais par bribes et pièces (c'est-à-dire nous-mêmes) et crucifié sur une croix immense et grotesque.

Il paraît que nous sommes un peuple de prophètes. Je sais bien que cela ne signifie pas que nous prophétisons l'avenir. Mais il me semble que l'avenir est ou pourrait être, excessivement sombre selon le nombre de « justes » que Dieu pourrait trouver parmi nous. Et dans ce cas, j'entends par « justes » ceux qui « aiment »... qui aiment leurs ennemis, qui s'aiment les uns les autres, selon le commandement de Dieu ; en fait ceux qui aiment Dieu.

Je n'ai pas honte de dire que je tremblais devant ce spectacle. Et je voyais avec acuité qu'à Madonna House, nous devons progresser en

---

* Les sessions de ce Concile œcuménique eurent lieu entre le 11 octobre 1962 et le 8 décembre 1965, avec plus de 2 000 évêques.

** En 1965 et 1966, des tornades dévastèrent le centre des USA, blessant quatre mille personnes. En Turquie, un tremblement de terre tua trois mille personnes. Au Pakistan, un cyclone fit trente-huit mille victimes.

*** Au Nigéria trente mille Ibos furent massacrés. Dans les années suivantes, cinq mille huit cents soldats américains furent tués au Vietnam.

amour, nous hâter de former cette communauté d'amour dont mon cœur me pousse à vous parler si souvent avec tant de violence et de passion.

Je comprenais parfaitement ces paroles divines selon lesquelles l'Église continuera d'exister, puisque l'enfer ne pourra rien contre elle. Mais il me semble aussi que, surtout les catholiques, par l'intermédiaire des médias et toute cette agitation intellectuelle, sont en train de pousser lentement mais sûrement, dans les catacombes, l'Église qui est déjà en diaspora. Devant notre responsabilité, je tremblais et pleurais pour ceux qui la mettent en pièces. Ces chrétiens sont notre élite que Dieu a douée de nombreuses grâces d'intelligence et, plus que d'autres, de talents. Je frémis de les voir mal utiliser ces dons et refuser la réelle responsabilité que ceux-ci leur confèrent. « *Malheur à qui scandalise les petits du Christ* » sont les mots de l'Évangile qui me vinrent à l'esprit la nuit dernière.

Une vision sur la montagne

Je vis l'immense changement qui allait se produire. Je fus, au-delà de toute expression, submergée à nouveau par la peur et la tristesse. Au lieu de mener les hommes à Dieu et de leur faciliter la rencontre, ces changements les détournaient de Lui.

Lorsque j'eus atteint ce qui semblait le point de non-retour, lorsque je voulus m'enfuir loin de tout cela et me cacher quelque part (tout en sachant qu'on ne peut nulle part se cacher de Dieu), il me sembla voir dans une sorte de clarté si vive, ce qu'allait devoir être le rôle de Madonna House face à ce qui m'apparaissait être la future ruine de l'Église.

C'était comme si Dieu nous avait placés au sommet d'une montagne pour mieux dominer la perspective de ce combat entre les hommes et Dieu, entre le bien et le mal. Tout en bas, dans la vallée, ils construisaient une autre Tour de Babel. Nous, au sommet de la montagne, à Madonna House, nous étions appelés à construire une communauté d'amour.

Et parce qu'elle était composée d'êtres humains, cette communauté me semblait faite des choses dont ils ont prioritairement besoin – abris, bâtiments, etc. Pourtant, chaque demeure, chaque maison avait aussi une signification *symbolique*, représentant un instrument de Dieu pour restaurer, réparer, guérir, appeler, aider ces hommes qui, dans la vallée, construisaient la Tour de Babel. Ils divisaient l'Église, crucifiaient chaque partie de ce qui était le Corps du Christ sur une croix grotesque et, ce faisant, crucifiaient sa Tête à nouveau. Mais il me parut aussi que les maisons sur la montagne et la communauté d'amour qu'elles abritaient y étaient placées par Dieu, pour consoler, guérir et, d'une certaine façon, mourir pour les petits du Christ que les autres scandalisaient.

Il y avait donc une montagne et, sur celle-ci, des demeures, de réelles demeures qui pour moi signifiaient les fruits de cette communauté d'amour que Madonna House doit devenir ou sinon elle périra.

Dans l'un des bâtiments, étaient rassemblés des experts (prêtres et laïcs) très spécialement choisis par Dieu. Comme ceux qui viendraient à l'avenir, Dieu les avait dotés de capacités intellectuelles. Ils étaient très compétents dans leurs spécialités qui sont les lois canoniques, les Écritures, la théologie, etc. Il y avait aussi quelques scientifiques intéressés à l'intégration de l'Évangile dans leurs propres disciplines.

Ces prêtres et ces laïcs travaillaient tous dans leur spécialité et, grâce à leur extrême compétence, leur amour de Dieu et leur désir de le servir, ils attiraient leurs collègues restés dans la vallée. Ces derniers se mettaient lentement à escalader la montagne parce qu'ils ne pouvaient plus participer à la division et à la crucifixion de l'Église, ou du moins, étaient fatigués de le faire.

Dans un second bâtiment, je vis des écrivains, des peintres et des artisans qui s'intéressaient à l'art sous toutes ses formes (y compris l'artisanat et le théâtre) ; ils en avaient une profonde connaissance ainsi qu'un grand amour de Dieu. Comme les scientifiques, eux aussi attiraient de la vallée leurs collègues qui ne pouvaient continuer à diviser et crucifier les membres du Corps du Christ.

Dans un troisième bâtiment, je vis des prêtres brûlants d'amour pour Dieu et pour l'homme, qui s'apprêtaient à servir l'un et l'autre soit en retournant dans la vallée, soit en parcourant d'autres vallées à travers le monde pour témoigner du Christ d'abord en *étant* et en *aimant*, et après en *agissant*. Ils emmenaient nos apôtres laïcs là où on ne connaissait pas Dieu et là où on l'avait déjà rejeté.

Autour de ces trois gros bâtiments j'en vis, éparpillés, de plus petits, qui étaient « mères » des futurs *poustinias* à travers le monde – ashrams en Inde, huttes de prières en Afrique… Là, prêtres et laïcs vivaient seuls, ils avaient choisi la solitude, la prière et la pénitence pour soutenir les autres et pour expier, devant Dieu, au nom des hommes restés dans la vallée. Parmi ceux-ci, des « petits » arrivaient en grand nombre pour manger « du fruit » du silence, de la contemplation et de la pénitence de ces reclus qui avaient gardé leurs portes ouvertes.

D'autres bâtiments encore abritaient de nombreuses personnes, hommes et femmes, vivant et travaillant là, pour être formés (si c'est bien le mot) à constituer une communauté d'amour – une communauté dans laquelle tous ceux dont je viens de parler pourraient exister. Et l'ensemble de tous ces bâtiments me parut comme une seule et même petite bougie éclairant ces épaisses ténèbres qui s'obscurcissaient de jour en jour. Mais une petite bougie est, malgré tout, une grande lumière pour ceux qui vivent dans cette terrible obscurité.

Il me sembla que Dieu attendait cela de Madonna House. Nous devons devenir cette petite bougie dans la terrible nuit que nous connaissons déjà et qui va s'intensifier dans les années à venir. Il me parut que nous étions la réponse aimante de Dieu au chaos que l'homme avait suscité en lui-même. C'était une réponse de paix que Dieu faisait, face à l'hostilité, la colère, l'agitation, l'oubli de l'essentiel de l'Évangile et face à la terrible déchirure du Peuple de Dieu, le Corps du Christ, qui s'effectue de jour en jour avec de plus en plus de violence.

J'ai compris que cette communauté d'amour était placée au sommet d'une montagne pour que la bougie qui y brûle, si petite qu'elle soit, puisse se voir de partout, dans l'obscurité d'en-bas. Les bâtiments devaient être humbles, pauvres et très simples comme ceux qui les habitaient, lesquels devaient aussi se faire petits comme des enfants. Car il n'y avait qu'un « David » pour tuer le « Goliath » de la vallée… un jeune berger vêtu pauvrement, armé d'une fronde d'amour et de petites pierres de simplicité, d'humilité et d'esprit d'enfance. Et il en fut ainsi. La communauté d'amour qui habitait au sommet de la montagne portait la tenue de service (la robe sacerdotale du Bon Berger) et ses talents n'étaient que des outils de service. Outre ses « armes » d'amour, d'humilité et de simplicité, chacun de ses membres était muni d'un linge, d'un broc d'eau et d'une bassine, pour laver les pieds de tous ceux qui venaient à eux.

Ceux qui descendent dans toutes les vallées du monde ne portaient qu'une simple fronde de charité, et dans leurs poches, les cailloux de l'humilité et de l'esprit d'enfance. Ils étaient ceints d'un linge de service, mais n'emportaient ni broc ni bassine, sachant qu'ils en trouveraient sur la place publique pour recueillir l'eau claire de l'amour qui s'écoulerait de leur cœur partout où ils allaient témoigner pour le Christ.

Telle fut ma vision, en cette étrange nuit du 14 au 15 novembre.

Affectueusement vôtre en Marie,

Catherine

L'AMOUR EST UN HOLOCAUSTE

Le 20 mars 1967

Mes bien-aimés,

Ce n'est qu'aujourd'hui, après avoir écrit « ma lettre d'amour » offert comme humble cadeau de Pâques, que je viens vous rendre visite. Depuis longtemps je garde en mon cœur plusieurs choses dont je veux parler à chacun d'entre vous, des choses que je n'ai montrées qu'au Seigneur, mais que maintenant je peux partager avec vous.

Elles concernent ce que j'appelle « la formation » d'une communauté d'amour. Vous m'entendez en parler sans fin ! Je sais qu'avec la grâce et l'aide de Dieu vous y travaillez tous. Mais nous n'avons pas assez parlé des « petites choses », comme des plus importantes qui concourent à former cette communauté.

Commençons par nous regarder ensemble et, au nom du Seigneur, essayons de voir ce qui nous retient de répondre au désir que le cœur de Dieu a sur nous ; car c'est Lui qui nous appelle à former cette communauté.

L'un des principaux obstacles, c'est, bien sûr, notre humanité blessée par le péché originel ; nous devons le reconnaître. Mais l'expression de notre humanité blessée prend, parmi nous, des formes diverses qui pourraient disparaître aussi bien que le brouillard devant le soleil, si nous étions vraiment ouverts les uns aux autres.

C'est une question de personnalité. Personne ne ressemble à un autre ; nous sommes tous uniques. Et pourtant, Dieu a créé chacun de nous pour constituer une belle mosaïque, une image en puzzle, dans laquelle, même nos différences, même notre originalité deviennent la clef qui permet d'en assembler les pièces. Il a fondu chacun de nous de manière à ce que nous arrivions à nous souder fermement pour former le beau modèle de sa vie divine qui s'appelle l'amour.

Si vous êtes un jeune responsable local qui craint d'être rejeté par les membres de son équipe, peut-être plus avancée en âge, éducation, expérience, compétence, de quoi avez-vous peur lorsque vous avez compris que ce n'est pas vous qui dirigez votre maison ? C'est le Christ ! Agissez donc avec franchise et dites-leur simplement : « Je suis jeune et sans expérience. Corrigez-moi si nécessaire. Mais, en même temps, obéissez-moi ; parce que ce n'est pas à moi, mais au Christ que vous obéirez. »

Vous êtes peut-être un nouveau responsable, écrasé par la responsabilité qui vous incombe de créer, dans votre maison, une communauté d'amour, tout en faisant face à mille obligations qui s'imposent avec urgence dans votre esprit, votre cœur, votre âme. N'ayez pas peur, ne soyez pas déprimé ; priez et jeûnez. Reconnaissez votre faiblesse, votre manque d'expérience ; et profitez de l'expérience des membres de votre équipe. N'ayez jamais peur de « perdre la face », comme on le dit dans le monde car, à Madonna House, chacun d'entre nous a de la bonne volonté et désire grandir en sagesse et en grâce.

Êtes-vous un membre de la communauté qui a des problèmes avec son responsable ou avec quelqu'un de l'équipe ? Vous imaginez-vous incompris, pas suffisamment apprécié ou vous vous sentez valorisé uniquement pour vos capacités ? Arrêtez ! Arrêtez tout de suite, cher bien-aimé, parce qu'il y a très peu d'endroits dans le monde où vous serez aimé comme vous l'êtes à Madonna House. Et si en raison de quelque problème affectif, votre frère ou votre sœur semble vous rejeter, ne pas vous comprendre, c'est son affaire. Vous, offrez-lui votre amour. Soyez ouvert avec eux ; ne vous retirez pas, car un retrait blesse le bien commun.

Ne faites pas de comparaisons ; elles sont odieuses. Quelle importance, vraiment, si l'un est muni d'un doctorat et que l'autre sorte tout juste du lycée ? Ce sont des évaluations du monde qui n'ont aucune importance. Nous avons un grand désir d'établir une communauté d'amour parmi nous, alors acceptons que, au sens large du mot, nous sommes tous plus ou moins « névrosés ». Nous vivons dans un siècle de bombe atomique, d'énormes changements technologiques, de grand renouveau dans l'Église, toutes choses qui ont ébranlé les fondations de nos nombreuses sécurités à la fois culturelles et spirituelles. Il nous faut réaliser que, dans ces conditions, stress et tensions se répercuteront sur nos émotions. Réjouissons-nous d'en être conscients, car notre faiblesse est la force de Dieu. C'est Lui qui nous a choisis pour nous amener à Madonna House. Il l'a fait pour que nous puissions apprendre à l'aimer et à aimer les autres afin d'apporter cet amour à un monde qui en a si profondément soif.

Ne soyons pas dépendants d'une personne, mais de Dieu seul. En même temps, laissons les chefs « conduire » et les forts « déposer leur force aux pieds des autres », pour être une lampe qui conduise leurs pas vers Dieu et non pas vers eux-mêmes. Que personne « ne se nourrisse » aux dépens des autres mais se laisse « manger » par les autres. Puisque nous mangeons Dieu tous les matins, nous devons être nous-mêmes mangés. Cela signifie que nous devons nous donner sans réserve à quiconque a besoin de nous sur le moment, tout spécialement si ce sont nos propres frères et sœurs.

Dans la paix, avec amour et confiance les uns dans les autres, nous pouvons résoudre toutes les difficultés; car si l'on peut souffrir et aimer, on peut presque tout faire, y compris ce qui, dans ce monde, semble impossible. Finalement, nous comprenons « le prix » qu'il faut payer pour créer cette communauté d'amour qui commence chaque fois qu'un être humain tourne son visage vers Dieu (car la Trinité est la première communauté d'amour). C'est en nous-mêmes que nous devons commencer à la former puisque, à moins de ne faire qu'un avec la Trinité, nous serons incapables d'établir de véritables relations les uns avec les autres.

C'est dans l'unité avec la Trinité que réside, avant tout, le secret d'une communauté d'amour, unité qui nous donnera la force de « payer le même prix » que la rançon payée pour vous et moi par la Seconde Personne de la Trinité. En effet, c'est Lui qui aimera en nous, car nous aurons fini par reconnaître que l'amour est un holocauste. C'est cet holocauste qui brûle entièrement notre « je », nous empêchant désormais d'utiliser ce pronom égoïste et centré sur nous-mêmes. Alors, notre communauté d'amour se mettra à exister, apparaissant comme une flamme claire que tous pourront voir et les gens viendront pour toucher nos blessures; ce sera une grande souffrance, mais qui nous donnera aussi une joie incompréhensible. Oui, ce sont les petites choses (mais, en fait, si grandes) qui sont indispensables pour former une communauté d'amour.

Pour savoir comment notre petite famille se développe dans les missions, c'est très simple: il vous suffit d'observer l'intensité de joie qui règne dans votre maison, parce que *la joie donne la mesure d'une communauté d'amour.* Peut-être est-ce inutile de vous rappeler la célèbre prière de saint François. La voilà tout de même:

> Seigneur, fais de moi un instrument de paix!
> Là où est la haine, que je sème l'amour.

Là où est l'offense, le pardon.
Là où est le doute, la foi.
Là où est le désespoir, l'espérance.
Là où sont les ténèbres, la lumière.
Là où est la tristesse, la joie.

Telle est la première partie de la prière qui énumère les fruits de la seconde. Mais il nous faut accepter ces derniers pour produire les premiers. Voici la seconde partie :

Ô Divin maître, accorde-moi de ne pas tant chercher
À être consolé qu'à consoler,
À être compris qu'à comprendre,
À être aimé qu'à aimer.

Ces trois requêtes que faisait saint François à Dieu résument la façon de former une communauté d'amour. Lorsqu'elles sont comprises et mises en action ou « incarnées » dans notre vie, vient alors l'immense récompense que Dieu nous promet dans ses Béatitudes :

Car c'est en donnant que nous recevons.
En pardonnant que nous sommes pardonnés.
En mourant que nous naissons à la vie éternelle.

Nous connaissons cette prière de saint François, mais je vous supplie de la méditer pendant ce glorieux temps pascal. Elle renferme tout ce que Dieu veut vous dire et tout ce que je veux vous dire. Je sais que, dans votre cœur, il y aura cet écho : « Oui, Seigneur, c'est le chemin ; aide-moi à m'y aventurer. »

Affectueusement en Marie,

Catherine

UNE MÉDITATION SUR LA PAUVRETÉ

Le 22 mars 1967

Mes bien-aimés,

Je vous envoie, ci-jointe, une méditation que j'avais faite et que j'ai publiée récemment aux éditions *Spiritual Life*, une revue carmélitaine. J'ai pensé qu'elle serait une bonne lettre pour nous et nous aiderait tous à comprendre un peu mieux ce qu'est réellement la vraie pauvreté.

La pauvreté est *l'épée* de l'Esprit avec laquelle est tuée la « chair » en guerre contre Dieu – la « chair » du *moi* qui se nourrit au sein de l'orgueil, de la gloriole et de la vanité.

La pauvreté est le *feu* de l'Esprit saint qui réduit en cendres les milliers de châteaux construits par le *moi* dans les cavernes et recoins de l'âme – châteaux somptueux de la vanité, de la gourmandise et de l'avarice.

La pauvreté est la *lumière* de l'Esprit saint dispersant les ténèbres qui cachent si bien ces châteaux que l'âme humaine a bâtis par son *moi*, tout en abritant la concupiscence, la gloutonnerie et la paresse qui sont venues s'y réfugier.

La pauvreté est *la serpe à émonder* de l'obéissance que tient le fermier, Dieu le Père. Il arrive, avec tout pouvoir, pour couper profondément, élaguer et débarrasser de son écorce l'arbre de l'âme, jusqu'à ce qu'il se tienne devant sa Face, blanc et dépouillé de son *moi*. Avec la douceur d'un Père, Il le greffe alors sur un arbre vigoureux – son Fils Unique. Tremblant et saignant, l'arbre chétif de l'âme est anéanti. Il contemple sa nudité, son néant, son indignité dans toute leur étendue et ne sait plus rien, ne comprend plus rien. Il sait seulement que, de façon inexplicable, il fait maintenant partie d'une Immensité et d'une Infinité dont il ignorait l'existence. Alors, en vérité, la pauvreté a fait son œuvre et tout ce que l'âme peut faire, c'est « de se tenir immobile » à l'ombre d'une nouvelle nuit d'obéissance et de « s'offrir en holocauste » d'amour.

La pauvreté est le *Trésor* de la Très Sainte Trinité – un trésor réservé à l'âme de celui qui, dans l'obscurité de la nuit, se développe en une branche robuste de l'Arbre-qui-est-le-Fils. Ornée de toutes les richesses que possèdent la pauvreté et l'obéissance, elle devient l'épouse du Christ et « entre dans son Royaume » dès cette terre!

Affectueusement en Marie,

Catherine

L'ALPHA ET L'OMÉGA

Le 21 novembre 1967

Mes bien-aimés,

Il devient évident que Madonna House a atteint un niveau de grâce plus élevé. Autrement dit, nous avons, dans notre cœur, entendu l'appel de Dieu: « Mes amis, montez plus haut! »

Ici la réunion des responsables locaux a été comblée de grâces, comme vous devez maintenant le savoir, et elle a fortement mis en lumière notre premier objectif qui est la formation d'une communauté d'amour entre nous. Tout ce que l'on a décidé par ailleurs n'était que secondaire car, plus nous nous aimons mutuellement, mieux nous servirons. Notre travail y gagnera en profondeur et en affection, il sera plus ordonné et plus efficace. Plus nous réussirons cette communauté d'amour, plus nos œuvres s'étendront largement dans le monde séculier, la politique, l'économie, agissant ainsi sur le renouveau des communautés et des associations ainsi que sur les œuvres de charité.

Je n'ai cessé de prier depuis mon retour du Congrès de l'Apostolat des laïcs sur le Tiers-Monde, parce qu'une partie de celui-ci m'a frappée presqu'autant que saint Paul tombant de son cheval sur la route de Damas!

Un instant, peut-être, je fus comme saint Paul aveugle, sourde et muette. J'étais tellement frappée par le fait que ce qu'à Madonna

House nous appelons nos « techniques » (si c'est bien le mot juste) n'ont cessé d'être étudiées, approuvées et acclamées au Congrès, surtout par les pays les plus pauvres. Pas un seul atelier n'omit (et ils étaient nombreux) de supplier, d'implorer, de rappeler aux nations riches qu'aucune activité politique, sociale, économique, pastorale ne peut se déployer sans l'aide de la *prière* (ce Congrès étudiait l'ensemble des problèmes mondiaux dans et hors de l'Église). On recommandait la messe en premier lieu, et, secondement, des temps de silence, de solitude, de méditation et de contemplation. Ces paroles du Christ : « Père, je te remercie d'avoir révélé cela aux petits de ce monde et non aux sages » devenaient une évidence aux yeux de la race blanche et des pays riches.

Les ateliers sur les missions ont clairement et à haute voix défini la méthode des missionnaires. Une dizaine de pays y étaient représentés et ceux qui ont pris la parole au nom du Tiers-Monde ont dit : « Venez vivre avec nous pendant plusieurs années. Devenez nos amis. Identifiez-vous à nous dans la mesure où vous le pouvez, culturellement, physiquement, mentalement. Priez pour vous identifier davantage, peut-être même jusqu'à en mourir parmi nous. Ne faites rien pendant plusieurs années, tant que nous n'avons pas appris à vous faire confiance. Vos manières occidentales nous heurtent continuellement et souvent vous nous avez trahis.

« Nous avons besoin de votre aide. Nous voulons que vous nous guérissiez et nous aidiez à apprendre mille choses. Vous pouvez être des infirmières, des instituteurs, des assistantes sociales, mais nous, les catholiques de ces pays, nous voulons *en premier lieu* que vous nous apportiez le Christ et que vous le fassiez par des contacts personnels et en vous identifiant à notre vie. Commencez par vous donner *vous-mêmes* et vos programmes d'aides, seulement après... Alors tous connaîtront mieux notre Dieu parce que vous vivrez l'Évangile avec votre vie... et c'est la meilleure façon de prêcher. »

C'est alors que je fus tant frappée de stupeur que, pendant un moment, je me sentis aveugle, sourde et muette ! Je dois admettre qu'en un sens je fus terrifiée, bouleversée. J'avais l'impression d'être le prophète devant le buisson ardent du désert, le prophète à qui la voix disait : « Enlevez vos chaussures car ce lieu est sacré. » Il n'est pas donné à tout le monde d'avoir une telle confirmation de ce qui semble des idées absurdes. Je peux dire que, d'une certaine manière, j'ai « consacré ma vie » à ces idées et que j'essaie encore de le faire. J'avoue que je me suis mise à trembler comme si j'avais de la fièvre ou un refroidissement. C'est pour cela même que je priais presque sans cesse ; je souhaitais être capable de formuler la prière par laquelle Dieu nous aiderait à comprendre. Qui peut définir une communauté d'amour ? Dites-moi qui le peut ?... Si l'on ne se plonge dans l'Évangile pour le vivre !

En hésitant et avec humilité, je dois essayer d'exprimer ce que j'ai dans le cœur. (Bien que j'aie baigné dans l'Évangile et que j'aie essayé de le vivre, je ne me sens pas digne de le faire.) Lorsque je me suis levée pour prendre la parole à l'un de ces ateliers, j'ai expliqué l'idée que nous nous faisons d'une « communauté d'amour », en essayant de la décrire brièvement et succinctement. Une femme de Calcutta, au visage merveilleux, s'est alors écriée : « C'est cela ! C'est l'apostolat dont nous parle cette dame qu'il nous faut aujourd'hui. Il sera comme des graines répandues à travers le monde par le Saint-Esprit et, partout où elles tomberont, elles attireront des personnes, non pas d'elles-mêmes, mais grâce à l'action du Christ. » Un moment après elle ajouta – je cite encore avec humilité, parce que l'humilité est vérité – : « De tous les Occidentaux ici présents, vous êtes la seule à parler à mon cœur d'Hindoue catholique. Je travaille avec l'évêque de Calcutta. Voudriez-vous nous y rejoindre ? » Je répondis : « Avec la grâce de Dieu peut-être. »

Je ne partage avec vous que mes propres intuitions. Laissez-les tomber et pousser, dans votre cœur, comme une graine, pour qu'elles vous servent d'enseignement, si elles viennent bien du Saint-Esprit. Comme je le vois, pour former une communauté d'amour parmi nous, nous devons d'abord former une communauté d'amour avec la Trinité. Nous devons être une communauté d'amour avec la Très Sainte Trinité, dans chacune de nos maisons, chacun de nos services et dans le cœur de chacun d'entre nous. Comme nous approchons du feu de cet amour qu'est la Trinité, nous devons faire en sorte que cet amour brûle les scories que renferme notre cœur.

Nous devons mettre nos pas dans les traces de notre Frère Jésus-Christ. Nous devons nous appuyer sur Lui, comme doivent le faire les *anawim* – les pauvres de Dieu – quand le chemin devient difficile. Il nous mènera au cœur du Père, car vous savez que, par le Fils, Il nous a envoyé le Saint-Esprit. Il nous guidera pour « crier l'Évangile par notre vie » puisque c'est ce que signifie « marcher sur les pas » du Christ. Nous savons que le Saint-Esprit nous enseignera et nous révélera, pas à pas, ce que peut-être nous ignorons ou n'avons pas compris. C'est ainsi, qu'avec la grâce de Dieu, nous commencerons à comprendre où doit se trouver notre place (cette place unique de chacun d'entre nous), pour former la communauté d'amour que doit devenir Madonna House… ou elle périra!

En suivant, sans le lâcher, notre Frère Jésus, nous devons le prier, le supplier, l'implorer d'être capable de le suivre totalement dans cette kénose – le dépouillement de Lui-même, commencé dès sa naissance lorsqu'Il prit chair; kénose de toute sa vie à Nazareth; kénose de sa prédication et de la formation de tous ceux qui le suivaient; kénose qu'Il compléta sur la croix en mourant d'amour pour nous. Il nous faut entreprendre ce voyage intérieur tout en sachant qu'il sera douloureux, mais avec l'assurance qu'il deviendra joyeux, car Dieu est *Joie*. L'amour aussi! Tous deux mènent à la liberté totale.

Mais gardons-nous de l'une des plus subtiles ruses de Satan: nous *faire échapper dans un « bien » faux et inapproprié.* Si le démon ne peut nous tenter avec le mal, il peut le faire avec le « bien ». Il est si facile de s'engager dans un apostolat auprès des hippies, des exclus, des pauvres, des ceci ou cela… de tout faire sauf d'entrer dans cette kénose. Il est difficile de suivre notre Frère Jésus jusqu'au Père, d'entrer dans ce feu qui réduit en cendres tout ce qui n'est pas de Dieu en nous. Si nous tombons dans de telles tentations nos œuvres seront réduites à néant.

Mais si nous nous appuyons, tenons bon, suivons Jésus-Christ pour aller au Père, nous nous dépouillerons totalement et serons remplis du Saint-Esprit. Et nous tomberons amoureux de Dieu, de la Très Sainte Trinité ; nous en ferons partie, partie de l'éternelle et première Communauté d'Amour.

Nous pourrons alors vivre dans le monde séculier, vêtus de charité, de vérité et d'humilité pour le renouveler. Nous pourrons entrer dans le monde politique, économique et partout où s'impose la restauration – même dans un univers lointain. La vie interplanétaire nous sera facile, aussi bien que la dernière technologie… car l'amour peut tout pénétrer, c'est-à-dire la création tout entière.

Commençons donc par le commencement, l'Alpha et l'Oméga, avec notre Frère Jésus-Christ qui nous mènera au Père et nous donnera l'Esprit saint. Tout le reste nous sera donné par surcroît. Amen. Alléluia !

Affectueusement vôtre en Marie,

Catherine

L'ESSENTIEL, C'EST SON INCARNATION

Noël 1967

Mes bien-aimés,

Que vous dire en ce jour anniversaire de l'Enfant Jésus ? Que vous dire qui ne l'ait pas été déjà dit mille fois mieux ?

Peut-être puis-je partager quelques pensées avec vous, car dans ma totale pauvreté, c'est tout ce qui me reste : quelques pensées et, pour vous, un immense amour. Mais je vous l'ai déjà donné ; à vous de le conserver jusqu'à ma mort, jusqu'à ce que je vous rencontre dans le Cœur de l'Amour. Mais, ces quelques pensées, je désire les partager avec vous.

Le Christ désire naître dans la mangeoire de notre cœur. Est-ce que la porte de notre cœur est assez grande ouverte pour recevoir les bergers, les mages et les visiteurs de passage… autrement dit l'humanité ? Est-elle assez ouverte pour nous recevoir mutuellement dans l'Apostolat, comme le Christ recevrait chacun d'entre nous ? Est-elle assez ouverte pour recevoir ceux qui nous entourent et que nous sommes venus servir partout dans l'Apostolat ?

Ou pensons-nous qu'il suffise de faire une mangeoire de notre cœur, exclusivement pour garder le Christ pour nous ? Le Christ n'est pas né pour cela et dans ces conditions, il pourrait bien passer à côté de la mangeoire de notre cœur.

Le Christ nous a dit que *si nous ne devenions pas comme des enfants*, nous n'entrerions pas dans le Royaume des cieux. Nous avons tendance à associer Noël et les enfants d'une façon sentimentale et cela presque malgré nous. Un nouveau-né est « mignon » ; les enfants sont « adorables ». Et c'est vrai, mais ce n'est pas ce que le Christ voulait dire. Du moins, je ne le pense pas ; Il nous voulait avec un *cœur* d'enfant.

Que signifie avoir un cœur d'enfant ? Un enfant fait totalement confiance. Il mettra sa main dans celle d'un étranger et le suivra, peut-être même jusqu'à sa propre mort. Un enfant est parfaitement ouvert, simple, direct, sans défense et sans peur, si les aînés ne lui ont pas communiqué cette peur. Un enfant croit sans réserve.

Chaque matin, après avoir communié, je vais prier devant l'Enfant de Prague et je ne dis que deux phrases : « Donnez-moi le cœur d'un enfant. Et donnez-moi l'extraordinaire courage de vivre ce que cela exige. » Voilà aussi ce que Noël signifie pour moi.

De nos jours, on coupe les cheveux en quatre, on est très occupé de tout ce qui n'est pas l'essentiel : « Devrions-nous jouer de la guitare à la messe ? Faudrait-il qu'elle soit électrique ? Faudrait-il adapter la musique orientale à notre liturgie, ou les mélodies africaines de la Missa Luba ?… Devons-nous recevoir la communion sous les deux espèces ?… Recevoir dans la main l'hostie et le calice ? Faut-il que ce soit la droite ou la gauche ? »

Nous demandons : « Que dire de la virginité de Notre-Dame ?… Du rôle des prêtres ?… De la régulation des naissances ?… De l'avortement ?… Des ordres religieux ?… De l'habit religieux ou séculier ?… » Nous avons l'esprit occupé de toutes ces questions, et de mille autres qui font l'objet de discussions sans fin !

Dieu s'est fait homme. Qu'est-ce que ça signifie ? Qu'est-ce que cela change dans ma vie quotidienne ? Comment cela en affecte-t-il la routine monotone ? Qu'est-ce que cela exige de moi ? Comment puis-je témoigner de ce grand événement de Dieu devenu homme ? Voilà les vraies questions qu'on doit se poser !

Dieu parlait quand Il était sur la terre. Quel est l'essentiel de son message ? Est-ce que je l'accepte sans raisonner ? Que signifie pour moi sa résurrection dans le cadre de l'Apostolat ? Et pour tous les chrétiens du monde ? En commençant mon pèlerinage vers la crèche, je me suis rendu compte que je pleurais (du moins spirituellement) parce que, tout le monde, partout, évite constamment les questions essentielles.

Qu'importe les histoires de guitares, etc. ? Seul importe le fait que Dieu se soit fait Homme, qu'Il nous ait commandé de l'aimer et de nous aimer les uns les autres, qu'Il soit mort pour que nous vivions selon son commandement et que nous ne faisions qu'un avec Lui ; importe aussi que sa résurrection soit notre espérance. L'essentiel est son incarnation qui conduit à sa résurrection dans laquelle nous vivons. Il en résulte un fardeau sur chacun de nous, le doux fardeau qui exige que nous vivions de son incarnation et de son commandement. En ce qui me concerne, Noël m'invite à témoigner de cette Bonne Nouvelle, en la proclamant par ma vie, en rejetant tout ce qui est accessoire, et en vivant dans ce qui constitue l'essence même de l'Enfant, de l'Homme, de ce Dieu.

Je vous écris une lettre bien étrange, mais ce sont les seules pensées qui me viennent à l'esprit. Mes récents voyages à Londres, Rome et Bruxelles, etc., ne peuvent pas plus que la paix de Combermere et la solitude de ma *poustinia*, effacer de mon cœur la réalité de la pauvreté ; l'idée que, partout dans le monde, des hommes s'entre-tuent et que la violence et la haine rampent dans leur cœur.

Non rien ne peut effacer cette réalité et ces pensées. Pourtant je sais qu'Il est venu, que dans quelques jours nous allons célébrer sa venue et que si nous ne vivons pas l'essentiel de son incarnation et de sa résurrection, nous n'apporterons pas au monde sa paix et son amour, ainsi que nous le devrions.

Que ce Noël nous débarrasse donc de tout ce qui n'est pas essentiel. Avec le Christ, *à tout moment, il est temps de recommencer*! Allons ensemble nous agenouiller à la crèche de l'Enfant pour recevoir le cœur d'un enfant et vivre en conséquence.

Oui, ces quelques pensées sont tout ce que j'ai à vous donner. Elles sont enveloppées de mon indéfectible amour pour vous dans le Christ Enfant.

Affectueusement vôtre,

Catherine

LE TEMPS APPARTIENT À DIEU

Le 12 janvier 1968

Mes bien-aimés,

Il y a un problème ou une question (suivant la façon dont vous l'appelez) qui ne cesse de revenir sous une forme ou une autre dans le courrier ou dans les lettres circulaires. J'aimerais que vous y pensiez et priez pour cela. Nous devrons certainement en discuter parce que ce problème revient trop souvent et qu'il me trouble assez pour ne pas être traité à la légère. Permettez-moi de le résumer de la manière suivante : je me trouve constamment face au fait que vous divisez encore les 24 heures de la journée en « temps libre » et en « temps de travail » ; en « celui de l'Apostolat » et en « mon temps personnel ». Ceci me paraît étrange… et je parle, maintenant, en tant que chrétienne et pas seulement fondatrice d'un Apostolat qui enseigne son esprit.

Le temps nous appartient-il ? Songeons à Alma, car j'ai de tristes nouvelles à vous donner d'elle. Les analyses ont finalement prouvé qu'elle a un cancer des poumons. Elle sait, maintenant que le temps ne lui appartient pas. Le temps n'appartient qu'à Dieu et fait partie de l'éternité. Aucun de nous ne sait s'il a beaucoup ou peu de temps à passer sur la terre.

Un chrétien est un amoureux; c'est celui qui dit: « Mon frère, c'est ma vie. » (C'est une citation moderne que vous aimez.) Eh bien, votre frère, c'est le Christ qui nous a donné le commandement de nous aimer les uns les autres comme Il nous a aimés. S'il en est ainsi, je dois alors, comme chrétien, me donner totalement à mon frère, où que je sois, quoi que je fasse, et cela comporte aussi le temps.

L'Association Chrétienne des Jeunes Travailleurs a toujours basé ses réflexions sur les Évangiles dans l'approche de leur apostolat qui consiste à *observer, juger, agir*. Les nouveaux membres se rendirent compte, presque immédiatement, qu'ils ne disposaient plus du tout de ce qu'il est convenu d'appeler « mon temps libre ». Ils découvrirent très vite que tout leur temps appartenait à l'apostolat, autrement dit à leur frère qui est leur vie. Ils s'aperçurent qu'il leur fallait passer un temps fou à écouter les jeunes et souvent sacrifier leur temps de récréation. Ils durent abandonner « leur temps libre » avec générosité.

Les membres de l'Association des « Alcooliques Anonymes » qui n'est pas spécifiquement chrétienne, mais croit en une Puissance supérieure à eux-mêmes, ne sont pas non plus maîtres de leur temps. Hommes et femmes mariés quittent leur famille pour se porter au secours d'une nouvelle recrue ou d'un ancien membre qui « est encore retombé ».

Dans une famille, une mère ne trouve jamais du temps qu'elle peut appeler le sien! Son temps appartient à son mari, sa famille, ses enfants. Il est vrai que si tout va bien, elle peut s'arranger pour se ménager quelques instants pour elle-même. Mais si vous avez eu affaire à des familles ou si vous vous souvenez de la vôtre, vous savez bien que le temps libre d'une mère dépend des besoins de sa famille. Elle sacrifie tout pour cela, sans la moindre hésitation. Quand elle soigne un enfant malade, elle ne le fait pas comme si elle était une infirmière payée à l'heure. Elle est le bon berger dont parle l'Évangile – celui qui n'abandonne pas ses brebis parce qu'elles lui appartiennent.

Lorsque j'étais serveuse, blanchisseuse, vendeuse, je comprenais, grâce à Dieu, ce que veut dire être une chrétienne engagée. À cette époque, je n'étais affiliée à aucun apostolat, j'essayais seulement, pour moi-même, mon mari malade et mon petit garçon, de rester « en vie, corps et âme ». Néanmoins, je savais, intuitivement, que si une collègue était en difficulté, je devais l'aider même si j'étais physiquement aussi fatiguée qu'elle. Ce qui impliquait peut-être d'aller dans un restaurant, de commander une tasse de café et d'écouter, jusqu'à très tard dans la nuit, le récit de ses malheurs. Ou bien de passer avec elle l'heure du déjeuner dont je voulais profiter pour faire un achat ou pour me promener un peu. Au lieu de cela, je m'asseyais dans une cafétéria étouffante et j'écoutais. J'y étais contrainte par l'amour. Un christianisme adulte, mûr, inspiré par l'amour, pousse actuellement des millions de chrétiens à faire de même, même s'ils ne sont pas engagés dans un apostolat particulier.

À Madonna House, nous nous disons « totalement consacrés à Dieu ». Je pense que la plupart d'entre nous comprennent que notre temps aussi est consacré à Dieu. Ce qui signifie que nous ne pouvons jamais compter sur ce que nous appelons « mon » temps ou mon sacro-saint temps libre, et demander aux autres de « ne pas y toucher »! Si nous agissons comme cela, nous ne sommes pas totalement consacrés, totalement concernés, totalement donnés à ce frère ou cette sœur qui est censé être notre vie.

Les communistes connaissent fort bien cet aspect de la vie. Ils s'organisent et sont bien formés pour parer à toute éventualité. Ceux qui donnent quotidiennement leur vie par amour de quelqu'un, de l'humanité ou d'une cause (comme les communistes), en sont conscients. Pourquoi donc tant de discussions, chez nous, à propos du temps libre? Vraiment, je commence à me le demander!

Et maintenant soyons très clairs: je ne conteste pas du tout le fait que les responsables locaux ou généraux, les chefs de service et la communauté doivent réaliser qu'il leur faut accorder quelque temps libre ou un changement de rythme lorsque c'est possible car la santé physique ou mentale de l'intéressé l'exige. Mais ce n'est pas ce dont il s'agit dans cette lettre. Mon intention est très différente. Ce que je voudrais vous voir réfléchir et prier concerne notre disposition d'âme et d'esprit – c'est une affaire spirituelle! – pour que nous soyons tous prêts à abandonner sur le champ notre « soi-disant temps libre », et à ne pas le considérer comme un dû ou un droit inaliénable. Droits et amour sont des termes quelque peu inconciliables. Celui qui aime abandonne tous ses droits et remercie Dieu lorsqu'Il lui accorde quelque temps libre ou de solitude, à plus forte raison s'il appartient à notre Apostolat.

Je le répète. Je voudrais que chacun de vous prie et réfléchisse à cette question de temps qui est tellement importante en ce qui concerne votre attitude intérieure, plus que l'usage effectif que vous en faites. Il faut que nous en discutions à fond pour que ne subsiste aucune incompréhension.

Affectueusement vôtre en Marie,

Catherine

NOTRE PROBLÈME CRUCIAL

Le 12 février 1968

Mes bien-aimés,

Je vous écris en voyageant d'île en île aux Antilles et, je cite dans ma lettre des passages de l'Écriture parce que je suis un peu fatiguée (et je pense, le Seigneur aussi) par le flot de paroles et le bruit des mots qui se répandent partout, aujourd'hui.

Certains de ces mots sont saints et nous devrions les prononcer à genoux, car l'Écriture dit : « Enlève tes chaussures, car ce lieu est saint. » Pour prendre un exemple, des mots comme « communauté » peuvent être déformés par le démon et prendre mille sens tellement merveilleux que les chrétiens oublient que communauté signifie « communion », et que nous ne pouvons établir une communauté sans commencer par communiquer avec le Christ. Et je ne parle pas de la signification sémantique ; il s'agit, dans ce cas, *de faire un avec le Christ* en mangeant sa chair et en buvant son sang.

L'un des usages le plus scandaleux du mot communauté et de ses dérivés, c'est le mot « communisme » que Satan a transformé en quelque chose d'inédit. Car les communistes ne sont pas reliés à Dieu, en dépit de leur profession d'amour pour l'humanité et du désir qu'ils ont de voir les biens de ce monde également partagés entre tous. Ils ne sont pas unis par sa chair et son sang, par l'Amour, Seconde Personne de la Très Sainte Trinité qui est une personne au-dessus de tout concept d'humanitarisme.

Depuis mon retour de Rome, je vous ai très souvent, parlé d'une communauté d'amour, mais en visitant nos diverses maisons, je me suis rendu compte que même mon humble interprétation de cette « communauté » sert indûment les besoins personnels de certains. Cette façon de détourner et de défigurer mon interprétation sans parler de celle du Christ dans l'Évangile, nuit énormément à ceux qui en sont l'auteur. Cela peut arriver dans n'importe laquelle de nos maisons lorsque certains membres ont des tendances, même légères à cette dérive.

Avant de citer l'Écriture, je voudrais vous rappeler une légende que certains connaissent déjà. En enfer, la table est richement servie mais les invités sont munis d'une cuillère dont le manche est si long qu'ils ne peuvent pas se nourrir. Ils meurent de faim devant des mets appétissants. En Paradis la même table est richement servie, les cuillères aux longs manches sont les mêmes, mais chacun nourrit son voisin. La morale est, qu'en Paradis, personne ne satisfait ses propres besoins, mais alimente la faim des autres. Et maintenant voici ce que disent les Écritures :

> « Vous êtes la race que Dieu s'est choisie ; vous êtes ses saints, Il vous aime et vous devriez être revêtus de compassion sincère, de bonté, d'humilité, de douceur et de patience. Supportez-vous les uns les autres, pardonnez-vous mutuellement, dès le début d'une querelle. Le Seigneur vous a pardonnés, maintenant vous devez faire de même. Par-dessus tous ces vêtements, pour les retenir et les compléter, mettez l'amour. Et que la paix du Christ règne dans vos cœurs parce que c'est dans ce but que

vous avez été appelés ensemble à faire partie d'un seul corps. Soyez-en toujours reconnaissants.

Que le message du Christ trouve place en vous dans toute sa richesse. Enseignez-vous et conseillez-vous mutuellement en toute sagesse. Avec gratitude dans le cœur, chantez à Dieu des psaumes, des hymnes et des cantiques inspirés. Ne faites jamais et ne dites rien qui ne soit au nom du Seigneur Jésus, en offrant par Lui grâces à Dieu le Père. » (Col 3, 12-17)

Ainsi donc nous sommes assurément « saints », bien-aimés et choisis par Dieu ; sinon aucun d'entre nous n'aurait été invité à son service d'amour ni appelé son « petit troupeau » à qui Il a dit : « N'ayez pas peur ! »

Un archipel de solitude

Cette lettre de saint Paul aux Colossiens se poursuit en décrivant clairement ce que doit être une vraie communauté d'amour. Quels sont les signes de cette communauté d'amour de son peuple choisi et bien-aimé, représenté par les gens d'aujourd'hui ? Ils doivent être pleins de compassion, de bonté, d'humilité, de douceur et de patience. *Est-ce notre cas ?* Si, par exemple, l'un de vous sent que les autres sont autour de lui comme des « îles », vous pouvez en souffrir parce que vos besoins ne sont pas satisfaits. Plus encore, votre angoisse peut être due au fait que Dieu vous a donné une grâce spéciale pour souffrir avec lui dans cette maison où la communauté d'amour est lente à se former en raison de nos péchés. Dans ce cas quelle est votre réaction dans l'Apostolat ? Comment réagissez-vous à ce don de souffrance ?

Quoi qu'il en soit, cessons de nous référer à une telle situation comme étant un problème des « relations interpersonnelles ». En ce qui concerne l'Écriture cette phrase n'a pas de sens. Oubliant vos propres aspirations, vous êtes sûr d'être une personne bien aimée, choisie par Dieu, revêtue par Lui de compassion et de bonté envers les autres. Vous vous souvenez que vous avez reçu les vêtements d'humilité, de douceur et de patience. Aussi vous n'aspirez pas plus que saint François d'Assise à être aimé mais, au contraire, à être totalement appliqué à aimer l'autre. Comprendre l'autre vous intéresse plus que d'être compris, consoler l'autre plus que d'être consolé !

Comment réalisez-vous cela ? Le premier pas est le pardon. « Se supporter mutuellement et pardonner quel que soit le grief que l'on a contre l'autre. » C'est alors seulement que vous pouvez dire la prière du Seigneur et demander à Dieu son pardon. Et même cela ne suffit pas à former une vraie communauté d'amour chrétienne. Je vous supplie de bien comprendre que je ne parle pas de « communauté » dans le sens où certains l'utilisent, actuellement, dans l'Église. Je parle d'une communauté d'amour *véritablement centrée sur le Christ.*

Aussi n'est-ce pas encore suffisant. Saint Paul dit : « Mais par-dessus tout, revêtez-vous d'amour ; c'est ce qui maintient ensemble et perfectionne tout le reste » (Col 3, 14). Si vous n'éprouvez pas ce genre d'amour qui est une Personne, qui est le Christ, tout ce que vous pourrez dire sur la communauté n'est que du vent. Non seulement ce sera un bruit déplaisant aux oreilles de Dieu, mais un régal pour le démon.

Si l'un de vous a la chance d'avoir reçu de Dieu la grâce immense de la sensibilité (c'est-à-dire la sienne) et sa souffrance devant la lenteur à se former une communauté d'amour dans votre maison, réjouissez-vous d'une grande joie et soyez heureux. Allez danser devant le Saint Sacrement. Ne vous laissez pas abattre. Vous êtes appelés à vous tenir debout avec le Christ, avec humilité, douceur et patience devant le cœur d'un ou plusieurs êtres humains.

Pourquoi tant de bavardages sur les communautés et si peu de paroles sur l'Amour qui est Dieu ? Même si nous ajoutons le mot Dieu à tous nos bavardages sur la formation des communautés chrétiennes, nous sommes, en un certain sens, des menteurs conscients ou inconscients, parce que nous ne sommes pas disposés à nous supporter mutuellement, à nous pardonner, à être humbles et patients, à porter la souffrance du Christ au cas où Il aurait choisi de nous donner cette grâce spéciale. En Orient, voilà ce que les Pères de l'Église disent de Dieu et de l'amour :

> « Dieu peut tout faire, excepté contraindre l'homme à l'aimer. En attendant qu'on l'aime, Dieu renonce à sa puissance et assume la kénose sous l'aspect d'un agneau immolé depuis la fondation du monde. Sa destinée, chez les hommes, dépend du fiat de l'humanité. »

Cessons donc à Madonna House de penser à la communauté, chrétienne ou autre, tant que nous n'avons pas dit notre *fiat* à l'amour de Dieu. Et parce que nous sommes le peuple choisi, empressons-nous de nous vêtir de compassion, de bonté, d'humilité, de douceur et de patience. Et, par-dessus tout, revêtons-nous de l'amour qui ne demande rien à l'autre, mais lui donne tout. Tandis que nous sommes assidûment occupés à faire mourir notre « moi » pour vivre dans le Christ ressuscité, nous devons faire ce que recommande la *Lettre aux Colossiens* : « Dans votre cœur, tenez en éveil la paix du Christ à laquelle vous êtes appelés comme membres d'un seul corps. Et soyez pleins de reconnaissance » (3, 15).

Un pont pour faciliter la compréhension

Où cela nous mène-t-il donc ? Cela nous amène à regarder dans notre cœur et à le débarrasser de tout désir tendant à satisfaire notre besoin personnel d'amour, de compréhension, de consolation, etc. En quoi consiste notre Apostolat ? Eh bien, nous savons que malgré l'accroissement des communications, les gens sont de plus en plus semblables à des îles. C'est pourquoi notre Apostolat doit être, à la suite du Christ et de ses apôtres, des ponts entre ces îles. Mais, hors de Madonna House, nous ne serons jamais un pont entre qui que ce soit, si nous ne devenons d'abord un pont entre nous.

Lorsque nous avons commencé à mettre le pied sur cette route sincèrement, honnêtement, le cœur ouvert, et sans discussions qui nous éloigneraient du Christ, alors et seulement alors, nous pouvons élever la voix dans notre communauté parce qu'elle sera celle de l'amour et non de l'égoïsme. Nous ne serons pas occupés à satisfaire nos désirs ni à jongler avec les derniers mots du vocabulaire moderne (dialogue, rencontre, etc.) pour nous cacher le fait que nous voulons bien une communauté chrétienne d'amour, sans en payer le prix.

Étant partisan de l'éducation audiovisuelle, je suggère que vous l'essayiez un peu sur vous-mêmes. Que chacun prenne en main le crucifix. Regardez-le avec attention. Et méditez. Vous comprendrez que, pour être capable de vraiment contribuer à une communauté d'amour, vous devez être crucifié de l'autre côté de la Croix. Avec ce tableau en tête, vous réaliserez vite que le « dialogue » entre les personnes crucifiées est court et incisif parce que leur engagement a déjà pris de la hauteur. Celui qui est crucifié avec le Christ s'est engagé avec toute l'humanité parce qu'il est un serviteur, un ami qui est là où on a besoin de lui, comme le Maître veut qu'il soit. Il est évident que des personnes crucifiées ont une si forte « expérience existentielle » que lorsqu'elles sont ensemble, leur silence interpelle bruyamment le monde.

Cessons donc de penser que la formation d'une communauté d'amour chrétienne, à Madonna House, consiste à former un gentil club où « les relations interpersonnelles » peuvent s'établir à un niveau agréable mais superficiel. C'est exactement ce que le démon veut nous voir faire. Engageons-nous avec énergie, le crucifix en main, et cessons de gémir et de grogner à grands renforts de paroles parce que nous souffrons de ce que les autres sont, enfermés dans leur île, ici et là.

Je voudrais terminer ceci avec une autre citation de saint Paul de la *Première Lettre aux Corinthiens* (1, 26-31).

> « Par exemple, pensez à vous-mêmes… Lorsque vous avez été appelés, combien d'entre vous furent "sages" au sens ordinaire du mot, combien venaient de familles nobles ou influentes? Non, Dieu choisit ce qui était "fou" aux yeux du monde pour couvrir de confusion les "sages" et les "faibles", pour faire honte

aux “forts”. Ceux que le monde méprise et juge vulgaires, ce sont eux que Dieu a choisis parce qu’ils n’ont rien du tout à faire valoir aux yeux de ceux qui sont tout. La race humaine n’a pas lieu de se vanter devant Dieu qui vous a fait membres du Christ Jésus. Par l’action de Dieu, il est devenu notre sagesse, notre vertu, notre sainteté et notre liberté. Comme dit l’Écriture : “Si quelqu’un veut se vanter, qu’il se glorifie du Seigneur.” »

Si, mes bien-aimés, vous pensez que j’écris facilement mes lettres à vous tous, je préfère vous dire que j’arrache celle-ci de mon cœur et que, vraiment, je la rédige suspendue de l’autre côté de la croix, ou du moins en tentant de l’être.

Je vais voir chacun d’entre vous et j’espère que vous aurez lu cette lettre quand je visiterai vos maisons parce qu’il s’agit du problème crucial de tout notre Apostolat. À moins d’en comprendre l’essence même, nous périrons. Parlez-en donc et, devant Dieu, examinez votre conscience. Nous en reparlerons quand je vous verrai. Mais par-dessus tout, priez et jeûnez pour cela si vous le pouvez, *car ces choses s’apprennent surtout par la prière et le jeûne*; c’est aussi la prière et le jeûne qui exorcisent les puissances des ténèbres.

Affectueusement,

Catherine

NOTRE EXPIATION LE DEVOIR DU MOMENT

Le 7 juin 1968

Mes bien-aimés,

Deux membres dans une de nos maisons de mission eurent un problème. Pour essayer de leur répondre, j’écris une lettre spéciale à cette maison. J’ai pensé qu’elle pourra contribuer à nous aider tous, car elle m'a clarifié l'esprit et je vous fais toujours part des clarifications. J'ai hâte de répondre à toute question susceptible d'aider une personne, un groupe ou tout l'Apostolat. La réponse que j'y apporte particulièrement devrait résoudre un problème normal et fréquent, c'est-à-dire : comment « voir avec plus de profondeur » lorsque nous grandissons en sagesse, en grâce et en amour du Seigneur ?

Satan tente avec le bien quand il ne peut le faire avec le mal et c'est la tentation à laquelle j'essaie de répondre dans cette lettre.

*
* *

Je comprends, cher cœur, combien il vous est difficile de saisir sur le champ « l'erreur » que vous avez faite en intéressant un nouveau membre de Madonna House au problème de ces femmes qui viennent en ville et qui ont besoin de beaucoup d'aide et en l'amenant à la gare routière pour voir l'afflux de ces femmes. Je crois que je dois vous l'expliquer clairement. Il est temps que je donne un éclairage sur certaines choses à mes enfants spirituels, pris un par un, puis tous ensemble chaque fois que l'occasion se présente.

Comprenez, tout d'abord, que votre compagne est un très jeune membre de Madonna House. Comme tel et, comme vous êtes tous à cet âge, c'est quelqu'un de très sensible et pas encore très mûr – certains anciens ne le sont pas davantage, mais pour des jeunes, cela est normal !

Deuxièmement, vous savez qu'il y a une chose que je prêche en paroles et par toute ma vie, et je la prêche clairement et à haute voix. Mais je pense que ce n'est ni assez fort ni assez clair, peut-être à cause de ma faiblesse, de mes péchés ou Dieu sait quoi. Je vais donc la répéter une fois de plus. Madonna House est l'endroit où l'on fait les petites choses très bien pour l'amour de Dieu (relisez le *Petit Mandat*). Pour créer une communauté d'amour, cette communauté chrétienne qui est notre but, nous devons *toujours* faire la Volonté du Père comme la faisait le Christ.

Comment connaissons-nous la Volonté de notre Père? Grâce au *devoir du moment.* Nous devons y appliquer tout notre être parce que, ce faisant, nous pouvons être certains de vivre dans la vérité et par le fait même dans l'amour, c'est-à-dire dans le Christ. Faire le devoir du moment signifie s'impliquer tout entier, cœur, âme, corps, émotions, intelligence, mémoire, imagination dans la tâche présente.

Laissez-moi vous donner un exemple. En apprenant, il y a deux jours, l'assassinat de Bob Kennedy*, j'ai, comme tout le monde, ressenti un choc terrible. Mais, en raison de ma personnalité et de mon passé, ce choc était associé à un effroyable et profond traumatisme spirituel. J'aime les États-Unis d'un grand amour. Je porte un grand amour aux Américains, et penser que ce beau pays, cette belle nation tue ses prophètes et ses saints m'a fait dire que l'Amérique était devenue le terrain de lutte entre la Lumière et les Ténèbres. C'est comme si Dieu et Satan étaient enlacés dans un combat, presque comme Jacob avec l'ange.

En un sens, Dieu est « sans pouvoir » parce qu'Il a renoncé à sa puissance pour que nous soyons libres. Il ne veut pas s'en servir pour nous forcer à l'aimer et à Lui obéir. Le Christ se laisse crucifier par amour pour nous; et en crucifiant sa chair, Il crucifie le « pouvoir qu'Il a de faire que nous l'aimions ».

Il veut l'amour de personnes libres. Il veut nous donner la vraie liberté qui est celle des enfants du Père. Il veut nous donner la liberté de ses frères et sœurs. Aussi envoie-t-Il beaucoup de grâces aux Américains, certaines sous forme d'êtres humains, comme John Kennedy, Martin Luther King et Bob Kennedy ou d'autres qui n'ont pas été tués, mais emprisonnés, comme les frères Berrigan.

D'un autre côté, il y a Satan qui ne peut s'incarner que dans ceux qui lui permettent de le faire. Mais il n'a pas le pouvoir de s'incarner comme l'a fait Dieu. Même s'ils ne croient pas à l'existence du démon, il y en a beaucoup, paraît-il, qui souhaitent cette incarnation satanique. C'est pour cela que la violence et la mort se sont emparées des Américains (non seulement des grands, mais aussi des pe-

---

* Bob Kennedy: frère de John F. Kennedy.

tites gens) et c'est ainsi qu'un cancer a commencé à se développer dans l'âme de cette nation. Je ne peux le constater sans pleurer.

Aussi prions-nous maintenant à des messes dites spécialement pour les Américains. Hier, nous avions, à leur intention une Heure Sainte, en réparation. Comme Eugène Mc Carthy* l'a dit à la télévision : « Ce n'était pas seulement un étranger qui tenait ce fusil, c'était chaque Américain. »

Après avoir appris ce dernier assassinat, j'éprouvais comme une sorte de choc, spirituel, mental, physique, émotif, si profond que j'aurais pu demander l'autorisation d'aller au dispensaire et de dormir pour oublier, ou encore de prendre un tube de tranquillisants pour essayer d'oublier toute cette horreur, un ou deux jours. Mais je n'en ai rien fait ; ce n'était pas la Volonté de mon Père.

Ce qu'Il voulait, c'est que j'offre le jour, ce jour horrible frappé de panique, ce moment terrible de souffrance et de larmes qui ne voulaient pas venir, ce sentiment étrange d'être dans mon propre enfer. Selon le devoir du moment, je devais « offrir ce jour ». Et le devoir de ce moment précis, ce jour-là, c'était de commencer à ranger notre salle de théâtre ; ce que je n'avais pas fait depuis sept ou huit ans ! Aussi était-il dans un innommable désordre et, me prenant par la main, j'entrai dans la pièce et me mis à regarder les costumes, les coulisses, les décors et tout le matériel. Je triai tout, caisse après caisse, les robes et tout le reste parce qu'il fallait que ça se fasse. Et chacun de mes mouvements était comme un acte de réparation pour le monde.

Revenons maintenant à vous et à l'autre membre. Pour elle, et aussi pour vous, le devoir du moment résidait dans ce qui est à faire dans votre maison, et ceci d'autant plus pour elle, puisque c'est une nouvelle dans la communauté. Et la tâche qui lui est demandée doit être accomplie avec une totale concentration d'esprit, de cœur, d'âme et de corps.

Si elle travaille au bureau (ou quel que soit son lieu de travail) en pensant aux femmes dont vous lui avez parlé, elle ne remplit pas son

---

* Eugène Mc Carthy : sénateur américain.

devoir du moment. Elle est peut-être, physiquement au bureau, mais son âme et son esprit sont ailleurs. Voilà l'erreur dans cette situation. Elle ne fait pas la Volonté du Père. Elle est divisée. (Je le sais parce que je peux lire dans ces lettres, combien elle est distraite, dispersée.) Ne voyez-vous pas qu'un autre membre, surtout un ancien, devrait savoir comment enseigner aux jeunes à se consacrer totalement au devoir du moment où Dieu les place, et je répète, totalement, pas de façon partielle et divisée.

Il n'y avait aucune raison de ne pas lui parler de ces femmes ; cela aurait même été bon si vous aviez ajouté : « Pour d'autres, c'est un merveilleux travail, mais à Madonna House nous nous consacrons à l'Apostolat qui est tout spécialement la mission de cette maison. C'est par *une totale concentration sur le devoir du moment présent* que nous aidons ces femmes. C'est la Volonté du Père pour nous. Satisfaire son désir nous met dans la vérité et, par conséquent, dans le Christ. C'est la façon dont nous pouvons le mieux venir en aide à ces femmes. Cela fait partie du mystère d'amour. »

Hier nous nous sommes rassemblés autour de la statue de Notre-Dame-de-Combermere. Nous avons récité le chapelet, lu un passage d'Évangile, chanté des cantiques et prié en silence. Aux yeux du monde, « notre contribution », notre expiation, l'amour que nous exprimions ainsi pour le peuple américain ne représentaient pas grand-chose. Mais dans le grand mystère de Dieu, qui peut dire ce qu'Il a fait de cette petite Heure Sainte qu'un groupe d'apôtres laïcs, sans importance, a passé autour d'une figure de bronze de sa Mère ? C'est à de telles choses que je voudrais vous voir réfléchir, et réfléchir profondément, car chaque moment de notre vie peut être, comme ceux du Christ, un acte d'expiation.

Quand, dans l'Apostolat, chacun comprend bien que les petites choses simples – le devoir du moment dans un service donné ou dans une de nos maisons – constituent la route royale de l'expiation ; quand nous réalisons qu'il est inutile de nous mêler, affectivement, à la vie des gens en souhaitant participer à un autre apostolat que le nôtre (ou en essayant de les combiner au détriment des deux), alors nous commencerons vraiment à former une communauté d'amour.

En un sens, je suis contente de votre erreur. C'est celle de saint Thomas quand il refusa de croire à la résurrection du Christ. *Felix culpa* (ô faute combien heureuse!)! Elle m'a permis de clarifier une situation et d'y apporter une réponse qui peut aider beaucoup d'autres. Vous voyez bien qu'il en est sorti beaucoup de bien. Remercions Dieu.

Affectueusement vôtre en Marie,

Catherine

LA RICHESSE DE LA PAUVRETÉ

Le 13 décembre 1968

Mes bien-aimés,

Je me demande souvent si je me fais bien comprendre en vous saluant de ces simples paroles « mes bien-aimés »... J'aimerais avoir les mots voulus pour vous dire la largeur, la profondeur et la hauteur de la signification qu'ils ont pour moi et vous donner la certitude que, vraiment, je vous aime tendrement et profondément.

Mais peut-on communiquer le mot « amour » avec des mots? Certaines fois c'est possible, d'autres non, car les mots semblent se moquer de moi, se ratatiner et brusquement s'évanouir. Bien que je parte souvent à leur recherche, je ne peux pas toujours les retrouver. Dans ce cas, je sais que c'est le fait du Seigneur; Il veut que je vous aime dans la prière et le silence, et c'est Lui-même qui vous fera cette étrange communication, à sa façon tendre et mystérieuse.

Ceci est la lettre que je vous adresse pour Noël et le Jour de l'An. Au seuil de la grotte de Bethléem qui est aussi, pour nous, le seuil d'une autre année dans les vignes du Seigneur, je me tiens devant vous dans une sorte d'étrange pauvreté comme je n'en ai jamais connue, pas plus au cours de toutes mes années dans l'Apostolat que lors de la révolution bolchevique qui m'avait dépouillée de tous mes biens terrestres, quand je présentais le tragique spectacle d'une pauvre femme en fuite, se cachant pour sauver sa vie. Et, lorsque j'ai atterri sur le rivage du Nouveau Monde, l'abjecte pauvreté que j'y trouvai, et dont on parle tant maintenant, n'était pas pire que la pauvreté que je ressens en ce moment.

Bien qu'aujourd'hui j'aie assez de nourriture, un merveilleux abri et une magnifique famille spirituelle, je me trouve dans une sorte de pauvreté différente, bien que, par ailleurs, très riche. Je sais que je suis riche de pauvreté et c'est ce que je veux vous donner en ce jour de Noël… toute ma pauvreté. Quel genre de pauvreté ? Il n'est pas facile de l'expliquer ; on pourrait dire celle du détachement, mais c'est un mot si faible et dénué d'importance. Peut-être devrais-je dire que je vous donne la pauvreté « d'un pèlerin en quête de l'Absolu ». Un tel pèlerin ne porte rien sur lui. Oui, je pense que c'est cela qui se rapproche le plus de ce que je veux dire, que c'est bien le cadeau que je veux vous faire.

Mais il comporte un étrange et mystérieux aspect. Le pèlerin de l'Absolu ne possède rien en propre. Le chemin est trop escarpé ; la montagne du Seigneur qu'il doit gravir est trop haute pour qu'il puisse se charger de quoi que ce soit. Et pourtant, aussi curieux que ce soit, ce genre de pauvreté peut porter le monde entier avec lui. Je ne suis pas sûre de transporter le monde, mais je sais, avec une certitude inébranlable que je porte chacun d'entre vous dans mon cœur. Je connais votre « nom » individuellement, personnellement, au sens biblique du terme. Je connais votre nom comme Dieu le connaît, car Il me l'a dit lorsqu'Il vous a amené à Madonna House.

Par conséquent, la pauvreté du pèlerin de l'Absolu est immensément riche d'amour. Non pas que le pèlerin soit bon, saint ou intelligent, ou extraordinaire d'une façon ou d'une autre, mais parce que, quiconque se met en route pour ce pèlerinage de l'Absolu possède déjà l'Absolu d'une façon mystérieuse et cachée. On dit que *celui qui désire Dieu le possède déjà.* Je vous cacherais inutilement que, non seulement je désire Dieu, mais que je l'aime passionnément, que j'ai faim de Dieu, que j'en suis obsédée. Et c'est ainsi que, pauvre pèlerin de l'Absolu que je suis, je le possède déjà, du moins partiellement – si tant est que l'on peut « posséder Dieu partiellement ».

Mais assez parlé de moi. Je veux simplement partager avec vous ce que j'ai dans le cœur et vous être franchement ouverte, de cette ouverture dont nous parlons tellement mais qui, si souvent, nous échappe. Ce type d'ouverture pourrait aussi être le don que je vous fais, car il fait partie de cette pauvreté dont je vous parle.

Je vous supplie très humblement de regarder cette année de grâces 1968 qui est juste en train de se terminer et, ensemble, de remercier Dieu pour tout ce qu'elle nous a apporté de souffrances, de joies, de doutes, de tentations, de froid et de chaleur. Ce fut une année de miracles dont l'un est que j'écris cette lettre et que vous la lisez.

À ce sujet, soyons francs et véridiques : que chacun de nous soit encore à Madonna House constitue un miracle quotidien qui est un don gracieux et affectueux de Notre Seigneur et Frère, Jésus-Christ. C'est le don de persévérance qu'il nous accorde pour chaque jour, chaque heure, chaque minute de notre vie dans l'Apostolat. Quand Sœur la Mort dont parle le *Cantique du Soleil* de saint François d'Assise viendra nous prendre par la main pour nous conduire au Père, au Fils et au Saint-Esprit, je prie pour que soit nôtre la totalité de ce don. Je prie pour que nous ne soyons pas autre part – là où Il ne nous veut pas, mais où nous pensions devoir être.

Remercions-le pour les milliers de grâces qu'Il nous a accordées. La grâce est un rayon de lumière qui, de ses affectueuses mains, parvient à chacun selon ses besoins. Pour les uns, c'est comme la lumière éblouissante du Mont Thabor ; pour les autres, c'est comme une belle lampe qui illumine son esprit, de son cœur et de son âme. Pour un troisième, ce rayon peut avoir la douce clarté tamisée d'une bougie. Mais chacun recevra et a reçu selon ses besoins. Ces lumières nous aident à grandir dans l'amour. Très, très lentement, elles convergent pour nous aider à devenir ce qu'Il veut que nous soyons : une *communauté d'amour*.

Comme le temps passe, il devient clair comme le jour que ce dont le monde a besoin est exactement ce que nous essayons de faire avec ses dons de lumière : des communautés d'amour, des communautés de petites gens comme nous, de gens ordinaires qui ont conscience que tout ce qu'ils ont et tout ce qu'ils sont vient de Dieu. Et tous ces talents qu'Il leur a donnés doivent se déverser comme un millier de petits cours d'eau, de paisibles rivières ou de fleuves turbulents, dans une mer immense, une mer faite d'amour!

Les hommes peuvent ramper jusqu'aux eaux de cette mer d'amour pour s'y laver et y guérir, qu'ils soient assiégés par des millions de voleurs, qu'ils gisent le long des routes du monde, sur les durs pavés des villes, sur les chemins poussiéreux de la campagne ou les étendues désertiques sans fin et sans traces... Ils peuvent arriver à cette mer d'amour ou les quelques-uns qui ont déjà entendu sa voix, sont parvenus jusqu'à un petit coin appelé Madonna House, et y ont déjà établi leur camp. Ils peuvent maintenant s'aider mutuellement à se nettoyer et à guérir.

En jetant un regard sur l'année écoulée, nous devons remercier Dieu d'un accroissement du don de prière et de compréhension, de silence et de solitude de nos *poustinias.* C'est dans ce grand silence que nous deviendrons tous pèlerins de l'absolu. Dans ce saint silence, sa voix s'entend plus clairement. Oui, en nous remémorant cette dernière année, nous avons à le remercier de beaucoup de choses. Commençons donc la nouvelle année avec un chant de joie et de gratitude.

L'année dernière a aussi intensifié notre pauvreté. Chacun, selon ses lumières, – c'est un secret entre l'âme et Dieu – a entrepris, lentement ou rapidement, de se débarrasser de « vêtements » comme l'égoïsme, l'égocentrisme et la volonté propre. Nos oreilles et nos yeux ont commencé à s'ouvrir pour entendre ce qu'Il nous dit et voir « à quoi ressemble » sa volonté. Pour cette raison, nos cœurs connaissent plus de paix. Oui, remercions-le de tout cela et des dons innombrables et indicibles que chacun de nous, en secret, sait avoir reçu du Seigneur. Oui, remercions-le de tout cela.

Face à l'année nouvelle, prions pour grandir en amour, en compréhension, en tendresse, en compassion et en acceptation de cette pauvreté qui est si riche! Oublions nos préoccupations concernant « les crises d'identité », les « relations entre nous » les « interminables discussions sur nos sensibilités blessées » et je ne sais quoi encore... Ces manies, au goût du jour, ont quelque chose de dur et de cassant, révélateur de l'orgueil humain. De simples créatures pensent qu'elles peuvent, par elles-mêmes, trouver signification, équilibre et unité à leur vie (à l'aide de diverses méthodes naturelles, de conférences et de livres de psychologie). Elles espèrent, contre tout espoir, accomplir ce dont seul l'Amour est capable : réaliser cette mystérieuse unité qui n'est due qu'à la personne de Jésus-Christ, rencontré et devenu un avec nous. Lui seul peut nous mener à ce genre de « relations entre nous » qu'Il veut que nous ayons par son Évangile. Mais vraiment, pouvez-vous imaginer que le Christ utilise ce langage « dur et cassant » ? Je ne le puis. Alors, employons ces mots, ceux de l'Évangile, comme : incarnation, amour, paix, joie, service, souffrance, mort, résurrection.

Acceptons aussi les blessures de notre propre humanité. Ce sont des dons pour nous, car ce sont ses blessures. Il s'est incarné en devenant l'un de nous. C'était un être humain, un homme comme vous et moi. Longtemps avant d'être crucifié, Il connaissait les mêmes souffrances que nous, souffrances affectives de frustration, souffrances humaines d'insatisfaction – intellectuellement, il devait être dur pour Dieu de vivre avec l'homme –, souffrances de l'angoisse – n'a-t-Il pas demandé à son Père de Lui épargner cette coupe ? –, souffrances de rejet – n'a-t-Il pas été rejeté surtout par ceux qui auraient dû l'accepter ? Oui, toutes ses souffrances sont celles que nous connaissons. Acceptons-les joyeusement car elles nous font partager sa vie divine comme Il a partagé notre vie humaine. Nous partageons son incarnation.

Mais allons plus avant, et laissons-nous réellement être crucifiés avec Lui sur l'autre côté de la croix, car c'est ce que nous pouvons offrir de plus grand à autrui. C'est la raison de nos communautés d'amour. D'une façon mystérieuse autant qu'évidente, c'est la raison pour laquelle Madonna House et chacune de nos maisons de mission attirent tant de gens. Le Christ nous demande de montrer ses blessures au monde qui, tel saint Thomas, refuse de croire à moins de les voir et de les toucher par lui-même.

Tout en paraissant « immobiles » dans nos différentes fondations de l'Apostolat, nous devenons les pèlerins de l'Absolu. Nous devenons des communautés d'amour qui « avancent » constamment, gagnant en étendue, en profondeur, en hauteur et en largeur. Et avec sa grâce et sa bénédiction, nos blessures, totalement invisibles, seront visibles aux yeux des incroyants et des « saints Thomas » de ce monde. À travers nous, par le simple fait que nous existions et que nous aimions, Dieu peut guérir ce monde blessé.

Qu'est-ce que cette longue lettre essaie donc de vous dire avec des mots aussi balbutiants que ceux d'un enfant ? J'essaie de dire que nous devons nous plonger dans la nuit obscure de la foi. Tandis que nous crions depuis les profondeurs, notre cri même devient une grosse corde, une sorte d'échelle pour tirer les hommes des puits du désespoir, jusqu'à la lumière de la Miséricorde Divine. J'essaie de vous dire que Jésus nous utilise comme Il utilisait ses apôtres et disciples, rustres et ignorants, pour lesquels Il louait Dieu en disant : « Je te remercie, Père, Seigneur du ciel et de la terre, d'avoir caché ces choses aux sages et aux savants et de les avoir révélées aux tout petits. »

J'essaie de dire que notre unique désir doit être de devenir comme ces tout petits, de nous laisser utiliser par Lui comme Il le souhaite, quoi qu'il nous en coûte. Comme il le devient chaque jour plus évident, c'est justement pour cela qu'Il nous a réunis. Les sages sont confondus ; ils sont en quête de leur identité ; ils adorent des centaines de fausses idoles et le Seigneur nous demande d'entrer dans leur cœur pour les ramener à Lui, le vrai Dieu vivant.

Mais qui oserait s'aventurer dans les cavernes du cœur humain à moins d'être un enfant qui s'aventure n'importe où ? Aussi incohérente, balbutiante, échevelée que soit cette lettre, je la termine, mes bien-aimés dans le Christ, en l'implorant de nous donner vraiment *le cœur d'un enfant et le courage extraordinaire pour l'incarner*.

Oui, devenons comme des enfants car « un petit enfant les conduira ». Pour l'année 1969, le thème de Madonna House devrait être simplement ceci : notre identification avec le Christ-Enfant. Tout comme je vous donne mon « moi » balbutiant, nous pouvons

Lui donner notre pauvreté, notre incompétence, tout ce que nous sommes et, peut-être, ce que nous ne devrions pas être ! Ce Christ-Enfant est si grand que d'un simple coup d'œil Il effacera toute difformité et impureté si nous le laissons faire. Il nous donnera en Lui la forme d'un enfant ! Je sais maintenant quelle sorte de pauvreté je vous offre : c'est la pauvreté de l'Enfant de Bethléem.

Avec tout mon amour en Lui,

Catherine

L'ARTISANAT

Le 20 avril 1970

Mes bien-aimés,

Je vous ai parlé d'artisanat, mais je voudrais ajouter quelques observations supplémentaires. Considérons le mot lui-même. Il se réfère à quelque chose qui, il y a longtemps, était fait, fabriqué à la main.

Cela avait commencé quand les hommes et les femmes avaient besoin d'instruments pour travailler le sol, moudre le maïs, ou faire toute autre chose. Peu à peu, les instruments devinrent plus élaborés, puis décorés. On se mit aussi à orner les temples et les maisons et le mot finit par embrasser toutes les choses faites « à la main », une humble cuillère aussi bien qu'une commode finement travaillée. Ces choses en vinrent à constituer un art raffiné qui, de nos jours, est exposé dans les musées.

Par la suite, le terme artisanat a été de plus en plus relégué, non pas aux « beaux-arts » mais aux simples articles que font les pays pauvres ou les petites communautés rurales des pays développées.

Maintenant l'artisanat revient à la mode. Il commence à se développer lentement et sans bruit (et pourtant presque de manière explosive). C'est parce que les êtres humains ont vécu d'une technologie moderne, qu'ils réalisent maintenant la nécessité de retourner à l'artisanat sous toutes ses formes, s'ils ne veulent pas que leur âme se flétrisse et s'éteigne. Les gens ont un besoin désespéré de créer quelque chose de leurs propres mains, des choses qu'ils peuvent toucher, regarder, montrer à leurs amis. Hommes et femmes se mettent à revitaliser l'art de la mosaïque, du tissage, du cuir travaillé, de la fabrication des bougies ou des écrans de soie, et de tout ce qui leur permet de sentir et toucher leurs propres travaux. De plus, ils cherchent à « communiquer » les uns avec les autres comme au temps lointain où ils travaillaient ensemble, fiers de leur dextérité manuelle.

L'actuelle solitude des êtres humains semble presque avoir atteint le point de non-retour. C'est pourquoi l'artisanat leur permet non seulement de faire des choses artistiques, mais de se faire des amis, grâce à l'intérêt qu'ils ont en commun. Et de nos jours, l'amitié est ce qu'un être humain peut partager de plus précieux avec un autre. À notre époque, les gens sont vraiment comme des « îles ». Même les jeunes parlent de « faire leurs affaires »... de les faire pour eux-mêmes et non pour les autres ! L'amitié est devenue une denrée rare !

Mais l'artisanat ouvre la porte à l'amitié autant qu'à la créativité. Ces deux mots vont ensemble parce que l'amitié est toujours créatrice d'une façon ou d'une autre. L'artisanat peut aussi construire des ponts. C'est ainsi, par exemple, qu'un missionnaire peut établir un moyen de communication avec d'autres par l'artisanat et se lier d'amitié avant même d'apprendre la langue. En créant quelque chose avec ses mains, il crée – avec Dieu – des relations.

Toute créativité vient de Dieu. Lui seul est Celui qui crée. Lorsque nous essayons à plusieurs de créer quelque chose – qu'il s'agisse du dessin le plus informe du petit enfant ou de l'art admirable de quelque artiste extraordinaire – c'est toujours le Seigneur qui crée en nous. Et nous créons dans le Seigneur ! Alléluia !

Le concept « d'artisanat » – un mot que j'ai si souvent utilisé parmi vous – est une réalité que j'ai longtemps désirée à Madonna House et qui ne doit pas se cantonner à Combermere entre les mains de quelques heureux. Il doit être le fait de chacun d'entre nous, dans l'Apostolat, dans toutes nos maisons. Nous désirons tous que le Seigneur crée en nous et nous en Lui. Et ceci d'autant plus que ces métiers manuels vont devenir l'un des moyens que nous utiliserons (en dépit de toute la technologie du présent et du futur) comme instrument susceptible d'aider les gens.

Mais il ne faudrait pas nous en tenir à une seule forme d'artisanat. N'oublions pas que deux ou plusieurs personnes qui parlent en vérité sont « créatrices ». En fait, toute forme de créativité pourrait, en un sens, être assimilée au mot artisanat. Après tout, c'est bien la grande aventure de la créativité qui a commencé chez nos ancêtres de l'âge glacière, il y a dix mille ans!

Mais le terme d'artisanat pourrait aller encore plus loin. Il pourrait pénétrer profondément et largement toute l'étendue de notre terre car il participe à ce que nous appelons l'écologie. Un nombre immense d'êtres humains, le cœur même des êtres humains, aspire à retourner à la terre et à sa simplicité. Mais pour le moment, c'est une chose hors de notre discussion. Il n'en reste pas moins qu'à Madonna House l'écologie nous concerne. Nous devons, d'une certaine manière, apporter à notre petit Apostolat ce que Ralph Nader* apporte au monde. Nous ne pouvons le faire sur une grande échelle, mais certainement sur une petite échelle, comme par notre ferme biologique. Nous pouvons contribuer à préserver le Canada non seulement de la pollution de l'air et de l'eau, mais de la pollution de nos corps faits pour servir Dieu dans la simplicité et la droiture.

Tant de jeunes de nos jours recourent à la drogue parce qu'ils sentent qu'ils n'ont rien à faire, ou du moins ils le croient. Nous pouvons leur indiquer ce mouvement de retour à la terre, ou leur montrer l'artisanat. Nous pouvons leur apprendre comment être créatif avec Dieu. Le Seigneur nous a donné cette terre à utiliser non pour en abuser, et à gérer mais non pour la détruire! C'est ce que nous devons faire par tous les moyens avant qu'il ne soit trop tard.

Dans l'Apostolat, nous sommes vraiment les artisans de Dieu. Nous devons nous renseigner sur tous les métiers manuels et leurs

---

* Ralph Nader : avocat des droits des « petites gens », il publia en 1965 un livre contre l'industrie automobile.

divers outils. Souvenez-vous qu'en dehors du péché, rien ne doit nous être étranger. Nous devons aller de l'avant, faire des recherches et apprendre comment rendre ce monde présent plus supportable pour les gens d'aujourd'hui et de demain. Nous devons, par la grâce de Dieu, apprendre à changer cet âge de cœurs froids et d'âmes solitaires en un temps d'amour et d'amitié.

Il est intéressant que le mot « artisanat » que j'ai commencé par employer presque par hasard me soit ainsi revenu. Ainsi unifié tout en étant fragmenté, ce concept commence à prendre plus de sens à mes yeux, car je réalise à nouveau que tout artisanat a sa source en Dieu. Que son saint nom soit loué!

Affectueusement vôtre en Marie,

Catherine

LES PARADOXES DE L'ESPRIT

Le 2 juin 1970

Mes bien-aimés,

Ma secrétaire m'a apporté un extrait d'une discussion que nous avons eue, il y a quelque temps, à l'occasion d'une lecture spirituelle. Les membres de la communauté lui ont déclaré qu'il était « exceptionnel » et valait la peine d'être partagé avec tous. Si ma secrétaire le dit, que puis-je faire d'autre?

*
* *

Quelqu'un: « Quiconque veut sauver sa vie la perdra. Mais quiconque perdra sa vie pour moi l'Évangile la sauvera » (Mc 8, 35).

Catherine: Je pense que nous devrions nous arrêter là pour méditer sur ce passage des Écritures. Il semble que ce soit un mystère-clef qui nous échappe à tous, continuellement, à moins que ce soit un paradoxe auquel nous essayons d'échapper ! Nous ne sommes pas disposés à lutter intérieurement, chaque minute, chaque heure, tous les jours de notre vie ! Et c'est à cela que revient ce passage de la Bible.

Quand je le lis, je sens profondément, en moi-même, comme si on me taillait, comme si on m'élaguait. Le Christ est un fermier qui cultive sa vigne avec soin et la taille uniquement pour qu'elle porte plus de fruits. S'il en est ainsi, pourquoi ne suis-je pas en paix ?

Comme il l'avait promis, Dieu m'a donné sa paix ; mais regardez-moi maintenant ! Je suis bouleversée… en contradiction avec moi-même. Je tourne et retourne comme une toupie. Je ne suis sauvée que parce que Dieu m'attire à Lui. Mais sans Lui je ne serais qu'une toupie qui tournoie. Je vais tantôt d'un côté, tantôt d'un autre ; je veux tout à la fois… perdre ma vie et la sauver. Je veux me consacrer à vous et à l'Apostolat avec tout ce que cela suppose, mais il m'arrive de rêver aux conforts de la vie – draps de soie et caviar, ou quelque autre image symbolique qui vient à l'esprit.

Vous vous demandez tout le temps : quel est mon rôle maintenant ? Quand Dieu vous met en face de ce passage des Écritures et que vous entrez dans cette autre dimension du Dieu Vivant, cela devient votre nouveau rôle : être une toupie ! Vous savez la façon dont un garçon prend une toupie, l'entoure d'une ficelle et la tire. Voilà ce que Dieu fait de vous. Et vous passez par un état de vertige. Il ne s'agirait pas de s'en griser immédiatement ou/et d'y demeurer indéfiniment ; vous ne pourriez pas le supporter. Vous devez vous adapter peu à peu, y entrer très, très lentement parce que l'essence de la prière n'est pas un lieu, c'est un état.

Vous devez laisser tout cela vous arriver et ne pas en être étonné parce que ces deux forces opposées vont vivre en vous… l'urgence de perdre votre vie et l'urgence de la sauver. Pour que cela vous arrive il n'est pas nécessaire d'être un ermite (ou de faire semblant), c'est le lot de tout chrétien. Ces deux forces vont se rencontrer en vous et vous allez tourner follement, comme si vous étiez tiré par deux ficelles, ou que vous étiez une toupie tendue par la même corde qui tente d'aller dans deux directions. N'en soyez pas étonné !

Il y a encore autre chose : chaque fois que vous sentez intérieurement comme une annihilation de vous-même, vous serez possédé d'un besoin urgent de vous affirmer extérieurement pour laisser votre empreinte sur la vie. « Voyez, les amis, j'existe ! Je suis là. Je n'ai pas disparu. Je suis quelqu'un. Écoutez-moi. » Il semble que le Saint-Esprit annihile votre être ; c'est du moins ce que vous croyez. Vous serez la proie de toutes sortes de symboles en imagination (que ce soit un mur en flammes ou un vent qui fait rage), et avec le pouvoir qu'ils ont de vous abattre, vous les voyez terribles, vraiment terribles ! Soudain vous avez une impression de ce genre : « Où est ce Royaume auquel Il m'appelle et qu'Il m'a promis pour aujourd'hui... maintenant, tout de suite ? Qu'est-ce qui m'arrive... ce n'est pas vrai... cela ne peut pas l'être... C'est trop lourd ! Faites que cela s'éloigne et revienne plus doucement. »

Et ce n'est jamais aussi doucement que vous espérez ; alors, vous êtes intérieurement bouleversé, complètement anéanti. Dans cet état, et dans le fait que vous soyez touché par Dieu, vous vous sentez pris de vertige. Vous êtes comme une toupie parce que vous ne savez pas où cela va s'arrêter. D'ailleurs la toupie ne sait pas où elle va ; ce qui explique que votre personnalité semble annihilée et, tout ce temps, l'Esprit du Mal vous entoure, à la recherche d'une brèche dans vos défenses spirituelles. Le tableau n'est pas beau, mais il en est ainsi... du moins je le pense.

Que se passe-t-il derrière tout cela ? Que vous arrive-t-il ? Eh bien, quelque chose comme cela : vous priez ou, simplement vous faites votre travail (quel qu'il soit), et ce tumulte commence à vous peser de tout son poids. Vous sentez soudain qu'en vous-même, dans votre âme, vous êtes incapable de « faire un pas de plus », alors vous souhaitez vous laisser tomber quelque part et vous y installer. Lentement, très lentement, vous glissez sur le sol parce que bouger devient de plus en plus difficile. Et pendant tout ce temps, vous triez ce qui doit l'être, vous dictez des lettres, vous nettoyez le plancher, ou faites tout autre chose, alors que tout cela se passe en vous. Et votre âme ne peut que gémir... et peut-être plusieurs jours passent comme cela.

Par grâce, vous êtes à terre, vous ne vous êtes pas enfui, tournant le dos à Dieu. C'est cela la grâce... votre foi commence à grandir : vous y êtes ! Jésus était sur la croix et vous, sur le sol. Une fois debout, votre âme est comme mille éponges qui viennent d'être essorées. Mais c'est sans importance. La grâce peut s'infiltrer aussi bien à travers nos éponges intérieures que l'eau dans n'importe quelle autre éponge.

Puis vient un jour (je parle symboliquement car tout ceci ne comporte pas plus de jour que de nuit ; le temps n'en fait pas partie)... un « jour » donc où, en vous réveillant, vous constatez que s'est ouverte à vous une nouvelle dimension du Christ. Vous pouvez alors faire quelques pas dans son Royaume, et celui qu'il a à vous montrer est immense. Il ne vous demande que d'être fidèles. Il vous demande une chose seulement : vous tenir intérieurement immobile. Tout ceci est intérieur... dans l'âme.

La dimension intérieure dont je parle ne connaît pas géographiquement de frontières, c'est intérieurement que tout se produit. Plus tard, quand cette opération du Saint-Esprit « passe au crible » l'autre dimension dans laquelle vous vous trouvez, c'est-à-dire celle de votre existence extérieure, dans la vie, vous commencez alors à connaître son Royaume de deux façons, par la foi et par vos sens. Cela peut vous paraître un paradoxe mais il est inévitable, car il tient à la nature humaine.

Le paradoxe des actions divines/humaines

Il est inutile de vous demander pourquoi tout cela vous arrive. C'est la Volonté de Dieu sur vous. Il vous a choisi. Il vous a appelé à cet endroit précis et tout ce que vous avez à faire c'est d'y rester. Ne vous demandez pas pourquoi ; vous n'avez qu'à vous y tenir et le supporter ! Le supporter et vous dire qu'en temps voulu, vous irez de plus en plus loin. Le désir de laisser l'empreinte de votre personnalité un peu partout (juste pour prouver votre existence et son importance) peut encore se manifester violemment, mais vous aurez appris à le modérer. Dieu doit croître et vous, diminuer. Alors, aussi étrange que ce soit, vous vous apercevrez que vous croissez également. Encore un paradoxe!

Il y eut saint François qui renonça à lui-même et laissa sa vie « se perdre ». Pour lui son corps était un âne. Mais il est considéré comme immortel. En se faisant petit, il devenait immense. C'est pourquoi il est si important d'arriver à l'essence de ce passage de l'Évangile et de ne pas se contenter de son aspect superficiel. Les Français ont traduit cela par une phrase merveilleuse: *« Quand on se donne au Bon Dieu, on est terrassé par Dieu. »*

Quelqu'un: Battu, vaincu, écrasé.

Catherine: Oui, c'est cela. Je pourrais dire: « Mon amant m'a terrassée », ce qui peut vouloir dire: « Il m'a vaincue », ou: « Il m'a étreinte », ce qui, en français, a deux significations. C'est en ceci, je crois qu'on trouve l'essence du Royaume de Dieu. C'est curieux; nous sommes encore la chose créée, et pourtant... eh bien, que pensez-vous de ce paradoxe?

J'ai l'intuition que beaucoup comprennent très bien ce que je dis parce que – du moins je l'imagine – vous avez vous-mêmes connu de telles expériences et vous vous posez des questions. Ne vous inquiétez pas... il ne faut jamais s'inquiéter avec Dieu. Il suffit de rester tranquille, de laisser passer l'orage, tourner les toupies, etc. Ce n'est pas facile, mais inéluctable dans les luttes intérieures; et tout le reste en découle.

Le paradoxe: immobilité/activité

La personne qui est là, prostrée, est celle qui peut aller dans les ghettos et comprendre la souffrance des autres. La personne qui est là immobile sous la Volonté de Dieu (je veux dire la façon dont Il agit) est celle qui peut parler à son prochain. Comprenez-vous? La communication commence là, et non pas par toutes sortes de techniques, formation ou autres. Elle commence quand vous êtes là, immobile, ou quand vous tournez comme une toupie parce que vous savez que la main de Dieu est sur vous. Qui est touché par la main de Dieu peut faire l'impossible pour les autres.

Nous ne pouvons pas toujours expliquer cela. Quand nous le pouvons, c'est superbe, mais il est si difficile de trouver les mots. Je pense que l'un des aspects de la vie de prière c'est que vous *devez* parfois l'expliquer pour aider quelqu'un. Mais vous saurez quand et où le faire; et lorsque c'est absolument nécessaire, vous ne devez jamais vous y soustraire, aussi douloureux que ce soit, parce que, souvent, vous aidez quelqu'un. Est-ce ou non le cas?

Quelqu'un: Vous avez touché un point très important, Catherine. En ce qui me concerne, ce que vous dites m'aide énormément. Je pense que tous, nous connaissons parfois cette lutte qui souvent revient à nous interroger sur notre rôle. Nous allons, nous nous demandons les uns les autres: « Quel est notre rôle? Quel est celui des hommes? Celui des femmes?... Quel est le rôle des prêtres? » et souvent ces questions sont en réalité une quête angoissée de notre propre identité et – je parle évidemment pour moi –, ce faisant, nous essayons désespérément d'atteindre quelque chose – n'importe quoi! – juste pour pouvoir dire ce qui se passe en nous. Je pense qu'il faut du courage pour être capable de parler; et il vous en a fallu pour dire ce que vous avez dit. Mais pour nous, c'est important parce que je crois que presque tout le monde, dans cette pièce doit faire, un jour ou l'autre, cette même expérience.

Une comparaison m'est venue à l'esprit. Lorsque j'entre dans l'atelier, je vois parfois des hommes en train de souder. Ils utilisent une lampe à souder qui est aveuglante et si dure pour les yeux qu'il faut les protéger avec d'épaisses lunettes noires. Quand vous le faites, vous ne voyez qu'un point lumineux. Mais si quelqu'un arrive dans la pièce, sans lunettes, la lumière peut lui brûler les yeux. Je pense que Dieu a cet effet sur nous. Il est si lumineux que sa Présence nous aveugle. Mais il nous fait porter comme de grosses lunettes pour nous permettre de fixer notre attention sur ce qu'il attend de nous, dans le devoir du moment et laisser dans l'ombre tout le reste.

Catherine: C'est vrai, et il est si facile de nous détourner de ce minuscule point lumineux, au centre de notre être ! Tout ce qui est autour nous attire… aller faire ceci ou cela, regarder ici et là, et ainsi de suite ! Mais Dieu nous a dit de pénétrer sans crainte dans les profondeurs de notre être. Alors nous devons être sans crainte et faire confiance à sa Présence en nous.

Par exemple, les hippies commencent à arriver chez nous ; c'est ce que je vois. Eh bien, qu'avons-nous à leur donner ? Que pouvons-nous leur dire ? Nous pouvons accepter leurs méthodes de prières ou leurs techniques de jeûne… leur recherche d'un sens à la vie, pour les diriger sur le droit chemin si nous avons le courage de leur dire la vérité. Mais où trouverons-nous ce courage ? Seulement en fixant notre attention sur la Présence de Jésus ! Il nous appelle par ce *Petit Mandat*: « Vivez caché, soyez une lumière aux pieds de votre prochain. Allez sans crainte dans les profondeurs du cœur des hommes. Je serai avec vous. »

Après cela, il a ajouté : « Je serai votre repos. » C'est vrai, il sera notre repos. Mais il commence par nous demander « action », « mouvement », « participation ». Il dit à cet effet : « Levez-vous, partez, allez sans peur ! » Pourquoi est-il si précis sur ce point ? Parce qu'il sait que nous avons peur, terriblement peur d'entrer dans le cœur des autres, peur à en faire des cauchemars. Parce que ce n'est pas facile !

Quelqu'un: Vous savez, je crois vraiment que le seul fait de lire notre *Petit Mandat* nous montre que… je veux dire : Notre Seigneur nous a promis que si nous quittions notre maison, il nous le rendrait au centuple. Beaucoup de gens comprennent qu'ils recevront, matériellement cent fois plus de lieux d'habitation. Mais je pense que ces « maisons » représentent le cœur des autres où Il habite. Je crois qu'il est important de le dire, parce que nous sommes en pèlerinage et c'est là que se rejoignent ces deux choses : l'abandon et la récompense, le fait que nous nous quittions et que nous allions vers l'autre en pèlerinage.

Le paradoxe: vie cachée/vie active

Catherine: Eh bien, ce pèlerinage est aussi quelque chose qui concerne l'âme. C'est celui du détachement et il est si difficile... si douloureux, qu'il n'est pas aisé d'en parler. Avec Dieu, voyez-vous, tout se présente toujours sous deux aspects: douloureux et joyeux. C'est comme « terrasser »: mon amoureux peut me terrasser, Dieu peut m'embrasser, me renverser et c'est en fait la même chose puis qu'Il est mon Amoureux. Encore un paradoxe...

Cette histoire de pèlerinage est la même chose. Un pèlerin doit se lever et partir, « s'exposer » au monde. Physiquement, il n'est pas nu. À notre époque, on ne peut parcourir les rues sans être vêtu; on serait arrêté et mis dans un hôpital psychiatrique. Notre *Petit Mandat* dit: « Soyez caché. » Autrement dit, n'attirez pas l'attention sur ce que vous faites. Cela rejoint un autre passage de l'Évangile dans lequel Jésus conseille à ceux qui jeûnent de se parfumer pour ne pas se faire remarquer. De nos jours, ce serait se farder pour une femme ou être élégant pour un homme. Ceci pour ne pas vous montrer comme vous êtes. (À ne pas prendre littéralement.) Ce que l'Écriture suggère ici, c'est de vous adapter à votre temps pour ne pas vous faire remarquer.

Être un pèlerin... prenons, par exemple, notre désir de confort, pas des choses extraordinaires... draps de soie, Rolls Royce, etc. Non, je dirais qu'à Madonna House nous souhaitons par-dessus tout un peu d'intimité en raison de notre vie très communautaire. La maison que nous gardons disponible est, sans doute, recherchée de tous pour y passer des vacances... Chasser ce désir est très difficile mais fait partie du pèlerinage. Ce qui ne signifie pas que vous devriez refuser une cabane privée si on vous l'offre. Mais ne perdez pas votre temps à en souhaiter une, parce que vous vous êtes entièrement remise au Seigneur crucifié, et que vous avez renoncé à tous vos besoins et vos désirs dans tout ce qui se présente dans la vie.

Dès que vous êtes détaché de cette réaction: « Oui, je dois avoir » ou: « Non, je refuse de... », Dieu peut vous accorder ce que vous désirez. Je pense à l'époque où nous n'avions aucune vacance, lorsqu'arriva le cardinal Spellman avec le père Furfey *. Le premier demanda: « Combien de congés prenez-vous? » Je répondis: « Aucun. Les pauvres n'en ont pas, alors nous nous en passons. » Il dit que c'était stupide. Puisque nous nous levions vers six heures du matin et nous couchions à minuit, nous avions besoin de quelques vacances.

Lorsque je lui fis remarquer que nous n'avions pas d'argent pour cela, il dit que nous devrions mendier pour partir et en prendre. Ce que nous fîmes uniquement sur l'ordre du Cardinal. Il avait fallu cela pour que nous quittions notre travail quelques jours.

Vous voyez comment Dieu travaille? N'est-ce pas admirable? Au début nous avions honte de prendre des congés, parce que les pauvres n'en avaient pas. Finalement nous en étions arrivés à ne même pas vouloir partir en vacances. Et au moment où nous étions prêts à y renoncer, Dieu nous en offrait. Ce fut six semaines pour les responsables et quatre pour les autres membres, grâce auxquelles nous revenions reposés et mieux à même de servir. On ne surpasse pas Dieu en générosité!

Quelqu'un: Pour suivre votre idée, Catherine, que faire, selon vous, pour nos frères et sœurs malades dans leur affectivité ou leurs désirs? C'est une situation extrêmement délicate. Faut-il se contenter de prier pour eux, sans tendre la main pour les corriger? Peut-être est-ce une question d'opportunité?

Catherine: Eh bien, c'est une chose qui me préoccupe. Pensez à notre répétition de chant d'hier soir. C'était si horrible par moment que Ray Gene devait nous interrompre pour recommencer. Le chant, l'écriture, la danse, etc. sont des expériences chargées d'émotions et si quelqu'un est troublé, il va sonner « faux ». Ce n'est pas en légiférant que vous obtiendrez un chant parfait. Vous ne pouvez que donner aux chanteurs la note juste, leur faire écouter, et puis, prier.

Mais ici, c'est un peu différent, pour ce qui touche la vie spirituelle, nous devons être ouverts les uns aux autres. (Dieu sait que je

* Père Furfey: professeur de sociologie et directeur spirituel de Catherine, un certain temps.

déteste ce mot « ouvert » parce qu'il est généralement chargé de trop de sentimentalité.) Mais nous pouvons réellement nous aider mutuellement si nous sommes assez honnêtes pour parler de notre âme avec franchise, sans la dissimuler derrière une façade. Nous pouvons partager réellement notre expérience de Dieu et le reste… et pas simplement parler abstraitement de vie mystique ; vous voyez ce que je veux dire !

Nous avons le devoir de dire aux gens s'ils chantent juste ou faux et de leur donner le bon rythme. Nous devons nous corriger mutuellement, ne pas nous contenter de nous soutenir, mais aussi nous corriger. Je crois que nous nous laissons aller sur ce point, comme sur notre chant (cela peut arriver sur bien d'autres choses). C'est pourquoi nous devons nous interroger les uns les autres : « Qu'en pensez-vous ? Est-ce bien l'esprit de notre *Petit Mandat* ? » Nous pouvons dire quelque chose de ce genre quand nous voyons un fait répréhensible ou entendons une fausse note.

Et puis, il y a la question d'opportunité. Nous ne savons pas toujours à quel moment une chose est bonne ou non. Quand travailler ? Quand jouer ? Quand étudier ? N'oubliez pas que nous sommes sans cesse « en pèlerinage ». Supposons que nous arrivons dans un village au moment du bal qui a lieu sur la place, devons-nous la traverser ou nous mettre à danser ? Musique et jeux sont une bonne chose, se récréer aussi. Nous entrons dans une pièce à l'heure du thé, allons-nous rester pour parler ou jouer aux cartes ou, puisque nous avons un livre, étudier… Peut-être devrions nous aller dans un coin ? Je ne sais pas ; vous voyez comme c'est délicat. Quelle est ici notre attitude intérieure ? Il faut écouter Dieu et consulter notre cœur, mais il faut toujours poser la question au groupe et demander : « Que pensez-vous de cela ? »

Mais comment en parler aux autres membres de notre famille ? Vos jeûnes et vos prières peuvent procurer des grâces pour les autres : ils parlent plus facilement quand les choses ne vont pas bien. C'est une façon d'aider les autres. Derrière cette question de corriger les autres personnes, il y a toujours la question de notre propre détachement. Ce détachement radical et personnel des personnes et des choses qui est aussi douloureux que de s'arracher la peau. Et ce qui est étrange, c'est que lorsque vous vous croyez totalement détaché, vous découvrez soudain mille attachements. C'est ce que je suis en train d'éprouver et cela fait mal, très mal. En ce moment, j'ai vraiment peur d'ouvrir la bouche pour corriger quelqu'un parce que je réalise combien sont nombreux mes propres attachements internes. Mais je vous parle comme cela parce que ces mots – j'en suis sûre – vous avez besoin de les entendre.

Affectueusement,

Catherine

PRÉCISIONS SUR LES MISSIONS

Le 19 août 1972

Mes bien-aimés,

Il y a longtemps que je veux vous parler plus longuement des missions. Vous avez compris certaines des idées que je vous ai présentées, mais je pense que d'autres ont dû rester enveloppées de mystère. J'espère aussi qu'entre mes diverses lettres et mes idées que vous partagez entre vous, le brouillard se dissipera lentement.

Et pour commencer, je n'ai jamais vu d'un bon œil les tentatives des missionnaires « activistes » qui se proposent pour les catéchismes, l'enseignement, le travail en hôpital, etc. Cela ne m'a jamais beaucoup intéressée. J'ai accepté que nous créions de petits dispensaires dans les endroits qui avaient de la peine à trouver de l'aide médicale. À contre-cœur, j'étais d'accord pour que nous enseignions du catéchisme. Mais j'étais plus intéressée par des actions telles que les coopératives pour faire connaître la justice sociale et la lutte contre la misère… C'est à cela que tendait mon éducation, ma culture, tout en moi.

Ce que je voulais plus que tout a toujours été l'apostolat du *chitchat**... comme celui que ma mère utilisait lorsque, jeune femme, elle étudiait la musique à l'académie de Petrograd. Mais en plus de ces causeries (qui pour moi sont l'essence même de l'amitié et de la fraternité), elle estimait que le principal travail du missionnaire était la prière. Par ces deux moyens – le *chitchat* et la prière –, le missionnaire attirerait beaucoup de gens.

Ces idées furent illustrées par des missionnaires russes. Je vous défie de me dire combien de prêtres ou de moines russes vous connaissez qui ont répandu la parole que le Christ nous a demandé de répandre, et qui ont prêché l'Évangile partout. Vous n'en connaissez guère, non parce qu'ils n'existaient pas, mais en raison de la façon qu'ils avaient de pénétrer, discrètement, en terre étrangère. Ils arrivaient généralement sans bruit, ce qui n'avait pratiquement aucune répercussion, pas plus du côté du missionnaire que pour les gens qu'ils venaient servir et instruire.

Prenez, par exemple, saint Herman d'Alaska, le prêtre russe qui, voici cent ans, apporta la Bonne Nouvelle aux Indiens. L'Église orthodoxe vient de le canoniser récemment. En arrivant, il se construisit une hutte de rondins, comme celle que nous avons sur notre île, et chaque fois que possible, il se mit à dire la messe à l'extérieur, été comme hiver, sachant que les Indiens sont un peuple libre qui aime adorer en plein air. Il ne les a pas tout de suite attirés avec des leçons de catéchisme, il s'est contenté de célébrer la liturgie : la sainte messe. Il chantait d'une voix merveilleuse et les gens se rassemblaient autour de lui. Grâce à son amitié, à son apostolat de *chitchat* et à son acceptation de leurs coutumes il eut, sur les Indiens de l'Alaska, une influence énorme.

Je crois fondamentalement « qu'un missionnaire n'apporte rien à sa terre de mission, mais y va plutôt pour trouver le Christ qui y demeure déjà, et le révéler aux autres ». C'est ce que je viens de lire dans un livre écrit par le père Jacques Loew : *Comme s'il voyait l'invisible.*

---

* *Chitchat :* bavardage

Dans ce livre, il y est question d'un prêtre missionnaire en Afrique depuis longtemps. Avec tristesse et non sans humour, ce prêtre décrit la mentalité du missionnaire de l'ouest qui débarque en Afrique et qui, je pense, est actuellement celle de tous les missionnaires occidentaux d'aujourd'hui. Il prétend que la plupart viennent d'Europe, ayant en tête un esprit d'« organisateur ». Ce qui les intéresse, c'est le nombre de réunions qu'il faut organiser, le nombre de gens qui devraient chaque fois y assister, quelles sortes de groupes à constituer, etc. Beaucoup d'entre eux débutent par de grands projets. Sur des sujets comme la philosophie, la théologie, etc., ils parlent comme des livres. Ils auraient dû commencer par prendre contact avec les gens, un par un, se présenter et poser des questions sur l'autre, très simplement et avec délicatesse. Ils auraient alors découvert un univers dans lequel Dieu était déjà réellement présent. Un missionnaire doit écouter les pauvres très attentivement pour se laisser « pénétrer » par leur misère. Il doit aussi être rempli de respect pour ceux qu'il est venu servir.

Ce prêtre ajoutait que nous ne pouvons nous permettre de nous laisser emporter par notre enthousiasme qui pousse à des solutions rapides, apportant à notre mission quelque conclusion évidente et tangible. Il faudrait selon lui diviser l'activité missionnaire en trois parties et, pour chacune, il nous faut bien nous préparer par la prière et le jeûne. Il voit :

1. un temps pour l'amitié ;
2. un temps pour la parole ;
3. un temps pour les sacrements.

Ce temps de l'amitié représente Nazareth – une vie de travail partagée ensemble pour former des liens de parenté. Avez-vous réfléchi à ce qu'est pour nous ce temps de l'amitié, à Madonna House ? Le temps où la vie est cachée ? Le temps du silence pendant lequel les différences culturelles et les difficultés sont confrontées et assimilées ? Le temps utilisé d'une manière spéciale de façon à ce que tout et n'importe quoi puisse contribuer à nous « fondre » avec les gens que nous sommes appelés à servir ? Un temps « d'inutilité » quand le secret du Père est à l'œuvre ? Car il traite ses missionnaires comme il a traité son Fils. Il veut nous envoyer à ce qui était, pour Lui, Bethléem et Nazareth.

Avant d'aller plus loin, il faut aussi comprendre que si nous parlons des missionnaires à l'étranger, nous devons ne jamais oublier que tout chrétien est un apôtre, un missionnaire, envoyé par Dieu pour proclamer aux autres la Bonne Nouvelle et, par sa vie, rendre présent l'Évangile. Cela signifie que chrétiens, apôtres et missionnaires doivent aimer les hommes comme ils aiment Dieu. Ce temps de l'amitié ne se résume pas à quelques instants pris sur notre vie pour préparer quelques futures activités missionnaires. Non ! Ce temps de l'amitié, comme le rythme des saisons, accompagne notre vie missionnaire incessamment, où que nous allions. Sinon, nous ne sommes pas missionnaires ; nous n'aimerons pas Dieu et les hommes, puisque l'amitié est le fruit de l'amour.

Et comme je viens de le dire, le temps de Nazareth ne consiste pas non plus à se cacher dans une *poustinia* ; c'est en dehors d'elle que nous devons vivre l'amitié. Nous devons la vivre où vivent les hommes – au besoin sur les places publiques. Et nous y promener très tranquillement, sans nous presser. Si par cette précieuse amitié, Dieu veut nous lier à Lui, nous devons prendre racine là où les autres s'enracinent, et devenir « tout à tous » par notre amour et notre service. En un mot, le missionnaire doit (comme le Christ lavant les pieds de ses apôtres) devenir l'adepte de « la serviette et de l'eau », ce qui est véritablement le signe de l'amour et de l'amitié.

Lorsque ce temps de l'amitié a pris racine, vient alors celui de la Parole. Lorsque nous avons lié amitié avec les autres, nous pouvons commencer à leur annoncer la Bonne Nouvelle. Mais il faut le faire lentement, avec douceur, avec des mots appropriés à la culture de chacun. Mais nous devons surtout « dire » cet Évangile *avec notre vie.*

Puis vient le temps des sacrements. C'était d'ailleurs le parcours de Jésus lorsqu'il était sur terre. Pour Lui, le temps des sacrements fut celui de la Cène, de la Croix, de sa Mort et de sa Résurrection, du don et du pardon. En résumant sa vie, nous constatons qu'il a consacré trente-trois ans au temps de l'amitié et trois ans à celui de la Parole (sa vie publique). Mais le temps des sacrements n'a duré que quelques jours.

Sans avoir lu le livre du père Loew, il y a bien des années que j'avais l'idée de l'apostolat du *chitchat* et je l'ai pratiqué tout au long de ma vie. Et quand je dis que je l'ai commencé « depuis longtemps et loin d'ici », il est drôle que cela ne signifie pas seulement lorsqu'on ouvrit Friendship House, il y a quarante-deux ans. Non. L'idée était incorporée à ma culture russe parce que ma mère, comme je vous l'ai souvent dit, « allait aux gens » comme si elle était leur servante. La spiritualité russe reconnaît que nous sommes tous apôtres et missionnaires les uns pour les autres. Chacun est censé proclamer la Bonne Nouvelle à l'autre, et de façon répétée, car il n'est pas tellement facile de l'intégrer dans nos vies! C'est pourquoi j'ai en un sens commencé l'apostolat du *chitchat* il y a longtemps et bien loin d'ici; il était enraciné dans la prière. Maintenant, je le poursuis à Madonna House où les gens ne cessent de se presser.

Le temps de la parole est celui d'une croissance continue. Mon incarnation, votre incarnation est quelque chose qui se développe et grandit jusqu'à devenir une icône du Christ. Le Seigneur fait des miracles de toutes sortes y compris des guérisons et, pour finir, il nous donne la Cène avec le Pain et le Vin, et ceci, jusqu'à la fin des temps. Alors, il me semble que notre vie, notre vie missionnaire ensemble – pendant le temps de la Parole, quand nous la donnons dans son intégralité et avec une foi absolue – est un temps d'épreuves qui est un défi pour nous.

Mais ne nous inquiétons pas, même un instant, de nos nombreuses inaptitudes: incapacité, manque d'instruction, etc. Cela n'a vraiment aucune importance car ce n'est pas nous qui parlerons, c'est Lui qui prêchera si seulement nous ouvrons la bouche « en son Nom ».

Nous savons qui nous sommes. Nous savons que la graine doit mourir pour produire du fruit. Et quand nous faisons le nécessaire, « la foi en action » vient demeurer en nous. De jour en jour, nous réalisons plus clairement que nous prêchons la Parole de Dieu, et jamais la nôtre. Saint Paul nous dit que nous portons ce trésor dans « un vase d'argile » pour montrer que cet ample pouvoir vient de Dieu et non pas de nous. Pour cette raison, nous devons avoir la ferme conviction qu'il nous faut accepter nos faiblesses et la force de Dieu, pour bien les montrer au monde. Tels sont, à mon avis, les moyens de préparer le temps de la Parole.

Pour ce qui est du temps des sacrements… eh bien, pas grand-chose à dire. Ici, à notre humble manière, nous revivons l'agonie au jardin des Oliviers et la crucifixion. C'est le moment de marcher sur une terre désolée, c'est le moment de nous détacher de ce que pensent les simples créatures. Nous sommes insensibles à l'approbation ou à la désapprobation de quiconque ou de telle couche de la société. Les bons comme les mauvais témoignages nous laissent indifférents. J'estime que la joie du missionnaire est, avant tout et en dernier ressort, dans cette ressemblance à Jésus-Christ qui fait de nous l'icône du Christ. C'est peut-être saint Paul qui donne la meilleure définition de la mission :

> « Nous donnons, en tout, la preuve que nous sommes d'authentiques serviteurs de Dieu… par notre inébranlable persévérance dans le malheur, la difficulté, la détresse ; quand nous sommes battus, mis en prison, molestés ; dans le travail, l'insomnie, la famine ; par la pureté, la science, la patience, la bonté, dans l'Esprit saint ; par une charité sans feinte, par la parole de vérité et la puissance de Dieu ; en utilisant comme défense et pour attaquer, les armes de la rectitude ; dans les honneurs et la disgrâce, le blâme ou la louange ; lorsque nous sommes pris pour des imposteurs alors que nous sommes sincères ; quand nous sommes méconnus et pourtant reconnus ; quand nous sommes mourants bien que vivants ; fouettés sans être exécutés ; lorsque nous souffrons en étant pourtant pleins de joie ; pauvres tout en enrichissant beaucoup de gens ; dénués de tout, alors que nous possédons tout » (2 Co 6, 4-10).

Voilà exactement ce que je veux dire pour faire comprendre notre apostolat du *chitchat.* Cela s'applique dans notre apostolat et à ceux qui sont dans la *poustinia.* Il est si simple et tellement compliqué en raison même de sa simplicité !

Ce sont là quelques-unes de mes réflexions sur la mission.

Affectueusement vôtre en Marie,

Catherine

SOBORNOST

Le 29 août 1972

Mes bien-aimés,

Je viens de recevoir le rapport d'une réunion de l'une de vos maisons. Comme il était excellent, j'aimerais en partager avec vous une partie pour que vous sachiez ce dont il s'agit quand je parle de *sobornost.* Le voici donc :

> « Une grande partie de l'année nous nous sommes "battus" avec le concept de *sobornost* pour essayer d'en vivre. Et à mesure que nous en découvrions la signification, nous hésitions entre deux extrêmes : celui de la totale dépendance (disons des membres par rapport au responsable) et celui de la totale indépendance (quand des membres agissent trop souvent sans "avoir le sens de la communauté" ou de la nécessité de communiquer). Il y a un équilibre délicat que nous n'avons pas encore réussi à trouver entre une façon rigide "de nous soumettre à l'autorité", et celle d'agir trop individuellement, en toute liberté. Ce que nous attendons de *sobornost* n'est pas plus une dépendance qu'une indépendance totale, et ceci exige une communication entre nous tous. »

En lisant et relisant ceci, je me suis mise à prier sincèrement, avec ardeur. Il semble que les catholiques de l'Église romaine comprennent difficilement le concept de *sobornost,* probablement parce que leur spiritualité est fortement basée sur la hiérarchie, « l'ordre et la loi »! Cela est dû à ce que la Rome catholique était historiquement l'héritière des traditions légales de la Rome païenne.

Sobornost n'a que peu à voir entre « dépendance totale des membres par rapport à l'autorité ou totale indépendance quand les membres seraient trop libres ». La réalité de *sobornost* est infiniment plus profonde que cela. Son incarnation dans la vie des gens est comme un puits artésien qui jaillit du cœur même de la Très Sainte Trinité et peut-être, ne la trouve-t-on, dans toute sa perfection qu'au sein de la Trinité où règne une totale et complète unité d'esprit.

Ce n'est donc pas vraiment une question de dépendance ou d'indépendance, d'autorité ou d'inférieurs; tout ceci disparaît comme des vêtements trop vieux, trop usés. *Sobornost* commence avec le cœur de ceux dont la vie de prière se passe devant la Trinité pour devenir avec le temps, un reflet du Père, du Fils et du Saint-Esprit.

Si, selon la Volonté du Père, de telles personnes « se lient » pour former une communauté, d'elles-mêmes elles obéiront comme le Fils et compteront sur le Saint-Esprit (avocat envoyé par le Père qui leur rappellera tout ce que le Fils a enseigné) pour leur donner une totale unité d'esprit, de cœur et d'âme.

Vous voyez, *sobornost*, c'est l'unité qui implique l'esprit, le cœur et l'âme, mais pas plus de dépendance que d'indépendance, pas même d'interdépendance; cela va bien plus loin. Ce n'est pas non plus, au sens courant, ce que l'on entend par une organisation hiérarchique, ni un groupe de personnes « qui font ce qui leur plaît ». Non, ce n'est rien de tout cela.

Avant de continuer, laissez-moi expliquer l'étymologie de ce mot russe. *Sobor* signifie cathédrale, mais d'un type très spécial; Saint-Pierre de Rome en serait une et Saint-Isaac de Pétrograd en serait une autre. Mais, au sens spirituel *sobor* désigne une église qui réunit tous les gens en une assemblée (*sobrania* veut dire "assemblée"). C'est donc un lieu où se rassemblent les évêques, les prêtres et le Peuple de Dieu pour offrir le sacrifice eucharistique, (la liturgie) comme si tous ne faisaient qu'un, totalement et complètement un… d'esprit, de corps, d'âme et de cœur.

Cette unité dans le Corps du Christ est si absolue qu'avec le Père et le Saint-Esprit, elle crée véritablement un Corps trinitaire, comme le Christ a dû l'être pendant son incarnation. Je ne sais si je me fais bien comprendre, ou si je vous embrouille un peu plus ! Mais je veux insister sur un point : *sobornost* se réalise *seulement* par une prière intense et continue. Peut-être serait-ce plus clair si j'en parlais comme « d'une totale ouverture les uns aux autres ». C'est une si grande ouverture que chacun trouverait tout naturel de parler honnêtement de lui-même en laissant même le flot de l'inconscient couler ouvertement, avec aisance et simplicité, entre les membres de la communauté. Mais cela ne fait peut-être qu'embrouiller les choses… Quelle que soit la façon dont j'essaie d'expliquer cette incroyable unité qui remplit le cœur d'une communauté pleine de *sobornost* trinitaire… je m'aperçois que les mots me manquent.

Voici un autre paragraphe concernant la réunion en question :

> « Notre communauté va-t-elle récolter les fruits de notre prière et de notre méditation de l'année dernière ? Il semble que nous soyons tous d'accord pour partager quelquefois nos réflexions sur cette année. »

Dans l'esprit des Russes, ce genre de question et de réponse apparaîtrait tout à fait superflu. Bien sûr ! Nous devons recourir au fruit de notre prière, de notre méditation, de l'expérience que nous donne chaque minute, chaque jour, chaque année, et le partager constamment les uns avec les autres. Je dis bien constamment et non « de temps en temps ». Mais faites-le spontanément, parce que *sobornost* est, en définitive, cette union d'amour entre le Père, le Fils et le Saint-Esprit qui s'installe dans notre propre corps. N'oubliez pas que nous sommes le temple de la Trinité et ce Dieu Trinitaire qui demeure en nous (si nous Lui en donnons la possibilité) nous constituera en *Sobrania* – une assemblée de ceux qui L'aiment et qui s'aiment mutuellement.

Mes bien-aimés, si nous nous aimons de l'amour de la Très Sainte Trinité – du moins autant que possible, grâce à la prière continuelle et à la méditation – je vous le demande « serait-il question de dépendance, d'indépendance ou d'interdépendance ? » Sûrement pas, car toutes ces questions seraient sans importance... L'interdépendance régnerait avec naturel et simplicité par cette communication constante de ceux qui s'aiment mutuellement.

Ce qui est important, c'est que les personnes qui ont l'autorité aiment comme le Père aime, et se donnent elles-mêmes comme le Père a donné son Fils pour notre salut. Si bien que dans la *sobornost* toute « autorité » agirait, à la fois, comme le Serviteur souffrant du Seigneur, et comme Jésus-Christ, la Personne « du linge et de l'eau » ! L'autorité serait servante de tous, se sacrifiant volontiers pour les besoins et le salut de tous. L'autorité sera ainsi vraiment *sobornost*, aimant à la fois Dieu et les hommes et tout particulièrement ceux de la communauté.

Ses membres, avec un tel idéal, seraient à la fois serviteurs pleins d'amour les uns pour les autres. Membres et responsables, tous unis, seraient constamment en alerte, intéressés par une chose, une chose seulement : n'être pas « plusieurs » (pour ainsi dire), mais un « seul » dans le Seigneur. Par conséquent, les questions de tout genre, depuis les problèmes les plus routiniers (comme le ramassage des dons, l'organisation du vestiaire) jusqu'aux plus graves situations que peut rencontrer l'Apostolat, doivent dans cette totale unité d'amour qu'est la *sobornost*, arriver à une totale unité d'opinions.

Au début, cela peut prendre un certain temps mais, lorsque, de plus en plus, nous devenons « un » avec ce courant issu des profondeurs de la Trinité, le temps cessera d'exister. Autrement dit, nous résoudrons nos problèmes de plus en plus rapidement, parce que nous nous aimerons mutuellement de plus en plus et nous serons toujours plus intimement unis. Me suis-je fait comprendre ? Vous ai-je encore donné une meilleure idée de ce qu'est *sobornost* ? Je ne sais ! Vous devrez me le dire. N'hésitez pas à me poser d'autres questions si vous en avez.

Affectueusement vôtre en Marie,

Catherine

LA FÉCONDITÉ DE LA PAUVRETÉ

Le 23 septembre 1972

Mes bien-aimés,

Il me semble avoir grand besoin de vous écrire avant d'aller en Israël. Je me sens très proche de chacun d'entre vous et les réunions de responsables ont été si magnifiques que j'ai un désir immense de partager avec vous tout ce que j'ai dans le cœur. On ne peut nier que, cette année, nos réunions ont été profondément spirituelles et ont eu souvent comme sujet la pauvreté.

Mais pour être absolument sincère, je suis obsédée par quelque chose qui va bien au-delà de la pauvreté. Peut-être cela en fait-il partie, peut-être en est-ce le cœur ; vraiment je ne sais pas. Je veux simplement vous en faire part et appeler cela « dépossession ». Qu'est-ce que cela signifie donc pour moi ? Eh bien la première chose que j'ai en tête est contenue dans les mots d'un livre appelé *Les Âges de la Vie spirituelle* *. Evdokimov définit la pauvreté par une phrase : « *L'absence du besoin d'avoir devient besoin de ne pas avoir.* »

Imaginez que vous êtes réellement pauvre en esprit, aussi pauvre que nous l'étions à Harlem et à Toronto, et vous remontez la Cinquième Avenue… Vous avez vraiment atteint un stade où vous regardez d'un œil indifférent les merveilleux étalages de vêtements, de bijoux et de divers objets d'art et vous n'avez aucun désir de les posséder ; c'est que la pauvreté vous a purifié, cœur et âme, de telles envies.

Mais avec le temps, les mois et les années passant, vous repassez le long de la Cinquième Avenue ; non seulement vous ne regarderez pas toutes ces beautés avec indifférence, mais tout en marchant le cœur douloureux vous aspirerez à une pauvreté plus profonde encore : la dépossession. Non seulement vous n'aurez aucun désir de

---

* Cf. Paul EVDOKIMOV, *Les Âges de la Vie spirituelle,* Desclées De Brouwers, Paris, 1964

posséder ces beaux objets, mais vous désirerez passionnément une seule chose : ne rien avoir du tout !

Lorsque l'indifférence se change en un désir passionné, alors quelque part, tout au fond de nous, nous souhaitons être aussi pauvres que l'était saint Jean-Baptiste. Nous voulons ardemment nous identifier à la plus abjecte pauvreté possible. Et non seulement cela, nous désirons aussi posséder une pauvreté intérieure profonde, un vide total du cœur et de l'âme, un vide dans lequel pourrait naître un Enfant nu, un vide assez grand pour contenir un Homme nu sur la croix. Telle est la signification de cette phrase : « *L'absence du besoin d'avoir devient besoin* (passionné) *de ne pas avoir.* »

Quand le 15 août, tout le monde me demandait quel serait le thème de 1972 pour cette belle fête de l'Assomption, je déclarais sans hésitation : la dépossession. Et c'est ainsi que tout ce que je viens d'écrire fut affiché et placé dans notre petite bibliothèque, dans la salle commune et en haut des escaliers.

Regardons ces affiches pour voir ce qu'elles nous disent. L'une est ainsi libellée : *Dépossession égale liberté.*

Cette vérité s'enfonce-t-elle au plus profond de notre cœur, de notre esprit, de notre âme ? C'est une phrase si simple ! Si vous vous dépouillez par amour du Christ, amour de Dieu, amour de l'Amour, vous devenez libre comme l'air. Vous ne vous inquiétez de rien, l'inquiétude passe à côté de vous sans un regard sur vous, ou vous sur elle.

Vous ne possédez rien ; vous êtes vide, en creux, avec assez de place pour contenir un Enfant nu, un Homme nu et crucifié ou quiconque est dans le besoin, mais vous ne pouvez Lui donner que vous-même. Peut-être avez-vous une allumette et pouvez-vous allumer un feu pour réchauffer quelqu'un. Peut-être vous a-t-on donné un morceau de pain (car ceux qui n'ont rien mangent aussi) que vous pouvez partager avec un autre. Peut-être avez-vous un coin où dormir ; on peut aussi partager les coins, vous savez !

Lorsque vous avez acquis cette liberté dont je parle, vous ne prêterez plus la moindre attention aux approbations ou désapprobations… Et les autres le sauront. Personne ne se sentira « inférieur » à vous car, d'une certaine manière, ceux qui se sont dépouillés s'arrangent pour que les autres se sentent « supérieurs ». Quand on se sent libéré de l'inquiétude, du désir d'approbation, de la peur du rejet, ne croyez-vous pas que cela est une vraie liberté, une vraie richesse ? Celui qui s'est dépossédé « possède » tout cela.

On lit sur une autre affiche :

> « Vous connaissez la générosité de Notre Seigneur Jésus-Christ qui, pour vous, de riche qu'il était, s'est fait pauvre pour vous enrichir de sa pauvreté » (II Co 8, 9).

Oui, n'oublions pas sa générosité. C'est en la gardant en mémoire que l'on peut effectivement plonger dans le dépouillement, comme la pierre dans les profondeurs lorsqu'elle est lancée de haut ; ou comme le faucon fonce sur sa proie. Oui, plongeons pour atteindre cette dépossession totale. Mais cela ne sera pas facile, parce qu'il faut non seulement s'identifier aux pauvres en esprit, à ceux qui ont un cœur pur, et à toutes les Béatitudes, mais surtout s'identifier à Jésus-Christ.

Cela revient à dire que dans le jardin de notre âme s'inscriront des mots étranges tels que : « Apprenez de moi que je suis doux et humble de cœur ». Alors la dépossession fleurira. Ceux qui se sont dépossédés par amour du Christ sont doux, et donc ils seront semeurs de paix. Ce sont les doux qui utilisent leur pauvreté et leur dépouillement pour essuyer les larmes des autres. Ce sont les humbles parce qu'ils savent que plus est grande leur dépossession, plus ils seront ancrés dans la Vérité de Dieu ; par conséquent, leur humilité est totale.

On lit sur l'affiche suivante :

> « Pour moi, que jamais je ne me glorifie sinon dans la croix de Notre Seigneur Jésus Christ, qui a fait du monde un crucifié pour moi et de moi un crucifié pour le monde » (Ga 6, 14).

Quelle belle affiche ! Saint Paul ne trouve sa gloire que dans une seule chose, la croix de Notre Seigneur Jésus-Christ ! De quoi donc, mes bien-aimés, pourrait se glorifier celui qui s'est dépossédé, sinon de la croix de Jésus Christ par laquelle le monde est crucifié pour Lui qui s'est dépouillé, et par laquelle Lui-même est crucifié pour le monde.

Peut-être, dirons-nous, ce n'est pas exactement le même accent que celui de saint Paul… Mais où peut « reposer » celui qui s'est dépossédé, sinon sur la croix ? Ceux d'entre nous qui désirent vraiment être dépossédés ne souhaitent aucun autre « lit ». (Et ce n'est pas le lit avec planche, tellement recommandé par le médecin à ceux qui ont mal au dos.) Non, c'est plutôt que les dépossédés, les pauvres, les doux, les humbles, sont vraiment porteurs du Christ. Et pour celui qui s'est dépossédé, quel meilleur lit que la croix d'un autre dont on le décharge un moment pour en faire son propre lit pendant que celui qui souffre, qui est fatigué, a l'occasion de se reposer sur quelque bon coussin !

On lit sur encore une autre affiche :

> « La pauvreté est le trésor de la Très Sainte Trinité offerte à l'âme de l'homme. Quand dans la quiétude d'une nuit sombre elle devient une grosse branche de l'Arbre qui est le Fils, ornée de toute la richesse que possèdent la pauvreté et l'obéissance, cette branche devient alors l'épouse du Christ et elle entre dans son Royaume bien qu'elle soit encore sur terre. »

Eh bien oui, cela est tiré de mes propres écrits et je dois admettre que je l'avais oublié. Mais en le relisant, maintenant, sur cette affiche, il apparaît clairement que *obéissance* est un autre aspect de la dépossession. Vous est-il parfois venu à l'esprit que pour être totalement dépossédé, il faut être totalement obéissant ? L'obéissance est-ce le couronnement de la pauvreté ou en est-ce le fondement ? Quoi qu'il en soit, les deux sont comme des sœurs siamoises.

Ce « creux » formé par la dépossession pour que, cœur et âme, nous puissions abriter l'Enfant nu, né autrefois dans une grotte, et l'Homme mort sur une croix, se réalise par l'obéissance. Sinon, le mot pauvreté serait vide de sens et n'aurait certainement rien à voir avec la dépossession totale.

On lit sur une autre affiche :

> « Vous vous êtes dépouillés du vieil homme, avec ses pratiques, et vous avez revêtu l'homme nouveau, celui qui pour accéder à la connaissance, ne cesse d'être renouvelé à l'image de son créateur » (Col 3, 9-11).

Il est curieux que la dépossession prenne une telle dimension (ce mot est si humble). Cette dépossession vous fait devenir comme cette petite pierre que Dieu a plongée dans ses profondeurs. Alors, vous vous demandez comment il est vraiment possible qu'un mot si petit devienne si grand, mêlé à l'éternité dans l'infini de Dieu ?

Nous avons dépassé le mot *pauvreté* pour nous attarder sur celui de *dépossession* ; il s'est lié au terme de *liberté* puis à celui d'*identification* – non avec les hommes, qu'ils soient saints ou autres – mais avec Dieu Lui-même. La dépossession évoque une croix sur laquelle dormir ; et l'obéissance s'en dégage comme une vive lumière ; alors, la vraie connaissance en fait partie aussi. Oui, celui qui se dépouille entièrement par amour de Dieu est mystérieusement visité, et il reçoit la connaissance de la Très Sainte Trinité. Cela se produit où et quand Dieu le veut, mais il est inévitable que cela se produise. En effet, Celui qui s'est dépouillé pour devenir un être humain, partagera l'authentique connaissance de Lui-même, du Père et du Saint-Esprit avec celui qui s'est dépossédé totalement pour l'amour de ce Trois-en-Un.

On lit sur l'affiche suivante :

> « Dieu m'a rendu fécond sur la terre de ma pauvreté » (Gn 41, 52).

La fécondité est un autre don que l'on recevra. Il est évident que celui qui se dépouille est fertile. Pourrait-il en être autrement ? Dieu lui a personnellement donné les fruits de son propre jardin. Dans sa dépossession, il ne songe jamais à toucher l'arbre défendu. Alors ses mains vides sont remplies des fruits de Dieu – de la moisson de Dieu. Son unique désir est d'en faire profiter les autres car telle est la richesse de celui qui s'est dépouillé de tout.

On lit enfin, sur la dernière affiche :

> « C'est avec joie que vous avez accepté de vous laisser dépouiller de vos biens, sachant que vous possédiez quelque chose de bien supérieur et de plus durable » (Hb 10, 34).

Cette dernière affiche peut sembler superflue. Elle est pourtant la parfaite conclusion de tout le reste car elle montre à tous ceux qui aiment le Grand Pauvre que la pauvreté est divine. Si vous méditez cela, le bonheur sera vôtre à chaque étape de votre dépossession.

Avec toute mon affection,

Catherine

NOTRE CHAMP DE MISSION INTÉRIEUR

Le 11 janvier 1973

Mes bien-aimés,

Salutations et vœux de Nouvel An à vous tous : que le Seigneur embrase votre cœur ! Que le Saint-Esprit, le Souffle, en fasse un feu de joie plein d'amour dont l'encens atteindra Dieu le Père. Alléluia !

Au début de cette nouvelle année, il me vient à l'esprit que ma lettre sur les missions était incomplète. Je vous y expliquais tout ce qui concerne les missions à l'étranger et comment je les voyais ; mais je n'ai pas parlé du territoire aussi vaste qu'inconnu qui s'étend en nous-mêmes. Car chacun d'entre nous est un immense « champ de mission » qu'il nous faut explorer et parcourir, dont il faut nous occuper si nous voulons être de quelque secours pour nos frères et sœurs, n'importe où mais spécialement dans l'Apostolat lui-même.

La réalisation du fait que *nous sommes nous-mêmes un champ de mission* commence, bien sûr, par le commandement de Dieu : Aime ton prochain comme toi-même.

Si nous ne nous aimons pas nous-mêmes, nous ne pouvons aimer personne d'autre ! Là commence la première étape de l'inspection de notre champ de mission. Que signifie cela... s'aimer soi-même pour être capable d'aimer nos frères et sœurs ? La réponse vient vite si nous prions, et cela revient simplement à répondre à une autre question, ou série de questions. Est-ce que je souhaite me faire autre que je suis, ou me laisser façonner par le Seigneur ?... Ai-je une fausse image de moi-même où est-ce que je vois en moi le reflet de l'image de Dieu, Celui qui m'a créé ?... Suis-je inquiet de l'approbation des hommes ou celle de Dieu me suffit-elle ?... Suis-je toujours craintif (ce qui, bien entendu, m'empêche d'aimer les autres et jusqu'à moi-même) ou bien ai-je compris que « le parfait amour » chasse toutes les peurs ? Par mes réponses, je peux évaluer quel est mon champ de mission.

Ce serait comme celui qui arrive au Pérou et après s'être installé dans sa hutte, commencerait par examiner le voisinage, les petites et grandes routes, les chemins arrières, etc. C'est de la même façon que nous devrions examiner notre propre champ de mission, nos propres routes de mission sur ce territoire inexploré !

Si au lieu de faire la Volonté de Dieu, nous faisons notre propre volonté tout en professant de pieuses platitudes sur la soumission à Dieu que nous ne pratiquons pas, nous serons totalement incapables d'aimer notre prochain. Ce serait comme être enfermé dans une pièce dont chaque mur, le plafond et le sol sont un miroir. Où que nous nous tournions, notre soi-disant exploration de ce champ de mission ne pourra que nous renvoyer notre propre image, et aucune autre : pas même celle de Dieu !

Au cours de l'examen de ce territoire intérieur de mission, si profondément ancré dans notre cœur et notre âme, il n'est pas négligeable de nous demander dans quelle mesure nous manipulons notre vie et celle des autres. Comment cela ? Manipuler vient du latin *manus* qui veut dire « main ». Cela consiste à organiser notre vie et celle des autres d'une manière qui nous convienne en recourant à toutes sortes de méthodes d'ordre naturel, médical, psychologique et spirituel, de façon à nous renvoyer de nous-même l'image de quelqu'un de « supérieur » et ainsi de nous complaire en nous-même.

C'est ainsi qu'une usine peut manipuler ses ouvriers avec des hauts salaires et une chaîne d'assemblage mortellement ennuyeuse. On peut dire que cela lui permet de « contrôler » les gens en laissant la technologie les déshumaniser et les réduire à l'état de machines.

Je ne dirai rien des possibilités de manipulation médicale par les médicaments, pilules et tout le reste. L'homme est déjà manipulé et presque réduit à un automate sans volonté. La manipulation psychologique est si évidente qu'elle est effrayante ! La science de la génétique ouvre de fantastiques possibilités à de futures manipulations ! Et je n'ai pas besoin de parler de toutes celles que pratiquait Hitler.

De nos jours, la manipulation spirituelle devient un peu plus évidente. Beaucoup se présentent comme des gourous de toutes sortes. Et que dire de l'astrologie, de la sorcellerie et autres superstitions qui semblent connaître un nouvel intérêt. On peut entendre la voix de Jésus-Christ qui dit :

> « Que personne ne vous égare. Car beaucoup viendront en prenant mon nom ; ils diront : "C'est moi, le Messie" et ils égareront bien des gens » (Mt 24, 4-6).

> « Alors si quelqu'un vous dit : "Le Messie est ici !" ou bien : "Il est là" n'allez pas le croire. En effet, de faux messies et de faux prophètes se lèveront et produiront des signes formidables et des prodiges au point d'égarer, s'il était possible, même les élus. Voilà je vous ai prévenus » (Mt 24, 23-25).

Et c'est exactement ce que nous faisons. Nous nous laissons manipuler, mais nous voulons aussi manipuler les autres. Nous le faisons de tant de manières que notre propre champ de mission est recouvert de mauvaises herbes et de cactus piquants au lieu de la belle moisson qu'il devrait fournir au Seigneur. Combien sommes-nous à éviter de labourer, ensemencer et récolter notre propre champ de mission en prétextant quelque maladie psychologique ou autre ?

Combien sommes-nous à refuser de vraiment labourer et ensemencer parce que, sous couvert de mille travaux pas très importants (si nous les examinons vraiment avec sérieux), nous avons réussi à nous manipuler nous-mêmes ? Le travail peut être une échappatoire médicale ou psychologique et une chose surnaturellement mortelle ! Occupés dans un coin de notre domaine nous refusons de voir le reste, y compris nos frères dans l'Apostolat. Tout cela revient, bien sûr, à faire notre propre volonté et les miroirs qui nous entourent continuent à nous renvoyer notre image dont Dieu est absent.

Nous cherchons à être approuvés… de quoi ? Dieu a donné à chacun de nous son propre champ de mission, un champ intérieur qu'il nous faut labourer avec charité et herser avec courage, de façon à y semer le germe de la foi. Nous devrions attendre la récolte avec espérance et patience en ne cherchant que l'approbation de Dieu. Que chacun de vous, mes bien-aimés, examine sa conscience pour voir si vous vous comportez en missionnaire dans ce champ de mission que le Seigneur vous a confié.

Quoi que réclame votre conscience, elle ne devrait jamais vous réclamer une recherche d'approbation ou de conformisme. De tels mots n'ont rien à voir avec quelque mission ou quelque missionnaire que ce soit. Car tous les missionnaires, qu'ils soient envoyés au Pérou ou aux Antilles, ou aux champs cachés de leur propre cœur, doivent tous, spirituellement parlant, oublier le regard des hommes pour ne rechercher que la bénédiction de Dieu (qui est son divin respect des créatures). Si l'on vous confiait une mission dans les Caraïbes ou l'Arizona, que feriez-vous ? Seriez-vous ce genre de missionnaire qui se cacherait dans le cadre confortable de sa grande ou petite maison ? Quelqu'un qui n'en sortirait que rarement et s'entourerait de murs qui, telle une forteresse, signifieraient : « Laissez-moi tranquille ! Je suis occupé ! » Que penseriez-vous de qui agirait ainsi ? De telles actions indiquent une peur de s'engager aux autres membres de l'équipe comme avec tous ceux qui se présenteraient à la porte. Pourrait-on se comporter de cette façon et continuer à s'appeler un missionnaire laïque ? Le feriez-vous si le champ de mission était votre propre cœur ?

Pour une raison inconnue, j'ai récemment rêvé que le Seigneur m'envoyait dans le champ de mission de chacun de vous. Ce qui correspond à notre *Petit Mandat*: « Allez sans peur au fond du cœur des hommes… Je serai avec vous. » Dans mon rêve, je suis donc allée où m'envoyait le Seigneur. Mais curieusement, il ne cessait de m'arrêter, me demandant de lire les poteaux indicateurs le long de la route. Ce que je fis, et ce sont ceux que je viens de décrire pour vous !

Peut-être cette lettre est-elle un peu folle, peut-être que non, mais ces jours-ci, je partage tout avec vous, ma folie et ma « non-folie ». Voici donc une lettre qui provient d'une prière et d'un rêve.

Affectueusement,

Catherine

UNE QUESTION DIFFICILE

Le 15 février 1973

Mes bien-aimés,

J'aborde cette lettre avec un profond sentiment de compassion, de compréhension et de pitié qui, tous, sont le fruit de l'amour. Mon but n'est pas de juger qui que ce soit. Mais je dois vous entretenir d'une situation – très courante puisqu'elle nous arrive à tous au cours de notre vie – et vous poser une question à laquelle, je l'espère, vous répondrez afin que chacun sache ce que les autres en pensent et quelle est leur prière à ce sujet. Cette lettre est difficile parce que tout ce que je souhaite (et vous aussi, je le sais) c'est d'aimer Dieu de plus en plus.

Les membres de Madonna House vieillissent ce qui signifie que leurs parents meurent ou deviennent impotents et ont besoin de leur aide. À quelques exceptions près, cela était jusqu'ici parfaitement clair pour nous tous. Lorsque les parents meurent, se pose la question d'aller assister à leurs obsèques. Cela ne doit présenter aucune difficulté, le Seigneur Lui-même, nous disant dans l'Écriture qu'ensevelir les morts est une œuvre de charité. Néanmoins, si l'on se trouve dans quelque mission lointaine, on peut s'en abstenir en gardant le dernier souvenir que l'on a d'un père ou d'une mère.

Mais que faire lorsque les parents tombent malades longuement, posant mille problèmes de ce fait ? La mère peut avoir un cancer et le père être octogénaire… Un autre membre de la famille pourrait s'en occuper s'il n'était lui-même invalide… Que doit faire un membre de Madonna House ? Doit-il aller soigner jusqu'à la mort celui qui a besoin de lui ?… Mais le survivant ? Si l'une de nos missions est proche, faut-il que ce membre de Madonna House partage son temps entre les parents et la mission ? Est-ce possible ? En résulterait-il un cœur divisé ? Toutes ces questions sont difficiles.

Lorsque l'argent ne pose pas de problème, il semble plus simple d'engager du personnel pour soigner des parents âgés, et d'aller leur rendre visite de temps en temps. Mais il me paraît que nous nous heurtons à « certaines paroles de Dieu » que nous ne pouvons totalement ignorer. Personnellement, je crains qu'on ne les édulcore avec sa raison. Je pense qu'il nous faut une certaine simplicité pour accepter la parole de Dieu à la lettre. Je peux me tromper… En fait, je n'en jurerais pas ; c'est pourquoi je demande : devons-nous autoriser l'un de nos membres à aller soigner celui de ses parents qui a une attaque s'il n'y a personne d'autre pour le faire ? Ou devons-nous essayer de trouver quelque autre solution, comme une maison de retraite ?

Ce thème peut varier à l'infini et je réfléchis à tout cela, assise dans ma *poustinia*. Je lis et relis sans fin le chapitre 14 de l'Évangile selon saint Luc :

> « De grandes foules L'accompagnaient en chemin et se retournant, il leur dit : "Si quelqu'un vient à moi sans haïr père, mère, femme, enfants, frère et sœur, et même sa propre vie, il ne peut pas être mon disciple. Celui qui ne porte pas sa croix et ne marche pas à ma suite ne peut être mon disciple" ».

Jésus, nous le savons bien, n'aurait jamais demandé de haïr puisqu'il est l'amour personnifié. Ce qu'il demande, c'est un détachement total. Voici un autre exemple du détachement qu'il nous demande : en saint Luc chapitre 8, on dit à Jésus que sa mère et ses frères (ce qui à l'époque voulait dire ses cousins) se tenaient au-dehors et voulaient le voir. Jésus répondit :

> « Ma mère et mes frères sont ceux qui écoutent la parole de Dieu et la mettent en pratique. »

En saint Luc chapitre 5, les quatre premiers disciples sont appelés tandis qu'ils pêchaient. On nous apprit que Jésus leur dit : « N'ayez pas peur, désormais vous serez pêcheurs d'hommes », et les Écritures nous racontent « qu'ils quittèrent tout et Le suivirent ». Il est probable qu'il s'agit aussi du père, de la mère, de la femme et des enfants – même de sa belle-mère en ce qui concerne saint Pierre. Enfin, en Marc chapitre 10, Pierre veut savoir ce qu'il adviendra des apôtres, et particulièrement de lui-même :

> « "Et nous qui avons tout quitté pour te suivre ?" Jésus lui répondit : "Je te le dis solennellement, personne n'aura laissé pour moi et pour l'Évangile, maison, frères ou sœurs, mère ou père, enfants ou champs, sans recevoir au centuple, maintenant en ce temps-ci, maisons, frères, sœurs, mères, enfants et champs – avec des persécutions – et dans le monde à venir, la vie éternelle. Bien des premiers seront derniers, et des derniers premiers." »

Voici donc quelques citations de l'Écriture concernant ceux qui auront quitté père, mère, possessions terrestres et le reste. Mais il y en a beaucoup d'autres que vous pourriez rechercher. Quant au « problème de la pauvreté », l'Écriture nous en donne une plus grande dimension que juste celle de nos parents et du besoin qu'ils ont de nous. C'est celle de notre pauvreté personnelle qui consiste à nous détacher et nous dépouiller toujours davantage. La dépossession telle que je la comprends (et j'accepte toujours d'être corrigée) signifie l'abandon des choses, idées et autres, alors que le détachement signifie le renoncement aux relations (avec les gens, etc.). Je considère la dépossession et le détachement comme deux amis, ou comme mari et femme. Ils vont dans le cœur du Christ la main dans la main ; ils y sont là, entièrement purifiés et guéris. Ils peuvent alors retourner dans le monde des hommes avec une totale liberté et une joie infinie.

Cependant, mon intention n'était pas de prêcher en commençant cette lettre, mais de vous poser une question : vous, membres de Madonna House, que pensez-vous qu'il conviendrait de faire quand vos parents seront malades et incapables de se suffire à eux-mêmes ? Assurances, sécurité sociale, pensions étaient autrefois inconnues. La réponse était alors évidente grâce au commandement de Dieu : « Honore ton père et ta mère », qui figure dans l'Ancien Testament et dont le Christ aussi a parlé.

Là, nous sommes face à un mystère. Un enfant est conçu par un homme, une femme et Dieu. Par une grande grâce de Dieu, il est baptisé, ce qui le met immédiatement en union avec Dieu puisque la Trinité est entrée dans son âme jusqu'au tréfonds de son être. Cela signifie que cet enfant a maintenant le devoir de remplir sa destinée ; ce qui exige une obéissance totale aux commandements de Dieu.

L'un de ces commandements consiste à « honorer » ses parents. Autrefois, cela signifiait aussi que l'enfant pouvait avoir à remercier ses parents du don de la Vie en offrant la sienne. Il devait leur fournir nourriture, vêtement, abri ou soins médicaux s'ils en manquaient. Il ne pouvait ni se marier, ni entrer en religion s'il n'avait pas d'abord rempli ce premier devoir. Mais, s'il avait de nombreux frères ou sœurs (ce qui, à l'époque, était le cas) ou d'autres membres de la famille susceptibles de faire le nécessaire, il était alors déchargé de sa responsabilité. (Il arrivait aussi que les enfants non-mariés soient priés de rester à la maison pour s'occuper des parents, qu'ils en aient ou non besoin.)

De nos jours, les circonstances sont tout autres. Soins médicaux, sécurité sociale, maisons de retraite, infirmières et repas à domicile sont offerts à qui en a besoin. Aussi la question se pose-t-elle de deux façons : à moins de circonstances exceptionnelles, est-il nécessaire qu'un fils ou une fille aille soigner ses parents qui, financièrement parlant, sont très à l'aise ? Deuxièmement est-il nécessaire d'aller soigner ses parents quand ils peuvent l'être par l'un des nombreux organismes qui existent de nos jours ?

Nous en arrivons à une question cruciale après avoir répondu aux deux autres : que signifie exactement « quitter » père, mère, frère, mari, femme, enfant, comme dit le Christ ? Les paroles de l'Écriture semblent très claires. Les discuterions-nous pour éviter de les mettre en pratique ou pour les édulcorer ? Qu'est-ce que cela signifie ? La situation semble étrange, et je ne saurais pas bien dire pourquoi. D'un côté nous avons les affirmations du Christ, de l'autre, il y a les questions auxquelles nous sommes confrontés. Je me tiens devant l'Amour personnifié et je me demande quelle est la place de l'amour. J'en arrive alors à la conclusion que l'amour passe avant toute chose parce qu'il est l'essence de la vie spirituelle et le synonyme d'une identification intérieure et spirituelle avec notre voisin lequel comprend nos frères, nos sœurs, nos parents. L'amour signifie bien plus qu'un sentiment.

Nous devons aimer les autres, non pas comme des objets à qui « nous faisons du bien » ou comme les représentants de l'autorité que nous avons le devoir de servir... Mais nous devons les aimer comme nous-mêmes. Nous devons mourir à notre « moi » (ce qui est très difficile pour la plupart de nous) afin d'apprendre à vivre pour les autres. Nous essayons tous de résister à cette mort ! Cela exige que nous aimions d'une façon si pure et détachée que notre cœur ne connaît ni exploitation, ni domination, ni autorité brutale, ni condescendance. D'une certaine manière, nous devons « dévernir » la personne que nous aimons.

Vous comprenez que cela s'applique aux deux côtés. Les parents peuvent avoir des attitudes autoritaires. Je connais une mère qui, allant fort bien, ne cessait de feindre la malade et d'écrire à sa fille, au couvent, qu'elle avait une maladie de cœur et avait besoin de son aide. La fille quitta son ordre, revint à la maison et constata qu'elle n'était nullement malade. Lorsqu'elle entra dans un autre ordre, la même chose se reproduisit ; et chaque fois la malheureuse fille se sentait coupable de ne pas observer le quatrième commandement qui demande d'honorer son père et sa mère. Si bien qu'elle fut incapable de suivre sa vocation jusqu'à ce qu'il soit trop tard.

Examinons les deux aspects en question ; aimons-nous vraiment nos parents de la façon dont j'ai essayé de décrire l'amour ? De leur côté, nous aiment-ils de cet amour véritable ou d'un amour égoïste ? Lequel ? Nous devons beaucoup et profondément prier à propos de ces deux questions parce que si nous aimons vraiment nos parents, si nous voulons vraiment leur faire du « bien » au vrai sens de ce mot, nous devons les amener à comprendre que le Royaume de Dieu est tout proche d'eux et qu'eux aussi seront jugés sur l'amour – un amour exempt d'égoïsme.

Je me souviens des propos de ma propre mère : « Vous m'avez été donnée par Dieu et à Dieu je dois vous rendre. » Je ressentais la même chose pour mon fils Georges. Il en résulte peut-être une blessure tragique de l'âme dans son affectivité, mais aussi étrange que ce soit, il en ressort finalement une immense paix. Néanmoins la question reste posée pour nous. Après toutes ces explications aussi simplistes, insuffisantes et peut-être primaires qu'elles soient, mais explications tout de même, il n'en reste pas moins qu'il vous revient de répondre à ces questions.

J'ai une réponse que je vous donne, non pas le cœur divisé, mais mal assuré. Il est vrai que nous vous envoyons soigner les pauvres pour de courtes périodes. Alors pourquoi ne pas vous envoyer chez vos parents pour faire la même chose ? C'est une bonne question mais elle ne satisfait pas vraiment mon cœur. J'éprouve de la gêne sans comprendre pourquoi. Voyez-vous, je nous regarde et je vois que nous sommes un Apostolat. Notre raison d'être ensemble fait de nous un Apostolat. C'est ce que l'on appelle, aujourd'hui une communauté, une communauté chrétienne ; et elle est bien nommée. Quand le Seigneur a envoyé ses disciples deux par deux pour prêcher la Bonne Nouvelle, ils n'étaient retenus par rien. Ils ont tout quitté pour aller prêcher cette Bonne Nouvelle. Il se trouve que Dieu nous a rassemblés en un lieu appelé Combermere pour nous asseoir aux pieds de Jésus et apprendre un peu de ce qu'Il a à nous dire. Puis on nous demande d'aller prêcher cet Évangile qui est le sien avec nos vies ; et pour cela, on nous envoie ici et là.

Maintenant, que deviendrait l'Apostolat, alors que nous vieillissons, et nos parents aussi, si beaucoup d'entre nous repartaient les soigner ? Que deviendrait cet Apostolat que Dieu a créé ? C'est devant moi un gros point d'interrogation menaçant ! Et le Christ se tient derrière ; le Christ qui disait n'avoir ni mère ni frères parce que nous étions sa mère et ses frères ; le Christ qui donna sa mère à un autre, là sous la croix ; le Christ qui mourut aussi nu qu'il était venu dans le monde ; le Christ qui n'avait où que ce soit pour reposer la tête ; le Christ qui disait que si nous voulions le suivre, nous devions tout abandonner – famille, amis, nos biens, notre vie – et, dans un sens, nous dénuder pour suivre sa nudité. Cela m'inquiète.

La réponse serait-elle que chaque cas mériterait d'être examiné ? Ce serait merveilleux et je serais heureuse d'accepter ce genre de décision. Cependant, tout au fond, mon cœur russe aspire à une réponse *: sobornost.* Mais je ne pense pas la recevoir. Alors peut-être devons-nous seulement prier pour que l'Est et l'Ouest trouvent un accord sur cette question et que l'on examine individuellement chaque problème particulier. Le jour viendra, peut-être, où tous comprendront – parents et enfants – ce qu'est l'amour dans son total abandon aux paroles de Dieu.

Avec beaucoup d'affection,

Catherine

LA SOUFFRANCE – CALICE DE L'AMOUR

Le 11 janvier 1974

Mes bien-aimés,

Je prie beaucoup pour toutes nos maisons de mission ou plutôt pour toutes les « pièces » de cet édifice qu'est Madonna House. Il m'est apparu que toutes les fois que vous m'écrivez, d'une pièce ou d'une autre, vous me dites quelque chose de si évident qu'il est presqu'inutile de le dire. En même temps, il faut que ce soit exprimé puisque nous devons partager tout ce qui nous arrive les uns et les autres sinon notre existence perd toute signification.

En lisant vos lettres, « j'entends » avec mon cœur ce que vous ne cessez de répéter : qu'en chacune des maisons, il y a de la souffrance. À quoi donc vous attendiez-vous, mes bien-aimées ? À une vie sans souffrance ? « Il y a beaucoup de souffrances ici. » Comment pourrait-il en être autrement alors que nous suivons un Dieu crucifié dont l'incarnation (pour ne rien dire de la crucifixion) n'était évidemment pas sans douleur ? Voyez la prière de saint François d'Assise :

« Seigneur, fais de moi un instrument de Ta paix.
Là où est la haine, que je mette l'amour ;
Là où est l'offense, que je mette le pardon ;
Là où est le doute, que je mette la foi ;
Là où est le désespoir, que je mette l'espérance ;
Là où est l'obscurité, que je mette la lumière ;
Et où est la tristesse, que je mette la joie.

Ô Divin Maître,
Fais que je ne cherche pas tant
À être consolé qu'à consoler ;
À être aimé qu'à aimer ;

Car c'est en donnant que l'on reçoit,
C'est en pardonnant que l'on obtient le pardon,
Et c'est en mourant que l'on ressuscite à la vie éternelle. »

Ces mots sont des cris de douleur qui expriment la souffrance d'une âme. Saint François demande à Dieu de n'être *pas* consolé, de n'être *pas* compris, de n'être *pas* aimé. Ces quelques phrases sont elles-mêmes souffrance – une terrible souffrance qui fait mal presque au-delà de ce que l'on peut dire. Rien qu'en récitant cette prière et en la faisant vôtre, vous laissez déjà la souffrance envahir votre âme. Et, bien sûr, vous la laissez entrer dans votre maison.

Mais cette souffrance est magnifique, mes amis, parce qu'elle est offerte pour le monde. C'est la souffrance de l'abandon, de notre remise à Dieu. Pensiez-vous vraiment que votre maison échapperait à la souffrance ? C'est impossible, mes bien-aimés, parce que vous ressusciterez grâce à cette souffrance. Chacun d'entre vous partagera le lot de l'humanité grâce à cette souffrance.

Quel genre de communauté serions-nous s'il n'y avait pas de souffrance chez nous ? Il faut donc l'attendre et lui souhaiter la bienvenue. Sachez qu'elle est comme un feu envoyé par Dieu pour purifier votre âme, votre cœur, votre esprit. C'est elle qui vous décentre de vous-mêmes et vous permet d'aller vers vos frères et sœurs, dans chaque « pièce » de Madonna House. Mais vous ne vous arrêtez pas là ; vous prenez sur vous la souffrance des autres pour qui votre maison de mission a été ouverte.

La souffrance est lourde dans les cœurs de toutes ces maisons de prière, parce qu'ils ont pris sur eux non seulement leur propre souffrance, mais celle de leur prochain et du monde entier. Il n'est pas facile de porter cela dans la *poustinia* des places publiques, mes bien-aimés. Mais parce qu'ils recourent constamment à la prière, leurs pieds spirituels marchent déjà dans la résurrection.

C'est pourquoi, lorsque vous me faites part de la souffrance qui règne dans votre maison, je vous prie d'y joindre ces mots : « Loué soit Dieu pour la souffrance ! » Car c'est le chemin qui mène plus haut sur les montagnes du Seigneur. C'est aussi l'instrument qui vous fait redresser le chemin du Seigneur dans votre cœur pour que vous puissiez niveler ses collines et combler ses vallées. Vous pourrez alors, vous-mêmes avec vos frères et sœurs, aller vers le Seigneur sur un chemin lisse que vous aurez aplani avec les instruments de l'amour, de l'espoir et de la souffrance.

Mais ne nous attardons pas sur cette souffrance comme si c'était quelque chose que nous devions porter dans une solitude absolue, comme si la souffrance n'appartenait pas à notre Apostolat ! Vous n'avez qu'à regarder notre *Petit Mandat* et vous verrez qu'il est rempli de souffrance, et pourtant le calice de cette souffrance, c'est la joie. Comme disait saint Augustin : « Un chrétien devrait être un alléluia de la tête aux pieds. » C'est tellement vrai !

Grâce à votre souffrance, nous peuplerons l'Église d'âmes saintes, c'est-à-dire d'âmes amoureuses de Dieu. Prenez, par exemple, la lettre de saint Paul aux Hébreux : « Bien que Fils, il apprit la signification de l'obéissance grâce à tout ce qu'il souffrit » (Hb 5, 9). Jésus est venu faire la Volonté de Dieu, et obéir à la Volonté de Dieu, c'est souffrir. Mais où mène cette souffrance ? Certainement pas à la dépression. Non. Elle conduit à la joie, à l'amour, à la foi.

Tandis que je priais au sujet de la souffrance que vous exprimez, j'ai compris que, dans chaque maison, elle tenait surtout à une blessure qui peut commencer dès le sein maternel ou même avant, car l'homme porte dans son âme les mémoires de la tribu. Certaines de ces blessures vous ont peut-être été infligées lorsque vous étiez un bébé, un enfant, un adolescent, ou même un adulte.

Vous avez pu être rejeté par quelque personne qui vous tenait à cœur. La société aussi a sa part de responsabilité en infligeant blessure, souffrance, chagrin, colère et en créant en vous des symptômes d'hostilité, d'agressivité ou de repliement sur soi. D'où la souffrance, encore et toujours la souffrance ! Beaucoup d'entre vous sont arrivés à Madonna House en portant, sans même le savoir, ce fardeau de souffrance. Les gens qui souffrent disent parfois que la souffrance les « aveugle ».

Il est vrai que parfois la souffrance nous cache toute la beauté de la vie communautaire. Parce que l'on ne nous a pas fait confiance, nous ne faisons pas confiance aux autres. Puisque les gens ne sont pas ouverts avec nous, nous ne le sommes pas avec nous-mêmes. Et ainsi de suite… Et c'est ainsi qu'au lieu d'être porteurs de la Bonne Nouvelle, nous entonnons en sourdine un chant funèbre sur un ton mineur.

Tandis que je priais à cette intention, quelques mots ont retenti dans mon cœur : « Parlez-leur de la guérison des souvenirs. » J'ai commencé à comprendre pourquoi Dieu me donnait cette phrase à ce moment-là. Il voulait que je vous parle des « souvenirs guéris » parce qu'ils sont le signe du pardon, lequel engendre la compréhension, la tendresse, la générosité et une guérison profonde.

Nous devons pardonner à la société dont nous sommes issus, lui pardonner la façon dont elle nous a blessés. Nous devons pardonner toute la souffrance que, sans le savoir, nous avons subie même avant notre naissance. Nous devons pardonner à ceux qui ne nous ont peut-être pas compris ou ont paru nous négliger, voire même nous rejeter. Il est tout spécialement important de pardonner à nos parents leur faiblesse humaine. Si nous trouvons en nous-mêmes ce premier élan de pardon, alors – comme un éclair traversant le ciel d'orage – notre pardon recouvrira tout. Il illuminera nos souvenirs, comme un phare scrute la mer, si bien que partout où ses rayons illuminent ce qui nous a fait mal, le contact de cette lumière apportera le pardon dans notre cœur et bénira ceux à qui nous pardonnons.

En réfléchissant à ce que Dieu m'avait donné hier, un autre mot m'est soudain venu à l'esprit : *réconciliation.* J'ai compris en un éclair que le pardon apportera la réconciliation. Je savais que la réconciliation devait se faire entre les nations, entre les peuples, entre nous. Mais c'est avec Dieu que nous devons nous réconcilier avant tout, puis avec nous-mêmes et ensuite avec le monde entier... y compris avec ceux, quels qu'ils soient, qui nous ont blessés.

Mais nous devons faire mieux encore. Si notre pardon n'est pas accepté, nous devons tendre l'autre joue. C'est ce que signifient ces deux Béatitudes du Seigneur : « Bienheureux les doux car ils auront la terre en héritage » et : « Bienheureux êtes-vous quand les hommes vous insulteront, vous persécuteront et vous feront toute sorte de mal à cause de moi ; réjouissez-vous car votre récompense est grande dans le ciel. » Si nous pratiquons ces deux Béatitudes nous hériterons de la terre, comme du ciel.

Nous n'avons pas encore atteint la félicité du Paradis ou d'une immense sainteté, mais nous sommes en bonne voie, et le Christ qui est le Chemin l'a trouvée fort rude. Alors si nous marchons avec Lui, c'est aussi à cela que nous pouvons nous attendre. N'est-ce pas vrai ?

Je pense que nous devrions réfléchir à tout cela, car un saint triste est quelque chose qui n'existe pas – un saint triste serait un triste saint. Je veux dire que je veux vous voir partager avec moi vos moments de souffrance et reconnaître le fait qu'il y en a dans chacune de vos maisons. Mais il faut aussi que vous réalisiez que, sans cette souffrance, il n'y aurait ni maison, ni mission, ni « pièces » dans Madonna House.

La souffrance est le calice de l'amour et l'amour celui de la souffrance. Regardons cela en face. J'espère qu'il y aura toujours de la souffrance dans chaque maison et que nous comprendrons pourquoi Dieu nous donne une part de la sienne : c'est pour que nous puissions l'imiter et qu'il nous conduise à son Père.

Affectueusement vôtre en Marie,

Catherine

LOUER DIEU EN CHANTANT

Le 12 février 1974

Mes bien-aimés,

Bien que j'aime énormément la musique, j'en discute rarement avec vous car je souffre d'une incapacité à chanter juste. Pourtant, j'ai été entourée de musique toute ma jeunesse et j'avais une mère qui m'avait appris à l'apprécier. Mais cette lettre n'a pas précisément la musique comme objet. Son but est de vous faire part de mon idée selon laquelle notre famille devrait louer Dieu en chantant.

Point n'est besoin que je vous rappelle le conseil biblique de louer Dieu sur les tambours, la lyre, la harpe et autres instruments ; vous avez appris cela en lisant les Psaumes. Mais une chose m'inquiète, c'est l'injuste attachement que certains de nos membres professent pour une forme ou l'autre de musique. Étant donné qu'à Madonna House nous étudions davantage la spiritualité orientale, et que certains d'entre nous sont plongés dans des expériences concernant cette belle musique millénaire des Églises de rite oriental, il est bien évident que nous sommes devenus un peu partiaux. J'avoue que le chant de la messe et de tous les offices de l'Église russe me « transporte ». Il me rappelle mille souvenirs de ma vie et résonne dans mon âme avec une familiarité qui me procure une joie intense. Mais cela m'est personnel.

Cependant, à Madonna House, nous ne sommes pas de rite oriental. Nous sommes de l'Église catholique romaine. J'aimerais dire que nous sommes chrétiens et catholiques, c'est-à-dire universels. Ce qui nous oblige à essayer toutes les formes vocales à notre disposition, mais en insistant sur notre propre héritage catholique romain.

J'aimerais beaucoup vous voir chanter le bréviaire. Non pas le bréviaire moderne (nous n'avons pas d'argent pour acheter la nouvelle version), mais ceux qui datent d'avant Vatican II car nous en avons des quantités, ainsi que des psautiers. Nous pourrions les chanter avec les mélodies simples des Trappistes, ou bien celles de Gélineau, ou encore d'autres sources du même genre. Et je ne serais pas contre « l'essai » de quelques-uns des derniers chants à la guitare qui pourraient convenir. Mais j'ai remarqué qu'ils « vieillissent » mal ; on s'en fatigue très vite.

Peut-être commencez-vous à percevoir où veut en venir cette lettre, et à comprendre ce que j'offre à votre méditation et à votre réflexion. Ouvrons notre horizon musical, comme nous essayons d'ouvrir notre horizon spirituel car tous deux sont liés… Après tout, *la musique est un écho de la voix de Dieu.*

Je veux en venir au fait que tout en ayant la liberté des enfants de Dieu, cette liberté ne devrait pas moins être toujours disciplinée. Parce qu'il n'y a pas de liberté sans discipline. Nous ne devons pas abandonner l'ancien pour le nouveau sous prétexte qu'il est nouveau, ni rejeter l'ancien sous prétexte qu'il est vieux. Nous devons mêler le nouveau à l'ancien parce qu'il fait partie de notre héritage, de notre tradition.

Les prêtres et les laïcs, hommes et femmes de notre famille de Madonna House, devraient s'entendre pour réaliser ensemble un tout harmonieux entre l'Est et l'Ouest, l'ancien et le nouveau, le plain-chant des Trappistes et le chant plus moderne de Gélineau, etc. Nous mêlerions nos voix en joyeuses louanges au Seigneur, sans trop discuter quand, comment et s'il est préférable de chanter ceci ou cela.

J'ai le regret de dire que la musique, chez nous, est l'objet de nombreux désaccords, ce qui ne devrait pas être. Si nous avons des disputes, si chacun veut suivre son idée, si nous oublions de constituer un tout harmonieux et joyeux lorsque nous nous adressons au Seigneur, alors nos chants tomberont à plat et n'arriveront jamais jusqu'à Lui. Car il est important que tous nos esprits, tous nos cœurs et toutes nos âmes chantent à l'unisson pour que nos chants ne soient pas rejetés par le Seigneur.

Je me demande combien se souviennent de la légende du petit moine d'un monastère français connu pour la qualité de son chant. Il ne pouvait pas chanter, étant incapable de tenir la note. Alors il s'asseyait dans un coin, à l'arrière du chœur et pleurait de ne pouvoir chanter les louanges du Seigneur. Et voilà qu'un jour, le prieur dit à la communauté assemblée qu'un grand honneur allait leur être décerné. Le roi de France allait venir assister à la messe avec toute sa cour. Il faudrait donc que le chant soit « parfait ». Dans ce but, les moines firent répétitions sur répétitions.

Finalement le grand jour arriva et ils se mirent à chanter. Le chœur semblait être céleste mais, soudain, dans ce tout harmonieux s'éleva la voix d'un petit moine qui, emporté par la beauté du chant, ne put s'empêcher de rejoindre les autres. C'était, bien sûr, horriblement faux. La consternation régnait et on prit le temps d'écarter le moine.

Le prieur était si furieux que ce soir-là il eut peine à se contenir. Il ordonna au petit moine de rester à genoux les prochaines vingt-quatre heures, sur le sol glacé, dans une cellule très froide. Puis le prieur se calma et se prépara à se coucher. Tout à coup une lumière qui s'intensifiait et paraissait inonder la pièce le fit sursauter. Et, devant lui, se tenait la Mère de Dieu. Bien que toujours douce et tendre, elle était plutôt sévère pour l'occasion – comme doit l'être une bonne mère avec un fils entêté.

Elle dit : « Cet après midi, les cieux étaient emplis d'un bruit terrible, un bruit aigre et discordant plein d'égoïsme, d'orgueil et de vanité. C'était le bruit de votre prière du soir que vous chantiez pour un roi terrestre. Et juste alors que nous nous demandions tous s'il était possible d'écouter plus longtemps, car c'était presque insupportable, nous avons entendu un faible son, d'une telle douceur et d'une telle pureté, que ce tapage commença à se transformer en quelque chose de presque agréable… Et comme votre petit moine élevait son cœur vers le Roi du Ciel, sa voix se raffermit, couvrit l'horrible bruit que vous faisiez tous et, finalement, ce qui arrivait à nos oreilles était plus beau que tout ce que nous avions entendu depuis longtemps, dans ce monastère. Ainsi donc, mon fils, je suggère que vous alliez chez votre frère lui offrir votre lit pour la nuit. Peut-être prendrez-vous sa place, à genoux, pour ce qui reste des vingt-quatre heures, car ce n'est pas vous, mais lui qui a fait grand plaisir au Roi. »

La morale de ce conte c'est qu'*un chant authentique est un chant d'amour*, alors que même « parfait », le chant peut être rempli d'orgueil ; ce qui était particulièrement le cas dans cette histoire. Le petit moine avait chanté de tout son cœur, avec grande douceur, parce qu'il aimait passionnément. Peut-être devrions-nous penser à cela, nous tous qui aimons Dieu. Que nous ayons ou non une bonne oreille, que nous chantions juste ou non… cela n'a aucune importance. L'essentiel est que notre chant exprime l'amour passionné pour le Seigneur et pour Notre-Dame qui remplit notre cœur.

Il faut mentionner un autre point. Ne nous bornons pas à un seul genre de chant. *Tous les bons chants sont un écho de la voix de Dieu.* Essayons-les tous, mais n'oublions pas que, majoritairement, nous sommes catholiques romains. Nous devrions certes chanter tous les genres de toutes les nations, sans oublier pour autant les chants de nos ancêtres du rite latin.

Mais surtout, dans toutes les maisons de Madonna House, la seule et vraie façon d'élever nos voix vers Dieu pour qu'il les entende, c'est que le chœur et son chef vivent entre eux, dans la paix et l'amour. Je ne sais pas si je me suis bien fait comprendre, j'ai du moins essayé.

Affectueusement,

Catherine

LA PURETÉ DU CŒUR

Le 18 février 1974

Mes bien-aimés,

Une pensée me vient souvent à l'esprit et y demeure aussi longtemps que je n'ai pas prié et cessé d'y réfléchir encore et encore… Et pour finir, une méditation monte des profondeurs de mon cœur sur cette phrase ou ce mot qui s'est infiltré en moi avec tant de subtilité. C'est ce que j'appelle « recevoir une parole de Dieu ». Le mot qui m'est venu toutes ces dernières semaines de calme, dans ma cabane, était *pureté du cœur.*

Ce mot était si important qu'il m'a fait prier longuement. C'est l'une des Béatitudes qui dit : « Les cœurs purs verront Dieu. » En priant de plus en plus à ce propos, j'ai relié la pureté du cœur avec ce que le Christ disait de ceux qui entreront au Paradis. Souvenez-vous comment il mit un petit enfant face à Lui en disant : « Laissez venir à moi les enfants ; ne les empêchez pas, car le Royaume des cieux appartient à ceux qui leur ressemblent. »

Si bien qu'après avoir rapproché ces deux paroles de Dieu, j'ai compris peu à peu que les cœurs purs sont ceux qui sont innocents. Dans notre langage, le mot « innocence » n'a qu'une seule connotation, mais dans celui de Dieu, il en a beaucoup. Innocence et simplicité vont de pair. J'étais renvoyée à mon passé et je commençais à voir des gens qui, vraiment, étaient purs de cœur. Ils n'étaient pas des saints (bien que, j'en suis sûre, tous les saints aient le cœur pur), c'était des laïcs comme vous et moi, tout à fait ordinaires. Mais quand même, ils n'étaient pas exactement comme vous et moi.

Je pensais à ce garçon, handicapé mental, qui venait à Friendship House, à Toronto. Il avait, en fait, environ dix-neuf ans, mais qui savait son âge psychologique ? Comme nous, il vivait la pauvreté mais, à cette époque, peu de gens prêtaient attention aux habitants des taudis. Tous les jours, ce garçon fouillait les poubelles du quartier dans lesquelles il trouvait un morceau de papier rouge, quelque chose qui brillait, une fleur en papier, ou n'importe quoi d'autre. Alors, il me l'apportait, et le déposait sur mon bureau en disant : « Je suis allé chercher quelque chose de joli pour toi parce que je t'aime. » Il avait le cœur excessivement pur.

Je me souviens d'un homme qui avait tellement bu qu'il tenait à peine debout, ou plutôt pas du tout. Il arrivait vers moi en titubant, un bouquet fané à la main, fait peut-être de gardénias écrasés et noircis ou de toute autre fleur que l'on avait jetée. Il me tendait ces fleurs pourries en disant : « Donnez-les à Marie de ma part. J'ai promis de lui apporter quelque chose. » Puis il tombait, le nez contre terre. Je savais alors que je regardais un cœur pur. Oui, ces gens et beaucoup d'autres comme eux, avaient le cœur pur. Ils avaient le genre de simplicité et d'innocence que Dieu aime beaucoup.

Cependant, je ne cessais de penser à la pureté du cœur et à ce qu'elle est vraiment. Lentement, très lentement, je réalisai que c'était la foi, aussi simple et innocente que celle d'un enfant, qui d'un cœur humain fait un bouclier contre tout ce qui l'attaque. Je compris que la pureté du cœur est une lumière qui éclaire l'obscurité de la foi et fait toujours voir aux hommes le pas suivant qu'il faut faire pour être uni à Dieu. J'ai réalisé que la pureté du cœur « replie les ailes de l'intelligence » pour « ouvrir tout grand les portes du cœur » de façon à ce que tous puissent entrer !

La pureté du cœur est une auberge dans laquelle tout le monde est le bienvenu ; qu'on soit beau, vilain, jeune, vieux, infirme, handicapé mental, riche, pauvre, etc. ! Les prisonniers, les prostituées, les religieuses, les prêtres… tout le monde ! Oui, la pureté du cœur est une auberge qui accepte tout le monde parce qu'elle est la foi simple et innocente d'un enfant qui voit Dieu en chacun.

Un instant, je fus satisfaite parce que j'avais l'impression de vraiment commencer à comprendre cette belle idée que donnent les Béatitudes : *« Les cœurs purs verront Dieu. »* Mais à mesure que passaient les jours, je voulais en savoir davantage sur cette pureté du cœur. Tout ce qui touche à la sexualité me vint à l'esprit. Je pensais à toutes les discussions que tiennent les gens à ce propos et je me demandais si cela contribuait à la « réalisation » ou non de la personne ; et je compris soudain que tous ces aspects de la sexualité s'articulent sur la pureté du cœur car elle a deux expressions : l'une qui se vit dans le mariage, et l'autre dans le célibat librement choisi pour quelque cause que ce soit.

Je pensais à ce jeune communiste, à Harlem, qui était exaspéré lorsqu'on lui demandait pourquoi il ne menait pas une vie « d'amour libre ». Il répondait carrément qu'il s'abstenait de toute vie sexuelle, ne fumait ni ne buvait, parce qu'il s'était consacré à une cause. Beaucoup ont fait ce choix : médecins, scientifiques, explorateurs et tant d'autres qui ne dépendent pas même d'une organisation exigeant un tel renoncement. Ils avaient choisi le célibat pour être plus donné à leur but.

Je me suis dit que la continence chrétienne était beaucoup plus facile pour ceux qui ont le cœur pur et qui, par conséquent, « voient Dieu ». Pour eux, la sexualité sous toutes ses formes, tombe entre les belles mains du Seigneur. Et lorsque des êtres humains la voient ainsi, reposant dans ces divines mains, toute leur attitude en est changée. Ils placent leur sexualité et leur vie entière dans le cœur de Celui qui rend toute chose nouvelle, merveilleuse, simple, innocente et pure. Je sus, cette fois, que j'avais sûrement pénétré un peu plus en avant dans le mystère des cœurs purs.

Néanmoins, quelques jours plus tard, je réalisai encore autre chose : quand on devenait « un cœur pur » on s'en remettait à Dieu. On devait Lui remettre la totalité de soi-même. Je m'arrêtai à ceci et compris que cet abandon était quelque chose d'immense, de profond, d'incroyable. S'en remettre totalement à Dieu, est douloureux – terriblement douloureux. J'en fus effrayée mais un instant seulement, parce que, en définitive, la pureté de cœur laissait entrevoir une croix – une grande croix vers laquelle j'avançais. Mais lorsque j'en approchais, elle devint soudain une porte ; le bois de la croix se transforma en une porte que je franchis, et j'entrai dans l'ineffable clarté de la résurrection. Je compris alors que la pureté du cœur était la totalité de mon abandon parce que je voulais voir Dieu. Et parce que je voulais Le voir, il m'avait amenée à la croix, à la résurrection.

Tout ceci, mes bien-aimés, s'est déroulé dans la foi mais ce n'en était pas moins vivant et réel, comme si la foi était devenue un voile transparent. Oui, la pureté du cœur revient à cela !

Affectueusement vôtre en Marie,

Catherine

CHASTETÉ POÉTIQUE

Les théologiens ont parlé
En mots savants – la chasteté,
Dirent-ils, était continence…
Elle était loin. Elle se tenait à part.
Elle vivait sur des sommets… blanche comme neige…
D'accès difficile et peu l'atteignaient.

Ils scrutaient davantage
Dans les froides chambres des anciennes cités
Et le confort des nouvelles métropoles.
Ils disséquaient la chasteté
Et quand ils eurent fini, Ils rassemblèrent le tout.
Cela semblait si luisant… si froid… mort
Peut-être… parce que trop manipulé.

Une prostituée descendait leur rue
Ses yeux fardés étaient bienveillants.
La bouche peinte, tendre et douce,
Le corps qui ondulait, jeune.
Un petit enfant vint à elle et dit :
« Vous sentez si bon ; je vous aime. »
La fille rougit et se baissa pour embrasser le petit visage
Si pur, si innocent.
C'était le baiser de la chasteté même.
Elle brillait comme une lumière aveuglante.

Une femme-enfant, une queue de cheval dans le dos
Passait en chantant un air de jazz.
Un homme s'arrêta, se retourna et la suivit,
Le cœur plein de désir et de convoitise.
Mais elle se retourna…
Il la regarda dans les yeux
Et rapidement s'éloigna…
Car la chasteté lui avait souri
Dans toute sa pureté.

Une mère de famille nombreuse vint ensuite…
Le pas et le corps lourds.
Chargée de nombreux sacs,
Et d'un bébé joufflu.
Les hommes souriaient et les femmes aussi…
Car la chasteté passait par là
Fructueuse et féconde.

Les théologiens ne connaissaient pas
Le visage de la chasteté…
Car ils l'avaient disséqué
Pour en voir le mécanisme.

S'AIMER SOI-MÊME

Le 29 mars 1974

Mes bien-aimés,

Durant ma longue *poustinia* au lit, une idée n'a cessé de me passer par la tête ; je l'ai méditée sans fin au cours de mes trois semaines de maladie. C'était une grâce et une clarification que je veux partager avec vous tous. C'était tout simplement la nécessité évidente de *nous aimer nous-mêmes.*

Qu'est-ce que cela signifie, et pourquoi devons-nous nous aimer nous-mêmes ? Parce que, mes bien-aimés, vous devez comprendre que votre personne est une instruction, un catéchisme, une icône, une lumière pour votre prochain. Et pour être tout cela, vous devez vous aimer. Madonna House a été fondée pour être témoin du Christ, pour être à l'écoute de son Esprit. C'est tout ! Témoigner du Christ, c'est, tout d'abord, être capable d'aimer. Vous êtes appelés à témoigner de la Bonne Nouvelle, et ce témoignage ne se donne pas tant en paroles qu'en étant vous-mêmes !

Mais vous devez réaliser, mes bien-aimés, que s'aimer exige un effort ; chose très difficile, du moins au début. Aimer est un commandement qui, s'il est vraiment « pratiqué », suppose une souplesse et une faculté d'adaptation qu'à ce jour, un petit nombre d'entre nous commence seulement à comprendre. Il nous faut tout d'abord comprendre *pourquoi* nous sommes aimables. Cela fait, nous toucherons Dieu de nouveau et commencerons à nous aimer en réalisant avec quelle beauté et quel amour nous avons été créés. Et cet amour de nous-même grandira parce que nous verrons constamment Dieu en nous.

Le Christ est mort pour nous rendre semblable à Dieu. Tout cela nous reviendra quotidiennement et de plus en plus clairement si nous supplions la Sainte Trinité d'augmenter notre foi. Sinon, nous sommes incapables de nous aimer nous-mêmes, ni qui que ce soit. Mais cette foi nous a été donnée au baptême, et tout au long de notre vie, nous devons être « attentifs » à cet épanouissement de la foi en nous et sans cesse prier la Trinité de la faire grandir. Dieu est notre Père de qui provient cette foi. Jésus-Christ est notre frère, venu pour nous sauver et nous apporter cette foi, par sa vie, sa mort et sa résurrection. L'Esprit nous est donné par le Père, justement dans ce but : nous faire grandir sans cesse dans la foi. Donc, fondamentalement, la foi nous enveloppe ! Il y a Dieu, il y a l'âme humaine ; et les deux mystères se rencontrent : Créateur et créature. S'aimer revient donc à cela : *laisser se déployer ces deux mystères.*

Lorsque notre foi se développe, notre prière fait de même. Et si vous essayez « d'expliquer » le mystère de la foi et celui de la prière, vous n'arriverez à rien. Mais les humains que nous sommes continueront d'essayer (comme vous le savez bien) et cela ne mène nulle part. C'est l'une des raisons pour laquelle nous ne nous connaissons et ne nous aimons pas. Nous ne croyons pas au mystère – au mystère que nous sommes, et cela nous conduit souvent à perdre notre foi, partiellement ou entièrement. Mais lorsque nous commençons à grandir dans la foi, quand nous pénétrons cet étrange mystère qu'est la rencontre de Dieu avec l'homme, nous sommes alors sans voix et notre cœur s'ouvre tout grand pour « voir » Dieu. C'est la contemplation. C'est la prière; et notre relation avec Dieu s'approfondit.

La prière nous fait accepter tout ce qui arrive comme une partie du plan de Dieu pour que tout soit consumé dans le Christ. Par « consumer » j'entends ce feu étrange et mystérieux qu'apporte le Vent de l'Esprit saint en brûlant sans consumer. Lorsque nous « disons nos prières », il nous emporte si loin que nous ne spéculons plus sur les événements, et n'essayons plus de comprendre comment ils entrent dans le plan de Dieu (ou le nôtre). La prière devient un simple acte de foi qui s'incline et adore le mystère de Dieu avant que n'intervienne toute explication ou pensée. Quoi qu'il nous arrive, nous voyons bien que nous devons commencer à nous aimer. Ce Vent nous apprendra à nous aimer comme Dieu le veut. En fait, nous n'allons pas faire autre chose qu'aimer Dieu en nous!

Oui, nous devons travailler à cela et c'est un travail énorme! Penser que nous devons nous y atteler nous donne le vertige. Oui, c'est une chose étrange... Si je commence à m'aimer, spirituellement parlant... Si, me tournant vers l'intérieur, je me regarde dans le Christ, à ce même instant je me suis déjà tourné vers l'extérieur pour aimer quelqu'un d'autre! C'est à la mesure de ma foi en Dieu que je crois en Dieu car Dieu est en moi. Alors je peux avoir confiance en Dieu et en moi-même, ce qui me permet de croire en chacun et de faire confiance à tous. C'est là que se trouvent les racines de l'amour du prochain qui nous pousse même à faire confiance à ceux qui n'en sont pas dignes! Car j'ai commencé à m'aimer comme il convient. Si vous me demandiez qui je suis, je répondrais: « Je suis une personne aimée de Dieu. » Et fondamentalement, c'est ce que nous sommes!

L'une des grandes difficultés que nous avons pour commencer à nous aimer, c'est que nous sommes remplis de *honte* et de *culpabilité.* Un chrétien ne devrait jamais rester dans ces sentiments. Qu'est-ce que se sentir coupable ? C'est une réaction vis-à-vis d'une action passée, qui est contraire à la loi du Dieu très miséricordieux. Dans ce cas, nous allons nous confesser… Après quoi, nous sommes réconciliés avec Dieu. Lorsque, dans le sacrement de pénitence, nous avons reçu le baiser du Christ, Dieu oublie tout ce que nous avons fait de mal ; Il l'efface complètement. Il n'en subsiste rien ! Alors pourquoi se sentir coupable de quelque chose qui n'existe plus ?

La honte, c'est l'embarras que nous éprouvons à l'idée que les autres connaissent nos fautes. Elle résulte quelque peu de notre culpabilité. Lorsque nous nous confessons, nous avons raison d'avoir honte de nos faiblesses, de ce faux pas ou de celui-là. Mais cette honte doit disparaître avec la culpabilité. Dieu ne s'en souvient plus. (Vous savez comme Il est délicat à ce sujet : souvenez-vous de la femme surprise en délit d'adultère…) Notre Dieu est tendresse, amour et miséricorde ; alors pourquoi entretenir de la culpabilité dans notre cœur, quand Lui ne le fait pas ?

Honte et culpabilité ont comme remède la foi. Nous devons commencer à comprendre que *la foi embrasse tout.* Dans le Christ, la vie est une vie de foi du commencement à la fin jusque dans les moindres détails de l'existence humaine. Saint Paul dit que l'homme juste vivra par la foi. Quand celle-ci est profonde et vraie notre existence chrétienne ne connaît pas de réels problèmes parce que tout ce qui paraît insurmontable peut être résolu par la foi. Saint Paul dit encore : « Dans toutes ces choses, nous sommes plus que des conquérants grâce à Celui qui nous a aimés. » Ce qui ne veut pas dire que la souffrance n'ait pas de place dans la vie chrétienne. Au contraire ! Mais la foi, c'est précisément cette force divine qui a mené Jésus de Gethsémani à la résurrection.

Notre intelligence (et tout notre être) est soumise à la foi, ou devrait l'être. La foi est un profond mystère de Dieu que Lui seul peut donner, aussi devons-nous constamment Lui demander de l'accroître ? La *Lettre aux Hébreux* dit que la foi nous dirige vers *l'invisible*, c'est-à-dire au-delà de ce que peut atteindre notre esprit et nos sens externes. Dieu est invisible. Il n'est pourtant pas caché au sens qu'il se voilerait délibérément ou nous retirerait sa Présence. Il est un Père aimant qui désire attirer à Lui tous ses enfants aussi près que possible. Si Dieu est caché c'est parce que nos sens, notre imagination et notre perception mentale ne peuvent l'atteindre. C'est dans sa demeure la plus cachée et sacrée (symbolisée par les nuages qui couvrirent le Mont Sinaï) que Dieu appelle ses enfants bien-aimés. Ces mots de Jésus dans l'Évangile expriment bien la Volonté du Père : « Père, je désire qu'ils soient avec moi, là où je suis. »

La foi est le seul moyen qui permette de s'introduire dans cette demeure cachée ; et la foi répond à tout ce que nous cherchons : comment tomber amoureux de Dieu pour l'être aussi de nous-mêmes (de la manière dont Il le souhaite) et donc de notre prochain. Nous pouvons alors tomber amoureux de l'humanité tout entière et vraiment devenir le peuple « du linge et de l'eau ». Car ceux qui s'aiment dans le Christ sont les seuls à pouvoir se baisser assez bas pour s'agenouiller devant les pieds sales et puants des vieux, des jeunes, des sages, des fous, et laver les pieds d'argile de l'humanité.

Affectueusement en Marie,

Catherine

JEUDI SAINT – JOUR DU SACERDOCE

Le 27 avril 1974

Mes bien-aimés,

Pendant la semaine sainte, j'ai donné quelques enseignements, après le repas de midi, et j'ai pensé que certains pourraient faire office, pour vous, d'une lettre à tous nos membres. Je les ai partagés en profondeur avec ceux qui sont ici et j'aimerais faire de même avec vous qui êtes loin.

Aujourd'hui jeudi saint, c'est le jour du sacerdoce. Jour étonnant, mystérieux, insondable, si vous y réfléchissez, car c'est celui où le Christ a institué le sacerdoce.

Cette vérité est aussi simple qu'incroyable car l'Évangile nous dit qu'après sa résurrection et avant son ascension, Jésus réprimande ses disciples parce qu'ils n'étaient pas très heureux de le voir partir vers son Père. Ce qui semble une contradiction, parce que, en réalité, Jésus ne voulait pas nous quitter. Cela est évident tout au long de l'Évangile ! Et parce qu'il ne voulait pas non plus nous quitter, maintenant nous avons les prêtres. Dans son immense amour pour nous, Il choisit des hommes parmi ceux qui avaient marché et s'étaient entretenus avec Lui, des hommes qui « L'élèveraient » et pourraient partager avec nous ce Pain et ce Vin qu'Il disait nous donner pour la vie éternelle. Oui, par l'intermédiaire de ces hommes, Il nous a donné à boire « l'eau vive » dont Il avait parlé à la femme de Samarie. Une fois encore, son amour incroyable nous est rendu visible.

Vous qui venez à Madonna House, cherchant Dieu… ou du moins cherchant quelque chose… à moins que ce ne soit que curiosité… vous êtes-vous jamais demandé pourquoi nous avions un si grand amour pour les prêtres ? Pourquoi nous levons-nous quand ils arrivent à table pour les repas ? Pourquoi leur parlons-nous avec une respectueuse simplicité ? La réponse est facile : parce que lorsqu'un prêtre entre dans cette maison, c'est le Christ qui entre. Nous le savons par la foi. Lors de son ordination, un homme ordinaire (et donc pécheur) monte trois marches à l'autel. Un autre homme plus âgé, l'évêque, étend les mains sur sa tête. Après le cérémonial et les prières, l'homme qui descend se mêler à ses frères est prêtre de Dieu. Qui peut toucher le mystère de cet événement incroyable ?

Une fois que je visitais Rome, un prêtre d'un ordre religieux me raconta que l'un de leurs évêques, de passage à Moscou, dut ordonner trois prêtres dans les toilettes ! Il n'est donc pas besoin de trois marches, d'un chœur et d'un rituel élaboré… il suffit d'un être humain qui désire être prêtre et d'un évêque pour l'ordonner. Avec la plénitude de la puissance divine que possède l'évêque, il peut ordonner un homme dans les toilettes s'il le faut !

Quand on réalise cela, il n'est pas étonnant que l'on tombe à genoux, tout absorbé et enveloppé par le mystère de l'amour de Dieu pour nous. Dieu ne voulait pas nous laisser orphelins. Il voulait nous donner quelqu'un en qui nous puissions voir sa ressemblance, pas sa ressemblance physique, mais ce qu'il est réellement – l'Aimant, le Doux, Celui qui pardonne, le Serviteur – quelqu'un qui ferait ce qu'Il faisait : laver les pieds de l'humanité. Mais Il fit plus encore ! Il donna au prêtre un pouvoir spécial, si bien que lorsque celui-ci prononce quelques mots, c'est le Christ qui lave notre âme et nous étreint dans l'amour et la réconciliation. Par conséquent, le Christ vient à nous avec un amour d'une telle simplicité que nous devrions en avoir le souffle coupé... Il vient à nous sous l'apparence d'un prêtre !

Vous me direz : « Il y a des prêtres pécheurs qui font bon marché de leurs engagements et se marient sans dispense. » Vous dites cela parce que, dans ce pays, on ne vous a pas donné une bonne connaissance de ce qu'est réellement le sacerdoce. C'est pourquoi vous ne pouvez comprendre que « le sceau du sacerdoce » a été gravé dans l'âme de ce pauvre homme pécheur par le feu de l'Esprit saint et la main du Père. Et ce don ou cette marque de prédilection, ne peut jamais être effacé.

Voir l'homme intérieur

Quand, en Russie, le dernier prêtre mourut dans ma ville (il fut tué sous mes yeux), si j'avais appris qu'il en restait encore un, chargé de tous les péchés mortels (et vivant peut-être avec sa maîtresse) je serais allée *en rampant* voir cet homme pour recevoir les dons divins qu'il pouvait me donner. Je ne me serais nullement inquiétée de sa maîtresse et de ses autres actions répréhensibles parce que la foi passe à travers tout cela. Elle déchire la façade que j'aurais pu voir, la présence physique d'un prêtre en état de péché, pour me montrer la réalité intérieure. Dans la foi, j'aurais vu soudain cet homme transfiguré dans la gloire divine. J'aurais vu que, le jour de son ordination, cet homme avait été transfiguré dans le Christ d'une façon merveilleuse, incroyable et totalement inexplicable parce que c'est un mystère. J'aurais su que le Christ en lui m'aurait donné l'absolution, qu'il soit pécheur ou non.

Il s'agit là de quelque chose d'insaisissable, d'un profond mystère qui nous dépasse. Rappelez-vous donc cela si jamais vous vous trouvez face à la mort dans des circonstances comme celles que j'ai connues durant la révolution russe. J'aurais rampé jusqu'à cet homme pour lui dire : « Père je vous prie d'entendre ma confession et de me donner le viatique qui est la "nourriture pour le voyage"*. » Je ne me serais pas inquiétée de l'homme parce que j'aurais vu le Christ en lui.

Vous posez mille questions sur le prêtre et nombre d'entre elles sont hors sujet… Pourquoi certains se marient-ils ou font-ils ceci ou cela ? Eh bien, c'est leur côté humain ; mais le Christ demeure en eux, toujours le Christ ! Parce qu'ils sont des êtres humains comme nous, ils peuvent le lier comme nous, comme nous pouvons aussi le faire par nos péchés, et le flageller et le couronner d'épines. Mais il y a quelque chose dans le prêtre qui est différent de tous les autres, c'est que le Christ Lui-même va se délier en lui, si quelqu'un a besoin de Lui.

N'oublions pas que les douze apôtres n'étaient pas des hommes parfaits. L'un a quitté Jésus et l'autre l'a momentanément renié ! Un seul assistait à la crucifixion et tous les autres Lui ont simplement tourné le dos pour courir aussi loin que leurs jambes pouvaient les porter, très loin du Golgotha. C'étaient des gens très ordinaires !

C'est humainement que trop souvent nous jugeons nos prêtres (sourire engageant, vastes connaissances, compétence en ceci ou cela). J'ose dire que tout ceci n'est que très secondaire. Nous ne devrions pas juger un prêtre à sa bonne mine, son éducation et le reste, mais nous contenter de le regarder en disant : « Dieu merci, il est là. » Il est en effet l'un des principaux signes de l'amour de Dieu pour nous. (Je ne comprends encore pas comment nous avons quinze prêtres à Madonna House alors que, dans le monde, des mil-

* Le viatique est la Sainte Communion reçue en danger de mort.

liers de paroisses n'en ont pas. Mais, évidemment, les voies de Dieu sont impénétrables!) Approchons donc un prêtre en réalisant que grâce à son ordination « il porte Dieu » d'une manière toute spéciale. Approchons-le comme nous approcherions le Christ.

Vous, les femmes, gardez-vous parfaitement pures de cœur et d'esprit. Si, pour se marier, un prêtre renonce à ses devoirs sacerdotaux, dites-vous bien que la femme est presque plus responsable que Lui. Nous sommes tous des vases d'argile que les femmes ont le devoir de porter dans ce que j'appellerais le « voile de Véronique » avec lequel, dit la légende, elle essuya le visage du Christ. Cet acte de charité lui valut d'en garder l'empreinte sur le voile… voile dont nous devrions envelopper nos vases d'argile car si le Christ que nous portons, brille à travers nous, nous ne tenterons pas les prêtres. Il est bon de nous souvenir que, dans le sacerdoce, notre cœur se trouve directement face à celui du Christ. Aussi ne devons-nous, d'aucune façon, séduire l'homme qui, par son ordination, a fait vœu de chasteté. Il suffirait de dire le nom de *Jésus* pour calmer notre cœur et freiner nos sens.

S'adresser à l'homme extérieur

Pourquoi voulez-vous critiquer les prêtres? Pourquoi critiquer qui que ce soit? Le Christ n'a-t-il pas dit: « Ne jugez pas et vous ne serez pas jugés. » Les prêtres méritent notre plus profond respect. À Madonna House, nous nous levons lorsqu'un prêtre entre dans la pièce. Nous ne le faisons pas pour l'homme, mais pour celui qui est le Christ… ce qui implique la foi, une foi profonde! Voici un être humain comme vous et moi, mais un être humain spécial, quelqu'un devant qui vous pouvez vous agenouiller et être lavé de vos péchés, quelqu'un qui peut vous donner le Pain et le Vin que le Christ nous a donnés quand Il est mort afin que nous ayons la vie éternelle.

C'est avec une « respectueuse » simplicité que nous devons agir avec un prêtre, et j'insiste sur le mot « respectueux ». Je me souviens qu'une fois un prêtre arriva très ivre. Alors je le mis au lit pour dormir et se dégriser. Le lendemain matin, je lui apportai du café. Il avait le regard vide et comme « perdu ». Je me suis agenouillée près du lit et lui ai demandé de me bénir. Il me regarda en disant : « Réalisez-vous qui je suis et ce que j'ai fait ? Ne voyez-vous pas que je suis un "bon à rien" ». Je lui répondis : « Oui, mais vous êtes aussi un prêtre et je demande votre bénédiction car c'est celle du Christ. » Il se mit à pleurer en me bénissant.

Je me souviens d'une autre fois, alors que j'avais dix ans, et que nous étions en Pologne pour les vacances. Je marchais sur la route quand soudain je vis, dans la boue, le curé du village. Or, depuis que j'étais bébé on m'apprenait à aimer et à vénérer les prêtres et cette vision fendit mon petit cœur ! Je m'éloignai en courant comme si j'avais le diable aux trousses. Arrivée à la maison, je dis à ma mère : « Il y a Monsignor, il est ivre, ivre, ivre ! Le prêtre est ivre ! »

Ma mère me regarda et répondit : « Vraiment ? Eh bien, allons vers lui ! » Ma main dans la sienne, nous fîmes demi-tour en silence. Le prêtre était toujours étendu dans la boue quand nous arrivâmes à lui et ma mère dit : « Catherine, tu es une grande fille, aide-moi à le lever. » Mais auparavant elle baisa sa main sale et nous le transportâmes au presbytère où, toujours en silence, nous le confiâmes à sa domestique.

Nous revînmes à la maison en silence et en arrivant ma mère me demanda d'aller chercher le petit pot de chambre de la nursery, de le remplir d'eau et de le lui apporter, ce que je fis. Pendant ce temps, elle cueillit dans le jardin un bouquet de magnifiques lis blancs qu'elle mit dans le pot de chambre en disant : « Regarde bien. Les fleurs n'ont pas changé, bien qu'elles soient dans un pot de chambre au lieu d'un beau vase. N'oublie jamais cela, Catherine. Le pot pourrait être le prêtre. Les lis blancs sont le Christ, le Christ qui ne change jamais, le Christ qui est présent dans le prêtre d'une manière spéciale. Oui, le prêtre peut être le pot de chambre, mais « le Christ en lui » restera toujours comme ces lis blancs. Toute ta vie, veille à ne jamais faire l'erreur de confondre l'un et l'autre. »

J'aimerais pouvoir vraiment vous dire ce qu'est un prêtre. Je me souviens que lorsque nous vivions en Égypte, à douze ans, j'allais dans une école religieuse à Alexandrie. Un prêtre qui était venu nous prêcher une retraite nous dit en terminant : « Quand vous serez grandes vous pourrez commencer à prier pour les prêtres. » Comme j'étais une personne impatiente, je cherchai à parler à ce saint jésuite. Je lui demandai immédiatement de commencer à prier pour les prêtres maintenant, à douze ans, sans attendre d'en avoir vingt et plus. Il me l'accorda en me bénissant et, depuis ce temps, je prie pour les prêtres.

Le jeudi saint est, pour moi, un don qui dépasse toute mesure car Dieu nous a donné le Saint Sacrement à la Cène. C'est un jour dont je me rappelle, chaque année, avec passion parce que le Christ ne voulant pas nous quitter, choisit des prêtres pour continuer à nous rappeler qu'*Il est avec nous dans un corps humain.* Un prêtre est un amoureux de Dieu. Un prêtre est un amoureux des hommes. Un prêtre est un homme saint parce qu'il marche devant la face du Très-Saint. Les Russes disent que la face de Dieu se réfléchit dans celle des gens. Alors, le prêtre qui offre l'Eucharistie doit réfléchir l'Eucharistie.

Un prêtre comprend tout, pardonne tout, embrasse tout. Il y a beaucoup de choses qu'il ne comprend peut-être pas mieux que vous et moi, intellectuellement parlant. Mais il en comprend beaucoup plus que nous l'imaginons parce qu'il est enseigné par le Christ. Voyez saint Jean-Marie Vianney qui est maintenant le « patron » des prêtres de paroisse. Il a presque été rejeté du séminaire parce qu'il ne réussissait pas bien dans ses études ; il est pourtant devenu un saint et un grand confesseur. C'est ce que je veux dire par « comprendre ».

Comprendre la direction spirituelle

Incidemment, nous avons là l'essence de la direction spirituelle. Un prêtre n'est pas quelqu'un que nous allons voir avec tous nos problèmes psychologiques… ni parce que X, Y, ou Z n'a pas été aimable avec nous. Vous allez voir un prêtre pour dire : « Père, j'ai péché. » Vous y allez pour qu'il vous absolve, et pour lui dire : « Père, montrez-moi le chemin vers Dieu. » Le Saint-Esprit l'enseigne et c'est par lui que nous trouvons Dieu plus facilement que si nous le faisions seuls.

De quelle compétence s'agit-il ? Le prêtre qui se tient devant celui qu'il dirige est avant tout là pour bien l'écouter. Son cœur a deux oreilles : une pour écouter l'Esprit saint, l'autre pour vous écouter. (Le Christ qui est en lui rend cela possible.) Saint Jean de la Croix, ce grand saint, disait du directeur spirituel : « Il ne fait rien d'autre que de surveiller l'œuvre de l'Esprit saint dans une âme et, parce qu'il reçoit de la Trinité une grâce infinie, il peut faire avancer cette âme sur le chemin de l'union à Dieu. »

J'ai été baptisée dans la mort et la résurrection de Jésus-Christ mais ce n'est qu'un premier pas vers cette union à Dieu. Le directeur spirituel m'aide à parfaire cette union avec Dieu. Sans lui, je n'y parviendrai pas sans difficulté parce que je serais écrasée par le poids du jour. On ne peut nier que nous avons tous besoin des secours de la direction spirituelle pour avancer sur le chemin du Paradis. Je lui ouvre l'essence même de mon âme afin qu'il puisse, si possible, me conduire à Dieu par un « raccourci ».

Le cœur du prêtre, comme celui du Christ, est transpercé par la lance de l'amour. Mais nous devons tous prier pour que, dans son cœur, cet amour ne cesse de croître. Avec le cœur transpercé comme l'était celui du Christ, ils nous feront ainsi, vous et moi, nous élever spirituellement. Et n'est-ce pas ce que nous cherchons… être élevés vers le Christ ? Cette direction spirituelle est ce que nous attendons de nos prêtres.

L'amour d'un prêtre est une bénédiction, car c'est Dieu qui nous aime. C'est parce que Dieu sait que nous sommes humains, frêles, pécheurs, pleins de doutes et de peur qu'il nous a donné des hommes pour nous montrer de l'amour… Son amour ! L'amour divin autant qu'humain repose dans le cœur d'un prêtre. C'est une pensée vraiment magnifique : son cœur est un calice dans lequel se rencontrent l'homme et Dieu grâce à celui que Dieu a ordonné pour montrer au monde l'amour du Christ. Vraiment, cela devrait faire s'envoler notre foi dans le cosmos !

Le prêtre est un homme appelé à être un autre Christ, qui vit pour servir, qui s'est laissé crucifier lui-même afin de pouvoir, lui aussi, être élevé et attirer toute chose au Christ. Le prêtre est un homme amoureux de Dieu. Il est le don de Dieu à l'homme et de l'homme à Dieu. (J'avais, un moment, espéré que mon fils serait prêtre. Si Dieu l'avait voulu cela aurait été le plus grand de ses dons. Mais Il ne l'a pas désiré.)

Le prêtre est le signe du Verbe fait chair, le glaive de la justice de Dieu, la main de la miséricorde de Dieu et le reflet de l'amour de Dieu. Rien au monde, si ce n'est Dieu Lui-même, n'est plus grand qu'un prêtre!

C'est jeudi saint. En ce saint jour, de la plus sainte des semaines, le sacerdoce (tel que nous le comprenons) a pris naissance au monde. Ce jour-là, la Sainte Eucharistie fut instituée pour notre nourriture. La Cène devint le repas des mendiants, nourrissant la vie divine des pauvres pécheurs que nous sommes. Le don suprême qu'un prêtre peut offrir à notre monde est donc bien ce divin sacrifice qui nous nourrit de Dieu!

Je sais que lorsque je tente de parler du sacerdoce ma langue est maladroite. Je ne peux vraiment rien dire; comment parler de l'amour de Dieu manifesté sous la forme d'un homme!

Affectueusement vôtre en Marie,

Catherine

LA FOLIE PAR AMOUR DU CHRIST

Le 22 mai 1974

Mes bien aimés,

J'ai passé une journée en *poustinia* pendant cette incroyable et merveilleuse semaine de Pâques… celle de la résurrection du Christ. C'était un jour très spécial et j'ai une parole des plus extraordinaires à vous rapporter, mes bien-aimés. Cette parole est *folie*.

Ce mot que le Christ a dit à saint François d'Assise n'a cessé de me revenir à l'esprit toute la journée. « Le Christ m'a dit qu'il me voulait un nigaud comme on n'en avait jamais vu auparavant. » Il m'a semblé que cette parole convenait à la semaine de Pâques car le Christ a manifesté plus de « folie » encore que saint François. Et c'est probablement parce qu'Il en avait l'expérience qu'Il lui en a parlé.

Pouvez-vous imaginer, mes bien-aimés, quelque chose de plus fou que de mourir sur une croix ? J'ai pensé à beaucoup d'autres moyens par lesquels Dieu pouvait nous sauver. C'est alors que j'ai compris, si je puis dire, la profondeur du péché et je me suis souvenu qu'en hébreu ce mot signifie « oubli ». Parce que nous oublions Dieu, le Christ est venu nous le rappeler.

S'il n'avait pas choisi ce chemin de souffrance et d'agonie nous n'aurions que trop facilement « oublié » que nous avons été sauvés, ou alors nous n'aurions pas pu croire qu'il était même possible que nous soyons « sauvés ». Notre salut est dans ce souvenir. Il l'a réalisé par son incarnation, sa vie, son humiliation et sa mort.

En réfléchissant à tout cela, je compris que folie et sagesse sont interchangeables et je réalisai aussi pourquoi je devais vous rapporter ce mot « folie ». Néanmoins comme je voulais en connaître le vrai sens, je me suis demandé toute la journée : « Que veut-il dire exactement ? » Je ne pouvais répondre immédiatement. Quelque chose que je ne pouvais identifier m'échappait ; c'était quelque chose que je ne pouvais saisir.

Ce fut seulement vers le soir que je commençai à comprendre qu'être fou par amour du Christ, c'est L'aimer avec passion, tout quitter pour être l'un de ses compagnons, être attentif à ne servir que Lui et oublier tout le reste ! C'est aussi avoir un immense courage. Je vis soudain que ma prière bien aimée : « Donnez-moi le cœur d'un enfant et le courage inouï de le vivre en adulte » faisait partie de tout cela. Parce que seul un enfant ou un adulte au cœur d'enfant peut être fou par amour du Christ.

Aux yeux des hommes, le Christ était fou et nous devons avoir le courage de l'être comme Lui, anticonformiste comme Il l'était, et prêt à sembler différent tout en bravant le ridicule que cela comporte. Chacun de ses propos est comme une épée dans notre cœur jusqu'à ce que nous l'acceptions lentement et avec amour. C'est l'essence de notre combat avec Dieu.

« Être fou » suppose plus encore. Nous devons être prêts à dire la vérité, comme autrefois les bouffons devant le roi, la dire à tous ceux que nous rencontrons… ce qui sera difficile car nous devrons le faire de diverses façons. Parfois nous aurons peur de la vérité car elle exigera un courage qui peut nous mener presque jusqu'à la mort. Qui sait ? Jésus a dit : « Allez prêcher la Bonne Nouvelle au monde. » C'est la vérité que nous devons lui donner. Dernièrement, une religieuse m'a confié qu'elle avait peur de proclamer la vérité devant des non-chrétiens. Ils sont nombreux ceux qui n'osent pas dire la vérité aux autres !

Oui, nous devons pratiquer la folie par amour du Christ. Il veut que nous soyons fous, comme le monde ne l'a pas encore vu, et il nous a donné saint François comme exemple pour nous aider à nous exposer au ridicule. Saint François coupait deux branches sur un arbre et faisait semblant de jouer du violon. Ce genre de chose exige du courage… Il ne nous est pas demandé d'en faire autant, mais seulement de couper « les cordes de notre cœur » et de les laisser jouer la folle musique de celui qui suit le Christ jusqu'au bout. (Tout cela me paraît inconcevable et pourtant cela me saute aux yeux et dans le cœur.) Nous devons nous tourner vers Dieu et prier ainsi :

> « Seigneur comment puis-je être folle par amour pour vous ? Je pensais l'être. Qu'attendez-vous encore de moi, mon Amour ? Que voulez-vous de plus ? Vous en voulez toujours davantage, Seigneur, toujours davantage. Vous le voulez non seulement de moi mais aussi de la communauté. Nous devons être fous en ce qui concerne l'argent… en recevoir pour le donner. Nous devons entièrement compter sur vous. C'est là que la folie devient sagesse et la sagesse nous donne la clef de la foi… ou peut-être est-ce l'inverse. La foi est peut-être la clef de la sagesse et la sagesse le visage de la folie qui est votre visage, ô Seigneur ! »

Oui, nous devons distribuer l'argent et non seulement le distribuer, mais le détacher des cordes de notre cœur. Oui, la folie entre jusque dans les finances de Madonna House ! Elle doit être aussi dans ce que nous faisons ; c'est avec la folie de Dieu que nous devons entreprendre tous travaux, quels qu'ils soient, en les accompagnant toujours de la prière et d'une identification avec le Seigneur. Nous devons demander :

> « Seigneur que devrions-nous faire dans tel ou tel cas ? Vous voulez que nous soyons aussi fous que saint François. Autrement dit, vous nous voulez "fous avec votre sagesse". Alors, faites-nous la grâce d'accepter cela parce que nous avons si peur de votre sagesse... si peur !
>
> « Seigneur, votre sagesse repose sur l'obscurité de la foi, donnez-nous donc le courage de cheminer dans cette obscurité. Donnez-le nous maintenant, Seigneur ! Donnez-le nous et faites que votre "folie" soit lumière pour guider nos pas. Il n'est pas facile d'en faire une lanterne pour éclairer la route et celle du prochain. Mais nous l'acceptons simplement parce que nous vous aimons, parce que votre voix retentit dans notre cœur, parce que vous nous demandez "l'impossible" (qui est toujours possible avec vous).
>
> « Aujourd'hui, Seigneur, dans la poustinia, j'ai vaguement entendu que vous m'appeliez à "avancer" en vue d'une foi plus grande. Mais pour moi, votre voix se cachait dans vos paroles à saint François. Maintenant je comprends et je vous réponds par un "oui". Faites qu'à Madonna House, nous soyons fous par amour du Christ – peut-être, de plus grands fous que saint François – car, Seigneur, rien ne vous est impossible : votre folie est sagesse et seule cette sagesse vaincra le monde.
>
> « Dans notre "monde" quotidien de Madonna House, dans le train-train de notre vie, nous avons, chaque jour, mille occasions d'être fous par amour de vous. Aidez-nous à les voir et à en profiter. Gardez-nous Seigneur, dans votre cœur "fou". »

Je suggère, mes bien aimés, qu'en lisant cette lettre écrite de ma *poustinia*, en cette semaine pascale, vous en discutiez « avec sagesse ».

Recherchez dans vos conversations spirituelles les diverses occasions dans lesquelles on peut être « fou » à la manière du Christ.

Prenez comme exemple le pardon. Dans telle situation, vous bravez le ridicule par amour de Lui... mais vous n'avez pas peur d'en souffrir, parce que vous vous souvenez que le Seigneur a terriblement souffert pour nous. Et dans cette profonde sagesse (qui est folie pour le monde) vous désirez partager ses souffrances et sa douleur aussi intimement que possible. Vous le faites parce que vous L'aimez passionnément et parce que vous avez appris à ne pas avoir peur d'être rejeté. Cette attitude qui peut sembler folle à la plupart des gens, est sagesse selon le Seigneur.

Oui, dans le train-train quotidien de l'Apostolat de Madonna House, il y a mille façons d'être fou par amour du Christ, d'être un nigaud et d'avoir un cœur d'enfant (même si nous sommes adultes).

Aidez-nous, Seigneur, à voir la sagesse de cette folie car en l'acceptant nous apporterons la sagesse au monde. Amen.

Affectueusement vôtre en Marie,

Catherine

LE DÉSERT DE NOTRE CŒUR

Le 26 novembre 1974

Mes bien-aimés,

Il est temps que nous entrions « dans le vide ». La confusion règne autour de nous, dans mon cœur et le vôtre. Il y a de par le monde entier une violence terrifiante et une confusion tragique. Le Seigneur nous dit à tous : « Où est votre frère Abel ? » Et nous ne cessons de répondre : « Suis-je le gardien de mon frère ? » De nos jours, nous qui sommes le Peuple de Dieu, nous ne tuons pas une personne (comme Caïn tua Abel), nous en tuons des centaines et des milliers par tous les moyens de la violence : armes, bombes, etc. C'est pourquoi nous devons entrer « dans *le vide* ».

Le désert est vide, d'un vide étrange qui n'est pas sans beauté. Ce n'est pas le vide intégral, puisqu'on y voit des fleurs, des insectes et toutes sortes de créatures. Mais pour les êtres humains c'est le vide. On ne nous demande pas d'entrer dans un désert physique comme celui du Sahara, mais dans le désert du cœur… mon cœur et votre cœur. Nous devons y entrer pour nous regarder, car telle est la fonction du désert, sa « vocation » pourrait-on dire. Il est là pour nous dépouiller de toutes les illusions et fausses images que nous nous faisons de nous-mêmes, de tout ce qui est factice en nous. Il nous dépouillera et nous montrera ce que nous sommes, comme rien d'autre ne peut le faire.

Le moment de ce face à face avec nous-mêmes est difficile et douloureux parce que là, dans le désert de notre propre cœur, nous rencontrons le Malin. Le Seigneur nous a créés « libres ». Il nous a créés « bons ». Et rien de ce qu'il a fait nous oblige ou nous entrave. Nous sommes entièrement libres de *choisir le bien ou le mal.* Dans ce désert intérieur, « ce vide du cœur », nous commençons à comprendre que Dieu n'est pas responsable de la guerre du Vietnam (ou de tous les maux dont nous souffrons). Seuls les êtres humains en sont responsables. C'est ce que nous faisons nous-mêmes chaque fois que nous choisissons le mal contre le bien.

Oui, de temps en temps dans notre vie, nous choisissons de si nombreux « Vietnam » ! C'est ce que nous répondons à Dieu chaque fois qu'il nous demande ce que nous avons fait de notre frère… Nous ne cessons de répéter les mots de Caïn : « Suis-je le gardien de mon frère ? » Devant cette incessante réponse de l'homme à Dieu, il n'y a qu'un endroit où nous pouvons aller, et c'est dans le vide du désert intérieur. Là, nous sommes face à la condition humaine et nous nous mettons à examiner notre conscience individuelle qui semble si totalement endormie.

Si nous entreprenons vraiment « ce voyage intérieur » au fond de notre cœur, nous rencontrerons Dieu. C'est un voyage que tout mortel doit entreprendre et si nous n'entrons pas dans notre désert intérieur pour chercher le Dieu trinitaire qui y demeure, nous nous trouverons face à un autre vide. C'est « le vide de la désolation », celui que nous avons créé nous-mêmes par notre arrogance et notre avarice d'Occidentaux. Cela pourrait bien être un vide avec peu de survivants, un vide que nous avons créé en faisant valoir notre technologie (la bombe atomique). À moins d'entrer dans « le désert de Dieu » pour nous vider de tout ce qui n'est pas Dieu, nous connaîtrons le « désert du désespoir » dont le vide est terrifiant. Lequel choisirons-nous ?

Oui, nous devons aller au désert de notre propre cœur, et le débarrasser aussi complètement que l'on débarrasse une pièce dont on veut cirer le plancher et laver murs et plafonds pour les repeindre. Il faut tout sortir et faire en sorte que rien, absolument rien, ne vienne encombrer de nouveau notre pièce. Nous devons *aujourd'hui* pénétrer profondément dans notre cœur car le temps est court.

Si nous n'allons pas au désert de notre propre cœur pour permettre ce vide, ce nettoyage, d'autres le feront pour nous ! Mais alors il y manquera ce vide « créateur » de chagrin et de contrition. Sans contrition, il ne restera que le vide dont était sûrement plein le cœur des femmes de Rama pleurant leurs enfants, les Saints Innocents, morts dans leurs bras.

Notre vide est-il calme et saint ? Est-ce le vide de l'attente ? Car il existe et il est beau ! C'est l'attente de l'Enfant à naître en nous. Il fera fleurir notre désert de fleurs magnifiques, il en fera un lieu où tous peuvent venir s'enivrer d'un parfum divin, où beaucoup en cueilleront les fleurs pour accompagner leur pèlerinage.

Ou bien notre désert est-il devenu une terre aride couverte de buissons épineux qui déchirent les vêtements et la peau, un lieu où nous cherchons à combler nos désirs terrestres de richesses, de pouvoir et de biens ? Est-il plein de ces désirs, quel qu'en soit le prix que nous devons y mettre ? Oui, nous pouvons nous tuer, sans que d'autres mains interviennent, sans que les soldats d'Hérode ne nous attaquent, cherchant à détruire notre descendance. Nous pouvons nous tuer en laissant notre cœur encombré de désirs impérieux pour des choses inutiles dont pas une n'est de Dieu.

Dans quelle mesure pouvons nous faire le vide en nous-mêmes ? Car le vide est comme un filet, celui du pêcheur ; il est tissé d'humilité, d'amour, de tendresse et de douceur. C'est le vide d'une matrice qui prépare un monde meilleur en nous fécondant de Dieu. Nous nous y préparons comme le fit la Vierge Marie, en devenant des amoureux de Dieu, en purgeant le désert de notre cœur de tous désirs mauvais, en créant un lieu de repos pour un petit Enfant.

Ce genre de vide devient une « hôtellerie » dans laquelle mon frère peut se reposer et se rafraîchir. C'est une habitation où il vient dormir paisiblement, non pour mourir en agonisant. Nous pouvons nous aussi, comme Caïn, tuer notre frère! Nous pouvons le faire de mille manières, pas seulement avec un revolver, un fusil, un couteau ou une bombe. Nous pouvons le tuer avec des mots qui sont pires que tout le déploiement des armes modernes. Nous pouvons étouffer nos frères et sœurs par un beau discours à quelque assemblée mondiale. La parole est un puissant arsenal qui peut provoquer le génocide d'une nation tout entière. Nous pouvons tuer de bien des façons tout en paraissant aider ceux qui nous entourent si notre cœur ne déborde pas de tendresse, d'amour et de douceur.

Oui, le désert nous attend à l'intérieur de nous-mêmes; il nous appelle comme seul le désert peut le faire. Allons-nous commencer ce « voyage intérieur » que tous les hommes doivent entreprendre pour rencontrer le Dieu qui y demeure? C'est la chose la plus importante à laquelle nous devrions penser en ce moment. C'est en entrant dans ce désert et en le laissant nous laver et nous renouveler que débutera notre union avec Dieu. Ceux qui sont unis à Dieu le sont aussi avec leurs frères. Une telle personne est source de paix pour toute la création, la paix de Dieu.

Mais comment allons-nous faire tout cela? N'est-ce pas totalement impossible? Le vide? Le désert? L'abandon de tout ce que nous avons – ou presque tout? Le pèlerinage vers l'Absolu, à l'intérieur de notre âme? La recherche de l'unité absolue avec Lui? Comment « sur terre » allons-nous faire tout cela?

La réponse est simple, humble et claire: par la prière, *seulement par la prière.* De nos jours, le monde est en proie à une telle confusion que l'esprit et le cœur humain en sont accablés. Finalement, les gens commencent à réaliser que sans Dieu ils ne peuvent rien faire!

Aussi est-ce le moment de prendre son bâton de pèlerin. C'est le moment d'entrer dans le vide du désert intérieur, de défricher le terrain pour y construire une petite *poustinia*, et là, d'y apprendre vraiment à prier. En effet, seule la prière balaiera tout ce qui ne doit pas être là dans le désert du cœur.

Écoutez ! Écoutez bien ! Le vide vous appelle comme il ne cesse de m'appeler. Notre cœur brûle pour se libérer maintenant, se libérer du fardeau encombrant de notre « moi ». Écoutons la douce brise qui souffle depuis les étendues désertiques. Nous entendrons la voix de Dieu qui dit : « Je viens au désert de votre cœur. Quand il sera vide, nous le ferons fleurir, vous et moi, ensemble, et nous sauverons le monde une fois encore ! »

Affectueusement vôtre en Marie,

Catherine

UN LONG VOYAGE

Le 21 mars 1975

Mes bien-aimés,

C'est un coup de fil depuis la lointaine Arizona et une voix voilée qui m'a annoncé sans détour que le père Eddie* venait d'avoir un infarctus et que ses poumons étaient noyés. Ce n'est maintenant qu'une question de temps. La mort semble imminente, me dit la voix au téléphone.

C'est alors que je commençai mon long voyage… un étrange voyage ! Savez-vous que vous pouvez aller très loin tout en restant sur place ! Vous pouvez, en pèlerinage, parcourir de nombreux che-

* Il s'agit du mari de Catherine qui, en 1969, deux mois et demi avant son soixante-dix-neuvième anniversaire fut ordonné prêtre dans le rite catholique grec-melkite qui permet que le prêtre soit marié.

mins sans bouger. Je restais immobile, attendant. Et tout en attendant, je réalisai que j'entreprenais vraiment un long voyage dans la foi. Toute la scène de la foi s'étalait devant moi dans son immensité et je la regardai d'un œil nouveau. Un mystère que je ne puis comprendre se déployait dans mon cœur.

Le père Eddie et moi discutions très souvent de la mort – la mort en général et la nôtre en particulier. Nous en parlions toujours sereinement car nous estimions tous deux que « la mort n'était qu'une porte donnant sur la vie ». Maintenant qu'au téléphone j'étais confrontée avec le fait d'accepter la mort du père Eddie, je me souvenais de nos conversations, et je me demandais si je croyais réellement que « la mort est la porte donnant sur la vie ».

Pendant ce voyage intérieur, cette immobilité, cette attente, le temps semblait éternel. À certains moments, je réalisais que je croyais vraiment… *Credo.* Oui, je croyais. Je croyais avec une foi transformée, pleine d'une joie qui me procurait une paix que les mots ne peuvent exprimer. Il y avait en moi une « totale acceptation » de la mort du père Eddie, et aussi curieux que cela puisse paraître, elle était recouverte d'une joie incompréhensible.

J'ai toujours cru en la résurrection de Notre Seigneur Jésus-Christ et, pour quelque raison inexplicable, cette résurrection est restée au centre de mes pensées, après ce coup de téléphone. Jésus est né pour nous, il avait souffert pour nous, il avait été crucifié et était mort pour nous. *Et il est ressuscité!* Grâce à sa résurrection, ce sens absolu de la foi m'habitait. C'était une foi profonde, définitive, indéracinable qui commençait à faciliter l'attente et à rendre le voyage léger.

Puis vint le jour suivant et le second pas de mon long voyage. Le téléphone retentit de nouveau non pas pour m'annoncer la mort du père Eddie, mais pour me dire que ses poumons étaient dégagés et son cœur satisfaisant. Il devait néanmoins rester dans cet hôpital de Winslow en Arizona. (Comme vous le savez, il a passé les mois d'hiver là-bas dans notre maison parce que le climat canadien était si rude que son cœur ne pouvait le supporter.)

Je suis donc allée en Arizona. C'est-à-dire que je me suis rendue d'abord à Toronto et que de là je pris une succession de voitures, d'avions et de trains... tout à fait simple et agréable! C'était la seconde étape de mon voyage, le voyage intérieur que je faisais conjointement à l'autre. Et c'était encore autre chose. Je me demandais si j'étais effrayée par l'obscurité qui m'environnait car, lorsqu'on marche dans la foi, on marche dans une obscurité totale, l'obscurité d'un mystère insondable. Je me demandais si j'avais peur. De nouveau, je devais répondre que non, même sachant que si par un vrai miracle, le père Eddie était toujours en vie, ce n'était peut-être qu'un intermède... Et je me hâtais pour être présente à son chevet au cas où...

Non, l'obscurité ne me faisait pas peur. Bien qu'elle soit un mystère, sombre à mes yeux, ce n'était pas vraiment une obscurité dans ma foi. Elle était lumière, car la foi est un don de Dieu et rien n'est obscur de ce qui provient de ses mains. C'est toujours de la lumière, même si à ce moment, je ne pouvais pas la « voir » (de la même façon qu'on peut lever les yeux et voir la lune). Pas du tout. Mais je voyais l'effet de cette lumière, c'est-à-dire une paix infinie, comme si je reposais dans les bras du Christ tout en écoutant battre le cœur de Dieu. Si bien qu'à travers ce qui était obscurité, je voyais la lumière. Telle était la seconde étape de mon voyage.

Puis vint la troisième. Je fus accueillie par notre équipe de Winslow qui me conduisit aux soins intensifs de l'hôpital. Quand j'entrai dans la chambre du père Eddie, il était réveillé. Après nous être regardés, nos mains se sont touchées et je lui demandai comment il se sentait. Il me répondit: « Je suis très paisible et content. Tout va bien. » Puis il s'endormit et je restais quelque temps à son chevet. Là, dans une chambre d'hôpital, je me trouvai une fois de plus face à la mort. Je savais qu'elle était une amie qui, un jour, me prendrait moi aussi par la main pour me conduire dans le cœur du Père.

Comme je le dis souvent, nous venons de la « tête » du Père pour retourner dans son « cœur »; et tout cela s'accomplissait dans cette chambre d'hôpital. Il y avait Jésus-Christ, Chemin qui mène au cœur du Père (car il a dit: « Je suis le Chemin »). Il y avait le Saint-Esprit qui est là pour nous rappeler tout ce que Dieu a dit afin que nous puissions marcher d'un pas assuré sur ce Chemin (qui est

Jésus). Oui, au cœur de la nuit, dans le service de soins intensifs, la mort m'a amenée à la Trinité et, aussi étonnant que ce soit, mon cœur bondit de joie. La troisième étape de mon long voyage était achevée.

Je restai en Arizona une semaine environ et allai voir père Eddie chaque jour. Notre amour de ces nombreuses années connut un complet épanouissement. Notre étrange « arbre » du mariage donna ce « fruit » merveilleux: un amour profond et paisible qui vivait dans le cœur du Seigneur. Je me souvenais que presque vingt et un ans plus tôt, nous avions tous deux fait le vœu de chasteté et qu'en 1969 il avait été ordonné prêtre avec l'autorisation du Saint-Siège. Et nous étions en 1975.

Mon voyage dans la foi m'avait ouvert une perspective renouvelée de la vie, si pleine des grâces divines, que dans cette humble chambre d'hôpital, je cueillais le fruit de notre vie commune. N'est-ce pas étonnant que la mort puisse vous faire apprécier la vie, vous gonflant le cœur de reconnaissance pour Dieu! Le mien en débordait.

Puis il fallut revenir au Canada, le père Eddie disant aussi qu'il était vraiment temps que nous nous occupions des affaires du Père. Pour moi, c'était mon travail à Madonna House, pour lui, son « apostolat » était de rester dans ce lit de malade. Je retournais donc à Combermere. Mon autre long voyage, ce long, long voyage dans la foi qu'il me semblait avoir fait parallèlement à celui que j'avais entrepris géographiquement, ne me ramenait pourtant pas au même point. J'avais bien fait demi-tour, mais pas exactement de la même façon. Tout au contraire! J'étais en train d'avancer – et d'avancer dans les « bras de la foi » –, j'étais entourée, tenue si étroitement, si chaleureusement, si merveilleusement dans une telle paix!

Mais le terrain avait changé. La « main de la foi » me conduisait maintenant jusqu'à une belle montagne, sur un sentier qui montait en lacets. Je me hâtais d'y grimper. J'attendais toujours la Volonté de Dieu, je me tenais toujours immobile et en silence, tout en tenant « la main de la foi » (car la foi est aussi dans l'immobilité et le silence). Mais, en quelque sorte, je me précipitais à l'assaut de cette montagne. De retour à Combermere, ma vie intérieure s'installa sur deux niveaux : l'attente du téléphone d'Arizona sur l'état du père Eddie, et l'ascension de cette étrange montagne si manifeste à mes yeux mais totalement invisible pour les autres.

Un jour, j'entendis que le père Eddie revenait à Combermere. Il avait pris un avion spécial et arriva finalement en ambulance. Il est là aujourd'hui ; il va mieux, ne souffre pas, s'assied, est en voie de guérison. Je pense avoir atteint quelque hauteur sur ma montagne. Du sommet le Seigneur m'a montré certaines choses. Il m'a montré la mort qui, je le savais, est une « enfant souriante » qui attend de m'emporter au Christ-Enfant. Je savais qu'elle est belle parce qu'elle n'est pas vraiment la mort, mais la vie – une vie renouvelée, en explosion, la vie vécue dans le cœur de la Trinité !

Je vous ai fait part de mon long, long voyage. Si l'un de vous a peur de la mort, n'en soyez plus effrayés. Entrez dans la foi, et si elle vous semble trop faible, suppliez le Seigneur de l'augmenter. Alors vous verrez aussi la mort pour ce qu'elle est réellement : une conquête du Christ le jour de sa résurrection – une conquête heureuse de l'être ! *

Affectueusement vôtre en Marie,

Catherine

LA PERSÉVÉRANCE

Le 5 novembre 1975

Mes bien-aimés,

Dernièrement, j'ai beaucoup réfléchi à la persévérance dont le dictionnaire donne une courte explication. Du verbe persévérer, il dit : « Être inébranlable, soutenir un effort, persister à suivre une voie en vue d'un but précis, surtout s'il est spirituel. » Cette phrase concise n'est pas satisfaisante mais donne quelque peu l'essence du mot.

---

* Le père Eddie mourut le 4 mai 1975, six semaines après cette lettre.

C'est en priant que ce mot prit dans mon cœur un sens beaucoup plus profond. La persévérance est l'épanouissement de l'amour de Dieu. En grandissant de plus en plus, elle descend sur une âme comme une cascade de fleurs, comme les bougainvilliers sous les Tropiques. À mesure que le temps passe, l'arbre avec ses fleurs se développe à un tel point qu'il sert d'ombrage pour lui-même et pour beaucoup d'autres. Et son parfum attire des milliers de gens. Cet arbre, c'est la persévérance qui pousse dans le cœur humain.

Lorsque vous avez pris un engagement envers Dieu pour la vie, vous commencez à percevoir ces mots du poète qui sont aussi vrais pour vous : « Seigneur, je jette ma vie à vos pieds et je chante, je chante de vous apporter une si petite chose. » Réfléchissez un instant. Gardez votre cœur calme et ouvert. Maintenant, vous pouvez commencer à écouter. *Commencez par vous écouter vous-mêmes* et, lentement, vous découvrirez qu'en persévérant, vous existez et pensez sur deux niveaux.

Le premier est constitué par vos réflexions normales. Votre intelligence peut faire naître toutes sortes de pensées dans votre esprit (qu'elles soient profanes ou spirituelles, suivant le cas) ; c'est dans votre esprit que ces pensées se déroulent une à une avec une certaine logique. C'est dans votre esprit que se pose la question de savoir si vous permettez à cet arbre de pousser très haut et à ses fleurs embaumées de tomber sur terre pour y communiquer leur merveilleux parfum.

Je parle en connaissance de cause. Dix-sept fois mon esprit m'a dit d'abandonner cette vocation (qui, en fait, était le but de ma vie) ! Je voyais mille raisons de quitter l'Apostolat, le mandat que Dieu m'avait donné, que je désirais hier, mais qu'aujourd'hui, je trouvais repoussant. Oui, mon esprit fit cela dix-sept fois et a failli gagner !

Le second niveau de pensée est plus profond et plus intuitif. Cette « pensée du cœur » est une faculté mystérieuse, toute différente de la « pensée de la tête ». Quand nous nous mettons réellement à écouter « les pensées de notre cœur » nous devons apprendre à faire taire les pensées de notre tête. Pour employer ma phrase bien connue, nous « devons replier les ailes de notre intelligence » *. Je sais que vous êtes fatigués de m'entendre répéter cela, mais c'est la condition nécessaire pour apprendre à penser avec le cœur. Il n'est pas facile de replier les ailes de l'intellect! Il faut du temps car elles sont grandes et puissantes. Elles refusent de se replier. Elles résistent. *Seule la prière peut en avoir raison.*

Mais, cela fait, les portes de notre cœur seront ouvertes, nous pourrons alors entrer et nous mettre à penser sur un autre niveau et il se passera une chose très étrange, parce que nous ne « pensons » plus vraiment comme nous le faisons habituellement avec notre tête. C'est plus une sorte « d'écoute »... De quoi? Nous écoutons les pas du Seigneur. Lorsque les portes de notre cœur seront ouvertes, Il pourra entrer souper avec nous. Il nous partagera le pain et alors nous le reconnaîtrons comme l'avaient fait les disciples d'Emmaüs. Mais il ne disparaîtra pas; il restera avec nous.

Lui, et Lui seul, nous donnera la clef du mystère de ce don singulier et merveilleux de la persévérance qui nous deviendra évident après ce genre d'expérience. Nous comprendrons que c'est une vertu de plus que nous devons demander dans la prière. Cette prière doit être constante et continuelle parce que sa couronne de belles fleurs ne sera déposée sur notre tête que lorsque nous serons dans notre cercueil.

Mais quelle belle couronne ce sera!... Alléluia! Alléluia!

Affectueusement vôtre en Marie,

Catherine

---

* La lettre du 8 avril 1965 en donne la signification.

SOYONS DE BONS INTENDANTS

Le 3 février 1976

Mes bien-aimés,

Jésus a dit et redit combien il est important d'être de bons intendants. Sa parabole des talents, en Matthieu 25, 14-30, en est un exemple frappant. Si nous étudions l'Évangile attentivement, nous en viendrons nous-mêmes à comprendre l'immensité et l'actualité de ce mot « intendance ».

Prenons le baptême, par exemple. Quand nous sommes baptisés « dans la mort et la vie de Jésus Christ », nous recevons une tâche immense puisque nous sommes chargés des clefs du Royaume. Nous avons la responsabilité d'ouvrir ses portes et d'apprendre à le connaître. Parce que nous en sommes les intendants, nous devons chercher à en pénétrer les moindres recoins. Nous n'y sommes pas entrés que pour nous-mêmes, mais pour le monde entier!

En Marc 16, 16, Jésus a dit: « Partez dans le monde entier et proclamez la Bonne Nouvelle à toute la création. » C'est ici que commence l'intendance du baptisé parce qu'il est membre du Royaume de Dieu et membre de son corps, donc intendant de la parole!

Il y a aussi l'intendance du cœur – mon cœur. Je dois utiliser tous les talents que Dieu m'a donnés pour pénétrer plus avant dans sa loi. En Matthieu 22, 37, quand on Lui demanda quel est le plus grand commandement, Jésus répondit: « Vous devez aimer le Seigneur votre Dieu de tout votre cœur, de toute votre âme, de tout votre esprit. » Tel est le premier et le plus grand commandement et le second lui étant semblable, Jésus ajouta: « Vous devez aimer votre prochain comme vous-mêmes. » Quelle terrible responsabilité! Lorsque je deviens l'intendant de mon cœur pour grandir dans la loi d'amour de Dieu, *je deviens de plus en plus semblable à Lui.* Je deviens une icône de Jésus. Par ma présence dans le monde, par mon exemple devant les autres, j'ouvre la porte du Royaume à de nombreuses âmes.

Ce concept d'intendance émerge lentement de son immensité dynamique et cosmique pour entrer dans le fastidieux quotidien de ma vie. Je suis responsable de tant de choses ! La pollution de la terre commence avec moi. Est-ce que j'utilise les vaporisateurs qui changent l'atmosphère ? Est-ce que je nourris comme il convient les personnes dont j'ai la charge ? Il est si facile d'utiliser des produits chimiques dans la préparation des aliments. Face à ces défis qui se présentent tous les jours, mon travail d'intendante peut se fragmenter et ne se réduire qu'à de menus problèmes. Si je ne suis pas vigilante, le sens de ma responsabilité d'intendante peut disparaître.

Si je n'écoute pas, ne lis pas, ne m'informe pas, je peux nourrir mes frères et mes sœurs de façon à les rendre malades et j'entendrais Jésus disant dans Matthieu 25, 29 : « Reprenez-lui ce talent et donnez-le à celui qui en a cinq. Car à qui possède, on donnera plus et il aura plus qu'assez. Mais à celui qui n'a pas, on lui retirera le peu qu'il a. »

L'intendance va encore plus loin. Je suis responsable de tout ce que j'utilise : les ustensiles de cuisine, les livres de la bibliothèque, les classeurs du bureau, les lits du dortoir. Tout doit être en ordre parfait, aussi vieux et usé que ce soit. Tout doit être réparé. Je suis l'intendante... Je dois surveiller tout cela et en être profondément consciente, *ce qui demande une grande discipline intérieure.* C'est pourquoi je ne cesse de parler de l'ordre. L'ordre extérieur est le signe de l'ordre intérieur.

Lorsque dans les premiers temps de Madonna House les jeunes demandaient plus de responsabilités pour tenir la maison, je leur disais : « Lorsqu'en hiver, vous rangerez comme il faut vos bottes à la cave, oui, vous aurez davantage de responsabilités. » Peu après quelqu'un trébucha sur les bottes mal rangées et faillit se casser la jambe. Alors je demandai au groupe s'il était toujours prêt à prendre ses responsabilités... Tout le monde comprit !

Lorsque j'étais à Friendship House, à Harlem, il arriva qu'un jour, en mon absence, Care Boothe Luce, l'éditeur du magazine *Life,* vint nous voir avec l'intention de nous offrir, de sa bourse, un chèque de vingt-cinq mille dollars. On lui fit visiter les lieux et elle constata beaucoup de désordre. Elle dit alors à la responsable : « Si vous ne rangez pas proprement vos provisions, comment pourrez-vous mettre de l'ordre dans la justice raciale ? » Elle repartit sans laisser un sou. Et elle eut bien raison ! Celle qui, à cette époque, était responsable n'était pas une bonne intendante.

Si la cuisine est sale, si le vestiaire est en désordre, si n'importe quoi traîne partout, c'est que nous ne sommes pas de bons intendants, car nous devrions avoir l'œil sur *tout.* Nous devrions être soucieux de tous les détails, comme un pharmacien qui dispense des médicaments avec la plus grande attention pour ne pas empoisonner quelqu'un accidentellement.

Il y a aussi l'intendance de notre corps. Dieu nous a créés pour être des icônes du Christ. Nous pouvons en ternir l'image par notre air ou notre tenue négligée, en ne mangeant pas proprement, en manquant de discipline. Dans ce dernier cas, nous gérons très mal le premier et plus important don de Dieu : notre propre incarnation. Le soin que nous prenons de notre corps et la façon dont nous nous comportons sont d'une grande importance. Réfléchissez-y.

Nous devons aussi être de bons intendants de notre cœur et veiller à donner aux autres un exemple chrétien ; d'où l'attention que nous devons porter à nos paroles, nos pensées, nos émotions. Cette forme de discipline de soi-même qui commence dans le cœur, s'étend à toutes les sphères de notre vie consciente et inconsciente.

En apprenant à « surveiller notre cœur » comme il convient, nous devenons les intendants de nos frères et sœurs, de notre « prochain » (celui qui est à côté de nous, quel qu'il soit). Supposez que l'un des membres de notre famille me parle pendant que mon esprit est ailleurs... Si je ne réagis pas pour fixer mon attention sur la personne qui se tient en face de moi, on se rendra vite compte, à mon visage et à mes yeux, que je n'écoute pas. Je suis une intendante défaillante et le Seigneur m'en demandera compte ! Supposez que je répète quelque bavardage, une remarque qui fait tort à quelqu'un. C'est un lien profondément spirituel qui se brise, parce que je n'ai pas exercé la maîtrise de ma langue (c'est une chose pour laquelle nous devons constamment prier).

J'ai commencé cette lettre en parlant du baptême qui nous fait mourir et ressusciter avec le Christ et j'ai tenté de vous expliquer à quel point la charge de l'intendant est une fonction dynamique. J'ai essayé de vous montrer à quelle hauteur elle pouvait s'élever, sur quelle simplicité elle s'appuyait pour retourner ensuite dans les hauteurs. Comprenez-vous ce que je veux dire ? Le sens de la responsabilité que nous confère cette fonction d'intendant est d'une importance extrême parce que si nous en sommes dépourvus, c'est facilement la ruine des relations familiales ou d'un Apostolat tout entier… *surtout si notre intendance spirituelle est en faute.* Nous devons devenir semblables à ces intendants qui dépensent avec sagesse l'argent de leur maître. « L'argent » qui nous est confié s'appelle amour, compréhension, générosité. *Surtout la générosité*! Pour nous les offrir, Dieu a puisé ses dons dans l'immense réserve de ses trésors. Ne les dépensons pas follement, mais avec sagesse.

Ne soyons pas comme le plastique, soi-disant transparent, que l'hiver nous mettons sur nos fenêtres pour nous protéger du vent, mais qui aussi ne renvoie qu'une image déformée et trouble. Oui, l'intendance est faite de petites choses (comme la vaisselle bien faite). C'est pourtant une tâche immense comparable à celle du cœur humain qui s'unit au cœur du Créateur pour devenir l'icône de « l'Intendant » de l'Univers.

Affectueusement vôtre en Marie,

Catherine

CÉLÉBRER

Le 5 mars 1976

Mes bien-aimés,

Mes lettres ne vous ont peut-être pas assez parlé de la célébration ; c'est pourquoi je dédie celle-ci à l'un des membres de Madonna House qui m'a priée de le faire.

On doit vraiment aborder ce sujet avec prudence, car « célébration » ne signifie pas grande festivité de Nouvel An avec serpentins, boissons et beaucoup de bruit, pour bien s'assurer que l'on est en train de faire la fête... ce qui n'entre pas facilement dans le contexte d'une célébration religieuse. Oui, nous devons étudier à fond ce mot célébration car il contient bien plus que nous ne lui attribuons.

Une célébration est un chant de louange qui vient d'un cœur humain et va à celui de Dieu. C'est un chant, une danse, une lumière qui surgit d'un cœur humain prêt à s'abandonner totalement à la Volonté de Dieu, un cœur qui s'est mis à considérer chaque nouvel abandon comme l'occasion d'une plus grande célébration (même si cet abandon est source de souffrance, de chagrin, de maladie, d'une perte, aussi bien que de joie et de bonheur).

Une célébration est joyeuse mais c'est une sorte de joie qui vous arrive en passant par les seuils de la souffrance de Dieu pour entrer dans la joie de son cœur. En fait, célébrer revient à apporter cette joie dans toutes les étapes de notre vie. Et lorsque cette nouvelle dimension de la célébration se révèle à nos yeux, la vie change complètement. La célébration peut être une autre façon d'aider et de servir nos frères dans le Seigneur. En célébrant tous les événements dont la Volonté du Seigneur veut nous gratifier, nous donnons courage et bénédiction à tous ceux que nous rencontrons.

Une célébration est un retour à l'enfance (non la régression des maladies psychiatriques... rien à voir avec cela) ; c'est simplement la faculté de s'émerveiller à nouveau. J'ai souvent surveillé nos jeunes membres ou nos visiteurs allant de la salle à manger au dortoir, au magasin ou au bureau... Ils ne font jamais attention au mélange de couleurs magnifiques sur le talus couvert de framboises, en été! Pas plus qu'ils ne remarquent les douces et tendres aiguilles du tamarinier, près de la statue de la Vierge Marie. Cet arbre que nous avions planté, Eddie et moi, contraste fortement avec les pins qui, au-delà, abritent la cabane Saint-Martin-de-Porrès.

Quelques-uns s'exclament devant la beauté des rosiers quand ils arrivent au bureau Sainte-Marthe, mais rares sont ceux qui remarquent les pissenlits jaunes à côté des petites violettes qui bordent la route qu'ils doivent traverser pour se rendre à destination. Il faut les yeux d'un enfant pour voir tout cela ou les yeux d'un adulte-enfant pour s'émerveiller de cette vue et entendre, au fond de son cœur, la musique de cette célébration. Il faut un œil « innocent » pour saisir l'éclat du soleil sur les ondes du fleuve, pour remarquer les violettes dans leur coussin d'herbes, pour voir la beauté du tamarinier… pour se regarder soi-même, et réaliser que son âme fait partie de toute la création… *Parce que toute chose est une célébration inattendue de Dieu.*

Toutes les « voix » des divers instruments de musique du monde chantent à l'unisson avec notre cœur. Ils chantent le testament de l'amour que Dieu nous a donné à travers toute la création. C'est un testament à lire et à entendre chaque jour (à condition que nous apprenions à le faire) ; mais il est préférable de l'apprendre à genoux ou « sur la pointe des pieds ».

La célébration, c'est la danse de la foi que l'homme danse tout au long de sa vie, de sa naissance à sa mort. C'est une danse magnifique dont le jeu des notes ne cesse de changer, tantôt simple, tantôt compliqué. C'est l'expression de l'espérance de l'homme qui marche dans l'obscurité quand il semble que rien ne nourrit cette espérance, si ce n'est la danse de sa foi. La célébration, c'est l'amour qui apporte sur terre le chant de louange et le battement des pieds qui dansent. C'est une lumière que déverse l'espérance dans une obscurité totale.

Il est donc impératif que nous apprenions à ouvrir notre cœur aux nouvelles dimensions de la célébration. Nous la voyons habituellement comme un chant, une danse, une lumière ; nous avons plusieurs façons de nous la représenter. Cependant, comme dans toute profondeur spirituelle, nous ne devons pas nous arrêter devant l'un de ses paysages, qu'il soit dans l'ombre ou éclairé par le soleil, et rester en extase devant cette vue. Il faut continuer et toujours monter sur la montagne du Seigneur. En chemin, la « vie de l'esprit » embrassera à chaque pas de plus vastes horizons en acquérant de nouvelles dimensions que nous n'avions jamais soupçonnées. Ce pèlerinage sur la sainte montagne du Seigneur représente notre vraie vie spirituelle : l'escalade des sommets d'une montagne inaccessible, comme l'a fait Moïse au Sinaï, pour y rencontrer Dieu face à face, en toute vérité.

Oui, le cœur de ceux qui ont le sens de la célébration sera capable de célébrer la Volonté de Dieu dans *chaque* événement de la vie. Par exemple, cela nous est arrivé de nous trouver au chevet de malades dont les claires notes d'un chant joyeux louaient Dieu. Ce sont parfois ces gens-là qui chantent des *glorias* et des *alléluias*, au cœur d'une maladie mortelle. Ils ne peuvent plus marcher, mais ils semblent avoir des pieds qui dansent! Ils rayonnent d'une lumière qui vient « du cierge de l'espérance » qui brûle dans leur cœur.

Ceux qui visitent ces malades ou ces mourants sont comme ces femmes qui, en Orient, transportent des cruches d'eau vides sur la tête lorsqu'elles se rendent au puits. Elles repartent les cruches remplies. De même ces visiteurs entrent dans la chambre du malade avec un sentiment de vide, de désespoir et de chagrin et ils en repartent le cœur inondé de joie et d'espérance même s'ils ne comptent plus sur la guérison physique du malade. Celui qui a toujours le cœur joyeux, qui célèbre en tout la Volonté de Dieu, est semblable à un chœur d'anges qui chante *Gloria in excelsis.* « Venez à l'étable. Venez témoigner la naissance de l'Espérance dans une chair humaine. » C'est l'appel d'un clairon lancé à tous ceux qui cherchent et ne trouvent pas.

Il y a les grandes célébrations de l'année liturgique: Noël, Pâques, Pentecôte. La liturgie emplit le cœur de musique tandis que se présente à l'esprit le souvenir des hauts faits du Dieu Trine, Père, Fils et Saint-Esprit. *La liturgie est un grand cri de célébration* tellement incroyable, ineffable, puissant! Et malgré cela lorsque vous voulez le traduire par des mots, il vous passe entre les doigts comme de l'or ou de l'argent en fusion. Le métal incandescent ne vous brûle pas, mais vous recrée et il apporte la musique et la danse dans votre vie. Quel qu'il soit, celui qui participe pleinement et activement à la liturgie n'aura jamais une vie triste. La vie va de célébration en célébration au rythme d'une musique à laquelle le ciel et la terre unissent leurs voix.

Pour les êtres humains, la célébration doit toujours marquer les grandes fêtes de la vie qui, pour l'âme chrétienne, sont la naissance, le baptême, la communion, la confirmation, le mariage, l'entrée dans la vie religieuse ou sacerdotale, l'engagement au célibat… Ces grands événements sont des poteaux indicateurs de la vie ; ils exigent une célébration. Nos prières commémorent les saints, hommes et femmes, qui ont foulé la terre avant nous. Nous nous souvenons de leur vie et de tout ce qu'ils ont fait de leur naissance à leur mort.

La mort aussi est prétexte à célébration… Célébrons-la avec des tambourins, des tambours, des cloches et des instruments à corde, car la mort est, de toutes les célébrations, la plus digne qui soit. Tous les autres événements de la vie y conduisent ; maintenant les portes du Royaume sont grandes ouvertes. L'âme est sur le seuil, entourée des anges, des archanges, des saints et de tous ceux que l'âme a, tout au long de leur vie, aidés et secourus. Elle entend une musique que seul un petit nombre entend, mais qu'un jour tous finiront par entendre. La mort est donc bien un temps de célébration.

Oui, tous les grands événements de la vie sont célébrés avec Celui qui a compté chacun des jours de notre existence… Et c'est en Lui que nous célébrons. Ceux qui tombent amoureux de Dieu ont le cœur en fête et ils marchent au son d'une musique qui est à la fois terrestre et céleste. Dieu remplit toujours leurs mains pour les aider à célébrer avec toute l'humanité.

Ils célèbrent la maladie comme la santé, la souffrance comme la joie, car tous les événements de la vie sont dans leurs mains comme les cordes d'une harpe. À tous propos, ils composent un chant pour le Seigneur. Parce qu'il est si profond et beau il résonne toujours de la même façon : *Alléluia ! Alléluia ! Alléluia !*

En définitive la célébration n'est autre que l'amour, éclatant comme une fleur de pommier qui embaume le monde alentour. Alors, venez. Et la main dans la main gravissons ensemble la montagne du Seigneur pour mieux comprendre ce qu'est la célébration. Mettons-nous à célébrer avec ardeur !

Affectueusement vôtre en Marie,

Catherine

D'UN AMOUR ÉTERNEL

Le 13 mars 1976

Mes bien-aimés,

« Je vous ai aimés d'un amour éternel... » Ces mots ne cessaient de chanter dans mon cœur... Il me semblait impossible de les arrêter. Alors, comme je fais habituellement, je me mis à les « écouter avec mon cœur » et ce fut soudain comme si le chant cessait d'exister. À la place, je vis devant moi l'Évangile ouvert à cette phrase : « Il n'y a pas de plus grand amour que de donner sa vie pour ses amis » (Jn 15, 13).

Puisque nous sommes en carême, j'ai soudain très clairement vu le Golgotha et le Christ crucifié mais la croix et sa souffrance avaient changé. Elles étaient la porte de la résurrection. Et de nouveau, un autre chant m'arrivait comme de loin. Je pouvais à peine l'entendre et il semblait n'être composé que d'alléluias ; alors je réalisais que c'était l'amour... un amour que ne pouvait saisir aucun *esprit* humain, mais qu'un *cœur* humain pouvait cerner. Me suis-je assise devant cette vision intérieure ? Me suis-je agenouillée ? Suis-je restée debout ? Je ne puis vous le dire parce que je ne m'en souviens pas.

Je voyais cet incroyable amour de Jésus Christ qui, à Madonna House, nous enveloppait tous, qui que nous soyons. Il n'était pas question d'éducation, de savoir, ni d'aucune sorte de supériorité ou d'infériorité. Ce n'était que l'immense, le fantastique et incompréhensible amour d'un Dieu crucifié qui, par cette crucifixion, nous menait à la résurrection, jusque dans le cœur du Père pour y chanter des milliers d'alléluias parce qu'il vous aime, vous et moi. C'est cela que j'ai compris et je veux que vous le compreniez aussi.

Comme il est merveilleux de se réveiller, le matin, avec cette première pensée : « Dieu m'aime ! » Comme il est salutaire de laisser cette merveilleuse pensée imprégner nos pores spirituels comme une éponge absorbe l'eau ! Oui, Dieu m'aime. Nous sommes des pécheurs « sauvés ». Oh, nous savons bien que nous continuerons probablement à pécher d'une façon ou d'une autre. Mais reste cette pensée magnifique que, pécheur ou saint, je suis aimé de Dieu.

Dans nos diverses maisons, il y a des douches, des baignoires, des bassines et du savon pour nous laver. Mais nous oublions en nous réveillant le matin, nous oublions que tout l'océan de la miséricorde divine, chaud et agréable, nous attend pour qu'en y plongeant, nous commencions tout propres ce nouveau jour. La miséricorde de Dieu est si grande qu'elle efface toute sorte de tâches. Ce qui n'empêche qu'à certains moments nous devrons nous confesser (ce qui est une autre façon de nous baigner dans cet océan de miséricorde). Mais, chaque matin, nous devrions nous réveiller nous souvenant que Dieu est parmi nous et qu'Il nous aime… qu'Il nous a aimés au point de mourir pour nous.

Nous connaîtrons des jours qui seront sombres ou heureux, sereins ou non, mais la plupart devraient être paisibles parce que nous nous rappelons que *Dieu nous aime.* Et savez-vous comment agit son amour ? Il nous lie les uns aux autres d'une merveilleuse façon. Il aime les enfants et Il veut que nous leur ressemblions. Son désir est, je crois, que nous nous tenions par la main pour danser de temps en temps dans la journée, au moins dans notre cœur, pour que la joie de son cœur puisse pénétrer dans le nôtre.

Il est tellement ouvert ! Quoi de plus ouvert qu'un homme nu, percé de clous, suspendu en haut d'une croix ? Nu, Il sortit du sein de sa mère ; nu, Il mourut. Vous arrive-t-il de penser à cela ? La nudité est révélation. Dans ce cas, elle est révélation d'amour. Et Il nous a montré ce qu'est la pauvreté comme personne d'autre ne pouvait le faire. En le regardant, nous voyons cette pauvreté merveilleusement fondue dans l'amour. Et bien que nous ne le comprenions pas, ce mélange nous montre le beau visage de l'espérance. Il nous montre l'amour, la pauvreté et l'espérance qui devraient inonder nos journées. La peur ne peut y avoir aucune place car le parfait amour bannit toute crainte… la chasse loin, très loin !

Mes bien-aimés, il est temps que vous compreniez à quel point Dieu vous aime. Et puisqu'il vous aime, *c'est que vous êtes aimables.* Peu importe ce que vous pensez de vous-mêmes. Les émotions ont peu d'importance quand vous êtes aimés de Dieu si profondément, si totalement !

Une fois que nous avons compris cela, nous sentons ses doigts couverts d'argile et de salive qui touchent les yeux de notre cœur, nous révélant que nous sommes capables de nous aimer mutuellement... réellement, profondément, magnifiquement. Que nous pouvons accepter dans la paix toutes les petites difficultés qui surviennent entre nous (elles sont inévitables en famille !), car rien n'a beaucoup d'importance du moment que nous nous aimons les uns les autres.

Je pense que nous devrions consacrer ce carême à la prière pour qu'au plus profond de notre cœur se grave le fait que *nous sommes aimés de Dieu*! De là, nous obtiendrons cette grâce immense – ce charisme si vous voulez – de nous aimer mutuellement comme l'Évangile nous demande de le faire. Pourquoi ne pas commencer tout de suite ? Pourquoi ne pas nous débarrasser de toute inhibition, colère envers nous-mêmes et les autres, sentiment de solitude, etc. ? Rejetons tout cela et laissons se dilater notre âme et notre cœur fatigués.

Tenons-nous par la main. Soyons comme des enfants. Aimons-nous les uns les autres. Tout au long du carême, chantons l'alléluia* dans notre cœur.

Affectueusement vôtre en Marie,

Catherine

---

* L'Église catholique ne chante pas l'Alléluia pendant les offices de carême. Mais il reste vivant, prêt à éclater en louange, à Pâques.

L'ÉCHEC

Le 13 mars 1976

Mes bien-aimés,

Combien de fois ne nous sommes-nous pas regardés avec un sentiment d'échec total ? En vieillissant, nous avons l'impression qu'il n'y a rien de valable à retenir dans notre vie… que sur toute la ligne, c'est une faillite. C'est le moment d'aller au Golgotha et de regarder Jésus sur la croix. Il n'y a pas de plus grand échec que Jésus-Christ. Il est en fait le « parfait » échec.

On a publié une carte de Noël intitulée « Une vie solitaire » dont le message nous rappelle le grand échec, qu'à vue humaine, semble être la vie de Jésus-Christ. Né de parents pauvres, dans un village obscur, Il grandit dans un bourg non moins obscur. Travailleur manuel, Il resta dans un atelier de charpentier jusqu'à l'âge de trente ans. Puis, pendant trois ans, Il fut un prêcheur itinérant bien que ne s'éloignant jamais du lieu de sa naissance de plus de trois cents kilomètres. Il ne se recommandait de personne, si ce n'est de lui-même. Alors qu'Il avait trente-trois ans, l'opinion publique se retourna contre Lui. Ses amis l'abandonnèrent et Il fut livré entre les mains de ses ennemis qui se moquèrent de Lui, le flagellèrent et le crucifièrent entre deux voleurs. Pendant qu'Il mourait ses bourreaux tirèrent au sort son vêtement, le seul bien qu'Il possédait. Une fois mort, on le coucha dans un tombeau offert par un ami. Pourtant, dix-neuf siècles après, Il est « le point central » de la race humaine, à la tête de la marche de l'humanité. À elle seule cette vie solitaire a plus profondément modifié la vie de l'homme sur cette terre que toutes les armées qui aient jamais combattu, tous les navires qui aient pris la mer, tous les parlements qui aient siégé, et tous les rois qui aient régné !

Avec la tête, l'esprit, le cœur, examinons ce mot *échec* parce que c'est l'un des plus destructeurs de notre vocabulaire. Il ne mène que chez les docteurs et les psychiatres. Fuyons ce mot qui dessèche l'âme, et comprenons qu'entre ces lettres se cachent des actions d'une valeur et d'une sainteté fantastiques, et des profondeurs d'amour que les cœurs humains ne peuvent sonder ni les oreilles humaines entendre. Alors, demandons-nous ce qu'est vraiment l'échec ?

Que signifie ce mot déconcertant qui inquiète tout le monde à Madonna House ? Ce mot qui équivaut à « perdre la face » comme diraient les Chinois. Qu'est-ce que ce mot qui prétend que nous ne valons pas grand-chose, que nous ne sommes pas à la hauteur de cette étrange manière de mesurer que le démon a fixé pour nous sur ce continent… celui de la production * !

Mes bien-aimés, *à moins de le vouloir,* aucun de nous n'est un échec. Ce que dans la vie courante on appelle un échec est, en fait, un pas vers le succès. Vous ne pouvez réussir en quoi que ce soit sans échouer plusieurs fois. Ce n'est pas possible autrement. Il faut beaucoup d'argile pour réussir un pot, beaucoup de fil pour réussir une belle broderie. Échec et temps ne vont pas l'un sans l'autre ; ensemble, ils produisent beauté et joie **.

Je connaissais une Noire de Harlem qui était totalement paralysée, et qui pourtant a aidé plus de gens que ne le faisait Friendship House, et plus profondément encore. J'ai connu Gertsky, une petite Polonaise qui, la plupart du temps, souffrait terriblement du cœur et qui finit par mourir très saintement. Elle serait passée pour un échec aux yeux du monde. Mais ce n'était certainement pas le cas ; tout au contraire, selon la façon de voir de Dieu !

Je pourrais continuer indéfiniment, mais ce que je veux dire c'est ceci : N'ayez pas peur d'être un échec, car *un échec n'est que le premier pas vers le succès.* Il est douloureux ; mais sans douleur, on ne vit pas dans l'amour. Alors, passez par la souffrance du Christ et entrez dans la joie de son cœur. Ce faisant, vous échouerez bien des fois.

---

* Voir la lettre du 20 août 1965.

** Le père Eddie a écrit son histoire. Des cardinaux, des évêques, des prêtres, des religieuses (même des politiciens) venaient s'entretenir avec elle, bien qu'elle ait à peine terminé son école primaire.

Vous tomberez la face contre terre, comme Lui sur le chemin de la croix… Alléluia.

Affectueusement vôtre en Marie,

Catherine

LA DOUCEUR ENVERS SOI-MÊME

Le 21 avril 1976

Mes bien-aimés,

Pendant qu'en ce samedi saint j'étais dans la *poustinia*, une parole inattendue m'est venue à l'esprit et puisque ces paroles reçues dans la *poustinia* sont parfois destinées à tout le monde, je vous apporte celle-ci. Cette parole était *douceur*.

J'y ai beaucoup réfléchi et prié tout en triant les bijoux que l'on nous avait donnés, pour en assortir la couleur et la taille. J'ai pensé qu'il était, avant tout, question de *la douceur envers soi-même*. Le Christ nous dit d'aimer notre prochain comme nous-mêmes ; le premier prochain n'est-il pas nous-mêmes ? C'est la première personne que nous devons aimer si notre objectif est d'aimer les autres.

Comme il est important d'être doux avec soi-même ! Et si souvent nous faisons le contraire, nous fâchant contre nous-mêmes et même contre Dieu ! Je pense à la façon dont nous nous flagellons mentalement, nous attardant sur nos péchés et en nous jugeant horribles. Ou encore nous regrettons, à en être épuisés, les « mauvaises décisions » que nous avons prises, à moins que ce ne soit nos « indécisions », spécialement en ce qui concerne le péché.

Nous oublions que la miséricorde de Dieu fait partie de sa douceur. Nous oublions que si seulement nous nous tournons vers Lui après avoir péché, en disant « Je regrette », le péché est complètement effacé. Il ne s'en souvient pas, parce qu'*il ne veut pas s'en sou-*

venir. Il couvre tout de sa miséricorde. Lorsque nous nous demandons si une inspiration vient du Saint-Esprit, si c'est une chose que Dieu nous demande de faire, il faut en parler avec un prêtre. Alors nous pouvons être doux envers nous-mêmes, puisque la douceur vient de la foi et de la confiance. Dieu veut nous montrer que nous n'avons pas toujours à vivre dans l'inquiétude.

Nous devons parfois demander conseil parce que nous traversons tous des périodes d'obscurité pendant lesquelles nous ne pouvons rien distinguer, les choses ayant perdu toute proportion. Dans les années soixante, tout le monde essayait de faire « ce qui se faisait »... porter les cheveux longs si tout le monde les portait longs... aller ici ou là pour aider les autres parce que cela se faisait. Mais le travail n'était pas toujours très fructueux parce que les gens ne s'aimaient pas d'abord entre eux.

Nous devons être doux envers nous-mêmes afin de l'être envers Dieu et envers le prochain. Alors nous pouvons être *profondément unis avec le Christ dans la prière,* que nous fassions la vaisselle, que nous balayions le plancher ou que nous travaillions le bois. Dans les années soixante-dix, on parlait beaucoup de la prière. Ici nous ne parlerons pas de *comment* et *pourquoi* vous priez mais il faut savoir que la prière est ancrée avant tout dans le service que vous rendez aux autres. Vous devez l'interrompre chaque fois que quelqu'un a besoin de vous pour « lui laver les pieds ». Notre douceur se traduira par la façon dont nous servons le prochain.

Cela s'applique à tout le monde, même à ceux qui mènent une vie solitaire. L'ermite n'en est même pas dispensé. Ceux qui, à Combermere, vivent en *poustinia* sont toujours prêts à servir la communauté chaque fois qu'il en est besoin. La prière marche de concert avec la charité. Elle est toujours empreinte de la douceur et de la miséricorde, toujours oublieuse de soi, du temps et de l'endroit, etc. Lorsque Jésus rabotait le bois avec saint Joseph, Il était en union avec son Père. *Quoi que nous fassions,* c'est pour nous l'occasion d'être doux avec nous-mêmes, avec notre prochain, avec Dieu.

Cette méditation sur la miséricorde et la douceur de Dieu m'a tenue éveillée dans la nuit et, de mon cœur, est née une compassion infinie. Je voyais toutes les fois où nous manquions de douceur envers nous-mêmes… nous pouvons nous infliger tellement de blessures ! J'avais presque envie de vous prendre dans mes bras et de vous dire : « Maintenant, reposez-vous. Soyez doux envers vous-mêmes. Soyez doux. »

Où apprendrez-vous cette douceur ? Saint Jean se penchait sur la poitrine du Christ. Je pense que c'est en faisant de même que nous deviendrons doux envers nous-mêmes et les autres. Alors, nous entendrons battre le cœur de Dieu et nous permettrons aux autres de l'entendre. Alors, nous serons doux envers nous-mêmes et avec tout le monde.

Affectueusement vôtre en Marie,

Catherine

L'ESPÉRANCE EST L'ANTIDOTE DE LA PEUR

Le 28 avril 1976

Mes bien-aimés,

Lorsque la nuit dernière, je méditais sur la peur, je me mis à penser à la vertu d'espérance tout en me demandant quel rapport elles avaient toutes les deux. Pour le saisir vraiment, il m'a fallu très longtemps et la compréhension me vint en songeant au vieux dicton : *avec Dieu, chaque moment est le moment de recommencer !*

C'est alors que je vis le rapport entre peur et espérance. Cette dernière devrait calmer, tuer la peur. Dans le monde, le mal a toujours existé, mais tout être humain étant libre de choisir entre le bien ou le mal, l'Évangile n'est jamais pleinement vécu. C'est pourquoi nous disons *non* au Saint-Esprit. Nous nous persuadons que rien n'est jamais résolu ; à tout moment, nous apprenons que tout s'écroule.

Mais le Christ est ressuscité, alors chaque moment peut être celui d'un recommencement.

Je ne sais pourquoi, je pensais à saint Joseph. Il se trouvait en face d'une femme enceinte qu'il n'avait pas touchée. Puis il eut un rêve qui le fit agir dans la foi. En réfléchissant à sa réaction devant ce rêve et à sa perplexité : « Est-ce bien vrai ? », je compris qu'il personnifiait l'espérance devant un problème très concret. Je me demandais dans quelle mesure il avait exercé l'espérance pendant ces neuf mois. Il a dû être parfois tenté de douter, puisqu'il était un être humain.

Dans notre quête de la réalité, dans notre fuite devant la peur, dans tous ces problèmes affectifs, il y a l'espérance. Elle viendra si vous lui tendez la main, et tout ce qui semble sans espoir sera inondé de lumière. Sainte Catherine de Sienne (qui est ma patronne) priait pour un condamné à mort et, juste avant d'être pendu, il se convertit à l'Église. Le parcours de la prison à l'échafaud fut son « moment pour recommencer ».

L'un des hommes crucifié à côté du Christ reprit l'autre et demandait au Christ d'avoir pitié de lui. Le Christ dit à ce « bon larron » : « Aujourd'hui, tu seras avec moi dans le Paradis. » Ce moment fut aussi celui d'un nouveau départ. Entre les paroles du larron et celles du Christ avait surgi l'immense, l'irrésistible espérance.

Nous disons que « l'amour parfait chasse toute crainte ». Mais le croyons-nous ? Répéter cette phrase ou la coucher sur le papier serait, intellectuellement, un très bon exercice, car elle descendrait, peut-être, dans notre cœur. Si nous tournions le visage vers l'espérance en la regardant « dans les yeux », elle deviendrait toute simple car elle tient l'amour au creux de sa main. Tant que nous sommes en vie, la foi aussi tient l'amour.

L'espérance nous fait voir que le Christ nous a rachetés au prix de son incarnation, de sa vie, de sa mort et de sa résurrection. Elle est comme une sorte d'avalanche ou de feu qui nous pénètre et nous renouvelle. C'est le « sauna » du Saint-Esprit par lequel il purifie nos émotions et nous débarrasse de tout ce qui nous pèse. La foi murmure : « Regarde, ce n'est pas si tragique ! Rien n'est tragique dans le Seigneur. À tout moment, il est temps de recommencer. »

Vous avez donc péché. La culpabilité vous écrase et vous fait rebondir comme un palet de hockey. Vous la regardez en disant : « Va-t-en ! Va-t-en ! » et elle commence à se ratatiner (du moins le devrait-elle), finalement elle gagne la porte en rampant… Ça marchera si vous comptez vraiment sur l'espérance… Avec Dieu, c'est toujours le moment de recommencer. Et cela vous réjouit, n'est-ce pas ? Moi aussi.

Vous voyez qu'il est tout à fait inutile de s'abandonner à la culpabilité. Vous êtes coupable, je suis coupable, nous sommes tous coupables ! Si dans la confession, nous en demandons pardon à Dieu, tout moment est le moment de recommencer… *Chaque moment est pour nous porteur d'espérance.*

Vous vous souvenez de la façon dont Eddie et moi-même avons lutté pour rester à Combermere les premiers jours. Nous arrivions de Chicago et c'était, pour nous, le « bout du monde ». Les bus ne passaient pas sur l'autoroute 62 et les trains n'allaient à Barry's Bay que trois fois par semaine… Personne ne venait ici ! Nous avons fait des efforts inouïs… Que serait-il arrivé si nous avions, finalement, abandonné toute espérance ? Vous savez tous qu'il y a eu des moments où j'ai dit : « C'est impossible. » Mais je me suis souvenu que l'espérance vient à tout moment.

Une seule chose peut arrêter l'espérance : vouloir faire notre volonté à la place de celle de Dieu. C'est très dangereux et c'est ce qui arrive dans l'Église depuis dix ou douze ans. Les gens disent : « Je veux faire ce qui *me* plaît. » Cette expression est directement opposée à la vertu d'espérance et c'est la porte ouverte au désespoir.

Ainsi donc, chers amis, réjouissez-vous. Dieu est amour et avec Lui, nous pouvons recommencer à tout moment, ce qui veut dire que chaque instant est fait de joie et d'espérance. Le Christ est ressuscité, Il est vraiment ressuscité ! Alléluia !

Affectueusement vôtre en Marie,

Catherine

MARIE ET LA FOI

Le 30 avril 1976

Mes bien-aimés,

L'autre jour, lors de la visite de quelques membres de Madonna House, je leur ai montré mon « livre d'intentions ». C'est un livre très ancien puisqu'il date de 1952 dans lequel j'inscris les intentions que les gens recommandent à mes prières. J'ai eu une drôle d'idée à son sujet : je me dis que puisqu'il est rangé sous un tableau de la Vierge Marie, elle se lève la nuit pour lire à Jésus toutes les intentions, comme je les lui rappelle toujours.

Parlant de ce « livre d'intentions », je me suis mise à penser à Notre-Dame et je me disais : « On ne parle pas beaucoup d'elle. » La plupart d'entre nous – du moins les anciens – en savent déjà beaucoup car ils se sont consacrés par l'*Acte de consécration* de saint Louis-Marie Grignion de Montfort et par la lecture du livre d'Eddie à ce sujet. Je me demandais ce que les gens pensaient de Marie en 1976. Je ne peux le dire, bien sûr, mais elle paraît si souvent négligée.

La première image d'elle qui me vient à l'esprit est celle d'une très jeune fille. Elle vient d'un petit village, et ses parents la mènent au temple où elle peut apprendre à lire et faire beaucoup de choses. (J'aime méditer sur la Vierge Marie qui a inspiré nombre de mes poèmes.) Je vois ses petites mains qui s'habituent au travail lorsqu'elle apprend à tisser, à faire la cuisine, à filer, à balayer. Elle fait tant de choses dont sont incapables, aujourd'hui, les filles de quatorze ans. Je la vois très simple et effacée, se mêlant au groupe auquel elle appartient. On ne la remarquait pas, celle qui allait devenir la mère de Dieu, tenir Jésus dans ses bras maternels et tenir mon propre cœur dans ses mains délicates.

Je pense aussi à la façon dont elle devait jouer comme jouent tous les enfants : sautant, dansant, courant à travers champs, et c'est comme si je me réjouissais avec elle. Elle était attentive à toutes les fêtes de la synagogue, aux psaumes, et à tout ce qui concerne Dieu.

Je me demandais cependant jusqu'à quel point elle était attentive. Et je me répondais qu'elle devait l'être profondément parce qu'elle absorbait entièrement tout ce qui concernait Dieu. Elle buvait littéralement les psaumes. Elle était transportée par les Écritures lisant aussi bien celles qui – nous le savons maintenant – la concernaient. Elle ne le savait pas, mais elle a dû s'en imprégner profondément et « les méditer toutes dans son cœur ». J'aime méditer sur tout ceci.

Puis vint cet événement étonnant : imaginez donc une fille de quatorze à quinze ans à qui un ange, debout devant elle, dit : « Salut, pleine de grâces, le Seigneur est avec toi. » Quelle impression ressent-on lorsqu'un ange vous parle ? Sans fausse modestie, elle répondit simplement, directement, royalement : « Comment cela peut-il se faire puisque je ne connais pas d'homme ? » Elle apprit alors que le Saint-Esprit la recouvrirait de son ombre et...

Après la réponse de l'ange, Marie dit : « Qu'il me soit fait selon sa Volonté ! » Incroyable ! Eh bien c'est quelque chose qui devrait s'enfoncer dans notre cœur. Sentez-vous qu'elle le pénètre ?

Nous disons que toute notre existence dépend de ce que nous choisissons : la Volonté de Dieu ou la nôtre. Voici cette petite fille qui offre la sienne en acceptant celle de Dieu... Et l'existence *du monde* en dépend. Je pense à ses fiançailles avec Joseph et à ce qu'il se demandait de tout cela. Se posait-elle aussi des questions ? Que pensait-elle lorsqu'il était de plus en plus évident qu'elle était enceinte et qu'elle sentait l'Enfant bouger en elle ? C'est un temps de mystère que celui de l'attente d'un enfant.

C'est presqu'incroyable, parce que, voyez-vous, elle était comme vous et moi ! C'était une personne, un être humain. Elle avait reçu certaines grâces, mais elle n'était pas Dieu, et il y avait beaucoup de choses qu'elle ne comprenait pas. Plus tard, lorsqu'elle retrouva Jésus qui prêchait dans le Temple, elle ne comprit pas du tout ; mais ce qu'elle ne comprenait pas, elle le gardait dans son cœur. Elle ne comprenait pas, chers amis, mais elle plongeait *dans la foi* !

Avec nos esprits suragités, nous voulons tout scruter dans cette société de technologie... tout et n'importe quoi. De nos jours, rien n'est sacré. Mais cette petite fille a tellement plongé dans la foi que tout esprit inquisiteur en a la chair de poule. Aussi, lorsque notre foi faiblit, nous devrions nous tourner vers elle qui disait : « Qu'il me soit fait selon sa Volonté ! » Joseph aussi a dû plonger profondément dans la foi... À nous d'en faire autant.

Ici je m'arrête un instant pour m'incliner respectueusement devant cette petite fille-femme. Elle est vraiment « la Mère de tous ceux qui croient ». Elle a fait preuve d'une foi qui dépasse notre compréhension. Tout de suite, sur le champ, je vous invite à entrer, comme Marie, dans cette solitude de la foi. Tournez vos pensées vers l'intérieur et ouvrez votre cœur. Croyez-vous vraiment ? Il ne vous reste qu'à entrer dans cette solitude de la foi, comme Marie le faisait, et dire *oui* ! C'est tout.

C'est à dos d'âne que Marie a pris la route poudreuse de Bethléem. Ce n'était pas vraiment la meilleure façon de se préparer à la naissance d'un enfant. Puis ce fut la grotte dans laquelle Marie et Joseph durent se réfugier. En Terre Sainte ces grottes utilisées comme dépôt ou pour les animaux sont quelquefois assez agréables. Marie a dit *oui* à tout.

Tout comme le Christ ressuscité passa à travers les portes fermées, l'Enfant-Jésus vint dans le monde sans endommager la virginité de Marie, nous a-t-on dit... Puis elle lava son fils nouveau-né, le langea... « Langer Dieu » ! Peut-on imaginer cela ? *S'occuper de Dieu sans tout comprendre*... Là aussi on doit agir dans la foi.

Un jour que mon mari, Eddie, écrivait un article, il se demandait quelle était la couleur des yeux de Jésus. Il pensait que Joseph devait le savoir parce qu'il avait, plus que tout autre, l'occasion de les regarder. Une nuit, Eddie me réveilla pour dire : « Catherine, je viens de recevoir une réponse de saint Joseph. » Comme j'étais aussi endormie qu'on peut l'être à deux heures du matin, je dis juste : « Ah ? »

« Oui, me dit-il, saint Joseph m'a regardé dans les yeux en disant : *"De quelle couleur est la gloire de Dieu ?"* Maintenant je peux me lever pour écrire. »

De quelle couleur est la gloire de Dieu ? Ces deux juifs discrets, un artisan et sa femme, ont dû la voir. Elle a dû leur être révélée de mille manières. Ils y croyaient, même s'ils ne comprenaient pas tout.

Étant donné que Marie était destinée à devenir la mère des hommes, la Reine des Martyrs, je pense qu'elle comprenait bien des choses (ce qui est pure spéculation, vous comprenez bien). Je pense qu'elle comprit, lorsque, venue voir Jésus là où il prêchait, quelqu'un vint lui dire : « Ta mère, tes frères et sœurs sont dehors qui te demandent. » L'Écriture nous dit que Jésus regarda les gens qui l'entouraient et demanda : « Qui sont ma mère et mes frères ? » Et se tournant vers ceux qu'il enseignait, il ajouta : « Voici ma mère et mes frères. *Quiconque fait la Volonté de Dieu* est mon frère, ma sœur et ma mère. » On pourrait croire qu'il ne voulait pas la voir, qu'il la rejetait… Mais elle, *elle comprenait*!

Nous avons une mère qui comprend parce que, avant de mourir, Jésus l'a confiée à Jean, le disciple bien-aimé, pour devenir sa mère et la nôtre. Non seulement elle comprend, mais elle aime les pécheurs et les saints, elles les tient dans ses bras et, des pécheurs, elle fait des saints.

Je viens de recevoir la lettre d'une femme qui s'était enfoncée dans l'occultisme et demandait mon aide. Mais que puis-je faire, sinon prier pour elle ? Je lui ai aussi envoyé une image de la Vierge Marie puisque la *Genèse* prédit qu'une femme se lèvera pour écraser la tête du serpent. C'est ce que fera Marie. Son talon est prêt à le faire pourvu que nous prions à ses pieds. Elle écrasera le serpent qui rampe dans notre cœur. Nous entendons sa voix qui nous murmure : « Ne sois pas idiot. Toute cette histoire de religion ne sert à rien. Dieu n'existe pas. » Il nous murmure bien d'autres choses, des quarts et des demi-vérités, voire de parfaits mensonges. Si nous prions Marie, *elle montre sa puissance et sa majesté*, et le diable en a horriblement peur car il sait bien, lorsqu'il la rencontre qu'elle peut lui écraser la tête.

Aller à Marie c'est être près de Jésus qui a choisi de venir par son intermédiaire. L'Esprit saint l'a couverte de son ombre. Il devrait nous être facile d'aller vers elle quand nous sommes dans les larmes, la solitude, et le cœur plein de serpents rampants, parce qu'elle a toutes les réponses.

Telles étaient mes réflexions lorsqu'on me laissa seule sur ma petite île. Je pris alors mon petit livre d'intentions en pensant: « Comme il est merveilleux que le Seigneur nous ait donné une Mère! » Amen.

Affectueusement vôtre en Marie,

Catherine

LA SIMPLICITÉ DE DIEU

Le 26 juillet 1976

Mes bien-aimés,

Le mot qui m'est venu à l'esprit, samedi dernier, dans la *poustinia* fut *simplicité*. Je l'ai beaucoup médité pendant le reste de mon temps en *poustinia* et encore après. Elle devient vraiment incroyable lorsqu'on l'applique à Dieu.

Nous n'avons pas tort de penser à Dieu comme l'essence même de la simplicité. Et pourtant, plus j'y songe, plus je réalise (par contraste) l'impossibilité de comprendre le mystère et la profondeur de cette simplicité. En même temps, combien de nos blessures seraient guéries si nous abordions Dieu humblement et simplement pour Lui demander la grâce d'être aussi simples que Lui lorsqu'il adopta notre existence quotidienne, ordinaire et sans événement.

Mes bien-aimés, considérez avec quelle simplicité il entra dans le sein d'une femme. Il est vrai qu'un ange lui avait annoncé sa venue; mais physiquement (au sens où nous comprenons la grossesse) il reposa neuf mois, dans le sein de cette femme, exactement comme nous avons tous fait. Si bien qu'il « exista simplement à travers son existence à elle »... en totale dépendance! Vous avez là une situation incroyable: *Dieu dépendant de sa créature*!

La simplicité est donc aussi dépendance. De même que le Seigneur a dépendu de sa créature, nous devons, nous aussi, dépendre de Lui. De même qu'il reposa dans le sein d'une femme, notre vie devrait aussi n'être que repos dans son cœur. Après tout, le baptême est le commencement de cette union de l'homme avec Dieu, et évoque quelque peu l'incroyable et personnelle union de Dieu avec une femme… la fantastique unité de l'enfant avec sa mère !

Réfléchissons donc à sa naissance, profondément, avec révérence et dans la prière. C'est ici que règne la simplicité même. Était-ce le présage de la rencontre que le Christ fit plus tard avec le jeune homme riche quand, le regardant avec affection, il Lui suggéra de tout abandonner pour Le suivre ? Ce jeune homme aurait dû devenir très simple, sans complication. Il aurait pu laisser tomber tous les soucis dûs à sa fortune comme un vieux manteau usé pour suivre le Christ. Celui-ci lui aurait alors fait connaître *la simplicité radicale de sa naissance* qui l'aurait rendu capable de parler authentiquement de la pauvreté à partir de ce moment-là.

Depuis son enfance, la simplicité avait suivi Jésus dans tous ses déplacements. Qu'y a-t-il de plus simple que la vie d'un charpentier de petit village dans lequel tout le monde se connaît ? La simplicité même de son travail devait être monotone et dure pour ses muscles, peut-être même ennuyeuse car la simplicité est ainsi. Elle accepte la grisaille, l'uniformité et la monotonie de la vie. Pourtant une fois que cela est admis, on découvre qu'elle peut être transfigurée par une grande joie : car elle est source d'une joie fantastique.

À un certain moment de sa vie toute simple, Jésus a dû être confronté à un choix. Il était envoyé pour racheter la race humaine en prêchant la Bonne Nouvelle de l'amour que Dieu, le Dieu Trine, avait pour toute l'humanité. Il quitta sans hésiter sa mère, son village familier, le travail qui avait dû Lui devenir agréable et cher. *Il quitta tout !* Il se mit à parcourir la Palestine, à pied, en prêchant et en faisant des miracles. Il priait aussi incessamment, comme il nous a dit de le faire. Je suis une fois de plus frappée par la simplicité du choix et de ses moyens.

Il n'hésitait pas à s'opposer aux puissances dirigeantes parce qu'il devait le faire. Celles-ci n'acceptaient pas la vérité, or il était la Vérité elle-même. Il était venu offrir cette vérité à tout le monde, en tout temps, et en toutes circonstances. Et il s'offre à nous tous, maintenant, parce qu'il est toujours au milieu de nous comme lorsqu'il parcourait la Palestine.

Oui, tout au long de ses parcours, la simplicité allait de pair avec Lui parce que la simplicité n'a peur de rien. Il est vrai qu'il était Dieu et qu'Il faisait la Volonté de son Père. Aussi, il nous a « divinisés » en faisant de nous ses frères et ses sœurs, les héritiers du Père. Parce qu'il nous aimait, Il prêchait et nous enseignait à *aimer Dieu en retour*, à la façon toute simple d'un enfant, une façon qui nous ferait prêcher et enseigner la vérité sans peur, parce que si nous acceptons sa simplicité, nous ne penserons jamais que c'est *nous* qui prêchons. Nous saurons bien qu'Il est celui qui prêche en nous. Oui, si notre cœur est simple, cela se passera ainsi.

Puis il fut crucifié. C'est ici que nous nous identifions à Lui en nous laissant crucifier de l'autre côté de sa croix. Ce sera très simple. Une croix de bois ne sera pas plus nécessaire que des clous de fer. Cette « crucifixion » consistera à « nous dépouiller de nous-mêmes », lentement et délibérément pour que nos bras étendus soient tout simplement « cloués » pour étreindre le monde entier.

Voici un petit poème que j'ai composé sur la simplicité :

Vous en parlez si facilement
On l'appelle Simplicité...
Mais connaissez-vous le chemin qui y mène ?

Il est aussi simple qu'elle !
Deux poutres qui forment une croix
Sont choses simples et familières...
Venues des arbres
Qui poussent en abondance

Trois clous... si faciles à trouver...
Si bon marché, si « simples »...
Un marteau – vieil instrument si courant !...
Fera aussi très bien l'affaire !

Maintenant… vos mains et vos pieds
Simples parties intimes
De vous-mêmes!

Vous trouverez Simplicité.
Le moyen sera très simple
Direct et clair…
Quand « bois, clous et vous »
Ne feront qu'*un*
Alors elle sera vôtre.

En méditant sur tout cela que, pour vous, mes bien-aimés, j'ai essayé de coucher sur le papier, j'ai commencé à réaliser que le mot *simplicité* s'applique à nous tous, dans tout l'Apostolat. Si nous la faisions vraiment nôtre, nous deviendrions comme des enfants – exactement comme Il nous le demande. Nos blessures disparaîtraient, surtout les souvenirs des torts que l'on nous a faits dans notre jeunesse. Car la simplicité est un merveilleux remède, un don de Dieu qui fait plus que soulager, qui guérit. La grisaille de notre vie, quotidienne et monotone, serait transfigurée par des chants de joie parce qu'elle ressemblerait beaucoup à celle de la Sainte Famille.

Nous deviendrons d'autant plus joyeux que nous gagnerons en simplicité. Et plus nous serons joyeux, plus nous chanterons et danserons devant le Seigneur… sinon avec notre voix et nos pieds, du moins avec notre cœur. La musique de la simplicité ne cessera pas de rythmer les battements de notre cœur.

Oui, ce 24 juillet 1976, j'ai distinctement entendu cette parole que Dieu m'a donnée pour vous : *simplicité.*

Affectueusement vôtre en Marie,

Catherine

LA STABILITÉ

Le 30 septembre 1976

Mes bien-aimés,

Je prie et je réfléchis beaucoup sur le mot « stabilité ». Peut-être devrions-nous écouter à nouveau la bande magnétique que nous avons intitulée : « Loyauté, Stabilité et Consécration. » Je pensais à des mots qui leur sont apparentés comme : fidélité, permanence, dévouement.

Puis, une idée étrange m'est venue : on appelle étable l'endroit où l'on garde les animaux. Serait-ce parce qu'un fermier de par son travail est lié à l'étable ? Il ne peut pas la laisser longtemps parce qu'il faut traire les vaches et nourrir les animaux. (Le mot latin *sta* signifie « immobile en un lieu », et a donné « étable » et « stable ».) Aussi est-il possible que « stabilité » vienne d'un mode de vie rural.

Puis mon esprit fertile continuant à cogiter, je me suis demandé pourquoi Dieu était né dans une étable. Peut-être voulait-il naître dans un lieu auquel les gens sont attachés par les nombreuses exigences que leur impose leur vie ? Je ne pense pas qu'étable et stable ne sont qu'un jeu de mots ; ils ont aussi une grande signification spirituelle. Telles sont les idées qui m'ont traversé l'esprit pendant les réunions des responsables locaux et qui, la nuit, ont fait l'objet de ma prière.

Nous sommes, actuellement, soumis à la terrible pression du changement qui nous assaille, comme me le faisait clairement remarquer l'un de nos prêtres. Ses propres parents qui ont connu l'époque des voitures à chevaux ont soudain été lancés à l'âge de l'automobile. À peine en avaient-ils pris l'habitude, que ce fut celui des trains et des avions, puis des jets… Et c'est maintenant l'ère atomique. Dans quelle mesure cette adaptation était-elle facile ?

C'était le cas des personnes plus âgées, et cette intolérable pression qui était la leur, les jeunes la ressentent maintenant avec leurs propres souvenirs du passé et le rythme accéléré des changements dans l'éducation actuelle. Il est difficile de savoir *comment* apprendre et *quoi* apprendre, parce que le système d'éducation, en vigueur hier, n'est plus le même aujourd'hui. Rien n'est semblable, pas même la physique et les mathématiques !

Désorientées et misérables, les personnes de tout âge cherchent la stabilité comme les humains ne l'avaient jamais fait jusqu'ici. Tout autour de nous, les gens sont à la dérive. Mais le Seigneur ne nous laissera pas « seuls »… sans berger, sans père, sans frère. Non ! Il vient, doucement, nous appeler à cette stabilité de « l'étable » dans laquelle il est né, à un mode de vie différent de celui qui nous environne. Il nous appelle à la permanence, à l'acceptation de notre sort à Madonna House qui a besoin de nous et qui est la maison de sa Mère. Oui, admettons carrément le fait que Dieu a créé cette maison dans laquelle nous vivons et qu'Il l'a offerte à sa mère. Il ne la garde pas moins en permanence.

Comment appelle-t-Il certaines personnes à Madonna House ? C'est une chose qui arrive entre Dieu et un être humain. C'est comme s'il passait, comme Il le faisait près des apôtres, et celui qu'il appelle entend le frôlement de son vêtement ou sa parole portée par le vent qui lui dit doucement : « Viens, suis-moi ! » Il appelle à Madonna House les personnes pour accomplir le dessein qu'Il a sur eux. Nous devrions tomber à genoux pour être attentifs à la mise en œuvre de ce dessein. *Nous en verrons le développement à travers les choses, les événements, et les personnes* (et par moi-même à l'occasion), parce que Dieu parle habituellement de cette manière.

Nous devons bien nous mettre dans la tête que nous sommes venus à l'Apostolat pour le servir et qu'il « n'existe » pas pour nous servir. *Oui, nous sommes ici pour servir les autres.* Mais, en même temps, l'Apostolat tend, sous certains aspects, à combler des aspirations personnelles grâce à un amour et une amitié partagés, qui nous soutiennent, faisant de nous une vraie famille chrétienne. En ce qui concerne le travail, chacun de nous est à la disposition de l'Apostolat. Nous allons où l'on a besoin de nous, et nous y restons aussi longtemps qu'on nous le demande. *La stabilité, c'est cela !* Nous ne demandons pas à changer pour le plaisir du changement. Nous devrions être pleinement satisfaits de passer notre vie à la cuisine, ou à la blanchisserie, ou au bureau ou partout où l'on nous a placés. Si un changement nous est proposé, c'est pour satisfaire une nécessité de l'Apostolat… et rien d'autre.

Néanmoins ces dernières lignes ne concernent pas les plus jeunes dans notre communauté. Dès qu'ils ont reçu la croix*, ils doivent s'attendre à passer par différents services ou maisons. Ils doivent être confrontés aux réalités de la vie et comprendre comment cette vocation que Dieu nous a donnée doit être vécue dans les divers services ou maisons de mission, face à ces urgentes réalités. Mais une fois cette formation terminée, ils doivent aussi être décidés à rester là où l'Apostolat a besoin d'eux et ne pas désirer « changer pour l'amour du changement ». *La stabilité, c'est cela* qui conduit à la fidélité et qui est, à la fin, couronnée par la persévérance.

Je n'ai pas encore vraiment partagé l'idée que je me fais de la stabilité. Il faudra que je prie plus et vous en écrive davantage. Dans ce monde « instable » qui n'a « ni vache, ni bœuf, ni âne pour témoigner de l'éternelle naissance du Roi » dans la vie des gens, quelqu'un doit expliquer haut et clair ce qu'est la stabilité. Suis-je cette personne ? Je ne sais, mais stabilité est un mot que j'entends au plus profond de la nuit et qui ne me laisse pas dormir. Il ne cesse de frapper à mon cœur comme mille petits marteaux. Aussi, n'avez-vous pas fini d'en entendre parler !

Affectueusement vôtre en Marie,

Catherine

---

* Chaque nouveau membre de Madonna House reçoit une croix en acier inoxydable sur laquelle sont gravés les mots *pax* et *caritas.*

DEVOIR DU MOMENT – DEVOIR DE DIEU

Le 16 octobre 1976

Mes bien-aimés,

Je prie beaucoup pour que nous soyons éclairés. Récemment, ma prière a été stimulée par la remarque de l'un de nos membres qui disait souhaiter l'occasion « d'aiguiser ses dents » sur quelque chose. Après en avoir discuté, j'ai constaté que c'était le sentiment général de ce groupe particulier en train de prendre le thé. Il lui semblait que la vie à Madonna House était devenue, du moins partiellement, monotone et plate.

On parlait du bureau et de son éternelle routine : empaqueter et envoyer, chaque mois, le journal *Restoration*, remercier les donateurs, copier une liste interminable de noms, changer les adresses, renouveler les abonnements au journal, répondre au téléphone qui ne cesse de sonner, faire la comptabilité, etc.

On parlait aussi du « manque de variété » dans la cuisine : préparer sans fin des repas et les servir, laver la vaisselle qui s'empile telle une énorme forteresse impénétrable.

Le lundi, jour où l'on trie habituellement les dons, il y a littéralement des tonnes de vêtements à trier, plus d'autres choses. Il faut aussi classer les livres et, entre la responsable de la librairie, celle de la bibliothèque et moi-même, nous avons calculé que nous en manipulions, chaque fois, près d'un millier.

Et puis il y a les bijoux, les images pieuses et beaucoup d'autres choses à envoyer aux missions ou à garder dans notre musée religieux. Quelle triste et fastidieuse routine (semble-t-il) ! Après cela, le service de l'artisanat retrie les choses qui restent avec plus de précision, les envoie dans telle mission ou les fait réparer pour que notre magasin puisse les vendre au profit des pauvres. (Et je n'ai même pas encore parlé de la buanderie ou le travail de ceux qui sont à la ferme avec tous les travaux incessants et répétitifs qu'il suppose !)

Oui, nous sommes à tout jamais entourés de tâches qui paraissent tristes, monotones, routinières, sans éclat. J'écoutais tout ce bavardage autour de la table de thé et l'immense désir qui semblait animer les membres du groupe en question. Les participants n'étaient pas du tout anxieux, et leur conversation n'était pas vaine, mais ils faisaient part de leurs idées. Tandis qu'ils continuaient, leur voix cessa d'atteindre mes oreilles. J'étais comme perdue en Palestine. Je voyais un marteau, un rabot, un burin. J'étais tout étonnée, comme si je n'y avais jamais pensé – un atelier de charpentier !

Cela représentait un défi qui me dépassait. La Seconde Personne de la Très Sainte Trinité, quelqu'un qui aurait pu être rabbin, roi, empereur, un homme d'une renommée extraordinaire, un philosophe, celui aux pieds duquel le monde entier serait venu s'asseoir pour l'écouter… Cette auguste Personne était précisément là, penché sur un établi, dans cet atelier, en train de raboter des planches pour faire des petits travaux sans grande importance : une table commandée par l'un, un berceau pour un autre, ou encore une chaise.

Je voyais ses mains calleuses (car il avait les mains calleuses) et je me demandais : « Pourquoi a-t-il choisi un travail si humble, si peu inspirant, si ordinaire ? » Une fois qu'on sait le faire, on ne peut pas dire qu'il y a matière à « s'aiguiser les dents ». Dans une petite rue d'un village sans renommée, il a travaillé comme un charpentier ordinaire, exactement comme le faisait son père nourricier. Et que faisait sa mère ? Elle lavait, nettoyait, portait la lessive à la rivière, pilait le mil à la main entre deux pierres. Elle tissait des vêtements, on dit qu'elle a tissé la robe que les Romains ont tirée au sort parce qu'elle était si belle.

Et de nouveau me revenait la discussion sur les montagnes d'assiettes à laver, les dons toujours à trier, les papiers à classer, le téléphone, le sempiternel rythme des tâches qui semblent dénuées d'importance. Et tout devint étrangement lumineux lorsque je compris à quel point étaient fantastiques, incroyables, sacrés, les mots de cette phrase : *le devoir du moment est le devoir de Dieu.* Je compris également que *tout* ce que l'on fait pour Lui est passionnant, merveilleux, attrayant, si seulement on peut le voir pour ce qu'il est vraiment !

Mais nous sommes humains, et pour voir la réalité avec les yeux de Dieu, il nous faut longtemps, mes bien-aimés… À moins de prier très fort, il nous faut longtemps pour redresser les sentiers de Dieu en notre âme. Beaucoup de choses peuvent nous déprimer ; nous pouvons même être malades de ce que l'on appelle « l'environnement ». Mais, demandez-vous une chose : hors de Madonna House, que feriez-vous si vous partiez ? Peut-être du travail de bureau avec « rien pour vous aiguiser les dents ». Bien sûr, vous seriez payés pour cela, mais l'argent serait très triste après avoir connu la joie que l'on éprouve à travailler pour le Christ et à faire de petites choses pour Lui. Vous pourriez devenir vendeuse, ce serait la même chose ! Il est vrai que vous seriez libres à partir de cinq heures du soir (ou aux environs) mais que feriez-vous de votre liberté ?

Lorsque nous avons vraiment fait l'expérience de la souffrance dans notre vie, de notre difficulté à « redresser les chemins du Seigneur » dans notre cœur… il serait bon de nous rappeler que cette souffrance n'est pas réservée à Madonna House. Elle existe partout ; elle fait partie de la condition humaine. *La souffrance nous accompagnera jusqu'à notre mort.* La réponse à cette souffrance étrange et mystérieuse, à Madonna House ou ailleurs, est la prière. Il n'y en a pas d'autre, mes bien-aimés, aucune autre.

Mais *avec la prière*, nous voyons tout différemment le monde qui nous entoure. Trier les vêtements devient une joie, faire la vaisselle un défi passionnant. Les tâches minutieuses et répétitives pour créer de la beauté comme la broderie, la poterie, le tissage, la peinture, la tapisserie, la menuiserie, etc., prennent une nouvelle signification.

Je revins de l'endroit où je voyais Jésus faire son travail de charpentier, et je remerciai Dieu d'être devenu travailleur manuel pour nous montrer le chemin vers le Père. Je voudrais vous en dire davantage, mais c'est tout pour aujourd'hui. Qu'en pensez-vous, mes bien-aimés ?

Affectueusement vôtre en Marie,

Catherine

SOLITAIRES ET SERVICE

Le 23 février 1977

Mes bien-aimés,

L'autre jour le père Brière m'a dit : « Quand vous dites que personne ne peut tout simplement imiter le *poustinik* russe, que voulez-vous dire ? Comment pensez-vous que ceux qui vivent cette forme de vie ici à Madonna House puissent devenir des *poustiniks* dans le *vrai* sens du terme ? »

Je vous ai souvent dit que, dans la tradition russe (et dans la tradition orientale en général), il y a une forme de vie qui est « entre » la vie ordinaire d'un laïc chrétien et la vie monastique. Cette forme intermédiaire de vie est ce que nous appelons « vivre en *poustinia* ». À Madonna House nous ne prétendons pas être des ermites. Nous ne nous séparons pas des gens ordinaires. Mais nous avons des membres qui prient trois jours par semaine en *poustinia* et passent quatre jours hors de la *poustinia*. Rappelez-vous qu'il doit toujours y avoir des jours hors de la *poustinia* pendant lesquels le *poustinik* est totalement au service de la communauté. Si nous supprimons ces trois ou quatre jours dans la communauté, nous n'avons plus la véritable vocation des *poustiniks* de Madonna House.

Pourquoi cela ? Parce que et les prêtres et les laïcs doivent imiter le Christ dans leur travail quotidien. Quoique Jésus ait toujours prié sans cesse, il est venu sur terre pour servir les hommes d'une manière très précise. Regardez ce qu'il a fait. Il a nourri les gens. Il les a guéris. Il a passé un certain nombre d'années avec sa famille. Il était charpentier, Il faisait des tables, des chaises, des berceaux, etc. Je suis sûre que l'atelier du charpentier était pour Lui une *poustinia.* Il a passé là toute sa vie, sauf pendant trois ans où Il a vécu une autre sorte de service ; et certainement Il doit avoir médité et prié dans cet atelier. Mais Il y a aussi travaillé.

Je répète souvent que le peuple russe dit que vous êtes un contemplatif parce que vous êtes *baptisé.* Ils disent cela à tous les chrétiens.

Cette « *poustinia* du cœur » (ou « *poustinia* de la place publique ») – place publique de la famille ou d'une entreprise, etc. – nous est ouverte à tous parce que nous sommes tous des chrétiens baptisés.

Depuis le tout début, depuis notre baptême d'enfant, nous avançons vers l'union avec Dieu. C'est le but de tout chrétien comme vous le savez. Ce n'est pas un but spécifique, juste pour les prêtres et les religieux ; c'est le but pour *tout* chrétien ! La « *poustinia* du cœur » est un état où l'on est *constamment en présence de Dieu* parce qu'on le désire d'un grand désir, parce que c'est en Lui seul qu'on peut se reposer. La vie de service et d'amour du prochain n'est qu'un écho de ce silence et de cette solitude.

Nous ne sommes pas sauvés par la prière mais par l'amour. Et l'amour est toujours au service du bien-aimé. Donc, en un sens, je serais très « triste » si l'un des prêtres ou des laïcs de Madonna House pensait que sa vie personnelle devait être exclusivement une vie de prière. Je pense que s'il en était ainsi, Dieu les aurait envoyés dans un ordre dit contemplatif et non pas à nous.

Si vous regardez les saints – canonisés, béatifiés ou vénérables – vous verrez qu'il y a quantité de *poustiniks* dans la tradition latine. Vous ne les remarquez pas parce que ces gens vivaient dans le monde au service des autres tout en demeurant dans leur cœur dans un état de prière perpétuelle.

Par exemple sainte Catherine de Sienne qui a commencé par une vie de solitude mais a fini par servir les autres tout en passant ses nuits dans la solitude en prière. Voyez Matt Talbot, solitaire luttant contre l'alcoolisme, pratiquant une pénitence héroïque et travaillant comme bûcheron. Saint Benoit-Joseph Labre était pèlerin et en même temps vivait dans la *poustinia* du cœur. Il louait ses services pendant un jour ou deux – peut-être pour aider à la moisson – puis il continuait son pèlerinage. Il y en a bien d'autres encore.

Les gens se sentent seuls mais ne sont pas solitaires. Il y a une grande différence. Ils ne sont pas attachés à Dieu ; ils sont attachés à un vide étrange. Et ils le sentent ! À notre époque, il y a une grande faim de Dieu, cela est évident. Et les gens essaient désespérément de remplir ce vide.

Il y a beaucoup de bons moyens d'y réussir : il y a les trappistes, les chartreux, les bénédictins, etc. Il y a d'autres ordres qui accueillent aussi des solitaires d'une manière ou d'une autre, mais ils existent aussi pour servir la communauté. Ils travaillent comme fermiers et souvent ils nourrissent les pauvres en même temps que leur propre communauté. En dépit de leur solitude, ils savent *qu'ils doivent pratiquer la charité et l'hospitalité*, ce qui implique un certain travail manuel. Ils font tout cela parce que le Christ a dit : « Je suis venu pour servir ! » Mais leur œuvre principale, c'est la prière. Ils sont devenus des guides pour la direction spirituelle et la pratique de la vie spirituelle.

Ainsi donc, *l'amour doit s'incarner dans l'action.* Il n'est pas suffisant de prier pour les gens. Ils ont parfois besoin d'un signe d'amour, comme une visite, un souci personnel – « l'hospitalité du cœur » – pour qu'ils puissent croire à cet amour. Je sais que la *poustinia* propose la réponse que le monde cherche aujourd'hui. Le monde, voyez-vous, ne connaît pas vraiment Dieu ; il en a seulement entendu parler. Et parce que tant de gens ne le connaissent que par ouï-dire, ils peuvent le rejeter, Lui être indifférents, le recrucifier mille fois dans leur prochain. Mais si les gens le connaissent directement, s'il se révélait à eux dans la *poustinia* de leur cœur, ils ne le rejetteraient plus.

La vocation de la *poustinia* peut, pour certains, avoir une dimension concrète. Cependant la réponse aux besoins du monde se trouve dans la découverte de cette *poustinia* du cœur. Ce qui demande qu'on se vide de soi-même. Cette « kénose » commence avec la répétition de la prière de Jésus et le silence dans notre cœur. Cela commence quand je « replie les ailes de mon intelligence » et que je « pense avec mon cœur ». C'est seulement alors que la *poustinia* du cœur devient réalité.

Quand cela se produit, ce n'est plus *moi* qui fais les choses, *c'est le Christ qui les fait en moi.* Mes paroles ne sont plus les miennes. Elles sont l'écho de la voix de Dieu qui me vient de son silence. Maintenant je sais me laisser embraser par ses paroles et devenir un feu moi-même qui jette des étincelles sur la face de la terre. Maintenant je peux dire avec saint Paul que ce n'est pas moi qui vis mais le Christ qui vit en moi.

À Madonna House nous pouvons imiter le *poustinik* russe dans la dimension intérieure de sa vocation et en particulier en nous vidant de tous nos biens matériels et intellectuels et en entrant dans la solitude de l'immense silence de Dieu. Je pense que dans ce silence les membres de Madonna House comprendront cette vocation de *poustinik* malgré la faiblesse de mes explications.

Peut-être qu'un jour il y en aura qui se lèveront et iront dans les montagnes de Combermere pour passer une partie de chaque semaine dans la solitude matérielle d'une cabane dans les bois. Mais la plupart de ceux qui se joindront à nous seront des *poustiniks* absorbés dans une profonde solitude intérieure tout en vivant au milieu des gens.

Voici. *Le Petit Mandat* de Madonna House nous appelle à une association de prière et de service comme un bon équipage de chevaux. En cas de besoin, le cheval de trait est devant. L'Arabe, plus méditatif, est derrière, content de suivre. La prière devient centrée sur l'intérieur et le travail centré sur l'extérieur et dans l'union des deux se trouve la Vie du Christ où sont unies l'humanité et la divinité. La prière en action. L'action avec la prière. En un mot l'Incarnation!

Je ne sais pas si je ne me suis pas trop égarée et si ce que je vous ai dit est assez clair. Lisez cette lettre et en même temps tout ce que j'ai écrit sur la *poustinia* et dites-moi ce que vous en penser.

Affectueusement vôtre en Marie,

Catherine

TOUT EST À VOUS

Noël 1977

Mes bien-aimés,

En 1915, un moine a écrit une prière de Noël que je voudrais vous transmettre. Peut-être le mot n'est-il pas « transmettre » mais « donner » avec mon amour le plus profond. Le moine qui a écrit cette prière est Fra Giovanni, et voici comment elle commence :

> « Il n'y a rien que je puisse vous donner que vous n'ayez déjà ! Mais il y a beaucoup que je ne peux pas donner mais que vous pouvez prendre. »

J'ai médité ces paroles et j'ai compris, vraiment, qu'il n'y a rien que je puisse vous donner que vous n'ayez déjà… sauf mon amour. Qu'est ce que l'amour ? En le regardant je sais que c'est *à moi* – à garder et à donner – et qu'il est à vous, vous n'avez qu'à le prendre. Je ne peux rien vous donner d'autre ; ça c'est vrai. Mais ici, au milieu de toutes les décorations de Noël, les boules brillantes et colorées sur l'arbre, les exclamations, les conversations, le festin – je peux vous donner mon amour.

L'Amour. Je me suis demandé : qu'est-ce que c'est cet amour qui est le mien ? Quelle forme prend-il, quelle image ? À cette question je n'ai pas de réponse. Tout ce que je sais c'est qu'il tiendra dans le creux de votre main. Tout ce que je sais, c'est qu'il pourrait se nicher dans votre cœur. Tout ce que je sais c'est qu'il est immense, mystérieux, inexplicable… Et qu'il est à vous, vous n'avez qu'à le prendre.

> « Oui, prenez mon amour.
> Aucun ciel ne peut venir à nous
> Sans que notre cœur n'y trouve aujourd'hui le repos.
> Prenez le ciel. »

Oui, le ciel ! Comme l'amour, le ciel est à nous, nous n'avons qu'à le prendre. Ce pourrait être juste quelques fleurs sauvages que vous avez cueillies en marchant le long d'un chemin isolé. Ce pourrait être de l'eau que vous avez prise dans la main, à un ruisseau de montagne frais pour apaiser votre soif. Ça pourrait être bien autre chose. Mais j'espère que vous tendrez vos mains comme Marie a tendu les mains et que vous prendrez son Enfant dans les bras, car si vous le faites le ciel est à vous.

« Il n'y a pas de paix dans l'avenir
Qui ne soit cachée dans l'instant présent.
Prenez la paix. »

Paix. Oui, avec un cœur plein d'une joie merveilleuse et belle, je demande au Seigneur de vous donner la paix pendant ce Noël. Je prie passionnément pour que chacun de vous soit « en paix » tout d'abord avec Dieu puis avec vous-mêmes et enfin avec quiconque vous rencontrerez pendant le jour.

Je prie le Seigneur pour que sa paix entre en vous en ce jour de Noël et ne vous quitte jamais; et qu'elle vous apporte les bas de Noël des Anglais, les sabots des Français, le sac des mendiants des Russes. Puissent-ils être remplis de la beauté rayonnante de tous les dons de Dieu qui accompagne toujours la paix qu'il nous donne. Puissiez-vous recevoir… la compréhension, la tendresse, la compassion, le pardon, la réconciliation, la foi, l'espérance et l'amour.

« Oui, prenez la paix.
La tristesse de ce monde n'est qu'une ombre;
Derrière mais accessible, est la joie.
Prenez la joie. »

Joie. Les cloches d'un âne (celui qui a emmené Marie et son Fils à Bethléem) on peut les entendre dans la foi, elles tintent si joyeusement. Entendez leur son maintenant et gardez-le pour toujours. Des cloches, des milliers de cloches tintent toujours à travers le monde pour célébrer Celui qui est la joie même! Regardez les yeux d'un Enfant, un petit Enfant. Ouvrez vos cœurs et recevez la joie de son étreinte, et votre cœur fatigué deviendra celui d'un enfant.

Écoutez de la musique car *toute bonne musique est l'écho de la voix de Dieu.* Entendez cet écho et vous aurez la joie en abondance.

« Prenez la joie
En ce temps de Noël.
Je vous accueille avec la prière que
– pour vous maintenant et toujours –
Le jour se lève
Et les ombres s'enfuient. »

Oui, si vous ouvriez le cadeau de mon amour pour vous, vous y trouveriez une prière. Elle obéit aux battements de mon cœur, aux murmures de mon souffle. Elle frémit comme l'encens. Ainsi ma prière, comme l'encens de nos hymnes, est offerte pour vous nuit et jour ; car je vous aime et j'espère que mon amour vous apportera son parfum, et qu'avec mon amour viendront la paix, la compréhension, la tendresse, la compassion, le pardon, la réconciliation, la foi, l'espérance et l'amour.

Je ne prie pas pour que « le jour se lève et que les ombres s'enfuient » en ce sens que ce serait la fin de toutes les épreuves et de toutes les tribulations. Non. Je prie pour que vous puissiez voir avec une immense clarté la Volonté de Dieu dans votre vie, que vous courriez passionnément vers elle, et que sa Volonté devienne la vôtre pour toujours.

Je prie pour qu'en prenant de l'âge votre cœur devienne de plus en plus comme celui de l'Enfant Jésus et que vous puissiez prier avec moi : « Donnez-moi le cœur d'un enfant et le courage inouï de le vivre en adulte. »

Je prie pour que pendant toute votre vie vous marchiez près de la Vierge Marie ; car l'Enfant est venu par elle et c'est par elle que vous pouvez aller à Lui.

Oui, ouvrez votre cœur et prenez ma prière,

À vous de tout mon cœur,

Catherine

SE PRÉPARER POUR LE FUTUR

Le 13 avril 1978

Mes bien-aimés,

J'ai demandé au Seigneur de me dire sur quel sujet écrire ensuite, et il m'est arrivé une chose incroyable. J'ai dû demander et redemander au Seigneur de toute mon âme si je ne m'étais pas trompée. Car la réponse que j'ai reçue était simple et directe : *prépare-toi* pour le martyre !

Être un martyr, une personne qui verse son sang comme saint Étienne est une chose, mais je ne pense pas que ce soit ce que Dieu voulait me dire dans ce message qui concerne en vérité tous les membres de Madonna House. Je pense qu'il veut que nous entrions dans une nouvelle dimension de la vie. Je pense qu'il veut parler d'un abandon de notre volonté à la sienne. Le visage du martyre est très clair quand nous devons vraiment faire la Volonté de Dieu à la place de la nôtre. Il peut, par exemple, être facile d'avoir une routine de travail. En fait, c'est un vrai plaisir, car le travail est souvent une échappatoire. Mais il n'est pas aussi facile de suivre la Volonté de Dieu quand elle s'exprime dans les besoins de l'Apostolat ou dans les paroles de notre directeur spirituel.

Soyons honnêtes les uns avec les autres. *Sobornost* ne peut fleurir que dans le terreau de la vérité. Le visage du martyre peut aussi être le visage de la vérité car « être dans la vérité » et la dire l'un à l'autre, ça c'est *sobornost,* ça c'est l'unité. Les gens qui étaient sur le point de mourir dans le temps des martyrs étaient très honnêtes les uns avec les autres. Et leur vérité portait toujours témoignage au Christ, et au fait qu'ils étaient prêts à donner leur vie pour Lui. Donc il me semble que notre martyre – celui dont Dieu semble parler si directement et si simplement – est tout d'abord planté dans le terreau de la *vérité* que nous nous disons les uns aux autres et donc dans le terreau de la communication.

Nous pourrions être « dans la vérité » mais pour être dans la vérité « totalement », nous devons nous *écouter* les uns les autres. Nous devons *entendre* ce que dit l'autre ! Nous devons nous écouter les uns les autres attentivement et respectueusement même si ce qui nous est dit nous semble de peu d'importance. Pendant que nous écoutons, nous devons *être vides de toute autre chose*, car nous ne pouvons pas « entendre » si notre tête ou notre cœur est rempli de pensées personnelles.

Je pense que c'est là un autre visage du martyre : être comme un arbre au bord de l'eau (Ps 1,3). Il unit la force et la sensibilité. Il est éveillé et alerté à la moindre brise qui fait bouger ses branches et ses feuilles et à la fois assez flexible pour supporter les tempêtes qui pourraient presque le casser en deux.

Oui, la préparation au martyre a plusieurs visages et je vous apporte ce mot *préparation*. Ce mot implique un futur pour lequel il faut nous préparer. Je commence à comprendre pourquoi j'ai écrit *Poustinia* (désert) et *Sobornost* (unité) et pourquoi le troisième volume *Strannik (pèlerin)* sortira en août. Cette étrange trilogie qui porte des noms russes est comme un avertissement ; c'est comme une pierre qui, quand on la jette dans une rivière, fait des ronds de plus en plus larges jusqu'à atteindre l'autre rive.

Pour nous préparer pour le martyre nous devons être dans la vérité. Nous devons être éveillés et alertés et nous écouter les uns les autres. Nous devons être « en communication ». Et nous devons être témoins les uns pour les autres en tant que membres de Madonna House. Il y a en nous tous une sorte de martyre que nous devons regarder en face – c'est notre manque de communication. *Sobornost* demande communication et ouverture. Être « ouvert » signifie ne pas avoir peur de dire ce qui est dans notre cœur. (Je ne parle pas de ce qui relève du confessionnal – Dieu m'en garde !)

Par exemple, l'autre jour, j'étais avec un petit groupe. J'ai demandé à chacun comment il se sentait, et chacun m'a répondu : « Ça va bien. » Puis je les ai regardés et j'ai dit : « Maintenant que vous m'avez donné la réponse habituelle, voudriez-vous me donner la vraie réponse ? » Quelques-uns ont ri, d'autres ont pleuré ; mais certains m'ont donné une réponse véridique, me disant comment ils se sentaient à ce moment-là et nous nous sommes rapprochés dans une unité qui est difficile à expliquer.

C'est un vrai martyre que d'entrer dans cette unité et d'apprendre à communiquer les uns avec les autres. Certes, nous aimons les gens qui viennent dans nos maisons, mais nous n'avons pas à vivre avec eux. Eh bien, aimer les gens avec qui nous n'avons pas à cohabiter est une chose, mais aimer les gens avec qui nous devons cohabiter en est une autre. *Et là est le problème.* Là est le véritable martyre. Nous avons tout intérêt à commencer à accepter le défi de cette petite douleur, parce que demain (ou après-demain) notre amour sera éprouvé dans le creuset des tragédies et des bombes atomiques, de l'inflation du chômage et des crises économiques. Nous sommes témoins du Christ en étant témoins pour tous ceux qui viennent et pour tous ceux à qui nous sommes envoyés et pour ceux avec qui nous devons vivre ? Et pour ce faire, nous devons être petits et humbles.

Le martyre est rarement collectif. C'est vrai, les Romains ont permis à quelques martyrs chrétiens de mourir ensemble dans l'arène ; et dans les temps modernes (comme en Allemagne au temps d'Hitler), les gens ont été contraints à mourir ensemble. Mais ce phénomène est rare. Le grand arbre de l'amour que Dieu a planté et dont chacun de nous fait partie doit porter des fruits de petite taille. Tous les enfants doivent pouvoir les attraper facilement. Les petits et les grands. Si nous sommes prêts au martyre et que quelqu'un veut martyriser ces petits fruits, eh bien les fruits font un très bel encens devant Dieu, quand on les brûle. Ainsi notre martyre deviendra comme la prière que chantent les Russes : « Que ma prière s'élève comme l'encens devant Toi ! »

Nous devons nous préparer, et cela signifie que nous devons vraiment « nous regarder en face » parce que nous devrons *être forts de la force de Dieu* quand ces événements surviendront, quand le monde sera en morceaux, comme il le sera dans peu de temps.

Nous savons déjà que le vingt et unième siècle appartient au tiers-monde, les pays sous-développés que nous avons mal traités. Nous leur avons volé toutes les matières premières dont nous avions besoin ; c'est-à-dire « les pays en voie de développement » auxquels nous avons essayé de vendre nos produits manufacturés à des prix exorbitants. *Oui, le monde leur appartiendra.*

On peut presque entendre les pas dans le lointain, les bruits de bottes des soldats de beaucoup de nations en colère. Et nous devons les regarder en face. Nous devons les regarder en face en sachant que tout ce que nous pouvons faire est de leur demander pardon.

Mais peut-être n'ont-ils pas entendu la douce voix du Christ. Ça aussi, c'est de notre faute, à nous qui ne L'avons pas présenté à ces pays dans sa Vérité. Et parce qu'ils n'ont pas entendu la douce voix du Christ, ils peuvent avoir envie de nous crucifier ! Ce sera un moyen de faire réparation pour tout ce que nous leur avons fait ou pas fait.

Mais notre martyre sera transpercé de lumière parce qu'il sera pour Dieu ! Tous ceux qui ont été confrontés au martyre dans la réalité d'un martyre de sang ont reçu des grâces fantastiques. Souvent ils ont vu le Royaume de Dieu s'ouvrir devant eux au moment de leur mort. Il est vrai que nous vivons *déjà* dans le Royaume de Dieu. Mais, si nous sommes choisis pour mourir pour le Christ, nous le verrons dans sa plénitude, assis à la droite de son Père ; nous verrons le Père, le Fils et le Saint-Esprit et nous nous réjouirons dans la Vision Béatifique.

Tout ceci est possible. Alors, ici et maintenant, commençons à nous y préparer. Et la préparation au martyre, c'est la paix, la douceur, la compréhension, l'amour des autres, le partage de l'espérance et la prière constante pour l'augmentation de la foi. C'est cela la préparation au martyre. C'est tout à fait nécessaire, mais il doit y avoir essentiellement une conviction profonde et un engagement total (en cette occasion c'est un engagement à la vie de Madonna House, parce que je vous écris à vous qui êtes membres de Madonna House). Oui, ce doit être un engagement total, c'est-à-dire un amour total et un abandon total de notre volonté humaine à la Volonté divine.

Je crois qu'il me faudra prier davantage avant de partager avec vous « la page » suivante de cette étrange lettre que je vous écris.

Mais il y a une chose dont je suis sûre, c'est qu'il nous faut absolument entrer dans le martyre qui consiste à nous aimer les uns les autres ; sinon nous ne serons jamais capables de faire face à ce qui nous attend.

Avec toute mon affection en Marie,

Catherine

MÉDITATIONS EN VOYAGEANT

Le 12 septembre 1978

Mes bien-aimés,

La parole que le Seigneur m'a donnée récemment était : *« Soyez cachés. »* Ceci aurait dû être évident pour moi puisque cette parole est dans notre *Petit Mandat*, qui nous dit d'être cachés et d'être une lumière pour les pas de notre prochain. Mais cette question a été soulevée parmi nous aux réunions des responsables locaux et je voulais la clarifier pour vous avant que vous ne lisiez les compte-rendus.

Quelques-uns des responsables ont posé la question de savoir comment nous pouvons nous considérer comme cachés alors que je commence à être tellement connue. Je viens juste de finir de parcourir cinquante mille kilomètres en avion, en train, etc., à voyager, à donner des conférences et à visiter nos fondations. Beaucoup de gens qui ont lu mes livres viennent ici et veulent me parler. Et l'année dernière, j'ai reçu l'Ordre du Canada (l'honneur civil le plus distingué du pays). Avec tout cela, un certain nombre de membres de notre groupe disent : « Comment vivre cachés ? »

C'est une bonne question, parce que « être caché » est une attitude du cœur. Lentement, vous, moi ou quelqu'un d'autre devient connu. Mais être vraiment caché, c'est être dans un lieu de repos, c'est demeurer dans le Cœur de Dieu à la place qu'Il réserve pour son peuple. Voilà ce que c'est et voilà ce dont nous discutions longuement dans nos réunions de responsables. Oui, nous discutions de belles choses mais la beauté de la discussion résidait surtout dans ce désir qu'éprouve chacun de nous de servir Dieu plus profondément avec plus d'amour.

Je ne comprends pas très bien ce que Dieu est en train de me faire à moi personnellement. Il n'y a pas longtemps je me suis réveillée tout d'un coup en me parlant français à moi-même ; et avant même de m'en apercevoir, j'avais composé plusieurs poèmes et méditations. Ce qui m'a plutôt surprise, parce que je n'ai ni écrit ni pensé en français depuis très longtemps. Le père Brière les a trouvés très bons et les a envoyés à Roger Leclerc, un de nos bons amis, qui travaille à la télévision canadienne française ; lui aussi les a beaucoup aimés et veut m'interviewer en vidéo avec son équipe.

Comment mon « moi caché » s'est-il trouvé projeté encore une fois sous les feux de la rampe ? Je n'en sais rien. En attendant je commence à rêver en allemand. Peut-être d'ici peu de temps mes souvenirs de l'arabe que j'ai appris étant petite se révéleront-ils. Et Madonna House est-elle prête à aller dans des pays nouveaux ? Je vous envoie quelques méditations que j'ai enregistrées pendant mon voyage aux États-Unis. Elles sont pour vous. Vous êtes toujours dans mes prières, inutile de le répéter.

Strannik

Un *strannik* est un pèlerin qui « s'arrête partout » pour faire le bien, pas quelqu'un qui est obsédé par l'idée de se rendre à quelque sanctuaire et qui ignore la route qui y conduit. Quand un *strannik* a fait l'expérience de la *poustinia* et de *sobornost* (unité), il est tout à fait naturel de prendre son temps pendant un voyage, d'être ouvert aux « possibilités de grâce » qui se trouvent sur le chemin, d'être aux aguets pour Dieu et de le rencontrer dans les yeux de quelqu'un.

Quand j'étais dans le Vermont il s'est mis à pleuvoir. Il y avait une vieille dame qui n'arrivait pas à enfiler son imperméable. Les manches ne voulaient pas passer ; et elle ne pouvait pas trouver le capuchon. Alors j'arrêtai la procession qui me suivait et je l'aidai. Elle me sourit et me dit merci. La femme qui me suivait me dit: « Est-ce que vous vous arrêtez toujours pour faire le bien ? » Je dis: « Non. Je m'arrête pour rendre service à mes frères, ce que je ne considère pas comme "être bon" mais "être normal". » Et je continuais. C'est ce que je veux dire. Pour certains cela pourrait être un apostolat en lui-même: entrer dans la terrible solitude du monde, faire l'expérience de cette solitude, et en devenir plus sage.

Le martyre

Je sens que nous devons nous préparer au martyre. Qu'est-ce que je veux dire par là ? Quand je suis en prière, je pense, à l'occasion, au martyre du sang; pourtant, à d'autres moments, je pense à un martyre continu, souffert pour d'autres. Cela demande une grande maturité d'esprit, d'âme et de cœur – un altruisme qui dépasse toute connaissance. Cela demande un altruisme réel que nous ne possédons pas (hélas!) car nous sommes très égocentriques, que nous le réalisions ou non!

Notre martyre peut nous être donné quand nous supportons notre propre égocentrisme, faute d'avoir les moyens de nous recentrer comme il faut: l'aide des psychiatres, des médecins, du père spirituel... Notre martyre peut nous être donné par des catastrophes naturelles ou provoquées par l'homme: guerres atomiques, etc. Nous pouvons nous trouver dans un endroit désolé où nous devons travailler nous-mêmes la terre (pourvu qu'elle ne soit pas contaminée et que nous ayons encore la force de le faire). Je ne sais pas pourquoi, mais ces idées me viennent à l'esprit. C'est ça le martyre pour l'Occident qui n'est pas habitué à la souffrance, et qui a rarement connu le « baiser du Christ » (car *« la souffrance est le baiser du Christ »*).

Oui, ce pourrait être le martyre... Je ne sais pas. Et pourtant je sais une chose: que Madonna House doit être une oasis au milieu de tout ce chaos qui règne dans le monde. Tant qu'elle peut rester une oasis, tant qu'elle n'est pas dévorée par ce qui va venir : « les dragons » de demain.

Nous devons donc nous préparer, mais le pouvons-nous ? Il est impossible de convaincre les Américains de voyager à plusieurs dans une voiture et pas un par un. Ils aiment le splendide isolement de leurs voitures. C'est la même chose pour les Canadiens. Et tant qu'ils auront du gaz et du pétrole pour remplacer le travail de leurs mains, ils ne se serviront pas de leurs mains pour travailler.

Je prie en espérant qu'ils comprennent ce que je dis. La réponse est à la fois oui et non. Certains jours, ils ont la nuque raide. D'autres jours, ils sont aveugles. Cela dépend de leur maturité dans le Seigneur, et s'ils peuvent tourner leurs cœurs pour écouter son murmure. C'est tout ce que je peux dire.

Notre technologie

Je suis sur l'autoroute. À me voir vous ne réaliseriez pas que je suis au milieu de l'enfer. « L'abomination de la désolation » est autour de moi. Les camions – de gigantesques camions qui peuvent porter des maisons – passent comme un train puissant à un croisement. Le train ne passe qu'une fois cependant, mais cette abomination de la désolation passe encore et encore… et encore. Le bruit est une abomination, ou peut-être c'est « l'abomination » elle-même et l'écouter c'est certainement la « désolation ».

Seigneur, qu'ont-ils fait de leur technologie ? La moitié des enfants à l'école primaire aujourd'hui sont partiellement sourds. Les familles qui habitent sur des autoroutes ne peuvent pas le supporter ; ils doivent déménager parce que les fumées du pétrole et du gazole les étouffent. On s'aperçoit que les jeunes enfants ont les poumons noircis par les cigarettes que fument leurs parents ou leurs grands-parents. Qu'ont-ils fait de votre belle terre, Seigneur ? *Qu'ont-ils fait ?* Ils dépensent des millions à essayer de savoir s'il y a de la vie sur d'autres planètes pendant que les gens de cette terre « ont faim et soif », faim de pain, faim d'air, soif d'eau. Comment osent-ils ?

Qui se soucie des autres planètes ? Désirons-nous apporter cette « civilisation » qui est la nôtre à d'autres planètes afin de les polluer, de les dévaster ? N'est-ce pas assez d'avoir séduit et violé celle sur laquelle vous, Seigneur, vous avez marché ? Que pouvons-nous faire ? Que pouvez-vous faire, Seigneur, sauf nous laisser nous asseoir, plongés jusqu'au cou dans les possessions de biens matériels, en laissant notre technologie pervertir tout ce qu'elle touche ?

En elle-même, la technologie n'est pas mauvaise ; car *rien* de ce qui est créé par l'homme n'est mauvais si c'est *en accord avec votre création.* Mais la technologie que nous avons engendrée devient mauvaise quand elle sert les riches et ne fait rien pour les pauvres. Elle aide les possédants et rend envieux ceux qui n'ont rien. Seigneur, comment pouvez-vous le supporter ? Vous êtes mort pour les pauvres, pour tous les hommes. Vous avez aimé les pécheurs. Vous avez aimé les pauvres. Comment pouvez-vous supporter tout ceci ? Le moment est-il venu de rendre des comptes ?

Il y a eu les empires de Babylone, d'Égypte, de Byzance et de Rome. Où sont-ils maintenant ? Est-ce cela le sort que vous nous avez réservé ? Je comprends, Seigneur, je comprends. Mais y a-t-il un moyen de faire comprendre à tous ces gens qu'ils n'ont pas à *adorer* le pétrole, le gaz et l'argent ? Qu'ils n'ont pas à être plongés jusqu'au cou dans l'avidité ? Qu'ils n'ont pas à piétiner leur frère pour augmenter leur propre pouvoir ? Que pouvons-nous faire Seigneur ? Montrez-le nous, car je sais que vous nous donnez encore un peu de temps. Quoique vous soyez en colère, ne laissez pas votre colère tomber sur nous.

Arrêtez tout cet appétit de gaz et de pétrole. Arrêtez les moyens de cette technologie, et faites-nous découvrir de meilleurs « moyens »... des moyens fraternels, des moyens d'amour. Que votre immense main, Seigneur, efface tout ce que les hommes aiment aujourd'hui, l'efface de leur esprit. Tout, sauf l'amour, l'espérance et la foi, qu'ils devraient chérir. Et montrez-leur comment bâtir une nouvelle civilisation basée sur la foi, car la nôtre est déjà pourrie et en train de se briser. Ayez pitié de nous, Seigneur ! Ayez pitié de nous !

L'empreinte de la destruction

Il fait gris. Nous circulons sur une route grise. Je regarde et je vois des fermes. Certaines sont en bon état et d'autres non. Quelques-unes des anciennes maisons ne sont plus que des morceaux de bois jetés ensemble n'importe comment.

Je me sens triste, d'une tristesse profonde et incompréhensible. Et pourtant, en un sens, je comprends pourquoi. Je regarde toute cette beauté qui m'entoure, les bois et les champs, les fleurs et tout ce que l'homme n'a pas encore gâté, n'a pas encore sali. Et dans mon cœur, j'entends une voix: « Je vous donne cette terre à aimer, à chérir, toutes ces bêtes à nommer, et aussi toutes les fleurs. » Et je sais que c'est ce que Dieu a murmuré à l'homme. (cf. Gn 1, 28-29 et 2, 19-20)

Je pense au jour où quelque chose de magnifique et de glorieux s'est produit. Cet étrange et nouvel « animal » s'est mis debout et pouvait se servir de ses mains et Dieu a soufflé en lui un souffle incroyable et divin. Était-ce de bouche à bouche comme il est dit dans le *Cantique des Cantiques*: « Il m'a baisé des baisers de sa bouche »? Est-ce ainsi que Dieu le Père a embrassé l'homme? On ne sait pas, mais mon cœur me dit que oui... Que le souffle de Dieu est entré dans l'âme de l'homme, et que l'homme a commencé *à adorer et à comprendre.*

Il n'y a pas si longtemps, les Indiens ont occupé la terre sur laquelle nous sommes. Ils l'ont chérie. Ils ont pêché et tué les bisons, les cerfs et d'autres animaux pour les manger, mais ils en ont toujours laissé. Il y avait abondance sur cette terre. Et là-bas dans la forêt, l'homme vivait en paix, selon ses principes et adorait Celui qui lui avait insufflé une âme il y a si longtemps. Oui, ces gens ne tuaient pas pour tuer. Ils ne faisaient pas du sexe une divinité. Ils ne faisaient rien de tout cela.

Mais quelque part sur la route d'éternité, cet « homme » qui s'est mis debout et qui a senti le souffle de Dieu dans son âme est devenu « occidental » et a appris beaucoup de techniques et a décidé qu'il était Dieu. Depuis ce jour-là, il a pollué et détruit, annihilant ce que Dieu lui avait donné à garder.

Je visite beaucoup de pays, de bien des manières ; et je vois l'empreinte de la destruction. Je vois des grand-routes qui coupent des champs jadis fertiles. Je vois des villes qui se dressent dans les endroits où elles ne devraient pas être. Je prévois que certaines de ces villes tomberont en ruines ; tout cela parce que l'homme a pensé qu'il était Dieu. Je prévois bien des choses. Mais surtout, je vois comment des êtres humains ont choisi de se détruire.

Regardez ce « dieu de l'univers » appelé « homme ». Trop gras ! Trop maigre, maladif en général. Les gens n'ont plus de bonne nourriture parce qu'ils ont pollué la terre avec toutes sortes d'additifs non-naturels, des choses qui n'ont pas leur place là. Et la terre s'est mise en colère et a rejeté tout cela dans les moissons. Ainsi les gens ont une mauvaise santé.

Les villes sont toutes vulnérables. Combien de temps faudrait-il à une bombe atomique pour détruire New York, Chicago, Toronto, Berlin, Paris ? Quelques secondes peut-être ? Et pourtant il y a des gens en faveur de la guerre nucléaire. Il pleure dans mon cœur. Il pleure depuis longtemps. Seigneur des armées, mes prières sont devenues des larmes et c'est tout ce que je peux vous offrir. Vous avez besoin de nos larmes. Elles peuvent laver le cœur des hommes et mon propre cœur.

Les Russes demandent toujours le don des larmes, parce que notre Précieuse Mère (et la vôtre) a pleuré au pied de la croix. Et vous aussi avez pleuré sur Lazare (qui était moi-même). Aussi donc, Seigneur, ce sont des larmes que j'ai à vous donner… des larmes en un jour gris sur une route grise, au milieu de la pollution créée par l'homme. Seigneur, ayez pitié de nous car je vous comprends ! Et il reste si peu de temps.

Prophète

Je ne suis pas agitée. Non, je suis arrivée chez moi, et pourtant je me demande s'il y a un endroit autre que votre « cœur » que je puisse vraiment appeler « chez moi ». Parfois je ressens très profondément que cet endroit est celui où votre cœur habite. Ceci est l'endroit où vous venez la nuit. C'est l'endroit où nous dansons ensemble. C'est l'endroit où nous rions ensemble. C'est l'endroit où nous pleurons ensemble.

Est-ce de la présomption pour une personne ordinaire comme moi, une personne de rien qui n'est rien pour parler ainsi de vous, Seigneur ? Et pourtant il y a si longtemps – je ne peux même plus me rappeler quand vous êtes venus – vous m'avez dit : « Catherine, tu sais tu es mon amie. » Vos paroles ont pénétré dans tout mon être. Elles m'ont enveloppée et ont infiltré toute ma personne. J'étais votre amie, l'amie de Dieu !

Je ne peux me rappeler exactement quand vous m'avez dit Seigneur : « Asseyons-nous, fais-toi une couronne de marguerites. Je veux te dire quelque chose. » J'ai obéi et j'ai commencé à cueillir des fleurs et à tresser une couronne. Vous m'avez dit : « Je veux que tu sois mon porte-parole. » Dans la crainte et le tremblement, j'ai dit : « Oh non, mon Seigneur, pas ça ! » Vous n'avez rien dit. Vous n'avez fait que regarder. Vous avez dit que tous les prophètes parlaient ainsi. Mais je vous ai encore interrompu. J'ai dit : « Seigneur, je ne suis pas un prophète. Je suis une femme. »

Eh bien, vous avez souri et vous avez dit qu'il y avait eu des prophétesses. Vous m'avez souri et vous avez dit : « J'ai employé des femmes pour vous apporter ma parole. La première était Marie. Je suis entré dans son sein. Le Verbe s'est fait chair. C'est ce que j'ai fait à une femme. Penses-y. Alors pourquoi ne pourrais-je pas te choisir pour être mon porte-parole ? Tu ne comprends pas. » Et là-dessus, vous avez disparu, Seigneur. J'ai regardé autour de moi mais vous n'étiez pas là. J'étais assise toute seule avec une couronne de marguerites à moitié tressée sur mes genoux. J'ai fait sécher cette couronne et l'ai gardée précieusement pendant longtemps. Et puis elle aussi a disparu.

Une autre fois… Je ne sais plus ni quand ni comment, je pense que c'était un jour très chaud à Harlem, ou peut-être était-ce une de ces nuits étouffantes d'Harlem, je vous ai vu vous mouvoir gentiment au milieu des Noirs. (Vous prenez toujours la couleur des hommes au milieu desquels vous vous trouvez. Je ne le savais pas jusqu'à vous voir là.) Vous m'avez prise par la main et m'avez emmenée jusqu'au bord du fleuve. Il y avait quelques marches. Nous nous sommes assis et vous m'avez dit : « Catherine as-tu réfléchi à ce que je t'avais dit il y a très longtemps. »

J'ai répondu : « Seigneur, je n'y ai pas réfléchi mais j'ai beaucoup pensé à votre Mère et son *fiat* sera toujours dans mon cœur. Je veux l'imiter et je vous répondrai de la même manière : "Qu'il me soit fait selon votre parole !" Ensuite vous m'avez baisée d'un baiser de votre bouche et vous avez disparu. Depuis ce jour j'ai remarqué que le cœur des hommes s'ouvrait à moi. Je pouvais voir ce qu'il y avait en eux mais j'avais trop peur pour dire quoi que ce soit. »

Le temps a passé et nous sommes venus à Combermere. Alors je voyais tant de choses « d'avance » que j'avais encore plus peur. Voir ce qui est en train d'arriver aujourd'hui, demain et après-demain n'est pas donné aux hommes. Cela a duré un certain temps. Vous vous souvenez, j'ai harcelé le père Callahan pour qu'il dise une messe pour Staline. Peu de temps après, nous avons appris qu'il était mort. Personne ne s'attendait à sa mort sauf moi. Et alors j'ai su que j'étais prophète. J'ai pleuré. Vous vous souvenez comme j'ai pleuré. Vous vous souvenez combien j'avais peur. Mais vous étiez là avec moi et le père Callahan aussi. Alors j'ai parlé avec hésitation, crainte et tremblement.

Mais maintenant je n'ai pas peur. Le tremblement a disparu. Je sais que je suis votre voix. Je me tiens prête à parler quand vous voulez que je parle, à qui vous voulez que je parle, aux foules, aux gens un par un. Ça m'est égal. Je vois le cœur des hommes. Je comprends. Ce n'est pas pour moi ; c'est pour vous. Peut-être, sous votre direction et avec votre grâce, cela sauvera votre épouse l'Église.

Oui, parlez, Seigneur. Votre servante écoute.

Avec toute mon affection en Marie,

Catherine

L'EXPÉRIENCE DE L'UNITÉ : SOBORNOST

Le 20 septembre 1978

Mes bien-aimés,

Une chose merveilleuse s'est produite à Combermere. Pendant plus de quinze jours il y a eu quinze responsables locaux, six prêtres et les trois directeurs généraux, tous rassemblés vraiment et constamment dans la lumière éclatante de l'unité: le *sobornost.* Nous n'avons eu aucun mal à résoudre des problèmes ou à prendre des décisions. Nous l'avons fait d'une seule voix. Je pouvais à peine en croire mes oreilles et j'étais sidérée par ce miracle fantastique. Chacun des responsables vous en dira davantage quand il reviendra dans les différentes fondations mais je dois admettre que les mots me manquent presque. Je veux toutefois vous résumer un peu les entretiens.

J'avais le sentiment étrange que le Seigneur me disait: « Écarte-toi et laisse-Moi faire le travail. » J'avais l'impression de le gêner et c'était peut-être vrai, je n'en sais rien.

Il me semble que nous avons atteint ce que j'appelle *sobornost,* cette sorte d'unité spéciale. Il m'a semblé que nous devions chérir cette unité très profondément et l'encourager par des lettres, des visites ou tout ce qu'il faut pour que nous puissions continuer à avoir un seul esprit. Je me dis: « Comment cela est-il possible? » Et la réponse me vient que ce n'est pas possible sauf à travers Dieu. Nous sommes allés – nous tous ici présents – en *poustinia* et je dis cela symboliquement. Nous n'étions pas dans une *poustinia* physique mais symbolique. Nous avions tous traversé quelque chose. Après cela Dieu pouvait nous emmener à l'unité, c'est-à-dire à *sobornost.*

Qu'est-ce qui se passe en *poustinia,* qu'elle soit physique ou symbolique? D'abord, vous prenez du recul quant aux soucis de ce monde. D'habitude vous dormez parce que vous êtes très fatigués et que vous n'avez plus de stimulants extérieurs. Au bout d'un certain temps vous vous réveillez et vous commencez à lire l'Évangile; l'Évangile vous nourrit. (C'est pourquoi nous n'allons pas à l'église quand nous sommes en *poustinia.* Dieu Lui-même nous nourrit au moyen des Écritures). Puis tôt ou tard vous êtes attaqués par le démon. Vous êtes « éprouvés dans votre foi ».

La « nourriture » est toujours là et le « sommeil » aussi, mais « l'épreuve » est là aussi ! Et dans cette épreuve vous apprenez à être dépossédés de vous-mêmes, d'abord de votre volonté. Vous apprenez à penser à ce que Dieu veut de vous et non pas à ce que vous voulez. Ensuite vous vous mettez à genoux et vous dites : « Parle Seigneur, ton serviteur écoute. » Oui, ce moment-là arrive.

Une fois que ces trois ou quatre étapes sont franchies, vous pouvez vous donner le titre de *poustinik* et vous pouvez faire face à ce qui se produira dans votre vie de *poustinik.* Vous pouvez unir votre cœur avec le cœur de Dieu et vous pouvez commencer à marcher dans les pas du Christ.

Maintenant, il se produit une chose étrange (tout ceci est abstrait, vous comprenez). Il est déjà évident pour vous que la *poustinia* est un « lieu d'écoute »... Mais maintenant l'écoute commence à devenir plus intense. Vous éprouvez le désir d'ouvrir grand vos oreilles, et vous commencez à entendre. Ce que vous entendez, c'est l'ensemble de ce que l'on appelle « Théologie », c'est le moment où *Dieu commence à parler à votre âme.* Vous « voyez et entendez » (mais pas comme nous voyons et entendons d'habitude).

Vous voyez Dieu venir au crépuscule pour parler à Adam et Ève. Vous voyez la rupture entre Dieu et l'homme. Vous voyez que Dieu le Père a envoyé son Fils pour guérir cette rupture. Ensuite vous voyez et vous entendez tout ce qui est arrivé au Fils : les fouets, la crucifixion, et tout le reste. En *poustinia,* vous entrez dans le tombeau. C'est un moment très sombre... excessivement sombre. Il n'y a rien et soudain il y a une résurrection. Alors vous savez que vous êtes réconciliés avec le Père, le Fils et le Saint-Esprit. Par conséquent, vous savez que vous êtes réconciliés avec les hommes et c'est ce que nous appelons *sobornost.*

Maintenant tout ce qu'il faut faire, c'est de rester très calme, de ne pas vous précipiter ici ou là, mais simplement d'écouter. Vous vous comportez comme si vos pieds étaient sur la terre mais vous ne pouvez plus les soulever. Maintenant votre cœur devient vraiment un grand cri silencieux : « Parle Seigneur, ton serviteur écoute. » Un jour, le moment viendra (symboliquement) où le Seigneur dira : « Ouvre la porte et sors, prêche l'Évangile avec ta vie. » (C'est cela Madonna House, un voyage de *poustinia* à *sobornost*, puis à *strannik*.)

Et maintenant *vous irez sans crainte dans le cœur des hommes*. Dieu sera là pour vous les montrer. Vous *prierez toujours*, parce que vous avez appris à prier depuis le début. Vous *aimerez sans compter le prix* parce que vous serez passé par la terrible expérience de voir ce que Dieu a permis pour son Fils. Vous partirez pour *faire les petites choses excessivement bien pour l'amour de Dieu*.

Pauvre – Obéissant – Chaste

Il me semble que ceux d'entre nous qui étions rassemblés en ces réunions de responsables ont atteint cela et étaient d'un même esprit. Maintenant il appartient à tous ceux d'entre nous qui sont à Madonna House d'approfondir cette expérience d'unité. Que chacun des membres de notre famille prenne *le Petit Mandat* et médite sur ce que cela veut dire être pauvre, obéissant et chaste. Chacun de nous doit méditer sur ces choses.

Quelle a été la pauvreté du Christ ? Je pourrais écrire des pages sur ce sujet, mais toutes mes paroles sur le papier seraient inutiles si nous n'écoutons pas les mots du Christ d'un cœur attentif. Maintenant que nous avons fait l'expérience de la *sobornost*, notre attention devrait être plus vive afin que nous puissions mieux comprendre les choses. Je vous accorde que cela peut être une compréhension obscure, mais nous comprendrons mieux ce qu'est la pauvreté, la chasteté et l'obéissance. Nous ne comprendrons qu'obscurément parce que – à moins d'être des saints exceptionnels comme sainte Thérèse d'Avila, saint François d'Assise, saint Jean de la Croix ou sainte Catherine de Sienne – nous ne comprendrons pas complètement.

Quelle était la pauvreté du Christ ? Continuez à réfléchir, à lire, à prier… et vous le saurez. Dieu et la Sainte Vierge vous enseigneront la pauvreté à la fois spirituelle et matérielle. Réfléchissez à la pauvreté spirituelle de la Sainte Vierge pendant qu'elle tenait le corps sans vie de son Fils entre ses bras, et vous comprendrez ce que cela signifie pour vous, parce que vous devrez faire de même.

Mais il y a davantage et c'est là toute la question de l'obéissance. Pourquoi devrais-je faire tout ce que vous me demandez de faire? Parce que je vous aime bien? Parce que j'ai peur de vous? Parce que vous êtes mon responsable? La seule raison qui m'oblige à vous obéir est que le Christ *a été obéissant jusqu'à la mort.* Vous voyez: telle est l'essence de notre vie. À Madonna House nous avons été rassemblés par Dieu et non par nous-mêmes. Il nous a rassemblés en une famille pour que comme son Fils nous puissions être obéissants jusqu'à la mort.

Nous allons être tentés; nous allons être flagellés. Tout va être contre nous; car la seule chose que le démon ne veut pas est *que nous mourrions sur la Croix de Notre Seigneur.* Nous devons comprendre ce que c'est que l'obéissance, non dans le sens étroit du terme mais dans un sens très large.

Le soir, avant de vous endormir, gardez à l'esprit cette pensée: « Il a été obéissant jusqu'à la mort. » Pensez à Jésus-Christ mourant sur la croix... Pensez à Lui cloué là, mourant lentement d'asphyxie, mourant pour vous et pour moi. Pensez-y de plus en plus. Quelque chose fera irruption dans votre conscience et vous crierez: « Oui, je veux être obéissant comme vous. » Vous voudrez être obéissant non pas d'une manière mesquine mais en grand. Cela veut dire renoncer à votre volonté. C'est aussi simple que cela.

La chasteté est une autre vertu à laquelle nous devons réfléchir. Ce n'est pas du tout ce que certains croient. Les hommes et les femmes ont été créés pour s'unir dans l'acte sexuel. C'est un acte saint et beau, une expérience donnée par Dieu. Mais alors vient cet homme qui dit qu'il est le Fils de Dieu. Et il affirme que certains choisiront de devenir des « eunuques » par amour pour Lui.

C'est ça! Nous sommes chastes par amour pour Lui. Cela ne signifie pas que nous rejetions notre sexualité. C'est faux. Nous disons simplement: « Oui, Seigneur, vous m'avez créé en faisant de moi un être sexué. J'accepte ce don. Mais maintenant vous devez me donner le courage de dépasser mes désirs naturels par amour de votre Fils. » Dieu et la Sainte Vierge vous donneront le courage.

Cela ne signifie pas que nous devions nous cacher à nous-mêmes nos tendances sexuelles. Ouvertement et simplement disons : « Oui, elles sont là. » Et après nous luttons contre et c'est tout.

Je ne connais pas toutes les réponses de la théologie à ce problème mais je pense que le Christ voulait montrer le chemin, comment être chaste pour l'amour de Dieu, pour l'amour de quelqu'un plus grand que nous-mêmes. Le Christ est devenu homme en toutes choses excepté le péché. Donc il a pu être attiré par les femmes. C'est une tendance naturelle et sans péché. Il aurait pu se marier et pourquoi pas. Cela aurait été très beau. Cela aurait été un témoignage pour d'autres ; car presque tout le monde autour de Lui était marié. Mais il a choisi de ne pas se marier ; il a renoncé au mariage pour nous.

Eddie et moi avons fait la même chose pour l'Apostolat. Un jour après nos vœux de célibat, Eddie me dit : « Je me sens parfois comme si on était déjà dans la Parousie. » Ce n'est pas comme si nous n'éprouvions pas de désir l'un pour l'autre. C'est simplement que nous nous sentions comme si nous étions déjà au ciel « où il n'y a pas de mariage et où on ne se donne pas en mariage ».

Il y avait une simplicité, une clarté, une transparence, entre Eddie et moi auxquelles nous ne serions jamais parvenus si nous avions continué notre relation tout à fait permise de mari et de femme. Je pense que c'est une grâce que nous donne la *poustinia.*

Pour retourner au sujet de la *poustinia,* vous comprenez, j'espère, que nous devons toujours vivre dans la *poustinia du cœur* même si nous n'avons pas accès à une *poustinia* matérielle. Nous ne devons pas perdre l'unité que nous avons obtenue. Cette unité est encore un peu branlante. Nous devrions continuer à nous aimer et à nous accepter l'un l'autre, et à grandir dans cet amour et dans cette acceptation. Chacun de nous peut avoir ses propres idées, mais soyons simples et directs dans nos discussions. Nous ne devons pas chercher à nous défendre ou à nous justifier, et nous ne devons pas juger les autres. (Je fais l'un et l'autre et je m'en excuse. Particulièrement, je vous demande pardon si je vous juge et je vous pardonne si vous me jugez.)

Cela a été une telle joie de voir ici tous les responsables de nos fondations. Je pourrais écrire des pages et des pages sur nos rencontres – un livre presque – mais je m'en abstiendrai parce qu'il y a des choses qui sont indescriptibles. Au lieu de cela je laisserai à ceux qui étaient présents à ces réunions le soin de vous apporter de la part de Dieu ce message de *sobornost*, d'unité, pour notre famille. C'est arrivé pour la première fois dans nos vies !

Avec toute mon affection en Marie,

Catherine

UNE VISION DE L'ÉGLISE

Le 23 octobre 1978

Mes bien-aimés,

Il y eut un jour et il y eut une nuit. Il est étonnant de voir combien de fois mes jours se remplissent de pas mystérieux qui vont et viennent. Du moins, c'est ce qui me semble. Car un moment je les entends et après je ne les entends plus. C'était un jour comme ça, un jour de pas que j'entendais, ensuite que je n'entendais plus, et que soudain j'entendais à nouveau.

Là-dessus vint la nuit. C'était une nuit paisible. Les pas s'évanouirent. Je m'endormis et une chose étrange m'advint. Ce fut comme si quelqu'un avait touché mon cœur et qu'une main en avait ouvert les portes.

Je me suis souvent demandé à quoi ressemblent les portes des cœurs. Ont-elles des poignées d'or et d'argent, ou brillent-elles comme du cuivre ? Ou ressemblent-elles à du cuivre non entretenu ? Est-ce que ce sont des portes facilement ouvertes, des portes huilées avec l'huile de l'amour ? Ou sont-elles rouillées parce qu'elles ne veulent s'ouvrir à personne ? *Oui, il y eut un jour et il y eut une nuit.*

On pourrait dater ce moment du 8 octobre d'une certaine année 1978, mais c'était pour moi hors du temps. On ne date pas le moment où s'ouvre la porte de votre cœur. Cela fait partie de l'éternité dans laquelle vous vivez.

Quelqu'un ouvrit la porte de mon cœur et je me trouvai dans une *poustinia* que je n'avais encore jamais vue. Probablement dans une de nos maisons, mais je n'y fis pas très attention. Je me contentais de m'asseoir sur le lit dur, après m'être inclinée très bas devant l'icône et la croix. Je me laissais entrer dans le battement calme de mon cœur. Car puisque sa porte était ouverte, quelqu'un avait dû y entrer et entrer dans la *poustinia* avec moi. Mais je ne pouvais pas distinguer grand-chose sauf que *ç'avait été le jour et que maintenant c'était la nuit.*

Il y avait aussi d'étranges échos ; je restais donc assise sur ce lit dur et entrai lentement dans ce pays étrange où je vais si souvent. Je l'appelle « le pays de la foi ». Devant moi, dans ce pays de la foi, était l'Église. D'abord je crus que c'était Saint-Pierre de Rome ; ensuite la grande cathédrale Notre-Dame de Paris. Soudain je me trouvais transportée dans les églises de Russie – Saint-Basile, Saint-Isaac (où priait mon père) et Suzdal. Un tel kaléidoscope d'églises tournait et tournait dans mon cœur. Je le regardai. Je passai devant elles au fur et à mesure que je m'enfonçais plus profondément dans ce pays de la foi.

Soudain toutes les églises s'évanouirent, et je vis *l'Église blessée.* Je vis des églises complètement détruites, bombardées par des avions. Ensuite, j'étais à Brunete en Espagne, où j'avais été envoyée par *Sign Magazine* * comme correspondant étranger. L'Église où j'étais avait été bombardée ; elle avait été blessée. Au milieu de l'autel était un calice rempli d'excréments au milieu desquels une hostie consacrée avait été placée par les communistes.

Tout ceci repassa devant mes yeux comme un film. Les églises dans leur gloire, les églises matérielles, et les églises qui avaient été

* *Sign magazine :* mensuel catholique américain

détruites et où Dieu avait été blasphémé. Tout cela passa devant moi dans ce pays de la foi.

L'Église unique

Puis comme si une main était passée dessus, il n'y avait plus d'églises glorieuses, plus d'églises brisées ; il y avait seulement l'*Église*, au singulier, pas au pluriel. Je la regardai et je me dis : « Qu'est-ce que c'est ? Cela ne semble pas être une église faite de briques et de mortier. Cela ne semble pas être une église brisée. Et cependant cela existe. »

Lentement, il me sembla que je marchais vers cette église. De loin, cela ressemblait à l'image d'une église, n'importe quelle église, n'importe où. Mais quand je m'approchais, ce n'était pas une église du tout. C'étaient seulement des gens. Et je demandais à quelqu'un : « Qui êtes-vous ? » Et ils répondirent : « Nous sommes le Peuple de Dieu. » C'était une immense assemblée. Il en sortait des sons qui ressemblaient au murmure des feuilles d'automne avant leur chute. « Nous sommes le Peuple de Dieu… Nous sommes le Peuple de Dieu. » C'était presque un hymne.

Mais avant que je puisse me retourner, tout avait disparu : les églises glorieuses, les églises blessées, les gens qui disaient qu'ils étaient le Peuple de Dieu. J'étais assise sur mon lit dans la *poustinia* et je me demandais ce qui se passait. Où étais-je ? *Quel était ce jour ? Quelle était cette nuit qui tombait sur moi ?*

Soudain je vis une autre image. Je la vis obscurément comme si je regardais une construction à travers un léger brouillard. De nouveau il y avait « quelque chose » ou « quelqu'un » qui allait et venait et qui s'avançait vers moi. Alors je marchais vers cette « chose » qui ressemblait à une église. (Cela ressemblait au contour d'une église ; les contours changeaient tout le temps.)

Quand je m'approchais, il y avait des gens de toutes les races différentes – le monde entier était représenté – et ils parlaient toutes les langues. Je demandais : « Qui êtes-vous ? » et ils dirent : « Nous sommes le Corps mystique du Christ. » Je n'étais pas troublée mais impressionnée car tout ceci était assez écrasant. C'était bizarre. Je pouvais comprendre leurs réponses mais elles me parvenaient d'une manière inhabituelle. Je n'étais pas habituée à voir le monde entier, le monde chrétien sous la forme d'une église qui disait : « Nous sommes le Peuple de Dieu. »

J'étais vraiment impressionnée par tout cela et je tombais à genoux et me mis à prier sans paroles parce que la gravité du moment semblait grandir de plus en plus et remplir l'air même que je respirais.

Soudain je vis une croix et un soldat romain qui perçait un homme avec sa lance. Du côté de l'homme coulait de l'eau et du sang. Mais quelque chose dans le pays de la foi me fit regarder à nouveau, et de ce côté sortait une église.

Je formais de mes lèvres le mot « Église » (cela sortit des profondeurs de mon être) et j'ai dit : « *Ceci est l'église que je cherchais.* » Je regardais à nouveau. Le crucifix disparut, et la chose étrange qui semblait être sortie de Lui commença à prendre forme. C'était beau, si beau que je ne peux la décrire ! C'était aussi très étonnant. J'étais à genoux à la regarder, les yeux grands ouverts. Mon cœur battait si vite que j'ai cru que j'allais mourir.

Les portes sont ouvertes

Je regardais encore et encore. Plus je regardais cette forme, plus elle devenait belle. J'osais à peine m'approcher pour la regarder. Mais quand je le fis, je vis qu'elle avait de belles portes, si finement travaillées que je compris que *personne dans ce monde ne pouvait faire des portes comme cela*… si c'était une porte. C'était peut-être tout autre chose… comme un cœur.

Je ne sais pas mais je l'ai appelée une porte parce que je ne pouvais pas penser à autre chose. Quoi que ce fut cela semblait ouvert. En m'en approchant, je la vis prendre la forme d'une femme. Mais c'était surprenant. Cela laissait entrer tout le monde – le Peuple de

Dieu, le Corps Mystique : tout le monde était accueilli et cette forme les portait dans son sein. Les gens semblaient entrer les mains vides et sortir avec des bébés dans les bras. Soudain je voulais demander qui elle… qui « cela » était.

Ensuite du brouillard sortit une femme très belle ornée comme une épouse vêtue de splendides vêtements ! Le Christ marchait à côté d'elle et la tenait très tendrement le bras sur son épaule. Je ne sais pas pourquoi mais je n'étais pas si effrayée cette fois. J'allais vers la femme et je lui dis : « Qui êtes-vous ? » Et elle me dit : « Je suis l'Épouse du Christ. » Je dis : « Et comment pouviez-vous devenir enceinte hier ? » Elle me répondit : « Je suis toujours enceinte et toujours vierge. » « Mon symbole est la Sainte Vierge. Elle est toujours enceinte des enfants de Dieu. » Je dis : « Les enfants de Dieu ? » Et elle dit : « Dieu le Père les engendre tout le temps dans son esprit et il me les confie. Et je suis toujours enceinte et toujours vierge car je suis l'Épouse du Christ ; et mon symbole est la Sainte Vierge. » Et tout disparut.

Affectueusement en Marie,

Catherine

QUE FAISONS-NOUS DU SCEAU DE DIEU ?

Le 2 novembre 1978

Mes bien-aimés,

C'est curieux ? Très curieux ! J'ai lu les vies des fondateurs et fondatrices des différents ordres et je vois un schéma qui se répète.

Prenez Madame d'Youville, fondatrice des Sœurs Grises. Elle faisait la même chose que Mère Teresa de Calcutta. Elle parcourait Montréal et s'occupait des malades et des mourants. Parfois elle en remplissait sa maison ; et ensuite elle sortait dans la journée pour mendier de la nourriture pour eux parce qu'elle n'avait pas d'argent. Elle était pauvre jusqu'à la moelle, pourrait-on dire.

Vous avez donc l'image d'une femme amoureuse de Dieu qui met ses pas dans les pas du Christ. Elle va mendier pour les gens que sa compassion enveloppe comme un manteau, et elle ne se préoccupe pas de savoir combien ils sont, tant qu'elle a un petit coin où les mettre. Elle les soigne, nettoie leurs blessures et leur donne les médicaments qu'elle a.

Au bout d'un certain temps, elle a des disciples, exactement comme Mère Teresa. Ces disciples qui devinrent les Sœurs Grises travaillaient énormément avec elle. Elles lavaient, nettoyaient, frottaient, désinfectaient des plaies terribles et elles faisaient un travail magnifique.

Finalement, les gens commencèrent à comprendre ce qu'elle faisait et on lui donna un cheval avec une voiture pour circuler afin de mieux servir les pauvres. De jeunes femmes commencèrent à se rassembler autour d'elle et le pape les autorisa à devenir un ordre religieux qu'il approuva. Elles devinrent aussi enseignantes.

Mère Teresa a fait la même chose que Madame d'Youville. Son ordre s'occupe essentiellement des mourants, mais elle reçoit tout le monde et son ordre se répand. Les gens lui envoient de l'argent, mais elle est totalement pauvre. Elle refuse de prendre des taxis ; elle voyage en métro à Harlem et à pied en Inde. On pourrait dire que *le Seigneur a mis un sceau sur son cœur.* Il met toujours un sceau sur le cœur de gens comme elle, sur le cœur des fondatrices. C'est un sceau brûlant qui ne peut être effacé. Il s'étend à travers le cœur d'un être humain et la compassion s'étend avec lui. C'est ce qui est arrivé à Mère Teresa et elle a des centaines de disciples.

L'appel à la pauvreté absolue

Charles de Foucauld vivait dans le désert du Sahara il n'y a pas très longtemps – il est mort en 1914. Dans sa jeunesse, il aimait le vin, les femmes et les chansons. Mais Dieu l'appela, et il obtint l'accord de son père spirituel pour Le suivre. Foucauld devint trappiste, mais trouva que cette vie n'était pas assez pauvre pour lui. Il reçut la permission de quitter le monastère pour travailler en Afrique du Nord comme moine contemplatif là-bas.

Ensuite, il décida d'être un humble serviteur, dans le genre de saint Benoît Joseph Labre. Il se fit employé par les sœurs de Nazareth et devint jardinier, ne travaillant que pour le vivre et le couvert.

Pendant un certain temps, ses aspirations furent satisfaites : dans son cœur il avait ce désir d'aller au désert mais pas nécessairement seulement pour une *poustinia* (quoiqu'il connût le concept russe de *poustinia*, *sobornost* et *strannik*). Il voulait apporter le Christ aux Touaregs, une tribu farouche du désert. Il priait dans une hutte de boue, célébrait la messe et menait une vie extrêmement mortifiée.

Sa maison cependant était ouverte à tout le monde. Il écrivit plusieurs constitutions (qui furent retrouvées après sa mort). Mais étonnamment il n'eut pas de disciples. Il fut martyrisé par les Touaregs et maintenant on prépare sa canonisation. Quelques années après sa mort, toutefois, il se produisit une chose extraordinaire. Ses constitutions furent connues partout et finalement prirent racine dans les cœurs humains. Aujourd'hui, en l'an de grâce 1978, quand d'autres ordres ont si peu de vocations, les Petites Sœurs et les Petits Frères de Charles de Foucauld en ont beaucoup. (Les prêtres comme les laïcs sont appelés frères.) Ils ont une vocation unique. Ils n'acceptent jamais du travail où ils seraient les « chefs ».

Les Petites Sœurs travaillent comme femmes de chambre à Washington, D.C. Elles nettoient et astiquent l'Université Catholique. Les frères travaillent dans les usines et les fonderies à Detroit ou sur les bateaux qui naviguent sur les Grands Lacs. C'est le genre de travail qu'ils font souvent. La pauvreté est leur devise et la prière leur force.

On peut dire qu'ils sont un « ordre récent » parce qu'il n'y a pas si longtemps qu'ils ont été reconnus. Mais ce qui m'intéresse est la chose suivante : que la qualité distinctive de tous ces gens est la pauvreté – *une pauvreté totale radicale.* Je pourrais en citer d'autres comme saint François d'Assise, saint Dominique, saint Alphonse de

Liguori. Tous les grands ordres se sont distingués par leur pauvreté ; et tous ceux qui leur appartenaient dans leurs débuts préféraient leur apostolat à leur personne.

Parmi nous il est en train d'arriver quelque chose ; et je pose la question : « Qu'est-ce qui vient en premier à l'esprit des membres de Madonna House ? » Nous sommes un groupe de laïcs tellement nouveau, tellement petit ; et cependant nous faisons des promesses devant Dieu. Sur nos cœurs, le Seigneur pose son sceau : « Vous avez placé un sceau sur mon cœur » (*Ct* 8, 6). Que faisons-nous de ce sceau ? Le sceau est sa marque sur notre cœur. Ainsi il nous appelle à notre petit et humble Apostolat. Mais la taille de notre communauté n'a aucune importance. Qu'elle soit petite comme un grain de blé qui meurt pour porter la vie, qu'elle soit aussi grande que celle des jésuites ou des franciscains, cela n'a aucune importance. Nous sommes marqués de son sceau.

J'ai peur que nous soyons en train de suivre les pas de certains des ordres anciens, qui perdent leur esprit dans les temps modernes. Nous ne pouvons pas faire cela ! Dispersons-nous plutôt car le caractère principal de Madonna House, c'est la pauvreté. Parce que les gens sont généreux avec nous, nous pourrions abuser de leur générosité. Si chacun de vous entrait dans les profondeurs de son cœur et contemplait le sceau que Dieu a posé sur lui, vous diriez-vous à vous-mêmes que vous êtes plus important que l'Apostolat ? Par moments, il semble que c'est ce que nous faisons. (Je ne juge personne. Je ne fais que constater les faits.)

Le temps, l'argent et la promesse de pauvreté

Je parle ici à la fois de l'argent et du temps comme une forme de « richesse » que nous pouvons dépenser pour nous-mêmes au lieu de les dépenser pour l'Apostolat. Je constate que beaucoup de gens dans le monde d'aujourd'hui voyagent pour aller voir leur père spirituel. Cela m'est égal que vous le fassiez à condition que vous utilisiez l'argent qui vous a été donné à vous personnellement. Vous n'avez certainement pas le droit d'utiliser l'argent de Madonna House, qui devrait être utilisé uniquement pour les buts apostoliques ou bien donné aux pauvres. Employer cet argent pour vos besoins personnels n'est jamais permis. Il y a toujours le courrier grâce auquel vous pouvez écrire à vos pères spirituels. S'il y a urgence, il y a toujours le téléphone. Je ne peux rien imaginer que vous ne puissiez demander par téléphone ou par courrier.

Mais il y a toujours la question de la pauvreté dans l'usage du temps, même si vous employez votre propre argent dans ce but. Prendre un train, un avion ou n'importe quoi et parcourir des centaines de kilomètres pour voir votre père spirituel vous éloigne du poste qui vous est attribué. Cela doit causer une certaine dislocation dans l'Apostolat. Si peu important que vous soyez, votre absence trouble quand même le travail de l'Apostolat.

Parce que les gens donnent de l'argent généreusement à Madonna House, je pense que nous devrions examiner sérieusement ce que nous faisons de cet argent. J'aimerais beaucoup recevoir les comptes de chaque fondation à partir d'aujourd'hui, avant le 15 décembre, pour voir combien possède chaque mission. S'ils ont trop d'argent, cet argent doit aller aux pauvres d'une manière ou d'une autre. Si vous avez à voyager pour donner des conférences, oui, on peut employer l'argent de la maison ; s'il y a une crise et que vos parents ou un membre de votre famille est malade… mais certainement pas pour vos besoins personnels.

Quant au temps, j'ai remarqué récemment qu'il y a bon nombre de nos membres qui ont employé du temps pour aller rendre visite à leur famille. Je ne veux nommer personne. (Ceux qui sont concernés le sauront.) Il y a ici quelque chose de très profond qui peut être la destruction de Madonna House très peu de temps après ma mort ou peut-être même avant, parce que j'ai l'impression que « je me bats contre quelque chose ».

Nous avons eu une réunion si belle d'unité et de compréhension profondes à nos assemblées de responsables locaux. Cela doit continuer à grandir en nous. Nous devons tous avoir un seul esprit, un seul cœur, une seule âme. *Unité!* De la *poustinia* de nos cœurs nous devons garder cette unité *(sobornost)* et devenir un pèlerin *(strannik)*, quelqu'un qui prêche l'Évangile non seulement avec ses paroles mais avec ses actes, et l'acte principal est « l'Apostolat ».

Dieu a créé l'Apostolat appelé Madonna House. Dieu a créé cette famille et a appelé chacun de nous individuellement à y entrer. Dieu a mis un sceau sur chacun de nos cœurs. Ceux qui ont des promesses temporaires ont leur sceau pour un an ou deux suivant le cas, mais ceux qui font leurs promesses perpétuelles ont le sceau sur leur cœur pour toujours. Comme l'a si bien dit un de nos membres : « Je donne ma vie pour toujours. »

Et cela ne veut pas dire que simplement parce que les gens sont généreux avec nous, nous sommes autorisés à mener une vie bourgeoise, à voyager et à rendre visite à nos amis quand cela nous fait plaisir. Je pense que nous devrions entrer profondément dans cette unité, et l'unité dans laquelle nous devrions entrer profondément est l'obéissance du Christ. *Il a été obéissant jusqu'à la mort. C'est CELA qui a fait l'unité de l'Église !*

Ainsi donc je m'inquiète un peu, et parce que je partage avec vous toutes mes inquiétudes, je partage celle-ci. Nous devons demander chaque jour : « Qu'est-ce qui est le plus important, l'Apostolat ou moi ? » Car si nous répondons « moi », nous périrons.

Pour continuer à partager ma méditation avec vous : chacun de nous peut dire : « Essayons de discerner le bien de l'individu *et* le bien de l'Apostolat. » Ma réponse est très simple. Quand j'ai vu le trou fait par une balle dans la fenêtre de notre maison à Cleveland, j'ai dit à un des membres qui était là : « Tu aurais pu être de l'autre côté de cette balle et avoir été tué. » Elle me répondit : « Oui, probablement, mais j'aurais été une martyre ; et le sang des martyrs est une semence de croyants. »

Alors que choisir : le bien de l'Apostolat ou le vôtre ? Saint Étienne était lapidé pendant qu'il priait pour les gens qui le tuaient. Il a pensé que le bien de l'Évangile était un peu plus important que son propre corps. OK, et vous, qu'est-ce que vous allez faire ?

L'appel au martyre

Il y avait une femme qui avait un bébé. Elle fut arrêtée par les Romains ; je pense que son nom était Perpétue. Après avoir été jetée en l'air par un taureau, elle encouragea son frère et un catéchumène à tenir bon dans la foi et leur dit : « Ne laissez pas nos souffrances vous arrêter. » Les martyrs ont pensé qu'il valait mieux mourir pour l'apostolat du Christ que de le renier, et le bien de la personne est devenu le bien de l'Apostolat.

Prenez saint Ignace d'Antioche : quand les gens lui dirent qu'ils prieraient pour qu'il ne soit pas jeté aux lions, il dit : « Non, ne faites pas cela. Ne faites rien pour m'aider à échapper à la mort ; parce que je vais être déchiré par les lions et mon corps deviendra de la "farine" pour faire le pain du Christ. »

Qu'est-ce qui vaut mieux : le bien de la personne ou le bien de l'Apostolat ? Si on avait commencé à se poser trop de questions, il n'y aurait pas « d'Église ». « Seigneur, je me jette à tes pieds, et je chante, et je chante de pouvoir t'apporter une si petite chose. »

Cela ne signifie pas que, dans notre vie de tous les jours, nous ne devons pas prendre soin de nos malades, de nos anciens, etc. Cela, c'est la vie quotidienne du Christ. C'est ce qu'Il veut que nous fassions ! Mais quand nous devons faire un choix entre l'Apostolat ou l'un de nous personnellement, l'Apostolat doit passer en premier.

Peut-être puis-je le résumer ainsi. Mon grand désir, parce que je vous aime d'un amour que vous ne comprenez peut-être pas encore (j'espère ne pas blasphémer quand je vous dis que je vous aime avec l'amour du Christ), mon grand désir est ceci : je veux que vous soyez tous des martyrs si on en arrive là. Je veux que vous soyez tous des héros non pas pour vous-mêmes mais pour l'Église. Notre tout petit Apostolat, s'il doit continuer à fonctionner comme nous l'avons fait à la réunion des responsables locaux de 1978 *(un esprit, un cœur, un corps et une âme !)*, doit être prêt à mourir pour le Christ aussi bien qu'à vivre pour Lui. Si nous faisons cela, l'Église sera renouvelée et revivifiée. Je veux que vous donniez votre sang pour l'Église si c'est nécessaire.

Mais, bien entendu, ce sont là des choses grandes et héroïques que je désire. La vie de tous les jours est très différente. Quand, pour le bien de l'Apostolat, quelqu'un renonce à prendre des vacances, quand quelqu'un renonce à aller voir son père spirituel, à aller au mariage d'un ami, à un baptême ou à quelque chose de ce genre, ceci est un acte très héroïque et très puissant. Cela n'a peut-être pas la même apparence de martyre que d'être fusillé par les communistes ou d'autres, mais c'est certainement un martyre.

Avec toute mon affection en Marie,

Catherine

LA FÊTE ÉTERNELLE

Pâques 1979

Mes bien-aimés,

Pour nous tous, mais spécialement pour les Russes, Pâques est la fête suprême. Bien sûr, vous savez cela ; on vous l'a répété si souvent. Maintenant vous êtes habitués au *koolitch* et à la *paska* sans oublier les œufs de Pâques colorés. Vous en connaissez le sens symbolique*. Tout ceci si beau qu'il soit a peu d'importance comparé à ce fait unique : *Le Christ est ressuscité !*

Bien-aimés dans le Christ, comment puis-je vous faire comprendre l'immensité de cette fête ? Elle n'est pas seulement immense, elle est *éternelle.* Elle vous prend et vous plonge dans l'éternité. *L'amour est venu demeurer parmi nous.* Nous devons nous aimer les uns les autres car Il a dit : « Aimez-vous les uns les autres comme je

---

* Le *Koolitch* est un pain spécial que l'on fait à Pâques et qui contient du safran et des fruits confits. *Paska* est un fromage fermier enrichi avec du sucre, des œufs et des raisins, symbole de l'agneau pascal. Les œufs signifient la vie nouvelle ; leur forme ronde suggère l'éternité (qui ne comporte ni commencement ni fin).

vous ai aimés. » Nous autres, simples humains, sommes élevés d'une manière fantastique, incroyable, mystérieuse et mystique.

Le Christ est ressuscité! Et le jour de la Résurrection du Christ, nous ressuscitons nous aussi, du moins nous le devrions. Nous devrions participer à cette résurrection en grandissant dans notre amour les uns pour les autres. Nous devrions devenir comme des enfants. De fait, notre prière devrait être : « Donne-moi le cœur d'un enfant. » Car seuls ceux qui croient à la résurrection croient à la Trinité, au Père, au Fils et au Saint-Esprit.

Arrêtez-vous un instant pour réfléchir... (Devant ce mystère, les mots me manquent et ma capacité de penser est littéralement nulle, elle n'existe pas.) D'une manière ou d'une autre, je suis un petit enfant conduit par Dieu pour devenir un enfant dans son Royaume maintenant et pour toujours, parce qu'il a dit : « Le Royaume de Dieu est *maintenant*! »

Dans mon âme l'amour est comme un océan qui – pendant une minute – est devenu un petit ruisseau *à travers* moi, et ensuite devient un océan en moi. *Je répands l'amour parce qu'il est répandu en moi dans une telle abondance.* Je me dis : « Dieu m'aime ! » Il m'aime quand je suis bonne et quand je ne suis pas si bonne, parce qu'il aime les pécheurs. Il les pardonne aussi. Sa miséricorde est *infinie* comme le sont son amour, sa bonté et son pardon. Et je regarde ce qui est incroyable pour l'homme de regarder : je regarde mon Bien-Aimé à la lumière de sa miséricorde infinie. Je regarde ma main et je vois que c'est une toute petite main qui se niche facilement dans l'immense main de Dieu et je frissonne de joie.

Le Christ est ressuscité! Il est vraiment ressuscité! Voilà pourquoi je suis un enfant devant Dieu et un adulte devant les hommes. Maintenant ce mystère me pénètre profondément et mon amour est touché dans ses profondeurs. C'est une chose très simple. Si simple que c'est difficile à comprendre. « Aimons-nous les uns les autres comme je vous ai aimés. »

Eh bien, c'est plutôt clair, alors pourquoi ne pas tourner nos visages les uns vers les autres, quelle que soit l'animosité que nous avons ressentie hier ? Laissons cette animosité tomber à nos pieds comme des vêtements usés. Nous sommes revêtus des vêtements blancs du baptisé dont on peut voir l'éclat de loin même à travers la nuit. Alors nous serons une lumière aux pieds de notre prochain.

Que puis-je vous dire en cette fête de toutes les fêtes ? *Il est ressuscité ! Alléluia ! Alléluia ! Christos voskrese !**

Affectueusement en Marie,

Catherine

AU CŒUR DE LA PAUVRETÉ

Le 11 août 1979

Mes bien-aimés,

Je voudrais savoir pourquoi la pauvreté me possède ; mais c'est vrai que j'en suis possédée ! Ici, on gère bien les choses, pas seulement moi, mais tout le monde à Madonna House. Tout est noté. Nous sommes reconnaissants de chaque objet, de chaque don que les gens envoient. Quand les choses sont vendues dans notre boutique, l'argent va aux pauvres, aux boat-people, etc.

Il semble que je sois vraiment pauvre. Il n'y a rien que je possède en propre – sauf peut-être quelques vêtements que j'ai reçus du vestiaire comme tous les autres membres de Madonna House. Il y a cette cabane d'une pièce dans laquelle je vis avec un lit, une table, quelques chaises, ainsi que le bureau et les meubles de rangement nécessaires pour diriger l'Apostolat.

Tout cela appartient en vérité à Madonna House, pas à moi personnellement. Bien que je sois pauvre, je puis dire que je vis sur une île, très confortablement et agréablement, grâce à l'île elle-même, ses

* « Le Christ est ressuscité ! » : c'est ainsi qu'en Russie on se salue traditionnellement à Pâques. On répond : « Il est vraiment ressuscite ! » et on s'embrasse trois fois.

humeurs, ses vents, son soleil, ses arbres, ses neiges. Je devrais être satisfaite car je puis dire en vérité que, officiellement, je suis pauvre. (Ce que j'essaie en vérité de vous dire, cependant, est tellement plus grand que tout ce que je peux exprimer avec ces mots.)

La pauvreté, est-ce le son de ce mot qui ne vous enchante pas ? Est-ce que vous écoutez Dame Pauvreté ! Pouvez-vous entendre son chant de sirène qui dit : « Viens et suis-moi » ? Vous vous levez et vous la suivez et elle vous mène à des profondeurs inconnues et étranges. Voici qu'elle s'arrête devant une caverne et vous fait entrer. Alors vous entrez dans cette caverne et vous commencez à apprendre *le détachement.*

Vous étiez pauvre... (Je sais que je l'étais, mais étais-je détachée ?) C'est une chose d'être pauvre. C'en est une autre d'être détaché. Les auteurs spirituels russes disent que la vraie pauvreté commence quand « le besoin d'avoir devient le besoin de ne pas avoir ». C'est cela le vrai détachement.

Maintenant la caverne devient plus profonde. Dame Pauvreté devient plus belle et elle me présente l'invitation à entrer dans ses profondeurs. Soudain je comprends que la pauvreté, c'est le détachement *total,* de tout et de tout le monde. Dans mes mains en coupe, j'offre à Dieu tout ce que possède : époux, fils, frère, sœur, famille, biens matériels, tout ! Et ayant tout offert je demeure « nue »... ou peut-être, peut-on dire, couverte de haillons. Et pourtant au moment même où j'ai élevé mes mains en coupe vers Dieu et permis au vent de l'Esprit saint d'amener mes dons à ses pieds, il prend ce que je Lui donne et au même moment il m'attache à Lui-même.

Alors je commence à voir Dame Pauvreté comme elle est vraiment ! Je la regarde et elle est vêtue de splendeur parce que pour moi Dieu est tout – mon commencement et ma fin – et puisqu'il possède le monde, moi aussi !

Néanmoins, Dame Pauvreté resplendissante dans ses vêtements me fait toujours signe de la suivre. Elle monte en vêtements chatoyants jusqu'au sommet d'une montagne. J'ai laissé le détachement derrière moi. Je suis « attachée » à Dieu et tout semble aller bien. Je ne possède rien. J'ai renoncé à tout ; pourtant je sais que je ne suis pas assez pauvre. Certains jours l'irritation entre dans mon cœur. Quelquefois la colère y entre (et l'on n'est jamais pauvre si on a encore dans le cœur colère ou irritation). Alors je m'assieds dans ma *poustinia* et je contemple mon manque de pauvreté et je demande à Dieu de m'enlever toute colère et toute irritation.

Plus haut, encore plus haut

De nouveau, Dame Pauvreté me fait signe et j'espère, dans le Christ, que mes irritations et mes colères vont diminuer minute après minute pendant que je cherche à suivre ses pas. Puis, tout à coup, elle ne semble plus là, elle qui semblait être une si fidèle compagne. Je suis laissée à moi-même, et les vents soufflent plus fort.

Si tout ceci vous arrive, mes bien-aimés, vous vous apercevez que les vents ne sont pas tout à fait un ouragan, mais qu'ils sont forts. La pluie qu'ils annoncent est une « pluie acide » qui va tomber sur votre âme et le résultat sera une tentation sans fin. Vous vous trouverez seul sur la montagne avec le vent, le tonnerre, les éclairs pour seule compagnie. Les pluies s'abattent sur vous comme pour vous punir. Vous vous retournez et vous ne voyez Dame Pauvreté nulle part. Vous êtes trempés, vos vêtements tombent en pièces sous la pluie. Vous êtes nus, vous avez froid. Et si ce n'est pas la pluie, c'est le vent qui vous agresse.

Soudain (pendant que vous êtes assis là, nu et sans défense, contre un tronc d'arbre) vous souriez ! Maintenant vous savez que vous avez atteint le cœur de la pauvreté, que vous vous êtes ouverts pour être tenté. Le nom de Dieu est sur vos lèvres, et la croix *pax-caritas* est sur votre poitrine, et le tentateur vous quitte. Vous vous rendez compte que vous êtes vraiment pauvre, que vous n'avez rien en dehors de Dieu et que c'est par sa grâce que vous avez vaincu la tentation.

Quand ceci m'est arrivé, j'ai compris alors pourquoi j'étais possédée par la pauvreté. C'est parce que je voulais être possédée par Dieu !

Avec toute mon affection en Marie,

Catherine

LA PRIÈRE ET LE ZÈLE

Le 5 octobre 1979

Mes bien-aimés,

Je ne vous ai pas écrit parce que je me remets à peine de la grippe. J'ai un peu de température, quelques douleurs ici et là et je suis assez fatiguée. (Mes os me font toujours mal, et ce n'est pas nouveau.) Mais maintenant je guéris lentement, et vous savez quoi ? D'être au lit vous donne beaucoup de temps pour penser et prier. La pensée continue comme d'habitude, mais en un sens la prière l'emporte.

Qu'est-ce que je veux dire par là ? Eh bien, quand un prêtre me demanda comment je priais, je répondis : « *Je suis une prière,* mon Père. » Je suppose que cette réponse semble terriblement arrogante, orgueilleuse, et contraire à l'idée que les gens se font généralement de la prière. Et pourtant je donnerais la même réponse, n'importe quand, à un prêtre ou à un laïc qui me poserait la même question. *Je suis une prière.*

Comment en suis-je arrivée à cette réponse ? C'est assez simple ; ça a commencé par mon amour pour Dieu. J'ai aimé Dieu depuis l'âge de six ans. Cela peut paraître drôle mais Dieu était mon camarade de jeu ! Et quand j'avais d'autres camarades, je l'incluais toujours dans le groupe. Alors quand j'ai commencé à grandir (à dix, douze ou quinze ans), il me sembla parfaitement normal de parler à Dieu de toutes sortes de choses, même insignifiantes. Nous avions une *poustinia* chez nous, bien sûr. C'était une petite cabane avec une croix, un lit et une Bible. Souvent dans ma jeunesse, je suis allée y prier ; et cela m'a aussi aidée à me rapprocher de Dieu.

En devenant une jeune femme, je rencontrai d'autres formes de prière. Il y a eu la prière à laquelle m'a initiée mon premier directeur spirituel. (J'ai toujours eu un directeur spirituel.) Cela s'appelait la « prière vocale ». C'était la manière habituelle de parler à Dieu au début. Ensuite on vous faisait rencontrer quelqu'un qui (de l'avis de votre directeur spirituel) en savait plus sur la prière : ce pouvait être un carme, un dominicain ou peut-être un franciscain. Il devait vous enseigner l'oraison « mentale ».

Obéissant à mon directeur spirituel, je fis tout cela. J'entrais dans un pays inconnu, le pays de la méditation. La prière vocale se détacha de moi comme un vieux chiffon. Je lus avidement les Évangiles ; et lentement (très lentement !), je pris l'habitude de méditer sur chaque mot. Les Évangiles devinrent mes prières favorites. C'était comme si le Seigneur Lui-même m'expliquait les choses. Ce n'était plus une méditation au cours de laquelle mon intelligence cherchait à trouver des réponses. Non, c'était Dieu qui soulignait ce passage ou cet autre et l'éclairait. (Pour être absolument honnête, j'étais perdue en Dieu en ce temps-là.)

La prière, c'est comme quand on tombe amoureux. D'abord, on le rencontre ; ensuite, on parle parce qu'on a envie de connaître tout de lui ou d'elle, et l'autre veut tout savoir de vous. Puis l'histoire d'amour progresse. On commence à penser à ce que cette personne nous a dit, et le souvenir en est doux à la fois dans notre esprit et sur nos lèvres. Puis vient le jour où vous épousez cette personne. Quand les gens se marient, la prière contemplative devient part de leur amour. Ils s'appartiennent l'un à l'autre intimement. Après l'acte sexuel, il n'y a pas de conversation, parce que l'amour est trop « grand » pour la conversation. L'amour – quand il s'agit de Dieu – n'a pas non plus besoin de conversation.

Parce qu'Il m'aime

Maintenant, vous allez me demander : « Et qu'avez-vous fait après ça, Catherine ? » Et je vous donnerai une réponse très curieuse, difficile à comprendre, particulièrement pour les gens qui sont des théologiens ou des spécialistes des Écritures. Ils rejetteront probablement ma réponse, mais je vous la donnerai très simplement : *je devins une prière.* Il n'y a pas d'explication de cet état. On pourrait l'appeler « la prière de la Présence de Dieu » mais cela ne sera pas exact, parce que ce n'est pas ça. C'est simplement *être une prière.* On pourrait dire que cela ressemble beaucoup à la prière de Jésus, mais ce n'est pas ça non plus. Si vous me le demandez brutalement (ce que vous êtes en train de faire), je vous dirai simplement : « Mon amour pour Dieu est si grand qu'il a fait de moi une prière. » Si ma réponse ne vous satisfait pas, je n'en ai pas d'autre.

À présent, en toute humilité et simplicité, je dis que j'étais devenue une prière, non pas parce que j'étais très importante, mais *simplement parce qu'Il m'aime.* Il m'aime tant qu'Il est mort pour moi ! Et quand j'ai eu absorbé tout cela, que pouvais-je être d'autre qu'une prière ! Ainsi la réponse que j'ai donnée à ce prêtre était dans mon esprit une réponse très humble et très directe parce que c'est ce que je ressens.

Ce qui est vraiment important pour moi, c'est que je prie avec vous tous. Quand je prie, il me semble soudain que la porte de ma cabane s'ouvre et que vous êtes tous là, chacun de vous. Il semble que tous ceux qui sont partis et tous ceux qui sont restés sont là, et ma chambre devient très grande et vous êtes tous là, et nous prions ensemble. Je regarde tout cela et je dis « Que Dieu est bon ; nous avons vraiment la *sobornost*! » Nous connaissons Dieu ; il nous connaît. Nous prions ensemble, nous communiquons, et je suis remplie de joie, d'une grande et immense joie.

Mais il y a de la peine aussi. En ce qui me concerne, la cause de cette peine est très simple : en fait tout le monde n'est pas dans ma chambre. Certains restent éloignés. Je ne sais pas pourquoi, je n'ose même pas demander pourquoi. Ces choses sont les secrets de Dieu, et je ne demande rien. Je prie seulement un peu plus fort. Quelques-uns d'entre vous me manquent parfois ; d'autres me manquent très souvent ; il y a dans mon cœur une peine indescriptible. Simplement elle est là.

Comme les années passent et que ma rencontre avec Dieu s'approche, je Lui parle davantage. Il y a tant de choses que je veux Lui dire à votre sujet. Je sais que c'est idiot, parce que Lui et Notre-Dame prendront soin de Madonna House. Mais je suis humaine, et je me demande : « Qu'est-ce qui nous arrive depuis peu ? Nous avons eu une belle réunion des responsables locaux et j'en ai été si heureuse, comme j'en suis sûre tous ceux qui y ont participé. » Je suis peut-être un peu ridicule mais quelque chose me tourmente. Je voudrais pouvoir l'expliquer, pouvoir vous le révéler comme on montre un film ; alors tout le monde comprendrait. Peut-être est-ce un problème de... appelez cela de l'indolence, appelez ça de la fatigue, appelez même ça de la vieillesse. Et pourtant je lis souvent la vie des saints qui vécurent très vieux et n'ont pas eu ce problème, sainte Thérèse d'Avila par exemple. Saint Jean Bosco avec des pieds fatigués et enflés, arpentait les rues de Turin (et il avait probablement des problèmes cardiaques). Si un jour vous n'avez rien à faire, lisez ce que ces gens ont fait dans leur vieillesse.

Il y a une sorte de... je ne sais pas. Je ne peux pas l'appeler laisser-aller ; ce ne serait ni gentil, ni vrai. Est-ce un manque de zèle ? Je ne sais... Vous voyez, je m'arrête et je ne sais pas quoi dire. Peut-être le ressentez-vous plus que moi ; et pourtant il y a en moi une immense compassion pour toute personne qui a cette inquiétante attitude. Vous voyez, mes mots trébuchent ; ils ne vont nulle part. Je suis sûre qu'ils ne pénètrent pas très profondément dans vos cœurs et dans vos âmes. Et quand je regarde ce à quoi nous devons faire face dans ce monde, j'ai peur.

Mon père disait toujours qu'il fallait lever les deux bras vers Dieu, le bras du jeûne et le bras de la prière. Beaucoup d'entre nous jeûnent, et un grand nombre d'entre nous prient. Alors qu'est-ce qui se passe ? Tout va bien et pourtant il y a quelque chose qui ne va pas. Est-ce une attaque du démon ? Est-ce que de temps en temps il se jette contre Madonna House et essaie de nous changer ? Je ne sais pas. Je ne le pense pas et j'espère que non.

Je ne sais pas si cette lettre va vous troubler ou vous consoler. Elle contient tant de compassion, tant d'amour pour vous, un si grand désir de votre perfection ; parce que je n'oublie jamais que j'ai toujours essayé de vous mener au Golgotha, quel qu'en soit pour moi le prix. J'essaie, j'essaie vraiment parce que je vous aime tellement.

Je pense que j'en ai assez dit pour l'instant. Peut-être que j'y reviendrai plus tard. Mais vous êtes dans ma chambre, mes bien-aimés. Oui ! Nous prions tous ensemble – en tout cas la plupart d'entre nous – et mon amour, ma compassion, ma compréhension et mon étrange connaissance, je les inscris profondément dans vos cœurs. Dormez bien.

Avec toute mon affection en Marie,

Catherine

MES DERNIÈRES VOLONTÉS

Le 26 novembre 1979

Mes bien-aimés,

Voici le début de mes dernières volontés. Cela continuera au fur et à mesure, selon l'inspiration du Saint-Esprit. En attendant j'ai pensé que ceux d'entre vous qui sont dans des fondations devraient « entendre » ce que j'ai dit aux membres de Madonna House à une de nos réunions du vendredi soir.

Il y a plusieurs choses dont je veux discuter avec vous. J'ai essayé d'écrire un testament mais je trouve cela très difficile. D'abord je n'ai rien à léguer. J'ai quelques dollars de ma pension de vieillesse mais je les donne, alors ne vous en préoccupez pas. Tous les vêtements et les objets que je possède sont à vous. Il ne me reste donc que quelques idées qui me viennent à l'esprit, et ce sont des idées fortes qui ne me laissent pas tranquille.

La première idée est que vous ne devrez jamais vendre aucune de nos propriétés parce qu'un jour ou l'autre vous en aurez besoin pour d'autres. C'est ce qui me vient à l'esprit.

La seconde chose qui me vient est votre future attitude envers les choses diverses que j'ai traitées dans mes livres. Par exemple, je considère que Saint-Raphaël, notre centre d'artisanat devrait vous être très précieux. Dans trois générations, quand le père Callahan sera mort ainsi que beaucoup d'autres, vous aurez à prendre des décisions à propos de ces choses. Il m'a fallu trente ans (environ) pour construire un lieu propre à l'artisanat. C'est un rêve qui a traversé ma vie, et qui est maintenant réalisé… comme le sont tant de rêves quand ils sont mis entre les mains de Dieu.

J'ai toujours rêvé d'artisanat ! Et voici pourquoi : d'abord j'aime l'artisanat ; deuxièmement, je connais sa valeur thérapeutique ; troisièmement, je sais ce que ça fait aux gens d'apprendre des choses qu'ils n'ont jamais essayé de faire. Jamais, jamais, jamais (et ceci est dans mon testament !), on ne doit toucher à ce bâtiment. J'espère que vous ne penserez jamais que cette maison serait un endroit merveilleux pour tenir des réunions (sauf peut-être une fois de temps en temps pour enseigner la liturgie ou quelque chose de ce genre). Cet endroit est « saint » parce que c'est là qu'on « rassemble et trie ».

Vous devez comprendre ce que je veux dire par rassembler. Je suis quelqu'un qui vous semblera toujours avoir des idées contradictoires. C'est parce que vous avez un esprit trop littéral – un esprit littéral de type européen – *et pas moi*! Je pense que cet endroit existe pour beaucoup de raisons et je n'en ai donné que deux ou trois.

Une des raisons pour laquelle cet endroit existe, est pour trier les choses. Disons par exemple qu'un vêtement sacerdotal ou une statue arrive chez nous et a besoin d'être réparé. Cette réparation a une valeur thérapeutique, bien entendu ; mais cela n'est rien à côté du fait que quelqu'un va restaurer *quelque chose qui appartient à Dieu.* C'est assumer le soin de cet objet ! Il y a une beauté non exprimée et parfois incomprise dans le fait que ces objets appartiennent à Dieu.

Le père Brière nous parlait d'un homme qu'il a rencontré en Russie, qui rassemblait des milliers de petits morceaux d'une église qui avait été détruite dans un bombardement. Cela lui prendra probablement dix ans et très probablement un successeur devra finir ce travail ; mais il y travaillait patiemment. C'est comme cela, il me semble, que vous devriez penser à ce centre artisanal. *C'est un endroit que traverse la grâce de Dieu comme un fleuve.* Je viens ici parfois et je m'assieds au rez-de-chaussée et je laisse ce fleuve de grâce passer à travers moi. Le charisme de Dieu, la grâce de Dieu… une statue brisée, restaurée, un vêtement sacerdotal réparé.

Cet endroit est saint

Quel est le but de toutes ces choses que nous essayons de trier et de restaurer dans cette maison ? On pourrait dire que le but est de les vendre ; mais, mes amis, je voudrais pouvoir vous dire ce que « vendre » signifie dans l'esprit de la maison. La vente signifie de l'argent pour les pauvres ! C'est ainsi que je l'appelle et le père Callahan m'est témoin que « je suis possédée par la pauvreté » !

Chaque fois que vous me voyez regarder un objet ou un autre, je pense à la manière dont il a été « façonné » par l'un de vous. Je sais qu'un mouton a donné cette laine à l'origine et qu'elle a été coupée, lavée, peignée et filée, tricotée ou crochetée ou tissée sur un métier. De cette laine, vous avez fait des objets qui sont bons, chauds et beaux ! Ainsi quand je rencontre quelqu'un dans notre boutique, je présente ces lainages presque comme une offrande parce que je sais qu'ils ont demandé tellement de travail depuis le moment où l'agneau est né à la ferme Saint-Benoît jusqu'au moment où les objets terminés sont présentés sur nos étagères.

Je n'hésite pas à dire au sujet de ce centre artisanal : *marchez doucement. Cet endroit est saint.* Il y a ici quelque chose à chérir, à tenir en main, mais pas à posséder. Jamais à posséder pour vous-mêmes, sauf en cas de réel besoin.

Vendre dans notre boutique n'est pas seulement vendre quelque chose pour faire un bénéfice. C'est vendre *pour les pauvres* ! On tient quelque chose à la main – une chaise par exemple – et *on bénit Dieu* parce que l'objet est là. Vous savez que l'un de nos membres (ou un visiteur) a réparé cet objet. Cela a demandé beaucoup d'effort et de fatigue. Le Seigneur rassemble cela : la fatigue, la sueur en été, le froid en hiver, la patience infinie que demande le moindre petit détail... les roues, la chaise, la laine, etc.

Le Seigneur se penche, ramasse tout cela et le dépose aux pieds de son Père ; et Il est justifié. En tant qu'homme (ce qu'Il était), Il se sent justifié. Il n'est pas mort en vain. Il voit des jeunes gens et des jeunes filles, et des gens d'âge moyen qui ne pensent pas qu'ils sont grand-chose. Il les voit travailler à Madonna House. Et aussi longtemps qu'ils demeurent humbles en esprit et continuent à servir humblement, le Seigneur élève tout cela vers son Père et dit : « Je suis justifié. »

Si vous changez ce centre artisanal et en faites ce qu'il n'est pas… eh bien, je ne peux pas dire que je vais vous jeter des briques*. Mais je peux dire avec une grande foi que le Seigneur va « détourner de vous sa Face » comme il l'a fait pour d'autres. Faites attention ! Ne touchez pas à certaines choses ; elles ne sont pas à nous mais à Dieu ! Quand vous regardez tous ces livres d'art si coûteux, quand vous regardez tous les objets d'artisanat que nous avons dans cette maison, d'où tout cela vient-il ? De mon cœur ? Non. Cela vient de Dieu. Prenez-en soin ; prenez grand soin de laisser les choses comme elles sont. Et pas seulement de les laisser mais de les transmettre aux futurs membres de Madonna House.

Transmettez !

L'esprit de Madonna House consiste à transmettre. Voici ce que je veux dire : transmettez ce que vous avez appris dans votre cœur. Transmettez ce que l'Esprit saint vous a appris. Transmettez ce que la Sainte Vierge vous a enseigné. Transmettez ce que la bénédiction du Père vous a donné. Transmettez ce que Jésus-Christ vous a enseigné. Ce n'est pas seulement une petite fiche**, c'est beaucoup plus que cela ! Sur cette fiche se trouvent toutes les richesses qui sont dans ce centre artisanal, la boutique, le musée pionnier, le musée religieux.

---

* On sait que sainte Thérèse de Lisieux envoie du ciel des pétales de roses à ceux qu'elle écoute sur la terre. Un jour quelqu'un a demandé à Catherine si elle ferait la même chose après sa mort. La réponse fort peu sentimentale de Catherine fut qu'elle enverrait plutôt des briques du ciel si ses successeurs s'éloignaient trop de son esprit ou se mettaient à trahir les enseignements des Évangiles. C'était sa manière réaliste de dire : « Ami, viens plus haut. »

** Ceci se réfère apparemment à une fiche que Catherine avait faite, sur laquelle elle avait écrit le mot « *Transmettez.* » Plus loin dans le texte, elle se réfère à des cartes sur lesquelles étaient écrites *le Petit Mandat.*

Qu'est-ce que c'est le musée religieux ? Qu'est-ce que c'est le musée pionnier ? Vous savez que la plupart des objets qui sont dans le musée pionnier ont été rassemblés par moi quand je soignais des malades par ici. Vous pouvez raconter que je soignais les malades isolés et qu'ils me remerciaient en me donnant des objets. Mais vous pouvez aller beaucoup plus profond. Imitez-moi, mais allez plus loin. Veillez-y ! Veillez-y ! Gardez les yeux ouverts !

Mais pour garder les yeux ouverts il vous faut l'ouverture du cœur. Pour vous donner un petit exemple : je passais ici il y a quelques jours, et j'ai compté six pommes que quelqu'un avait mordues et jetées. Ceci à mes yeux c'est du gâchis ! Alors j'ai ramassé ces pommes, je les ai lavées et je me suis faite une compote parce que je ne pouvais pas accepter ce gaspillage. Ce genre de chose arrive tout le temps. Pourquoi ? L'égoïsme ? L'inconscience ? Je ne sais pas.

Il me semble que ce soin des choses qui est si profond est en réalité un mystère, un mystère que les gens comprennent rarement. Vous vous souvenez de la parabole de l'homme riche qui prend sa suite et s'en va pour un certain temps. Il confie sa terre à d'autres gens mais il a plus tard des problèmes avec eux. Il arrive des tas de choses. Il doit même envoyer son fils ; mais ils tuent le fils. Et ainsi il leur a « fait la guerre ».

C'est quelque chose qui est dans mon cœur. Je ne veux pas entrer en guerre avec Dieu. Et je ne veux pas non plus que vous vous trouviez en guerre avec lui. Et vous pouvez vous faire des illusions et dire : « Oh, telle ou telle chose allait bien à l'époque, au temps de Catherine, en 1979-1980. Mais maintenant au XXIe siècle, c'est différent. » Non, mes chers amis, rien n'a changé en Dieu. Un mystère est un mystère, l'amour est l'amour. Rien n'a changé. Le crucifix est toujours au-dessus du monde, et Dieu est Dieu !

Alors, prenez soin de ne pas toucher à ces lieux, le centre artisanal Saint-Raphaël et la boutique des cadeaux. La boutique peut changer ; nous pouvons ne plus avoir d'objets anciens. Mais nous aurons toujours des moutons et de la laine, et des objets que nous pourrons réparer ou « transformer ». Et vos yeux devraient être grand ouverts pour tout observer. Vous devrez être très vigilants, comme je l'ai été avec les pommes.

Veillez et priez

Commencez par veiller. C'est tellement important, parce que veiller, ce n'est pas seulement une question de pommes. Veiller, c'est attendre Dieu. Vous passez et vous voyez une pomme par terre. Ramassez-la. On peut en faire quelque chose. Si vous n'en avez pas besoin, vous pouvez la cuire et la donner à une pauvre femme. *Veillez… Veillez…* Parce que c'est la manière que Dieu a de rassembler ce sur quoi vous avez veillé et de l'offrir à son Père. Si vous n'avez pas veillé, ses mains seront vides. C'est tragique, n'est-ce pas, que les mains de Dieu soient vides ?

Par exemple, pourquoi avons-nous besoin d'une infirmière à Madonna House ? Pour s'occuper des malades. Cela paraît facile à comprendre, mais ce n'est pas toujours le cas. Pour différentes raisons l'approche des malades est difficile. Que fait une infirmière ? Une infirmière doit se reposer spécialement sur les mystères de Dieu. Elle doit beaucoup prier. Elle doit demander à Dieu de lui donner la grâce de distinguer entre la maladie psychologique et la maladie physique ou le mélange des deux, et d'avoir le comportement qui convient.

Croyez-moi, mes amis, si elle fait cela, si elle prie vraiment, cela lui arrivera. Il arrivera que Dieu fasse un signe en direction de cet homme ou de cette femme et lui dise ce dont il souffre, pourvu qu'elle prie constamment. C'est cela guérir. Celui qui guérit doit être comme le Christ (ou presque comme le Christ), ce qu'on peut faire en entrant dans le mystère fantastique des guérisons du Christ. C'est une belle chose. (Ce n'est pas seulement le personnel soignant dont je parle. Je pourrais prendre chacun de nos services un par un et vous les expliquer ainsi.)

Vous devez transmettre la vision de Madonna House, et la vision de Madonna House n'est pas limitée par cette petite fiche dont je viens de parler (le *Petit Mandat*). Elle est aussi grande et aussi large que le monde ; il faut comprendre que rien d'étroit ou de mesquin ne devait y entrer. Je vous lègue un des plus beaux dons que Dieu m'ait fait. Je ne vous l'ai pas donné, Dieu vous l'a donné. Dieu vous a montré comment vivre le train-train de l'Évangile et je voudrais que vous continuiez.

Ne vous embarquez pas dans de longues études ou quoi que ce soit de ce genre. Non. Vous pourriez venir avec une formation intellectuelle approfondie, mais appréciez principalement comme un don de Dieu le fait qu'il vous a enseigné à être comme tout le monde. Le caractère ordinaire de nos jours à Madonna House, leur simplicité, l'hospitalité, c'est *cela* qui est l'essence de Madonna House.

Ne brisez pas cela. N'essayez pas de le briser parce que je le répète, le visage de Dieu disparaîtra de devant vos yeux et très vite. Cela ne prendra pas longtemps avant qu'il ne se brise si vous n'êtes pas fidèles à cette vie de tous les jours, à cette simplicité, à cette manière de vivre l'Évangile dans sa réalité.

Il y a tant de gens qui cherchent à enseigner l'Évangile d'une manière ou d'une autre. Cela ne marche pas. La pré-évangélisation ne marche que par un contact de personne à personne où nous nous rencontrons et nous nous aimons l'un l'autre. Et parce que nous nous aimons l'un l'autre et nous nous faisons confiance, la personne qui ne connaît pas le Christ nous fera assez confiance pour nous permettre de lui parler de l'Amant Divin.

Ceci est une partie de ma dernière volonté pour vous.

Avec toute mon affection en Marie,

Catherine

DEVENIR UNE PRIÈRE

Noël 1979

Mes bien-aimés,

Comme d'habitude, pendant l'avent et la grande fête de Noël, je pense à vous et je prie pour chacun de vous. Il y a tant de choses que je veux vous dire, que je veux partager avec vous. Mais il me semble que je ne trouve jamais le temps ou l'occasion de le faire. Peut-être, quand je serai en Arizona au mois de janvier, je pourrai répondre à un plus grand nombre de vos lettres parce que j'emmène avec moi Hélène ma secrétaire. Essentiellement elle va retaper les livres que j'espère écrire. Je vous demande, s'il vous plaît, de m'envoyer vos lettres personnelles, qui seront adressées ici, et vous et moi pourrons partager ce qui est dans mon cœur.

Oui, ceci est une lettre de l'avent et aussi une lettre de Noël. Ce devrait être une lettre joyeuse, mais je ne peux pas me sentir joyeuse quand je vois les États-Unis plonger, plonger, plonger… et le Canada avec. Au lieu de joie, j'offre au Seigneur cette souffrance car, admettons-le, cet avent et ce Noël, quoiqu'enveloppés dans les clinquants de la joie, ne sont pas très joyeux en profondeur, sauf pour ceux qui ont compris que la souffrance est joie et que la joie est souffrance.

Par-dessus tout je veux presque vous implorer (quoique je sache que c'est assez stupide parce que vous êtes déjà un peuple en prière), mais je vous implore d'*être encore plus fervent que vous ne l'avez jamais été.*

On m'a un jour demandé ce que c'est que la prière et j'ai expliqué que cela commence par la prière vocale et la foi qui nous dit que Dieu nous écoute. Petit à petit, le débutant fait des progrès et entre dans la prière de méditation, et plus tard dans la contemplation, au fur et à mesure qu'il se rapproche de Dieu. Puis un jour, lui ou elle, *devient une prière*! Ceux d'entre nous qui « deviennent prière » n'ont pas beaucoup à dire. Nous laissons seulement notre cœur et notre âme devenir comme un écran de cinéma sur lequel passent des gens pour lesquels nous voulons prier. Le Seigneur connaît tous les habitants de la terre, et ceux pour lesquels nous voulons prier ; et Il va les remarquer et s'occuper d'eux. La Sainte Vierge en fera autant.

« Être une prière » signifie vous laisser devenir ce que devrait être une prière – prière de joie, prière de souffrance, prière de foi, d'espérance et tout particulièrement de charité. Ce n'est pas facile d'être une prière. C'est douloureux parce que vous devez devenir l'écran, le reflet, vous identifier avec l'autre personne. Non, il n'est pas facile de devenir une prière mais nous devons essayer.

Réfléchissez devant le Seigneur

Oui, l'avent et le temps de Noël qui suit, doivent être des temps de prière. Ils doivent être aussi des temps de souffrance parce qu'il n'y a personne au Canada ou aux États-Unis qui ne ressentira pas cette souffrance brûlante qui nous traverse encore et encore pendant que notre pays est humilié, bousculé… *

C'est aussi la période pendant laquelle nous devons réfléchir devant le Seigneur. « Réfléchir devant le Seigneur » change la manière de penser. Nous devons commencer à comprendre quel mode de vie nous attend, et nous devons nous y accrocher.

Le temps de l'avent et de Noël nous apprendra à devenir pauvres comme l'Enfant dans la crèche parce que fondamentalement nous aurons à choisir entre un Enfant dans une mangeoire et une bombe atomique. Ce n'est pas un choix facile. Cela va déchirer nos cœurs, mais nous serons guéris, si nous prions et si nous ne laissons pas notre foi se troubler quoiqu'il arrive, parce que le Christ est au milieu de nous, le Ressuscité est avec nous. Si terribles que les événe-

* Le 4 novembre 1979, les terroristes iraniens ont occupé l'ambassade des États-Unis à Téhéran, et ont gardé cinquante Américains en otage. Le gouvernement iranien a refusé de négocier la libération des otages, et une tentative américaine de les libérer par la force a échoué en avril 1980. Avec l'aide des diplomates algériens, les otages américains ont été finalement libérés le 20 janvier 1981.

ments paraissent, nous savons dans la foi que tout est bien parce qu'Il est avec nous.

Je ne sais pas si vous y avez pensé, mais entre deux messes, on peut supporter « tout ». Oui, on le peut! Aussi longtemps que nous pouvons recevoir le Corps et le Sang de Celui qui est né d'une Vierge, nous marcherons. Et Il veillera à ce que, si nous ne pouvons pas avoir la messe chaque jour, nous ayons au moins une messe de temps en temps. Et s'Il nous conduit dans les catacombes, tout ce que nous avons à faire, c'est de suivre ses pas.

Ceci ne ressemble pas à une lettre de Noël; mais franchement, mes chers amis, *c'est* une lettre de Noël. Il nous a dit: « Suivez-moi. » Il est entré dans le sein de Marie. Il est né neuf mois plus tard et elle est demeurée Vierge. En grandissant Il lui obéissait (ainsi qu'à son père adoptif, saint Joseph). Et un jour, Il l'a quittée et Il s'est mis à prêcher. Le vent nous apporte encore ses paroles, si seulement nous prêtons l'oreille; et nous avons les Évangiles à lire au cas où nous serions sourds au vent.

Il a prêché comme personne n'a prêché avant ou après Lui. Il nous a donné un plan de bonheur dans les Béatitudes et par bien d'autres moyens. La plupart d'entre nous ont rejeté ces moyens, quoique nous « pensions » que nous y croyons ou les pratiquons. Il y avait en nous de l'hypocrisie et cette hypocrisie a été révélée. Pour cela, Jésus a été arrêté, torturé, crucifié et Il est ressuscité le troisième jour; c'est pourquoi la foi, l'espérance et la charité vivent toutes les trois parmi nous, parce qu'Il est mort pour nous et qu'Il vit parmi nous.

Ainsi donc, mes bien-aimés, je vous souhaite un Noël en profondeur. Un Noël pendant lequel vous allez réellement prendre la mesure de votre service pour Dieu et l'accroître. Je vous souhaite un Noël qui soit une prière et que le Seigneur ait pitié de nous tous.

Affectueusement en Marie,

Catherine

RAPPELEZ-VOUS QUI VOUS ÊTES

Le 4 janvier 1980

Mes bien-aimés,

J'ai vu une de mes secrétaires, un jour ou deux avant de partir pour l'Arizona, et elle m'a suggéré de partager mes paroles avec les fondations. J'ai confiance dans son jugement, et c'est pourquoi j'écris cette lettre. J'ai déjà partagé avec les membres d'ici ce qui était dans mon cœur, si pauvres et si simples que soient mes mots. Voici maintenant ces mots imprimés.

Je veux vous dire que vous devriez commencer à comprendre à quel point vous êtes exceptionnels et magnifiques. Je ne plaisante pas. Ceci n'est pas un conte de fée, c'est la vérité! C'est le représentant du pape au Canada, le nonce qui me l'a écrit. Il m'a dit: « Vous êtes un des groupes les plus extraordinaires que j'ai jamais rencontré et j'en ai rencontré beaucoup. Vous prêchez la véritable doctrine du Christ. Autant que j'ai pu en juger, et j'ai lu tous vos livres, et je me suis entretenu avec vous, je ne vois aucune hérésie. Je ne vois qu'un enseignement droit et direct du Christ qui ne dévie ni à gauche, ni à droite. »

Il a dit qu'il prierait beaucoup pour nous pour que nous ne soyons jamais séduits, mais que nous « rendions toujours droits » les chemins du Seigneur. C'était un grand compliment qui vous était adressé (et à moi aussi), parce que, pendant les cinquante ans de notre Apostolat, nous n'avons jamais dévié ni à droite ni à gauche. Nous nous sommes tenus fermes et avons suivi le Christ, mais le coût a été très élevé. Nous sommes restés debout et nous avons suivi le Christ.

Je pense que vous devriez savoir que dans notre faiblesse, notre petitesse, notre vie cachée – car nous sommes très faibles, très petits et sans importance – se trouve la combinaison unique que cherche le Christ. C'est le genre de gens dont il désire être entouré. Oh, nous pourrions avoir un petit peu d'éducation ici et là mais cela n'a pas beaucoup d'importance pour le Christ. *Ce qui compte, c'est le cœur.*

De quelles dispositions avons-nous besoin dans nos cœurs pour le suivre ? Jusqu'ici beaucoup d'entre vous l'ont suivi avec de grandes difficultés, en ce qui vous concernait personnellement (et il y avait aussi de grandes difficultés en ce qui me concernait), *mais vous l'avez suivi*! C'est ce qu'on appelle « la persévérance ». La persévérance ne prend fin que lorsque vous êtes morts et enterrés. Alors vous l'aurez vraiment pratiquée jusqu'au bout. Mais maintenant elle continue à grandir et à grandir jusqu'à devenir un grand arbre sous lequel vous pourrez vous reposer, et vous pouvez permettre à beaucoup de gens de s'y reposer aussi. C'est votre simplicité, le fait que vous n'êtes pas remarquables, votre fidélité au devoir du moment, votre manque de désir de briller devant le monde, c'est tout cela qui fait que le Christ se sent « chez Lui » à Madonna House. Et parce que le Christ est chez Lui ici, les prêtres, les religieuses et les laïcs se sentent aussi chez eux.

C'est cela le secret de l'esprit de Madonna House. C'est l'esprit du Christ transmis à travers la Sainte Vierge. Il nous a donné son amour à travers le cœur d'une femme. Nous avons tous besoin d'une épaule sur laquelle pleurer. Nous avons tous besoin d'être pris dans les bras et embrassés. Et son épaule est là, pour nous embrasser et pour nous tenir. N'oubliez jamais que vous êtes Madonna House. Ces mots signifient : « La Maison de Notre-Dame ». C'est ce que nous sommes.

Le Christ aimait beaucoup les pécheurs, les prostituées, les gens désagréables ou agréables mais inconnus, toutes sortes de gens bizarres. Si vous voulez lire des livres qui parlent de ces gens-là, lisez Dostoïevski et Tolstoï, et vous saurez ce que cela signifie. C'est exactement ce que nous sommes. Nous pouvons avoir fait toutes sortes de choses étranges, mais Dieu se sent chez Lui avec nous, simplement parce que nous sommes des pécheurs et parce qu'Il est venu pour sauver les pécheurs. C'est pour cela que Dieu se sent chez Lui ici. Je veux que vous compreniez cela.

Le souvenir demeure

Les gens disent : « Qu'est-ce que c'est que Madonna House ? » On peut répondre très simplement en quelques phrases : c'est une porte ouverte ; c'est une tasse de thé ou de café ; c'est une invitation à travailler pour « le bien commun ». (Ceux d'entre nous qui travaillent, travaillent toujours pour quelqu'un d'autre.) Si vous lavez votre linge, vous lavez ce linge pour votre prochain. Si vous faites la cuisine, vous faites la cuisine pour vous-mêmes, c'est vrai ; mais vous la faites aussi pour quiconque vient partager l'hospitalité de Madonna House.

Madonna House est une maison d'hospitalité. C'est un endroit où les gens sont reçus non pas à cause de leur éducation ou parce qu'ils sont d'excellents peintres ou autre chose. Ils sont reçus simplement parce qu'ils sont des gens ; et ce qui est très évident, du moins je l'espère, est *qu'ils sont aimés*. Ils n'ont pas besoin de rester ici plus de vingt-quatre heures pour le savoir. Ils viennent et ils s'en vont, et le souvenir de Madonna House demeure. Il se passe quelque chose ; ce qui se passe, personne ne le sait, mais il se passe quelque chose.

Je veux que vous sachiez qui vous êtes. Vous êtes des gens extraordinaires ! C'est vrai et ce serait un mensonge de dire que ce n'est pas vrai. Pour quelque raison inexplicable, Dieu m'a choisie pour fonder Madonna House. Vous l'avez suivi (ce n'est pas moi que vous avez suivi !) Vous avez suivi le Christ et la Sainte Vierge et vous avez suivi quelque chose dont votre cœur avait faim. Oh, ça n'a pas été facile. Non, ça a été difficile et cela reste difficile. Et ce sera difficile jusqu'au jour de votre mort parce que c'est comme ça. Mais en même temps *vous le suivez* ! Vous entendez une voix qui dit : « Lève-toi et marche... » Et ainsi vous vous levez et vous allez, et c'est là votre beauté. Une beauté si grande !

Et vous commencez aussi à comprendre la pauvreté. Lentement, péniblement, avec beaucoup de difficultés, vous commencez à comprendre la pauvreté ; pas seulement la pauvreté en esprit, mais la pauvreté du cœur, des vêtements... Mais la pauvreté en esprit est quelque chose de vraiment difficile à comprendre. C'est s'abandonner complètement et totalement à Dieu quel que soit ce qu'il demande, quel que soit l'endroit où Il nous demande d'aller. Vous vous abandonnez ; nous nous abandonnons tous.

Il m'a fait subir toutes sortes d'épreuves pour me préparer à fonder cet Apostolat. Et puis tout d'un coup, au milieu de tout cela, Il m'a dit : « Catherine, je veux que tu renonces à cet Apostolat, pas réellement renoncer au sens littéral du terme, mais je veux que tu te mettes à écrire des livres pour que je puisse les utiliser comme des semences à être plantées dans bien des cœurs. » C'est le moment où je dois m'élever vers Lui en disant : « Oh, Seigneur, mon mari, mon fils, l'Apostolat, tout est à vous ! » Cela signifie simplement que Dieu m'a demandé de purifier mon âme de tout attachement et de Lui offrir ce qui est le plus précieux pour moi. C'est pourquoi je vous ai écrit un jour sur une petite carte : « Je n'ai plus rien à vous donner sinon ma vie. »

Je suis si heureuse de n'avoir rien à donner, vraiment si heureuse. Je suis si pauvre. J'ai si peu à donner que « de donner ma vie pour vous » est une joie. Je vous regarde, et je vois la beauté, une rare beauté qui n'est pas de ce monde. Oh, vous êtes dans la boue ; vos pieds sont profondément embourbés, mais votre cœur n'est pas dans la boue. Lentement, péniblement, avec grande difficulté et beaucoup d'agitation, vous continuez à vous battre ! Vous ne comprenez pas les implications du combat, mais vous le continuez parce que Dieu vous aime (et moi aussi parce que nous sommes tous des pécheurs). Il est chez Lui chez nous et Il en est « content ». Nous serons l'endroit où viendront les gens.

Je sens qu'une catastrophe mondiale s'approche. Elle se rapproche de plus en plus. Nous ne devons pas nous faire de soucis parce que peut-être cette catastrophe ramènera les gens à Dieu. Mais nous ne savons pas. Tout ce que nous avons à faire c'est de garder la porte ouverte. Laisser nos cœurs ouverts, les laisser complètement ouverts. Prenons la clef de notre cœur et offrons-la à Dieu en disant : « Voici mon cœur, faites-en ce que vous voudrez. Si nécessaire, qu'il soit un paillasson pour les pieds fatigués. » Parce qu'il y aura bientôt des pieds fatigués.

Je veux que vous voyiez votre beauté. Je veux que vous ne voyiez pas dans les miroirs, mais dans les yeux de Dieu, comme vous êtes beaux! Comme mon cœur chante votre beauté! Étonnamment, pendant que je chante, la Trinité et la Sainte Vierge se joignent à moi. C'est ce que je pense de vous. Vous ne vous en seriez pas doutés, n'est-ce pas? Je fais parfois aux gens des reproches, mais tout le temps je les aime.

Ce à quoi je veux vraiment que vous pensiez et que vous ne réalisez pas, c'est l'effet que vous avez partout par votre présence. Il est très important, je crois, de savoir que cette vie ordinaire, la vaisselle, le nettoyage, cette terrible monotonie de tous les jours qui existe parmi nous, amène les gens à Dieu. C'est cela!

La chimie de l'Amour

Comme je l'ai déjà dit, il vient un temps où toute prière s'arrête, et chacun d'entre vous *vous devenez une prière.* Quand vous devenez une prière, il se produit quelque chose que je suis incapable d'expliquer. Le cœur s'ouvre et en devenant une prière, vous embrassez en quelque sorte le monde entier. *Vous ne faites plus qu'un avec chaque personne!* C'est un très grand miracle, à ce qui me semble, parce que cela embrasse une personne. Quand vous devenez une prière, vous « devenez » l'autre personne. Vous embrassez des gens dans la totalité de leur être. En même temps, votre cœur s'ouvre grand, et tous ceux que Dieu a appelé à venir et à boire, entrent dans votre cœur et s'y installent.

Les gens ont des idées très bizarres sur la prière. Pour eux il s'agit de joindre les mains et de « se concentrer ». Personne ne dit que vous ne devriez pas prier pour les morts et les vivants… Cela fait partie de la vie. Mais tandis que la vie continue, quelque chose d'autre, quelque chose de tout différent se produit en vous. Quelque chose tombe comme un vêtement usé et maintenant vous êtes libres. Et alors vous embrassez le monde entier. Cela se fait par l'étrange chimie de l'amour. Quand quelqu'un franchit la porte, vous ne connaissez pas son nom, vous ne savez pas qui c'est, et pourtant quelque chose qui sort de votre cœur bondit vers le cœur de cette personne. Vous l'embrassez et il est votre ami. C'est très simple. C'est comme ça.

Rappelez-vous qui vous êtes. *Rappelez-vous toujours qui vous êtes.* Vous êtes l'image du Christ. Regardez dans la glace et vous verrez l'image du Christ. « Tout ce que vous faites au plus petit d'entre les miens, c'est à moi que vous l'avez fait. » Soyez prudents. Soyez très prudents. Cette personne ou cette autre est très meurtrie et blessée. Comme le Bon Samaritain qui a ramassé le voyageur laissé au bord de la route par des voleurs, vous devez être très tendre avec la personne qui se présente devant vous.

C'est pourquoi je parle très rarement aux gens dès qu'ils arrivent. Je m'aperçois que très souvent ils veulent raconter immédiatement toute leur histoire et quoique cette histoire ne soit pas fausse en elle-même, elle ne va pas assez profond. J'aime m'asseoir avec eux deux ou trois semaines plus tard et dire : « Racontez-moi ce qui vous fait mal. J'ai des tas d'onguents et d'herbes médicinales. Je peux vous en mettre. » Je ne parle pas souvent aux gens parce que j'attends toujours. J'attends que ce soit eux qui me parlent. Cela, de peur de marcher sur l'endroit qui leur fait mal.

J'ai choisi cette carte à vous envoyer pour Noël : « Donne-moi le cœur d'un enfant et le courage inouï de le vivre en adulte », parce que j'ai compris depuis ma jeunesse combien c'est dur de vivre cela, *d'être vraiment* un enfant. Même aujourd'hui, je me rappelle tout le temps que je dois rester comme un enfant. Être comme un enfant demande un immense courage. Les enfants sont très courageux. Les enfants savent comment vivre. L'ennui, c'est que nous, adultes, nous ne le savons pas. Si seulement nous avions une attitude d'enfant, la vie serait très simple. Mais nous ne l'avons pas.

Si nous commencions à nous comporter davantage comme les enfants les uns avec les autres, nous devrions être des gens très heureux. Vous étiez très heureux le dernier Noël. Avez-vous réalisé que c'est parce que vous étiez comme des enfants ? C'est vrai, vous savez ! Vous étiez ouverts, prêts à écouter de la musique, à chanter, à danser, prêts à tout. C'est ce qu'est un enfant. Essayons d'être des enfants pendant cette nouvelle année, mes bien-aimés, aussi simples et libres qu'un petit enfant aimé par Dieu et par la Sainte Vierge.

Avec toute mon affection en Marie,

Catherine

CHERCHEZ LES ISOLÉS

Le 16 avril 1980

Mes bien-aimés,

Il me semble que le désert ait un effet très purifiant sur le cœur humain, même sur un cœur qui imagine qu'il est déjà pur ! C'est l'effet que le désert a sur moi. Il me permet un regard clair et pénétrant au très fond de mon cœur pour voir les profondes blessures qui Lui ont été infligées. Mais ces blessures sont bonnes, car chacune d'elles a été permise par Dieu. Et tout ce qui vient de la main de Dieu est bon.

Oui, le désert purifie bien, purifie profondément et fait surgir du fond de mon cœur les pensées dont j'ose imaginer qu'elles viennent de Dieu. Le désert fait son travail. Il ne me permet pas de fermer les yeux devant la réalité, de me détourner d'elle et d'essayer de me cacher au milieu des cactus. Non il n'y a pas de place pour se cacher. Je dois « faire face » à ce que Dieu veut me montrer, que cela me plaise ou non, pour la simple raison que j'aime Dieu, et que *sa Volonté est ma volonté.*

Il semble ces jours-ci que le monde soit au bord, non seulement d'une catastrophe, mais d'un désastre. Vous êtes assez intelligents pour comprendre ce que je veux dire. Les États-Unis se trouvent seuls au monde en un sens, car ses alliés ne le suivent pas. Ils n'ont peur que d'une seule chose, un blocus économique de la part des États-Unis* (ce qui serait aussi un désastre).

---

* En décembre 1979, l'Union soviétique envahit l'Afghanistan. En janvier 1980, les États-Unis cessèrent leurs expéditions de céréales à l'URSS, suspendant la

Mais dans le désert, je ne m'occupe pas tellement, aussi curieux que cela paraisse, de guerres et de rumeurs de guerre. J'y suis habituée. J'ai essayé longtemps de vous en parler. Mais là n'est pas la question. Ce qui me préoccupe, ce sont les déserts des grandes villes. Il y a des villes et des villages qui sont aussi des déserts, mais mon grand souci ce sont les vastes métropoles.

Je suis tourmentée. Je suis tourmentée par la situation des vieillards, des personnes sans ressources, des désespérés, de ceux qui meurent de solitude. Mon tourment n'est pas pour les hôpitaux ni pour les maisons de retraite. (Il y a des gens qui font du bon travail dans ce domaine.) Ce sont les autres – les oubliés, les rejetés, les « humiliati » (humbles) – qui ont besoin de notre aide. Comment allons-nous nous y prendre ? Je ne sais pas. Il nous faut prier et il nous faut chercher. Dieu nous montrera le chemin.

Ce que je demande est très simple. Nous en faisons déjà beaucoup mais nous avons la capacité de faire plus ! *Sortez... Soyez libres... Faites-le !* Ils sont dans la rue, dans les petits hôtels, dans les bureaux, dans les appartements privés. Ce sont les gens cachés, les gens oubliés, les gens négligés.

Les gens réellement rejetés par la société frappent déjà à notre porte pour demander notre aide. Mais les autres, nous devons aller à leur recherche. Ils peuvent être très pauvres, économiquement parlant. Ils peuvent être très riches. Ils peuvent être des hommes politiques ou des fonctionnaires ou des pupilles de la nation. C'est à nous qu'il appartient de les chercher. C'est à nous de nous en faire des amis, de les aider d'une façon très spéciale – la seule façon dont ils puissent être aidés – *l'amour.*

C'est une lettre un peu so-sotte, n'est-ce pas ? Je ne peux pas faire la différence, alors je vous envoie seulement ce que le désert m'a dit. C'est tout à vous, un don post-pascal.

Avec toute mon affection en Marie,

Catherine

---

vente des ordinateurs et d'autres équipements de haute technologie et ils organisèrent un boycott partiel des Jeux Olympiques d'été qui se tenaient à Moscou.

LE CHRIST EST PROCHE

Le 19 février 1981

Mes bien-aimés,

Ceci est simplement un cri de mon âme à 10 h 30 le 19 février. Le père Brière était en train de prétendre que j'étais interviewée par la télévision française et pendant qu'il parlait, beaucoup de choses s'ébranlaient dans mon cœur. Vous savez, c'est si difficile pour moi de transmettre à d'autres ce qui est dans mon cœur. Peut-être suis-je totalement stupide, peut-être suis-je totalement folle, peut-être suis-je remplie de la folie du Christ (qui a toujours semblé stupide aux hommes). Je ne sais pas. Il me semble simplement que le Christ est proche, qu'il est présent dans cette maison, que je suis toute proche de Lui et qu'Il me parle.

Et pourtant sa voix est très étrange (sa voix est toujours étrange). Pour l'entendre vous devez avoir un cœur passionné. Par « passionné », je veux dire un cœur totalement amoureux de Lui, un cœur qui bat au rythme de son cœur à Lui. Puis, lentement, tranquillement, on entend. Et qu'est-ce que j'entends ? Eh bien, c'est bizarre, très bizarre mais « j'entends » des larmes. Pouvez-vous imaginer cela ? Quelqu'un peut-il imaginer la capacité d'entendre des larmes ? Quelquefois des gens pleurent de grosses et lourdes larmes et elles tombent sur vos mains et vous les entendez tomber. Mais récemment je les ai entendues aussi clairement que si c'étaient de petites cloches, et pourtant ce ne sont pas des cloches, ce sont les immenses et profondes larmes du Christ qui pleure.

Il y a si peu de récits dans les Évangiles qui parlent des larmes du Christ, mais il y en a. C'est cela que j'entends. J'entends le Christ pleurer et je sais ce qu'il dit. C'est comme s'Il disait : « Pourquoi étais-je suspendu sur cette croix ? Tout cela n'a-t-il pas été en vain ? » Et je me dis en moi-même : « Est-ce que le Christ Lui aussi a des doutes ? » Et je me rappelle Gethsémani où Il a supplié son Père d'éloigner de Lui ce calice. Il a saigné d'une sueur de sang tant il était angoissé – angoissé comme nous le sommes – comme vous et moi. Nous appelons cela dépression ou angoisse mais je pense que Lui aussi a connu tout cela. Et ils dormaient tous, je veux dire les Apôtres. Il était tout seul au Jardin des Oliviers. Avez-vous jamais vu pousser des oliviers ? Ils poussent tout tordus. Il était là, son visage contre une pierre, et j'entendais ses larmes tomber sur cette pierre. Bien sûr, Il s'est répondu à Lui-même que sa mort n'était pas vaine parce que, obéissant à son Père, Il est venu nous sauver de cette manière-là et pas d'une autre. Sa mort et sa résurrection sont les preuves de notre immortalité. Mais en attendant il y a ses larmes. Je rêve tout le temps de ses larmes. Et vous ?

Comment puis-je expliquer la profondeur des blessures de mon cœur ? Comment puis-je expliquer que je semble oublier tous mes sens et être élevée ? Je ne sais ni où ni comment. Vous m'appelez prophète. Non, je ne suis pas prophète. Je me contente de répéter des mots comme un petit singe ou une perruche (ou n'importe lequel des oiseaux qui répètent les paroles de leurs maîtres). Je répète ce que j'entends dans ces profondeurs où Dieu me place.

Pourquoi Dieu pleure-t-Il ? Parce qu'Il voit toute une civilisation qui s'effondre. J'avais l'habitude d'employer les mots « une ère qui se brise ». Une « ère » représente un certain temps et en ce moment, je l'entends qui se brise. Tout a disparu. Tout est sens dessus-dessous. Maintenant, les robots arrivent. Pouvez-vous imaginer cela ? À la place des hommes il y a des robots. La médecine atteint des profondeurs qui sont insalubres.

Rien n'est plus laissé à Dieu. Dieu est mis de côté, Dieu le Père, le Fils et le Saint-Esprit. Et le Christ pleure parce que son Père est totalement négligé et oublié. Les gens ne connaissent plus le *Credo* ni les Dix Commandements. Les bases même de notre religion sont effacées. Et le Père qui nous a créés, Dieu-Trinité qui nous fait vivre « la vie de l'Esprit », est mis de côté comme s'Il ne comptait pour rien.

C'est vrai les gens commencent à prier. Les gens se retournent et cherchent la foi. Mais cela est si lent. Je ne peux pas dormir… ou je dors trop parce que je ne peux plus le supporter. Je le dis simplement; je le dis avec une totale simplicité. *Je ne peux pas supporter l'océan des larmes de Dieu.*

Affectueusement en Marie,

Catherine

LE REJET DU CHRIST

Le 25 août 1981

Mes bien-aimés,

Je vous envoie la transcription de la réunion des membres de Madonna House du lundi 13 juillet, après mon retour d'Ottawa où j'ai rencontré le Nonce apostolique du Canada, monseigneur Angelo Palmas. C'est lui qui m'a dit de la partager avec vous. Je le fais avec beaucoup d'affection.

Catherine: Un jour, c'était comme si le Christ me parlait et disait: « Catherine, je veux que tu partages ma souffrance. » Je dis: « Comment le puis-je? » Il me dit: « Je t'aiderai à porter ma souffrance. » Et c'est ce qu'Il a fait. Mais cela n'a pas diminué la souffrance. Tout était spirituel. Cela n'avait rien à voir avec quelque chose ou quelqu'un. C'était mon cœur qui criait vers Dieu et disait: « Seigneur, comment pouvons-nous t'aider? » Et la réponse était toujours la même: « Portez ma souffrance. » Et c'est tout.

Ce qui m'arriva fut comme un éclair. J'ai compris, j'ai réalisé que *le Christ n'était pas aimé.* Clairement, totalement, avec évidence, je vis que le Seigneur n'était pas aimé. Je vis qu'Il était rejeté. C'est vrai qu'Il avait été rejeté depuis qu'il avait quitté la maison de sa mère jusqu'à sa crucifixion. Oh, Il a été accepté par certains et en certains endroits, mais la plupart de ceux-là n'étaient pas très solides dans leur acceptation.

Comme dans un tableau, je vis tout cela dans un instant. Cela me frappa comme rien ne m'avait frappé auparavant. Je ne pouvais aller nulle part, je pouvais seulement rester couchée dans mon lit comme quelqu'un qui a perdu son esprit et son corps. J'étais complètement engourdie. Pendant plusieurs jours – je ne sais pas combien – je ne savais plus rien sauf une seule chose : que le Christ *n'était pas aimé* dans tout le monde chrétien. Cela m'a anéantie. Je bougeais, je me levais, je mangeais un peu. Mais pendant tout ce temps je savais au plus profond de mon cœur que le Christ n'était pas aimé.

Je n'ai pas grand-chose à vous dire parce qu'il n'y a pas de mots. Le seul mot qui convienne est « agonie ».

Le père Brière : Tout ce que Catherine dit est vrai. Elle a subi une véritable agonie. Cela a commencé exactement à 14 heures le lundi 22 juin, et cela a duré presque quinze jours. Elle n'en est sortie que le dimanche matin. C'était très pénible de voir ce qu'elle subissait. Il lui a fallu un certain temps pour comprendre ce qui se passait, que c'était une agonie pour le monde. Et, comme elle l'a dit, l'agonie était de voir que le Christ était rejeté par les chrétiens. Bien sûr, d'autres qui ne sont pas chrétiens rejettent le Seigneur aussi à cause des guerres, de la violence, de la révolte, de l'injustice qui existent dans le monde.

Notre entretien avec Monseigneur Palmas a été une consolation pour elle après cette terrible épreuve. Et après notre visite, pendant les vingt-quatre heures qui ont suivi, elle était comme dans un cocon. Elle s'est reposée dans le « cocon » de son amour, de sa compréhension, de sa bénédiction. Cette visite au Nonce était du même ordre que sa rencontre avec le pape Jean-Paul II et avec monseigneur Lustiger à Paris. C'était le même genre d'amitié, d'intimité et de compréhension totale. Il n'y avait pas besoin de beaucoup de mots, d'expliquer ou défendre ses idées. Rien de tout cela. C'était une totale ouverture et unité de cœur et d'esprit.

Une des choses sur laquelle le Nonce a insisté le plus fortement a été ceci : il a dit que le Christ, après sa résurrection, a toujours agi dans le plus grand silence et dans la plus profonde obscurité. Il a dit qu'avant sa résurrection le Seigneur parlait ouvertement, faisait des miracles… Mais après sa résurrection, il n'est pas apparu à Pilate pour le confronter et pour lui dire : « Regarde, vois ce que tu as fait. » Il ne s'est pas confronté au Sanhédrin ou au grand-prêtre. Il est apparu tranquillement, à l'aube, à deux femmes.

Le Nonce a dit : « Le Christ travaille en silence. Dieu travaille en silence. J'ai toujours peur, je me sens toujours angoissé et troublé, quand je vois un prêtre qui devient populaire personnellement, ou quand je vois un évêque qui attire les gens à lui-même. Les choses de Dieu se caractérisent par le silence, l'obscurité, la prière, la simplicité, la pauvreté. »

Il a dit de rapporter ce message très spécifiquement aux prêtres aussi bien qu'aux laïcs de Madonna House, mais il parlait spécialement des prêtres. Le cardinal Rossi à Rome avait dit : « Quand les prêtres seront des hommes de foi et de don d'eux-mêmes, alors l'Église sera renouvelée. » C'est dans ce contexte qu'il a dit ces mots : « Dites aux prêtres de Madonna House que la crise de l'Église est essentiellement *une crise du sacerdoce* et qu'elle sera renouvelée par des prêtres simples, cachés, priants et qui mènent une vie de pauvreté. »

Plusieurs fois au moment de notre départ, le Nonce a dit : « Dites à tous les membres de Madonna House, à Combermere et ailleurs, que je les bénis, que je prie pour eux, que je les aime. N'oubliez pas de le leur dire. »

La pensée qui m'est venue pendant ces jours de l'agonie de Catherine était celle-ci. Nous sommes au « front ». Nous sommes dans les « tranchées ». Nous ne devons pas nous attendre à la paix. Nous ne devons pas nous attendre à ne pas souffrir. Nous ne devons pas nous attendre à ne pas nous battre. Le démon nous attaque de toutes ses forces, et nous sommes au milieu d'une bataille ; ne nous attendons pas à ce que ce soit facile. Ce ne sont pas là des pensées déprimantes. C'est seulement la « réalité » dans laquelle nous sommes, la réalité de ce qu'est Madonna House dans l'Église.

Catherine : Vous devez réaliser ce qu'est Madonna House. Si incroyable que cela paraisse, le Nonce a dit : « Vous êtes le rempart qui maintient Lucifer dehors. » Le cardinal Rossi a dit qu'il avait lu tous nos livres, et il a dit : « Cette femme soutient l'Église en tenant les portes ouvertes à tous. »

Eh bien, tout ceci semble très exagéré. Mais dans un autre sens c'est très vrai, parce que pendant cinquante ans j'ai essayé de maintenir tout le monde et toutes les choses bien à leur place. (Je n'ai pas eu beaucoup de succès avec les prêtres et les religieuses... les hippies, oui, peut-être...) mais cela n'a pas beaucoup d'importance. J'étais là à prier et à essayer d'aider le Seigneur.

Mais c'est la première fois que j'ai entendu sa voix (par l'intermédiaire de monseigneur Palmas). C'est ce que le Nonce voulait que je vous dise. C'est très difficile d'en parler, parce que cela semble être tellement de l'imagination. Mais quand une personne aussi élevée que le Nonce vous dit qu'il en est ainsi, vous commencez à le croire, n'est-ce pas ? Il m'est très difficile d'y croire mais je force ma volonté à croire ; je force mon cœur à croire, et le père Callahan et le père Brière m'aident à traverser ces jours terribles.

Je suis venue ici aujourd'hui parce que j'ai tellement envie d'être avec vous. Vous voyez, je vous aime. Vous ne comprendrez jamais tout à fait mon amour tant que je vivrai. Mais je vous aime de l'amour du Christ parce qu'Il est dans mon cœur – parce que je suis dans son cœur – ainsi je vous aime comme le Christ vous aime. Peut-être pas autant parce que je suis humaine, mais néanmoins vous m'êtes chers. Vous n'imaginez pas combien vous m'êtes très chers. Mais cela vous sera révélé en temps utile. En attendant nous avons beaucoup à faire. Nous avons à faire les petites choses *excessivement bien* pour l'amour de Dieu. Nous devons ouvrir notre cœur aux gens.

Nous devons ouvrir notre cœur parce que vous savez, notre cœur est encore fermé. Et pourtant, petit à petit il doit s'ouvrir. Car le Christ y entre, Il entre dans notre cœur. *Avec chaque personne Il y entre.* Rappelez-vous, n'oubliez pas ! Nous devons partager sa peine. C'est pourquoi nous partagerons sa joie, parce qu'à ceux qui partagent sa peine il donnera une joie infinie.

Je veux simplement que vous compreniez que le Nonce a dit : « Parlez à vos membres. Ils sont le rempart qui maintient Lucifer dehors. Ils doivent partager cette peine. » Les mots ne sont pas faciles à partager parce qu'ils sont si profonds.

Certains d'entre vous se demandent s'ils doivent rester à Madonna House ou aller ailleurs. Réfléchissez et priez si vous avez ces pensées, parce que Dieu n'est pas aimé et vous devez rester pour L'aimer. Et ce n'est pas tout. *Vous êtes un rempart.* Rappelez-vous cela. Vous êtes un rempart qui maintient Lucifer dehors.

Le Nonce m'a demandé : « Pourquoi, à votre avis, tant de prêtres sont-ils malheureux ? » J'ai dit : « Monseigneur, c'est très simple. Ils sont coupables du même péché que Lucifer. Lucifer a dit : "Je ne servirai pas et je n'obéirai pas !" Et les prêtres disent : "Je ne servirai pas et je n'obéirai pas." » Et le Nonce m'a dit : « Priez pour eux. » J'ai dit : « Oui, nous le ferons… toujours… constamment. »

À ma connaissance un directeur général ou une fondatrice doit porter son fardeau pendant pas mal de temps, jusqu'à ce qu'elle puisse le partager avec le reste de sa famille. Ainsi aujourd'hui, je le partage avec vous. Aujourd'hui, je vous dis : « Dieu n'est pas aimé. Levez-vous et aimez-Le quel qu'en soit le prix. » Et voilà les éternelles questions : Êtes-vous prêts à obéir vraiment ? Êtes-vous prêts à aller partout où on vous enverra ? Considérez-vous que l'Apostolat est pour vous au lieu de vous pour l'Apostolat ? (Je pose simplement les questions : je vous laisse y répondre. C'est dans votre cœur. Je dois d'abord souffrir ces choses ; ensuite c'est à vous de les partager.)

C'est la chose la plus dure que j'ai jamais eue à faire. Sans le Nonce je n'y serais pas arrivé. Il a dit : « Faites-le ! » Alors je le fais. Il n'est pas facile de dire les choses de ce genre à un groupe de gens qui peuvent y croire ou ne pas y croire. Mais ce n'est pas cela qui est important. La seule chose qui est importante est que j'obéisse à la hiérarchie, à l'autorité. Ce n'est pas facile, mais ce que Dieu nous demande est beau.

Par-dessus tout, je désire dans mon cœur « que nous soyons un ». Je le désire passionnément, c'est tellement important. Je réalise que nous n'avons pas de demain, et pourtant, nous en avons un. Quoiqu'il arrive (bombes à neutrons ou autre chose…), si nous sommes « un », nous serons forts, nous aurons une grande force. Je vois cette force, et j'implore le Seigneur de l'utiliser pour que vous soyez « un ». Et la manière d'être « un », c'est d'enterrer le mot « je ». Prenez une grande pelle, faites un grand trou. Mettez-y le mot « je » et mettez une croix par-dessus. Parce que le mot « je » est le plus grand ennemi de « il », « elle », et « nous ». Rappelez-vous cela. C'est très important. Alors essayez de ne pas utiliser le mot « je », surtout en disant : « Oh, j'ai besoin de ceci, j'ai besoin de cela. » Non !

Dieu nous donne toutes les grâces dont nous avons besoin. Utilisons-les !

Affectueusement en Marie,

Catherine

INDEX THÉMATIQUE

ART & MUSIQUE

ÉGLISE

COMMUNAUTÉ D'AMOUR

PRIÈRE

SACERDOCE

L'ESPRIT DE MADONNA HOUSE

VERTUS

TABLE DES MATIÈRES

COMPOSÉ ET MIS EN PAGE
PAR LES *Éditions du Serviteur*
À OURSCAMP (OISE)

ACHEVÉ D'IMPRIMER
EN FÉVRIER 2001
SUR LES PRESSES DE L'IMPRIMERIE CAMPIN
À TOURNAI (BELGIQUE)
POUR LES *Editions du Serviteur*
ABBAYE NOTRE-DAME
F - 60 138 CHIRY-OURSCAMP

Dépôt légal : février 2001
Imprimé en Belgique